CAMBRIDGE

启微

剑桥太平洋岛民史

DONALD DENOON
STEWART FIRTH   JOCELYN LINNEKIN
MALAMA MELEISEA   KAREN NERO

〔澳〕唐纳德·狄侬 等 主编

张勇 译 陈化成 校

THE
CAMBRIDGE
HISTORY
OF
THE PACIFIC
ISLANDERS

社会科学文献出版社
SOCIAL SCIENCES ACADEMIC PRESS (CHINA)

CONTENTS

目　　录

第一部分　1941年前的太平洋岛屿

vi

第二部分　1941年后的太平洋岛屿

viii

编著者

桑德拉·鲍德勒（Sandra Bowdler） 博士学位授自澳大利亚国立大学。在获任西澳大学考古学首席教授之前，曾于新英格兰大学任教并在悉尼担任考古顾问。她的主要研究领域是史前史和澳大利亚与东南亚交往史。

保罗·达尔斯（Paul D'arcy） 曾就读于奥塔戈大学和夏威夷大学，一直在奥塔戈大学讲授太平洋岛屿史，现正在澳大利亚国立大学攻读博士学位。他志在恢复和加强从海洋维度研究太平洋岛屿。

唐纳德·狄侬（Donald Denoon） 从剑桥大学获得博士学位后曾任教于乌干达的马克雷雷大学。他在非洲的职业生涯被独裁者伊迪·阿明打断，然后成为巴布亚新几内亚大学历史学教授，现在是澳大利亚国立大学太平洋岛屿史教授。他的研究方向为医学史和移民社会比较研究。

斯图尔特·弗思（Stewart Firth） 曾任教于巴布亚新几内亚大学，现在是澳大利亚麦考利大学政治学副教授。曾创作出版《核竞技场》（*Nuclear Playground*）和《德国人统治下的新几内亚》 （*New Guinea Under the Germans*）。他的研究旨趣还包括澳大利亚政治。

维尔索尼·赫伦尼科（Vilsoni Hereniko） 来自罗图马岛的作家和剧作

1

家，在斐济南太平洋大学获得博士学位，现为夏威夷大学马诺亚分校助理教授，讲授太平洋文学、影视、舞台艺术和戏剧，以及文化身份。他曾创作过《天堂最后一个处女》（*Last Virgin in Paradise*）和《怪物》（*The Monster*）等剧本。专著《编织神：罗图马岛的女丑和权力》（*Woven Gods：Female Clowns and Power in Rotuma*）于 1995 年由夏威夷大学出版社出版，他还是《塔拉诺阿：当代太平洋文学》（*Talanoa*①：*Contemporary Pacific Literature*）的总编。

波卡·莱奴伊（Poka Laenui） 又名海登·伯吉斯（Hayden Burgess），是美国夏威夷州怀厄奈市的一名律师。在 1985～1990 年，他曾担任过世界土著理事会的主要政治发言人。他现在是亚太土著理事会主席、夏威夷事务促进会会长，还被夏威夷土著选举为夏威夷事务办公室理事，以及夏威夷主权选举委员会委员。

布里吉·拉尔（Brij Lal） 毕业于南太平洋大学，并在澳大利亚国立大学获得博士学位。他曾任教于南太平洋大学、夏威夷大学和巴布亚新几内亚大学，现为澳大利亚国立大学高级研究员。他一直任职于斐济宪法委员会。他的研究旨趣为印度侨民的经历，以及斐济现代史。

罗伯特·兰登（Robert Langdon） 在自传《每只鹅都是一只天鹅》（*Every Goose a Swan*）中讲述了他在新闻界和史学界的职业生涯。他曾被澳大利亚国立大学授予荣誉硕士学位，而且还被西班牙国王授予过骑士爵位。他曾担任过太平洋手稿局首任行政主任，还曾是澳大利亚国立大学研究员；尽管已退休，他对太平洋岛屿定居史的兴趣仍丝毫未减。

拉蒙特·林德斯特伦（Lamont Lindstrom） 在加州大学伯克利分校获得人类学博士学位。自 1978 年以来，他参与了美拉尼西亚的人类学和语言

---

① Talanoa，斐济语，意为讲故事。

学研究，主要是在瓦努阿图。他的研究领域遍及美拉尼西亚知识体系、卡瓦和太平洋战争经历。他是俄克拉荷马州塔尔萨大学的人类学教授。

乔斯林·林奈津（Jocelyn Linnekin）　曾就读于哥伦比亚大学，并在密歇根大学获得博士学位。她曾担任过马歇尔·萨林斯的研究助理，并一直从事夏威夷和萨摩亚研究。她是夏威夷大学人类学教授，著有《大地之子：夏威夷社区的交换与状况》（*Children of the Land：Exchange and Status in a Hawaiian Community*）、《神圣女王和知名妇女》（*Sacred Queens and Women of Consequence*）等。她的研究领域包括民族学、两性关系和文化认同。

维基·卢克雷（Vicki Lukere）　曾先后在墨尔本大学和悉尼大学获得历史学学士学位和硕士学位。在澳大利亚国立大学攻读博士学位时，她的毕业论文分析了斐济殖民早期的健康和性别问题，还在其他殖民语境下研究过类似问题。她现任教于惠灵顿维多利亚大学历史系。

马拉玛·马利西亚（Malama Meleisea）　曾就读于巴布亚新几内亚大学，并在澳大利亚麦考瑞大学获得博士学位。他曾任教于南太平洋大学，还曾担任过克赖斯特彻奇市麦克米伦－布朗中心主任，现为奥克兰大学太平洋研究中心主任。他的研究旨趣皆源自萨摩亚。

卡伦·尼罗（Karen Nero）　奥克兰大学人类学高级讲师，曾在帕劳从事过历史研究。作为加州大学欧文分校密克罗尼西业田野调查中心主任，她领导该机构研究了太平洋移民，以及密克罗尼西亚依照性别分类的食物体系的当代变迁。她还主编过一部关于太平洋艺术和政治的著作。

露丝·萨沃瓦纳·斯普里格斯（Ruth Saovana Spriggs）　曾在巴布亚新几内亚大学和夏威夷大学学习过教育学，并整理过布干维尔岛的语言文学。她是澳大利亚国立大学语言学助理研究员，现正在攻读博士学位，研究方向

xii

3

为布干维尔岛女性权力结构的变迁。

佩内洛普·莎菲尔（Penelope Schoeffel）　曾就读于巴布亚新几内亚大学，并在澳大利亚国立大学获得人类学博士学位。她曾任教于坎特伯雷大学，还担任着太平洋岛屿发展项目顾问。如今在奥克兰大学塔马基校区讲授人类学。

马修·斯普里格斯（Matthew Spriggs）　在剑桥大学获得了他的第一个学位，并在澳大利亚国立大学获得了史前史博士学位。他曾任教于夏威夷大学，并在澳大利亚国立大学担任过史前史教授，最近被任命为澳大利亚国立大学考古学首席教授。他一直潜心研究太平洋岛屿史前晚期史，并发表了大量著述。

达雷尔·泰伦（Darrell Tryon）　语言学家，曾写过很多关于南岛语族和大洋洲语族语言的著作。现在是澳大利亚国立大学社会与环境系召集人。他的研究领域包括比较历史语言学、皮钦语和克里奥尔语，以及亚太地区语言和社会。

图恩·范·梅吉尔（Toon Van Meijl）　在澳大利亚国立大学获得社会人类学博士学位。是位于奈梅亨市的荷兰皇家艺术与科学学院太平洋研究中心的高级研究员。他的研究领域为文化和身份的政治，以及太平洋岛屿王权比较研究。

卡琳·冯·斯特罗基克（Karin Von Strokirch）　在澳大利亚拉筹伯大学获得政治学博士学位。从攻读博士学位时起，她就开始研究塔希提政治，至今已就这一主题发表了一些成果。她现在新南威尔士的新英格兰大学讲授政治学。

杰拉德·沃德（Gerard Ward）　曾是巴布亚新几内亚大学地理学客座

4

教授，后来成为澳大利亚国立大学人文地理学教授，同时也是太平洋和亚洲研究学院院长。他主编了《南太平洋地区的土地、习俗和惯例》（*Land, Custom and Practice in the South Pacific*），他的研究旨趣还包括巴布亚新几内亚劳工移民史。

单位换算表

长度	质量
1 英寸 ＝ 25.4 毫米 1 英尺 ＝ 30.5 厘米 1 码 ＝ 0.91 米 1 英里 ＝ 1.61 千米	1 盎司 ＝ 28.3 克 1 磅 ＝ 454 克 1 英吨 ＝ 1.02 吨
面积	体积
1 英亩 ＝ 0.405 公顷	1 加仑 ＝ 4.55 升
货币	
除非另有说明,货币金额为美元和英镑。	

序　言

自阿克顿勋爵主编的十六卷本《剑桥近代史》在 1902～1912 年先后出版以来，由知名历史学家精心策划和编辑的剑桥史系列，因每一章都是由该领域权威专家撰稿，为国际学术合作树立了最高标准。《剑桥近代史》现已被十四卷本的《新编剑桥近代史》所取代，而且还增加了伊斯兰教史、日本史、文学评论史、伊朗史、犹太教史、东南亚史、阿拉伯文学史和非洲史等。

对于那些希望了解太平洋岛民经历的读者而言，这部历史被认为是知识和解释的来源。我们力求提供清楚可靠的第一手信息，而非给出定论。在每一章之后，我们为那些想要深入研究某个主题的读者推荐了一些参考文献。

本书探讨了太平洋岛屿的与世隔绝问题，因为大陆居民常常认为岛屿生活肯定是内省和与世隔绝的。如果我们假设美拉尼西亚、波利尼西亚、密克罗尼西亚和澳洲土著这些术语指的是被困在岛上的居民，而非具有文化特质的人群，那么这种直觉就会被强化。我们不仅展示了岛民是如何克服地理孤立的，而且还在这些章节中强调了联系。我们的研究范围是有弹性的，有时也包括澳大利亚北部和东部的土著。我们还将毛利人和新几内亚西部的伊里安人纳入了研究视野。我们密切关注了侨居新西兰、澳大利亚和北美的岛民；我们还研究了斐济、新喀里多尼亚，以及并入美国前的夏威夷移民社区。只要有可能，我们就会根据主题来组织叙述，不惜放弃地理上甚至时间上的整齐划一。

第一章讲述了指导我们写作的设想和方法，然后我们在第二章中展示了数种叙述岛民往事的传统和模式。在大致厘清定居情况后，我们在第三章探究了当地居民是如何苦心孤诣地发展生产技术和设计交换方法的。然后通过回顾与欧洲人的早期遭遇，我们在第四、五章中弄清楚了当地居民对横渡地平线的欧洲人的看法。这些遭遇不仅挑战了岛民的自我意识，还带来了经济和政治上的机会与威胁。第六章讨论的是，一些心怀雄心壮志的岛民在探险家、贸易商和传教士的鼓动或煽动下改革了政治结构，并取得了成效；同时还在第七章讨论了生产上的变化，以及伴随这些新变化而导致的人口减少。随着权力关系转向有利于欧洲人，殖民地政府取代了 19 世纪的非正式帝国。在殖民官员眼中，形形色色的当地居民都成了"土著"，而且能力不仅相似，也很有限。第八章不仅探讨了新创造的"土著"概念，还叙述了殖民当局的计划和局限。

第二部分探讨了第二次世界大战以来的太平洋岛屿。第九章概述了太平洋战争好像一场持续四年之久的飓风那样横扫该地区，并探究了它在意识形态和政治上的影响。在恢复和平后，西方列强利用一些岛屿开展了核武器试验。第十章考察了这些事件及其政治影响。第十一章和第十二章回顾了殖民时代的遗留问题，尽管殖民时代在大多数太平洋岛屿上已结束，但它却以分散方式改变了太平洋岛屿的政治、经济、文化和意识形态状况。最后，我们要问的是，岛民经历在多大程度上是与世隔绝的或孤立的，并在多大程度上是被学者和行政官员虚构的。

撰写本书需要不断平衡作者的愿望和读者的需求。我们通常在表达观点时希望留有余地，但是读者却需要明确陈述。在一部理想的历史著作中，土著学者希望由他们决定文本结构和主导文本写作。但是该地区的近代发展历程却造成了如下结果，即很少有岛民具备完成这项任务的条件。我们不能再等一代人了，而应依靠我们在国外教学、研究和岛屿生活方面的大量经验，来确保岛屿参与者和学者在叙事中能有机会发表意见。这些意见在某些方面颠覆了我们的论点。同样道理，当我们试图将女性的独特经历纳入本书时，我们没有将它们分布在不同章节里。

　　我们原则上希望重视该地区的每一部分，使之与其人口大致成比例。在实践中，我们所依靠的已刊学术成果不仅研究领域分布极不均衡，而且在很大程度上都是域外人士的作品。虽然关于夏威夷土著、新西兰毛利人、萨摩亚人和汤加人的文献非常丰富，其中还有大量岛屿知识分子的文稿；但是关于伊里安查亚的著述非常稀少，还几乎完全是域外人士的作品。在以大量人类学文献和较为有限的语言学和文学著作来弥补较晚研究该地区的经济学者、地理学者、历史学家和政治学家的工作时，也出现了类似的资料来源不均衡问题。每个学科研究该地区的方法各不相同，导致问题复杂化。考古学家把这一地区相互连贯成一个整体的意识最强烈。这也许是因为他们对物证的强调使之超越了以文化丛为标志的界限。相比之下，人类学家、政治学家和语言学家的工作通常仅针对一个或几个邻近社区。只有国际关系评论员才分析诸如南太平洋委员会和南太平洋论坛等现代区域组织，但是他们的研究视野也仅局限于太平洋地区。研究"史前时期"到20世纪70年代的学术成果往往掩盖了该地区的联系和共同经历。

致　谢

　　我们非常感谢杰拉德·沃德和伊丽莎白·金登允许我们引用《南太平洋地区的土地、习俗和惯例》（*Land, Custom and Practice in the South Pacific*），感谢安德鲁·斯特拉森允许我们照搬《奥格卡：一位新几内亚大人物的自述》（*Ongka: A Self-account by a New Guinea Big-man*）的原文，感谢安妮·萨尔蒙德允许我们引用《两个世界：毛利人和欧洲人的首次会面（1642～1772）》（*Two Worlds: First Meetings between Maori and Europeans, 1642–1772*），感谢埃佩利·豪奥法允许我们摘抄《我们的岛屿之海》（*Our Sea of Islands*），感谢格里格·德宁允许我们引用《布莱先生的污言秽语》（*Mr Bligh's Bad Language*）。芝加哥大学出版社慷慨地允许我们引用理查德·帕门蒂尔的《神圣的遗产》（*The Sacred Remains*），夏威夷大学出版社也允许我们照搬玛莎·贝克威思版的《库木里波》（*Kumulipo*）和乔尔·博内迈松的《树与独木舟》（*The Tree and the Canoe*）的章节。此外，金特纳尔出版社允许我们摘抄斯蒂芬·乌尔姆的《大洋洲的巴布亚语系语言》（*Papuan Languages of Oceania*）的部分章节，斯坦福大学出版社也在我们引用希费林和克里滕登的《恍如梦中人》（*Like People You See in a Dream*）的原文方面提供了帮助。维尔索尼·赫伦尼科的《太平洋岛民的文化身份》（Pacific Cultural Ideritities）（第十二章）的早期版本已被发表在夏威夷大学出版社出版的由克里·豪、罗伯特·基斯特和布里吉·拉尔主编的《历史的潮流》（*Tides of History*）一书中，因此我们不得不请求编辑们允许我们发表其经修改后的版本。

威尼弗雷德·芒福德以其才华为本书精心制作了地图和图表，而且珍妮特·麦肯齐以其堪称典范的编辑工作校订了许多疏漏和歧义。我们还要感谢许多为本书作出贡献的学生，他们不仅提供了帮助，还在课堂上和无数次对话中正式或非正式地讨论了本书草稿。

第一部分

1941 年前的太平洋岛屿

第一章

百家争鸣的理论流派

虽然点缀怀基基海滨的不结椰子的椰树像阉人那样失去了身份标志，但是它们对于懒洋洋地躺卧在沙滩上的半裸游客而言却是体现异国情调的背景。

自人类两千年前乘坐华丽的独木舟来到夏威夷，怀基基海岸一直栽种着椰树……椰树从那时起一直备受重视，因为其树根、树干和树叶具有许多用途，尤其是其坚果提供了可靠的食物来源。椰肉刮下后，其精华可用于烹饪；椰汁既能提神又富含营养，是热带地区的最佳饮品。但是，如今这一切已经永远被改变了，至少在游人如织的怀基基海岸，椰林只不过是那儿的装饰品，成为天堂般美景——一个快乐和幸福的热带世界的一个构件。为了维持这种幻境，椰子被清除了，以便伊甸园梦境可以保持完美无缺。

维尔索尼·赫伦尼科①

我们对萨摩亚往昔（及其未来）的认识取决于我们现在之所是。

阿尔伯特·温特②

---

① ‘Representations of Cultural Identities’, in Howe, Kiste and Lal, *Tides of History*.

② ‘Guardians and Wards’, 113.

研究视角

每个社会对过去的事件和经历都有不同的看法。显然，太平洋岛民也不可能只有一部完美的历史。本书承认太平洋声音的多样性和他们经历的特殊性，同时也叙述了共同模式以及与全球性事件的交集。这只是"一部"历史，不是对影响岛民事件的唯一解释。一部利用土著体裁讲述的通史，当然包括以多种语言叙述的和广泛采用各种形式的口头叙述。有些可能会解释众神、人类、植物和动物的起源；另一些可能会讲述伟大航行或伟大酋长的对手和征服。这些被用来吟诵、朗诵或演唱的叙事不可能按照时间顺序来讲述事件，还有一些可能会采用家谱形式，且关键细节可能会因讲述者和听众不同而有所不同。欧洲人和美国人将会在近代的历史记录中出现，但是岛民对事件的说法可能会严厉批判那些赞美"地理大发现"和殖民有益的西方历史著作。

本书不打算以土著形式来编撰土著历史。本书作者们都曾在西方大学接受过历史学和人类学训练，因此本书文本遵循了我们称之为"历史学"的西方叙事形式的许多规范。除直接引用外，本书只使用了一种语言。这些章节并没有试图面面俱到，但大体上都以事件为中心，尽管这些事件在西方观察家眼里并不总是很重要。本书大致按时间顺序来叙述，但在几个方面不同于已出版的传统历史著作。很显然，我们关注的是那些在欧洲人到来之前尚无文字记录的岛民的经历。这只是如今叙述岛民"历史"为什么备受争议的一个原因。一些太平洋土著领导人和知识分子认为，外国学者既没有权利也没有能力客观描述文化上的"他者"。反殖民主义的政治批评和后现代主义对主流话语的"解构"和"反中心"也削弱了学术著作的绝对权威。这种自反性质疑是如此有效，以致客观的、非自觉的叙述者在一些社会科学中正濒临消失。

维尔索尼·赫伦尼科的隽语有力传达了"历史"引发的文化、伦理和认识论问题。律师、电影制作人以及专业学者在描述生活体验时记录了"罗生门效应"，即同一事件的目击者提供了截然不同的证词，可能无法证实某个说法而否定其他说法。在后殖民时代，太平洋处于主要工业国家经济和战略考虑的边缘。在这种权力不平等的情况下，谁叙述的历史才是权威文本，岛民们将如何被描绘，是作为发挥作用的行为主体，还是作为历史受害者？是否可以避免构建一个西方的"主导叙事"，而岛民故事在其中仅是次要情节？此外，在谈及"岛民"时是否自以为是地认为太平洋岛民是以一个声音说话？即使在最小的太平洋社会中也存在巨大的地位和权力差异，因此对于那些在其社会中不居于主导地位的人，如女性、地位较低的男性和"底层"少数群体，我们又如何将他们的故事列入其中？

在第二段隽语中，萨摩亚历史学家和小说家阿尔伯特·温特指出历史总是从某种角度来书写的。他在 1965 年的论文中提出的这一观点，成为现在流行的那句格言的前兆，即所有知识都是建构出来的，而非简单地揭示出来的。这一洞见意味着太平洋历史不是像埋于地下的石镈那样等待学术发现的准确无误的事实。更确切地说，我们的理解受到我们资料来源的偏见的影响，并与我们自己的背景密切相关，如阶级、种族、性别、教育、政治信仰和个人经历等，这一切都影响了作者的观点。对语境和观点的认识不仅适用于本书作者，也适用于我们赖以获取信息的观察家。分析的意义是深远的。我们如何在考虑语境的情况下仍然使用人种历史学资料，尽管它是片面的和有缺陷的？已有许多著述讨论过欧洲中心论对描述非西方文化的影响。在许多情况下，西方观察家的先入之见是盲目的。例如，欧洲男性探险家和商人在多大程度上掌握了思考女性在岛屿社会中的地位和作用的词汇——类别，"认知地图"？

"利益"概念是知识建构理论的重要内容。这种观点认为，在探究某一问题和为某一立场陈述理由时，即使没有直接物质利益或刻意的政治目的，作者也是"利害关系"人。本书作者即使没有妄想过追求客观，也渴望保持中立；但他们并不代表一种统一的观点，读者应该预先注意不同意见，以及不同的声音、重点和解释。有若干章节是由岛民编写的，我们还在其他章节中引用了从各种渠道获取的岛民说法。使用这类原始材料是将岛屿社会底层（或居于从属地位的）岛民的声音纳入其中的一种方法。

本书是历史学家和人类学家合作的产物，他们的目的不仅仅是编写一部编年史。西方学术界对太平洋岛屿的研究有一个显著特征，即人类学研究自19世纪末以来一直居于主导地位。人类学的田野调查方法和学术关注也对其他社会科学产生了深远影响，如语言学、人文地理学、政治学和考古学，以及历史学。人类学家自该学科诞生以来就一直关注过去，但他们关注的往往是文化整体和广泛的变化模式，而不是不可预测的事件和结果。直到最近，人类学家还在强调市场交易和仪式表演等事件的结构性和常规性。人类学家在20世纪80年代把历史作为理论问题重新发现了它，当时历史学家正在将自己的目光延伸到一系列特定事件之外。这种结合产生了富有成效的合作。本书作者融合了他们各自学科的洞见，根据文化、地理和事件的特殊性归纳了一个比较框架，并在这一框架下阐述了事件的背景和后果。

维尔索尼·赫伦尼科的反思表明，文化身份、政治改革和经济转型也是岛民历史的重要组成部分。此外，太平洋岛民的明显"与世隔绝"似乎不如他们之间的联系重要。直到最近，学者们才开始充分重视把太平洋岛民相互联系在一起的错综复杂的关系，也直到新近才开始充分重视太平洋岛民和西方人的交往问题。西方干预和殖民统治对太平洋岛屿造成了广泛影响，包括许多海上贸易和交换体系的衰落。因此，到20世纪初，当该地区开始进行严肃的学术研究时，岛际交往明显没有以前那么重要了——因此往往受到忽视。例如，考古学家长期以来一直从地理孤立角度解释夏威夷社会和人口的变迁。但是，一个新兴的反传统理论认为，前往夏威夷的航行可能比此前所认为的要频繁，而且可能源于多个岛群，而不是迄今为止被认为是马克萨斯群岛的单一出发地。这个例子表明，强调交往而非孤立，已广泛影响了我们表现种族、身份、流动性和"西方影响"等问题的方式。

早在欧洲人的横帆船出现之前，岛民们就已彼此进行长途交换和联姻很久了。但是，难以否认的是，彻底改变发生在西方列强殖民之后。从18世纪的探险时代到带来社会政治大变动的第二次世界大战，岛民的历史一直与西方人的活动息息相关。除了少数例外，岛民一直是被殖民者而非殖民者，这种统一的经历也许是为该地区编撰一部历史最令人信服的理由。现代太平洋地区政治领导人认为，岛民不仅拥有共同的利益，而且从最广泛意义上说还共享了在许多方面与昔日的工业殖民国家的文化遗产相对立的文化遗产。

研究范围

在上文第一段隽语中，维尔索尼·赫伦尼科形象地描述了与西方接触造成的文化变迁和重大损失。赫伦尼科本人的背景说明了现代太平洋文化边界和从属关系的复杂性。作家和剧作家赫伦尼科出生于罗图马岛，在斐济南太平洋大学获得博士学位，现在是夏威夷大学助理教授。由于罗图马岛的语言和文化制度似乎更接近其东方的波利尼西亚，因此它被认为是波利尼西亚的离岛；但是，罗图马岛在政治上属于斐济。而基于地理位置和语言，斐济被归入美拉尼西亚；但是，斐济的一些文化制度被认为具有波利尼西亚特征，尤其是酋长世袭制和卡瓦仪式。根据具体情况，赫伦尼科可以恰当地证明自己是罗图马人、波利尼西亚人、斐济公民或者太平洋知识分子，以及其他可能的从属关系。本书的一个主题是，集体类别和自我归属的身份有一个形成过程，并根据需要随时变化。族群身份和类别不是原生的或固定的，而是后来形成的和变化的。与其说外来者用于土著的类别揭示了土著的族群认同模式，倒不如说它们更加典型地揭示了外来者的先入之见。同样，现代政治边界是历史形成的，而不是预先注定的或不可避免的。

在讨论太平洋岛屿时，采用最普遍的范式是将它们划分为美拉尼西亚、波利尼西亚和密克罗尼西亚三大区域。尽管它长期以来一直是学术写作的基本特征，该方案也有自己的形成过程。法国探险家迪蒙·杜尔维勒在法国地理学会发表演讲时把这一地区划分为三部分。① 虽然主要是通过地理位置来界定的，但这种划分也是建立在语言和文化类同基础之上的。因此，在美拉尼西亚和密克罗尼西亚有"波利尼西亚离岛"概念。杜尔维勒及其同代人

8

---

① D'Urville, *Voyage de la Corvette L'Astrolabe*, vol. 2, 614 – 16; Thomas, 'The Force of Ethnology', 30 – 1.

认为这三个地区与人类"种族"具有共同边界。美拉尼西亚的意思是"黑人群岛",19世纪的作家们也从广义上将文化和行为等同于他们所感知的种族类别。波利尼西亚人是感性的和好客的,而美拉尼西亚人通常被描述为野蛮人。这种三分法既源自欧洲对非西方民族的普遍成见,也支持了这种成见。

在20世纪初人类学作为一个学科正式出现之前,"种族"和"文化"在西方学术思想和大众思想中是等同的。种族和文化在概念上的分离是弗朗茨·博厄斯学术思想的基本原则。弗朗茨·博厄斯不仅是美国人类学的奠基者,还培养了诸如玛格丽特·米德等研究太平洋民族的学者。人们认为是博厄斯最先阐明了人类学"文化相对主义"的指导性伦理,即所有文化都与人类的生活方式一样有效,不应根据西方价值观来评判。博厄斯向他的学生们强调了实地考察的必要性,目的是对非西方文化进行详细的、意识形态中立的记录。作为美国人类学的知识源泉,博厄斯的"历史特殊论"对太平洋研究产生了深远影响,尤其是他强烈反对种族决定论和主张价值中立地描述目标。

尽管美拉尼西亚、密克罗尼西亚和波利尼西亚作为类别已被普遍接受,但是这种分类的弱点也日益暴露出来。它们最初是由欧洲人人为创造的——分类是为了理解他们所遇到的太平洋土著在文化、语言和表型上所具有的巨大差别和共同特征。人们已注意到它们起源于欧洲东方学学者和种族主义者的思想,至少有一位作者指责那些采用这种三分法的现代学者承袭了他们19世纪的祖先的种族主义预设。[①] 考古学家和史前史学家发现将该地区划分为近大洋洲和远大洋洲更有助于描述人类逐步定居太平洋岛屿的过程。人们的直接感觉是,随着奥克兰成为世界上最大的波利尼西亚城市和库克岛民借助发电机供电的录像机观看兰博的电影,在当今跨国移民、全球经济和长途通信时代,划分区域几乎没有什么意义。学者们日益断言,这些"地区"从来就不是独立的实体,如果上述分类使人联想到社会、文化或种族上的隔

---

① Thomas, 'The Force of Ethnology', 33 – 4.

离，那么与启示性相比，它们可能更具误导性。大多数现代学者认为文化边 9 界一向都是动态的和可渗透的。

然而，尽管我们已经注意到这一方案的历史性和脆弱性，但是我们还是要承认这些类别是一种有用的简略表达方式，而且我们应在有限范围内使用它们。虽然认可最近的批评，但是本书大多数作者仍认为，对于描述区域文化的同源性和语言的关联性而言，"美拉尼西亚"和"波利尼西亚"仍有一些功用。密克罗尼西亚的文化多样性也使得这一类别作为简略表达方式在地理学上仍具有极大价值。但是，我们断然不会给予这些"地区"永恒的、固定的或有限的边界，我们也明确拒绝将"种族"等同于地理类别。同样，我们也拒绝这个假定，即某一岛群代表"正宗"或"纯粹"的文化核心或精髓。

如果我们设想一个横穿太平洋的人类迁移和交易的历史连续体，那么划定本书的研究范围就会变得特别困难。许多常用类别反映了其创造者的动机，但为了实用起见，我们还必须限制本书的研究范围。例如，澳大利亚土著没有照惯例被包括在"太平洋岛民"范畴，虽然他们是太平洋土著。其理由是澳大利亚土著与太平洋岛屿在语言和习俗上没有密切关联性，这反映了澳大利亚与那些岛屿自古以来就是分离的。然而，托雷斯海峡和澳大利亚北部的土著长期以来与新几内亚和边远岛屿的"美拉尼西亚人"有非正式接触和交换关系。我们讨论托雷斯海峡岛民和澳大利亚北部和东部土著是因为他们与太平洋岛民进行了互动，而没有因为他们似乎属于另一种族而把他们排除在外。西伊里安（伊里安查亚）土著也被包括在内，尽管对他们缺乏研究。尽管伊里安人被学者们归为美拉尼西亚人，但是他们位于近代政治边界的另一边，也就是新几内亚岛西半部，现在是印度尼西亚的一个省。

在探讨南太平洋以欧洲人为主的国家时，也涉及研究边界问题。我们不打算对澳大利亚和新西兰展开全面历史研究，但是这两个移民国家是不容忽视的。它们不仅是太平洋岛屿历史的主要参与者，还是当今岛民们移居海外的主要目的地。我们的研究范围还包括移民社区，如斐济的印度人和新喀里多尼亚的法国殖民者，但是我们的重点是太平洋土著的经历。

历史学和人种历史学

西方学术界有一个由来已久的传统，即历史学家研究事件，而人类学家研究文化。对于文化人类学家而言，"人种历史学"是指通过分析文献资料来重构过去的生活方式。由于人种历史学家的工作通常始于考古学家停止研究的那个时代，因此，从这个意义上来说，太平洋主要社会都得到了广泛探讨。人种历史学的重构工作存在一个明显悖论，其目的是利用与欧洲人接触以来的资料，对一个已不复存在的社会进行系统的推断，即有根据的猜测。几乎所有原始资料都是由域外人士写的。人类学家无法采用参与观察和面谈调查等惯用手段，而且世俗的日常生活通常是一些非常难以确定的细节。

对于学术界的读者而言，人种历史学著作的重要性通常取决于其彻底性，而其创新性取决于学者们挖掘出多少未发表资料和对零碎记录的理解程度。马歇尔·萨林斯对古代夏威夷和斐济的研究，为全面采用新方法利用档案资料树立了一个标准。历史学和人种历史学都是面向文献的，已出版的探险家记述、未出版的信件、航海日志和早期传教士的报告都是人种历史学家的研究起点。如果运气好的话，研究人员可能会发现有助于进行深度定量分析的档案记录，这些档案记录包括人口普查报告、地契、法庭证词、遗嘱、纳税清册、请愿书等。这些档案常常能反映出当地情况和日常生活。此类资料是本书许多论述的基础，尤其是 18 世纪和 19 世纪的论述。

人类学家在研究人种历史学资料时面临着与历史学家同样的困境。即便作最乐观的估计，旅行者的报告仍具有高度选择性。早期太平洋旅行者是按照自己的目的行事的——通常依次是探险、贸易和传教，而且这些目的影响了他们的报告和他们所做的价值判断。观察家的偏见按理说应被查明并加以考虑，但是没有严格的规则来评估原始资料。决定是否以及如何使用某一特定原始资料，需要研究人员借助对特定观察家可靠度的普遍看法和有把握的常识性标准进行判断。这位作者曾观察过一天、一周或数月？他或她是在岸上还是在船上观察过这个岛屿？这些评论是基于个人观察，还是基于对漂流

10

者或其他外国定居者的采访？具体陈述被其他作者证实了吗？而且，当某人发现明显证据时，我们如何确定作者不是对另一位作者著作的简单抄袭？毋庸置疑，18世纪和19世纪关于引用和消息出处的标准没有今天这么严格。

前往这些岛屿的早期旅行者并没有从人类学角度来思考问题，而且关于亲属关系、政治等文化问题的重要细节通常被体现在关于其他问题的报告中。两性关系和妇女地位尤其难以重建。欧洲探险家和商人都是男性，来自一个高度性别分层和男性占主导地位的社会。在探险时期，在有文化的观察家的社会阶层中，妇女主要承担家务，而男人则主导公共领域。这种家务与公务的分离在人类社会中并不普遍，但是在当时的欧美中、上层阶级中普遍存在着这种隐含性别等级秩序的分工。西方的海军军官和商人期望主要与岛民当权者打交道，通常岛民当权者是指男性酋长和当地领导人。当地妇女通常仅仅被视为船员的潜在性发泄对象。我们不知道夏威夷妇女是如何理解她们与库克船长的船员们的首次性接触，但是库克船长第三次远航的航海日志清楚地记录了船员们是如何理解他们的求欢的。一位外科医生的助手兴高采烈地描述了他是如何用一颗钉子换取一位妇女陪他过夜的。这位妇女很可能将此类礼物理解为来自地位高的旅行者的定情信物，但是船员们却将这种交换定义为卖淫。

妇女在岛屿社会的地位很少符合欧洲人的成见，即被动的、地位低的和从属的。但是，由于男性旅行者主要与岛上男人互动，男人的活动被相对较好地记录下来，而关于妇女生活的详细资料基本没有。马克思主义女权主义学者认为，根据弗里德里希·恩格斯的理论，性别不对称和男性主导地位是资本主义和国家形成的产物。然而，大多数研究太平洋地区性别问题的作家都认为，公共权力领域的男性偏见不仅是欧洲舶来品，而且无论是在过去还是现在，也都内源于许多当地文化。尤其是波利尼西亚妇女明显比西方社会妇女更自主、更自信、更具文化价值。即便如此，很难说太平洋社会在外来人到来之前是性别平等的。

历史学家和人类学家在其著作中越来越认为欧洲人给太平洋地区带来了一套复杂的先入之见，即一种"愿景"，一种诠释范式，这种先入之见塑造

11

了他们与岛民们的互动。由国家资助的探险家们特别关心确定与之谈判的当局，而且他们的报告在一定程度上侧重于政治和统治形式。甚至这些描述的重点也因国家利益的不同而有所不同。"对英国人而言，社会组织是以王权为中心的"，德宁评论说，"对于美国人和法国人而言，它是民主共和主义的体现"。①

伯纳德·史密斯撰写了一部开创性著作《欧洲人的想象和南太平洋（1768~1850）》（*European Vision and the South Pacific*，1768-1850，London，1960）。作为艺术史学者，史密斯对欧洲人在探险和殖民时期建构土著社会知识的论述远远超越了其所处时代。为了揭示在欧洲人中普遍存在的诸如"高贵的野蛮人"之类的概念，他在其著作中分析了18世纪和19世纪对非西方民族形象的描绘。史密斯也没有忽视欧洲精英思想的多样性和变化，他在书中阐明了对太平洋伊甸园式的描绘是如何在19世纪初让位于不那么乐观的原始、野性和野蛮的形象。他将欧洲人对太平洋岛民的各种看法描述为"软原始主义"和"硬原始主义"。对于布干维尔和班克斯等18世纪的探险家而言，塔希提人例证了"古典神话中温和的原始人……这片陆地……就像人类堕落之前的天堂，岛民们生活在一种天真无邪的自然状态中，享受着它的馈赠"。然而，国内的加尔文派基督徒和太平洋上的福音派传教士都发现这种"感性的原始主义"令人反感："对于大多数虔诚的英国人而言……显而易见，这些所谓的处于自然状态的无罪之人是堕落和愚昧的野蛮人。"在19世纪早期，不仅岛民形象发生变化，欧洲人对人类自然状态的看法也发生了转变，而且岛民形象的变化体现了欧洲人看法的转变。

史密斯预言了当前学术界对西方殖民主义意识形态的兴趣，但它的知名度在太平洋学术界之外不如巴勒斯坦文学评论家爱德华·萨义德的《东方主义》。②"东方主义"这一概念对整个学术界产生了深远影响，迫使非本土作家反思了自己所处的环境和无意识的偏见。萨义德认为，对异国的距离感

---

① Dening, 'Ethnohistory in Polynesia', 37.

② New York, 1978.

和刻板印象不仅影响了欧洲的殖民统治，而且继续弥漫在西方对殖民地人民的描述中。对土著文化或过去的描述隐含着政治权力问题。因此，萨义德将批判目标指向了当代学术，以及支持西方文化霸权的艺术和文学的表现形式。

后现代主义的政治批判导致了对以往人种历史学的日益不满。萨义德等反殖民主义作家质疑，非本土学者"客观"重构往昔文化是否可能或者在政治上站得住脚。人种历史学往往把欧洲人到来前的社会描绘成永恒不变的孤立社会，忽视了一个显而易见的事实：这些社会在西方人到来之前已拥有自己的发展动力。人类学家和历史学家常常含蓄地（也许是无意地）传达了这样一种印象，即文化变迁和"历史"始于对外交往。20世纪80年代，一些人类学家主张重定人种历史学的研究方向，使之能研究文化变迁模式和历史体裁：他们在某一专著的开篇写道："不存在不受文化影响的历史事实。"① 因此，土著的时间、事件和"往昔"概念对于任何非西方社会的历史研究而言都是至关重要的。土著的历史叙事形式和规范——从某种意义上讲存在这种体裁——必须成为历史研究的一部分。当以这种方式定义"人种历史学"时，西方对历史的理解同样也需要接受检验。

专业的历史学家直到最近才像人类学家那样开始对反思和讨论研究方法感兴趣。在西方大学，"历史学"是一个研究领域，是一种研究过去的方法论，是一种叙事模式。对于普通大众而言，历史学比人类学有更清晰的特征和原则。历史学家通过潜心研究文献确定"历史事实"。至少在历史教科书中，典型作品是按顺序叙述事件的，强调人物、地点和日期。因此，戴维·赫尼格将其1982年出版的关于研究方法的著作定名为《口述历史编撰学》是一个大胆的举动。20世纪60年代，历史学家可能会认为这个书名从专业术语角度讲是自相矛盾的，因为"历史编撰学"按照定义指的是成文史而非口述史。赫尼格标志着历史学在非殖民化时代扩大了视野。第三世界社会已成为学术性历史研究的主题，口述传统也被视为有效的原始资料。实

---

① Schieffelin and Gewertz, 'Introduction', *History and Ethnohistory In Papua New Guinea*.

际上，历史学变得越来越像人类学，而人类学则日益转向历史问题。

历史学家在研究无文字民族的历史时必须留心口述史料和文献史料之间的差异。人类学家早就知道修正在口头叙述中很常见，尤其在政治命运生死攸关之时更是越加明显。例如，一位酋长的家谱反映了详述它的家族或王朝的利益。夏威夷酋长的家谱会根据当前目的以不同方式被讲述，家谱专家为了使酋长间的结盟合法化或者使和平成为可能，可能会强调特定的亲属关系。家谱也反映了历史的结果。在波利尼西亚，如果一位低等级酋长开始居于主导地位，那么当代的家谱可能会强调高等级祖先，以及与高等级家系的亲属关系。夏威夷历史学家戴维·马洛写道，"系谱学家过去被称为酋长们（ali'i）的洗脸盆，因为他们可以通过家谱使酋长们改头换面"。[①]

追溯合法性并不是无文字文化所独有的。莎士比亚将理查德三世描绘成一个冷酷无情的畸形杀手——尽管学者们试图为他平反，但是这一形象已被确认为就是历史上著名的理查德三世。莎士比亚在伊丽莎白一世统治时期这样写作并非巧合，因为她的祖父亨利打败理查德三世，建立了不太辉煌的都铎王朝。所有学者都已认识到口述叙事的权宜性，这促使他们都承认成文史也必须被当作"表现形式"而受到检查，而不再被简单地视为叙述"事实"。这种自反性方法并不意味着往事都是不确定的，知识是依情况而变的，这种认识确实意味着我们必须谨慎评估各种形式的历史话语。

口述传统，与旅行者的记述和西方的历史著作一样，都是当代语境的产物，反映了特定的观点。在太平洋岛屿研究中，历史学和历史编撰学问题已日益与文化身份建构问题合二为一。曾在所罗门群岛工作过的杰弗里·怀特写道，对过去的叙述发挥了"身份认同作用"，从地方和国家两个层面界定了当地居民的身份。在所罗门群岛，"历史叙事主要发挥了与血统、土地和酋长阶层有关的'身份认同作用'"。[②] 但是岛民们还创作了一些有关近代往事的故事，即"对殖民化和文化异化的叙述，强有力地塑造了当代生活的

14

---

① Malo, *Hawaiian Antiquities*.

② Geoffrey White, *Identity Through History*, 15.

社会现实"。怀特等人的分析阐明了"口述传统"在历史学和社会科学中被重新定义的程度。"口述传统"曾是学术权威的客观陈述,如今指的是关于过去的一种模式,现在被象征性地建构出来,反映了当代的动机。"口述传统"的内容充满政治色彩,多变,常常模棱两可和备受争议。

土著的历史体裁

当让－保罗·拉图什发表基里巴斯(吉尔伯特群岛)南部的关于家谱和宇宙观的传统时,他把该文集命名为《神话历史》(*Mythistoire*),这意味着神话与历史在土著观念中是不可分割的。① 西方人倾向于把"神话"看作是远古时代发生的奇异事件,与之相反,把"历史"看作是对较近时代发生的、可核实的"事实"的客观描述。岛民并不认为有这样的区别,他们的历史往往把人类与神灵和自然界联系在一起(参见第二章)。许多岛民在其历史传说中将山脉等特色景观看成是被变成石头等东西的古代超自然生物。乔尔·博内迈松将这种做法描述为民族地理学。② 夏威夷神话历史将芋头这种植物解释为人类的长兄,这是因为所有角色期待都是建立在按长幼构建的亲戚关系基础之上的。人类学家雷奥·福蒂纳在1928年记述多布岛时写道:"在多布岛的传说中,过去和现在没有明显区别。"向福蒂纳提供原始材料的那个当地人在解释复杂叙事的感受意义时断言:

> 这不仅仅是传说……这是已被完全证实的日常用语。有些传说,我们仅仅亲耳听过,但是这件事情,我们却亲眼见过。在泉源所在的萨瓦图帕附近。我们曾去那里看过。根据禁忌制度,我们的独木舟不能过于接近它,害怕泉源重新开启和涌出更多的水,以致海平面上升,淹没平地和高耸的山峰。③

---

① Latouche, *Mythistoire Tungaru*.

② Bonnemaison, *The Tree and the Canoe*.

③ Fortune, *Sorcerers of Dobu*, 263 – 6.

现代的太平洋岛民也没有将其口述历史贬低为落后的或无关紧要的过去。基里巴斯的家谱传统解释了当今社会的等级制度和地方组织，那些自称为通加鲁人的基里巴斯人仍在激烈争论着他们的宇宙起源。家谱和政治史在具备读写能力后被吟诵、背诵或记录下来，它们还是至关重要的社会宪章和宝贵的家族遗产。

至今仍有争议的是，土著的太平洋叙事形式是否可以被等同于西方的"历史"模式，即中立的、全面的和按年代顺序叙述事件。但是，我们可以在太平洋叙事中发现许多种历史话语。一些实例阐明了叙事形式的范围以及用来与西方历史相对照的历史理解方式。在岛屿收集的大部分早期历史叙事都是由传教士首先记录下来的。这些传教士不仅才智参差不齐，有些还对土著社会持否定态度，即史密斯所说的"硬原始主义"，以至于他们拒绝深入研究文化问题或历史问题。虽然如此，许多传教士对会众的民俗和文化产生了持续不断的学术兴趣，并不厌其烦地收集了一些至少在他们看来很重要的口述传统。萨摩亚牧师查尔斯·哈迪解释了自己的动机：

> 如果我们能从当地人特有的语言和传说中发现关于偶像崇拜的风俗习惯和制度的哲学［原文如此］，我们会更加满意。由于这些原因，我一直在煞费苦心地寻找和照实记下口述者详述的原始传说和那些超越人类记忆和历史记录范围的作品，使每位读者都能形成自己的看法和获得自己的观感，仿佛他曾与波利尼西亚居民接触过。①

在传教之初，哈迪及其同事收集了一些被归类为"传统历史"的故事。当然，萨摩亚人对这些叙述还有其他的分类方式。大约在 1847 年，牧师塞缪尔·埃拉列举了 11 种体裁的萨摩亚口头文学。② 它们大多数都采用了圣歌或歌词的形式，埃拉描述了伴随每一种形式出现的舞蹈、手部动作和合唱

---

① Diary of Rev. Charles Hardie, 1835 – 55, Mitchell Library, Sydney, Ms. A368, 118.

② Samuel Ella, c. 1847, Mitchell Library, Sydney, Ms. B271.

风格。在可能含有历史内容的体裁中，有几种是赞扬酋长的；另一些形式包括关于战争的歌曲、关于偶然事件的通俗歌曲和 *fāgogo*（通常被翻译成"寓言"）。后者一部分是歌曲，一部分是叙事，至今仍是讲述家族故事的一种形式。*Fāgogo* 主要描述了古代被卷入超自然事件的男女文化英雄，如今萨摩亚人把它们归类为"传奇"，而非"历史"。其他关于遥远时代的叙事被称为 *tala fa'aanamua*，意为"古体故事"，或被称为 *tala o le vavau*，意为"旧式故事"。其中一些叙述了对所有萨摩亚人都具有重要意义的事件，例如驱逐汤加人，而另一些则解释了酋长头衔的起源和流行谚语的含义。

其中一个故事叙述了汤加国王的萨摩亚妻子莱乌托吉是如何逃脱死罪的。莱乌托吉因谋杀国王另一位妻子的婴儿而被判死罪。汤加人先是把她放在一棵胡桐树（*fetau*）上，想把她烧死，但是蝙蝠飞过来用尿液把火扑灭了。讲述这一事件是为了解释谚语 *Savai'i title Tonumaipe'a*（蝙蝠的计划）的起源。莱乌托吉向受到惊吓的汤加人打招呼说："*Ua tatou fetaia'i i Magafetau soifua*（我们在胡桐树权上平安重逢了）。"该谚语如今被萨摩亚人用于正式问候，表达了说话人对久别重逢的感激之情。

历史参照是现代演讲术的重要组成部分。每次演讲都会提到 *taeao o le atunu'u*，即"本国初期"，或一些值得注意的事件。随着时间推移，*taeao* 这个专有词的受欢迎程度已经发生了变化，这反映出政治优先事项和自我定义的变化。根据演讲的具体语境，"初期"可以指当地事件、战争或基于事实虚构的谋杀。如今，*taeao* 在大多数场合中指的是"传播福音初期"，即首批传教士的到来。演讲者试图援引对几乎所有萨摩亚人都具有积极内涵的事件，然后唤起一种共同的文化和民族认同感。就像波利尼西亚大多数岛屿那样，基督教是日常生活的中心。因此，传教士的到来促进了"本国"团结统一，尤其是与基本上世俗化的工业国家形成鲜明对比。但是，早期传教士的著作表明，最具文化意义的历史叙事形式也许是家谱。由于反映了西方对政治集权的担忧，全国性叙事引起了传教士们的极大兴趣。有一个故事似乎阐明了萨摩亚人作为一个民族的起源，即"太阳的家谱"。该故事有数个版本，首个版本被收集于 1835 年。在 1854 年前后，哈迪报告称：

18

此类叙事形成了这些岛屿的传统历史或神圣纪事。它被当地人称作 *tau aitu*，即"属于神"，还被认为是最古老的传说之一……演讲者从未在公开集会上朗诵过这篇杰作，而且还对所有人保密，除了自己的孩子……在偶像崇拜时期，所有陌生人都无法获得关于它们的只言片语……我想根据演讲者的朗诵记下它来，这需要马列托亚（Malietoa，大酋长）的明确授权。[①]

岛屿的早期正规教育几乎完全掌握在传教士手中。他们教授诸如"教会史"之类的课程。最早的萨摩亚语词典仅仅将"历史"翻译为"*tala*"（该词过去常常被用来指代各种类型的故事或叙事）。但是，在后来的出版物中，传教士们用"*tala fa'asolopito*"这个短语来表示"历史"，意思是被连续叙述的事件故事。随着时间的推移，岛民开始以一种更接近西方期望的形式来书写自己的历史。有时，传教团教师或殖民地行政官员直接要求他们如此做。1918年，根据英国占领军司令洛根上校的命令，政府翻译特奥·图瓦莱记录下了萨摩亚的历史，这可能是首部由当地人创作的萨摩亚成文史。图瓦莱对其作品做了如下介绍：

尽管来自不同地区的故事和观点各不相同和缺少单一源头，但是它们都被记录下来了……萨摩亚人黑暗时代的故事被珍藏在心里，没有被写出来。

我，特奥·图瓦莱，为了自用和兴趣，多年来一直试图收集这些故事。罗伯特·洛根上校曾向我表示，他希望我把萨摩亚从古至今所发生的事情记录下来，以便将来印刷出版。鉴于我也有此打算，我试图遵照他的意愿。[②]

---

① Hardie, 'O le Gafa o le La', Mitchell Library, Sydney, Ms. A368; Pratt, 'The Genealogy of the Sun'.

② Te'o Tuvale, 'An Account of Samoan History up to 1918', comp. E. Riddell, Mitchell Library, Sydney, Ms 39/C.

第一章采用了家谱（*gafa*）形式。他的记录有些内容与解释酋长头衔、谚语和地名起源的"旧式故事"相同。他的亲戚佩吉·邓洛普指出，在殖民早期，有文化的萨摩亚人开始撰写"记录家庭、社区和国家事件的个人家庭（*a'iga*）文件……在这些家庭作品中，萨摩亚人在运用书面语言时采用了他们所学到的方式"。① 最后一章"关于 1822 年以来萨摩亚所发生事件的记录"基本上是一个年表，即按时间顺序排列和注解了每年发生的事件。图瓦莱的历史记录浓缩了历史体裁在与西方接触后的转变，即始于家谱形式，而后逐渐接近西方意义上的"历史"。但是，如果就此认为所有岛民都已接受并内化了诸如"历史"之类的西方模式，那么就大错特错了。图瓦莱的历史记录是一位受过教育的文化对话者的看法，与 19 世纪夏威夷的戴维·马洛有着相同的传统。② 人们在太平洋上可以发现许多关于历史话语的实例。当接受迈克尔·扬调查时，夸希希讲述了她的人生经历，但是除了她自己及其丈夫的家族外没有提及任何其他人。③ 她的故事无法被放进一个更广泛的主题中，她的个人经历也无法被置于一般历史之中。

　　太平洋叙事还阐明了全球事件是如何成为个人经历一部分的和如何从地方文化角度被表达的。近年来，学者们从岛民那里收集了一些关于第二次世界大战的故事。《大毁灭：所罗门岛民第二次世界大战回忆录》的编辑们小心避开并凝练出一种"本土的"乃至仅是所罗门人的历史体裁。对岛民们而言，历史是个人的生活经历，而非我们所期望的西方历史学的综合。作为"以欧洲为中心"的书面叙述的另一种选择，《大毁灭》是一本双语故事集，先用所罗门皮钦语叙述，然后用英语。一个实例阐明了它们的形式和内容：

Mifala go long Shortlands. Kam baek. Sekon taem mifala go long Shortlands nao mi waka long disfala sip Wai-ai. *An melewan long Mono an Shortlands wanfala Zero faeta blong olketa Japan kam strefem mifala long tern*

① Dunlop, 'Samoan Writing', 44.

② Malo, *Hawaiian Antiquities*.

③ Young, 'Our Name is Women'.

*klok long morning. Mi herem. Mi lei daon. Mi herem enjin deferen saon. Mi sei,
'Samting hem mas rong wetem enjin/ Mi lei daon olsem bat open antop long
mi. Mi luk olsem bat mi lukim eroplen long dea noa. Hemigo raon
wantaem. Mektu taem hemi openfaea. Mifala tufala sip go tugeta. Mektri taem
hemifaea, hemi mis moa. Hemi no skrasim mifala. No hitim mifala. Lake
tumas.*

20 　　　我们去了肖特兰群岛。然后我们回来了。在我们第二次去肖特兰群
岛时，我留下来去了"瓦伊埃"（*Wai-ai*）号上工作。在莫诺岛与肖特
兰群岛之间，一架日本零式飞机在上午十点钟扫射了我们。我听到它来
了。我就躺了下来。我听到"瓦伊埃"号的发动机突然发出了不同寻
常的声音。我说，"发动机一定出毛病了"。我就这样躺着，正好上方
有个洞。我从那里看到了那架飞机。它绕了一圈。在它第二次飞过来
时，它开火进行了扫射。它第三次飞过来时也开火了，但是又没打中我
们。我们的两艘船，当时正在一起航行，都没有受到损害。它没有击中
我们。我们很幸运。（pp. 13, 137）

　　"本土化"不仅通过举例说明各种各样的个人经历，还更加激进地通过
借助选择理性解释上述经历，从而挑战了正统史学。一些马绍尔人把美国军
方战后继续控制埃尼威托克环礁和夸贾林环礁作为太平洋战争没有结束的证
据："哦，是的，也许美国人输了一场战争——越南战争，但是他们曾赢过
许多其他战争；战争在那里平息下来后，它还会在别的地方出现。"民族学
学者评论说，这一理论不仅对当下有意义，还借鉴了一种强调"备战"的
土著战争模式：

　　　这场战争仍在继续，就像在埃尼威托克环礁上的那场战斗。它始于
夏威夷，然后不断扩大。他们先是进军至基里巴斯，接着又去了马绍尔
群岛，然后他们来到了埃尼威托克环礁，并毁灭了它，然后先是进军到
他们称之为韩国的那个地方，后来又去了越南。你看，他们未曾结束过

打仗，只不过从一个地方又开拔到了另一个地方⋯⋯而且［武士们］不得不始终保持备战状态。①

殖民主义史学

与各种本土概念和叙事形式形成鲜明对比的是，太平洋地区的专业史学在历史时期、意义和视角上具有共同的前提和遵循着相对一致的规范。在20世纪60年代之前，太平洋成文史主要探究了太平洋地区的白人和叙述了西方扩张的政治经济基准。在英国的大学里，"帝国史"指的是一个特定领域，即"一些特定帝国的历史"。"帝国史"可能还作为标签讽刺了以西方国家及其代理人利益为中心的史学。在20世纪60年代，詹姆斯·戴维森引领了太平洋史学的重新定向，他指出："对帝国的研究⋯⋯一直吸引着自认为是本国统治者的那些人。"②

"殖民主义史学"在本章中指的是一种史学观点和类型，而非其产生的年代。殖民主义史学作为一种论述模式长期以来一直独享权威，并为西方学者和本土学者界定了历史的适当内容和叙事形式。通过叙述那些对西方核心国家具有重大意义和对西方造成影响的事件，殖民主义史学把能动性、因果关系和有效权力置于帝国主义国家及其公民的行动之中。欧洲人通常被描绘成行为主体，而岛民们则被描绘成奉命行事和遭受冲击的客体。在最具欧洲中心论色彩的叙事形式中，殖民主义史学是种族主义的。即便在最好情况下，它也将土著及其社会描绘成不如西方民族及其社会那么理性，那么勤劳，那么能干，那么稳定。殖民主义史学通常始于欧洲探险家和土著间的首次接触，叙述对西方重要的事件，并传播对岛民及其社会的成见。戴维森及其学生倡导的"岛屿导向"的修正主义史学在某种程度上是对西方殖民主

21

---

① Laurence Carucci, 'The Source of the Force in Marshallese Cosmology', in White and Lindstrom, *The Pacific Theater*, 77.

② Davidson, 'Problems of Pacific History', 5.

义史学偏见的反映。近年来，太平洋历史学家试图消除帝国主义观点，并激烈批判了欧洲中心主义。

在对比这两种史学后，有两个主题特别突出：一是对太平洋诸民族的写照（他们的性格及其社会性质），二是对土著能动作用的态度（岛民们在与西方接触后影响事件进程的能力）。在接触初期，历史记载中出现一种世俗认知。某些事件被确定为"关键事件"，早期观察家对土著社会的描述影响了后来的写照。令人吃惊的是，这些简单陈述的寿命如此之长，因为对早期接触的基本分析在后来的历史著述中经常出现，甚至在殖民时代结束后也是如此。

殖民主义史学倾向于传达早期接触的一些关键信息，即岛民们天真幼稚，容易对赤裸裸的实利主义诉求做出反应，外部接触是变革的主要推动力，以及与欧洲名人的首次接触是岛屿历史上最重要的事件。与萨摩亚人皈依基督教有关的货物理论例证了上述被公认的智慧。这一理论是由传教士约翰·威廉姆斯最先提出的。威廉姆斯及其同时代的许多人认为，首先吸引土著的是西方的先进技术。有形礼物为精神回报铺平了道路。上述假设在一篇经常被引用的演讲中得到最清晰的表达。这篇演讲被收录于威廉姆斯1838年出版的《南海传教事业叙事》一书中。该书有多个版本。（1839年，威廉姆斯在新赫布里底群岛的埃罗芒阿岛被杀，并作为殉道者受到广泛赞誉。他因死于岛民之手而在欧洲成为悲剧人物，犹如探险家库克船长和拉彼鲁兹。他的死亡促使欧洲人开始怀疑原始人的本性）

萨摩亚人法乌亚不仅促成了威廉姆斯的萨摩亚之旅，还将他引荐给了马列托亚·韦努乌波（Malietoa Vainu'upo）。威廉姆斯援引法乌亚的下述说法推动了岛民皈依基督教：

22　　　　我看……这些事都是出于敬畏耶和华之人的智慧，他们在各个方面都比我们优越。他们的船就像漂浮的房子，这样他们就可以安全地在暴风雨肆虐的海洋中航行数月……他们的斧头又硬又锋利，用它们我们可以轻易砍倒我们的树和完成我们工作，但是用我们的石斧，我们必须日复一日地敲，敲，敲……他们的刀子也是如此——它们是多么珍贵的东西啊！与我们的竹刀相比，它们能够更迅速地屠宰猪。我的结论是，曾赐予其白人信徒这些珍贵东西的上帝肯定比我们的神更明智……我们都想要这些物品，我提议，赐予它们的上帝也应该是我们的上帝。①

这段货物演讲的首版译文在威廉姆斯 1832 年日记中没有那么详细，然而其初稿在 1830 年日记中则更简单。② 显然，为了使其符合当代欧洲人的常识和传教团所依赖的商人的需要，威廉姆斯不断发展了"货物"理论。对于殖民主义史学家而言，它的真实性同样似乎不言而喻，而且他们还在许多叙述中引用了威廉姆斯版本的法乌亚演说词。历史著作很少挑战上述基本假设，即岛民头脑简单和西方技术具有不可抗拒的吸引力。

一个相关假设是岛民们还缺乏政治能力，因此需要外国干涉来结束长期的战争和不稳定。作为西方公认观点的一部分，已出版的历史著作大多或明或暗地接受了政治无能这一假设。这种描述不是公然的种族主义或对岛民自治漠不关心。1934 年，西尔维亚·马斯特曼出版了《萨摩亚国际竞争的起源》（*Origins of International Rivalry in Samoa*）一书。该书最初是其在伦敦大学攻读硕士学位时的毕业论文。这部著作阐明了殖民主义史学的观点和前提，虽然它的基调明确支持萨摩亚人。马斯特曼是新西兰人，当时萨摩亚仍是新西兰殖民地，他的导师伦敦国王学院罗兹帝国史教授亚瑟·帕西瓦尔·牛顿为该书撰写了导言。牛顿在导言中赞扬了该著作，因为它阐明了"传教事业和贸易是如何一起……扩大白种人与野蛮但总是迷人的波利尼西亚岛民接触的"。③ 马斯特曼认为西方干预是对萨摩亚人无力应对的回应："我们看到这些岛屿……从原始而快乐的混乱状态转变为半开化而不快乐的混乱状态……直到不知所措的萨摩亚酋长在被阴谋诡计搞得心烦意乱时恳求解除他们的管理重担。"（p. 194）

---

① Williams, *Missionary Enterprises*, 412.

② Moyle, *Samoan Journals of John Williams*, 68, 237.

③ Sylvia Masterman, 'The Origins of International Rivalry in Samoa', 8.

尽管马斯特曼及其导师同情萨摩亚人，但是他们的史学著作却为了解释社会和政治变迁而运用了种族理论。萨摩亚人被描绘成无力应对白人的阴谋诡计之人，而且马斯特曼还将他们日益严重的"混乱"与由异族婚姻造成的种族退化联系在一起。这可以从两个方面做更进一步的解释。马斯特曼撰写毕业论文时恰逢萨摩亚爆发抵抗殖民统治的马乌运动。当时的新西兰官方报告和议事录含有针对"混血儿"（'afakasi）的恶毒的种族主义表述，并将暴动归咎于他们。殖民地官员还认为异族婚姻导致欧洲人和萨摩亚人这两个"种族"都退化了。马斯特曼在其论文中尽管非常同情萨摩亚人，但是也附和了这种说法。她撰写毕业论文时也恰逢纳粹主义在欧洲崛起。并非巧合的是，她将英国人描绘成了完美的利他主义者，而将德国人描绘成了咄咄逼人的商人，"在追求物质利益时，德国人也致力于德意志的荣耀与辉煌"（p. 198）。

殖民主义史学是建立在西方政治视野之上的。这意味着历史的参照物是国家。马斯特曼对萨摩亚社会的描述表明，19 世纪的外交官和殖民者以及大多数外国学者都相信，当地的政治制度天生就是不稳定的和无政府主义的。这种解释与列强痴迷在萨摩亚创建一个民族国家有关，它符合帝国主义国家建立一个能与之进行贸易和谈判条约的中央政府的愿望。波利尼西亚的分层酋长制似乎提供了一个王权原型，因此欧洲人在这些岛屿提倡君主制模式。

甚至西方学者最近仍将太平洋土著政体描绘成不稳定的和有分裂倾向的。保罗·肯尼迪所著《萨摩亚争端》虽然出版于 1974 年，但是该书仍阐明了殖民主义史学的重要假设和关注点。《萨摩亚争端》是一部关于外交官、领事、贸易公司和宗主国政府的强权史。该书详述了关于殖民争端的大量细节，但对萨摩亚政治和社会的描述是肤浅的。萨摩亚酋长政治被描述为"在某些方面很像苏格兰的氏族制度"。[①] 对于肯尼迪的英国读者而言（该书最初是一篇牛津大学的毕业论文），苏格兰的氏族制度显然代表了地方政治

---

① Kennedy, *The Samoan Tangle*, 2.

分权的原型。萨摩亚人和古代苏格兰人都被归为文明程度较低的民族，这一事实也表明了帝国中心主义的观点。虽然肯尼迪尖锐批评和嘲笑了列强的狂暴强权和阴谋诡计，但他认为萨摩亚缺乏持久的中央政府是需要家长式干预的根本缺陷。

从早期观察家的记述到专业的历史著作还出现了其他一些不公判断。外来人和殖民统治者常常把岛民描述成懒散之人。这一指控通常被为输入外劳提供了论据。19世纪的企业家在游说政府时声称岛民们无法满足种植园对劳工的需求或完全拒绝在种植园工作。这类指控大多是谣言。所有成见都有其来历，负面描述通常反映了优势群体的利益。夏威夷人数十年来为糖料种植园提供了大量劳动力，但是由于他们人口逐渐减少，无法满足该行业在19世纪70年代迅速扩张的需要。夏威夷人懒惰的成见似乎出现于20世纪初，当时土著人口数量已被外来亚洲劳工超越。同样，在德属新几内亚，种植园主不断要求政府允许他们无限制地输入外来劳工（参见第七章）。问题不是新不列颠岛图拉村民懒惰，而是他们要求的工资太高。那些愿意以低得多的薪水工作的中国人，与新几内亚其他地区的美拉尼西亚人一道，以契约劳工的身份来到这里。德国商人抱怨村民们销售的椰肉干产量不稳定，原因归于村民们明显不够勤劳是完全合理的。考虑到可供选择的生产活动，以现行工资率切割椰肉干根本不值得。

另一种不那么令人反感的关于懒散性格的说法把不够勤劳归因于太平洋的社群主义或有益的环境。这段来自《萨摩亚争端》一书的引语（p. 7）呼应了伯纳德·史密斯的"软原始主义"："种植园需要大量劳动力，但是萨摩亚人不愿意整天工作，因为岛上的天然物产给了他们所需的一切食物、衣服和住所。"此外，还可以在拉彼鲁兹1787年的航海日志中找到关于天然物产丰富和维持生存轻松的类似论述。东方学者关于岛民的假设充斥着西方学术界，甚至在认真而善良的历史中也是如此。无论是所谓常识还是世俗认知，似乎不证自明的特性描述都是在特定社会背景下形成的，而且往往与政治计划有关。对于历史爱好者而言，对岛民能力的负面评价使得干预和接管殖民地变得似乎不可避免。

"岛屿导向"的修正主义者

虽然殖民主义历史学家常常同情岛民，但还是倾向于把他们描绘成没有能力与西方人打交道的人。在艾伦·穆尔黑德所著《致命冲击》一书之后，这种对土著能动性的轻描淡写，以及以大国为基准，导致了克里·豪所谓的"致命冲击"论。[①] 从早期探险家的著作到 19 世纪和 20 世纪对"垂死的野蛮人"的预测，豪追溯了"贫穷愚昧的野蛮人在西方冲击下摇摇欲坠"的形象。赞同"致命冲击"论的作者们对殖民地历史的描述更具同情色彩。虽然这些作品对岛民表示了同情，但仍将他们描绘成西方政治和技术优势的不幸受害者。20 世纪 60 年代的修正主义历史学家提供了另一种视角，即"以岛屿为中心"来编撰历史。由于试图从岛民角度来观察事件，这种视角使其有别于以欧洲为中心的帝国话语。在实践中，他们恢复了土著社会的价值，从土著文化视角重新描述了事件，并维护了一个积极进取的野蛮人形象，并认为欧洲人到来后他们的生活方式不一定受到了破坏。[②] 由于他们试图根据土著文化价值观和政治优先事项来描述事件，这些后殖民时代历史学家的著作引起了人类学家的注意。

25 詹姆斯·戴维森阐述了建设岛屿导向历史编撰学的优先事项和研究方法。1954 年，戴维森被澳大利亚国立大学任命为世界上首位太平洋史教授，这成为太平洋史学的一个基准日期。他不仅发挥了学术领导作用，还参与研究和筹划了太平洋岛国的独立。戴维森与其学生理查德·吉尔森撰写了颇具权威的萨摩亚史。这些作品不是以探险家的到来开篇，而是始于描述萨摩亚社会结构和政治制度。

后殖民时代的修正主义者主要是澳大利亚和新西兰的历史学家。他们对列强在太平洋地区的行动持批评态度可能与其身处英国殖民边疆有密切关

---

① Howe, 'The Fate of the "Savage"'; Moorehead, *The Fatal Impact.*
② Howe, 'The Fate of the "Savage"', 147.

系。（相比之下，创作于牛津大学的《萨摩亚争端》似乎代表了旧式的帝国史，虽然它发表于正式提出"岛屿取向"之后。）后殖民时代的修正主义者挑战了殖民时代对岛民价值观和社会的谣言。值得注意的是，书中没有提到原始富裕、缺乏勤勉和政治混乱。例如，戴维森称萨摩亚人是"有政治能力的民族"，过去曾被新西兰政府不公正地当作受监护者对待。[①] 吉尔森没有将萨摩亚人皈依基督教简单地归因于实利主义，但强调了土著能动性对传教的影响；由他撰写的关于基督教境遇的章节被称为"萨摩亚人对基督教会的影响"，而不是反过来。[②]

对克里·豪的《浪落之处》（一部太平洋史通俗著作）的评论揭示了专业历史学家间的争论点，以及修正主义者与土著学者间在政治上的紧张关系。土著机构的效力和土著政体的稳定仍然是敏感问题。在早些时候的一篇文章中，豪曾公开抨击"'致命冲击'说往往是想象力过盛抑或深感愧疚的产物"。[③] 然而，澳大利亚历史学家卡洛琳·罗尔斯顿批评豪的著作仍带有"致命冲击"说的色彩，尽管他曾公开表示过自己的意图。例如，他的书名似乎将这些岛屿定义为外国"海浪"登陆的地方。另一方面，马拉玛·马利西亚指责豪过于重视土著机构，从而低估了西方干涉的破坏性影响："低估了殖民者阴谋和国际争吵的力量……为了优先解释土著政治结构，这做得太过了。"[④] 马利西亚还批评豪把萨摩亚政体描绘成长期分权的，这实际上是复制殖民主义观点。同时，豪还被指责对岛民抵制西方入侵的能力过于以欧洲为中心和乐观。

26

后殖民时代的土著历史学家

一些受过西方训练的岛屿学者一直试图用本土历史的政治观念取代以欧

---

① Davidson, *Samoa mo Samoa*, 12.

② Gilson, *Samoa* 1830 – 1900, 74.

③ 'The Fate of the "Savage"', 151.

④ *Pacific Studies* 9：1（1985），reviews by Caroline Ralston（150 ~ 63）and Malama Meleisea（149）; *cf.* O. H. K. Spate（163 – 6）.

洲为中心的殖民主义诠释。然而，正如马利西亚所指出的那样，"本土观点"也存在问题。[1] 为了使自己编撰的史学著作有别于外国学者的，土著学者重估和重铸了那些被殖民主义学者认为有害的、有缺陷的或非理性的事件和行为。从这个意义上说，太平洋学者所从事的是修正主义的事业，类似于他们的老师"岛屿导向"的历史学家所从事的。但是，反殖立场足以构成本土声音吗？对大多数土著学者而言，答案显然是否定的，但很少有土著学者试图具体说明某人有资格代表该群体发言的文化身份或社会地位。院校培训和专业地位已成为新的权威来源，但是它难以与土著权威基础结合在一起。

是否有可能或有希望在几个层面上维护"一个"统一的土著声音是令人烦恼的。早在资本主义出现之前，就已有各种形式的不平等，尤其是出身、等级和性别。随着这些岛屿融入全球经济，阶级和教育的内部差异继续分化。为了使各族群融为一体，太平洋岛国，尤其是那些美拉尼西亚国家，还面临着塑造民族认同的艰巨任务，因为其国内各族群除了拥有相同殖民统治者的遗产外，可能没有什么共同之处。巴布亚新几内亚的布干维尔叛乱（参见第十二章）表明，同属一个国家不会自动转化为共同的政治利益，更不用说承认一个共同的族群身份了。

因公开报道岛民针对殖民地官员及土著警察的 1927 年"大屠杀"事件，罗杰·基辛在所罗门群岛受到公开攻击。[2] 基辛重点记述了马莱塔岛中部信仰异教的库瓦伊奥人的声音。库瓦伊奥人不仅是这场"大屠杀"的施害者，也是随后主要由其他马莱塔人实施的血腥报复的受害者。鉴于政府威胁禁止该书出售，基辛若有所思后自语道，他的"罪过"在于"过于强烈地表达了原住民罪犯的抗议"。具有讽刺意味的是，在所罗门群岛，关于该事件的主流意识形态突出了"库瓦伊奥人是愚昧的野蛮人……杀害贝尔是无法接受的暴行"，这一解释呼应了殖民主义对岛民的描绘。基辛清楚地阐

① 'Preface' to Meleisea et al., *Lagaga*, vii.

② Keesing, 'Colonial History as Contested Ground'; Roger M. Keesing and Peter Corris, *Lightning Meets the West Wind: The Malaita Massacre*, Oxford Univercity Press, 1980.

述了使其作品成为"众矢之的"的内部分歧：

> 这些库瓦伊奥异教徒……实际上既是社会下层民众，也是在文化上受到迫害和被边缘化的少数群体。由于使正宗的土著文化与外国的、外侨的和剥削的文化对立起来，后殖民时代精英的文化民族主义话语制造了意识形态烟幕，并掩盖和隐藏了阶级利益、新殖民主义和内地乡村被剥削和贫穷化的现实。

与其他地方一样，太平洋岛屿的民族主义话语通常也是反殖民主义的，然而，基辛的研究揭示了貌似相互矛盾的公理是如何被阐明的。当历史被政治化和学术成为公众辩论的话题时，关于这部著作的言论可能与原文没有一点关系。对于土著学者来说，问题是"本地声音"应该是民族主义的声音，还是来自某个"正宗"土著文化飞地的声音。后者的立场可能会引发一场关于如何定义正宗土著文化和哪个族群最接近文化理想的争论。在西方大学和被外国导师培训是否会损害岛屿学者以"本地声音"说话的权利或能力？

萨摩亚和汤加学者自20世纪60年代以来对太平洋历史的出版事业做出了突出贡献。他们的著述阐明了不同史学流派间的复杂关系，以及创作"非殖民化"历史叙述的困境。正如所预料的那样，接受过大学教育的岛屿历史学家使用了叙事格式，采用了学术著作客观权威的叙述语态，并用英语出版了著作。后殖民时代的土著历史学家不仅满足了西方学术的所有正式标准，尤其还通过批判性地评估西方人的行为，试图坚持本土的文化和政治观点。萨摩亚历史学家埃图阿蒂、马利西亚和温特都分析了殖民时期的各个方面。温特和埃图阿蒂撰文探讨了反抗新西兰的马乌叛乱。马利西亚的博士学位论文和后来出版的著作都讨论了德国统治和马乌叛乱，但其主要分析了土地和头衔法院对社会变迁的影响。

尽管阿尔伯特·温特是一位令人敬重的著名小说家，但是他获得的首个研究生学位是历史学的。他的职业生涯证明了后殖民时代本土学术研究的起源及其一些分歧。他非常感谢他（在维多利亚大学时）的导师玛丽·博伊德，因为她"使我知道了我对祖国历史的了解是多么微乎其微"。① 他的毕业论文主要基于新西兰国家档案馆所藏文献资料，但是温特还使用了他所说的"民间历史"，即萨摩亚老年人的叙事。例如，在描述恐怖的 1918 年流感疫情的影响时，为了陈述一些萨摩亚人认为这种疾病是新西兰人故意引入的，他援引了自己祖母的说法作为资料来源。

28　　　他在其硕士学位论文《监护人和受监护人》中坚称，马乌叛乱不仅"深深植根"于 1900 年后的殖民时期，还根源于萨摩亚与欧洲间的长期接触。这一论点扩展了修正主义太平洋史学所提出的反殖批判，而且它与后者的不同只是程度上的而非本质上的。20 世纪 60 年代，很少有太平洋史学者会对温特的分析提出异议。的确，该论文的对立观点体现在 1927 年调查马乌叛乱的皇家专门委员会的报告中。但在《监护人和受监护人》一文中，由于意识到历史著述都是有成见的和主观的，温特彻底背弃了岛屿导向的历史编撰学，并试图在其有意识的叙述中解决这种矛盾。他在最后一章"诠释的实质"中进行了一次极其另类的试验，这预示了温特开始从专业史学转向小说。他放弃了权威的历史叙述语态，使叙事成为作者与一位虚拟交谈者的对话，这个交谈者在某种程度上就是他自己，也许是他的良心。尽管愤世嫉俗和轻率，但是内心的声音挑战了先前的（所有其他）历史著述：

> 许多历史都是为了实现愿望被有意或无意地编撰出来的……客观性是为宇航员完成月球飞行准备的……历史是为像你这样想要获得学位的凡人准备的。
>
> 我们走进萨摩亚的过去是为了寻求同情和吸取教训。
>
> 称之为奉承，或者是辩护，如果你愿意的话。

温特在论文结尾部分通过与另一个自我的最后辩论对文化和权威话语进行了批判：

---

① 'Guardians and Wards', vi; see Boyd, 'The Military Administration of Western Samoa'.

我本以为你在抄袭他人的想法、观点等所有东西之后会想出一些真正有用的东西。像这样的解释不会给你带来任何东西（或任何地方），更不用说学位了。但是，我是我们时代的产物，是我们教育制度的产物……我是一名推销员，记得吗？……一名除了他自己没有什么好卖的推销员……为了永生而出卖死者（和生者），你告诉我……我只能希望坚持真正的自我。

温特后来所创作的故事和小说叙述了萨摩亚人因无法在传统与西方世界之间做出抉择而产生的生存痛苦和个人冲突。虽然温特在其论文中讨论了那次流感疫情，但他决定以短篇小说的形式来表达它对人类的影响。① 大学教育很晚才出现在巴布亚新几内亚大学。包括约翰·维科在内的数名首届学生写了一些短篇故事和小说，还为了生动地表达他们对殖民遭遇的批判而创作了数部戏剧。随后，维科前往澳大利亚国立大学攻读博士学位。他在博士学位论文中分析了自己民族比南德雷人的近代史。然后，他在家里安排了一场仪式，这显然是对澳大利亚国立大学毕业典礼的文化抵制。② 温特、维科和马利西亚都承认在追求本土历史声音与使用西方学术规范、叙事形式和英语之间存在紧张关系。豪认为"正统史学可能从未强烈吸引过岛屿作家"。③ 29 一些岛屿学者要么从发表学术作品转向文学，要么选择两种体裁都写作。汤加历史学家埃佩利·豪奥法不仅拥有大学职位，而且他的学术作品还经常被引用，但是他最广为人知的作品却是非常离谱的色情小说，如《尼德兰德斯之吻》。④ 他的小说讽刺了后殖民时代太平洋地区的罪恶和具有讽刺意味的事件，并描述了岛民在这个文化多元、自相矛盾的现代世界中所面临的困境。

并非所有接受过大学教育的岛民都排斥传统历史。像维科那样，奥古斯汀·基图艾在从巴布亚新几内亚大学和澳大利亚国立大学历史系毕业前就已发表过创造性作品，毕业后回家乡讲授历史。萨摩亚最著名的历史学家马拉

---

① 'A Descendant of the Mountain', *Flying-Fox In a Freedom Tree*, Auckland, 1974.

② Chris Owen, *Man Without Pigs*, documentary film.

③ 'The Fate of the "Savage"', 153 n. 51.

④ Auckland, 1987.

玛·马利西亚毕业于巴布亚新几内亚大学，在澳大利亚麦考瑞大学获得博士学位，并在新西兰多所大学担任领导职务。他的一些老师对殖民国家展开过激烈批判。马利西亚的博士学位论文在出版时被定名为《现代萨摩亚的形成》。该论文考察了土地和头衔委员会，这个委员会负责解决有关酋长头衔和土地控制权的纠纷。正如马利西亚所承认的那样，土著学者面临着阐述一种观点的困难，即这种观点既不同于以欧洲为中心的殖民主义也有别于表示同情的自由修正主义。尽管没有明确抵制由域外人士书写的历史，但是这些知识分子对殖民主义行径的批判往往要比他们的导师更尖锐。他们与修正主义者在观点上的差异往往只是批判程度不同而已。

马利西亚是少数几个批判性地评估基督教对萨摩亚社会影响的历史学家之一。在德国统治西萨摩亚期间，总督威廉·索尔夫（1900～1910年）反对土地转让和自由移民，因此其经常被赞誉为仁慈和富有远见的。但是斯图尔特·弗思则持相反观点，弗思认为索尔夫的"利他主义"是针对小种植园主的一种特殊控制策略。[1] 虽然与弗思使用了相同文献，马利西亚更加批判性地分析了索尔夫的动机和对萨摩亚人的态度，断言索尔夫的学识和对萨摩亚习俗的表面尊重使他得以对土著政治制度进行了彻底改革。

马利西亚还与其他萨摩亚知识分子合作编写了一部萨摩亚简史《拉加加》。《现代萨摩亚的形成》特别吸引专业学者，但《拉加加》是为萨摩亚人和外国人编写的一部可读性强的通俗读物。在序言中，马利西亚指出了西方人和萨摩亚人在历史观上的一些差异：

> 对于萨摩亚人来说，知识就是力量，而最强有力的知识就是历史知识：被珍藏在当地居民头脑中，被珍藏在笔记本里。这些笔记本要么被锁在箱子和族长公文包里，要么被压在珍贵席子垫底下。有关家庭、土地、家谱、村庄和事件的珍贵历史很久以前都是家族财产……

---

① 'Governors versus Settlers'.

即使诸如著名的传说等"普通"历史知识也存在争议。每个都有　30
很多版本……

马利西亚认为，由于使用了同一种书面材料，由现代萨摩亚人撰写的叙事在方法论和叙事形式上类似于西方历史："我们几乎没有关于我们人民的被珍藏在他们头脑和笔记本中的数量巨大、内容丰富和记录完整的历史资料。我们一直广泛依赖来自原始文献资料的事实。"就像外国编写的历史那样，萨摩亚人的这种观点——限定性地——突出了作为共同历史基础的萨摩亚群岛的文化同质性和共同的过去。从这个意义上说，温特和马利西亚就像许多其他太平洋知识分子那样明确表达了一种民族主义的声音。然而，正如基辛为所罗门人所争辩的那样，民族主义话语被用来故弄玄虚和剥夺公民权的程度，因当地情况而异。诸如汤加和萨摩亚等群岛尽管文化明显同种也不应被理所当然地认为拥有共同的历史，但是萨摩亚人、汤加人和夏威夷人的确要比马莱塔人和瓦努阿图人更容易接受共同的历史。例如，"萨摩亚"是一个文化和政治实体的观念早在欧洲人到来之前就已有之，因此它不仅仅是殖民统治的产物。"美拉尼西亚"与"波利尼西亚"间的差异不应被夸大，但太平洋岛屿在社会结构和政治上的差异影响了历史的构建方式和争论方式。

太平洋史学非殖民化了吗？

富有同情心的自由主义学者通常认为，培养岛民"书写自己的历史"，对于知识分子非殖民化非常重要，他们从自己学生发表的作品中获得了巨大的满足感。但是这些学者常常对岛民撰写的历史感到不完全满意。一位作家认为，也许这些批评家采用了模棱两可的标准，或者期望他们顿悟事物真谛。[①]民族主义史学是反殖民主义的岛屿导向史学的逻辑继承者。但是民族主义史学与殖民主义史学有许多共同的前提，尤其是（直到最近大多数人类学家

---

① 　Routledge，'Pacific History as Seen from the Pacific Islands'，85.

仍）以为一些群岛相当于有界限的文化精髓，即尚未成型的国家。民族主义史学渴望通过给予土著社会价值和叙述反殖斗争获得一种"本土观点"，但它本身是在与第一世界学术机构互动和依赖的背景下产生的。用豪的话说，"虽然太平洋史学可以被去殖民化，但是它本质上仍是西方知识传统和世界观的产物"。

基辛注意到"具有较复杂研究方法的、最好的第三世界学术成果尚未被冲上太平洋诸岛海滨"。[1] 他意识到过分简单化的民族主义主导了岛屿精英的言论，潜在的可供替代的选择是由一群南亚学者倡导的"属民史学"。简而言之，"属民"是相对于"统治者"而言的。属民指的是那些不掌握权力和不属于统治集团的人，两者之间的区别可能是性别、种族、政治地位或经济阶层。一位印度历史学家将属民视为"暴民"。[2] 属民史学学者认为，精英的民族主义史学往往复制殖民主义话语的范畴和前提。一个真正"非殖民化"的第三世界史学必须是"反基础主义的"，抛弃了统治集团和阶级的观点。[3]

臣属性概念在太平洋岛屿使许多太平洋知识分子和域外学者感到不安。这在某种程度上是因为太平洋研究被文化孤立模式所主导，而且太平洋文化的同质性和孤立性似乎是不言而喻的。一个岛群无疑等于一个文化边界，毕竟，我们可以看到周围的海洋。但是臣属性是一种基于阶级的内部差异理论，太平洋学者一直不愿探讨岛屿社会的阶层分化和其他形式的不平等。因为臣属性强调了社会内部的不平等，与主导太平洋学术界的民族主义反殖民主义相抵触。然而，在夏威夷和塔希提等太平洋岛群中，土著在自己土地上是贫穷的少数民族，臣属性概念切合了反殖民主义分析：夏威夷人和塔希提人在政治话语中无疑是属民。在其他地方，很少有学者愿意指出某一土著民

---

① Keesing, 'Colonial History as Contested Ground', 279.

② Ranajit Guha (ed.), *Subaltern Studies: Writings on South Asian History and Society*, vols I-VI, Delhi, 1982–9; quotation from Gayatri Spivak, 'Subaltern Studies: Deconstructing Historiography', in vol. IV (1985), 330.

③ Gyan Prakash, 'Writing Post-Orientalist Histories of the Third World: Perspectives from Indian Historiography', *Comparative Studies in Society and History* 32 (1990), 398.

族可能比其他民族地位更加低下。

除基辛外，域外学者一直不愿提及臣属性问题。大多数学者支持土著要求主权，这在当前政治环境下意味着争取某种形式的国家地位。在瓦努阿图、巴布亚新几内亚和所罗门群岛等多种族国家，属民史学的发展前景更为广阔，因为那里的从属关系恰好与种族界限相一致。然而，家庭间和阶级间的物质差距仍在加剧，而且随着大众传媒的出现，"微民族主义"在全球兴起，并影响了这些岛屿的政治抱负。编写一部权威通史的设想越来越令人无法接受。由于愿望和观点不仅层出不穷还相互抵触，这日益使得历史与其说是一个文本，不如说是一场永无休止的争论。

32

关于太平洋岛屿的文献简论

在本章注释和本节中简要列出了一些重要作品，并在本书结尾的参考文献目录中完整列出了这些作品。

从 19 世纪后期开始，新西兰学者就率先对波利尼西亚历史展开了学术研究，而且《波利尼西亚研究会杂志》（*Journal of the Polynesian Society*）还定期刊发学术论文。夏威夷也产生了与新西兰旗鼓相当的学术成果。夏威夷的伯尼斯·帕瓦希主教博物馆资助了人类学等学科的研究人员，并出版了他们的专著。自 20 世纪 50 年代以来，澳大利亚国立大学太平洋研究学院聚集了一大批专业的历史学家、人类学家、语言学家和考古学家；《太平洋历史杂志》（*Journal of Pacific History*）成为太平洋历史研究的主阵地；而且澳大利亚国立大学出版社成为主要出版商。20 世纪 80 年代，由于澳大利亚国立大学出版社被停办，夏威夷大学出版社抓住这个机会成为该领域主要学术著作发行人。其他重要历史期刊还有夏威夷大学发行的《当代太平洋》（*The Contemporary Pacific*）、夏威夷杨百翰大学发行的《太平洋研究》（*Pacific Studies*）和巴黎人类博物馆发行的《大洋洲学会杂志》（*Journal de la Societe des Oceanistes*）。可供岛上大学利用的出版资源较少。然而，斐济的南太平洋大学太平洋研究所出版了许多岛民的研究成果。巴布亚新几内亚大学发行了《社会科学和人文学科杂志》(*Yagl-Ambu*),以及《韦盖尼研讨会年会论文集》(*Waigani Seminar*),而且关岛的密克罗尼西亚地区研究中心发行了研究密克罗尼西亚的期刊《岛屿》(*Isla*)。《密克罗尼西亚》(*Micronesica*)不仅刊登社会科学的文章还发表自然科学的稿件。

有关太平洋史学的讨论通常始于詹姆斯·戴维森的《太平洋史所面临的问题》(Problems of Pacific History)和格雷格·德宁的《波利尼西亚人种历史学:人种历史学史料的价值》(Ethnohistory in Polynesia: The Value of Ethnohistorical Evidence)。H. E. 莫德也在其《关于岛屿和人类:太平洋史研究》(*Of Islands and Men: Studies in Pacific History*)一书中分析了一些问题。这些问题在下列著述中得到了进一步探讨,即克里·豪的《"野蛮人"在太平洋史学中的命运》(The Fate of the "Savage" in Pacific Historiography)、杰弗里·怀特的《由历史获得的身份:所罗门岛民的社会生活》(*Identity Through History: Living Stories in a Solomons Island Society*)、罗杰·基辛的《陷入争论的殖民地史:所罗门群岛的贝尔惨案》(Colonial History as Contested Ground: The Bell Massacre in the Solomons)、克劳斯·诺依曼的《事实并非如此:构建图拉人的过去》(*Not the Way It Really Was: Constructing the Tolai Past*)、马歇尔·萨林斯的"发现真正的萨维奇"(The Discovery of the True Savage,载于由唐娜·梅威克主编的《危险的联络人》)、阿尔伯特·温特的《监护人和受监护人:西萨摩亚马乌运动的起源、原因和最初两年的研究》(*Guardians and Wards: A Study of the Origins, Causes and First Two Years of the Mau Movement in Western Samoa*)、尼古拉斯·托马斯的"民族学的力量:划分美拉尼西亚/波利尼西亚的起源与意义"(The Force of Ethnology: Origins and Significance of the Melanesia/Polynesia Division),以及"有偏见的文本:太平洋历史上的表现、殖民主义和能动性"(Partial Texts: Representation, Colonialism and Agency in Pacific History)。

加纳纳什·奥贝塞克拉的《对库克船长的神话:欧洲人在太平洋上编造的神话》(*The Apotheosis of Captain Cook: European Mythmaking in the*

Pacific）重新引发了关于域外学者的角色和人种历史学分析方法的争论。
《太平洋研究》1994 年第 2 期第 17 页的书评论坛使得主要参与者探讨了这   33
些问题，而且马歇尔·萨林斯还以《"土著"如何思考：以库克船长为例》
（*How 'Natives' Think: About Captain Cook for Example*）回应了奥贝塞克拉的
批判。关于岛民宇宙观，代表性著作有彼得·劳伦斯的《通往船货之路》
（*Road Belong Cargo*）、K. O. L. 伯里奇的《堆积如山》 （*Mambu*）、马歇
尔·萨林斯的"斐济人中外来国王或迪梅齐尔"（The Stranger-King, or
Dumezil among the Fijians）和《历史隐喻和神话现实》（*Historical Metaphors
and Mythical Realities*）、格雷格·德宁的《岛屿和海滩》（*Islands and
Beaches*）和《布莱先生的污言秽语》（*Mr Bligh's Bad Language*）。很多探讨
都涉及了"初次接触"所产生的证据。在这一领域，主要研究工作集中在
特定遭遇上，如安妮·萨尔蒙德的《两个世界：毛利人和欧洲人的首次会
面（1642~1772）》（*Two Worlds: First Meetings between Maori and Europeans,
1642 – 1772*），还有爱德华·希费林和罗伯特·克里滕登的《恍如梦中人》
（*Like People You See in a Dream*）。

    很少有学者尝试撰写该地区的通史。克里·豪的《浪落之处》（*Where
the Waves Fall*）是该领域的首部作品，由于他决定将叙述截至殖民统治开始
之时，该作品在这一领域的价值受到限制。最近，克里·豪、罗伯特·基斯
特和布里吉·拉尔又主编了《历史的潮流》（*Tides of History*）。在广度和文
学质量上最成功的是奥斯卡·斯佩特的三卷本《麦哲伦以来的太平洋》
（*The Pacific Since Magellan*）。斯佩特的兴趣是地缘政治，而非社会或文化。
最有用的单卷本著作是德里克·斯卡尔的《太平洋岛屿史：珊瑚礁王国》
（*The History of the Pacific Islands: Kingdoms of the Reefs*）。关于最近的法国太
平洋领土，参见斯蒂芬·亨宁汉姆的《法国和南太平洋》 （*France and the
South Pacific*）。

    最近对区域话题做出开创性贡献的是埃佩利·豪奥法的"我们的岛屿
之海"（Our Sea of Islands）。国际关系学学者对区域机构和政治进行了分析。
例如，由拉梅什·塔库尔主编的《南太平洋：问题、议题和前景》（*The

South Pacific：Problems，Issues and Prospects），特别是其中关于安全问题（彼得·金）、渔业管理（戴维·道尔曼）和政治合作（格雷格·弗莱）的章节。关于区域主义及其机构，代表性研究成果有格雷格·弗莱的《南太平洋区域主义》（South Pacific Regionalism）、理查德·赫尔的《南海区域主义》（Regionalism in the South Seas）和 T. R. 史密斯的《南太平洋委员会》（*South Pacific Commission*）。

我们依赖了一些通史。关于夏威夷，加万·道斯的《时间浅滩》（*Shoal of Time*）满足了这个目的。关于西萨摩亚的通史有詹姆斯·戴维森的《为了萨摩亚人的萨摩亚》（*Samoa mo Samoa*）、马拉玛·马利西亚等人的《拉加加》（*Lagaga*），以及马利西亚的《现代萨摩亚的形成》（*The Making of Modern Samoa*）。关于斐济的通史有布拉吉·拉尔的《破浪前进》（*Broken Waves*）、德里克·斯卡尔的《斐济简史》（*Fiji：A Short History*）、蒂莫西·麦克诺特的《斐济人的殖民经历》（*The Fijian Colonial Experience*），以及布鲁斯·纳普曼的《斐济经济史（1874 ~ 1939）》（*Fiji's Economic History，1874 – 1939*）。

有数部叙事是以巴布亚新几内亚为主题的，其中包括斯图尔特·弗思的《德国人统治下的新几内亚》（*New Guinea under the Germans*）、由詹姆斯·格里芬、汉克·纳尔逊和斯图尔特·弗思合著的《巴布亚新几内亚政治史》（*Papua New Guinea：A Political History*）、约翰·怀科的《巴布亚新几内亚简史》（*A Short History of Papua New Guinea*）、汉克·纳尔逊的《欧洲成年白人的时代》（*Taim Bilong Masta*），以及奥古斯汀·基图艾的博士学位论文《我的枪，我的兄弟：巴布亚新几内亚警察在 1920 ~ 1960 年间的经历》（My Gun，My Brother：Experiences of Papua New Guinea Policemen，1920 – 1960）。

最近概述太平洋史前史的著述有 J. D. 詹宁斯主编的《波利西尼亚史前史》（*The Prehistory of Polynesia*）、帕特里克·基尔希的《波利尼西亚酋邦的演变》（*The Evolution of the Polynesian Chiefdoms*）、彼得·贝尔伍德的《波利尼西亚人》（*The Polynesians*），以及由彼得·贝尔伍德、詹姆斯·福克斯和

达雷尔·泰伦主编的《南岛民族》（*The Austronesians*）。关于澳大利亚、新 34
几内亚和美拉尼西亚海洋岛的更新世考古学，参见由 M. A. 史密斯、
M. J. T. 斯普里格斯和 B. 范克豪泽主编的《对萨胡尔大陆架的再考察》
（*Sahul in Review*）。杰弗里·欧文在《史前对太平洋的探索和殖民》（*The
Prehistoric Exploration and Colonisation of the Pacific*）一书中重构了航海和早
期定居活动。

研究两性关系的主要是民族学学者。在 20 世纪 70 年代之前，民族学学
者大部分都是男性，因此习惯于从男性角度关注两性关系。该领域的著述参
见丹尼斯·奥布莱恩的《民族学中的美拉尼西亚女性形象》（The Portrayal
of Women in Melanesian Ethnography），载于由 D. 奥布莱恩和 S. W. 蒂芙尼主
编的《对女性角色的再思考》（*Rethinking Women's Roles*）。对两性关系最全
面的描述来自 20 世纪 70 年代以来的女权主义学者的作品，参见由玛丽莲·
斯特拉斯恩主编的《对待不平等》（*Dealing with Inequality*）、由奥布莱恩和
蒂芙尼主编的《对女性角色的再思考》（*Rethinking Women's Roles*）、保拉·
布朗的《性别与社会变迁：钦布妇女独立的新形式》（Gender and Social
Change：New Forms of Independence for Simbu Women）、由安妮特·韦纳和 J.
施耐德主编的《布料与人生经历》（*Cloth and Human Experience*）、安妮特·
韦纳的《女人的价值，男人的声望》（*Women of Value*，*Men of Renown*）、玛
格丽特·乔利的《妇女地位：瓦努阿图的习俗、殖民主义和性别》（*Women
of the Place*：*Kastom*，*Colonialism and Gender in Vanuatu*），以及朱莉亚·赫克
特的《普卡普卡的性别文化：男性、女性和马亚基汤加人的"神圣女仆"》
（The Culture of Gender in Pukapuka：Male，Female and the *Mayakitunga*
"Sacred Maid"）。由玛格丽特·乔利和玛莎·麦金泰尔主编的《太平洋地区
的家庭和两性关系》（*Family and Gender in the Pacific*）推动了两性关系的研
究。如下著述颇具洞察力地分析了其他传统，即 M. J. 梅吉特的《澳属新几
内亚高地的男女关系》（*Male-female Relationships in the Highlands of Australian
New Guinea*）、格雷戈里·贝特森的《纳文人》（*Naven*）、D. K. 费尔的《恩
加地区蒂交换体系中的妇女和男人》（Women and Men in the Enga Tee），以

及帕特里克·基尔希的《有羽毛的神和鱼钩》(*Feathered Gods and Fishhooks*)。关于广义的两性问题，参见乔斯林·林奈津的《神圣女王和知名妇女》(*Sacred Queens and Women of Consequence*)、克劳迪娅·纳普曼的《1835 ~ 1930 年的斐济白人妇女：帝国的灭亡》(*White Women in Fiji, 1835 – 1930：The Ruin of Empire*)、基拉·布尔贝克的《巴布亚新几内亚的澳大利亚妇女》(*Australian Women in Papua New Guinea*)，以及利留卡拉尼女王的《夏威夷女王讲述的夏威夷故事》(*Hawaii's Story by Hawai'i's Queen*)。

传教活动产生了大量的文献。许多著述是虔诚的、必胜的和以欧洲为中心的，如约翰·威廉姆斯的《南海诸岛的传教事业》(*Missionary Enterprises in the South-Sea Islands*)。但最近的一些作品打破了这一传统，其中最好的著述包括 W. N. 冈森的《仁慈的使者》(*Messengers of Grace*)、加万·道斯的《圣人：莫洛凯岛的达米安神父》(*Holy Man：Father Damien of Molokai*)，以及詹姆斯·克利福德的《人与神话：美拉尼西亚世界中的莫里斯·林哈特》(*Person and Myth：Maurice Leenhardt in the Melanesian World*)。探讨特殊使命的有黛安·朗格莫尔的《传教生活》(*Missionary Lives*)、休·拉拉西的《圣母修会和美拉尼西亚人》(*Marists and Melanesians*)、戴维·维瑟雷尔的《不情愿的使命：巴布亚新几内亚圣公会》(*Reluctant Mission：The Anglican Church in Papua New Guinea*)、戴维·希利亚德的《上帝的绅士们》(*God"s Gentlemen*)、约翰·加勒特的《浪迹四海》(*Footsteps in the Sea*) 和由詹姆斯·布蒂利耶、丹尼尔·休斯和莎伦·蒂芙尼主编的《大洋洲的传教、教堂和教派》(*Mission，Church and Sect in Oceania*)，提供了全面概述。

F. R. 福斯伯格主编的《人类在岛屿生态系统中的地位》(*Man's Place in the Island Ecosystem*) 对岛屿农业进行了全面描述。案例研究包括马歇尔·萨林斯的《阿那胡鲁：历史民族学》(*Anahulu：Historical Ethnography*)、马歇尔·萨林斯的《莫阿拉岛：一座斐济岛屿上的文化与自然》(*Moala：Culture and Nature on a Fijian Island*)、由唐纳德·狄侬和凯瑟琳·斯诺登主编的《巴布亚新几内亚农业史》(*A History of Agriculture in Papua New*

Guinea）、由 D. E. 延和 J. M. J. 马默里主编的《太平洋的生产系统》（*Pacific Production Systems*）、帕特里克·基尔希的《湿地和旱地》（*The Wet and the Dry*），以及 M. J. T. 斯普里格斯的《植物王国、芋头灌溉和太平洋史前史》（Vegetable Kingdoms, Taro Irrigation and Pacific Prehistory）。杰拉德·沃德和罗纳德·戈登·克罗科姆开创了土地使用权研究的先河。迄今为止，这些都在 R. 杰拉德·沃德和伊丽莎白·金登的《南太平洋地区的土地、习俗和惯例》（*Land, Custom and Practice in the South Pacific*）一书中被提及，而且该书不仅覆盖了瓦努阿图、西萨摩亚、汤加和斐济，还包括了一个完整的参考书目。

由 W. H. R. 里弗斯主编的《美拉尼西亚人口减少短论》（*Essays on the Depopulation of Melanesia*）表达了官员和传教士的担忧。专业人口学研究的先驱是诺玛·麦克阿瑟，她的研究被总结在《太平洋岛屿人口》（*Island Populations of the Pacific*）一书中。更有针对性的研究包括戴维·斯坦纳德的《大恐慌前夕》（*Before the Horror*）和安德鲁·布什内尔的《对"大恐慌"的再思考》（"The Horror" Reconsidered）。最广泛和最具说服力的专著是斯蒂芬·库尼茨的《疾病与社会差异》（*Disease and Social Diversity*）。涉及医疗卫生事业的有，由克莱夫·贝尔主编的《巴布亚新几内亚的疾病和卫生事业》（*The Diseases and Health Services of Papua New Guinea*）、由唐纳德·狄侬、凯思琳·杜根和莱斯利·马歇尔合著的《巴布亚新几内亚的公共卫生》（*Public Health in Papua New Guinea*），以及玛格丽特·戴维斯的《公共卫生与殖民统治：以德属新几内亚为例》（*Public Health and Colonialism: The Case of German New Guinea*）。

经济史尚未获得充分研究，但已有一些优秀的开拓性成果。主要资料来源包括理查德·索尔兹伯里的《从石头到钢铁》（*From Stone to Steel*）、多萝西·塞恩伯格的《他们为檀香木而来》（*They Came for Sandalwood*）、肯·巴克利和克里斯·克卢格曼的《伯恩斯·菲利普的历史》（*The History of Burns Philp*）、米歇尔·帕诺夫的《法国建立种植园体系的路径》（The French Way in Plantation Systems）、布鲁斯·纳普曼的《1874~1939 年资本

35

主义对斐济殖民地的经济影响》（Capitalism's Economic Impact in Colonial Fiji，1874 – 1939），以及戴维·刘易斯的《种植园之梦》（*Plantation Dream*）。

现代编撰的关于劳工招募和种植园经历的历史始于彼得·科里斯的《航线、港口和种植园：所罗门群岛劳工迁移史》（*Passage，Port and Plantation：A History of Solomon Islands Labour Migration*）和德里克·斯卡尔的《新劳工和招聘人员》（Recruits and Recruiters）。《太平洋历史杂志》在1976年第11期专门探讨了劳工贸易。这些著述是自觉的"修正主义者"，赋予了种植园劳工一定程度的能动性和自治。道格·芒罗的《修正主义及其反对者》（Revisionism and its Enemies）回顾了这些解释，汤姆·布拉斯以其《"快乐的美拉尼西亚"的回归》（The Return of "Merrie Melanesia"）对此进行了回应。由克莱夫·摩尔、杰奎琳·莱基和道格·芒罗主编的《南太平洋上的劳工》（*Labour in the South Pacific*）描述了许多事件。综合研究最好的是由布里吉·拉尔、道格·芒罗和艾德·比彻特主编的《种植园劳工：抵抗与和解》（*Plantation Workers：Resistance and Accommodation*）。克莱夫·摩尔的《卡内加人》（*Kanaka*）和帕特里夏·默瑟的《对白澳政策的挑战》（*White Australia Defied*）都是关于20世纪留在澳大利亚的美拉尼西亚人的优秀资料。

约翰·博尔顿的《瓦吉河谷的斧头制造者》（Axe Makers of the Wahgi）研究了沦为殖民地前的采矿业。马斯林·威廉姆斯和巴利·麦克唐纳的《磷酸盐矿工》（*The Phosphateers*）探讨了磷酸盐采矿业。关于金矿业，探讨最深入的是汉克·纳尔逊的《黑人、白人与黄金》（*Black，White and Gold*）、夏兰·奥法彻兰的《巴布亚新几内亚经济中的采矿业》（*Mining in the Papua New Guinea Economy*），以及阿图·恩伯森－贝恩的《斐济的劳工和金矿》（*Labour and Gold in Fiji*）。

汉克·纳尔逊在《第二次世界大战对巴布亚新几内亚的影响》（Taim Bilong Pait：The Impact of the Second World War on Papua New Guinea）一文中总结了他对太平洋战争的研究。由杰弗里·怀特和拉蒙特·林德斯特伦主编的《太平洋战区》（*The Pacific Theater*）对太平洋战争进行了更广泛的叙述。关于这一主题还可参考内维尔·罗宾逊的《战时的村民》（*Villagers at War*）、由休·拉拉西主编的《马西纳规则运动》（*The Maasina Rule Movement*）、由杰弗里·怀特等人主编的《大毁灭》（*The Big Death*），以及阿塞塞拉·拉乌乌的《战时的斐济人（1939~1945）》（*Fijians at War, 1939–1945*）。

关于移民的著作包括安东尼·胡珀等人的《南太平洋的阶级与文化》（*Class and Culture in the South Pacific*）、由约翰·康奈尔主编的《南太平洋的移民与发展》（*Migration and Development in the South Pacific*）、由迈克尔·利贝尔主编的《大洋洲的背井离乡者和移民》（*Exiles and Migrants in Oceania*），以及由格兰特·麦考尔和约翰·康奈尔主编的《从世界视角看太平洋岛民的迁移》（*A World Perspective on Pacific Islander Migration*）。

关于邻近地区，关于马鲁古群岛的资料来自伦纳德·安达亚的《马鲁古的世界》（*The World of Maluku*）。理查德·皮尔森的《贸易与琉球王国的崛起》（Trade and the Rise of the Okinawan State）概述了琉球群岛和琉球王国。 36

尤其是自20世纪70年代以来，许多优秀的纪录片和电视节目被制作出来，题材之广令人吃惊。黛安·奥基在其《太平洋岛屿的移动影像》（*Moving Images of the Pacific Islands*）一书中列举了许多纪录片和电视节目（参见本书参考书目的末尾）。

自20世纪70年代以来，澳大利亚国立大学的太平洋手稿处已将"有风险的"手稿材料制成了缩微胶片，并将副本分发给了专门研究太平洋的主要图书馆。

37

第二章

人类的定居

有许多传说解释了太平洋世界及其居民是怎样来到其今天所在位置和形成其当前所处状态的。在本章中，我们援引了数种实例，其中包括诗歌体的口述历史、自然科学散文体的考古学、系谱形式的语言学，以及墨守成规的专业史学。

为了陈述永恒事实和指导当下抉择，所有人类都整理有关往事的知识。这些民间历史并不是固定不变的，不需要彼此一致，也不会"加在一起"成为岛民经历的年表。夏威夷人和帕劳人数百年来讲述了数个版本的下列故事，之后才有专业民俗学家记录、发表和校正这些故事。因此，这些文本受到了两套惯例的塑造。《库木里波》和《拉特米卡伊克的故事》并不是狭义的历史故事，而是波利尼西亚夏威夷人和密克罗尼西亚帕劳人的创世神话。它们叙述了这些岛屿及其居民的起源，然后它们转向更重要的目标，即它们规定了人、神灵与环境之间，过去与未来之间，以及社区内不同群体之间的应然关系。由于上述叙事只有抓住听众的注意力才能教导他们，因此它们利用了一切可资利用的诗歌表现手法。

20 世纪 40 年代，为了在翻译时能够深刻领会它们的诗意，使之成为进一步比较分析波利尼西亚神话的文献资料，以及发表它们以飨学术界读者，民俗学家玛莎·贝克威思十分重视如实记录夏威夷人的叙事。贝克威思的做法深刻影响了人类学家理查德·帕门蒂尔叙述描述《拉特米卡伊克的故事》

的方式，即就像贝劳人（他将 Palau 拼写为 Belau）向他讲述时那样。在每一种情况下，易变的口头叙事都像宝石那样被功利地固定在呆板的学术研究的镶嵌架上。

摘自圣歌《库木里波》①

当大地变热时

当天空翻转时

当太阳变暗时

为了使月亮发光

38

这时昴宿星升起

烂泥，成为大地之源

导致光线不足的黑暗之源

造成昏天黑地的黑夜之源

漆黑，幽黑

太阳黯淡无光，夜晚光线不足

只有黑夜。

夜生万物

男人库木里波在夜间出世

女人波埃尔在夜间出世

珊瑚虫诞生，产生珊瑚，涌现

挖土和堆土的蛴螬诞生，涌现

他的［后代］生了一条蚯蚓，涌现

海星诞生，他的后代小海参涌现

海胆诞生，海胆［族群］

短刺海胆诞生，涌现

---

① Beckwith（trans. And ed.），*The Kumulipo*，58－9.

无刺海胆诞生，他的后代长刺海胆涌现

环状海胆诞生，他的后代细刺海胆涌现

藤壶诞生，他的后代珍珠贝涌现

贻贝诞生，他的后代寄居蟹涌现

大帽贝诞生，他的后代小帽贝涌现

宝贝诞生，他的后代小宝贝涌现

纳卡贝诞生，他的后代石蚝涌现

德鲁帕贝诞生，他的后代苦涩的白贝涌现

海螺诞生，他的后代小海螺涌现

蜒螺诞生，他的后代沙居贝涌现

淡水贝诞生，他的后代小淡水贝涌现

那名男子生为狭窄的溪流，那名女子生为宽阔的溪流

海生的艾卡哈苔藓诞生

由陆生的艾卡哈卡哈蕨保护

黑暗中透出一丝亮光

土和水是植物的养料

神进入，人不能进入

男人为狭窄的溪流，女人为宽阔的溪流

海中出现坚韧的海草

由陆上坚韧的陆草保护

副歌

男人为狭窄的溪流，女人为宽阔的溪流

出现海生的亚阿拉苔藓

由陆生的亚拉亚拉薄荷保护

副歌

男人为狭窄的溪流，女人为宽阔的溪流

出现海生的马纳乌亚苔藓

由陆生的马纳乌亚芋头保护……

拉特米卡伊克的故事①

人们非常想聆听关于拉特米卡伊克的故事。贝劳过去完全空无一物，甚至也没有人类在此居住。当乌彻里昂德（天堂最重要的神）俯视这片浩瀚的大海时，发现它完全空无一物。于是，乌彻里昂德说出了他的愿望："让这里出现一片陆地吧。让这里出现一片陆地吧。"因此，在今天安加尔岛和贝里琉岛之间一个叫卢克斯的地方，有一片陆地浮出了海面。

然后那里出现了一个蛤蜊。这个蛤蜊变得越来越大，然后这个蛤蜊逐渐长出了内脏。而且，这个蛤蜊就像人类那样不仅内脏变得越来越大，还怀孕了，肚子渐渐胀大。尽管它的肚子非常大，但是它无法产仔。乌彻里昂德在注意到这种情况后说："让那里有一片巨大的海洋。让那里有一片汹涌澎湃的大海来摇动它，使它可以产仔。"在它产仔后，那里有了很多很多的鱼。

然后，这些鱼不断繁衍，直到这片海洋拥挤不堪。当这片海洋变得拥挤不堪时，乌彻里昂德对拉特米卡伊克说："吩咐你的孩子们去收集石头和珊瑚，将它们堆积起来，直到浮出海面。"于是他们就清理了安加尔附近的碎石，把它们堆起来，直到浮出海面。然后乌彻里昂德说："建造它，这样你们就可以去天堂了。"于是，拉特米卡伊克对她的孩子们说："还要将它建造得更高，这样我们就能接近天堂了……"这句话的意思是巴伯尔图阿普岛就是天堂，而那些生物就是这片海洋底下的生物。

因此在他们将它建得很高后，它就有点倾斜了。他们向拉特米卡伊克报告说，他们无法去天堂了，因为它倾斜了。拉特米卡伊克于是对他们说："给我拿个量具来，让我看看情况。"他们拿来一个量具，但是在测量后发现，如果石头掉下来，经测量最远将到奥伊库尔村。拉特米卡伊克于是对他们说："去把它踢倒。"他们踢它，在它倒下后，创建了贝里琉岛等所有岩

---

① Parmentier, *The Sacred Remains*, 130, 138－9.

石岛，一直到奥伊库尔村。于是，拉特米卡伊克的孩子们现在可以前往巴伯尔图阿普岛了。在他们去了那里之后，贝劳的陆地变得越来越拥挤，村庄里挤满了人。这些拉特米卡伊克的孩子既能住在陆地上也可以生活在海里……

楚布、恩格特尔库之女都住在那里——安加尔岛。后来恩格特尔库之女生了一个女孩，名叫特勒布。特勒布又先后生育了基布利尔、男孩赛科德、女孩德黛丝。他们都渡海去了贝里琉岛，并去了贝里琉岛的利乌尔家。他们住在那里繁衍后代。他们都是鱼人，既能在海里生活，也能在陆地上生活。

40　　　楚布也先后生育了大女儿赤塔薇薇、大儿子拉贝克、二儿子博伊德、三儿子蒙格勒舍劳察和四儿子奥姆泰尼格。他们都去了贝劳附近。楚布住在那里，有了越来越多的后代，而且那些住在海里的人开始搬到陆地上来。他们没有结婚，只是在海里交配，然后在那里生孩子。

这些人日益无法无天，因此乌彻里昂德对楚布说：“创建酋长理事会，它将是安加尔岛的法制之源。”因此楚布任命莱科德等酋长为乌彻科姆尔，于是他们承担起了对安加尔岛的责任。莱科德从海里上岸后，坐在地上很快就上气不接下气，因此他们在米伽布附近寻找到那只大蛤蜊［拉特米卡伊克］的外壳，然后把它带回来，放在罗伊斯的贝尔贝克村议事厅前。然后，布库伦格鲁的海龙卷冲向云霄，把这个蛤壳灌满水，因此这个蛤壳成了莱科德的酒器。除莱科德之外，担任乌彻科姆尔的还有贝巴尔、彻登格、查伊、利利邦格尔。这些人成为酋长，他们是当时仅有的酋长。

乌彻里昂德接着说：“现在去贝劳，在那里创建酋长理事会。”因此，楚布先向北去了恩格莱克尔，任命乌彻尔克尔为贝里琉岛酋长。楚布再向北去了贝劳，确立了希卡莱姆尔的酋长地位，并在恩格鲁萨尔确立了图彻莱梅尔的酋长地位，还在恩格莱米德确立了莱赤温格尔的酋长地位。然后楚布先后去了恩格尔苏乌尔、恩格鲁伊克尔、乌利芒，并在这3个地方各创建了一个理事会，然后任命了伯德卢拉贝鲁乌为蒙格朗的酋长。这些酋长就是贝劳的八大酋长。

学科和测年法

历史在 19 世纪成为一门学科。专业历史学家是从书面文件开始研究的，尤其是政府档案，诠释政府档案成为他们的日常工作。根据学术分工，人类的早期经历不属于历史学的研究范畴，而属于人类学和考古学。人类学家通过比较文化特征探索了人类社会出现文字之前的历史，但是这种研究方法到 20 世纪 30 年代时已不再受青睐。与此同时，考古学在分析以往社会的物质历史遗存时逐渐形成了令人惊叹的技能；而语言学家则将语言梳理成语族，用系谱描述了它们是如何从共同祖先语言演变而来的。

学科是由它们的材料和研究方法塑造的。要想通过这些学科来研究遥远的过去，必须对其研究方法和材料有一定的了解。要想分析以往社会的物质遗存，考古学家必须借助自然科学。在很少有古物保存下来的地方，这些物质遗存必须接受精确的科学分析，因此考古学家采用了其他科学家的程序和风格——严密的论证和专业技术术语，用严谨的科学散文体来表达和避免任何诗意的暗示。 41

高科技能带来精确的记录，但是也有其局限性。放射性碳测年法一直是构建年代框架的主要手段，但这种方法仅能涵盖最近的四五万年。放射性碳测年法能确定标本死亡时间，因此我们必须清楚地了解那个用来确定年代的标本，以及那个我们希望确定年代的事件。例如，如果我们想确定一个木炭标本的年代，我们必须确保人类曾燃烧过这块木头，或者燃烧木头与某个人类活动发生在同一时间。热释光测年法这一新技术有望扩大这一时间范围。电子能以可预测的速率被石英晶体俘获。如果石英砂或陶器被暴露在高温或阳光下，这些电子就会被释放出来。如果它当时被埋入地下，电子将再次被俘获。如果把考古层的陶器在实验室中迅速加热，它就会发出强度与被俘获电子的释放成正比的光。因此，测量这些热释光将会告诉我们这件陶器被埋了多久。然而，对这一证据的解释仍存在争议。这一技术所测定的年代有可能会不同于放射性碳年代。

我们永远无法确定环境和时间保存或销毁证据的所有方式。由于受到海平面上升的影响，我们对太平洋岛屿的记录已有偏差。放射性碳年代的标准偏差表明了它们可能代表的时间范围。例如，新几内亚有人类居住的拉赤图岩棚，正确的放射性碳年代为 35360±1400，表示实际年代处于距今 36760～33960 年之间，或者在距今 38160～32560 年之间（误差幅度加倍，可获得 95% 的确定性）。上述标准差体现了 7000 年的不确定性。基于这些原因，考古学的判断总是暂定的。新证据或新技术可能会改变旧数据的重要性。考古学家不仅必须从小标本中推断出大结论，还通常至少要使用两种可信的方法来解释同一数据。下文陈述了根据现有技术对现有证据做出的最恰当解释。每句话都应包括"可能"，但大多数都被省略了，因为一再重复会显得冗长乏味。

更新世的太平洋

西南太平洋并非一直是其目前所具有的实际形态。在更新世，通常被称为冰河时代（约 200 万～1.2 万年前），地球的部分地区通常被大规模冰川覆盖。大致与这一时代同时发生的是，我们人类始祖在非洲出现，进化成现代人（智人），并迁徙至主要大陆。除了新几内亚最高峰之外，冰川很少对西南太平洋造成直接影响，但是造成了明显的间接影响。全世界的海水被大规模冻结，从而导致海平面下降。一些"大陆岛"，如新几内亚岛和塔斯马尼亚岛，当时是邻近大陆的一部分。这不适用于"海洋岛"，如新爱尔兰岛、所罗门群岛，以及美拉尼西亚东部岛屿和波利尼西亚诸岛。因此，西南太平洋被我们称为澳大拉西亚的一块较大的陆地所支配。它与那些较小岛屿的间隔变窄了，那些较小岛屿间的距离也缩小了。

澳大拉西亚（或"萨胡尔大陆架"）从来没有通过陆地与东南亚（"巽他陆地"）相连在一起。自进入哺乳动物时代，澳大拉西亚被海洋至少隔绝了 6000 万年。因此，该地区的哺乳动物从进化角度来讲是原始的，如有袋目哺乳动物和单孔目哺乳动物；它们截然不同于"旧世界"（非洲、亚洲和

42

欧洲）更加高级的胎盘哺乳动物。由于人类和其他灵长目动物都是胎盘哺乳动物，我们必须在该地区之外寻找人类的发源地。许多澳大利亚土著居民认为，他们一直居住在这片大陆上。但进化科学家为寻找移民来源地将目光转向了东南亚，并注意到殖民取决于跨越水障的能力。

人类祖先与黑猩猩和大猩猩的祖先分化的时间相对较近，可能就在500万年前。最古老的人类祖先可能是非洲的南方古猿，可追溯至大约350万年前。人属的最古老成员连同带图案的石器出现在大约200万年前。大约160万年前，现代人的直系祖先直立人也出现在非洲。直立人似乎是首类遍布全球的原始人，这一物种的遗骸在中国（"北京猿人"）和爪哇（"爪哇猿人"）早已为人所知。

学者们在现代人类起源问题上存在分歧。一些学者赞成"区域连续"说，该观点认为直立人是在世界各地进化成独具区域特色的智人种群；另一些学者则倾向于"替代"说，即现代人类只在非洲进化过一次，然后遍布于世界各地，从而在过去10万年里取代了直立人。

支持区域连续说的学者认为亚洲和太平洋存在两个不同世系。一个血统系始于中国的早期直立人（以蓝田和元谋的人类化石遗址为代表），通过进一步进化的周口店人标本，进化成大理人和马坝人等更为聪明的类型，并最终进化成现代亚洲人（"蒙古人种"）；另一个血统系起源于东南亚和澳大拉西亚，从最早的普坎甘层爪哇直立人，通过较早的特里尼尔和稍后的昂栋的人类化石标本，进化成现代的澳大利亚土著居民。一些学者认为，澳大利亚的化石证据支持了这一说法。支持替代说的学者对上述证据给予了不同解释。澳大拉西亚相对较近的殖民被用来论证了现代人类完全来自非洲。但是，无论哪种说法，西南太平洋的殖民毫无疑问是更为广泛的亚洲史前史的一部分。我们现在把这一话题留到我们回顾了文化证据之后再讨论。

我们可以肯定的是人类在4万年前就已抵达澳大拉西亚。从那时起，人类在那里一直存续至今。考古学家所争论的是人类是否来得更早。热释光测年显示澳北区阿纳姆地马拉库南贾二期岩棚遗址的沉积物被堆积于5万~6万年前，但是尚无法确定当时是否有人类在那里居住。阿纳姆地其他地方

43

的几个遗址显示人类存在不早于 2.4 万年前。澳大拉西亚其他地区的几个遗址都可追溯至 3.5 万 ~4 万年前。新几内亚北部沿海地区的休恩半岛也有人类居住的证据，因此有人提出人类在 4 万年前曾在此居住过。虽然这一年代有争议，[①] 但是在 3.5 万年前人类肯定曾在新几内亚北部沿海地区的拉赤图岩棚居住过。从上述时代起，他们还在澳大利亚大陆如下地点居住过（像今天这样），如澳大利亚北部金伯利高原的卡彭特山口 1 号岩棚（3.9 万年前）和约克角半岛的努拉布尔津山洞（3.7 万年前），澳大利亚西南部帕斯附近的上斯旺（3.8 万年前），澳大利亚东南部蒙戈湖和默累 – 达令盆地的相关遗址（3.7 万年前），还有塔斯马尼亚岛的沃里恩洞穴遗址（3.5 万年前）。

考虑到上述问题和既然放射性碳测年无法确定 4 万年以前的时代，这些年代未必反映了上述地区最早的人类活动。然而，上述重大遗址的测年标本仅出现在深层沉积物的底部，这表明它们确实是最早的人类活动。与之相反，在欧洲、非洲和中东的许多遗址，这一时期的测年标本出现在沉积物的顶部，这表明早期人类活动留下了长期记录。如果我们承认这些年代反映了上述地区最早的人类活动，那么这是否表明迅速定殖？这一问题无法被回答，因为放射性碳测年的标准偏差允许很宽的时间范围。我们唯一可以肯定的是殖民在考古学时间上是极其迅速的。

为了寻找这些殖民者的祖先，我们很自然地就将眼光转向了东南亚，但是我们在那里却面临着一个令人费解的缺失。直立人至少起源于 160 万年前的非洲，著名的"爪哇猿人"化石例证了他们的远赴他乡。爪哇猿人标本的年代仍有争议。尽管利用放射性碳测定的那些最古老的标本的年代为近 200 万年，但是大多数学者都同意他们的年代为近 100 万年。更有问题的是昂栋或梭罗类型，他们是直立人获得进一步进化的类型，甚至可能是早期智人，他们最有可能出现在 10 万 ~30 万年前。这个难题的一个方面是没有任

---

① Allen, 'When Did Humans First Colonise Australia?'; Bowdler '*Homo sapiens* in Southeast Asia and the Antipodes'; and her 'Sunda and Sahul'.

何与这些化石相关的文化证据，在整个东南亚也没有任何可确切追溯至那个
年代的证据。事实上，在东南亚没有发现任何考古学证据比在澳大利亚所发现的更加古老，即4万年。这些年代与澳大拉西亚的非常相近。在泰国半岛，人类在约3.7万年前占据了郎荣连洞穴；在越南北部，历史最古老的岩棚可追溯至约33200年前；在马来西亚半岛霹雳州，哥打淡板石器加工遗址的历史可追溯至约3.1万年前。在东南亚岛屿也发现了一些年代相近的遗址，如婆罗洲北部沙捞越的尼亚洞（约4万年前），苏拉威西岛南部的良布荣文化遗址二期的岩棚（可追溯至约3.1万年前），以及菲律宾巴拉望岛的塔邦洞（在3万年前就有人类居住过）。①

上述证据表明，东南亚和澳大拉西亚同时被现代人类殖民，而且殖民速度很快。这并没有表明他们来自何方，但是最有可能来自中国。根据这一假设，现代人类在横扫中国南方后又迅速（就考古学而言）找到道路奔向东南亚的大陆岛和海洋岛，澳大利亚大陆，以及一些太平洋岛屿。殖民过程持续了50～5000年。几乎没有任何证据能表明它为什么发生在这个时候，而不是更早。这一直被归因于晚期智人（即现代人类）无与伦比的开发能力，但是这一看法在回答一些问题的同时又提出了另一些问题。

这些移民当然需要船只和航海技术，以及适应新环境的技能。即使在海平面下降和陆地面积扩大时期，人类仍需横渡海洋才能抵达澳大拉西亚。他们不必渡海就能抵达越南、泰国、马来西亚半岛、爪哇、巴拉望岛或婆罗洲。但前往苏拉威西岛确实需要船只才能横渡可能有50千米宽的海域。只能通过数次横渡至多100千米的海域，才能抵达澳大拉西亚。新殖民者并没有在澳大拉西亚停留下来，他们接着在3.3万年前去了新爱尔兰岛，然后在2.8万年前去了所罗门群岛最北端的布卡岛。

上述壮举提出许多问题。他们用的是什么船，他们走的是什么路线，他们的远航是一时兴起，还是有意为之？没有任何证据表明人类使用的是哪种船。太平洋上常见的、适于远航的、装有舷外支架的独木舟是后来才发展起

---

① Bowdler, '*Homo sapiens* in Southeast Asia and the Antipodes'.

来的，这种独木舟使南岛民族得以遍布南太平洋诸岛（见下节）。我们以为南岛民族的扩散对澳大利亚很少或没有产生过影响，因此我们推测澳大利亚最近的船只是从更新世传承下来的遗物。我们低估了澳大利亚北部沿海地区的独木舟和东北部装有舷外支架的小艇，因为这些船反映了近代马卡萨人和巴布亚人的影响。那就只剩下由澳大利亚土著居民制作的各种树皮独木舟和木筏。这些船似乎不具备远洋航行能力，事实上，一些证据表明它们都不十分古老。在全新世，澳大利亚土著就是用这种船造访近海岛屿的，航程不超过 25 千米，并且大多数不超过 10 千米。而且，直到 4000 年前才开始此类横渡（在 26 个实例中，可能有两三个例外）。这表明澳大利亚土著在近代使用的航海技术不同于早期移居太平洋地区的殖民者。最早的太平洋发现之旅可能使用的是竹制船，也可能是竹排。澳大利亚不存在广阔的大型竹林，从而可以解释这种技术为什么会消失。

伯德赛尔和欧文研究了从东南亚到澳大拉西亚的可能迁移路线。[1] 他们认为最有可能，也许最受欢迎的逐岛旅行路线是横渡航程最短的。伯德赛尔提出了两条主要路线，一条是从爪哇岛，经帝汶岛，到澳大利亚北部；另一条从苏拉威西岛，经哈马黑拉岛，到西伊里安。他认为远航在海平面较低和横渡距离较短时最有可能成功。欧文不同意这种假设。他认为，各条路线的距离"都可能很短，足以使风险保持基本相同……一艘在海上能航行 10 海里的船很可能能航行 100 海里甚至更远，只要它不被海水浸满和天气保持不变"。[2] 他还研究了远航是一时兴起还是有意为之的问题。如果参与航行的人数极少，那么这群人注定要灭亡，所以航行更有可能是有意为之。

我们只能猜测这些航行的动机。学者们提出了许多猜想，包括人口压力和环境灾难促使居民寻找新资源。证据不足以支持这些推测。测年标本在地理空间上的分布规律反映了殖民过程极其迅速。由于被迫扩张，殖民应在东南亚大陆以及爪哇岛和婆罗洲留下具有明显"年代梯度"和拥有最古老测

---

[1] Birdsell, 'The Recalibration of a Paradigm'; and Irwin, *The Prehistoric Exploration and Colonisation of the Pacific*.

[2] Irwin, *Prehistoric Exploration and Colonisation*, 27 - 8.

年标本的古迹证据。我们期望苏拉威西岛等非大陆岛屿有年代较近的测年标本，甚至在美拉尼西亚大陆性岛屿也有年代较近的测年标本。我们还期望在澳大利亚北部找到关于早期殖民的测年标本——它们要么与新几内亚为同一时代，要么比之年代较近——甚至在澳大利亚南部和美拉尼西亚海洋岛屿找到年代较近的测年标本。实际情况并非如此，证据没有显示出人类逐渐定居和"填满"新岛屿和生态区的迹象。证据也没有证实如下理论，即人口逐渐增加会对资源造成压力，迫使更多的人口迁移到新地区。那么，肯定有其他动机驱使人类进行发现之旅。

当地居民是依赖野生动植物资源的狩猎采集者。人们过去认为狩猎采集者（或"觅食者"）的生活方式是随机而艰难的。但现在很清楚的是，这些人类有着复杂而系统的策略，远不止为了维持生存。这些策略甚至可能是现代人类的显著特征，并解释他们非凡的适应性成就。 47

鉴于明显具备航海能力，这些殖民者特别适应沿海环境，而且他们还可能是与猎人和植物采集者一样棒的渔民和贝类采集者。早期遗址很少有保存下来可检验这一假设的有机遗物，但它得到了既有证据的支持。曼都曼都溪谷岩棚（位于澳大利亚西北角）和马滕库普库姆（位于新爱尔兰岛）年代最古老的文化层保存下来了鱼骨和贝壳等遗物，二者都距今约3.3万年和位于更新世海岸线附近。蒙戈湖和威兰德拉湖的遗址表明淡水鱼和贝类自3.7万年前起就成为人类饮食的一部分。年代相近的其他遗址都远离当时的海岸线，所以我们知道早期移民能够在陌生地带开发范围很广的资源，包括一些以前不知道的资源。到距今3.5万年时，人类已利用的生态环境范围达到令人惊叹的程度。虽然这些移民习惯了亚洲热带雨林和热带稀树草原，但他们很快就在冰川覆盖的塔斯马尼亚高原边缘把小袋鼠（季节性地）作为了狩猎目标，并在澳大利亚西部沙漠边缘收集鸸鹋蛋。

截至那时，殖民者很可能已经形成了复杂的经济体系。新爱尔兰岛的证据表明以航海为业的当地居民在更新世将哺乳动物引入了新环境。布卡岛基鲁（位于所罗门群岛北部）的有趣证据显示，石器上的芋头粒可追溯至约2.8万年前。我们不知道芋头是布卡岛土产还是被人类带来的。这些地区为人类在殖民初期有意识地扩散动植物提供了线索。这又可以有数种解释。一方面，这些居民可能是经验丰富的环境管理者（但不是"农学家"）；另一方面，这些扩散可能是为远航提供足够食物的副产品。

殖民者还可能将耐用物品带到了很远的地方。在澳大利亚金伯利地区海滨的岩棚遗址发现了数件可追溯至距今约 2.8 万年的贝制戽斗（用来舀船舱积水的器具），尽管当时这里距海滨有 50 余千米远。后来，在可追溯至距今约 1.8 万年的文化层发现了珍珠贝以及戽斗，当时这里距大海有 200 千米远。在更靠南的鲨鱼湾遗址发现了可追溯至距今约 3 万年的贝制戽斗，当时这里西距海岸有 100 千米远。在近代澳大利亚的一些地区，珍珠贝和贝制戽斗是长途贸易的重要物品。我们不能断定这些物品在数千年前具有同样意义，我们也不能确定它们是否具有与近代贸易相似的内涵。但它们确实表明了那些开始利用内陆资源的殖民者与遥远海滨地区维持着某种联系。

48 在塔斯马尼亚西南部有一个由陨石撞击形成的达尔文陨石坑。在该坑发现了因陨石与当地岩石碰撞而产生的玻璃薄层。在年代可追溯至距今 2.8 万年的沉积物中发现了以薄片和工具形式存在的小块达尔文玻璃。人类从达尔文坑出发的实际贸易路线长 25 千米到 100 余千米不等。在美拉尼西亚一些岛屿上也出现过火山黑曜石等天然玻璃。这是全新世时期重要的贸易品，而且可能更早。新不列颠岛的黑曜石是在 2 万年前被带到新爱尔兰岛的，两地直线距离有 350 千米，其中至少要横渡 30 千米的海洋。由于需求量少而稳定，这种材料被储存了大约 2000 年。这些案例表明，早期殖民者很快就适应了新环境，并为了最大限度利用新资源而迅速建立了贸易网络。这些殖民者不是四处漂泊而偶然在新陆地登岸的绝望航海者，甚至也不是因环境变化而绝望的探险家。

追溯这些杰出开拓者的起源出奇的困难。有两类证据可能对我们有所帮助，即文化证据和生物学证据。我们期望殖民者携带一些可识别的"行李"以便能追溯其来源，他们的体形可能会表明他们与来源地人群的关系。就这两种情况而言，证据是不足的和矛盾的。

在大多数早期遗址中，唯一确凿的文化证据是石器。这些文化证据存在许多固有问题，而且又被基于旧世界经验的学术偏见复杂化。石器出现于最早的非洲人属遗址。这些早期聚集物（在坦桑尼亚奥杜威峡谷文化之后）构成了"奥杜威文化期工艺"。奥杜威文化期工艺的标本通常是一组有图案的反复出现的器型，包括砾石砍砸器以及较小的石片器和刮削器。一组被称为阿舍利文化期工艺的新器型（以大型双面"手斧"为代表）表明在非洲出现了人类直接祖先——直立人。阿舍利文化期工艺也在欧洲、中东和印度部分地区被发现过，但是在东亚地区没有被发现过。中国的聚集物，与西边的阿舍利文化遗址处于同一时代，包括一系列特有的石片器和一些砾石砍砸器（爪哇直立人化石与之没有文化关联）。在欧洲，阿舍利文化期工艺之后是莫斯特文化期工艺（与尼安德特人有关联），然后是与完全现代人（智人）相关联的旧石器时代晚期工艺。这些年代较晚的聚集物被认为显示出石器日益复杂化和精细化。另一方面，在中国，这些石器聚集物继续被使用，且几乎没有发生明显变化。对这些差异的传统解释是主观的。与非洲和欧洲的序列相比，东亚的石器工艺被认为缺乏改进。这通常意味着亚洲工艺只是早先的奥杜威文化期工艺的延续，即陷入了发展困境。

这些传统观点并非完全出于盲目的偏见。石头坚硬，不像陶器极具可塑性和适合装饰。装饰可被视为一种风格，所以陶器是用来确定文化特征的最好媒介。人类通过敲击来分拆和缩小岩石，从而制造出器型有限和装饰极少的石器。考古学家在讨论石器时遇到几个问题。它们几乎都出现在人类从事农业前的遗址，而且我们对它们的用途也知之甚少。这增加了识别哪些特征是功能性的或风格上的（并因此确定文化特征）的问题。所有这些困难都妨碍了对太平洋早期石器工艺的解释，因此只能提出试探性意见。澳大利亚早期石器工艺被归类为"澳大利亚核心工具和刮削器传统"。这个实体类主要基于蒙戈湖遗址表层的人工制品。然而，这一概念隐含着一种可能不存在的统一性，并可能掩盖了澳大利亚更新世遗址人工制品聚集物的多样性。早期澳大拉西亚人工制品聚集物的确具有许多共同特征。来自金伯利高原、鲨鱼湾、约克角、塔斯马尼亚岛和新爱尔兰岛的人工制品都有至少 3 万年的历

49

史，它们似乎形成了一个共同传统，尽管没有定型，或者（更加委婉地说）是临时的。工艺流程似乎在所有情况下都是相同的。一些器型重复出现，即小型陡边刮削器和微型刮削器。与之年代相近的东南亚遗址的石器聚集物也具有相似属性。由于完全缺乏关于东南亚早期文化的证据，这意味着现代人类在大约4万年前同时定殖于东南亚和澳大拉西亚。这些人工制品表明上述定殖只有一个可能来源，即中国。中国更新世人工制品聚集物并没有随时间推移发生多大变化，最早的（至多100万年）以及最近的（至多距今约2万年）聚集物与澳大拉西亚有着惊人的相似之处。

生物学证据提出了完全不同的问题。更新世人类遗骸在世界任何地方都是罕见的，澳大拉西亚也不例外。美拉尼西亚也没有已知的人类遗骸标本。除了爪哇直立人标本外，东南亚的标本很少。如今研究最深入的标本是尼亚洞穴（砂拉越）的头骨，它通常被追溯到大约4万年前，但这个年代一直受到质疑，因为它可能是一个年代较近的侵入性墓葬。澳大利亚出土的几批人类遗骸被鉴定为更新世。其中很多遗骸尚未被确定年代。研究得最好的是蒙戈湖的两座墓葬和科斯旺普人类遗骸堆，前者年代可追溯至2.6万～3.2万年前，后者可追溯到9000～1.4万年前。所有标本都归属于完全现代人类物种，即晚期智人。蒙戈湖等地区的标本被描述为非常瘦小（骨架很轻），而科斯旺普和默累溪谷的标本被描述为非常健壮（骨架很重）。对这些差异的一种解释是瘦小标本源自中国的蒙古谱系，而健壮标本来自爪哇澳大利亚土著谱系。（这引发了一些问题，尤其是这意味着科斯旺普种群要比另一个种群古老得多，但是其遗物却少得多。）根据这种观点，人类至少有两个独立种群在澳大利亚殖民，一个来自爪哇，另一个直接来自中国。另一种解释认为这两种人类体形虽然反映出他们之间存在极大差异，但都在现代澳大利亚土著种群的变化范围内。还有人认为科斯旺普种群的特征直到更新世晚期才形成。这种观点仅适用于一个殖民种群。

本书认为，在过去4万年（或许5万年）里，澳大利亚和西南太平洋被现代人类晚期智人殖民。晚期智人在中国出现后，迅速横扫东南亚和澳大利亚。爪哇直立人不属于这个殖民种群，那时他们可能已经灭绝。如果我们认可这一观点，那么还有一个问题，即它没有解释那些被认为能将东亚、东南亚及波利尼西亚的"蒙古人种"与澳大利亚及美拉尼西亚大部分地区的"澳大利亚土著"区分开的体质特征的起源。简而言之，近代澳大利亚土著、美拉尼西亚人、波利尼西亚人、东南亚人和汉人在过去4万年内都是某一祖先类群的后代。由于一些人在不同直立人种群中注意到体质特征上的这些区别，因此他们不同意上述解释，并认为直立人至少需要4万年才能变得如此有区别。然而，大多数被用来界定这些种群的体质特征似乎都是没有从远古时代保留下来的软组织上的差异。仍存争议的是，上述差异的适应能力有多大，以及随着环境不断变化，它们的变化速度有多快。我们不知道上述特征需要多长时间才能变得独特。

总而言之，大约4万年前，完全现代人类开始了一系列远航，从中国出发，穿越东南亚，到达澳大利亚和美拉尼西亚的新大陆。他们可能到达过所罗门群岛岛链的南端，但没有到达更远的地方。他们很快就适应了极端的环境，并迅速建立了复杂的经济网络。考古记录显示，人类到此定居从远古时代一直持续到更新世结束。这并未否认人类进行了更远的航行，也许还会返航。在澳大利亚，某些种群在大约1.8万年前最后一次冰川作用的顶点时期开始迁居，因为干旱加剧使原本舒适的环境恶化到人类的承受极限。我们不知道美拉尼西亚是否发生了这种或其他影响。但是所有这些问题显然都被解决了，因为种群不仅得以存活、扩大，并对新挑战做出了反应。

语言学证据

语言学是近百年发展起来的一些最有用的基于史实的学科之一。更新世考古学家与自然科学的合作最为密切，而语言学家则依靠人类学、考古学和遗传学来检验语言与使用者间的明显联系。对语法结构和词汇的研究揭示了语言间的关系。这种关系通常用系谱来表示，而且还会随着时间的推移和接触到新的影响而产生新分支。

52

太平洋中南诸岛的语言是如此紧密地联系在一起，以至于语言学家们决定将它们归入一个语族，即南岛语族；它们的关系可以用系谱来表示，在系谱中最近产生的语言是不再使用的旧语言的继承者。尽管一种语言分裂成一系列紧密相关的语言，但是语言学家有信心将它们按顺序排好，就像对待兄弟姐妹一样。但是，不可能为这些发展提供确切年代，因为语言不会以固定的或可预测的速度发生变化。例如，在图 2－1 的系谱中，"大洋洲语群"分裂的拟议年代是根据考古学证据而非语言学证据来预估的。

近半数太平洋岛民讲南岛语族语言。其他语言主要分布于新几内亚和所罗门群岛，语言学家将这些语言要么消极地归为"非南岛语族"，要么（更积极，但令人困惑）归为巴布亚语族。巴布亚诸语言大约有 741 种，这使得新几内亚成为世界上语言最复杂的地区之一。斯蒂芬·乌尔姆提出了一种极其宽泛的分类方法，[①] 其模式被概括在表 2－1 中。为了展现这些语言间所存在的巨大差异，他使用了比"语族"更加宽泛的术语，即关系松散的语族被称为"语支"，一些语支被更松散地组合成"超级语支"，而关系微弱的语支则被称为"语系"。这种分类蕴含着一个相对的年代序列，但是目前即使估计它们分裂的确切年代也是愚蠢的。在谈及乌尔姆宽泛而大胆的分类方法时，弗利指出，巴布亚诸语言被划分为 60 余个不同语系，但其所具有的宽泛关系尚未得到确凿证明。[②]

全新世的太平洋

对于涵盖过去 1 万年的全新世，考古学家可以整合来自社会科学的证据，特别是语言学和人类学，以及最近社会的书面记录。证据的多样性非但没有简化考古学家的工作，反而增加了解释的难度，因为每一种说法都应再次被解读，就好像其内含着"可能性"。

---

① Wurm，*Papuan Languages of Oceania*.

② Foley，*The Papuan Languages of New Guinea*，13.

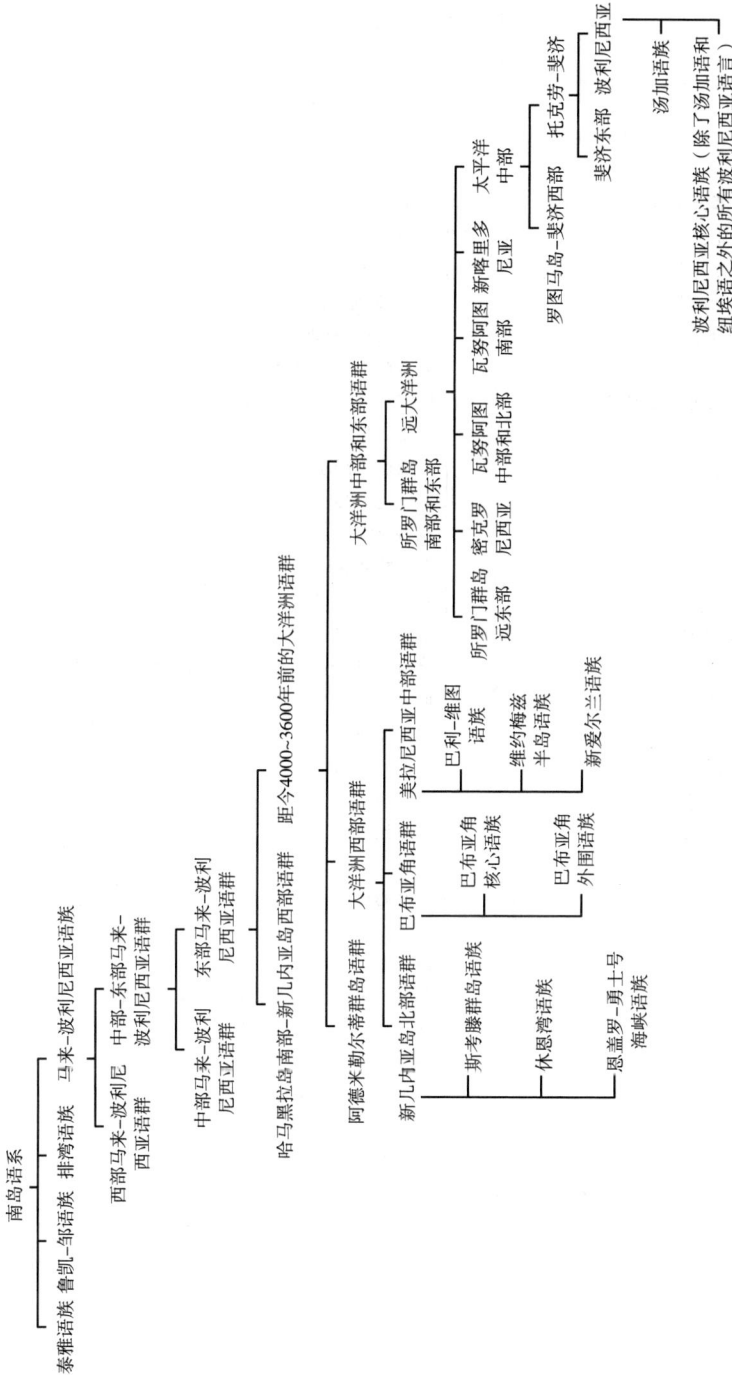

图 2 - 1 南岛语系语言系属分类表

南岛语系

泰雅语族 鲁凯-邹语族 马来-波利尼西亚语族 排湾语族

西部马来-波利尼西亚语群

中部-东部马来-波利尼西亚语群

中部马来-波利尼尼西亚语群

东部马来-波利尼西亚语群

哈马黑拉岛南部-新几内亚岛西部语群

距今4000~3600年前的大洋洲语群

阿德米勒尔蒂群岛语群

大洋洲西部语群

大洋洲中部和东部语群

新几内亚岛北部语群

巴布亚角语群

美拉尼西亚中部语群

所罗门群岛
南部和东部

近大洋洲

斯考滕群岛语族

休恩语族

恩盖罗-勇士号
海峡语族

巴布亚角
核心语族

巴布亚角
外围语族

巴利-维图
语族

维约梅兹
半岛语族

新爱尔兰语族

所罗门群岛
近东部

瓦努阿图
中部和北部

密克罗
尼西亚

瓦努阿图
南部

新喀里多
尼亚

太平洋
中部

罗图马岛-斐济西部

斐济东部

斐济西部

托克劳-斐济

波利尼西亚

波利尼西亚核心语族（除了汤加语和
纽埃语之外的所有所利尼西亚语言）

汤加语族

波利尼西亚

53　　　　　　　　　　**表 2 - 1　巴布亚诸语言主要语系** *

1. 跨新几内亚语系	2. 西巴布亚语系
语言数量:507 种	语言数量:24 种
分布范围:新几内亚岛本土大部分地区	分布范围:鸟头半岛北部和哈马黑拉岛北部
不包括:	语支:
(1)鸟头半岛的大部分地区	鸟头超级语支
(2)伊里安查亚西北部	波莱 - 哈塔姆语族
(3)巴布亚新几内亚西北部	哈马黑拉岛北部语族
语支:	3. 塞皮克 - 拉穆语系
菲尼斯泰尔 - 休恩语支	语言数量:98 种
新几内亚东高地语支	分布范围:东、西塞皮克省以及马当省西部
新几内亚中南部库布图超级语支	语支:
安干语族	塞皮克超级语支
格格达拉 - 苏库语支	伦纳德·舒尔茨语支
马林德语支	努里克 - 彭多(塞皮克河下游)语支
卡亚加语族	拉穆超级语支
森塔尼语支	尤艾特超级语支
达尼 - 德沃巴语支	4. 托里切利语系
维塞尔湖群 - 开曼多加语支	语言数量:48 种
迈拉西 - 塔纳默拉语支	分布范围:东、西塞皮克省北部和马当省西北部
邦贝赖半岛西部语支	语支:
比南德雷语支	西瓦佩伊语族
莱城沿海 - 马布索超级语支	瓦佩伊 - 帕莱语支
阿德尔贝特·朗格超级语支	迈迈语支
特贝 - 帕瓦亚超级语支	科姆比奥语支
图拉马 - 基克里语支	玛利恩语族
海湾省内陆语族	莫努姆博语族
埃莱曼语支	5. 东巴布亚语系
跨弗莱河 - 耶梅克 - 马克留超级语支	语言数量:27 种
梅克语族	分布范围:毗邻新几内亚岛本土东北部和东部的
塞纳基语族	部分美拉尼西亚海洋岛
保瓦西语支	语支:
北部超级语支	耶勒 - 所罗门 - 新不列颠超级语支
考尔语支	布干维尔超级语支
科罗波姆语族	里夫群岛 - 圣克鲁斯语族
鸟头半岛南部 - 帝汶 - 阿洛 - 潘塔尔超级语支	

　　*　注：巴布亚诸语言主要语系总共 741 种，改编自斯蒂芬·阿道夫·乌尔姆的《大洋洲的巴布亚诸语言》(金特纳尔出版社，德国巴登 - 符腾堡州图宾根市，1982 年版)。

全新世的主要事件是俾斯麦群岛和所罗门群岛上的那个独具特色的文化丛（拉皮塔文化）的演变。拉皮塔文化丛最初是根据其陶器界定的，但现在人们已知道它还包括石锛、装饰品、村庄里的高脚屋，以及猪等家畜。这些技术在当时为人类殖民远大洋洲提供了技能和资源。9000年前，在新几内亚高地库克沼泽形成了一个相对独立的农业文明。该农业遗址揭示了其园圃类型和种植面积随着环境和社会的变迁而发生过变化。由于上述证据不完整，因此如果它得到历史语言学和人类生物学的补充，那么全新世史前史的轮廓就会变得清晰起来。由于本节以1万年前作为起始时间，本节以距今1万年、5000年、3000年、2000年、1000年和500年（或公元1500年）为时间节点来考察这些岛屿的定殖情况。

距今1万年时的太平洋世界

如上所述，狩猎采集者早在1万年前就已抵达所罗门群岛岛链的末端。除所罗门群岛主要岛屿之外，陆生哺乳动物（除蝙蝠之外）都是由人类带来的。这里是30属陆生鸟类和162属种子植物的东部界限，其他动植物的分布也在这里有较大的间断。这意味着在近大洋洲和远大洋洲之间有一条界线，它限制了人类从俾斯麦群岛和所罗门群岛继续向外扩散。它可能阻止了人类定居点的建立，与其说是因为受到大海的阻隔，不如说是因为缺乏天然食物。

新几内亚和澳大利亚直到距今8000年时才被约克角附近的地峡连在一起，但肆虐的疟疾可能限制了这条走廊的作用。众所周知，新几内亚低地地区在这一时期几乎没有留下遗址，因此我们对这一时期情况的了解主要来自新几内亚高地、俾斯麦群岛和所罗门群岛。从距今9000年时起，高地居民开始从事某种形式的耕作，从而在库克沼泽边缘维持了一个排水系统。后来在距今6000年前又出现了一个范围更广泛的排水系统。从1万年前的其他高地遗址出土了一些海洋贝壳饰品，由此可见高地居民与沿海地区有着间接接触和交换。

美拉尼西亚海洋岛上年代相近的遗址表明，当地居民利用爪哇橄榄

54

（当地一种杏仁状乔木果实）制作了野生植物性食物。爪哇橄榄可能是在更新世晚期从新几内亚带来的。当地居民也吃野生或栽培的芋头。还有证据表明，殖民者特意从新几内亚将袋狸和大鼠等野生动物带到马努斯岛，并将袋貂和老鼠带到新爱尔兰岛。他们还可能在全新世早期将小沙袋鼠带到了新爱尔兰岛。一些遗址的证据表明，从距今2万年时起，黑曜石就已开始从新不列颠岛塔拉西半岛被跨海运至新爱尔兰岛。无论黑曜石还是被引进的动物都没有被带到所罗门群岛，这表明在这些群岛之间几乎没有接触。在全新世早期之前，马努斯岛也出产黑曜石，虽然它仅在俾斯麦群岛内进行交易，而不在群岛之外。这种分布还意味着每个群岛都有部分岛屿处于孤立状态。

55　　　简而言之，在先民们涌入俾斯麦群岛和所罗门群岛后，他们在适应新环境的同时也收缩了自己的视野。他们住在30多人的小村庄里，还经常搬家。在全新世初期，交换网络尚未克服主要海洋鸿沟（从马努斯岛到新几内亚岛或俾斯麦群岛，或从新爱尔兰岛到所罗门群岛），尽管早期殖民者早已横渡了这些海洋鸿沟。

距今5000年时的近大洋洲

全新世早期的证据表明，当地居民不仅小规模耕作或制作野生植物性食物，还进行狩猎和采集。一些学者认为当地的发展为定居远大洋洲奠定了基础。这种观点（区域连续说）认为拉皮塔文化是当地发展的产物，没有必要从更远的西部迁移到远大洋洲。一些拉皮塔时代之前的遗址进一步揭示了这一问题。塔拉西半岛的黑曜石早在5000年前就已被普遍交换，向东交换至新不列颠岛、新爱尔兰岛和尼桑岛的部分地区，向西交换至塞皮克河流域，但是没有证据表明它在拉皮塔时代之前被用于所罗门群岛。在拉皮塔时代之前，塔拉西半岛居民就已开发出生产有柄黑曜石工具的产业，但是尚未在稍后的拉皮塔文化层中发现类似组合物。在同一地区，一些遗址在拉皮塔时代及其之前一直有人类居住着，但大多数拉皮塔文化遗址位于以前从未有人类居住过的地方。贝壳制品也明显存在一些连续性，在这两种遗址中都发现了砗壳锛（尽管风格不同）、马蹄螺壳臂箍、贝壳珠子和马蹄螺壳一体式鱼钩,以及被磨过或被削成薄片的贝片。骨针不仅早在拉皮塔时代之前的文化层中就已存在于新爱尔兰岛,而且在拉皮塔文化遗址中也能找到。如果主要家畜猪和最常见的拉皮塔人工制品陶器早在拉皮塔时代之前就已存在,那么区域连续说将会更站得住脚。但是,它们在美拉尼西亚海洋岛都没有得到证实,却在新几内亚岛被证实,但研究尚未证实新几内亚陶器在拉皮塔文化时期之前的年代,而且其形态也不同于拉皮塔陶器。如果新几内亚岛早在拉皮塔时代之前就已有猪,这并不令人惊讶,但证据尚不充分。

与此同时,新几内亚高地居民在距今约 6000 年后为了发展农业砍伐了更多的森林。在北部沿海,在赛皮克河与拉穆河之间的唐根遗址出土了一些水果和坚果,它们可追溯到约 6500 年前。新几内亚岛的孢粉证据表明森林遭到砍伐,还可以清楚地说明农业生产走向集约化,因为人口增长导致日益依赖粮食种植。但是,由于资料有限,我们应谨慎对待这一发展设想。例如,森林砍伐的证据可能表明这片森林在最初砍伐后无法再生。随着时间的推移,即使人口没有增长,森林也会逐渐缩小。在美拉尼西亚海洋岛,始自 5000 年前左右的孢粉序列显示,人类从一开始就通过火对序列实施了一些干扰,但是这些干扰对植被的影响程度迥然不同于后来大规模快速砍伐森林阶段(见下文),因此这代表了一种典型的"拓荒型"耕作模式。

56

距今3000年时的拉皮塔文化和远大洋洲定殖

拉皮塔文化丛最初是由其装饰独特花纹的陶器来界定的。这种陶器在烧制前通常使用齿形印章在罐体上压印图案。后来又陆续增添了其他人工制品,如形态各异的石锛,类型多样的装饰品,定居村庄的矩形高脚屋,还引入了家畜,因此拉皮塔文化丛不再"只是一些陶罐"。拉皮塔文化的影响范围,西起马努斯岛和勇士号海峡(新几内亚与新不列颠岛之间),东至汤加和萨摩亚。在新几内亚岛艾塔佩发现了一些仅属于某一陶罐的碎片。拉皮塔文化丛从俾斯麦群岛向东扩散到西波利尼西亚,这似乎与南岛语族语言的传播有关联。南岛语族语言主要分布在近大洋洲沿海地区,这表明它们侵入了非南岛语族地区。拉皮塔文化始于 3500 年前左右,到距今 2500～2000 年时,它开始失去其广为流传的独特特征。

同一地区分布最广的考古现象和语族肯定是有关联的。南岛语族衍生自东南亚,发端于中国台湾岛(参见前面章节)。拉皮塔文化的直接"故乡"位于俾斯麦群岛。直到拉皮塔文化向东扩散,波利尼西亚语言和文化才在此前无人居住的地区发展起来。在从中国台湾岛来到美拉尼西亚海洋岛和波利尼西亚时,这些语言的使用者很难不留下任何痕迹,而且拉皮塔文化在相应时间也留下了明显痕迹(不晚于 3000 年前)。东南亚海洋岛遗址的放射性碳年代序列表明,新石器时代文化从中国台湾岛经菲律宾群岛传播至印度尼西亚东部,同样的年代序列向东延伸至波利尼西亚。

"语言和文化西来说"受到批评。那些批评家认为拉皮塔文化是由俾斯麦群岛拉皮塔时代之前的文化发展而来的,几乎没有受到西方的影响。但是,有证据支持拉皮塔文化起源于东南亚。一方面,拉皮塔文化源自东南亚的元素包括特定类型的陶器、猪狗鸡、四角形石锛、抛光石凿、各种贝壳饰品、矩形房子(有的建在支柱上)、大型村落、语言,可能还包括建造小船的相关技术、带有花纹的凿子、珍珠贝刀子、拖钓鱼钩和各种石器。另一方面,早在拉皮塔时代之前,一些文化元素在东南亚和美拉尼西亚部分地区就已普遍存在(在俾斯麦群岛也不可能是新整合物或侵入物)。这些在拉皮塔时代之前就已有的特征包括:椭圆形或双凸面抛光石锛、磨石、铰链区砗磲贝锛、穿孔贝壳吊坠、贝壳珠子、马蹄螺贝壳臂箍、一体贝壳鱼钩、骨针或骨锥、火烧清理植被法和某种耕作形式、野生动植物的迁移、大部分大洋洲驯化农作物、贝类捕捞术和岩礁捕鱼术,可能还有原始地灶,以及一些长途交换。相比之下,美拉尼西亚所特有的元素很少,包括一些农作物、带柄黑曜石工具和利用砗磲贝壳背部制作的锛(与拉皮塔风格截然不同),可能还有地灶。总之,尽管有一些元素是在俾斯麦群岛被发明和被添加进来的,而且一些在拉皮塔时代之前就已存在的美拉尼西亚元素也被融入其中,但是拉皮塔文化基本上起源于东南亚南岛民族文化。

南岛语族语言与东南亚海洋岛新石器时代文化丛和拉皮塔文化丛的互补

58

分布表明了二者的传播年代。在大约 5000 年前古南岛语族南迁至菲律宾和苏拉威西岛时，分化成中国台湾南岛语族和马来－波利尼西亚语族。在大约 4500 年前人类从苏拉威西岛迁至马鲁古群岛北部时，马来－波利尼西亚语族发生分化。在大约 4000 年前随着人类东迁可能再次发生分化，很可能以伊里安查亚西北部的极乐鸟湾为中心。在大约 3500 年前随着人类进一步向东扩散，南岛民族和拉皮塔人定居俾斯麦群岛。在大约 3200 年前随着拉皮塔人通过所罗门群岛主要岛屿向南和向东进入瓦努阿图和新喀里多尼亚，大洋洲语族发生分化。然后在大约 3000 年前人类又从瓦努阿图北部进入斐济、汤加和萨摩亚。总之，最早殖民波利尼西亚的是拉皮塔文化，那里除了波利尼西亚语族语言外没有其他语言，这表明波利尼西亚人是拉皮塔文化传承者的直系后裔。现在看来，"前波利尼西亚人"起源于东南亚海洋岛似乎是确定无疑的，因为有证据表明他们与美拉尼西亚海洋岛北部族群存在某种程度的基因混合。

东南亚与美拉尼西亚之间的联系不是绝对确定的，因为新几内亚北部和西面岛屿缺少相关时期的遗址。语言分布暗示了极乐鸟湾的亚彭岛和比亚克岛或者该海湾沿海地区的文化联系。美拉尼西亚元素与侵入性文化融合既可能发生在极乐鸟湾，也可能发生在俾斯麦群岛，但是目前这仍是一个考古空白。在相关时期，新几内亚岛北部的其他地区亦是如此。在过去的 2000 年里，由于后来讲南岛语族语言的大洋洲人从东向西回迁，可能湮没了早先南岛民族定居上述沿海地区或近海岛屿的证据。

在新几内亚岛北部，一些非南岛语族语言借用了南岛语族语言的词语。在许多非南岛语族语言中，"猪"这个词来自南岛语族语言，即使在内陆地区也是如此，这暗示了这种动物是后来才引入的。在 3750 年前，瓦尼莱克陶器和四边形抛光石锛可能代表了南岛民族物质文化在内陆的传播。总之，这一证据表明物质文化在早期是从西向东传播的。同样，在拉皮塔时代之前的东南亚遗址中也发现了许多在拉皮塔时代被带到太平洋的农作物，并且一些描述它们的词语可追溯至马来－波利尼西亚语族（曾在约 5000 年前被使用过）。这一证据使我们很难接受新几内亚起源说，因为东南亚更有可能。 60

无论拉皮塔农作物丛源于哪里，农作物与三种太平洋驯养动物（猪、狗、鸡）组成了一个系统的农业丛。或许正是它们使首批永久定居者得以越过远大洋洲屏障，并在更远的岛屿上殖民。塔拉西半岛黑曜石的扩散范围也达到最大，从婆罗洲到斐济，跨度达 7000 千米。

关于航行技术问题，格林认为："近大洋洲早就有了一个有效的基于独木舟或木筏的航行系统，但它又增加了装有舷外支架的独木舟、双体独木舟，改进了双张帆杆三角帆技术，以及具备了返航时在看不见陆地的距离之外驾驶这些改进的帆船的能力。"① 目前还没有发现拉皮塔时代及其之前的船只。在拉皮塔时代，小船技术和航海技能都得到了完善，从向远大洋洲扩张就可以看出这一点。在近大洋洲没有发现航行范围在全新世拉皮塔时代之前扩大（和小船技术发展）的证据：在拉皮塔时代之前航行范围所涉及的岛群（俾斯麦群岛、所罗门群岛和阿德默勒尔蒂群岛）都是在更新世被人类殖民的。重构的马来－波利尼西亚语族术语包括船、帆、舷外支架、将独木舟拖上岸的滚轮、横座或船肋骨、掌舵桨或船舵，以及乘船旅行/海上旅行。因此，这些特色词语在拉皮塔时代之前就已在东南亚海洋岛上广泛使用。我们不知道它们是否也出现在美拉尼西亚。这些术语的同源词在拉皮塔时代被讲大洋洲语族的人继承，此外还增加了一个新术语和新技术，即双体独木舟。

并非所有拉皮塔文化的传承者都迁移到了波利尼西亚。在美拉尼西亚大陆岛沿海地区和海洋岛都发现了"留守家园者"的基因。他们是拉皮塔时代之前的当地人和侵入的东南亚人的后裔，后者也造就了波利尼西亚人。基因证据表明，在拉皮塔人率先定居后，斐济人和美拉尼西亚海洋岛居民融合在一起。斐济人最初在外表上更像波利尼西亚人。这可能也适用于瓦努阿图和新喀里多尼亚的首批定居者。基因证据表明波利尼西亚人与密克罗尼西亚人不存在直接联系。密克罗尼西亚居民来源多元，但总的来说明显来自东南亚海洋岛，也从美拉尼西亚输入了各种基因。例如，在拉皮塔文化向远大洋

---

① Green，'Near and Remote Oceania-Disestablishing "Melanesia"'．

洲扩散的同时，首批殖民者也在大约 3000～3200 年前抵达了远大洋洲北部的马里亚纳群岛。在陶器风格上与当时的菲律宾和苏拉威西岛有着明确的相似之处。有一支南岛民族在拉皮塔时代从菲律宾和印度尼西亚东部迁移至马里亚纳群岛和帕劳，它们的语言有着极其密切的联系。因此波利尼西亚人不可能是密克罗尼西亚人的后裔。在俾斯麦群岛，可能曾经有一个时期存在一个在基因、语言和文化上都与其邻居截然不同的使用拉皮塔风格陶器的民族。但是这种一致性和独特性是短暂的。那些使用拉皮塔文化的波利尼西亚居民与美拉尼西亚海洋岛居民在当时拥有着不同的基因、文化和语言。

考虑到航行和殖民遥远岛屿的需要，拉皮塔社会可能是分层的，但无法根据考古证据确立其结构。拉皮塔文化不是近大洋洲唯一的文化丛，但迄今为止它是最引人注目的，因为同时期的非拉皮塔文化遗址很少被发现。在拉皮塔时代之前，当地部落致力于农业到何种程度尚不清楚。他们没有拉皮塔人的动植物丛完整，这可能使拉皮塔人具有人口优势，能够迅速在广大地区定居。然而拉皮塔人最初肯定人数很少，在某个地方的人口只需一两艘独木舟就能载走，也许不超百人，他们的人口是通过自然增长和从邻居那里招募而不断壮大起来的。几乎所有美拉尼西亚海洋岛和新几内亚岛社会在欧洲人到来前都已完全务农了。因此，一些农业技术可能已经从拉皮塔文化中心通过各种途径传播到非拉皮塔群体。狩猎采集者或小规模耕种者可能通过从事农业而获得了人口增长。然后，他们可能因采用拉皮塔文化而建立了拉皮塔文化遗址，这导致后来无法轻易对拉皮塔殖民者进行"种族"分类。但是，拉皮塔文化移植到远大洋洲，使殖民者得以移居到无人居住的区域，在那里他们无法再通过招募当地人来壮大人口规模。

在所罗门群岛东部、瓦努阿图和新喀里多尼亚，我们最先看到的是有关周期性殖民模式的证据。这包括"拓荒型"农业，以及许多鸟类和动物群迅速灭绝。在可发现动物群遗迹的地方，例如所罗门群岛蒂科皮亚岛和新喀里多尼亚，人类定居意味着许多物种迅速灭绝。在新喀里多尼亚，这些物种包括巨型冢雉，至少还有十种鸟类、陆生鳄鱼、海龟和大蜗牛。在蒂科皮亚

61

岛迅速灭绝的五种鸟类中，有三种鸟类的骨头只在早期沉积物中被发现过，海龟数量大幅减少，贝类数量（和大小）也在减少。这种模式反映了随着农作物和家畜种群日益形成，人类开始有选择地猎杀原始动物群。为发展农业而大规模清除森林也导致了环境退化。当地居民在环境退化后就搬到别处，并一再重复这个过程。随着人口的增长，当地居民无法再如此肆意破坏环境，于是采取了保护措施，如梯田，以便使农业在某个地方可持续发展。

距今2000年时的远近大洋洲：拉皮塔时代之后的太平洋

从拉皮塔人在3000年前定居汤加和萨摩亚到东波利尼西亚被殖民，至少过去了一千年。也许在这段时间里有必要发展新的航行策略，解决逆风横渡到遥远的东波利尼西亚等问题。

62　　人类是在大约2000年前开始在密克罗尼西亚一些群岛上定居的。与之相应，素面陶器风格一般被发现于早期遗址的底层，它可能源自拉皮塔时代晚期，或者源自拉皮塔时代之后的美拉尼西亚部分海洋岛的素面陶器。除帕劳（东南亚海洋岛语言）、马里亚纳群岛（查莫罗语）以及雅浦岛和瑙鲁岛（其语言从属关系不明）之外，所有密克罗尼西亚人都讲属于"密克罗尼西亚核心语群"的语言，与其关系最近的语言分布于所罗门群岛东南部和瓦努阿图北部地区或者马努斯岛。虽然密克罗尼西亚西部居民似乎来自东南亚海洋岛，但是密克罗尼西亚核心语言形成于拉皮塔时代晚期。来自法斯岛（雅浦岛以东180千米处的一座珊瑚岛）的证据表明，早期的语言边界如今已面目全非。尽管当地居民如今仍在使用密克罗尼西亚核心语言，但可追溯至距今约1900年的早期遗址表明人类最初是从雅浦岛向西殖民的。

拉皮塔文化丛衰落于约2000～2500年前。在波利尼西亚，拉皮塔齿状压印纹陶器被素面陶器和独特的波利尼西亚物质文化所取代。在萨摩亚，拉皮塔齿状压印纹陶器在2800年前让位给素面陶器，这要比汤加和斐济早得多，而且以相对独立的方式。当拉皮塔装饰在美拉尼西亚海洋岛和斐济消失后，从马努斯岛到斐济的岛屿出现了不同形态的陶器。它们都源于拉皮塔无齿状压印纹"家用陶器"。斐济出现来自瓦努阿图的黑曜石和陶器类型,这是其与西方重新接触的证据。陶器形态的变化可能代表了进一步的人口流动,或者代表了在以前的拉皮塔文化圈内继续相互作用的族群的连续性。基因证据表明有人口迁往斐济,可能还有新喀里多尼亚和瓦努阿图。讲南岛语族美拉尼西亚中部语群语言的族群再次从新不列颠岛迁往新爱尔兰岛和所罗门群岛西部,此次迁移恰在上述时间范围内,而且在圣伊莎贝尔岛南端有一个清晰的语言边界,正是在这里我们失去了基因和文化继续向南扩散的语言学标记。

在这种情况下,人们开始关注瓜达尔卡纳尔岛的考古学和孢粉证据。人们在这里一直没有发现拉皮塔人定居的证据,从大约 6000 年前人类开始在此定居到 2300 年前,当地主要文化一直没有中断过。随后,孢粉和文化序列发生剧烈变化,这表明大森林被以"拓荒型"模式砍伐,交换网络发生变化,以及猪被引入。人们很容易据此认为,讲所罗门群岛东南语言的族群迁入瓜达尔卡纳尔岛,从而将一整套源于拉皮塔文化的农业技术带到了一个人烟稀少的、非南岛语族的非农业地区。进一步向北移民可能促进了上述迁入:如果密克罗尼西亚核心语言确实与所罗门群岛东南语言有关,那么这里假定的农业扩张可能与从同一地区向密克罗尼西亚东部的定居扩张同时发生。值得注意的是,远大西洋圣克鲁斯群岛唯一讲非南岛语族语言的族群被认为在约 2000 年前再次向北迁移。

63

由于拉皮塔人需要与早期定居者建立和平关系,这可能削弱了他们与自己同族通婚的倾向,而技术转让使其他族群得以"迎头赶上"。在拉皮塔文化失去其独特性后,各种混合义化得以发展起来。尽管拉皮塔文化的早期优势确保了具有较高地位的南岛语族语言盛行,但是在美拉尼西亚海洋岛,非南岛语族语言在许多情况下对南岛语族语言也产生了重要影响。交流虽然有所减弱但一直维持着,这可能使美拉尼西亚大部分海洋岛的陶器形态发生了持续变化("曼加西"类型或"凹面浮雕"类型)。对社会组织的影响有所不同,而且不能忽视拉皮塔时代之前的社会形态的重现(或延续)。在拉皮塔时代晚期,再次迁移可能是拉皮塔文化走向衰亡的一个原因。其他原因包括：交换网络崩溃，因为义务繁重或冗余；制度发生巨变，那里的等级制度是通过控制威望商品交换网络或者共同拥有象征体系和宗教体系来维系的；或被非拉皮塔族群合并了。

就在距今 2000 年之后，巴布亚红色瓦楞陶器形态在新几内亚岛上迅速沿巴布亚南部海岸从东向西扩散开来。上述扩散与一种独特的聚落形态有关，即远距离运输黑曜石（来自米尔恩湾弗格森岛）和其他物质文化物品（来自俾斯麦群岛拉皮塔文化）。稍晚些时候，陶器出现在新几内亚岛北海岸和马当附近的岛屿上，这也与俾斯麦群岛上的物质文化有关。这些陶器的分布几乎完全与新不列颠岛南岛语族语言从东向西向外扩散相吻合。这种巧合表明，在拉皮塔时代之后，人口从俾斯麦群岛沿新几内亚海岸和内陆的马卡姆山谷向外迁移。

此时在新几内亚高地，库克沼泽使用的第四阶段（距今 2000～1200 年）是第一个展示由排水干渠连接的被排干水的苗床组成的矩形网格。这一直被解读为"芋头革命"，即沼泽成为芋头的生产中心。这一系统使当地居民能够生产出大量盈余，从而在基于生猪交易的经济中产生不平等。湿地环境退化为草地，使沼泽在农业上具有了新的显著地位，而石斧开始在专门采石场里生产，以便满足日益紧张的市场需求。

从马努斯岛附近的洛乌岛出土了一块可追溯至距今 2100 年的青铜碎片。这块青铜碎片见证了拉皮塔人与西部和东部联系的终结。它恰好与东南亚海洋岛开始金属传播同属一个时代。后来，新几内亚岛东西两侧的群岛开始迅速向不同方向发展。东南亚海洋岛在那些印度教国家以及中国和阿拉伯的影响下融入了"世界体系"。这些都影响到了新几内亚岛西部地区（例如在那里发现了越南东山铜鼓，可追溯至距今约 2000 年），但显然没有进一步影响到新几内亚岛东部地区。

在拉皮塔文化时期之后，交换体系急剧萎缩。黑曜石再也没有被运到那么远的地方，从距今约 2000 年时起，美拉尼西亚海洋岛文化的多样性似乎要比一致性更鲜明。该地区文化如此多样可能是后拉皮塔文化时代的直接产物。在某些美拉尼西亚海洋岛（不同于太平洋北部，那里的贸易仍将火山岛与环礁联系在一起），当地居民在距今 2000 年之后不再生产或交易陶器，因此各地制陶中心的数量下降了。

距今1000年时的太平洋（公元1000年）

人类对太平洋地区的殖民确实是断断续续的。殖民者在更新世晚期抵达近大洋洲。在距今 3200～3000 年时，越过远大洋洲障碍到达美拉尼西亚海洋岛和西波利尼西亚的部分岛屿，以及密克罗尼西亚西部（随后在距今 2000 年时从美拉尼西亚海洋岛涌入密克罗尼西亚）。自距今约 1600～1300 年时起，他们迅速在东波利尼西亚定居下来。在距今 2000～1000 年时，人类开始定居东波利尼西亚的大部分岛屿；在公元 300～600 年时定居马克萨斯群岛；在大约公元 650 年时定居夏威夷群岛；在大约公元 750～800 年时定居库克群岛和塔希提岛，以及在首个千禧年即将结束之际定居拉帕努伊岛（复活节岛）。新西兰开始有人类居住的时间甚至更晚，在公元 1000～1200 年间。

人类发展船舶和航海无疑很重要，但完全自给自足的农业生产基础对定居至关重要。东波利尼西亚要比西部更难以殖民，因为距离更远，岛屿更小，石材更少，动植物种类更少，以及（在南方）一些农作物受到环境限制。资源压力殖民者肯定很快就感觉到了，于是不断寻找新岛屿。动物群耗竭可能刺激了殖民。每个岛屿都有大量的鸟类（其中许多不会飞）、海龟、贝类和岩礁鱼类。随着这些资源的枯竭，一些居民被迫寻求新的保留地，这一选择要比投入更多精力发展农业容易些。农业方面的证据也表明，这是一种"拓荒型"模式，主要由于水土流失和其他景观退化，一些地区需要废弃数百年。在没有更多"新"土地可用后，殖民者不仅开始复垦这些土地，还加大了土壤保护力度。

我们必须非常重视东波利尼西亚在其殖民初期与南美洲的联系，因为它导致安第斯甘薯（*Ipomoea batat*）及其盖丘亚语术语 *kumar*（在波利尼西亚语中，*kumara* 及相关术语）的扩散。尽管海尔达尔乘木筏成功从南美洲抵达土阿莫土群岛，但上述联系更可能是由寻求新岛屿殖民的波利尼西亚人建立的。甘薯遍布于东波利尼西亚，但没有传播到西波利尼西亚或美拉尼西亚海洋岛。海尔达尔等人声称南美洲对东波利尼西亚文化的形成做出了重大贡献，特别是在拉帕努伊岛上，但这种说法有些言过其实。拉帕努伊岛居民最初来自南美洲而非波利尼西亚的说法未能被普遍接受（见本章下一节）。

在距今 2000～1000 年间，西波利尼西亚岛民停止了制作陶器，并开始形成欧洲人在 17 世纪所看到的聚落形态。斐济形成了一个连续文化序列轮廓（陶器）；在大约 1000 年前，防御工事开始广泛分布，这表明战争日益频繁；在距今 2000～1000 年间，美拉尼西亚海洋岛的交换网络发生了重要调整；在大约 1500 年前，勇士号海峡形成了近代交换体系的前身。俾斯麦群岛以北的穆绍岛在拉皮塔时代之后所形成的贸易联系也不同于以前。尼桑岛的陶器进口在大约 1000 年前从北方供应商（可能在新爱尔兰岛）转向南方供应商（在布卡岛），从那以后历史上的聚落形态和物质文化形态可以被识别出来了。在新爱尔兰岛和其东海岸附近岛屿上，岛民们不再制作陶器。在大约 1950 年前，蒂科皮亚岛的交换关系发生了变化，从西北的材料（黑曜石、石锛、燧石）转换为南方和东方的材料（尤其是陶器）。

我们对这一时期的了解远远少于我们对此前或此后时期的了解，因为这一时期对于拉皮塔时代的独特陶器而言为时太晚，而对于口述历史而言又为时过早。没有陶器的地区很难建立文化序列。这在某种程度上是由于在大约 750 年前缺乏独特的物质文化创新，许多遗址虽然被发掘出来但很少被确定。不管怎样，有证据表明森林正在消失。例如在（瓦努阿图南部）阿内蒂乌姆岛的几个地方，到大约 1600 年前时，泥沙沉积，河谷淤积，海岸进积。到大约 1000 年前时，当地居民开始利用新形成的山谷平原作为定居点和农业用地，起初土地只适宜旱作，后来也用于灌溉耕作。

在新几内亚岛，过去 2000 年的详细文化序列仅适用于巴布亚南部沿海地区和马西姆地区。在距今 2000～1000 年间，这些文化被逐步"美拉尼西亚化"，类似于拉皮塔时代美拉尼西亚海洋岛的过程。就在距今 1000 年后不久，聚落形态遭到破坏，陶器等人工制品发生了重大变化。

新几内亚高地的库克沼泽留下了人类定居和土地利用的最完整记录。历史悠久的第四阶段结束于大约 1200 年前。当地居民利用具有固氮作用的木麻黄树创立了休耕制度。这一创新使得放弃沼泽灌溉成为可能，而且被逐步推广至整个高地，甚至在数百年后还被推广到主要山谷的边缘。直到大约400年前库克沼泽才被遗弃。大约从1100年前起，托雷斯海峡群岛开始出现人类持续定居的首个直接证据。当时，由于海平面上升，连接澳大利亚和新几内亚岛的大陆桥被淹没，托雷斯海峡群岛由此形成。尽管影响和物品仍在双向传播，交换网络直到19世纪仍在海峡两岸运作，但是海峡北部诸岛和新几内亚的农业部落与海峡南部诸岛和澳大利亚的狩猎采集部落之间仍然存在明显差异。在整个史前时期，这些岛屿成为一道屏障，而非一座桥。 66

在密克罗尼西亚加罗林群岛东部，波纳佩岛居民在距今约1000年时开始在南马特尔填筑低台地和小岛，即下文所述建筑群的前身。从大约1900年前起，当地居民就开始在南马特尔的沙滩、沙洲或者暗礁高脚屋定居。当地居民建造人工岛可能是因为局部沉陷和洪水泛滥。科斯雷岛勒鲁也有一个类似遗址。在遗址人工填土下面有一个可追溯至2000年前的早期陶器阶段，但是科斯雷岛使用陶器的时间可能很短暂。拉莫特雷克环礁的陶器和石材表明，远航和贸易使其与雅浦岛、帕劳和丘克环礁建立了长期联系，与所有这些火山岛的联系至少可追溯至800年前。拉莫特雷克环礁尽管可能早在距今1000～900年时就有人类居住，但是可能在500～700年前才被人类占据，人口虽然逐渐增加，但有波动，直到距今700～500年时才达到最大值。

距今约500年时，欧洲人到来前夕的太平洋

在距今1000～800年时，人类开始定居新西兰北岛和南岛。在距今约500年时，随着更为偏远的查塔姆群岛也被占有，人类完成了对太平洋岛屿的殖民。虽然亨德森岛、皮特凯恩岛和范宁岛（那些波利尼西亚的"神秘岛"）等岛屿曾被人类定居或造访过，但后来都被遗弃了。由于再也没有岛屿可寻，以及东边的南北美洲已被人类找到并与之短暂接触过，殖民就停止了。

在距今1000～500年时，波利尼西亚实现了人口快速增长、农业扩张和集约化。夏威夷人清除了数千平方千米背风坡森林，并形成了集约型旱作农田系统，即在夏威夷大岛及毛伊岛部分地区对甘薯、面包果树和芋头等农作

物实行了垂直分区种植。值得商榷的是,人口扩张在欧洲人到来前是否已达到环境上限,人口趋向稳定还是衰退。尽管在夏威夷没有发现确凿证据,但拉帕努伊岛民很可能确实引发了环境危机,在马克萨斯群岛也可能出现过这种情况。

环境对增长的限制也被用来解释夏威夷群岛和其他群岛等级森严的酋长制。旧观点强调土地战争和酋长的军事领袖身份是有限环境无法承载人口压力的必然结果。新理论认为当地居民在社会制度形成过程中发挥了积极作用,而酋长间的竞争则是发展的动力。尽管我们在讨论等级酋长制和国家兴起时经常援引夏威夷群岛,但其作为国家形成一般方案原型的地位仍有待确定。一方面与其他岛屿"原型"一样,情况的特殊性也很重要。夏威夷群岛在全世界有人居住的岛屿中是最与世隔绝的。如果没有通过贸易或索取贡品与其他"原始国家"或其他社会建立起固定联系,那么其他社会就不会发展成为国家。另一方面,汤加群岛和萨摩亚群岛恰好处于这种联系之中,这种联系主要起源于 1000 年前的祖传体系,从包括斐济东部岛屿在内的区域角度来看应被视为一个"世界体系"。直到波利尼西亚人在美拉尼西亚海洋岛东端所谓"离岛"上和在密克罗尼西亚某些岛屿上建立社区,这个"世界体系"的影响才被广泛感觉到。这些波利尼西亚人更有可能是来自西波利尼西亚王朝冲突的难民,而非受到友好接待的幸运漂流者。

在新几内亚岛和美拉尼西亚海洋岛的一些地区,距今 1000～500 年时的物质文化和聚落形态似乎与欧洲人刚来时所观察到的大体相似,但是在此期间它们在所罗门群岛部分地区和瓦努阿图却发生了重大变化。在诸如蒂科皮亚岛及其邻近岛屿等"波利尼西亚离岛"上,它们在距今约 750 年时发生了显著变化。在蒂科皮亚岛的物质文化中,波利尼西亚元素日益突出,一些建筑采用了西波利尼西亚的样式,从西波利尼西亚直接输入了石锛,还在从瓦努阿图停止输入陶器后出现了一些新型人工制品。在瓦努阿图埃法特岛上有一座这一时期的酋长墓葬。根据口述传统,墓主人是来自"南方"的罗伊·马塔。他不仅控制了埃法特岛的许多氏族,还开创了埃法特岛酋长头衔。在他死后,氏族代表们将他与人祭和"自愿"人牲埋葬在一起。罗伊·马塔被描绘成波利尼西亚移民，而且他的葬礼也令人想起西波利尼西亚酋长们。与此前相比，在这一时期人们更加依赖诸如螯刺钻孔器和蜘蛛螺扁斧等贝壳工具，这表明物质文化引入了新元素，而且陶器生产可能停止了。在阿内蒂乌姆岛的两座酋长墓葬里出土了一组类似的装饰品，这印证了有关酋长葬礼的口述传统。其中一座墓葬的年代可追溯至距今 300~400 年时，骨骼分析表明墓主人是波利尼西亚人。在埃法特岛以及瓦努阿图和所罗门群岛的波利尼西亚离岛上发现了这一时期的其他几座墓葬遗址，这些墓葬遗址都有着类似的物质文化。

离岛上讲波利尼西亚语的岛民，新喀里多尼亚和瓦努阿图语言中的波利尼西亚语外来词，包括毛伊提基和汤加罗亚神等波利尼西亚文化英雄的当地神话，以及与"汤加人"交往的口述传统，这些都表明在过去 700 年里离岛受到过波利尼西亚文化影响。交往的性质及影响各不相同。如今生活在所罗门群岛伦内尔和贝罗纳的波利尼西亚人有一些关于皮肤更黑的被称为西提人的口述传统。根据口述传统，当他们从"乌毕阿"（可能是新喀里多尼亚乌韦阿岛西部）来到这里时，他们发现西提人早就定居于此了。在和平共处一段时间后，双方发生了冲突，最终西提人被屠杀。这一故事似乎可被这两个岛屿语言中的"西提下层语言"所证实，从而表明这里的确曾存在过一个与所罗门群岛主岛讲所罗门东南语族语言的岛民有关联的族群。

考古学证据表明，马西姆地区的库拉交易圈、巴布亚湾的希里交换体系和加罗林交换体系等并不是一成不变的。在 500 年前，库拉交易圈对新几内亚岛本土产生了更加强大的影响。虽然口述传统表明希里交换体系形成于大约 200 年前，但是与密集沿海贸易相适应的聚落形态大约出现在 1200~1500 年前，并在大约 300 年前再次出现。到大约 300 年前时，加罗林交换体系东部岛屿已衰落。

直到 20 世纪 30 年代新几内亚高地才与欧洲人建立直接联系，但是间接影响也许始于 200~400 年前甘薯的传入。甘薯不仅使高海拔地区也能发展农业，而且作为一种旱地作物还进一步提高了早已发展农业的高地地区的生产效率。它最初由西班牙殖民者从南美洲移植到菲律宾，然后通过交换路线

68

又由菲律宾移植到马鲁古群岛和新几内亚西部。尽管甘薯在新几内亚低地地区从来都不重要，但在大部分高地地区却是主食，并在 20 世纪仍在向高地边缘地区传播。库克沼泽第五阶段（距今 400~250 年间）的排水系统可能为种植甘薯进行过改造，因为灌渠的规模和式样与现代高地西部的甘薯园圃相同。然而，戈尔森将这一阶段解释为苗床栽培的发展期，并将第六阶段（距今 250~100 年间）视为甘薯引种时期。[①] 在采用新作物之后，对种植空间进行了优化，而且还在第六阶段放弃了库克农业遗址第五阶段的 2/3 可耕地。到那时，始自第四阶段的沼泽栽培技术已失去主要优势。甘薯使猪群得到大规模扩大，从而支撑了高地杀猪业和交换圈，如恩加地区的蒂交换体系和哈根地区的莫卡交换体系。

加罗林群岛富饶的火山岛不仅通过贸易彼此联系在一起，而且还通过庇护关系与低海拔的环礁联系在一起。在距今 1000~500 年时，密克罗尼西亚普遍出现明显社会分层。马里亚纳群岛的拉提结构石柱是地位高者的住宅的地基，其历史可追溯至约 1000 年前；波纳佩岛南马特尔的巨石建筑始建于 750 年前。南马特尔由大约 92 座被狭窄水道隔开的人工小岛组成，总面积为 80 公顷，其中小岛面积仅为 30 公顷，岛上有住宅、会堂和墓葬，都在高墙内。根据口述传统，它是邵德雷尔王朝的首都。该王朝在波纳佩岛上建立了一个中央集权的政权，直到距今大约 1350 年时才因低等级酋长叛乱而瓦解为五个政权。然后，南马特尔基本被放弃。南马特尔巨石建筑开建时恰逢波纳佩岛制陶业终结。

距波纳佩岛 480 千米的勒鲁岛也有类似的"城市"建筑群。勒鲁岛位于主岛科斯雷岛沿海，是一座人工扩建的小火山岛。与南马特尔一样，岛屿中间地带也有一个"非嵌入式的精英中心"，也由高墙内的住宅和会堂组成，也有运河网。人口在 19 世纪初约为 1000~1500 人，包括大酋长等科斯雷岛高等级酋长。迈克尔·格雷夫斯将大酋长视为"酋长中的酋长"，而非绝对统治者，就像波纳佩岛邵德雷尔王朝那样进行统治。他还指出，勒鲁岛的巨石建筑要晚于南马特尔，始建于公元 1600 年左右，但很快就完工了。

---

① Golson, 'New Guinea Agricultural History: A Case Study'.

漂流者

到 16 世纪时，当地居民的大规模迁徙已完成。在通常描述"波利尼西亚"、"美拉尼西亚"和"密克罗尼西亚"合乎逻辑的分布时，似乎这些文化区域不仅彼此不同，也有别于相邻的澳大利亚、东亚和东南亚，或者美洲。这些术语的历史和用法在第一章中曾被讨论过。在这里，我们试图消除如下两种印象：一是岛上居民彼此断绝了一切联系，二是整个地区在库克时代之前一直与世界其他地区隔绝。岛上居民与世隔绝和孤立在某种程度上是真实存在的，但被 18 世纪的政治学家和哲学家夸大了。对于他们而言，岛屿社会例证了独特的（和更加纯粹的）原型。本章最后一节追溯了较小规模的居民迁徙和思想交流，年代通常要比上文所讨论的更近些，从而以互动的证据纠正了与世隔绝和孤立的错觉。

在长达 2000 年的太平洋史前时期，漂流者似乎曾发挥过重要作用。他们来自东南亚、南美洲以及 16 世纪葡萄牙和西班牙的船只。每个岛屿都有大量漂流者。他们可能留下了一些可发觉的遗迹，尤其是如果这些陌生人的身体或文化特征明显的话。在 18 世纪，一些欧洲人对岛民体征的多样性留下了深刻印象，并推断这肯定与东南亚的漂流者或殖民者有关。例如，拉彼鲁兹在 1787 年确信东南亚人向东航行曾最远到过萨摩亚：

> 这些［波利尼西亚的］不同民族来自马来人的殖民地。马来人曾在不同时期征服过这些岛屿。我确信，迄今为止在吕宋岛和中国台湾岛腹地发现的卷发人种是南半球的菲律宾、中国台湾岛、新几内亚、新不列颠岛、瓦努阿图、汤加等岛屿的和北半球的加罗林群岛、马里亚纳群岛和夏威夷的土著居民的祖先。在新几内亚、新不列颠岛和瓦努阿图，他们没有被征服过；但是在那些更靠东的岛屿上却被征服了，因为它们太小了以至于无法让他们从中心地带撤退，于是他们就与征服者混合在一起了……这两个迥然不同的种族在萨摩亚群岛给我们留下了深刻印

象，因此我想不出他们还有什么其他起源。①

拉彼鲁兹的观点长期以来一直被用来解释波利尼西亚人与斐济人等美拉尼西亚人在身体特征、文化和语言方面的差异。最近，学术界主流观点已经开始转向反对文化扩散说，因为它强调从本质上对种族进行分类，有时其阐述还带有种族主义色彩。现代学者更倾向于从地方适应和土著能动性角度来解释多样性，但是就像将洗澡水连同婴儿一起倒掉那样，他们不仅抛弃了文化扩散理论，还罔顾了历史事实。如果我们以一种比其代表人物更具批判精神的方式重新审视这些学术成果，我们就可以恢复对岛民经历的流动性和文化多样性的恰当判断。从定居东波利尼西亚到 16 世纪欧洲人闯入，跨太平洋航行可能很罕见，但数百年来当地居民的确一直在太平洋边缘航行。如果他们从未被抛弃在意想不到的海滩上，那将是非同寻常的。描述人类多样性的现代遗传学研究，重新唤起了人们对流动性的兴趣。

在基督教时代开始之前，来自印度和中国的水手和商人越来越多地参与了东南亚贸易。随着船舶变得越来越大和越来越适于航海，他们在异常天气中（例如在厄尔尼诺现象发生时）有可能幸免于难，尽管其航程被迫终止。一份公元 3 世纪的中国资料所提到的外国船，长达 50 余米，距离水面 4~5 米，可运载六七百人和 250~1000 吨的货物。一份公元 8 世纪的中国资料所描述的船更大。在印度阿旃陀石窟，一幅公元 6 世纪的壁画所描绘的一艘船，有三个高桅杆，一个装有风帆的船首斜桅，复杂的操舵装置，但没有舷外支架。由于加里曼丹岛岛民成功横渡印度洋，定居马达加斯加岛，这表明了一些航行的规模。

亚洲水手在太平洋上也很活跃。有证据表明，在史前时期至少有三艘东南亚船只曾遭遇海难。富图纳岛有一个关于中国人的著名传说（中国在当地语言中被称为 Tsiaina）。Tsiaina 肯定是在欧洲人到来后才有的一个词语，

---

① Author's translation of the journal of Jean-Francois de Galaup de *la Perouse*. For a complete English translation, see Dunmore, *The Journal of la Perouse*.

但是似乎没有理由怀疑这个传说的主要元素。这一传说被记录下了六个版本。至少两个版本都具有的共同要素包括：（1）这些移民曾在富图纳岛的姊妹岛阿洛菲岛登陆；（2）他们在登陆后挖了一些井；（3）他们不仅与该岛岛民结了婚还生育了后代；（4）他们更改了一些地名；（5）他们一边敲打被称为拉利（*lali*）的木锣，一边四处走动，并根据回声决定在哪里定居；（6）他们推广了更好的耕种方法；（7）他们推广了经过改良的树皮布制作方法和染色方法；（8）他们最终被推翻，并被屠杀。1843 年到来的传教士伊西多尔·格雷泽尔所编撰的富图纳语词典将另外一个创新也归功给了他们，即"*moo*"这个词被定义为"据说来自中国的一种矮胖的猪"。①

上述传说的许多共同要素可以被证实。矮胖猪（*moo*）仅限于富图纳岛及邻近岛屿。阿洛菲岛上那个登陆点被称为萨阿瓦卡，该地名在一些波利尼 71 西亚语中被译为"圣船"。挖井表明富图纳岛当时正饱受干旱之苦，因此这次航行可能受到厄尔尼诺现象的影响。在萨阿瓦卡仍保留着一口被认为属于他们的井，它深 6 米，宽 2.4 米。与欧洲人接触之初，乌韦阿岛和斐济仍在使用木锣"拉利"，但是直到最近它才在汤加和萨摩亚为人所知，这表明它们在太平洋中部岛屿上是新事物。利用水浇地种植芋头是一个可归因"中国人"的创新，因此波利尼西亚大部分岛屿都不懂这项农业技术。同样，东波利尼西亚岛屿也不知道福图纳岛树皮布的两种制作方法和一种染色方法。这些方法都被认为是"中国人"的发明。

富图纳传说声称，那些"中国人"被推翻是因为他们的统治日益难以忍受。这似乎发生在荷兰探险家斯考滕和勒梅尔于 1616 年访问富图纳岛之后（参见第四章），因为他们探险队的一位艺术家描绘了岛上酋长们的模样，他们的头发又长又直，梳着辫子，而当地老百姓都是卷发。这些荷兰人还记录了一个专门称呼酋长的词，该词在传教士到来后就逐渐被废弃了。这个词就是"*latou*"（准确拼法为"*latu*"）。该词与许多东南亚语言中的"*datu*"是同根词，意为"国王，国君，统治者"；萨摩亚语中仍保留着该词

---

① *Dictionnaire Futunien-Frangais.*

的同根词 "*latu*"，意为 "主要建设者"；斐济语中也保留着其同根词 "*ratu*"，意为 "酋长"；在一些汤加人姓氏中也保留着其同根词。富图纳语中的敬词也在传教士到来后被废弃了，但是，仍可找到一些痕迹，而那些汤加、乌韦阿岛和萨摩亚仍使用的敬词显然与富图纳语有着共同的来源和联系。

20 世纪 20 年代，学者 E. S. 汉迪认为，富图纳岛的 "中国人" 可能也将汤加罗亚教带到了西波利尼西亚，从而使之取代了那里的印度 - 波利尼西亚人的宗教。① 据汉迪推测，汤加罗亚教起源于中国的华南地区。但是，由于汤加罗亚神在波利尼西亚被认为是 "海洋之王"，因此上述宗教似乎更有可能与当地居民一起来自苏拉威西岛西北的桑义赫群岛，"*tagaloang*" 在那里意为 "公海、海洋"。其他波利尼西亚语词语，包括木锣 "*lali*"，也似乎可追溯至桑义赫群岛。此外，敬词在这些语言中也很重要。桑义赫群岛岛民是杰出的造船匠和水手，由于他们的社会分化为贵族、自由民和奴隶，不禁让人想起波利尼西亚那些受到汤加罗亚教影响的岛屿。

迄今为止，人类在东波利尼西亚定居的最早放射性碳年代是公元 300 年，遗址位于马克萨斯群岛努库希瓦岛。该遗址出土的陶器碎片明显产自斐济的雷瓦三角洲。马克萨斯群岛的首批定居者显然是汤加人，因为马克萨斯语中的某些词语不可能来自其他地方，如 "*mei*"（面包果）、"*maa*"（面包果酱）、"*puou*"（各种面包果）、"*too*"（甘蔗）、"*tokave*"（各种小椰子）、"*hoho 'e' Kuhliidae*"（鱼类）和 "*kumaa*"（老鼠）。此外，马克萨斯群岛还有非汤加血统的定居者，具有美洲血统的定居者似乎是从拉帕努伊岛（复活节岛）来到这里的。

72 　　拉帕努伊岛可能早在第一个千禧年中期就有人类定居了。太平洋学者长期以来一直认为，这里的首批居民是波利尼西亚人。（语言学家将东波利尼西亚语言分成两类，即马克萨斯语和塔希提语，而拉帕努伊语则被认为是单独语种。）然而，首批拉帕努伊岛居民更可能是厄瓜多尔或秘鲁的美洲印第安人，因为在欧洲人到来时拉帕努伊岛和东波利尼西亚其他岛屿上种植着大

① Handy, *Polynesian Religion*.

量美洲农作物，特别是甘薯、菠萝、辣椒、26 条染色体的棉花、无患子和木薯。从亚洲传入南美洲的葫芦、香蕉和蓝蛋鸡也一定是从东方传入东波利尼西亚的。在此后数百年里，漂流者显然是带着一些农作物和鸡从拉帕努伊岛漂流到马克萨斯群岛、皮特凯恩岛、曼加雷瓦岛、土阿莫土群岛和社会群岛。起初，这些是东波利尼西亚经济的重要内容，但是由于波利尼西亚人从西部引入了芋头、山药、甘蔗、面包果树和构树等农作物，拥有这些农作物的岛屿几乎遗弃了辣椒、菠萝和棉花，但是甘薯、葫芦和香蕉仍然很重要。斗鸡和一种被大量饲养的家禽也从西波利尼西亚引进到东部，此外还有狗和尖背猪。许多东波利尼西亚词语，包括一些与香蕉和鸡有关的词语，在西波利尼西亚并不为人所知。这表明该地区的早期文化融合了东方和西方的特色。其中一个特色似乎应完全归因于美洲的影响，即建造大型石头建筑，如土阿莫土群岛和社会群岛的会堂或宗教庭院。然而，会堂（"marae"）一词肯定来自西方（在富图纳语中，"mala'e" 意为 "公共场所"）。

大约在公元 1100 年时，拉帕努伊岛成为第二支美洲印第安人移民的家园。他们属于以安第斯山脉为中心的蒂亚瓦纳科文化。他们及其后代在拉帕努伊岛建造了著名石像摩埃（moai）和小型塔式建筑物图帕（tupa），后者在名称、外观和功能上都类似于安第斯山脉的储尔霸（chullpa）。所有幸存的图帕都被建造成以承材支撑的拱顶，即内墙石材从底部到顶部相互重叠，从而使直径越靠顶部越小，直到形成圆顶状天花板。另一独特之处是把大楣石置于小而低的入口上方。在安第斯山脉，储尔霸始建于公元 1100 年，停建于西班牙征服美洲时期。拉帕努伊岛的图帕极其类似于安第斯山脉的早期储尔霸。这两个地方的建筑物都被认为是用来陈列死者骨头的。曼加雷瓦岛附近的特莫埃环礁有一个类似图帕的会堂，叫作奥图帕（Otupa）。另外，拉帕努伊岛的摩埃和图帕的建造者似乎对波利尼西亚没有产生显著影响。

社会群岛的口述传统讲述了一个关于 "罗图马王子" 的故事。这位王子定居博拉博拉岛，并通过婚姻成为王室成员，其子孙到 19 世纪中期时已在该岛延续了九至十四代。社会群岛其他史前外来者都来自失事的西班牙轻快帆船 "圣莱斯梅斯" 号。该船是 1526 年 5 月 26 日从麦哲伦海峡进入太平 73

洋的四艘船之一。六天后，"圣莱斯梅斯"号在一场暴风雨中与船队失散，该船及其约 53 名船员从此杳无音讯。这些船员有来自加利西亚和巴斯克等地的西班牙人，还有意大利人、德意志人和佛来芒人。1929 年，在土阿莫土群岛阿马努环礁上发现了四门古代大炮，其中两门铁定来自"圣莱斯梅斯"号。这艘轻快帆船夜间在阿马努环礁搁浅，船员们扔掉大炮，继续向西航行，寻找避风港修理该船。他们的第一站是塔希提岛以东 400 千米处的阿纳环礁，一些船员在这里离开了该船。其余船员来到塔希提岛西北约 200 千米的赖阿特阿岛东南角的奥波阿湾，于是他们开始在这里修理这艘轻快帆船或建造了一艘新船。在这项工作完成后，他们冀图向西南航行到好望角，然后前往西班牙，起航前留下了一些西班牙人，同时带走了一些波利尼西亚男人、妇女和儿童。

文化传播论者推测，来自一艘在马尼拉 – 阿卡普尔科航线上失踪的西班牙大帆船的漂流者对夏威夷产生过影响。这个理论起源于库克船长抵达夏威夷之后不久。三件重要物品使他的几名军官确信西班牙人早于他们抵达这里。这些物品是夏威夷酋长的羽冠头盔和羽饰斗篷，还有几把铁匕首。军官詹姆斯·金认为头盔和斗篷与波利尼西亚风格"截然不同"，并声称它们与以前的西班牙风格"非常相似"。一些在 19 世纪初被记录下来的夏威夷口述传统支持了詹姆斯·金的假设。其中一个版本讲述了七名白人男子在库克船长到来之前是如何登陆凯阿拉凯夸湾的。据说，他们的后代不仅"肤色较浅"，还有"相应的棕色卷发"。在 20 世纪，对西班牙亲戚说的质疑越来越多。一位批评家指出，夏威夷酋长的头盔与 16、17 世纪的西班牙头盔大不一样。然而，据悉在马尼拉和阿卡普尔科之间曾有过三艘西班牙大帆船失事（分别在 1576 年、1578 年和 1586 年）。20 世纪 50 年代末，在凯阿拉凯夸湾的一个洞穴里，曾发现一位被奉若神明的酋长的墓葬，并在棺木中找到两件非波利尼西亚风格的物品。其中一件是嵌在木柄上的一块铁，像凿子；另一件是一段机织帆布。也有人认为，夏威夷头盔模仿的是菲律宾耶稣受难复活剧中扮演圣经时代罗马士兵的演员们所戴的头盔。①

---

① These issues are developed in Langdon, *Lost Caravel*.

同一时期另一艘失踪的西班牙船似乎是在所罗门群岛的波利尼西亚离岛翁通爪哇环礁结束航行的。这就是"圣伊莎贝尔"号。它是1595年离开秘鲁驶往所罗门群岛的门达尼亚探险队的四艘船之一。"圣伊莎贝尔"号在接近目的地时与其同行船只失散，从此杳无音讯。1971年，在圣克里斯托瓦尔岛（今所罗门群岛马基拉岛）的帕穆阿发现了一些外来陶器碎片和其他独特物品，这表明有船员和乘客曾在那里宿营过。由于翁通爪哇环礁有许多具有欧洲人相貌的岛民，因此自那以后就一直表明"圣伊莎贝尔"号后来搁浅在那里。其他具有类似相貌的翁通爪哇环礁居民已经迁至霍尼亚拉和圣伊莎贝尔岛。①

另外三艘失踪的西班牙船只，以及一群被困马绍尔群岛的叛乱者可能在密克罗尼西亚也扮演了类似角色。1527年，"圣地亚哥"号和"埃斯皮里图桑托"号在从墨西哥远航摩鹿加群岛（今马鲁古群岛）时失踪。这两艘船连同60名船员似乎失事于加罗林群岛西部的法斯岛和乌利西环礁。在将近70年后的1595年，门达尼亚探险队的辅助船"圣卡塔利娜"号可能曾靠岸加罗林群岛东部的波纳佩岛，这艘渗漏严重的船最后一次被看到是在波纳佩岛附近。在这之前的1566年，27名"圣赫罗尼莫"号船员在哗变失败后被放逐到马绍尔群岛最西端的乌杰朗环礁。

漂流者影响的全部性质和程度永远不会被确定。与大多数史前史学者相比，这种说法所考虑到的漂流者要多得多（也更多样）。除了外来的漂流者，美拉尼西亚人也从一个岛屿漂流到另一个岛屿，波利尼西亚人和密克罗尼西亚人也是如此。进一步研究可能会还原其中一些水手的本来面目，但这些惊人的新发现只是漂流者参与太平洋岛屿定居和移居故事的一小部分。

海上居民

很少有人研究太平洋历史的海洋方面。大多数以海洋为主题的著述都是

---

① These issues are developed in Langdon, *Lost Caravel*.

关于大洋洲的早期探险和殖民的。[①] 它们关注的是大洋洲文化与外界首次接触时的船舶和航海技术，或者同时期独立发展的文化。许多研究还探讨了太平洋的食物资源。最近对文化心态和世界观的研究热潮丰富了太平洋的历史，但常常掩盖了其他路径。特别是，人类与环境的相互作用，作为考古学和人类地理学的研究重点，却很少受到历史学家的关注。资源利用受到社会和政治背景的影响，而环境也对社会制度和政治秩序增加了限制，并影响了世界观。欧洲的大西洋和地中海沿海地区，印度洋的斯瓦希里、阿拉伯半岛和印度的沿海地区，东南亚海洋岛和中国东南沿海岛屿都产生了大量文献，但太平洋却没有受到如此详细的关注。

太平洋可被设想为两个不同区域。在地壳较轻的海洋板块与西太平洋边缘较重的大陆板块碰撞之处，地壳深处的熔融岩浆会随着剧烈的火山活动从裂缝中喷发出来，不仅形成了大量火山岛，还由在平息火山附近浅水中生活的珊瑚虫的残骸形成了珊瑚环礁。世界上约 80% 的岛屿位于由东京、雅加达和皮特凯恩岛组成的三角形内。在这个区域之外，太平洋海床板块倾向于漂移而非碰撞，因此岩浆在压力相对较小时会从地壳中渗出，形成海盆和平缓海脊。它们不会露出海面，也不会扰乱太平洋北部和东部的大片"空荡荡的海洋"。

大多数历史学家认为海洋是陆地之间的一个均质空间，其最显著的特征是阻碍或促进航行的海面状况和风场类型。海洋的垂直维度也同样重要。它不仅影响着海洋生物，还会随时间和空间的变化而变化。在运用海洋食物链的科学数据来补充岛民可利用海洋资源的考古和历史资料方面，历史学家一直进展缓慢。为了衡量人类对海洋食物的依赖程度及其利用能力，历史学家需要将已知被利用的物种范围与全部可利用物种范围进行比较。

利用海洋作为交流途径和食物来源在很大程度上取决于人类的知识和观念。许多海洋文化认为人类与海豚、儒艮、海豹和鲨鱼有着密切的关系，因

---

① An important and recent exception is Hviding, *Guardians of Marovo Lagoon.*

此人们既不害怕也不猎杀这些物种。① 识别海洋文化主要通过态度和活动，而非仅仅在沿海居住。海洋社区并非完全相同。其中，大洋洲学者注意到，在所有海洋文化中，只有少数水手和航海家出海，而在陆地生活的大多数人则不出海。在大洋洲以外，许多社区由于受陆地的军事或环境限制而成为海洋民族。由于无法自给自足，海洋文化社区需要与较大的面向陆地的社区建立某种关系来弥补不足。贸易、劫掠或政治从属是此类关系的常见媒介，而海盗和迁居则是常见的意外后果。大洋洲的考古学理论强调环境限制对小岛屿的影响，但是显然没有海洋民族相对于陆基政权而言被边缘化的概念。尽管许多岛屿和政权规模相对较小，但这不应使我们忽视陆基社区和海洋社区之间可能存在的差别和紧张关系，例如在巴布亚南部沿海地区，在以航海为业的莫图人与陆基的科伊塔人之间似乎存在着某种共生关系。

居住在沿海地区会让一个社区受到来自海外各地的影响。太平洋历史学率先探讨了文化交汇之时物品和思想交流背后的文化逻辑。登上岛屿海滩被描绘成一个变革过程，在这一过程中，实物、观念和个体实现跨文化流动，并受到权力关系和文化互渗的调节。② 尽管这种方法提供了大量充斥其他地区著作的功利性解释，但我们不应忽视支撑许多此类交流的经济效用。对统治集团外来说的解释也展现了类似的二分法。在大洋洲，为了理顺原始权力暴力与受控权威暴力间的关系，这种情况被解释为社会建构。权力总是篡夺的和外来的，而权威总是合法的和当地的。在大洋洲之外，更强调为这种主张寻找历史依据。

太平洋学术界通常认为，从定居之初到欧洲人到来，外部联系对岛屿社会发展的意义有限。学者们更注重研究人口增长及其对环境的压力，以及地位争夺战，或者生产集约化对二次分配创建社会或政治义务的影响。学者们最近批评了将注意力集中在单个群岛甚至单个岛屿上的趋势，指出岛上社区是"在一个更广阔的、物品和思想皆流动的社会世界中"联系在一起的。③

---

① See, for example, Sahlins, 'The Stranger-King, or Dumezil'.

② For example Dening, *The Death of William Gooch*.

③ Irwin, *Prehistoric Exploration and Colonisation*, 204.

当地的传统、文化特质的分布，以及有文化的外部人士的观察都证明在大多数群岛内存在岛际航海活动。在18世纪和19世纪，波利尼西亚中东部（以塔希提岛为中心）、西波利尼西亚和斐济（以汤加为中心）、巴布亚东南沿海地区和密克罗尼西亚大部分地区仍明显存在群岛间的远航。在所有远航网络中，范围最广和结合最紧密的也许是一个航程长达1100千米的纳贡交换体系，它将加罗林群岛西部的许多环礁与密克罗尼西亚西部的火山岛雅浦岛联系在一起。① 外部联系可能会随形势变化而增减，其影响也可能如此。例如，伊恩·坎贝尔指出，现有证据表明大洋洲大部分地区在大约公元1100～1500年曾发生过重大动荡和岛际迁徙。②

并不是所有交流都是和平的。从本质上讲，制海权就是一个政权确保自己在海上自由行动和抑制其他政权具有类似地位的能力。这种权力很少被获得，因为建立和维持一支作战舰队需要大量资源，这超出了除少数几个政权之外的其他政权的能力。即使这些舰队能够被养得起，由于技术和后勤方面的限制，也仅能在近海展开大部分军事行动。由于同样的原因，海战也很少发生。大多数海军作战行动一直是对敌方海运实施低层次骚扰或者对海岸线的袭击。在这两种情况下，海上侵略者都拥有出其不意和机动性的优势，但他们的行动很少导致政治统治。如果没有绝对的海上霸权，这种可轻易实施的行动已使海洋世界变得危险。这些特点当然不适用于大洋洲。太平洋岛屿不仅人口与资源基础相对薄弱，还往往被浩瀚的海洋隔开，这种人文地理环境很可能产生了截然不同的权力结构。在这方面，一些岛屿值得进一步研究。人口有限的小岛政权，例如斐济的巴乌岛、萨摩亚的马诺诺岛、汤加的哈派群岛和所罗门群岛的罗维亚纳潟湖，由于拥有海军，从而对其所在群岛施加了政治影响。规模更大的"雅浦帝国"、统一后的汤加和波马雷王朝统治下对塔希提岛的影响，在一定程度上取决于制海权。所有这些可能拥有制海权的政权都应被研究，迄今为止这一概念在太平洋研究中一直被忽视。

---

① Lewthwaite, 'Geographical Knowledge of the Pacific Peoples'; and Parsonson, 'The Settlement of Oceania'.

② Campbell, *A History of the Pacific Islands*, 36.

文献简论

考古研究自 19 世纪后期以来一直在进行，目前的中心在澳大利亚国立大学、新西兰的奥克兰大学和奥塔哥大学，以及夏威夷大学的研究中心。考古学研究成果大多数被发表在区域性期刊上，如《新西兰考古学》（*Archaeology in New Zealand*）、《大洋洲考古学》（*Archaeology in Oceania*）、《亚洲透视》（*Asian Perspectives*）、《印度洋－太平洋地区史前史协会通报》（*Bulletin of the Indo-Pacific Prehistory Association*）、《夏威夷考古学》（*Hawaiian Archaeology*）、《波利尼西亚研究会杂志》（*Journal of the Polynesian Socie*ty）和《新西兰考古学杂志》（*New Zealand Journal of Archaeology*）。《古代》（*Antiquity*）也报道太平洋地区的考古发现。其他相关学术期刊包括《澳大利亚考古学》（*Australian Archaeology*）、《法国大洋洲学会杂志》（*Journal de la Societe des Oceanistes*）、《大洋洲的人类与文化》（*Man and Culture in Oceania*）、《密克罗尼西亚》（*Micronesica*）、《大洋洲语言学》（*Oceanic Linguistics*）和《太平洋语言学》（*Pacific Linguistics*）。专题丛书包括来自伯尼斯·帕瓦希主教博物馆的三大系列：《伯尼斯·帕瓦希主教博物馆通报》（*B. P. Bishop Museum Bulletins*）、《太平洋人类学档案》（*Pacific Anthropological Records*）和《部门报告系列之人类学系》（*Department of Anthropology，Departmental Report Series*）。夏威夷大学出版社出版了《亚洲和太平洋考古学系列》（*Asian and Pacific Archaeology Series*），澳大利亚国立大学史前史系出版了两套丛书：《南方大陆》（*Terra Australis*）和《为特殊场合准备的史前史论文集》（*Occasional Papers in Prehistory*）。

有大量关于现代人类起源的文献。主要的对立观点有 M. 沃尔波夫（区域连续说）和 C. B. 斯特林格（替代说）。他们都在梅拉斯和斯特林格主编的《人类的巨变：行为与生物学的视角》（*The Human Revolution：Behavioural and Biological Perspectives*）与布劳尔和史密斯主编的《连续说还是替代说》（*Continuity or Replacement*）中发表了论文。关于澳大利亚、新几内亚岛和美拉尼西亚海洋岛的更新世考古学，参见由史密斯、斯普里格斯和范克豪泽主编的《对萨胡尔大陆架的再考察》（*Sahul in Review*）。艾伦的《人类第一次殖民澳大利亚是在何时？》（When Did Humans First Colonise Australia?）一文虽然发表时间较早，但仍有助益。下列成果还讨论了一些特定主题，艾伦、戈斯登和彼得·怀特的《人类在更新世对太平洋热带岛屿的适应：来自新爱尔兰岛的最新证据》（Human Pleistocene Adaptations in the Tropic Island Pacific：Recent Evidence from New Ireland）；鲍德勒的《东南亚与澳大利亚、新西兰的智人：考古学与生物学的解释》（*Homo sapiens* in Southeast Asia and the Antipodes：Archaeological vs Biological Interpretations）；鲍德勒的《巽他大陆架和萨胡尔大陆架：一个3万年的文化区域？》（Sunda and Sahul：A 30k yr Culture Area?），载于由史密斯、斯普里格斯和范克豪泽主编的《对萨胡尔大陆架的再考察》（*Sahal in Review*）；还有格若比等人的《巴布亚新几内亚休恩半岛4万年前的人类定居遗址》（A 40000 - year - old Human Occupation Site at Huon Peninsula，Papua New Guinea）。

78　　讨论放射性碳和热释光年代测定技术的著述有：罗伯茨等人的《运用热释光测年法确定澳大利亚北部一处有5万年历史的人类定居遗址》（Thermoluminescence Dating of a 50000 - year - old Human Occupation Site in Northern Australia），希斯科克的《马拉库南贾二期人工制品有多古老？》（How Old are the Artefacts in Malakunanja II?），鲍德勒的《澳大利亚有5万年历史的遗址——真的有那么古老吗？》（50000 - year - old Site in Australia-Is It Really that Old?），以及《马拉库南贾二期的某些年代：对罗伯茨等人的回应》（Some Sort of Dates at Malakunanja II：A Reply to Roberts *et al.*）。

　　重建航海和早期定居的著述有欧文的《史前对太平洋的探索和殖民》（*The Prehistoric Exploration and Colonisation of the Pacific*）。专题研究包括：戴维森的《澳大利亚船只的发展演变》（The Chronology of Australian Watercraft）、罗兰的《昆士兰东海岸土著船只的分布》（The Distribution of Aboriginal Watercraft on the East Coast of Queensland）、鲍德勒的《澳大利亚

史前时期的近海岛屿和海上探险》（Offshore Islands and Maritime Explorations in Australian Prehistory），还有伯德塞尔的《重新校准人类首次定居大澳大利亚的范例》（The Recalibration of a Paradigm for the First Peopling of Greater Australia），载于由艾伦等人主编的《巽他大陆架和萨胡尔大陆架》（*Sunda and Sahul*）。

最近对太平洋史前史进行概括的有：詹宁斯主编的《波利尼西亚史前史》（*The Prehistory of Polynesia*）、基尔希的《波利尼西亚酋邦的演变》（*The Evolution of the Polynesian Chiefdoms*）、贝尔伍德的《波利尼西亚人》（*The Polynesians*）。还有贝尔伍德、福克斯和泰伦主编的《南岛民族》（*The Austronesians*），也与语言学有关。格林在《近大洋洲和远大洋洲——文化史对"美拉尼西亚"的结构》（Near and Remote Oceania-Disestablishing "Melanesia" in Culture History）一文中对划分近大洋洲和远大洋洲做了较为详细的论述。

关于南岛语族语言，参见泰伦主编的《南岛语族比较词典》（*Comparative Austronesian Dictionary*），以及波利和罗斯的《南岛民族的历史语言学和文化史》（Austronesian Historical Linguistics and Culture History）。关于非南岛语族语言，参见乌尔姆的《大洋洲巴布亚诸语言》（*Papuan Languages of Oceania*）和福利的《新几内亚岛巴布亚诸语言》（*The Papuan Languages of New Guinea*）。

戈尔森在狄侬和斯诺登主编的《巴布亚新几内亚农业史》（*A History of Agriculture in Papua New Guinea*）一书中利用三章篇幅清晰概述了新几内亚农业："新几内亚农业：远景""新几内亚的农业技术"，以及"新几内亚农业史：个案研究"。还在其《从澳大利亚旁观萨胡尔大陆架的农业发展》（The Development of Sahul Agriculture with Australia as Bystander）一文中探讨了史前对植物的利用和新几内亚作为早期植物驯化中心的问题。戈尔森和加德纳的《新几内亚高地史前时期的农业和社会政治组织》与霍普和戈尔森的《第四纪晚期新几内亚山区的变化》（Late Quaternary Change in the Mountains of New Guinea），解释了新几内亚库克沼泽长达 9000 年的经典序列。要了解史前时期的人类影响，参见多德森主编的《原始大陆》（*The Naive Lands*）。基尔希在《湿地和旱地》（*The Wet and the Dry*）一书中分析了波利尼西亚的农业。

关于拉皮塔文化丛，参见由基尔希和亨特主编的《拉皮塔文化丛考古学：批判性回顾》（*Archaeology of the Lapita Cultural Complex: A Critical Review*），以及斯普里格斯的《拉皮塔有什么东南亚特色?》（What is Southeast Asian about Lapita?）。关于 1985 年以来近大洋洲拉皮塔时代及其之前的考古学，参见艾伦和戈斯登的《关于拉皮塔发源地项目的报告》（*Report of the Lapita Homeland Project*）。斯普里格斯在《测定拉皮塔的年代：另一种观点》（Dating Lapita: Another View）一文中探究了拉皮塔陶器的制作。

基希尔的《重新思考东波利尼西亚史前史》（Rethinking East Polynesian Prehistory），以及斯普里格斯和安德森的《对东波利尼西亚迟来的殖民》（Late Colonization of East Polynesia）探讨了较晚开始的东波利尼西亚殖民问79题。目前还没有对密克罗尼西亚史前文明进行综合研究，但是《密克罗尼西亚》杂志在 1990 年的一期特刊上总结了最近的考古工作。基因证据领域的进展如此之快，以至于有必要阅读最近的期刊，但是希尔和萨金特森主编的《太平洋殖民：基因线索》（*The Colonization of the Pacific: A Genetic Trail*）总结了 1989 年前的证据。

兰登的资料来源与其兴趣一样丰富多彩，包括语言学、植物学和遗传学证据，以及对早期书面资料的仔细研究。E. S. 汉迪在《波利尼西亚宗教》（*Polynesian Religion*）一书中开创性地分析了波利尼西亚的宗教体系。兰登本人的反传统著作包括《迷航的轻快帆船》（*The Lost Caravel*）、《迷航的轻快帆船再探》（*The Lost Caravel Reexplored*）、《蓝蛋鸡归巢之时》（When the Blue-egg Chickens Come Home to Roost）和《香蕉是美洲和波利尼西亚早期历史的关键》（The Banana as a Key to Early American and Polynesian History）。

托马斯在《太平洋岛屿自然环境的多样性》（The Variety of Physical Environments among Pacific Islands）一文中描述了大洋洲的物理性质，该文载于福斯伯格主编的《人类在岛屿生态系统中的位置》（*Man's Place in the Island Ecosystem*）。卢思韦特的《太平洋民族地理知识》（Geographical Knowledge of the Pacific Peoples）和帕森森的《定殖大洋洲：对意外之旅理论的考察》（The Settlement of Oceania：An Examination of the Accidental Voyage Theory）详述了对大洋洲的探索和定居。安德森在其主编的《太平洋传统渔业》（*Traditional Fishing in the Pacific*）一书中描述了对太平洋的开发。萨林斯的《斐济人中外来国王，或迪梅齐尔》（The Stranger-King, or Dumezil among the Fijians）和德宁的《威廉·古奇之死》（*The Death of William Gooch*）分析了海滩。

第三章

太平洋上的伊甸园？关于原始富裕的神话与现实

原始富裕

被宽泛地描述为"自给自足"的生产在经济规划者那里名声不佳，石器技术亦是如此。例如，1975 年，为了不予考虑沦为殖民地之前的所有记录，世界银行赴巴布亚新几内亚代表团将上述两个概念联系在一起：

> 那些处于原始石器时代的部落一直生活在与世隔绝的原始状态之中……一个民族开始［现代化］时，没有字母，因此没有著作；不知道刀斧等金属制品，因此只能用石头切割和弓箭棍棒猎杀；不知道羊毛或棉花，因此仅能用捣碎的树皮作布；在其自给型农业中也从未使用过犍牛、公牛、马或母牛。由于维持生计相对容易，其自给型农业养活了不必养成严谨工作习惯的农业劳动力……

尽管这种批评异常粗鲁，但其内容却被广泛接受，即发展阶段，孤立社区的停滞，对石器技术的诋毁，自给生产与市场生产的尖锐对立，以及养成懒散习性的自给自足。这些臆断有碍于正确评价岛民数百年来不断完善的生产体系，他们所创建和维系的战略联盟，他们所遵守的环境规则以及他们所消除的风险。许多规划者想当然地认为所有沦为殖民地前的生产和消费都可以被描述为自给自足，贸易和交换是偶然的。他们还猜测自给生产一直未被改进以便满足不断变化的需求，而且需要很少劳动力、专门知识或规划。（"原始富裕"或"生活富足"是殖民者因恼怒岛民拒绝为低工资工作而做出的普遍解释。）尽管这一论点遭到许多反对，但是在此足够说明岛民发展的环境限制和生产体系，足以评价他们所创造的生存和繁荣方式有多么可靠。

自然灾害比比皆是。班尼特引用了马莱塔岛南部岛民对贫瘠的乌吉岛的看法：[1]

81

> 拥有油滑山药泥的乌吉岛
>
> 它的飞沙
>
> 拥有砂质海岸的乌吉岛
>
> 消失在椰林中
>
> 一边喊着号子一边用网捕鱼
>
> 由山药决定生死存亡的乌吉岛。

即使较受青睐的地方也存在其他风险。新几内亚高地和新西兰大部分岛屿如今仍在饱受霜冻之害，而且低海拔地区在冰河时代结束时也受到了霜冻影响。在另一端，低海拔的热带岛屿岛民饱受高温酷暑之苦，只能在清晨和傍晚从事体力劳动，而且还几乎无力抵御其他危害。新赫布里底群岛的阿内蒂乌姆岛在1848年以来的60年里遭受了31次飓风。对于以芋头和面包果为生的当地居民来说，这种影响可能是毁灭性的。1858年1月（珊瑚海的飓风季），一场飓风"把所有篱笆都刮倒了，把房屋吹倒了，树木被连根拔起；面包果也只收了大约一半，剩下的一半被彻底毁了"。[2]

自然灾害对环礁的影响尤为严重。例如，在大约公元1400年之前，拉莫特雷克环礁人口一直处于不断增长之中，此后却出现了总体下降，

---

① Bennett, *Wealth of the Solomons*, 11.

② Inglis, 9 April 1858, cited in Spriggs, 'Vegetable Kingdoms'.

可能与战争有关，但更可能是因为台风造成的破坏和粮食短缺。与之相反，迟来的雨季使得斐济群岛西部岛屿雨影区、新喀里多尼亚岛西部沿海地区和巴布亚南部沿海地区迅速耗尽了粮食储备。即使夏威夷群岛富饶岛屿的岛民有时也会因旱灾而逃荒，尽管此类火山岛本身就能引发降雨。由于太小而无法影响云层形成，小岛更是频繁暴发旱灾，尤其在赤道附近。吉尔伯特群岛（今基里巴斯）最南端的岛屿在 120 年里爆发了13 次旱灾，恶化了边际环境问题。哈利·莫德在 1938 年旱灾中似乎就是这样想的：

> 潟湖生态系统只有与陆生生物相结合才能将人类赶出旱灾发生地；在旱灾最严重时，由于植物群枯萎或濒临枯萎，大量鱼类逃离潟湖……吉尔伯特人意识到……那里已没有鱼食……即使在正常时期，诺诺乌蒂环礁和塔比特韦亚环礁等岛屿的岛民已习惯了饥肠辘辘，尽管已充分利用了生态系统和经常严控人口总量，但是上述岛屿的资源仍不足以维持其人口密度。[1]

由于靠近不稳定的构造板块交界处，太平洋西部岛屿经常发生地震和海啸。阿内蒂乌姆岛在 1848 年以后的 70 年里经历了三次地震和海啸。在 1875年暴发的那次地震和海啸期间，"大块悬伸的岩石被撕裂，猛然落到下面山谷里。在其他地方，巨石原来被横着半埋在地里，地震后不仅被掀起来，还被从土里震出来"。[2] 在 18 世纪晚期，加罗林群岛东部的火山岛科斯雷岛的人口大规模减少，尽管气候清爽，土地肥沃。外部人士认为科斯雷岛可轻易养活至少 3000 人，但是他们发现面积大致相同的雅浦岛却能养活大约 4 万居民。科斯雷岛人口减少显然是由于内战和台风。一名幸存者解释说，"他们的房子被席卷走了，他们的面包果树和椰树被摧毁了，随之而来的饥荒导

83

---

① Harry Maude, in Fosberg, *Man's Place in the Island Ecosystem*, 174.

② Inglis, 1887, cited in Spriggs, 'Vegetable Kingdoms'.

致成千上万人丧生。尽管他们曾在地下储藏了面包果，但是很快就被耗尽了，那些幸存者靠吃鱼活了下来"。[①] 如此多变的环境使得粮食安全非常重要。

生　产

殖民西太平洋的拓荒者发现了由充沛降雨所孕育的一望无际的森林和纵横交错的河流。不仅可用来制作工具的骨头和贝壳随处可见，而且有用的石头也突然广泛出现，以至于可以砍伐树木制作独木舟、鼓和盾牌，以及建造用棕榈叶覆盖屋顶的房子。捕捞鱼类和海生动物，以及采集贝类，对于精通这些技巧的当地居民而言不成问题，但是由于没有东南亚所盛产的猪和水牛，狩猎变得复杂起来，因此一些鸟类、蝙蝠和大鼠被吃掉了。除了雨影区之外，植被茂密，种类繁多，有些还可以食用，包括露兜树属（*pandanus*）、聂帕棕榈树属（*nipa*）、加利普橄榄树属（*galip*）和奥卡里榄仁树属（*okari*）的坚果，以及一些绿叶蔬菜。在岛屿海滨海岸线以下的沼泽地区，红树林可以应付紧急情况，而繁茂的西米椰林为岛民提供了主食西米。岛民们以这些栽培作物为基础建立了农业系统，还引进了东南亚的一些农作物。"狩猎和采集"与"农业"间的区别是一个必须强调的问题。即使在当地居民从事农耕之后，他们也会从灌木丛里采摘蔬菜、捕鱼、收集贝类、捕猎鸟类及其他动物。天然西米椰林可能孕育了最早的"野生植物管护"。除草和疏伐增加了产量，而且随着人口增长，嫩枝还被种植在自然环境以外的地方。

拓荒者首先在新几内亚沿海地区，然后在高地，后来还在自然资源无法养活狩猎者和采集者的较小岛屿上发展了系统农业。在大岛上形成的最常见的农业系统通常是以种植旱地芋头为主的临时性农田。植被被砍伐、晾干，通常被烧掉。这些灰烬为农作物提供了大约一年的营养，直到它们被冲走。

---

① L. H. Gulick, 'A Visit to King George of Kusaie［1852］', quoted in Ritter, 'The Population of Kosrae at Contact'.

因此园圃在耕作一两年后将会被草和害虫侵入。这块土地可能会休耕 20 多年。生长期短和休耕期间选择性除草，促进了林木的再生。山药的种植方式通常类似，但一些农民设计了一种不同的系统来种植"长"山药（来自东南亚的参薯）：挖一个深达 3 米的洞，然后用表土填满。由于大多数山药不适宜大水漫灌，因此只能为塞皮克河以北的漫滩选择耐水品种。在特罗布里恩群岛、塞皮克河流域以及其他以山药为主食的地区，当地居民为了确保大丰收创造了作为仪式核心的咒语。鉴于清除森林需要付出艰辛劳动，农民通常会清除园圃里的次要植被。该系统不是没有风险。休耕期过短使得开阔的草地——在难以开辟临时性农田的地方——取代了森林。用火狩猎动物也有同样的危险。

一些新几内亚沿海岛民早在 9000 余年前就已从事农业，可能种植过芋头、山药、西米、香蕉和椰子。只有芋头生长在海拔较高地区。高地居民在清除森林后开始在湿地上进行大规模排水和灌溉。数千年来，他们还用挖掘棒和桨状铲在湿地上设计了连作系统。最初的治水措施揭示了底土具有增加沟壑间土壤肥力的优势，这种堆肥技术使得草地得以耕种。一个常见后果是野猪被驯化，因为森林萎缩导致无法再向野猪等动物群提供足够的淀粉食物。这些做法使食物产生了大量盈余，而且由于猪维持着交换体系，这些生产密集的中心可能是下文所述壮观的公开交换的根源。

到 5000 年前时，森林被迅速清除，这种入侵持续了 1000 余年，直到当地居民发明了使森林得以稳定和再生的耕作方式。为了获取木材，速生木麻黄树被引种到作为休耕地的草地上。当三四百年前辛苦的湿地耕作突然停止时，连作农业已被很好地建立起来。美洲甘薯对整个地区产生了深远的影响。在冲绳（今琉球群岛），它使得当地居民从渔民和区域贸易商轻松转型为农民。块茎通过无数次倒手才从菲律宾传到新几内亚，再到内陆，从而改变了生产方式和社会组织。

起初，甘薯的受欢迎程度与海拔高度成正比，这决定了甘薯比芋头更有优势。例如，在高地部分地区，虽然芋头在仪式上仍非常重要，但甘薯成为主食。在伊里安查亚巴利姆山谷，当地居民开发出数量惊人的新品种，可识别出 70 余种甘薯。在人口稠密的冲积平原上，当地居民用火硬化木铲开挖了灌溉渠："某个男人会不时地将木铲放在一边，将手伸到沟里找较小的泥块，然后把泥块敷在被改造过的灌溉渠边上。然后泥块很快就会被阳光晒干，这使得这些园圃展现出一种耐久和整齐的样子，一直持续到它们被遗弃休耕为止。"①

在山坡上，甘薯插条被种植在准备好的苗床上，而次要作物则被种在了偏僻角落。一位荷兰科学家判断，"巴利姆居民对坡地耕作存在的问题和通过控制侵蚀保持土壤的原则有着深刻的理解。他们的农业以甘薯为基础，甘薯是最有效的抗侵蚀作物，它能在种植后数周内就覆盖地面"。② 这种农作物当然不只属于"他"。男人负责挖沟，而妇女则负责种植、照管和收获。在甘薯被推广后，土地可以养活越来越多的人口或猪，抑或两者兼而有之。由于在投入相同人力的情况下它要比芋头产量高，特别是在贫瘠的土地上，因此直到今天它的种植面积仍在继续扩大。

低地农民也加强了耕作。在伊里安查亚南部沿海的科莱珀姆岛（今印度尼西亚的约斯苏达索岛），为了解决一到雨季大部分土地就遭淹没问题，岛民们精心设计了一套系统。他们用一层层芦苇和沟渠里的泥土在沼泽里建造了一些岛屿。淤泥被用来施肥，以及与漂浮的水草一起被用来堆肥。岛基宽 2～3 米，长达数百米。为了调节水分，岛屿高度被建造得参差不齐。这些人工岛专门用来种植椰树、西米椰树，以及对水分敏感的山药、芋头和最近引进的甘薯。

当拉皮塔殖民者在 1000 年前征服更加遥远的岛屿时，他们将截然不同的植物、动物和技能组合在一起。他们的家畜有猪、狗和鸡；他们的农作物可能包括芋头、面包果树、香蕉和山药；他们的连作农业（参见第二章）还包括在较大岛屿上的水浇地里种植芋头，以及在环礁上低于地下水位的凹坑里种植芋头。当时，农业可以在水资源丰富和可控的地方养活稠密的人

85

---

① Gardner and Heider, *Gardens of War*.

② L. J. Brass, 'Stone Age Agriculture in New Guinea', in Whittaker *et al.* (eds), *Documents and Readings in New Guinea History*.

口。斐济的雷瓦等三角洲很可能维持了最大生产和养活了该地区最稠密的人口。芋头的连作支持了以筑垒城镇为中心的分层社会。到 19 世纪时，雷瓦很可能是斐济最富有和最强大的城镇，它的小巷将精心修筑的防御工事中的数百栋房屋连接在一起，吸引来汤加和维提岛雄心勃勃之人，并为防御而部署了 20 艘大型双体独木舟。集约型农业在太平洋中部其他岛屿和新喀里多尼亚也得到发展。（再到 19 世纪时）除了重峦叠嶂和干旱的南部和西部，整个新喀里多尼亚岛都被开垦为农田。

在公元 1000～1500 年，东波利尼西亚因人口增长、农业扩张和集约化而发生变化，增加了耕种的品种。在夏威夷，整片森林被夷为平地，成为能种植甘薯、芋头和面包果树的旱地。在欧胡岛，旅行者阿奇博尔德·坎贝尔将埃瓦描述为"一片广阔而肥沃的平原，整个地区都处于耕种的巅峰状态。每条河流的堤岸都得到精心砌筑，以便为芋头苗床供水。在没有水的地方，土地就被种上了山药和甘薯"。[1]

86　　欧洲人常常对连作充满热情。19 世纪 30 年代，毛利人的园艺备受推崇，不是因为其独创性或生产率，而是因为它看起来更像欧洲的做法。一位英国观察家很高兴地说："土地上的杂草已完全清除了，松软沃土就像我们最好的园圃那样被精心开垦出来……在某一苗圃中，我看见这些护堤，它们的底部围了一圈干草。海芋就像我们园圃种植瓜类作物的方式被种植在圆形小凹槽里。"[2] 这种一致是偶然的。这种情况也很少见，欧洲人常常感到困惑。例如，当麦哲伦探险队抵达关岛时，其中一名船员感觉"这些当地居民过着自由自在的生活"，"他们既不去田里干活也不离开自己的房子，而是用棕榈叶织布和编篮子"，因此他受到震撼。[3] 面包果树——在所罗门群岛以东岛屿——因其轻易就可获得丰产而令外来者惊叹不已。面包果树漫长

---

[1]　Campbell, *A Voyage round the World from 1806 to 1812.*

[2]　Peter Adams, *Fatal Necessity: British Intervention in New Zealand*, 1830 – 1846, cited by Janet M. Davidson, 'The Polynesian Foundation', in Oliver and Williams (eds), *The Oxford History of New Zealand*, 21.

[3]　Antonio Pigafette, *Magellan's Voyage: A Narrative Account of the First Circumnavigation*, in Hezel and Berg, *Micronesia: Winds of Change.*

的收获期可以提供长达一年的食物——如果当地居民选择具有不同收获期的品种，煮熟并储存剩余的。这在密克罗尼西亚尤其重要，因为那里的自然资源甚至比其他群岛更贫乏。在波纳佩岛、雅浦岛和科斯雷岛，山药需要精心培育；在其他地方，它们更难种植，香蕉、椰子和芋头以及面包果都是生存必需品。

欧洲人猜测岛民过着古朴的生活。由于无法与岛民语言交流，他们只能被视觉上的证据所打动。然而，在临时性农田农业中，块茎生长在杂乱植被中。表面上的混乱掩盖了环礁芋头坑的选址和挖掘，山药品种的选择，多物种间作，或根据具体环境进行护根和灌溉。令人困惑的还有温带和热带做法的差异。欧洲农业通常受四季限制，以谷物和牧草为主，而岛民则以树木和根茎作物为主，季节分为旱季和雨季。可靠的交通和资金使得欧洲农民得以专业化。在太平洋岛屿只依靠一种农作物是危险的，因为许多农作物难以储存，紧急供应也不可靠。他们反而制定了一些策略，包括间作（在西方人看来杂乱无章），或者与其他环境中的居民建立交换关系（不为偶然来访的观察家所见）。猪和食火鸡对牛或绵羊有不同的要求。谜上加谜的是，岛民们所积累的技能是在头脑方面，而不是在工具方面；他们用巫术语言来表达那些知识，认为正确的咒语与合适的土壤一样重要。

工具——欧洲人能力的宝库——在视觉上并没有给人留下深刻印象，但这并没有妨碍他们创造性地使用和大量制造人工制品。在环礁上，工具是由钙化的贝壳做成的，梭螺被用来冲洗面包果，石灰石常被用作灰浆。拉帕努伊岛民用很少的资源就制作出巨大的石像，这至今仍让观察者感到震惊。马克萨斯人，就像其他波利尼西亚人那样，为支撑精心制作的木制宗教中心，创造了石头铺砌的人造阶地。夏威夷酋长的羽饰斗篷走进了无数博物馆。载着岛民穿越海洋的大型双体独木舟后来逐渐演化出多种类型，但不同于新几内亚附近运送大宗货物的货船。铲子和园艺铲是木制的，高耸的神庙（*haus tambaran*）等宗教建筑亦然，所以木匠在维提岛各镇是最受尊敬的工匠。几乎所有建筑，以及贝制和骨制装饰，都是由石制工具制成的，因此石制工具支撑着大多数生产系统。

87

包括朗吉人在内的新几内亚高地人都在采石场里制作斧头。

> 两位老人进入森林，寻找有袋动物。［后来他们性交了。］老妇人感到有东西插入了她的后背……于是他们看了看，发现地上露出一把大伞斧的刀刃。［他们还发现许多斧头。］在他们回家后，他们说，每个人，无论老少，都应集合起来……然后，两个老人把斧头拿给他们看，说："咱们现在就拿斧头去森林里狩猎有袋动物吧。在我们杀死一些有袋动物后，我们就向斧神献祭。"
>
> 当现在当地居民去制作斧头时，他们首先会猎杀有袋动物，然后将它们献给那两位老人……然后他们爬入深坑里，点燃用树脂浸泡过的火把。他们用这些火把引路。在他们找到矿脉后，他们就用楔子钉入矿脉，然后制作斧头。[①]

技术创新、宗教敬畏和社会关系的联系如此紧密，以至仅仅考虑多维体验的"经济"意义是错误的。

从 19 世纪晚期开始，贝壳从沿海大量涌入，交换激增，促使地理位置优越的社区加强了采石活动。例如，每当斧头存货耗尽与和平来临时，所有成年男人都会就被动员起来。他们与女性隔绝开来，以便他们在面对采石场女妖时能在仪式上保持纯洁。他们在那里工作 3 ~ 5 个月。与其他高地泥瓦匠不同，他们不用火，而是用石锤砸岩石表面。随后，当地居民将坯料塑造成斧坯。1933 年，一支殖民早期的巡逻队在塞皮克河与瓦吉河分水岭以北地区观察到如下场景：

> 这个地区似乎是中立的，所有好战的邻居都想让斧头制造者能在和平环境下继续这一有用的技艺。我们看到许多土著正忙于制作斧头，他们坐在水坑旁，耐心地用砂岩打磨斧头，每隔几分钟就停下来把石头浸

---

① Burton, 'Axe Makers of the Wahgi', 255.

入水里，然后工匠用一只眼沿着逐渐变细的斧刃看，以便慢慢成形。制
作一把完美的斧头需要工匠耐心工作许多天。[1]

大多数产品都是在当地生产的，因为石头随处可见，但是战争和巫术阻碍了 89
销售。很少需要建立正式的贸易联系，而且斧头也很少能穿越崇山峻岭被销
往 20 千米以外的地方。然而，这里逐渐形成了一些有使用价值的加工品，
例如，用于身体装饰的树脂、用于制作弓的棕榈、矿物油、植物盐、网兜、
烟草、骨匕首、装饰羽毛、彩色赭石，甚至供猪食用的土补药。

石器制作并不总是很复杂。在俾斯麦群岛，洛乌岛的黑曜石可能是由
"当天往返者"开采的，技术含量很低。黑曜石很可能被整块交换，其所有
者在其他地方雇用了石匠。技术和劳动关系各不相同，但伯顿对高地采石场
的分析使他相信：

> 在一系列条件被满足后，非等级社会或非分层社会可以组织起来进
> 行大规模的生产性投资。尽管［这种组织］非常省钱，但也非常不稳
> 定——如果条件发生变化，很可能会消失或无法使用……相比之下，尽
> 管等级社会或工业化社会所需的官僚结构……成本非常高，但是不太依
> 赖偶然事件，并有能力自我重组以适应不同条件。[2]

这种二分法可能有些言过其实。在巴布亚沿海的梅鲁岛等地，妇女们严格按
照参照图形制作陶罐，那里有合适的黏土，贸易路线交叉，而且男人们还强
制实施了区域垄断。梅鲁妇女为出口而生产陶罐。她们通过早期各种各样的
参照图形和模型来改进她们的生产。到最近的时期，陶罐不仅被大量生产，
还几乎完全一致。[3] 在西北更远的地方，莫图陶工也通过希里贸易网对巴布
亚湾实施了类似垄断。许多岛屿也大量生产贝制贵重物品。这些贵重物品通

---

① Burton, 'Axe Makers of the Wahgi', 164.

② *Ibid.*, 88.

③ Irwin, 'The Emergence of Mailu'.

常都是将小贝壳磨成标准尺寸，并以标准值连接成串。在质量、数量和标准化方面，有些生产甚至相当于后来在外国指导下开采矿石，欧洲人把这种开采视为发展。

等级社会维持了更加精细的劳动分工。一些男人成为泥瓦匠和木匠。对席子（通常由女性生产）的需求几乎是无穷无尽的，从供夏威夷平民使用的普通席子，再到高等级酋长走路和睡觉用的一摞三四十个的精美席子。大多数工作已被"性别化"。例如，在萨摩亚，精美席子（'ie toga）是妇女创造财富的主要形式，而食物、独木舟和工具则由男人负责生产。妇女们将露兜树叶捶打成极薄的带子，然后将它们编成席子。这是大规模生产，但是最精美的席子要想获得丝绸般光泽则需要使之暴露于露水中好几代人时间，而且它们上面还有她们的名字和家谱。不仅它们的内在品质赋予了它们价值，而且它们还被赋予了社会意义。陶器一直是由女性来制作的，（用往复式织机）织布在密克罗尼西亚几乎一直是女性的工作。

土地使用权

土地使用权安排通常被描述为"传统的"或"依照习惯的"，但"传统"土地的土地保有制度往往截然不同于早期观察家、土地委员会或者口述历史记录中所描述的。现在的"传统"安排通常是对 19 世纪或更早的所谓习惯做法的大大简化或改造。早期记录提供了许多有关土地保有权特征的证据。这些特征普遍存在于太平洋岛屿的许多地区，特定的环境、特定的农业系统或特定的社会结构。许多特征源于所有土地使用权安排都必须满足的需求。土地使用者需要保证，至少需要足够长的时间来收获自己的农作物。对于乔木作物而言，土地使用期可能长达数十年；对于其他农作物而言，只需要几个月。随着需求的变化，也需要一些方法来转让所有权或用益权，例如社会群体的相对规模和权力，必须兼顾一块土地所涉及的不同利益。当地居民可能需要通行权，以便穿越他人土地到达自己的土地。社区所有成员都可能需要使用诸如淡水泉之类的资源。不同个人或群体可以出于耕作、狩猎或采集野生农产品等目的而对某个地区拥有权利。一个人或群体可以拥有某块土地的树木，而另一人或群体拥有生长在这些树木下的根茎作物。"在某块土地上几乎总是存在许多不同权利，而且往往由不同的人拥有。"①

在大多数太平洋岛屿上，为了满足一个社区的需求，需要利用散布于整个岛屿甚至数座岛屿的数个生态立地（在一个区域内的特定生境类型）。大多数家庭能生产自己日常所需的大部分产品，很少仅专门生产几种产品。他们还必须为困难时期做好准备。每个社区的土地使用权安排通常反映了每个家庭的需要，使他们能够狩猎、采集食物和收集建筑材料，能够利用不同类型土壤种植各种农作物，能够利用淡水资源以及潟湖和礁湖地区捕鱼和采集贝类。土地使用权受到一些规则的约束，这些规则控制着土地或资源的使用、保留和处置，以及土地如何转让和转让给谁。

在许多火山岛上，生态区起始于珊瑚礁和潟湖，向内陆穿过沼泽后面的沙滩和沙地，然后是陡峭山坡底部的沃土，最后延伸到岛屿中部，通常是草木丛生的山脊。每个家族都可通过像斐济拉肯巴岛那样的土地保有模式来获得各种生态立地的使用权，即每个部落都拥有从海岸到内陆最高点的呈楔形的土地。其他许多火山岛也表现出类似的分配方法，包括斐济的莫阿拉岛、夏威夷的欧胡岛和库克群岛的拉罗汤加岛。库克群岛的阿蒂乌岛几乎完全由凸起的环礁构成，周围环绕着粗糙的珊瑚石灰岩（珊瑚礁围缘），内圈是沼泽和沃土，岛屿中央是山脊。阿蒂乌岛被分成七个楔形区域，边界从中心向外辐射到外缘的裙礁。每个区域又被进一步细分，边界再次从中心延伸到海岸，而且高价值土地进一步被细分给更小的族群。在塔希提岛，每个山谷系统都包括一个位于谷口的沿海地带，面向潟湖、珊瑚礁和近海水域，所有这些都由一个包含岛上主要资源的楔形区域支撑。"似乎所有塔希提人都有权使用他们所居住的特定山谷系统内的山谷、沿海地带和海洋资源区"，而且"那里……有证据表明，每个系统及其居民都在大部落中形成了一个单一的

91

① R. G. Crocombe, 'Land Tenure in the South Pacific', in R. Gerard Ward (ed.), *Man in the Pacific Islands*, Oxford, 1972, 220.

政治实体"。① 在萨摩亚，每个村庄的土地通常从礁石延伸至中央山脊，然后再为每个社区提供一个横截面的资源。在有更多内陆村庄的较大岛屿上，这种模式就不切实可行了，但社区仍试图将各种生态立地尽可能纳入自己土地中。社会网络和交换安排提供了获取基本产品的其他途径。

在环礁，由于陆地面积小而狭长，资源与人口之间的平衡很脆弱，土地分配一般采取从潟湖到海洋将整个岛屿横切成若干部分的形式。在环礁的小岛上，面向海洋的海岸提供了不同于潟湖的资源。每个家庭都需要获得可供建造房屋与种植椰子等乔木作物的旱地，从小岛中心下方淡水透镜体中汲取淡水的井，以及那些地下水位足够芋头生长的沼泽。因此，在整个马绍尔群岛，"每块土地都是小岛的一个横切面"，这为土地持有者提供了获取岛上大部分资源的途径，包括海洋生物、椰树和露兜树、潟湖岸边的生活场地，以及内陆可供种植面包果树的狭长地块。在基里巴斯，地界一般从潟湖笔直地延伸到礁石。托克劳的三个环礁也是如此。托克劳人的亲戚，类似于马绍尔群岛和加罗林群岛，也有权分得环礁周边小岛的土地，这增加了在任何时候都能获得至少一块肥沃土地的机会。

每个家庭或亲族都种植自己的大部分食物，收集自用的柴火，以及捕捞自食的鱼。为了种植满足饮食所必需的所有农作物和应对虫害、干旱或风暴危险，大多数家庭都有一些分散的食物园圃和利用不同土壤种植乔木作物的小块土地。它们通常包括海滨附近的一片椰树林，一些种在位置更隐蔽、土壤更湿润土地上的面包果树和香蕉树，一片被改造成芋头苗床的沼泽地，以及土壤肥沃且干燥的山药园圃。这些地块往往散布在其他家庭的地块中。每个家庭还需要森林或热带稀树草原的使用权，但不是独占权，以供收集柴火和建筑材料，狩猎和采集野生食物。

土地使用权安排通常涉及由最大家族或居住社区掌控的一大片土地。所有家族分支或社区成员都可以在这片土地的未开垦区域采集农产品。这类以整个社区名义拥有的土地属于公地。在土地被清理和耕种后，农作物通常被

---

① Finney, *Polynesian Peasants and Proletarians*, 16.

认为是种植者或其直系亲属的财产，只要这些农作物存在，土地就一直处于他们控制之下。随着间作块根作物、香蕉树和卡瓦胡椒等灌木，土地使用期可能长达数年。一旦产量下降，根据临时性农田制度，园圃就要恢复休耕数年。此前的耕种者的权利随着休耕期的延长而逐渐"变淡"。一旦此前的使用者不再抱有兴趣，搬走或被遗忘，其他人就可以清理土地，并将其变成园圃。因此，土地使用权被明确批准转让，适应了家族相对规模和需求的变化。在地面农作物消失和下层灌木重新生长之后，乔木作物可能仍在生产中，并长期处于最初种植者的控制之下。随着时间的推移，椰树下方的土地可能会被其他人清理和种植。因此，同一片土地上的粮食作物园圃和椰树可能归属不同主人。

一些改进工作需要大量劳动力，如建造水田、水浇梯田和用土堤围起来的园圃。有了这样的湿地耕作，土壤几乎可以永久使用，灌溉用水以及用泥或护根物根外施肥提供了营养物质。在天各一方的新几内亚高地南部地区、伊里安查亚南部地区和斐济雷瓦三角洲等地区，以及在瓦努阿图南部的阿内蒂乌姆岛与斐济的瓦努阿岛和莫阿拉岛等地的芋头梯田或水田，由于长期使用和大量投入劳动力，这些土地往往被认为几乎是那些建设者的永久财产。同样，宅基地在许多社会中也被视为特定家庭的财产。

除了由于新耕种者清理和耕种休耕田而可能导致土地使用权（或最终所有权）转让之外，几乎所有社区的土地拥有者还可以通过传统惯例转让土地。在一些社会中，如果某人与土地拥有者存在亲属关系，这个人就有充分理由要求被赠送一块土地。如果某人嫁入或入赘某个社区，这个人就可能会得到土地（被分配到这个社区），并最终获得土地所有权（而且这个人还会被给予社区成员资格）。土地可以用来奖励为酋长、地主或族群做过贡献的人。难民可以得到保护、住所和土地，并最终融入社区。土地和其他财产可以在战争中被没收或交出，也可作为违规的惩罚。最重要的是，社区可能会因内部争端而分裂，从而双方要么分割他们的土地，要么去占领新领土。

所有土地使用权安排都是灵活而务实的。由于从来没有编撰成文法，

94

"习惯规则在很大程度上易受到环境和主导利益的压力"。① 掌握这些主导利益的权威范围很广，在一些社会中，世袭酋长或民选领导人负责代表社区采取行动（有时会把这项任务变成私人领地），而在另外一些社会中，控制，以及处理特定领域的权力，显然掌握在特定个人手中。

95　　社群主义和互惠是核心原则。由于农业作业必须被迅速完成，因此所需劳动力远远超出一个家庭所能提供的。例如，清除森林很耗时费力，但是如果由一个作业小组合作来完成，就会使这项任务变得切实可行了。在社区边缘工作，一个作业小组要比一个人更安全，也更适宜。建造房屋通常也是运用同样方法。虽然直系亲族通常是基本生产单位，但也可以在互惠基础上获得其他族群的帮助。即使小组作业在技术层面上可有可无，但仍可表达社区共同利益。在公共园圃里劳作不会使产品成为公有财产。相反，由个人及其直系亲属控制劳动成果，并没有使他们游离在社区之外或忽视成员义务。除劳动外，还必须回报特别服务或需要，例如建造独木舟、草药治疗或精神干预等。最重要的是需要保护。邻近社区，往往彼此敌视，也以同样方式组织起来。参与社区事务最终成为保护个人利益的最佳方式。

由于社会经济组织、土地管理、宗教信仰和权力等级制度交织在一起，土地对社会福祉至关重要。无论是在过去还是在现在，土地仍是大多数岛民宇宙观的重要组成部分，尊重祖先及其灵魂可能是为了要求关心、注意或承认他们所占有的土地。土地和祖先经常被说成是同一实体的两个组成部分。

马歇尔·萨林斯改编马克思的说法，将土地描述为"祖先的无机身体……夏威夷人可能将其祖传土地称为 *kula iwi*，即'骨骼平坦之处'，正如他们认为自己是 *kama'aina*，即'大地之子'"。② 大量谚语表达了这些观念，而且"土地"一词引起了广泛而丰富的共鸣。正如阿塞塞拉·拉乌乌所指出的那样："斐济语中的 *vanua*（土地）一词具有身体、社会和文化等三个相互关联的维度。它包括……祖先、他们的传统和习俗、信仰和价值

---

① T. G. Harding, 'Land Tenure', in P. Ryan（ed.），*Encyclopaedia of Papua New Guinea*, Melbourne, 1972.

② Sahlins, *Anahulu*, 31.

观，以及为实现和谐、团结和繁荣而制定的其他各种制度……它提供了身份认同感和归属感。"因此，vanua 这一概念指的是"整个斐济社会"。① 从这一更加广泛的意义上来说，斐济独立时似乎应该起国名为瓦努阿图。"美拉尼西亚和波利尼西亚的文化认同属于地域认同，来源于地域空间所附带的记忆和价值观。氏族或社群的成员资格，无论个人身份还是集体身份，都通过彼此相连的地点被继承下来，这些地点的总和构成一个领土。"② 无论个人还是集体，身份都与土地紧密相连，有时这种联系非常明显，比如在雅浦岛和塔纳岛，孩子的名字也是该岛的地名。土地利用不仅涉及世俗活动，也涉及宗教仪式。因此，土地管理和分配的做法往往是社会认同的核心要素。近年来，它们被用作民族身份的象征。在巴布亚新几内亚、所罗门群岛和瓦努阿图，澄清土地问题是采用现代宪法的先决条件。在瓦努阿图，宪法是土地使用权改革的工具，从而使所有土地重新纳入习俗领域。

96

贸易和交换

与依附特定土地相辅相成的是，大多数岛民还深度依赖由贸易和交流决定（和加强）的社会关系。将贸易、彩礼、殡葬费和赔偿金简单地解释为为了物质利益最大化而进行的生态调整，这种解释很吸引人，但也极具误导性。在新几内亚高地，"交换是胡利人宇宙观和社会的本质特征，以至于它抵制抽象的概念。胡利人的宇宙是建立在活人与祖先和非祖先灵魂之间交换的概念之上的"。知识和技能与实物一样受到高度重视，也一样被热切交换。矿物油渗出地表的地方是"胡利人宗教地理中的关键节点，其中矿物油成为一种决定胡利人宇宙生死存亡的物质"。矿物油的内在价值很低（珍珠贝对于珍视它们的高地人而言也是"不必要的"），但是胡利人使之成为他们贸易关系逻辑的核心。当地居民建立贸易关系不仅仅是为了促进交换，

---

① Ravuvu, *Vaka i Taukei*, 70; and Ravuvu, *The Fijian Ethos*, 15.

② Bonnemaison, 'The Tree and the Canoe', 117; see also his *The Tree and the Canoe*.

也不仅仅是为了建立联盟，因为他们没有划清"经济"和"社会"、世俗和宗教的界限。胡利人的贸易只能从其宗教地理方面来理解。[1]

一旦致力于农业，每个社会不仅渴望它能延续下去，还渴望它产生维持交换关系的盈余。通常这些关系极具竞争性，因为礼物强加了必须不惜代价也要答谢的义务。在 1849 年和 1850 年，一群传教士在米尔恩湾穆鲁阿岛（伍德拉克岛）上亲身经历了一场使穆鲁阿人变成行尸走肉的旱灾。当贸易伙伴到来时，穆鲁阿人已实行定量供给。他们收到了猪牙、鲸骨和食火鸡，尽管用粮食交换它们似乎很不划算，但如果不这样做，他们就会被认为不慷慨和破坏盟约，因此饥饿的穆鲁阿人仍用盛宴欢迎了他们的贸易伙伴。只要贸易伙伴在"衣食贸易"体系中维持粮食和布料的流动，米尔恩湾那些资源贫乏的岛民通常要比那些资源更丰富的邻居享有更高的生活水平。[2]

97 　　言辞在送礼时往往咄咄逼人，迈克尔·扬将这种竞争描述为"粮食战"。[3] 例如，1933 年，坦噶岛滕库尹村的布克汤姆组织了一场为期 12 天的盛宴。第一次赠送进行得很顺利，但是仍需要布克汤姆时刻关注，比如来自敌对氏族的苏木素玛大摇大摆地走进来，宣称他要连本带利地归还布克汤姆此前赠送的猪。紧张情绪随着礼物的累积而加剧。当酋长坦巴乌带着 22 只动物来到这里受到欣然接受时，他回应道："我要嚼碎你，就像胜利者吃掉他的猎物那样！"酋长坦巴乌出人意料地介入，从而造成了一个令人震惊的尴尬局面。布克汤姆可以回报猪或举办一场盛宴，但不能两者兼有。幸运的是，布克汤姆的好朋友兼"兄弟"科斯普伊带着 30 头成熟的猪前来救场，这些猪是他为在下一个播种季结束时举办一系列重要仪式而准备的。布克汤姆大概欠他一百头猪，自己差不多还有一百头。没有人会忘记债务，而且也

---

[1] Ballard, 'The Centre Cannot Hold'. Bonnemaison, *The Tree and the Canoe*, describes similar 'sacred geography' in Tanna.

[2] Martha Macintyre and Jim Allen, 'Trading for Subsistence: The Case from the Southern Massim', in Yen and Mummery, *Pacific Production Systems*.

[3] Young, *Fighting With Food*.

"没有人会为了借贷问题……花费数小时争吵和讨论"。①

新几内亚高地形成了梅尔帕人的莫卡交换体系和恩加人的蒂交换体系，从而使仪式交换发展到巅峰。最迟在 19 世纪晚期，剩余的甘薯为大规模饲养主要交换物品猪提供了食物。这种交换在短暂的殖民时期一直持续着，但独立的临近使得一些大人物开始怀疑这种交换是否会继续下去。面对不断变化的政治结构和社会习俗，梅尔帕大人物奥格卡举办了他的最后一次莫卡，并且不厌其烦地向安德鲁·斯特拉森解释了举办莫卡的动力和全部理由，这里引用了他的原话。

奥格卡举办的最后一次莫卡②

现在让我再谈谈我是如何举办莫卡的。我一直在一个又一个仪式场地上举办莫卡。我从很久以前就开始用珍珠贝壳向许多氏族支付战争赔偿金，那时候珍珠贝壳都铺在一排排蕨类植物和香蕉树叶上。我也给了他们国王般的礼遇：我们虽然送出一些猪，但没有呼唤个别交换伙伴的名字，也没有提前收慰问大礼；我们把它送给了所有到场的男人，作为我们对他们所强加的或者他们作为盟友为我们而战所遭受的杀戮的补偿……在这些场合，我都会戴上特殊的装饰物，如镶有彩色羽毛的大饰板（*Koi wal*）和萨克森极乐鸟羽冠上的淡蓝色羽毛（*Koi ketepa*）。无论何年何月，我都与我们曼德波族男人们一起准备莫卡礼物。我们有时会跳屈膝舞（*morl* dance），一边弯曲膝盖，一边让长长的围裙在我们身前摇摆；有时我们会跳跺脚舞（*nde mbo kenan* dance），在仪式场地上一边列队行进，一边跺脚。我们做了所有这些许多次，直到它被全部完成且我对它感到厌倦。在 个又一个的仪式场地上，我一次又一次地这样做。在前述场地，四周的朱蕉已衰老，最前面的特殊圆形房屋已破败不堪，杂草丛生……当时自治已日益临近，帕鲁阿自 1972 年以来已成为我们国会的议员。时代变了，我心里想，我要脱下

98

---

① F. L. S. Bell, 'The Place of Food in the Social Life of the Tanga', *Oceania* xviii (1947), in Whittaker *et ah*, *Documents and Readings in New Guinea History*.

② *Ongka: A Self-account by a New Guinea Big-man.*

我的树皮腰带，我的用朱蕉小树枝装饰的斗篷，以及我的围裙，然后我要遵循新方法。

在我看来，我们不再有能辛勤养猪的老派男人了，也不再有妇女会制作用来收获甘薯的耐用网兜，或者会制作捆猪绳和用它们捆扎猪，所以，如果我等得太久，我们就不能以老方法再举办莫卡了。我们过去常说身穿用短猪绳缩拢的淡黄色长围裙的旧时代妇女。她们把一块树皮布盖在扎成一圈的头发上，再把她们劳动用的大网袋放在上面。这就是那些会养猪的妇女，而现在已没有这样的妇女了。这样的妇女可以养很多很多小猪、母猪和阉猪。清晨，猪群会聚集在她家门口，尖叫着要甘薯吃。因此有足够的猪来做许多不同的事情……

我决定："好吧！如果必须要放弃老办法，那就让我们无论如何再做点什么，作为我们最后的一场大秀。"所以我召集了我们三大氏族所有分支的男人来我在穆布克尔的住所，我对他们说：

> 我们的父辈是真正的大人物，但他们的儿子们现在却穿长裤和喝啤酒，因此他们实际上成为废物。我们的母亲都是坚强的女人，但是她们的女儿们却已变得轻浮。我们过去建的大园圈的边缘如今已长满了杂草。自治和独立将来临，老办法将会消失，但让我们在这发生之前再做一件事，以至周围所有部族和白人都说，"卡维尔卡人举办了一场小演出，我们看到了"。如今，老办法将被淘汰，就像我们从树桩上抖落泥土那样，然后我们将采用新办法。现在一切都很疯狂，所以让我们在这一切发生之前先做这件事情。听我说完然后就去做……

> 去找你所有的亲戚朋友索要礼物，制作送给他们的礼物和准备接收回礼，以便举办一场大型莫卡。我们将赠送所有合乎习俗的东西，如食火鸡、装饰油、各种珍贵贝壳、牛和由农场专门饲养的猪（自白人到来后已可买到）。我们还将赠送一些别人此前从未送过的东西，以使我们出名。在过去，当我们的父辈举办莫卡时，他们通过赠送大型食火鸡而出名，那种火鸡产自吉米山谷过去生产石斧头的科拉；或通过赠送

kum kokop，即一种特殊的小珍珠贝壳，这种贝壳具有神奇的力量，可以挂在后脑勺上。我们卡维尔卡人过去在莫卡上还因将一名女人嫁给提普卡氏族首领帕鲁阿之父库里而出名。人们在谈到我们做的这件事时会问别人："你做过那件事吗？"现在，为了使我们的儿子也能说他们的父亲做了一件值得注意的事，现在就让我们把别人没有送过的东西送给他们吧。

我就像这样对他们讲话，但没有完全说出我的真正想法。

帕鲁阿当选为我们的国会议员。然而，由于一场车祸和一名来自恩格卡部落的司机死亡，帕鲁阿遭到攻击……帕鲁阿因病得很重而在莫尔兹比港医院里住了很长时间。当他回到我们地区时，他……给了我们四群猪，每群八头，以便分给所有卡维尔卡人，因为在他受伤住院期间我们为他哭过和感到痛苦过。他还添加了一只我们已煮熟吃掉的食火鸡。所以我将我们所有人召集在一起，并对他们说：

看哪，这些礼物都是我们的。我们现在没有像过去那样为我们养猪的女人了。我们的女人过去常常为我们男人养猪，我建造男人之屋，我支付死亡赔偿金，我在莫卡上赠送猪。但如今她们都在做什么呢？现代的姑娘拿着毛巾、肥皂和梳子去溪边洗澡，向脖子上搽粉，然后出去向男人微笑和寻找钱。旧时的妇女腰上系着束腰带，头上披着发网，肩上扛着装着甘薯的大网兜。今天的女孩到处乱逛，使得甘薯园圃长满了杂草，也不再养猪了。自治已近在咫尺，而所有地方都在变得黑蠢。我召集这次会议是为了我们每个氏族的所有人，每个人都应回家好好想想。你们回家后要养猪，跟你们来自其他氏族的交换伙伴商量一下，并做好准备，让你们的女人穿上老式工作服去喂猪。我是这样一个人：我建造过许多男人之屋和点燃过这些房子里的仪式之火，布置过许多新的仪式场所，为杀戮支付过赔偿金，煮熟过也赠送过生猪。现在，我付钱租来政府拖拉机，想扩大我们的仪式场地，使它重新井井有条，拔出树桩平

99

113

整地面……记住，这不是为我建一座私人花园，而是为了我们的莫卡。

发疯的不只是我们的女人，看看我们的男人们吧，他们如今也发生了明显变化。在过去，男人用铲子挖地，砍倒成片的高大野草，翻土，使地里长出高大的香蕉树和甘蔗，照料和捆绑它们，直到它们成熟。因此他不仅为家人准备了足够的食物，还使妻子有足够食物为客人做饭，但男人们现在不这样做了。我们的年轻人穿长裤，戴太阳镜，喝啤酒……在过去，年轻男子会帮助妇女扛着装满甘薯的网兜，但是现在他们无所事事，极其游手好闲。在过去，他们会去平整仪式场地和为地灶挖坑，但现在他们拒绝干这些活……现在自治日益临近，让我们在一切都变得疯狂之前做一件事。此前，当我们卡维尔卡人给提普卡人的莫卡赠送礼物时，我们做了一件让我们出名的事。通常我们赠送的礼物是猪、食火鸡、贝壳、猪肉、装饰油，但在穆布克尔的仪式场地上，我们赠送了过去没人送过的东西，一个女人，卡维尔卡妇女诺玛奈。我们把她赠给该氏族首领里做妻子，所以我们"赢"了，这样做提高了我们的声望。她成了帕鲁阿的母亲，现在帕鲁阿又给我们带来了四群猪和一只食火鸡。我们该怎么办？我们每个氏族在莫卡中都占有一席之地。为了把猪一排排地拴在木桩上，我们在仪式场地上插入木桩，一根又一根，直到它们完全延伸到仪式场地之外。但这些都是大家所熟知的礼物。现在我们可以赠送什么新东西呢？让我们赠送一辆轿车吧。

……我们还在大型莫卡上将20头牛作为额外礼物送给交换伙伴。我们购买了20头商业化饲养的猪，并把它们添加到我们自己饲养的猪群里。我们给了40只食火鸡。至于我们自己的猪，你怎么能数得过来呢？

在那排猪的前面，我放了自己的猪……作为额外礼物，我自己买了两头牛，把它们送了出去。那辆轿车也在我劝说下买下来，我们都为它的价格出了一份力。他们在谈到我时说："他本应该待在家里，侍弄自家的园圃，以便有粮食吃，而不是像现在这样烧钱，他在干什么？"这完全都是为了我的最后一次大展示……

我说，"看看我们赠送了多少东西，有自己养的猪，也有用钱买来的猪、食火鸡、装饰油、牛、摩托车、轿车，还有钱。如果有人认为他能赠送与之匹敌的东西，那就让他从我这里拿走如今作为标志的那个打结的朱蕉叶"。① 没有人接受这个挑战。所以，经过多年策划，在拿数场小型莫卡做准备后，在说了很多次我要做这件事后，我完成了展示。最后我成功了，我把过去男人和女人所擅长的东西都包了起来，并把它们与我举办的最后一场大型莫卡一起埋进了他们的坟墓里。

其他交换

默文·梅吉特在考察恩加的"蒂交换体系"后得出的结论是，大人物维持了这个体系的运转。

> 通过偿还那些对他们来说至关重要的支持者的援助，同时也保留了他们所能拿走的任何资源，但是牺牲了自己族群弱势群体的利益……
>
> 现在，这种温和的贪婪不仅仅是个别大人物的偶然属性。的确……许多大人物认为这既是一个区别标志，也是大人物作为一个类别的特权，而且他们经常公开地或秘密地操纵交换……为了彼此的利益。②

为了使猪长得肥壮，他们通过威吓受庇护者维持了大规模的粮食生产。养猪实际上成为储存丰收盈余的手段。这些盛大仪式不仅加剧了竞争，也带来了社区间的频繁交往。从表面上看，不断交换这些猪几乎没有什么价值，但是优秀的管理者能成功激发出生产热情，并增加所有人的生存机会。

交换专业产品的作用更明显。在 19 世纪末的托雷斯海峡，一些岛民自

---

① As a sign that his group would be the next to make a *moka* and it would be comparable to Ongka's.

② Meggitt, 'Pigs Are Our Hearts'.

101 信地依靠独木舟贸易来补充他们的农业：来自巴布亚本土的物品包括石制工具和骨制工具、弓、箭和石制武器。根据早期的殖民报告，独木舟是最重要的物品，"一些从事贸易的部落甚至不把彼此视为朋友"。[1] 这并不是孤立现象。由于土地贫瘠导致粮食产量低，梅鲁和莫图的村民就用陶罐换一些基本的食物。在19世纪80年代之前，莫图的村民每年都要向巴布亚湾派遣20艘多船体帆船（*lakatoi*）远征希里贸易圈，运去约2.6万个陶罐，并运回约500吨西米。新几内亚岛那时已被相互连接的贸易路线所包围，而且沿线许多地方还吸引来内陆居民用农产品换取贝壳，这些贝壳通过无数次转手被交换到遥远的高地。在新几内亚岛西端，贸易有一个较为险恶的因素，即马鲁古群岛的蒂多雷苏丹国。蒂多雷苏丹国是巴布亚奴隶、极乐鸟和烤西米贸易的中心，其中烤西米充当了东南亚人的船用饼干。

　　根据埃佩利·豪奥法所言，长途贸易和交换关系是岛民生活方式的重要组成部分：

　　　　斐济、萨摩亚、汤加、纽埃、罗图马、托克劳、图瓦卢、富图纳和乌韦阿岛组成了一个大型的交换共同体。在这个共同体里，财富和人员及其技能和艺术不断地交换。其居民向北和向西冒险进入基里巴斯、所罗门群岛、瓦努阿图和新喀里多尼亚，从而形成了一个交换不太密集的外岛弧……库克群岛和法属波利尼西亚也组成了一个类似于其西方同族的共同体，其中一些吃苦耐劳的岛民冒险南下，在新西兰的奥特亚罗瓦岛建立了定居点，而另一些岛民则冒险北上，发现并定居夏威夷群岛。在赤道以北，人们可能会提到以雅浦岛为中心的贸易共同体。

　　　　在相关岛屿的口述传统中和在至今仍保留的血缘关系中，可轻易获得有关岛屿间经济和文化混合的证据。例如，斐济、萨摩亚和汤加的高等级酋长仍然维系着在欧洲人进入太平洋前数百年里形成的亲戚关系，那时的边界不是海洋中的虚线，而是登陆点……海洋对任何能破浪前行

---

[1]　Appendix to *British New Guinea Annual Report*, 1905.

的人都是开放的。①

交换是分层社会内外关系的核心。在分层社会中，平民对酋长的义务使酋长可以合情合理地拿走平民的产品。萨摩亚酋长（ali'i）如果想获得最高头衔，需要依靠影响巨大的演说家（tutafale），而要想赢得他们的支持必须提供精美席子，而且在就职时为了巩固地位还要奖励他们。对早期传教士而言，酋长们似乎永远在巡视，赠送食物与索要精美席子和树皮布。支撑这些正式交换的是无数种植粮食的男人和敲打树皮编织露兜树纤维布的女人，这远远超出了维持生存所需的数量。

类似的价值和权力结构也维系着太平洋岛屿间的庇护关系。环礁居民依赖火山岛庇护。环礁居民除了贝壳几乎没有什么资源，许多日常生活用品都依赖火山岛。当旱灾、飓风等灾难摧毁环礁树木甚至影响居民生活时，由于火山岛受影响较小，火山岛可以作为庇护者救助受庇护者环礁。这种关系包括火山岛祭司代受庇护者祈福免灾，例如雅浦祭司在加罗林群岛中部环礁上拥有统治权。"每年都有数十条独木舟从其他岛屿涌入雅浦岛，向某些酋长献上看起来像贡品的礼物，尽管雅浦武士从未冒险到这些地方去维护他们的统治地位。"② 加罗林群岛的远洋独木舟依靠世代口传的航海指南，沿着指定航线航行。18 世纪 20 年代，一艘沃莱艾环礁独木舟遭遇海难，其船员漂流至关岛。船员们向西班牙人描述并定位了许多西班牙船只尚未发现的岛屿。这种百科全书式的知识对躲避天灾人祸必不可少。

最重要的贡品是由妇女织成的香蕉布。然而，今天更广为人知的是由海菊蛤制成的贝壳串"gau"。火山岛之间也相互依赖。雅浦岛与帕劳的关系是通过买卖直径半米、中心有一孔的碳酸钙圆盘"raay"发展起来的。（著名的巨型圆盘直径长达数米，由于只有大型船只才能装载它们，因此直到 19 世纪才开始被开采。）从大约 17 世纪开始，雅浦岛西南部岛民定期航行

103

---

① Hau'ofa, 'Our Sea of Islands', 9.

② Hezel, *First Taint of Civilization*, 264.

到帕劳的科罗尔。雅浦岛两个村庄的酋长为获得开采权向科罗尔和梅莱凯奥克的酋长缴纳了开采特许费，由酋长控制开采权有助于巩固这两个岛屿的酋长的权力基础。他们在那里为开采特权付出了自己的劳动。在雅浦人用简陋木筏横穿数百千米海洋将碳酸钙圆盘送回家之前，采矿耗费了大量劳动力。

在没有约定的"货币"的情况下，许多交易实际上相当于实物进贡或物物交换。但是太平洋岛屿有数个贝币加工中心，其中一个位于所罗门群岛马莱塔岛以北的人造岛朗加朗加。妇女是贝币的主要生产者（这里的园圃由男人负责打理），她们在所罗门群岛内外找到了贝币的销路。① 直径数英寸的环状大贝币（*tambu*）是最著名的财富形式之一，也是新不列颠岛图拉人的财富象征。鲸牙在其他岛屿上也发挥了同样作用。例如，在斐济，巴乌岛虽小但酋长们利用鲸牙（*tabua*）将力量投送到地平线之外，越过数座岛屿直到维提岛人口稠密的雷瓦三角洲（参见第五章）。

105　　像其他贝币那样，碳酸钙圆盘（*raay*）也是一种有价值的东西，比贝珠串（*gau*）的估值更高。交换比率是波动的。所有权从一个村子转移到另一个村子，即使在碳酸钙圆盘不可避免地消失后。像其他货币那样，碳酸钙圆盘也引发了政治斗争、垄断企图和阴谋诡计，而且这种累积的财富还加强了拥有者的政治权力。然而，与西方货币不同的是，碳酸钙圆盘是有显著个性特征的，它通过讲述有关它们的故事的形式保留了开采者、运输者和所有者的个性。这种区别也适用于其他具有特性和故事的财富形式，包括萨摩亚精美席子（*'ie toga*）。因此，财富只能在社会和政治背景下积累。人们所拥有的是财富，而不是资本。虽然贝币（*tambu*）是图拉人的财富象征，但是直到19世纪交换关系商业化后才成为"资本"。在此之前，这种传统财富一直未能将财富生产（经济）与权力积累（政治）区分开来，也对岛屿经历没有产生任何意义。财富和权威是同一个碳酸钙圆盘的两面。

这些交换往往被说成是"传统的"，但它们并不像这个术语所暗示的那

---

① Cooper, 'Economic Context of Shell Money Production in Malaita'.

样死板。随着需求的变化，生产和交换网络也发生了变化。直到大约公元1400年时雅浦人在采石场附近定居下来，帕劳的文石生产才开始繁荣起来，而出口贸易的发展要晚得多。甘薯改变了新几内亚高地的生产和交换。采石业后来以扩张回应了货物从沿海的大量涌入，尽管这些石匠和商人都没有意识到这两者之间的联系。波利尼西亚的交换体系迅速接纳了欧洲大宗商品，就像莫卡交换体系接纳制成品进口那样。

性别分工

生产、消费和交换中的男女关系是所有其他关系的基础。在本书中，我们一直提防为了解释共性和差异而将太平洋划分为三大"文化区域"的传统做法，但是在纯描述层面上仍对男女关系和性别分工进行了区域性概括。在大多数美拉尼西亚社会中，妇女在农业和粮食生产方面要比波利尼西亚妇女发挥更大作用。波利尼西亚妇女的主要工作是制造供家庭和仪式使用的席子和布。在美拉尼西亚大部分地区，男性主导地位要比在波利尼西亚更为明显和极端，而且常常得到那些告诫女性危险和堕落的意识形态的支持。波利尼西亚文化在仪式禁忌的内容和强制力方面有很大差异，但大多数文化都在某种程度上将妇女与禁忌观念和神圣精神力量联系在一起。然而，波利尼西亚妇女在族谱地位和社会地位上与男人是平等的。她们不仅生产文化上的贵重物品，而且作为女性亲属和女酋长还行使着令人敬畏的个人权威和政治权力。

相比之下，从分层的酋长制到本地化的大家庭组织，密克罗尼西亚不仅环境千差万别，而且社会和政治领域也同样多样化。文化解决方案不一定与环境条件有关，即使在岛屿同一地区，劳动分工也可能会有很大不同。例如，丘克环礁潟湖的男人们负责打理园圃，但是丘克区西部小岛上的男人则认为打理园圃是妇女的事。区域模式无疑是相对的，而且总是有例外。在新几内亚高地，妇女从事大部分生产性工作，而在美拉尼西亚海洋岛的母系社会中，妇女不仅拥有土地还可继承土地，而且和男人一样都在园圃里劳动。

106

但是母系继嗣并没有确保男人要尊重妇女，也不能确保妇女是平等的决策者。继嗣规则、劳动分工与尊重妇女没有明显关系。

我们还应该通过生产与交换间的差别细致入微地陈述劳动分工。在一些社会中，妇女对生计贡献不大，但是她们生产了家庭必需品和贵重交换物品，并且在交换中发挥了积极作用。此外，妇女对维持生计的贡献与公众的高度尊敬没有关系。例如，在某些新几内亚社会，尽管妇女生产了大多数主食，但是男性占据了主导地位而妇女则受到了轻视；与此相反，在波利尼西亚，尽管妇女主要负责制造布料和席子，但在文化上却受到高度重视。年龄差异是另一个变异之源，即对未成年的劳动期望往往与成年人相差甚远，而且成年人的职责又与老年人不同。在 20 世纪 20 年代，萨摩亚女孩负责除草和收集植物性食物，以及帮助家人做饭。在特罗布里恩群岛，男人们主要负责生产山药，而妇女则负责生产布制品，但妇女们也参与耕作和照管母系土地上的山药园圃。换句话说，我们不应将男女间的劳动差别视为完全相互排斥的。大多数社会都没有限制经济任务的仪式性禁令，尤其是在农业方面，男女经常在需要时互相帮助。然而，新几内亚高地是一个明显例外，因为它使性别隔离和女性堕落信念仪式化了。

上述对男女关系的简要重建源于妇女对粮食生产作出重大贡献的社会。下面将要讨论的是妇女对家庭必需品和仪式用贵重物品的生产，以及妇女在交换中的作用。这些描述只有根据其所依据的资料才可靠。在美拉尼西亚和密克罗尼西亚的许多地区，与欧洲人接触前的活动一直延续到现代民族学时代，如今仍以改良形式存在着。在萨摩亚、汤加和许多波利尼西亚小岛上，自给自足经济已经被如实地记录下来，而且对与欧洲人接触前的劳动分工的推论可以通过直接观察加以证实。对于上述大多数社会来说，20 世纪的专著包含了关于性别角色的数据。然而，这种材料并不总是可轻易获得或被整理过，而且女性活动也很少得到同等对待。对于高度"文化适应"的社会来说，结论必须依赖人种历史学的资料。几乎所有这些资料都是西方男性提供的，他们的偏见导致其忽视或贬低了岛屿妇女及其活动。

我们关注的不是女性贡献的比例，而是男性的主导地位问题，即妇女是

107

否为男人工作？男人对妇女的劳动成果是否有决策权？在新几内亚高地大部分地区，上述问题的答案是肯定的。而且，这种不对称性是"性别对抗"的一部分。性别不对称各不相同，但大多数高地社会都有夸耀男性优越地位的制度，特别是以男人之屋、秘传知识和神秘的男性专用仪式为核心的男性崇拜。男性崇拜的核心功能是举行将男孩塑造成武士的成人仪式。虽然这个功能已被简化，但在许多社会中，男性成人仪式仍在举行。在这些仪式和日常生活中，男人公然诋毁妇女，而且在某些情况下还常常虐待她们的身体。高地经济以甘薯和猪为中心。许多社会也强调贝制贵重物品的仪式交换。甘薯被认为是一种"女性"作物，与之相对应的是由男人照管的芋头、姜和甘蔗等"男性"植物。猪也完全属于"女性"，与之相对应的是狗和食火鸡等"男性"动物。由于猪吃甘薯，男人仪式在本质上依赖于妇女的劳动，而且如果像奥格卡这样的男人要举办更多盛宴，妇女就必须更加努力劳动。

在美拉尼西亚各个地区，美拉尼西亚妇女在耕作上付出的辛劳难以衡量。吉尔·纳什称，布干维尔岛的纳戈韦西人处于相对"低产量"的母系社会，特别是与高地相比。在20世纪40年代爆发芋头枯萎病之前，纳戈韦西人一直种植作为主食的芋头，养猪，并通过狩猎和采集来补充食物不足。（在芋头患枯萎病后，甘薯取代了芋头。）作为女性劳动跨文化差异的指标，提供资料的纳戈韦西人告诉纳什，一名嫁到该地区的高地妇女在园圃劳动时要比他们更加努力。与高地相比，纳戈韦西人的猪宴往往规模较小，而且纳戈韦西人不太重视在交换中赢得竞争优势。相反，他们在交换关系中看重的是"互惠与平衡"。尽管纳什否定了母系社会妇女比父系社会妇女普遍享有"更高地位"，但是她在报告中说，纳戈韦西男人和妇女在权利和资源控制方面相对平等。她还生动地表达了"劳动"对妇女的意义：

> 纳戈韦西妇女虽然很活跃，但却没有给人留下过度劳累的印象，而且每周至少去园圃三次以上……计算"在园圃的时间"是一种误导，因为妇女绝不是以公事公办的方式开始她们工作的。在去园圃途中，她们会在村里停下来聊天和嚼槟榔，然后才去园圃。她们还做饭，照料小

孩，洗澡等等。换句话说，"工作"并没有被很好地划分为一个单独类别。①

108　塞皮克河流域"西米丛"的男女分工与众不同。在一些塞皮克社会中，男人承担了大部分种植和园圃劳动，而女人则负责捕鱼。妇女划着独木舟去布置鱼栅，为家人提供了大部分蛋白质食物。她们还制作西米、做饭，以及去市场上与其他妇女交换食物。这里与其他地方一样，劳动分工是由男女具有不同内在素质的信念来支撑的。雅特穆尔男人认为他们不能学习制作西米薄饼，但是在塞皮克制作西米的社会中实际上男人却表现出很大灵活性。劳动任务很少是仅为一种性别保留的，男人和女人根据需要互相帮助。虽然男人和女人都制作西米，但是通常参与这一过程不同阶段的工作。

塞皮克妇女还要悉心照料男人举办仪式所依赖的猪，贝特森指出："妻子们把钱包看得很紧。"② 大多数关于新几内亚的文献都强调妇女的从属地位，仪式分离，以及男性诋毁女性，这是因为大多数民族学学者都是男性。自20世纪70年代以来，一些学者提出妇女可能有与男人不同的视角，甚至还有她们自己的另类宇宙观和性别意识形态。我们对女性视角很少进行深入研究，但是在20世纪60年代初，当高地极少受到与西方接触的影响时，保拉·布朗记录了钦布妇女和男人对男女差异的陈述：

> 我们女人所做的都非常困难：①我们每天都要为家人做饭，从不休息；②我们每天都要去园圃干活；③清除园圃的杂草，种植粮食作物；④每天都要照料好猪；⑤在干其他活时，还要照顾我们的孩子。所以这非常非常困难。男人们从来不帮助我们……男人干的活都很简单。这对他们来说并不难。他们仅劈柴，割草或清理灌木丛，挖园圃排水沟，建造房子。他们不是每天都这么干活。男人把大部分时间都花在无所事事

---

① Jill Nash, 'Gender Attributes and Equality', in Strathern (ed.), *Dealing with Inequality*, 152, 155.

② Bateson, *Naven*, 148 – 9.

和聊天上。他们只是坐在男人之屋里开会讨论为年轻小伙娶老婆，以及盛宴和仪式。

我们男人努力干活是为了妥善处理我们的事务和使家人有饭吃。我们比女人更辛苦，因为我们认为自己更有力量，而且我们还干了许多额外的活。我们通过修篱笆、建新房、开垦新园圃、劈木柴、帮助我们妻子种地来显示我们的力量。我们的妻子与我们做丈夫的干同样多的活，但是她们干活的时间要比我们男人少一些。她们一大早就起来放猪去找食儿吃，然后就开始干活，在太阳快落山时才回家。尽管她们为家人准备食物是额外工作，但妇女的工作就是为家人服务的。①

妇女为男人举行仪式交换而生产的物品正日益得到广泛承认。在波纳佩岛和帕劳，妇女在一些男人非常关注的事件中被认为是关键人物，如家庭仪式、交换和盛宴等。然而，在对新几内亚高地交换的大多数描述中基本上没有女性，虽然妇女负责打理园圃，她们也为男人聚会提供食物。在汤姆贝马－恩加人中，妇女凭借食物提供者的角色影响了她们丈夫的政治抱负。妇女参与购猪谈判。如果一个女人离开了她的丈夫，这会对丈夫的猪群和抱负造成灾难性影响。此外，在"蒂交换体系"中，男性交换伙伴是通过女性联系在一起的："恩加人不会考虑将猪送给没有与女人一起到这里来的男人，因为无法保证回报。"一个男人的妻子在将猪分配给与自己没有血缘关系的交换伙伴时拥有直接发言权，因此那些潜在接受者必须向她要猪："女人在塑造和界定名义上属于男人的伙伴关系中发挥了重要作用。"② 女性在表面上以男性为中心的交换中所扮演的角色，为性别对立提供了新视角。意识形态并非女性社会地位的全部。即使在男性似乎居于绝对统治地位的地方，劳动分工可能会调和对女性长期处于从属地位的传统描述。

在许多社会，妇女们制造了文化贵重物品。这些贵重物品被当作传家宝

109

---

① Brown, 'Gender and Social Change', 128.

② Feil, 'Women and Men in the Enga Tee'.

储存起来，不轻易示人，只在仪式上被转让。早期的民族学者通常忽略了这些物品的重要性。这种忽视不仅是男性偏见的产物，也源于西方人的期望，即原始民族是天生的物质主义者，主要关心填饱肚子。因此，他们往往低估了这些非生活必需品的交换价值，尽管岛民把它们视为珍宝。在特罗布里恩群岛工作时，安妮特·韦纳称这些物品为"布制财富"，因为在许多社会中，妇女所生产的用于仪式交换的物品都是以布料或席子的形式出现的。在波利尼西亚，塔帕纤维布和露兜树纤维席子是最贵重的文化产品。它们是专门献给神和酋长的礼物，而且在某些社会中，某些特定物品体现了家庭和朝代的历史。在波纳佩岛，妇女也制作用来交换的布制产品，如木槿纤维布裙、腰带、头饰和席子。在特罗布里恩群岛，妇女们至今仍在为葬礼交换制作香蕉叶纤维包袱和裙子。韦纳认为："大洋洲具有布艺传统的社会不仅将此类财富作为货币，还将它们作为主要交换对象，在庆生仪式、婚礼、葬礼和酋长就职仪式上向他人展示。"[1] 生产布制财富的家庭从来没有真正转让过它们，因为它们体现了亲属身份和政治权威。

马林诺夫斯基在《西太平洋上的航海者》中所描述的库拉岛际交换网络，使得特罗布里恩群岛在学术界闻名遐迩。男人们乘坐精心装饰的独木舟前往远方与贸易伙伴交换贝制臂箍和项链。马林诺夫斯基在很大程度上忽视了妇女及其活动，包括韦纳在《女人的价值，男人的声望》一书中所描述的妇女在葬礼上的交换活动。虽然妇女生产并拥有用香蕉叶纤维制作的包袱和裙子等布制财富，以及组织葬礼，但是她们的丈夫却对葬礼程序有着持久的兴趣。在等待即将举行的葬礼时，一个男人"将连续数月从早忙到晚，试图为妻子积攒尽可能多的女性财富"。在这时，他会公开表示自己正在为妻子干活，尽管他可能在其他情况下贬低妇女。"在葬礼上，每个比其他女性分配更多财富的女性大人物的背后都站着一个男人。"[2]

早期的欧洲来访者不了解萨摩亚精美席子和树皮布的价值。传教士和管

---

① Annette Weiner, 'Why Cloth?', in Weiner and Schneider, *Cloth and Human Experience*, 35.

② Weiner, *Women of Value*, *Men of Renown*, 14.

理人员劝阻，管制，甚至禁止交换精美席子，理由是这类行为妨碍了当地居民集中精力从事生产性劳动。萨摩亚人一再解释说，他们所生产的精美席子是他们社会的"黄金和钻石"。大量分发它们是公共仪式必不可少的程序，那些渴望获得最高头衔的人必须获得某些象征至高无上权威的古老而神圣的席子。重要的是，当讨论在仪式上使用哪些席子以及多少等问题时，萨摩亚妇女拥有与男性酋长同样的发言权。当婆家需要更多席子进行交换时，妇女可以向娘家请求帮助。

布制财富在古代夏威夷社会中的作用被忽视了，部分原因是这些精美席子和树皮布很快就被欧洲物品所取代。布制财富的正式公开交换在任何情况下都不如萨摩亚那么重要。即使有大量民族历史资料，与欧洲人接触前的劳动分工可能仍不确定，因为到访的外来人很少详细记录谁在芋头田里干活，干多长时间。19 世纪的作家戴维·马洛对劳动分工做了如下概括：户外劳动由男人干，室内劳动由妇女干。[1] 男人干了大部分农活以及木工、石匠和深海捕鱼等工作。男人伐木，建造房屋，制造独木舟、碗和锛，并乘独木舟出海捕鱼。在波利尼西亚，男人也做饭。根据马洛的说法，在性别禁忌下，夏威夷男人和女人所吃食物不能来自同一只动物、同一餐具或同一地灶。因此，男人们必须准备两个地灶，其中一个用于家中男人，另一个用于家中女人。

夏威夷妇女主要从事露兜树纤维席子、树皮布和羽毛饰品的生产，以及沿海礁盘捕鱼和收集海产品。但是，观察家指出，大多数席子和布料都是由老年妇女制作的。如果当代波利尼西亚社会有一些指导意义的话，女孩和年轻妇女负责育儿、家务和作为实际上的学徒协助老年妇女。为了获得用于制作酋长斗篷和旗帜的精美羽毛，夏威夷男子也在山林中露营捕鸟。但是他们都由妻子陪着以便整理羽毛。早期资料表明妇女制作了象征高等级酋长身份的羽饰斗篷。现代学者往往把这项任务归于男人，这在很大程度上是由于对禁忌制度的主流解释一直贬低女性和认为女人是祸水。夏威夷的性别禁忌规

111

---

[1]　Malo, *Hawaiian Antiquities*.

定，在进食、举行宗教仪式和月经时必须将男女分开，这使得一些学者认为，仪式禁止妇女种植某些农作物，如芋头。尽管男人干了大部分与芋头有关的劳动，但没有证据表明妇女被完全排除在外。由于湿地芋头在其生长周期中需要经常除草，妇女和儿童很可能参与了此类劳动。在 1798 年，当时夏威夷的禁忌制度仍在发挥作用，一位来访者写道："年轻女性从来没有在大田里劳作过，但那些老年妇女有时会去大田里劳动。"[①] 历史学家塞缪尔·卡马卡乌给我们留下了一段奇妙的总结：

> 所有户外工作都是由男人来完成的，如耕地、捕鱼、用地灶做饭等。这是考艾岛、瓦胡岛和莫洛凯岛上的普遍规则。但是在毛伊岛或夏威夷岛，妇女也像男人一样在户外辛勤劳作。在夏威夷岛经常看见妇女背上背着打好包的食物，用地灶做饭和耕地，甚至与男人一起去捕鱼。[②]

鉴于其他资料将妇女与甘薯栽培联系在一起，考古学家一直将卡马卡乌的描述解释为：以甘薯为主要农作物的旱地大田制度在毛伊岛和夏威夷岛更为普遍。由于旱地耕作需要经常和密集的劳动来除草和护根，因此妇女劳动在这些地区尤其重要。[③]

尽管如此，妇女仍然要忙于她们的主要职责。树皮布易腐烂，生产需要大量人工，如照料灌木，准备原料，用木槌将树皮敲打至所需厚度，并在布料上压印或染上图案。精美的塔帕纤维布和露兜树纤维席子也是进献给酋长的贡品，它们的精美程度和数量反映了酋长的等级，因此夏威夷妇女还整天忙于生产这些贵重物品和家庭用品。各种精美席子和塔帕纤维布主要用于酋长的礼物交换和宗教仪式。由于包裹意味着遏制神力，供品和神像通常被包

---

① 'Extract from the Diary of Ebenezer Townsend, Jr., Supercargo of the Sealing Ship *Neptune* on Her Voyage to the South Pacific and Canton', *Hawaiian Historical Society Reprints*, 4 (1921), 25.

② Kamakau, *Ruling Chiefs*, 238 – 9.

③ Kirch, *Feathered Gods and Fishhooks*, 224 – 5.

裹在精美塔帕纤维布和（或者）席子中。

民族学者最近探讨了性别分工的文化逻辑。在波利尼西亚，人们通常会发现在经济、文化象征和仪式地位上男女间存在完全的互补。男人和女人提供了虽然截然不同但相互补充的物品。在库克群岛的普卡普卡岛，"男人在岛屿外围干活，妇女在岛屿中心干活"。[1] 妇女在环礁内部沼泽地里种植芋头，而男人则在外围的旱地里照管椰树。在其他情况下，普卡普卡岛妇女象征"湿"，而男人则象征"干"。两性可能都在珊瑚礁内捕鱼，但是就像在夏威夷和萨摩亚那样，只有男人才冒险出海捕鱼。在婚礼交换中，男人贡献了他们的产品，如椰子、鱼和扁绳索纤维，而妇女则赠送了她们的东西，如芋头和露兜树纤维席子。在其他波利尼西亚社会以及波纳佩岛和帕劳也有充足证据证明此类互补性。在夏威夷，一名传教士描绘了一支进贡队伍，其中一队男人向一位女性酋长赠送了食物，随后一队妇女赠送了她们编织的席子和塔帕纤维布。波利尼西亚的婚礼交换通常是，男方家庭赠送食物等男性产品，而女方家庭则赠送布制财富。

互补性可能是太平洋社会性别分工的共同特征，或许在所有社会中都是如此。关于岛屿经济特征，各种文化阐述众说纷纭，很难做出一个简单的概括。男人可能负责捕鱼，而妇女则在园圃从事耕作，就像在雅浦岛、帕劳和波纳佩岛那样，或者与之相反，就像在塞皮克河流域那样。在波利尼西亚，男性通常负责大部分食物的生产，而妇女则负责制造布制财富。在男女都在园圃劳作的地方，则按照农作物进行分工，而在两性都捕鱼的地方，通常女性在近海捕鱼，男性在外海捕鱼，或按照海洋物种来分工。虽然在夏威夷主要由男人来种植芋头，但一些材料将夏威夷妇女与甘薯联系在一起。在帕劳的母系社会中，妇女被明确与芋头地联系在一起，而男人则被与捕鱼联系在一起。男人还被与很少需要日常照管的农作物联系在一起，如乔本作物、甘蔗和竹芋，以及烟草和胡椒。在波纳佩岛，男性财富包括巨型山药、猪和卡瓦酒，而妇女财富则由布料和诸如甘蔗、扁绳索纤维及椰子油等农产品组

113

---

[1]　Hecht, 'The Culture of Gender in Pukapuka', 186.

成。因为生产性劳动可以很容易地被分成准备、照管、收集和加工等阶段和时期，因此劳动分工促进了诸如高/低、年轻/年老和男性/女性等社会类别间可被感知的差异的形成。虽然劳动分工通常得到大致描绘，但是性别分工仅具有细微差别；它既源于也继续传达了男女间存在的细小文化差异。

生与死

我们只有通过对人口减少的激烈辩论才能一窥遥远过去的人口水平，而人口减少几乎总是紧随到访的欧洲人而来。在白人定居澳大利亚后的一百多年里，人们一直估计澳大利亚土著人口在欧洲人到来前大约有 15 万人。怀特和马尔瓦尼如今认为 75 万人更准确。澳大利亚热带地区的人口下降幅度可能相对较小，因为该地区居民与印度尼西亚渔民"曾有过长期接触，这可能使之对某些疾病产生了较强的免疫力，但也可能起到了使人口维持在比原来要低的水平的作用"。① 在该地区的另一端，也在进行类似重估。随库克船长探险的詹姆斯·金对夏威夷人口进行了首次有记载的估计。詹姆斯·金认为夏威夷有 40 万人，但是他的同行们则认为接近 25 万人，这个数字被普遍接受，直到 1989 年戴维·斯坦纳德提出至少 80 万人。此外，早期欧洲来访者的观察使安德鲁·布什内尔认为，由于一些致命性传染病没有在夏威夷立即暴发，因此人口下降速度要慢一些，而且原有人口比斯坦纳德所设想的要少。②

关于新西兰毛利人的数量，学者们一直估计介于 11 万～55 万之间。最近对波利尼西亚人口的估计也出现了类似不确定性。1839 年，在欧洲人到来 70 年后，传教士对萨摩亚进行了一次人口普查，并据此估计该群岛有 5.6 万人，不过人口统计学先驱诺玛·麦克阿瑟更倾向于接受比之明显更低的数字。至于塔希提岛，被估计介于 8000～20 万人之间，不过 8000 这个数

---

① White and Mulvaney, 'How Many People?', in Mulvaney and White (eds), *Australians to* 1788.

② Bushnell, '"The Horror" Reconsidered'; and the responses of Eleanor Nordyke and Robert Schmitt, in Stannard, *Before the Horror*.

字令人难以置信，因此 6.6 万人可能比较恰当。1847 年，传教士估计汤加大约有 5 万人，由于对上述数字的可信度认识不一，学者们产生了严重分歧，但一致认为到 19 世纪末时人口已降至 1.9 万人。对马克萨斯群岛和库克群岛人口的描述也存在类似不同看法，麦克阿瑟估计它们各有 2 万人。对密克罗尼西亚人口的估计也造成同样严重的问题，因为许多灾害和流行病发生在任何有记录的估计之前。19 世纪 20 年代，科斯雷岛可能已经从台风和内战中恢复过来，并开始恢复到其早期的人口水平。如果是这样的话，那么复苏就会因新疾病而夭折。赫泽尔估计科斯雷岛有 3000 人，波纳佩岛有 1 万人，帕劳也有类似数量，马绍尔群岛有 1.5 万人，马里亚纳群岛则有 3 万 ~ 4 万人。[1] 基里巴斯有大约 3 万人。

在瓦努阿图和所罗门群岛（与美拉尼西亚大多数岛屿一样），殖民时期的人口记录是在与欧洲人互动两三代人之后才开始的。因此，即使潜心研究也只能提供近似值。斯普里格斯相当肯定地认为，当传教士在 1854 年统计阿内蒂乌姆岛人口时，该岛有 3500 ~ 4000 人。人口自 1830 年以来无疑一直在下降，但他无法估计出比 17% ~ 33% 更确切的下降幅度。[2] 总的来说，瓦努阿图人口在 19 世纪至少减少了 50%，并且某些岛屿的下降幅度更大。在 19 世纪中叶，阿内蒂乌姆岛仅有 3500 人，塔纳岛有 1.5 万 ~ 2 万人，埃罗芒阿岛有 5000 人。

麦克阿瑟估计，斐济在 19 世纪 70 年代初约有 13.5 万人，但在 1879 年人口普查时，斐济仅有 11 万人。在 18 世纪，一些斐济人幸免于 1791 ~ 1792 年间的肺部感染，1802 ~ 1803 年的急性痢疾，1875 年的麻疹疫情，以及其他没有留下口述或书面记录痕迹的疫情。在重建与欧洲人接触前的新喀里多尼亚岛农业后，鲁得出一个有说服力的估计值，即新喀里多尼亚至少有 9 万人。至于所罗门群岛，一些报告估计有 10 万 ~ 15 万人。直到 20 世纪 30 年代，无论荷属新几内亚政府还是巴布亚的或新几内亚委任统治地的政府都

---

① Hezel, *First Taint of Civilization*, 317 – 18.

② Spriggs, 'Vegetable Kingdoms'.

不知道高地到底有多少居民。尽管没有任何政府假装知道它们要对多少人负责，但它们都觉察到人口正在减少。一些新几内亚委任统治地的岛屿的确出现人口减少情况，如波利尼西亚离岛翁通爪哇环礁，新爱尔兰岛大部分地区以及马努斯省西部岛屿。巴布亚新几内亚直到 20 世纪 60 年代才进行首次人口普查。普查结果显示巴布亚新几内亚人口不足 200 万。荷兰人在 20 世纪 60 年代离开前从未对伊里安查亚地区进行过全面人口普查，因此估计伊里安查亚地区有 75 万人。

如今美拉尼西亚的人口远远超过波利尼西亚，而密克罗尼西亚则要比它们少得多。它们的人口可能更接近于 15 世纪的平均水平，因为许多美拉尼西亚人被隔离在影响最坏的外来传染病之外（原因如下所述），而且大岛受到感染的可能性要比小岛小。然而，从全球角度来看，即使做最乐观估计他们的人口也非常少。由于新几内亚岛已被人类居住了 3 万年，而波利尼西亚大部分岛屿至少被人类居住了 1000 年（参见第二章），因此它们在 18 世纪的人口都极其稀少。那里要么是人口增长受到严格限制，要么是发生过几次导致人口急剧减少的事件。这两种情况很可能在该地区不同地方都发生过。

比人口数量易于确定的是当地居民的生活质量。欧洲人在首次见到波利尼西亚人时对他们的健康体魄羡慕不已，以至布干维尔把塔希提人比作体魄健美的希腊诸神。水手们非常羡慕海滩上的岛民。所有社会都受到如下事实的保护，即许多疾病在流行前必须要有人口大量聚集。大洋洲长期以来一直远离人口密集地区及其感染人群。然而，越靠近亚洲，防疫封锁线越薄弱。新几内亚沿海，就像澳大利亚北部那样，通过东南亚商人接触到传染病，虽然传染病可能会受到隔离系统的限制，但是它们与东南亚之间不存在像波利尼西亚与美洲之间那样的微生物断裂带。[①] 距离遥远和人口规模小使得大多数岛屿幸免于流感、麻风病、麻疹、流行性腮腺炎、天花、肺结核、霍乱、鼠疫、伤寒、百日咳和性病。从后来的肺部疾病的影响来判断，其中许多疾病在早期可能是不存在的。

---

① Allen, 'A Bomb or a Bullet or the Bloody Flux?'.

疟疾（包括最致命的恶性疟原虫）和丝虫病是美拉尼西亚沿海的地方病。在所罗门群岛，班尼特估计，疟疾和雅司病不仅使沿海人口生育率下降，还导致40%的婴儿死亡。海拔为美拉尼西亚人提供了一些保护，但是对粮食供应无疑造成了不便。虽然有些人确实活到暮年，但很少有人期待活过三十岁。[①] 然而，美拉尼西亚有一些疟疾不流行的重要隔离区。新几内亚高地是最重要的隔离区，但是如果当地居民排干或者避开滋生疟蚊的沼泽，许多较小地区也是安全的。感染人群在经过数代人之后可能会获得一些抵抗力，但是欧洲和波利尼西亚传教士进入疟疾地区后饱尝疟疾之苦（这有助于解释欧洲人为什么将波利尼西亚描述得诗情画意却对美拉尼西亚感到恐惧）。对于新来乍到的人群而言，疟疾是致命的。由于它还会削弱免疫系统，使患者更容易患上其他传染病。疟疾可能一直是托雷斯海峡两岸居民和技术流动的最大障碍。澳大利亚土著在越过障碍进入新几内亚后很少能活下来，而任何定居约克角并开始耕种的土著至少要忍受一代人的高死亡率，而且没有任何说得过去的改善前景。[②] 新几内亚高地可被视为避难所，那里的人口可以获得快速增长。任何被赶出这个避难所的社区都将因疾病而无法返回家园。因此，中海拔地区的社会，与高海拔地区的邻居相比，不仅规模较小，也更不健康。由于高地人将疾病归因于海拔较低，并且不需要与低海拔地区通婚，他们实际上受到了隔离。

116

大多数岛民在与欧洲人首次接触时明显健康的事实可能支持了一个灾难性的解释。例如，在新几内亚的艾塔佩地区，"该村环境有利于那些有选择地杀死儿童和羸弱成年人的病原体的繁殖和传播。该村居民在外人看来似乎'很健康'，因为那些童年时期幸存下来的村民对其所接触到的最常见的传染病基本上是免疫的，而那些年老体弱的村民很快就得病死去了"。[③] 令人欣慰的是，库克探险队在夏威夷看到过残疾人。在首次狂喜后在其他地方也看到过类似残疾人，但是没有发现退行性神经疾病，这主要是因为当地很少

---

① Bennett, *Wealth of the Solomons*, 9.

② Groube, 'Contradictions and Malaria in Melanesian and Australian Prehistory'.

③ Allen, 'A Bomb or a Bullet or the Bloody Flux?', 228.

有人能活到足以使它们显现出来。

对当地疗法知之甚少。许多社区发明了外科手术技术来治疗战伤，但是在新几内亚，没有任何证据表明当地居民具有分娩方面的专业知识，也没有证据表明一名产妇是自我照料还是依靠女性亲戚。19 世纪 40 年代，新喀里多尼亚的鲁热龙神父虽然嘲笑卡纳克人信赖占卜，但称赞了他们的手术技巧及其对放血、清洗和膏药的运用；[①] 这表明美拉尼西亚人的治疗方法不比大多数欧洲人所信赖的民间疗法差，但也不比后者好。美拉尼西亚人的健康更应归功于营养和隔离。带领大众祷告的人通常指的是精神治疗师而非"临床"治疗师。个人的不幸被广泛解读为社会不和谐的证据，而识别幸灾乐祸者的努力往往比治疗病人更具创造性。1968 年，雷蒙德·凯利在巴布亚新几内亚高地边缘的人群中观察到如下现象："艾托罗人自认为他们正在灭绝。他们把这归因于内部巫术。每当有人死亡就会有一名妇女被认定为女巫，随后被要求赔偿（或被处死）。在瘟疫肆虐时，由此产生的社会冲突水平严重考验着维系团结的社会纽带。"[②] 美拉尼西亚女巫一般都是年龄较大的女性。当一个社会的所有祖母都可能被证明是女巫时，这个社会肯定处于极度焦虑之中，特别是在瘟疫蔓延时期。

美拉尼西亚女性和男性的健康状况具有明显差别：女性要比其兄弟衰老得更快和死得更早。虽然密克罗尼西亚和波利尼西亚的男性和女性的数量大致相当，但美拉尼西亚男性人数比女性多，男女性别比可能为 110∶100，在一些社区男性甚至更多。20 世纪 30 年代，一位伊里安查亚的荷兰殖民官员对马林达尼姆人的这种男女性别比例失衡感到惊讶。男孩和男人比女孩和女人多得多，因此难以想象这个社区是如何自我繁衍的。与 20 世纪 20 年代在巴布亚的一些人类学家一样，他也想知道这是否是殖民统治冲击文化习俗造成的短期后果，但不管原因是什么，男孩数量在每个年龄段都超过了女孩，包括新生儿。其他学者在新几内亚注意到当地有遗弃或忽视女婴的倾向。尽

---

① Douglas,'Discourses on Death in a Melanesian World'.

② Kelly, *Etoro Social Structure*, 31.

管出生时性别比例相当平衡，但从那以后男孩数量超过了女孩。20 世纪 80 年代，一位学者在伊里安查亚高地注意到不仅当地人口正在迅速增长，而且男性人口也是如此，因此"即使在不断扩大的人口中性别比例也可能在上升"。① 饮食上的差异可以在某种程度上解释这种常见的美拉尼西亚模式，有些食物（特别是高蛋白质食物）被留给了男性使用，不允许怀孕、哺乳或绝经妇女食用，这些限制体现了对男性和女性生活的普遍评价。由于没有助产士，妇女在分娩时还面临着死亡危险。

　　一个关键变量影响了所有其他变量。大多数岛民实行林农轮作，但在夏威夷、斐济的河流三角洲、新喀里多尼亚和新几内亚高地，稠密人口是围绕着连续耕作逐步形成的。自然灾害促使许多岛民通过节欲、堕胎或选择性杀婴来限制人口。只有波利尼西亚的夏威夷等地区可以忽视人口压力。由于这些和其他一些原因，生活质量（和寿命）经常发生巨大变化，人口减少也不是没有发生过，这都是自然和人为原因造成的。男人的饮食因等级而异，所以大人物和酋长要比"毫无价值的男人"或平民吃得好得多（而且更加频繁）。生活水平也因气候而异。沿海居民享有获得鱼类和贝类的便利。高地居民虽难以获得海洋资源，但也不易感染疟疾。最不幸的是内陆高地边缘的居民，他们不仅没机会捕鱼，也未免除疟疾之苦。由于远离海岸，以芋头或甘薯为主要食物，内陆居民必须大量食用它们才能获得足够的蛋白质。即使在这些广泛的类别中，健康状况也不平衡。巴布亚沿海莫图和梅鲁村庄所处环境收益微薄，但是通过生产陶器和控制贸易，他们通常能源源不断地获得米尔恩湾的贝壳、大陆的鲜肉和巴布亚湾的西米。他们所面临的最大风险是因天灾人祸而中断贸易。

　　与 18 世纪的其他地区居民一样，美拉尼西亚的婴儿死亡率也很高，可能接近 50%。婴儿出生后第一年的死亡率尤其高，而且所有人一生中最危险的转变就是从吃母乳过渡到进食成人的高碳水化合物食物。人们的预期寿命很短，虽然我们不能说有多短。节育的做法如此普遍，以至于我们可以推

---

　　① Gotschalk, 'Sela Valley', Appendix D.

断出岛民们对粮食资源普遍感到焦虑，尽管拓荒的那几代人所面临的环境危机已过去很久了。三个条件使一些社区得以维持人口稠密：一是有大量的可耕地和可靠的水源，这在环礁上是不可能存在的；二是栽培种植和耕作技术的发展，这些技术使连续（或长期）耕作成为可能；三是没有疟疾。在满足所有这些条件的地方，人们的预期寿命可能在 18 世纪是世界上最高的。

麦哲伦的同伴误认为太平洋岛屿自然资源丰富，消费无限制。生产始终需要明智的管理，大多数环境需要付出艰苦劳动，而且由于竞争往往演变成敌对行动，这加剧了自然灾害。生存是一项重大成就，因为富裕既罕见又不稳定。凭借对农业的独创性，耕种者和采石者的决心，陶器、席子和贝制贵重物品的大量生产，航海家的信心和对交换网络的维护，岛民们不仅奋力控制住了危险，还超越了他们的农作物和工具的限制。随着时间的推移，岛民们不仅改善了土地管理，而且经受住了灾难，并大部分幸存下来。

文献简论

关于土地所有权、生产和交换的资料被列在了第一章末尾的《关于太平洋岛屿的文献简论》中。关于性别分工的主要资料来源亦然，但还可参阅麦克道尔的《互补：巴布亚新几内亚东塞皮克省布恩人村庄的男女关系》（Complementarity：The Relationship between Female and Male in the East Sepik Village of Bun，Papua New Guinea），该文载于奥布莱恩和蒂芙尼主编的《对女性角色的再思考》（*Rethinking Women's Roles*）一书。

统计与欧洲人接触之前的人口不仅困难重重，而且在政治上也很敏感。诺玛·麦克阿瑟的《太平洋岛屿人口》（*Island Populations of the Pacific*）一书是一个重要的起点。最近对太平洋人口问题进行总结的是狄侬的《太平洋岛屿人口的减少》（Pacific Island Depopulation）。关于夏威夷，参见斯坦纳德的《大恐慌前夕》（*Before the Horror*），以及布什内尔的《对"大恐慌"的再思考》（"The Horror" Reconsidered）；关于澳大利亚，参见怀特和马尔瓦尼的《有多少人？》（How Many People?），载于由他们所主编的《1788 年前的澳大利亚人》（*Australians to 1788*）；关于新西兰，参见普尔的《当地的毛利人》（*Te Iwi Maori*）；关于法国属地，参见拉鲁的《法国太平洋海外领土的人口》（Population of the French Overseas Territories in the Pacific）；关于瓦努阿图，参见博内迈松的《树与独木舟》（*The Tree and the Canoe*）；关于瓦努阿图的阿内蒂乌姆岛，参见斯普里格斯的《植物王国》 （Vegetable Kingdoms） 一文；关于新喀里多尼亚，参见鲁的《新喀里多尼亚的美拉尼西亚传统农业》（Traditional Melanesian Agriculture in New Caledonia） 一文。关于其他岛屿，只能靠猜测了。

第四章

域外探险家

至少从 18 世纪起，欧洲的探险家和学者就一直在发布他们在太平洋岛屿上的"发现"。关于异域迥然不同的社会关系组织方式的描述对欧洲知识分子产生了深远影响，并拓宽了他们对社会、政治、文化发展可能性的认识。他们认为，由于太平洋岛民也"发现"了新的生活方式和思维方式，因此欧洲人的发现也对太平洋岛民产生了深远影响。为了搞清楚岛民如何理解跨文化交往事件及其对他们自身生活和思想的意义，本章考察了 16 ~ 20 世纪早期的跨文化交往实例。

发现？

萨摩亚人和汤加人以为他们的岛屿就是一个完整的宇宙，由天穹之下的海洋和陆地组成，并被划分成虽然人类觉察不到但却居住着神灵的若干层。大海之下是普鲁图的王国。贵族死后，他们的灵魂通过萨摩亚或汤加西端海滨附近的海底入口进入该王国。当那些外来船只驶过地平线时，岛民们对它们一无所知，误以为它们肯定冲破了天穹，因此将那些陌生人称作 papālagi，即"冲破天穹者"。岛民们发现外来者等同于现代人遭遇外星人，因为探险家的船只、外貌、衣着和举止都表明他们来自另一个世界。

在美拉尼西亚，岛民们普遍认为地平线是世界边缘，在那之外生活着灵魂和神灵。这一宇宙观的部分内容可以从 1930 年的一次遭遇中推断出来。当时一队淘金者正向西穿过新几内亚东部高地的戈罗卡山谷。由于格罗霍诺塔村的索莱索莱及其乡亲们认为他们的祖先经常在他们中间，而且逝者就是朝着那个方向离开的，因此他们含泪欢迎他们的祖先和最近死去的人回来，并向四面八方传播这个消息：

> 我们给了他们一头猪，还有一个家伙从他们那里偷了一把刀。我们 120
> 都聚在一起看，一边指着他们，一边说："啊，那一个——就是那一
> 个……"我们还叫出一个早已过世的人的名字。"那一定是他。"我们
> 指着另一个人说："那一定是另一个死去的人……"并且我们都喊他们
> 的名字。

加马村的戈皮确信那些新几内亚人搬运工中有一个人就是他堂哥乌拉莱恩：

> 我堂哥在一次部落战争中被杀死了。当他向我走来时，我看到他有
> 半个手指不见了，我认为他就是我死去的堂哥。他的手指被砍掉是因为
> 他［活着的时候］和他老婆生了太多孩子。他的族人为了惩罚他就砍
> 掉了他的小手指。当他向我走来，我喊他："堂哥！"他扬了扬眉毛。
> 所以我就知道肯定是他。①

当欧洲人和岛民"发现"彼此时，那些具有自我意识的欧洲探险家渴望深入理解那些陌生人的语言、风俗及生活和思维方式。由于数百年来一直在非洲、地中海和美洲探险，欧洲人具有丰富的探险经验。但是岛民却很少有这样的经验来指导自己。这种貌似没有先例的状况激发了许多西方学者的想象力，他们渴望重建岛民想象宇宙的方式，及其如何设想那些突然出现的天外来客。

---

① Quoted in Connolly and Anderson, *First Contact*, 36 – 7.

一些研究得出了令人不安的结论。虽然学者们根据航海日志重建了一些首次接触事件，但是事实证明这些事件并没有给当地居民留下持久印象。① 在其他事件中，那些充当欧洲探险队领队的仆人和搬运工发挥辅助作用的岛民也没有给当地居民留下持久印象。从 19 世纪开始，当地居民在大多数首次接触中邂逅的是波利尼西亚人传教士，而非那些筹划传教计划的少数欧洲人。学者们强调首次跨文化接触时往往掩盖了如下事实，即"接触"是个长期过程，而非个别事件。在 18 世纪后期库克、布干维尔、温哥华和拉彼鲁兹等人进行著名远航之前，这个过程可能就已为人所熟知了。在第二章等章节中，罗伯特·兰登研究了东南亚人、西班牙人等陌生人在太平洋北部和东部海岸失事的可能性。类似灾难一定也在岛民身上发生过。那些赋予这些事件历史意义的航海家、哲学家和科学家将这些接触称为"首次接触"，并不是因为它们一定是首次跨文化交流，而是因为它们发生在欧洲人目标明确的探险时代。

某些接触显然应该得到更多关注。用德宁的话说，这是民族学的重要时刻，双方都发现他们的社会和哲学范畴是不充分的，必须被扩展以便理解新的现实。② 只要这些陌生人还待在船上，他们通常就不会受到伤害，岛民们在陆地上也相对安全；但是海滩是一个危险的"阈限"空间，在这里双方不得不就新观念、新人类和莫名其妙的举动进行交涉。而在试图理解对方时，双方对自我都经历了痛苦的新理解。

岛民已知世界的范围各不相同。对一些岛民来说，世界就是一些山谷，那里的居民认为自己是唯一的人类。在新几内亚高地，胡利人是走南闯北的商人，他们认为自己与近邻虽然是远亲关系但的确拥有共同祖先，而较远处的族群尽管是人类但与他们没有血缘关系。对于另一些岛民来说，这个世界由许多生活在不同聚居地或不同岛屿的民族组成，而这些民族虽与自己相似但语言和习俗不同。波利尼西亚和密克罗尼西亚

121

① e. g. Ron Adams, 'Nokwai-Sacrifice to Empire', in Merwick (ed.), *Dangerous Liaisons*, 23 – 40.

② Dening, *Islands and Beaches* and *Mr Bligh's Bad Language*.

的火山岛经常被划分成相互敌对的酋邦，那里的共同文化和语言仅创造了不稳固的团结。美拉尼西亚岛屿是由相互争斗的微型政治实体组成的。无论有没有亲戚关系，外来者都被划分为盟友与敌人，而两者之间往往只有细微分别。在所有美拉尼西亚岛屿上，与外界的互动都是通过谨慎的礼仪来协调的，通常通过妇女的礼物和贵重物品来结成联盟。通过战略联姻建立姻亲关系可能会提供一些和平保证，但这只是分化敌方阵营的权宜之计。

岛民普遍认为有可能存在神秘的超人类。在新几内亚北部沿海地区，许多人类起源传说都讲述了一位来自大海的四处漫游的神。斐济和许多波利尼西亚社会认为普通人属于陆地，但他们的酋长则是来自大海的半神。大多数岛民的宗教都信仰祖先死后变成灵魂，并以奇异形式显灵。因此，就像今天人们根据当代大众文化和想象将突然出现的拥有非凡技术的类人生物解释为"外星人"那样，岛民们也根据自己的观念来解释局外人。他们也构建了处理这些问题的适当方法。

有外来者详细叙述了他们如何把岛民看作高贵而卑贱的野蛮人，塔希提岛对西方人文主义哲学的影响，以及由欧洲知识分子所设想的将岛民纳入人类阶层秩序的标准（参见第一章）。但是，除了那些经常令外来者感到困惑的观察之外，几乎没有任何证据表明岛民的看法。除了最近几项研究中的证据，我们只能推测。但是，从书面记录中可清楚地看到，从 16 世纪到 20 世纪的首次接触通常是悲惨的，它们充满了由于观念不同、动机冲突和相互恐惧而产生的误解。不管外来者的行为和意图是什么，或者岛民如何猜测他们的动机，或者岛民如何臆断外来者的由来及其出现的背景，主导模式是一个"令人厌恶的循环，即友好欢迎，误解，沮丧撤退，偶尔和解，抢劫和杀戮"。① 奥斯卡·斯佩特的话不仅适用于西班牙人的遭遇，也适用于后来的许多冲突。

122

---

① Spate，*The Spanish Lake*，129.

早期接触

1567 年，阿尔瓦罗·德·门达尼亚奉命率领一支由两艘船和约 100 名船员组成的探险队，前往太平洋寻找自然资源丰富的岛屿，从此西班牙人将其对黄金和灵魂的追求从美洲延伸至太平洋。西班牙人一直想得到《圣经》中所罗门国王的俄斐宝藏。根据西班牙和葡萄牙在 1494 年签署的《托德西拉斯条约》，香料群岛归葡萄牙所有，而且正在获得单独殖民地的地位，这阻止了西班牙帝国从美洲向香料群岛的扩张（以特尔纳特岛和蒂多雷岛组成的苏丹国为中心，以哈马黑拉岛沿海的一些小岛为基地，即今印度尼西亚东部岛屿）。于是扩张主义者将其野心转向太平洋，并希望在那里发现未知的南方大陆。门达尼亚的探险队中还包括一些天主教方济各会修士，因此他们此行不仅是为了寻找黄金，还执行使上帝赢得"印第安人"灵魂的使命。对于西班牙征服者的道德标准，正如斯佩特所观察到的，"印第安人应把黄金转给西班牙人，西班牙人把真神转给印第安人"。

在海上航行数月后，门达尼亚的探险队于 1568 年 1 月发现了一个小岛（可能是图瓦卢的一个岛屿）。在继续航行三个星期之后，他们遇见一个大岛，并将其命名为圣伊莎贝尔岛。不久，他们又陆续发现了一些大岛，并分别命名为瓜达尔卡纳尔岛、佛罗里达岛、新乔治亚岛和圣克里斯托瓦尔岛，并欣喜若狂地将这些岛屿统称为所罗门群岛。圣伊莎贝尔岛岛民结队出来迎接门达尼亚的船队，随后建立了友好关系。但是，当时岛民们是如何看待来访者为庆祝占领而唱歌和举办仪式，以及用手在胸前画十字和背诵主祷文的指示呢？他们是返回人间的祖先或者灵魂吗？他们对那些陌生人及其动机做出过什么解释吗？他们是如何设法验证他们的理论的？新几内亚高地居民起初认为白人和沿海居民是祖先的灵魂，但是很快就发现这些生命也像人一样排便，而且"他们的粪便跟我们的一样臭"。[1]

---

[1]　In Connolly and Anderson's film, *First Contact*.

　　双方起初都以礼相待，共同举办了一场娱乐交流活动，岛民们演奏了排箫，而西班牙人则演奏了吉他和横笛，门达尼亚还与一位酋长交流了姓名。但是此后双方关系日渐恶化。岛民们开始躲避这些好奇的来访者，并以和解姿态轮番骚扰来访者，包括赠送人肉。问题出在食物上，岛民们无法满足来访者的食物需求，物资征集已达到极限。对于西班牙人而言，猪是最重要和最稀缺的珍品，因此为了寻找猪，一名西班牙船员在瓜达尔卡纳尔岛洗劫了一个村庄并劫持人质。作为报复，岛民杀死并吃掉了 9 名西班牙人。在一次反击中，西班牙人为了对食人暴行以牙还牙，也肢解了被他们杀死的岛民的尸体。这种循环很快蔓延至圣克里斯托瓦尔岛。到 1568 年 8 月，即在他们抵达所罗门群岛五个月后，由于食物匮乏导致无法继续寻找黄金，门达尼亚探险队离开了。返程时，他们偶然发现了马绍尔群岛的纳木环礁，但是由于食物短缺和疾病缠身，他们没有在此逗留。

123

　　以东印度群岛特尔纳特岛和蒂多雷岛为基地的葡萄牙航海家们也经历了类似遭遇。由于太平洋大部分地区被视为归西班牙所有，葡萄牙人的探险活动主要集中在太平洋最西端的岛屿，包括加罗林群岛的一些岛屿。他们也寻求黄金等贵金属。其中最令人沮丧的一次是 1525 年从马鲁古群岛到苏拉威西岛的探险。由于被吹离航线，这支探险队偶然发现了一个环礁，有可能是加罗林群岛西部的乌利西环礁。岛民们似乎很高兴。"事实上，从他们接近葡萄牙人的自信态度可以看出，他们似乎从未因公开接近陌生人而受到任何粗暴对待或伤害。"

124

　　葡萄牙人向他们展示了金属样品，居民们仅认出了黄金；他们用手势告诉葡萄牙人，在该岛西边的一座高山上（可能是菲律宾）能够找到这种金属。

　　他们拥有配备舷外支架和风帆的大型独木舟。但是，由于葡萄牙人没有看到岛上居民使用铁器，便询问他们如何制作这种独木舟。岛民们向葡萄牙人展示了他们用来切削的鱼刺。他们可以像葡萄牙人使用铁器那样使用它们。①

有记载的波利尼西亚人与欧洲人的首次对峙虽然时间较短，但与美拉尼西亚人的经历一样悲惨。1595年，门达尼亚及其副手佩德罗·奎罗斯再次出发前往所罗门群岛。他们不但没有被上次经历吓倒，还打算建立一个基督教殖民地。门达尼亚探险队由4艘船及378名男人和女人组成，其中包括6名修士。他们首次踏上的陆地是一群岛屿，并把这些岛屿命名为马克萨斯群岛。奎罗斯非常欣赏这里的波利尼西亚人，但是令奎罗斯遗憾的是，这些颇具魅力的岛民命中注定要永远在地狱里。岛民们隆重欢迎了他们，但当岛民受邀登船时，岛民们却冲上船拿走了所有能举起来的东西，还切走了许多熏肉片和肉块。门达尼亚夫人在登岸访问时抚摸了孩子们的头，这是波利尼西亚人身体上最神圣、最不可触碰的部位。毫无疑问，双方在交往中还发生了其他文化冲突。整件事很快就失去了友好性质。有人开枪，一个拒绝离开的岛民被剑刺伤。他的同伴们做出威胁性举动，试图使船靠岸。射击随之而来。在船队两周后离开该群岛时，奎罗斯估计约有200名岛民被杀害。②

船队在横渡太平洋时还发现了其他岛屿，但对岛民而言幸运的是，门达尼亚没有抛锚登岸。在再次抵达所罗门群岛后，他登上了一个小岛，并把它命名为圣克鲁斯岛。一些岛民用箭欢迎了这些陌生人，并被回报以子弹。但另一些岛民态度较为友好，岛民酋长将陌生人接到岸上，并允许他们开始建立定居点。在殖民者幻想破灭和开始杀害岛民之后，上述友好关系日益恶化。奎罗斯怀疑岛民们想让殖民计划搁浅，迫使殖民者放弃它。殖民者内部不仅爆发血腥内讧还感染了疾病。门达尼亚和其他领导人相继去世，两个月后殖民者被迫撤离。

1596年初，粮食几近断绝的船队途经新几内亚抵达马尼拉。奎罗斯仍决心创建门达尼亚憧憬的基督教殖民地，继续寻找未知的南方大陆——欧洲

---

① Barros, *Terceira decada da Asia* (1563), quoted in Lessa, 'The Portuguese Discovery of the Isles of Sequeira', and reproduced in Hezel and Berg (eds), *Micronesia: Winds of Change*, 9–11.

② Dening, *Islands and Beaches*, 9–10.

哲学家们认为在遥远南方的某处肯定存在一块大陆。1603年，他说服王室同意给予两艘船、二三百人和一年给养，以及用于建立殖民地的种子和动物。1605年，这支船队起航。船队第一次短暂而友好的登陆是在土阿莫土群岛的郝环礁。第二次可能是在库克群岛北部，在那里他们受到了敌视，尽管奎罗斯在报告中记录了一些下属与岛上妇女有性接触。他们到达圣克鲁斯群岛东北部的陶马科岛，并在那里顺利获得了淡水和食物，但是绑架了四名年轻人，这是为了拯救他们的灵魂和使他们成为翻译。其中三人在船队途经蒂科皮亚岛时跳船逃跑了。1606年5月，船队抵达今瓦努阿图的一个多山岛屿，奎罗斯将其命名为埃斯皮里图桑托岛。他决心在这里建立他的新耶路撒冷，但这一企图从一开始就遭到当地居民的抵制。在侦察队与一大群土著相遇后，那群土著在地上画了一条线，表示双方都应放下武器，但是殖民者继续前进，导致双方爆发战斗。数周后，奎罗斯认为形势已无可救药，于是决定撤离。船队向北航行，途经基里巴斯布塔里塔里环礁，然后抵达墨西哥的阿卡普尔科。

这次命运多舛的冒险还发生了一件出人意料的事情。由于与奎罗斯的探险队失散，路易斯·韦兹·托雷斯决定率船队经澳大利亚和巴布亚之间的海峡（后来以其名字命名），驶往新几内亚岛南部和菲律宾群岛。在进入海峡前，探险队为了庆祝圣巴塞洛缪节在梅鲁岛停下来。第二天，他们登上该岛，并用手势表达了和平意愿。

> 他们回应以挥舞武器，即长矛和盾牌，这是战斗的标志；尽管如此，我们再次用手势向他们表达了和平意愿，然而他们仍回应以呐喊，并挥舞武器。为了对他们做进一步考虑，我们跪下来，念了一段"我们的天父"和"万福玛利亚"，呐喊了为西班牙而战 [一句战斗口号]，这使我们丧失了战机。鉴于此，我们以圣地亚哥祷文诅咒他们 [祈求圣詹姆斯保佑]。在那次冲突中，一些人倒下死去，我们攻占了他们的防御阵地，然后继续向前推进，在他们逃走时向他们射击。[在进行更多小规模战斗后] 我们洗劫了他们的要塞，发现了许多椰子和睡觉用

的席子，还有渔网和非常大的珍珠贝壳；由于这些珍珠贝壳是圆的且没有手柄，它们被扔到了海里。

除了这些微不足道的战利品之外，他们还俘虏了 14 名青少年。这些青少年被送到马尼拉，接受洗礼后被托付给教会。西班牙人还傲慢无知地假定自己对那些再也不会找到的岛屿拥有主权，这进一步加剧了毫无意义的暴力。[1]

126 托雷斯的探险之旅终结了西班牙人与美拉尼西亚人之间的接触。毫无疑问，该地区显然没有黄金，疟疾肆虐、民众好战且抵制福音传播，这使得西班牙人转而到别处寻找黄金和皈依者。他们没有发现任何为美拉尼西亚探险辩护的资源，殖民前景堪忧。当这些残暴贪婪的陌生人消失在地平线上时，我们不知道美拉尼西亚人是怎么想的，但我们可以推断他们得到了极大解脱。事后看来，很明显是疟蚊将美拉尼西亚人从极其贪婪的殖民时代中拯救出来，使他们能够接触到 19 世纪末态度温和的欧洲人，到那时土著居民的权利至少获得了一些承认。但还是有一些社区被入侵，当地居民被用外语大声训斥，并被迫参加各种稀奇古怪的仪式。一些年轻人遭到绑架，这种骚扰也没有被给出令人信服的解释。岛民无法预测这些陌生人每天的行为。

但是，这并没有终结西班牙人在太平洋上的势力。西班牙当局转而把注意力集中在开拓东亚贸易这一更加现实的事业上。随着西班牙人的兴趣向北转移至连接菲律宾、日本、中国与墨西哥的航线上，密克罗尼西亚人从 1676 年起就被卷入了与殖民者长期交往的旋涡中。1565 年，关岛被宣布归墨西哥总督管辖，但是直到一个世纪后，为了保证每年往来于马尼拉和墨西哥的大帆船的食物供给，那里才成立了行政机构。这些小岛对西班牙没有任何内在价值，但是为了使这里的岛民也服从教会当局在菲律宾强制实施的教规（旨在使其皈依基督教和加强铁腕控制），西班牙确保了对这些岛屿的定期供应。与查莫罗人的接触起初是和平的和建立在双方都渴望贸易的基础之

---

① *Relation Sutnaria of Captain Don Diego de Prado y Tovar* ⋯, cited by Barwick, *New Light on the Discovery of Australia*, 154 – 7.

上的。但是从 1668 年起，西班牙的耶稣会传教士和士兵与查莫罗人的酋长和大地主之间的联盟催生了一个压迫性的等级制度，从而在整个 17 世纪七八十年代引发了部分查莫罗人与西班牙士兵之间的战争。虽然西班牙人不能总是把自己的意志强加于人，但西班牙人的数量在马里亚纳群岛压倒了查莫罗人。

到 1695 年时，西班牙人粉碎了马里亚纳群岛关岛等岛屿的抵抗，还大力推行"扫荡性绥靖"政策，将土著从分散的小村落重新安置到拥挤的村庄，这使得土著极易感染天花等新传染病，因此人口大大减少。对于大帆船航线上的岛民而言，对外交往不仅导致被强制改变信仰和重新安置，还受到那些力图收回买官成本的总督的残酷剥削。士兵们很少得到军饷，主要靠抢劫维生。在查莫罗人起义失败后，即使皈依基督教也难逃制度性掠夺。

大多数岛民很快就发现那些陌生人带来了疾病和死亡。一个特别恐怖的故事描述了陌生人对雅浦岛的影响。1843 年，当船停泊在雅浦岛附近等待上岸许可时，商人安德鲁·切恩向岸上派了一名发烧的水手。他很快就康复了，但"托马尔村却暴发了流感疫情。村民们非常惊恐，因为此前从未患过类似疾病"。在雅浦人因流感出现死亡后，他们的祭司告诉酋长这是那些陌生人干的。当岛民准备攻击他的船时，"切恩逃走了"。[①] 雅浦人到底有多少人因流感等外来传染病而死亡尚不清楚，但是到 19 世纪末时，雅浦岛人口已从约 3 万人甚至 5 万人减少至 7500 人，再到 20 世纪 40 年代时已减少至 2500 人。塔纳岛民也从如下事实中得出了这一显而易见的结论，即痢疾是随第一批传教士传入的，天花是随第二批传教士传入的。[②] 在 18 世纪，许多水手带来了西欧所特有的结核病，但是太平洋岛屿没有这种病，因此岛民极易受到传染。船长更加警惕性病感染的风险，有时试图阻止那些染有性病的水手接触岛上妇女，但有些船长漫不经心，他们的检查没有结果，而且水手们通常要煎熬好几个月才有机会寻找女性陪伴。在得知这些西班牙殖

127

---

① Shineberg（ed.），*The Trading Voyages of Andrew Cheyne*.

② Bonnemaison，*The Tree and the Canoe*，53.

民者没有足够食物和给养维持生存后，一些倒霉的岛民因此常去抢劫他们。许多岛民还发现水手们几乎可以用任何东西来交换女性，并据此组织起来。由于双方都很谨慎，首次相互交流的氛围，限制了这些风险，但并没有消除它们。

在 17 世纪，西班牙在太平洋的统治地位开始受到英国和荷兰的侵蚀。尤其是荷兰人开始从自己位于今天印度尼西亚的贸易基地出发探索太平洋，寻找的不是黄金和灵魂，而是新的土地。与西班牙人一样，荷兰人也在寻找未知的南方大陆，希望扩张东印度领地。当扬·卡兹登兹在 1623 年发现澳大利亚干旱的西海岸时，这并不是他所希望的。一般来说，荷兰人与土著的接触要比西班牙人短，也不太可能干涉当地生活，因为他们既不想传播福音也不愿殖民那些资源匮乏的岛屿。然而，仍然发生了暴力事件。在土阿莫土群岛，艾萨克·勒梅尔和威廉·斯考滕及其下属遭到岛民袭击，这些岛民试图解除他们水手的武装。在纽阿托普塔普岛，他们再次遭到汤加人袭击，当时一位酋长的来访变成了一场小冲突：勒梅尔拒绝带卡瓦酒参加欢迎仪式而冒犯了东道主。[①]

这些会面大多发生在航线上。直到 1642 年，荷兰船长阿贝尔·塔斯曼才将船在新西兰南岛北端戈尔登湾泰塔普登陆。在看到这些船后，图马塔柯基里部落（*Tumatakokiri*）焦急地讨论这些都是什么样的独木舟，以及船上都是些什么样的人。当晚，两艘载着（萨尔蒙德认为）他们最勇敢武士的独木舟靠近了这些船只，以便"更仔细地检查那些船只，并用咒语和仪式上吹的螺号试探它们。很可能他们已认定这些船只是某种鬼神，因为……他们通常通过吹螺号和大声喊叫来吓跑鬼神"。荷兰人用大炮把他们赶走了。第二天早上，一艘独木舟再次抵近那些船只，荷兰人向他们赠送了礼物，并试图说服他们登船。一位老人向来访者大声喊叫，他很可能在跳哈卡舞（*haka*），这是由昨晚的相互挑战引起的。荷兰人试图利用在巴达维亚学到的词汇解释此次航行的使命，但是由于这些词汇属于汤加语而非毛利语，几

---

① Howe, *Where the Waves Fall*, 79–80.

乎没有什么用处。独木舟越聚越多。荷兰人召开了一次会议，为此派了一艘小船在两艘船之间穿梭。在那艘小船返回途中，一艘独木舟全速撞向了它，然后袭击了船上的人，造成 4 人死亡。荷兰人在营救幸存者时向那些独木舟开火，然后扬帆而去。①

如果塔斯曼预料到其他会面也会以同样的暴力方式进行，他就会打消自己那些不切实际的想法。他在汤加塔布岛受到汤加人欢迎，并注意到没有人携带武器。他的理发师和外科医生注意到一些妇女"觉察到水手们裤裆里的厚颜无耻"，显然"渴望肉欲"。1722 年，雅各布·罗赫芬与萨摩亚人也发生了类似塔斯曼在戈尔登湾泰塔普的遭遇。罗赫芬在西萨摩亚岛屿与土著的首次接触是有礼貌的，但是当他造访东萨摩亚图图伊拉岛时，他的一群下属遭到伏击并被杀害。凶手显然来自西萨摩亚，他们的行动可能是对早些时候的一些冒犯的报复。② 鉴于陌生人和岛民对同样的遭遇有着截然不同的期望，这种暴力行为实在太普遍了，任何一方都无法预测它们。

法国探险家路易斯－安东尼·布干维尔对塔希提岛的记述改变了过去对南太平洋岛屿凶猛野蛮的印象。③ 他热情洋溢地将塔希提岛描绘成一个岛屿天堂。这迅速被哲学家们接受，从而影响了欧洲人对处于"自然状态"下的人类的看法。波利尼西亚人肯定也将欧洲人视为外来的，他们对人性的看法也同样受到了他们海滨的这些陌生人的挑战。塔希提人（与其他波利尼西亚人一样）很讲究清洁和个人卫生，讨厌毛发秽杂，因此他们会仔细地刮掉和拔掉面部和身体上不必要的毛发。他们肯定很反感这些身材矮小、胡子浓密、汗臭难闻和身上爬满虱子的水手，他们不禁想知道这些粗野的家伙怎么会拥有如此令人羡慕的技术和物资。这些陌生人没有女人，而且根据他们的性欲判断被认为极缺女人。虽然许多波利尼西亚妇女被禁止出海捕鱼，但妇女们显然曾乘航海独木舟旅行过。塔希提人肯定对这些探险队都由男人组成感到困惑。事实上，没有妇女可能加深了对这些陌生人具有超自然属性

129

① Salmond, *Two Worlds*, 77 – 82.

② Gilson, *Samoa*, 1830 – 190.

③ Thomas, 'The Force of Ethnology', 30 – 1.

的误解。波利尼西亚人的神并不总是善良或英勇的，许多神的外表和举止都很怪异、恶毒和淫荡。

塔希提人第一次见到欧洲人是在 1767 年英国海军上校塞缪尔·瓦利斯率领的船队在东海岸靠岸时。瓦利斯受到一百艘独木舟的欢迎，独木舟上坐满了挥舞香蕉叶和发表演讲的人。独木舟上的一些人在做进一步演讲和扔掉香蕉叶后登上了英国船。水手们打手势表示他们想用玻璃珠、刀具和丝带交换猪和鸡。在英国船上，那些塔希提人的反应与 1595 年的马克萨斯人非常相似，径自拿走了他们发现的所有东西，还从船身上拔走了钉子——这增添了豪的观点的分量，即公认的做法是陌生人交出自己的财产：

130

> 漂流者或疲惫的旅行者通常会受到欢迎，只要他们不构成明显的威胁。他们将会遇到长篇致辞等传统问候作为回应。然后，新来的人把自己所拥有的东西，比如独木舟、渔具和所有剩余食物，都交给东道主，以示谦虚地接受并象征性地补偿他们所得到的食物和庇护，以及对他们的象征性补偿。如果后来他们想离开，他们可能会得到一艘独木舟和一些给养，并被送走。这种礼尚往来和客人对东道主权威的认可从未被欧洲探险家们理解过。[1]

水手们用炮火击退了塔希提人。豪说："从塔希提人的角度来看，这是一种暴行。他们的欢迎受到侮辱，而新来的人与其说是顺从的朋友，不如说是敌人。"波利尼西亚的问候习俗当然受共识的制约，而且波利尼西亚人也很少接触到异质文化。举行问候仪式主要是为了让东道主确信来访者是友善的，通过赠送和接受礼物、轮流发表介绍性演讲和驱除来访者带来的鬼神来确认这一点。东道主有义务体面地款待客人。与欧洲探险家们的首次相遇很可能造成了混乱，由于相互缺乏了解，惯例很快就被中止或放弃。不管怎样，期望可能不像豪所描述的那样清晰或普遍，岛民也不可能在任何情况下都遵守

---

① Howe, *Where the Waves Fall*, 85.

所有规则。但是，在欧洲船只抛锚岛屿海湾之前，大多数偶然来访的船只实际上一直是无能为力的漂流者，他们别无选择，只能寄希望于东道主的怜悯。

瓦利斯将船停泊在马塔维湾，随后发生的交易导致局面出现紧张。他的船员向靠得太近的塔希提人几度开火。几天后，一群群赤身裸体的年轻妇女出现在水手视野中，这似乎是一种分散船员注意力的策略，因为一旦水手们开始注意这些妇女，男人们就会扔石头，从而引发火枪开火和大炮攻击。一天后，塔希提人又一次聚集在一起，手里拿着香蕉叶，摆出要投降的姿态，这在英国人看来是和平的象征。塔希提人后来再次企图发动攻击，英国人回敬了更多的炮火，结果导致许多人死亡。塔希提人于是开始进献妇女。豪解释说："塔希提酋长们被英国炮火吓倒了，于是他们开始寻找一种安抚这些陌生人的有效办法……作为一种政治策略，一些出身低贱的妇女被勒令充当妓女。这不仅确保了英国人的善意，还给酋长们带来了可观的经济利益。"[1]当布干维尔在9个月后来访时，他的船立刻被载着赤身裸体的年轻妇女的独木舟包围了，这些法国人通过男人们的手势得知这些妇女是来提供性服务的。不久之后库克也来到这里，也受到了与夏威夷人一样的欢迎。波利尼西亚妇女欣然甚至决然地主动向水手们提供性服务，这为南太平洋是自由天堂的传说做出了重大贡献。虽然一些观察家把她们的行为解释为这是她们遭受男人剥削的证据，但另一些观察家则认为这些波利尼西亚妇女在进行性交易时具有明显的独立性。[2] 一些不可避免的后果没有立刻显现出来，但是性病和肺结核却在悄无声息地扩散着。马克萨斯群岛就是一个极端例子，在互动后最初的一百年里，人口下降到不足18世纪水平的5%。

物质考虑无疑对妇女投怀送抱和男人的教唆产生了影响。这些陌生人似乎拥有除了女人以外的所有东西，并且立刻表现出强烈的性需求，愿意拿出东道主所垂涎的物品来交换。不过起初可能还有其他动机。那些陌生人很可

131

---

① Howe, *Where the Waves Fall*, 88.

② Chappell, 'Shipboard Relations', 131 – 48.

能被认为是超自然的。波利尼西亚人认为，贵族与平民的不同之处在于他们的血统可追溯至拥有神圣超自然力量（*mana*）的神灵。因此，酋长们经常向地位较低的妇女行使初夜权。萨林斯指出夏威夷人有破处习俗（*wawahi*），即平民女儿的初夜被献给高等级酋长，希望能生下他的孩子。这些孩子不仅受到该妇女最终丈夫的欢迎，还被给予最受宠爱的孩子（*punahele*）的地位。这种关系对平民家庭是有用的。萨林斯指出：

> 1779 年 3 月，即在首次访问考艾岛大约 13 个月后，这些英国人在第二次离开该岛时发生了一件事。许多男人和女人乘独木舟驶向英国船；然后那些女人留在英国船旁，而那些男人则按照她们的指示登上英国船，并将新生儿脐带放在甲板裂缝里。一位现代研究夏威夷传统习俗的权威人士在评论这一事件时指出："库克起初被认为是罗诺神，而那艘船则被认为是他的'浮岛'。有哪个女人不希望把自己孩子的脐带［*piko*］放在那里呢？"①

毛利人的回忆也表明他们对库克到访的早期解释是超自然的。霍莱塔·特·塔尼华在描述童年遭遇时说：

> 当我还是个小男孩时，一艘船来到怀蒂昂格（水星湾）……我们……在那里按照我们的习俗依靠我们的每一块土地生活有一段时间了，为了保有我们对每一块土地的所有权和我们的火可以在每一块土地上继续燃烧，以致它不会被别的部落从我们手中夺走。我们住在怀蒂昂格，有一艘船驶来，当我们的老人看到这艘船时，他们说它是魔鬼（*atua*），船上的那些人是地精（*tupua*）……当我们的老人看着那些划桨的人背对着船头划着船上岸时，老人们说："是的，就是这样：这些人是地精，他们的眼睛长在后脑勺上……"在这些地精上岸时，我们

132

---

① Sahlins, *Historical Metaphors and Mythical Realities*, 40‐1.

（妇女和儿童）留意着他们，但是我们为躲避他们而逃入森林，只有武士们留下来了……但是，这些地精虽然待了一段时间，但是没有对我们的勇士们做任何坏事，我们就一个接一个地回来了，并注视着他们，我们还用手抚摸他们的衣服，我们非常喜欢他们的白皮肤和其中一些人的蓝眼睛。

这些地精开始收集牡蛎，我们给了他们一些甘薯、鱼和蕨根。他们接受了这些东西，然后我们（妇女和儿童）开始为他们烤扇贝；当我们看到这些地精在吃甘薯、鱼、鸟蛤时，我们吃了一惊，说："也许他们不是像毛利地精那样的妖精。"这些地精进入森林，还爬上山顶，来到我们在怀蒂昂格的堡垒［pa］。他们从悬崖上收集草，并在海滩上用它不停地敲打石头，我们问："这些地精为什么要做这些事？"我们和妇女们收集了各种石头和草，然后送给这些地精。他们喜欢其中一些石头，然后把它们放进袋子里，其余石头都被他们扔掉了！当我们给他们草和树枝时，他们站起来跟我们说话，或者说的是他们自己的语言。也许他们在问问题，由于我们不懂他们的语言，我们笑了，而这些地精也笑了，所以我们都很高兴。

……那艘船上有一个至高无上的人。我们通过他完美的绅士风度和高贵举止知道他是所有地精的主人。他很少说话，但有几个地精说得很多：他所做的一切就是触摸我们的席子，抓起我们的长矛（mere）和鱼嘴矛（waha-ik），以及抚摸我们的头发。他是一个非常善良的人，他走到我们这些小孩面前，拍拍我们的脸颊，轻轻抚摸我们的头。他的语言听起来像嘶嘶声，我们根本听不懂他说什么。我们登上那艘船没多久，就看到他向那群地精讲话，然后拿木炭在甲板上做标记，指着岸边看着我们的武士。我们的一位老人对我们说："他要看这片陆地的轮廓。"然后那位老人站起来，拿起木炭画出了北岛的轮廓。①

---

① Salmond, *Two Worlds*, 87-8.

霍莱塔·特·塔尼华的叙述描述了 1769 年 11 月发生的事情，当时"奋进"号驶入怀蒂昂格港，然后在此逗留了 12 天。在此期间，库克参观了一些小村落，而约瑟夫·班克斯和丹尼尔·索兰德寻找到一些新的植物物种和有用的矿物。萨尔蒙德指出，地精（*tupua*）指的是"具有超自然起源的有形生物或物体，人们对它们既恐惧又敬畏，并用仪式圣歌（*karakia*）或祭品来安抚它们。即使它们呈人形，人们也认为它们不能吃人类的食物"。①

许多有关岛民观念的争论都涉及库克的属性。不仅他的同胞英格兰人，还有欧洲人和北美洲人，都在库克活着的时候就高度评价他为航海家和探险家，而且他们即使在战争盛行之时也会为他的探险提供安全通道。他死后也在欧洲人心目中享有传奇般的地位。"在地球的每一个角落都有供奉库克船长的路边神龛——表示他到过这里的石堆纪念碑，追忆他去过那里的纪念匾。他的遗物被放在五大洲保险箱内搁板上的玻璃盒里。"② 难以知晓的是夏威夷人是否以同样的眼光看待他。根据目前的主流学术解释，库克在夏威夷被当作神来对待。他在 1778 年和 1779 年两次到访夏威夷都恰逢庆祝主神罗诺神象征性回归的玛卡希基节。在这个一年一度的节日期间，代表罗诺神的图像被环岛游行一周。在休闲、宴会、运动等娱乐活动期间，最高等级酋长们负责征收赋税，而民众则庆祝标志着来年土地继续丰产的罗诺神的归来。库克的第一次探险之旅接近举行罗诺神巡游仪式，所以当他来年再次在玛卡希基节期间出现时，他似乎证实了他就是罗诺神的化身：

> 库克从海上来，就像罗诺神曾承诺的那样；库克的舰船都有高高的桅杆和白色的帆，形状非常像玛卡希基节游行队伍中被护送的宣布罗诺神降临的笔直木杆和塔帕布条。库克的航线恰好与总是以顺时针绕着岛屿转的主要游行队伍的路线同向前进，而且他还决定在凯阿拉凯夸湾长期停留，这里是一位功绩已成为罗诺神话一部分的首长的家，和献给罗

---

① Salmond, *Two Worlds*, 87 – 8.

② Dening, *Mr Bligh's Bad Language*, 172.

诺神的重要古神殿的所在地。①

从这个角度来看，这一误解很可能导致了库克的死亡。库克的一艘独桅纵帆船在凯阿拉凯夸湾被劫持，于是库克率领一支全副武装的队伍上岸，打算将酋长卡拉尼奥普乌扣为人质，以确保把船要回来。一群充满敌意的人聚集在一起，在发生争吵后，库克的队伍遭到攻击，库克被杀。加万·道斯在继萨林斯之后从主流信仰角度将其描述为一个可预测的事件。在玛卡希基节上，岛民被分成反世俗派与反神圣派，在其最后阶段，习俗是护送罗诺神祭司和神像的武士与统治该岛的酋长的武士发生决斗，从而结束罗诺神的统治时期。

霍华德和鲍洛夫斯基也提出了一种观点，即库克被杀是因为他不愿随意动武。"一个不那么人道的人，一个更注重展示西方武力的人，可能会活着离开这个岛，而不受夏威夷人试图赋予他的任何仪式身份的影响。"② 从波利尼西亚人的角度来看，库克与他的船队及其船员虽然可能具有超自然力量，但他们势单力薄，因而成为诱人的目标。超自然力量属性未必消除攻击和被劫发生的可能性。

加纳纳什·奥贝赛克拉进一步提出了一个更激进的说法。他认为，夏威夷人不可能把库克错当成神，因为他及其船员显露出许多人性弱点，而且欧洲传说将他神化是为欧洲帝国主义进行辩护的内在要求。这种打破传统的抨击让夏威夷土著学者莉莉卡拉·卡梅埃雷希瓦欣喜不已，并竭力抓住这个修辞机会：

> 著名夏威夷土著学者哈乌纳尼-凯·特拉斯克通常把库克看作"一个感染梅毒和患有结核病的种族主义者"而不予置喙。当我教那段夏威夷历史时，我对我的学生说他带来了性病、暴力，最后当他的航海

134

---

① Daws, *Shoal of Time*, 26.
② Howard and Borofsky, *Developments in Polynesian Ethnology*, ch. 8.

日志在欧洲出版后还招来了如潮水般持续涌来的外国人。

但是，从夏威夷人角度来看，库克此行最重要的部分是我们杀了他，因为他的死亡增加了我们的精神力量。我们［还］可以通过宣称我们至少杀了库克来捍卫我们的荣誉，这样我们又为这个世界除掉了一个邪恶的白人。[1]

卡梅埃雷希瓦的观点要比大多数人的评论具有更鲜明的政治色彩，但争论并没有得到彻底解决。萨林斯的原分析赢得了那些非常熟悉证据的人的支持。萨林斯长篇巨著的出版重新引发了争论。通过扼要重述有关夏威夷人认为库克是罗诺神的大量历史证据，他犀利地批判了将政治上的权宜之计应用于对往事的解释，这种解释是由"资产阶级实用理性"塑造的，忽视了 18 世纪夏威夷文化所特有的世界观。[2] 这种交流所造成的冲击波确实表明，在历经充满重大历史事件的两个世纪之后，重建夏威夷人的观念是危险的。

德宁在研究"邦蒂"号船员叛乱事件时重建了岛民观念，这是迄今为止最具启发性的成果之一。塔希提人不得不与收集面包果的布莱船长及其船员打交道，然后，他们与弗莱彻·克里斯蒂安等叛乱分子一道将布莱船长及其支持者用敞舱船送走，并最终与皇家海军联手追捕这些叛乱分子。塔希提人的宇宙观为接收和归化来自海上的强大的陌生人做了准备。从瓦利斯来访开始，塔希提人就尝试着让陌生人遵守这些仪式，并取得了不同程度的成功，从而借助这些仪式使陌生人那令人惊恐的力量变得可理解、可预测——以及在一定程度上可控制。我们也许可以从这个角度来理解在仪式上具有巨大作用的羽饰腰封的意义，羽饰腰封是奥罗神的化身，是"权威的象征。他们授予头衔和等级"。塔希提岛的波马雷一世（1788～1791 年在位，但在 1791 年退位后仍掌权，直到 1803 年去世）（见下文）就曾佩戴过这种腰封，

---

[1] Lilikala Kame'eleihiwa's review in *Pacific Studies* xvii：2 (1994), 111 - 18.

[2] Sahlins, *How 'Natives' Think.*

并将其原始力量转化为权威。当布莱船长为追捕叛乱分子回到马塔维湾时，他见到过这种腰封，并绘制了一张简图。

> 塔希提人曾将"邦蒂"号叛乱分子理查德·斯金纳的赤褐色头发缝入羽饰腰封里……令布莱困惑的是，像斯金纳这样微不足道的人竟然会被铭记在如此神圣的物品中……斯金纳是"邦蒂"号上的理发师。通过制作伦敦理发店的最新款头模和假发……他使塔希提人大吃一惊。在塔希提人眼里，斯金纳是一个重要人物。作为理发师，他拥有接近圣地的特权。他本人的头发是与长尾小鹦鹉羽毛一样特别的红色，即神圣的颜色。某人在祈祷时可以挥动一根红色羽毛来吸引奥罗神的注意，某人可以把它献给波马雷的主权，某人也可以用陌生人的一缕赤褐色头发来做这件事……
> 布莱还看到了别的东西……一条作为垂饰或褶皱被缝在腰封上的英国红色三角旗……这是（瓦利斯的船员）在 1767 年 6 月 26 日代表乔治三世国王占有此地时挂在旗杆上的那面三角旗。塔希提人从旗杆上取下了这面象征英国主权的旗帜，并将它纳入自己主权的象征物中。①

马塔维湾附近的塔希提人从 1767 年起就开始断断续续地观察着这些陌生人，并留心注意着那些导致"邦蒂"号叛乱的分歧和对叛乱分子穷追不舍的追捕。经过一代人的时间，他们了解到这些陌生人性欲旺盛，一定还注意到了经常伴随他们而来的疾病和死亡。他们对外来舰船部署的军事力量充满敬畏，因此波马雷一世试图利用这种力量来实现自己的野心，并取得了一些成果。将外来权威标志融入仪式表明，随机接触时代的那一代塔希提人认为，没有必要推翻他们的社会和意识形态类别。无论是用红色三角旗来展现的英国集体法力（mana），还是像斯金纳那样的个人法力，都可以被纳入既有观念。

---

① Dening, *Mr Bligh's Bad Language*, Act 2, 207 – 8.

皮尔森为全面理解波利尼西亚人的观念做出了堪称最具说服力的尝试。① 他提出波利尼西亚人对陌生人的反应可以分为如下三个阶段：完全敌视，然后是出于恐惧和困惑而产生的谨慎，最后是礼仪性的欢迎。但是，皮尔森认为波利尼西亚人对陌生人和东道主之间的责任有着共同的期望，这一观点并不那么令人信服。在他看来，来访者应将船只和财产移交给东道主，东道主应供养和保护来访者，并为他们的下一段航程提供船只和给养。他的论点隐含了这样一种假设：岛民要么完全没有像欧洲人那样的私有财产观念，要么对所有权持有截然不同的看法。坎贝尔指出，对于常常令欧洲客户厌烦的盗窃指控，这种解释存在一些缺陷。② 无论岛民还是欧洲人都不认为他们的初次会面是正常的，而且经常表现得异常克制。许多（可能是全部）岛屿社会对财产具有非常明确的观念：小偷往往受到严厉惩罚，这表明他们
136 的行为无论从其他岛民还是从陌生人那里都被理解为盗窃。那些试图从来访船只上拿走铁器和衣服的人往往表现出内疚或尴尬的迹象。这些情节更容易被理解为违反规则，而非文化上的合法征用。尤其是，波利尼西亚人在许多情况下没有企图侵占外来船只或外来船货。

20世纪的首次接触

最深刻的见解来自对巴布亚新几内亚近期事件的研究。在巴布亚新几内亚，直到20世纪30年代仍在彼此发现，而且学者们还记录了巴布亚新几内亚人的回忆。希费林和克里滕登根据1935年海德思－奥马利探险队的报告再现了这些经历。他们对此评论道：

> 首批外来者的到来通常被认为是一件令人激动但也令人深感不安的事件，具有明显的宇宙观意义。这些奇怪生物从他们已知视野之外闯入

---

① 'The Reception of European Voyagers'.

② 'European Polynesian Encounters: A Critique of the Pearson Thesis'.

了他们的世界。这些生物有时被认为是神话英雄回归他们的起源之地，有时被认为是回归人间的祖先。当地居民对这些生物充满了惊讶、恐惧和疑惑，有时还担心他们的到来是可怕的世界动荡的预兆。①

由 42 人组成的海德思－奥马利探险队对内陆地区进行了为期 6 个月的考察，行程达 1800 千米。尽管内陆地区供养了大量与沿海地区截然不同的人口，但是欧洲人在此前对这些地区尚不熟悉。海德思和奥马利是澳大利亚官员，其属下是沿海地区与外来者长期接触的当地警察。尽管他们想要和平，但是为了抵御真实的或想象的侵犯，仍有约 50 人被枪杀。

在巴布亚高地，有三个族群此前从未见过欧洲人，但是他们已经通过贸易网络得到了钢铁工具。他们在接受这些工具时心情是复杂的。虽然有些人对它们的显著效率表示满意，但是奥纳巴苏鲁等族群仍感不安：

> 他们怀疑这些奇怪的东西来自 Malaiya［传说中的起源地］……它们是凡人不可接触或使用的东西。现在它们正在返回起源地，许多奥纳巴苏鲁人担心它们的主人……很快就会随之而来。
>
> 在巡逻队到达前几天的紧张讨论中，有一位领导人……提出了一个行动方案。"斧头和柴刀是他们的孩子，"他说，"他们会来收回的。"他告诉所有拥有这些工具的人把它们带来……当他们到达时，它们能够被集中在一起，并回到他们身边。这样，他们也许很快就会离开，灾难就会避免。否则他们就会去找它们。"不要把这些东西藏在森林里，"他警告说，"因为它们会喊叫，它们的父母会听到，会追上它们。收集起来并归还它们。"当巡逻队走近时，即使是那些对这个想法不予理会或嗤之以鼻的居民……把他们的斧头和柴刀带来……把它们放在长房子的大厅里。［第 68 页，第 81 页］

---

① Schieffelin and Crittenden, *Like People You See in a Dream*, 3.

137　海德思对他们拒绝接受礼物和对自己充满敌意和恐惧感到困惑。一位老人的反应很典型：

> 这支巡逻队在几乎没有发出任何警告的情况下就从森林里冒出来了。他说，"我们［惊讶地］跳了起来"。此前没有人见过这样的东西，也不知道这是什么东西。当他们看到［那些欧洲人］和其他人身上的衣服时，他们认为这些东西就像你在梦中看到的人；这些人肯定是在众目睽睽之下公然降临的神灵（kesam）。

当这支探险队继续向塔里盆地进发时，是从塔里敌人的方向进入的，塔里人害怕高地居民是食人族和女巫。塔里人用他们对所谓"dama"（神灵）的信仰来解释这些陌生人。其中一名男子说：

> 1935 年 4 月 21 日下午，他正在给园圃除草。抬头一看，他看到一群"奇怪"的人站在 150 米开外的灌木丛边缘。他们大多皮肤黝黑，但身上裹着未知物质。其中一些人拿着看起来像木棍的东西。另一些人携带着形状规则的担子，其中一些被扛在肩上，另一些被吊挂在挑杆上……这群人中容貌最可怕的是站在前面的两个怪物。他们的皮肤苍白得好像在发光，他们的脚和小腿上都裹着什么东西。特伦奇所知道的唯一拥有苍白皮肤的生物就是幽灵或强大的神灵。那么这些生物肯定就是神灵，园圃里的其他人也惊奇地注视着这些生物，并得出了同样的结论。
>
> 特伦奇被园圃边缘出现的这些幽灵吓了一跳，他摘下胡利人始终随身携带着的弓箭，把它们藏在茂密的草丛里。神灵不应该受到挑衅。[1]

一位赫赫有名的胡利人首领试图维护自己对神灵的权威，勇敢地对他们发表了讲话，显然是在告诉他们，不需要他们赠送的斧头、玻璃珠和布料，

---

[1]　Bryant Allen and Stephen Frankel, 'Across the Tari Furoro', in *ibid.*, 101.

并试图建议他们应该走哪条路。他的动机显然是为了显示自己的领导能力和
赢得声望，将这支可能带来灾难的巡逻队从人口稠密地区引开。相比之下，
一位年轻有为的首领则试图与这支巡逻队领导人交朋友，这或许是为了赢得
地位和神灵的恩赐。①

上了年纪的沃拉人也回忆起他们与这支探险队的遭遇，他们认为探险队
成员是幽灵或祖先的灵魂。

> ［有些］当地居民看到搬运工和警察的牙齿发黑（嚼槟榔的结果），
> 认为他们面对的是邪恶的森林精灵；在草木丛中游荡的怪物，具有类似
> 人类的四肢和容貌，潜伏在森林的黑暗区域，杀死和吃掉那些粗心大意
> 的人。"我们说有丛林精灵来了！它们的牙齿像黑莓一样黑。丛林精灵
> 来了，它们的牙齿犹如恶臭的果实，犹如黑色的果实，它们来了。"我
> 们说它们都是吃人的东西。我们以前从未见过这样的东西。②

并非所有沃拉人都这样认为。有个男人认为，他祖先的灵魂回来为过去的不 138
公寻求报复了；还有个人认为白人是从天而降的神，而且还带来了供分享的
珍珠贝；还有其他一些解释，例如关于黑人和白人是兄弟的传说，这表明其
中一个白人可能是返回这个世界的白人兄弟。许多困难和暴力事件都与如下
事实有关：这支巡逻队越来越依赖当地的粮食供应，而且像门达尼亚那样对
东道主横征暴敛。在当地居民拒绝交易后，饥饿的警察就亲自动手掠夺园圃
和杀猪。

新几内亚岛西部居民发现外来者甚至更晚，而且处境更加令人困惑。直
到20世纪，荷兰当局还没有采取任何行动来中断新几内亚岛与马鲁古群岛
间的西米、极乐鸟和奴隶贸易，于是这些商人也没有理由离开沿海深入内
陆。在1907～1913年，荷兰科考队试图攀登冰雪覆盖的特里科拉山。由于

① Bryant Allen and Stephen Frankel, 'Across the Tari Furoro', in *ibid.*, 101.
② Paul Sillitoe, 'From the Waga Furari to the Wen', in *ibid.*, 150.

得到荷属东印度群岛的资金支持，这些由欧洲科学家领导的包括达雅克人搬运工和荷属东印度群岛士兵的探险队在规模上要远远大于澳大利亚巡逻队。当东印度士兵在友好仪式上被猪血弄脏时，作为虔诚的穆斯林，他们感到震惊。从 1909 年起，英国科学家为了测量查亚峰也进行了类似探险活动。由于这些探险队领导人对身体人类学很感兴趣，因此他们在到达山区后想要测量人头，"这一行动是如此令人震惊，以至于必须提供大块布料才能诱惑他们听任调查人员摆布他们的身体。在测量过程中，一些老人甚至浑身抖得太厉害以至于几乎无法保持站立"。在英国人第二次探险期间，一些山区家庭来迎接这些陌生人，并向他们乞求食物。由于这支探险队无法向他们所有人提供食物，只能送他们回了家；但是在他们到家之前，死了三四十人。不管他们是死于饥饿还是瘟疫，他们都非常信任这些陌生人，但寄托错了地方。[1]

直到第二次世界大战结束，荷兰人才开始关注新几内亚岛西部，因为印度尼西亚民族主义者占据了印度尼西亚大部分地区，只剩下一些东部省份仍在荷兰人控制之下。20 世纪 50 年代，尽管荷兰人对新几内亚岛西部进行了大规模的考察、管理和开发，但为时已晚，已经无法使其与印度尼西亚其他地区割裂开来。当荷兰人在 1962 年离开时，他们留下了大约 717055 人，其中 1/4 没有受到过任何政府的管理。在新几内亚岛西部成为印度尼西亚伊里安查亚省后，大部分研究工作都停止了，而且最后一批首次接触事件可能尚未被研究过。

再往东，在今天的巴布亚新几内亚，崇山峻岭和暴雨直到最近仍阻碍着
139 殖民边界的推进。澳大利亚政务专员留给特勒福敏人的第一印象简直糟透了。1948 年，这里设了一个巡逻站，两年后又建了一个传教站。1953 年，一些男人抗议对特勒福敏妇女的性侵，并杀死了政务专员和新几内亚警察。他们首次持续接触的外来文化是 10 年监禁。他们的邻居沃普凯敏人甚至更

① C. G. Rawlings, *The Land of the New Guinea Pygmies*, and A. F. R. Wollaston, 'An Expedition to Dutch New Guinea', quoted by Ploeg, 'First Contact in the Highlands of Irian Jaya'.

不容易被巡逻队接近，但仍从这些遭遇中学到了很多东西。1957 年，一名政务专员抵达图姆古纳比普，于是除了我们的酋长，大家都逃跑了。

　　随这位政务专员而来的还有一些警察和搬运工，以及一名特勒福敏人翻译。这名翻译告诉酋长，我们必须建造一个招待所……然后警察要求酋长宰杀他家的猪和准备送到图姆古纳比普的其他食物。他们为了展示自己的枪杀死了酋长家的猎狗。酋长既害怕又生气，不情愿地用他家的猪换了一些肥皂、火柴、盐和布料。妇女们带来了芋头，而男人们则全副武装地秘密包围了图姆古纳比普。酋长在一位勇士陪同下与政务专员商量用食物换回一些钢刀，但没有成功。虽然男人们觉得受到了不公平对待，但他们最终还是收起武器平静地返回了图姆古纳比普，因为他们害怕如果袭击这支巡逻队，政府就会像其对待特勒福敏人那样严厉报复他们……①

沃普凯敏人所"发现"的外来人迥然不同于塔希提人在 18 世纪 70 年代发现的外来人。这些现代陌生人在武器上享有巨大优势，而且在行使权力时表现得好像他们是合法权威。一套知识体系（即特勒福敏人的经验，无疑得到那名翻译的进一步充实）指导了他们的看法和行动。环境如此不同，参与者也如此不同，几乎无法进行比较。然而，在一个方面却有着颇为引人注意的相似之处。在这一事件发生后的一代人时间里，就像商人和永久定居者重建夏威夷人的世界那样，沃普凯敏人的世界也随着采金业的兴起而发生了翻天覆地的变化。

　　总的来说，自我意识强的探险家和科学考察人员要比那些更平凡的继任者更莫名其妙。他们预料到岛民颇为奇特，所以他们很少感到失望，而且他们还为特定观众呈现了由欧洲人编排的戏剧性事件。约瑟夫·班克斯等博物学家希望受到英国皇家学会和其他科学家的充分了解（并受到赞扬）。在将

---

　　① Hyndman, 'A Sacred Mountain of Gold'.

近两个世纪后，莱希兄弟——新几内亚高地的澳大利亚淘金者——颇具先见之明，用彩色胶片和电影摄影机记录下了预料之中的高地人的困惑，以供澳大利亚人娱乐。不管探险家们测量头骨还是写实地拍摄新几内亚人的"发现"，他们都期望藐视岛民的理解力。

140 　　岛民们也常常尽可能地把这些陌生人及其商品、技术和怪异行为硬塞入既有类别中。最不被充分理解的遭遇也最具启发性。1934 年，由一对孪生兄弟和 16 名搬运工组成的勘探考察队穿过巴布亚高地南部胡利地区。与其他探险者不同，这些冒险者坚决禁止与土著接触。他们的方法是"像铜管乐队那样入场。你完全不用请求谅解。你走进来，就好像你已经在该地区住了一百年"。他们每晚都在一个新地方扎营，并断然拒绝雇用当地搬运工。他们不打算通过交换获得猪和其他食物，而是靠偷和抢，并开枪打死了任何敢于反抗的物主。胡利人亲历者对他们至少 50 名亲属被杀的细节记忆犹新。

　　那么，胡利人是如何理解这些悲剧的呢？至少有三个类别范畴可以容纳这些凶手。胡利人及其邻居被认为是共同祖先的后代。胡利人还承认远方存在人类，但声称跟他们没有任何亲戚关系。然后是那些与他们有关联和无关联的、善良的或邪恶的鬼神。乍一看，这些陌生人最适合被归入鬼神类别，他们砍下来的木头上没有石斧所特有的痕迹，而且他们的杀伤力令人敬畏：

> 当我听说鬼神要来时，我正在皮姆巴诺。我们以前从来没听人这么说过……我和一个亲戚又去了毕安格安达。当我们注意到有个男人站在沟里时，我们正沿着一条小溪往下走，走到一座小屋附近。他的心脏悬挂在胸前……是什么杀死了他？我们往下看，于是看到一些脚印，但是它们没有脚趾。

由于种种原因，这些陌生人并不符合任何关于鬼神的旧框框，也完全不符合关于人类的旧框框。无论是那时还是现在，胡利人一直都无法就解释这些陌生人达成一致。几乎所有同一时期的其他陌生人都很快被归入了人类——因为他们建立了交换关系。这些杀气腾腾的来访者由于拒绝所有人际关系，从而制造了一个无法解开的谜。①

在所有这些神秘遭遇中，当地居民最初是按照亲属关系、社会地位、联盟或仇敌，抑或超自然条件来对陌生人归类的，这些类别都是这些岛屿所有与人际关系有关的语言。只有当陌生人不符合或者拒绝被归入这些类别时，才需要新的解释形式。跟随探险家脚步而至的传教士往往是这些用来理解世界的新形式的倡导者。

物质关系

自从太平洋诸岛被欧洲人纳入世界地图、岛民种属上被归入人类后，双方的互动随之而来。在 18 世纪和 19 世纪初，岛民们开始与陌生人打交道，双方建立了互利的物质关系。尽管这些人的兴趣更简单和更容易理解，但是他们的威胁丝毫没有减少。捕鲸船发现了从遥远的大西洋港口到南太平洋富饶海域的航路，随后又发现了从悉尼出发到那里的航路。在海上长时间的远航使得捕鲸船需要在沿途岛屿上获得补给，因此它们搭载了一些用于交易的货物。起初，这些货物有长扁铁条（用于箍紧酒桶和琵琶桶）、鱼钩和钉子、斧头和刀。塞恩伯格引述了埃利斯群岛（今图瓦卢）一位捕鲸船船长的话："令人惊讶的是，无论什么天气，这些蒙昧无知的当地人都会将危险置之度外，划着他们轻巧的独木舟，从距陆地五六英里远的地方过来，以便获得几条铁箍，一个鱼钩，或者一把刀。"② 后来，岛民还寻求织物、玻璃珠、镜子、剪刀和火器。当地居民愿意用自己最珍贵的财富——猪，还有山药、芋头、曲包果和香蕉，以及收集淡水和获准登岸权作为交换。他们起初对金属货币完全不感兴趣，虽然一些酋长将它们作为装饰品戴在身上。英国青年马里纳记录了一则趣事，他在 1806 年被汤加人俘虏后，曾经试图说服俘虏他的酋长费纳乌相信钱的用途，但是费纳乌对钱不感兴趣：

141

---

① Chris Ballard, work in progress.

② Shineberg, *They Came for Sandalwood*, 15.

他说："如果它是铁做的，可以变成刀、斧头和凿子，那么它就会有一些价值；但实际上我没看到它有什么价值。"他补充说："如果一个人拥有的山药比他想要的多，那就让他换掉一些……当然，钱更容易携带，也更方便，但是，既然长期保存它也不会变坏，人们就会把它储存起来，而不是像一个首长应该做的那样把它拿出来分掉，这样人们就会变得自私；不过，如果粮食是一个人的主要财产，而且应该是，因为粮食是最有用和最必需的财产，他就无法把它储存起来，因为它会发霉变质，所以他不得不将它拿出来换成其他有用的东西，或者将它拿出来无偿分给四邻八舍，以及低等级首长和扈从。"他最后说："我现在非常明白，是什么使欧洲佬如此自私了——就是钱！"①

然而，在了解到钱如何使用后，费纳乌后悔自己没有把"太子港"号（马里纳的那艘命运多舛的船）上的钱收好就把它烧掉了。

一位拉罗汤加酋长的祈祷表明了他对获得新物资和航海技术的渴望："噢，伟大的汤加罗亚神，派遣您的大船到我们的土地来吧，让我们见见库克船队。伟大的汤加罗亚神，请赐给我们平静的海洋，赐给我们强劲的风，把著名的库克船队带到我们岛上来，给我们钉子、铁和斧头；让我们见见那些没有舷外支架的独木舟。"②

物质上的考虑促使塔希提岛的波马雷一世承担起帮助首批传教士的责任。在 1797 年，"达夫"号带来了首批伦敦传道会人员，包括 4 名受命牧师及 25 名仆人、工匠和技工，其中 5 人携带妻儿。伦敦传道会计划向塔希提岛、马克萨斯群岛和汤加群岛派遣 3 个传教团。被派往塔希提岛的传教士非常幸运，受到奥罗神大祭司的亲自接待。而且当"达夫"号在甲板上架设大炮时，一群陪同大祭司赤手空拳而来的 Arioi（侍奉奥罗神的神职人员）协助船长将大炮就位。那天是安息日，不准易货交易，这令岛民们感到惊

142

① Martin, *Tonga Islands: William Mariner's Account*, 155.

② Cited in Shineberg, *They Came for Sandalwood*, 14.

讶。传教士们举行了一场宗教仪式，他们的歌声似乎把塔希提人迷住了和弄糊涂了。在接下来的日子里，传教士们受到主要酋长及其配偶的接见。然而，传教士就礼仪和道德所提建议（如规劝不要杀婴和装扮成异性）却没有得到很好的回应。在"达夫"号离开后，由于传教士没有向波马雷一世提供货物和枪支，也没有对其战争和政治野心给予道义支持，双方关系进一步恶化。随着气氛日益紧张，有11个人，其中几人带着家人，离开塔希提岛去了悉尼。总之，传教士们的所作所为令岛民们大失所望。与之前到来的欧洲人不同，他们没有提供给塔希提人多少物质利益，却提出了许多不合时宜的道德规劝。

那两位被派往马克萨斯群岛的传教士也与东道主发生了争执和遭到抢劫，因为他们拒绝接受酋长夫人的礼物。一位不肯继续留下传教，另一位也在一年后离开。派往汤加的传教士也陷入困境。酋长及其收留的一些海滩流浪汉反对传教士们定居和传教。传教士乔治·瓦森"入乡随俗"。他被一位酋长收留，并通过联姻融入了酋长阶层，而且适应了汤加生活，甚至成为一名武士。一些传教士在随后爆发的战争中不幸丧生，其他传教士则逃到了悉尼。塔希提传教团虽然举步维艰，但是逐步改善了与波马雷王朝的关系，以至到1808年时波马雷二世承诺放弃奥罗神和抛弃"不道德的风俗"。随着新的传教士的到来以及社会群岛成为基督教传播中心，库克群岛、萨摩亚和纽埃最终皈依了基督教。

物质上的考虑也影响了岛民领导人及其追随者决定改信基督教。在1832年第二次乘船前往萨摩亚时，传教士约翰·威廉姆斯记述了萨摩亚酋长们改信基督教的理由。决定性的考虑是，他们与欧洲人的接触日益频繁，而耶和华是欧洲人先进科技和货物的来源。耶和华被认为拥有比传统神灵更大的神力。

各殖民地的酋长们举行多次会议，反复讨论放弃祖先宗教的适当性。辩论冷静而修辞尖锐。即使在更加文明的国家也很少用冷静来描绘辩论，而尖锐也为他们的理性增添了光彩。在一次会议上，一位高等级首长表示，他希望皈依基督教，声称只须看看英国人：他们有宏伟的船只，而我们只有独木舟；他们有五颜六色的结实漂亮的衣服，而我们只有铁树（ti）叶子；他们有锋利的刀子，而我们只有竹子来切割；他们有铁斧，而我们用石头；他们有剪刀，而我们用鲨鱼牙；他们有非常漂亮的珠子、玻璃镜子，以及所有贵重物品。因此，我觉得赐予他们万物的上帝肯定是善良的，他们的宗教肯定强过我们的。如果我们接纳和崇拜他，他也会适时地赐给我们所有这些东西。①

在第一章中，林奈津认为，威廉姆斯的评论受到商人的影响，因为传教团需要吸引商人提供资金。然而，即使威廉姆斯夸大了波利尼西亚人观念中的实利主义元素，但他没有虚构它，因此他在深思熟虑后形成的意见肯定具有一定影响力。贸易是传教活动的一个重要方面。为了获得尊重，传教士对岛民必须在经济上保持一定程度的独立，在生活方式上维持他们作为万能上帝的使者的神秘感。围绕着是否应当为定居传教士提供体面的物质生活，早期传教士展开过激烈争论。拮据的生活和基督式的谦逊给等级观念强烈的波利尼西亚人留下了负面印象。教会领导人也批评了他们的会友，指责他们没有尽力激发土著对"文明"的教会生活的兴趣，而且也没影响皈依者用珊瑚石灰墙建造修道院风格的新房子。用冈森的话来说，这一时期的新教传教士大部分是有中产阶级抱负的"虔诚的机械师"。随着教会的建立，他们对岛民的技术、服饰以及宗教习俗施加了越来越大的影响。许多传教士从事贸易，有些传教士还为了自行开业而离开了教会。岛民们用椰子油和葛粉向传教团缴纳什一税，然后传教团为了支付教会运营费用再将它们出口到英国。②

美拉尼西亚海洋岛也开始引起域外人士的关注。对华贸易导致贸易商寻求用来交换茶叶的大宗商品。一些颇具事业心的贸易商从新贸易中心悉尼来

① Moyle, *The Samoan Journals of John Williams*, 234.
② Gunson, *Messengers of Grace*, 132–46.

到这里，并发现了两种物品，即檀香木和海参。斐济盛产这两种物品，而在
夏威夷、新赫布里底南部岛屿、新喀里多尼亚和洛亚蒂群岛发现了檀树林。
在斐济，贸易在酋长们庇护下不仅有序地展开，而且还为酋长们换取鲸牙、
商品和枪支提供了劳动力和安全通道（参见第五章和第六章）。在新赫布里
底和新喀里多尼亚，贸易缺乏秩序，因为政治权力被限制在较小范围里，这
使得檀香木采集者非常难以组成关系网络。因此，贸易双方都诉诸暴力。

　　塞恩伯格指出，美拉尼西亚人不仅渴望贸易和舶来品，还深知这种木材
对欧洲人的价值，为此讨价还价时寸步不让。与波利尼西亚人一样，美拉尼
西亚人一开始也需求金属和五金工具，后来扩大到布料、玻璃珠、烟草、烟
斗、火枪和火药。在一些岛屿，当地居民需要诸如猪和贝壳等土著形式的财
富，这使得贸易商不得不寻找和进口它们。起初岛民笑脸迎接欧洲人是出于
敬重或敬畏，但这很快就被基于物质利益算计的务实态度所取代。那些建立 144
可靠经济关系的贸易商通常会得到岛民的容忍，并在寻找檀香木过程中得到
帮助，但是那些没能这样做的贸易商则可能会被杀死。如果贸易商欺骗或对
抗岛民，岛民可能会对别的贸易商实施报复。例如，人们认为约翰·威廉姆
斯 1839 年在埃罗芒阿岛被杀就是对外来者实施广泛报复的结果。但是，塞
恩伯格对如下历史解释持怀疑态度，即从报复欧洲暴行角度解释所有屠杀事
件。她承认复仇观念在大多数美拉尼西亚文化中根深蒂固。在一些民族中，
它是强加于生命本身的义务，但是许多冲突都起因于掠夺欲望。

　　　砍伐和运输檀香木是件苦差事。当机会出现时，即仅仅通过杀死一
　　艘小船的船员就能获得更多舶来品，这肯定是个有吸引力的选择。相较
　　而言，一次成功的攻击会给策划者带来巨大财富。由于被捕获的船没有
　　什么用处，因此在所有可拆卸的东西被搬运走之后，它通常会被烧
　　毁……另一方面，一艘船，即使没有船货，其本身就是一件极其贵重的
　　财产，岛民是不可能通过讨价还价得到它的。①

---

① Shineberg, *They Came for Sandalwood*, 200 - 1.

塞恩伯格还指出，由于欧洲人的早期造访经常导致不可思议的瘟疫，因此"涉嫌巫术"引发了对贸易商的攻击。毫无疑问，岛民们认为欧洲人拥有导致疾病和死亡的邪恶力量，因此他们理应寻求报复。

在接触初期，岛民们不仅寻求外来者的商品，还有他们的技术技能和知识。到19世纪20年代时，一种招募方式被牢固确立下来。酋长们通过这种方式招募外来者与他们一起生活，并为他们服务。有数十名外国男子生活在斐济、汤加和萨摩亚居民中间。他们主要是英国人、其他欧洲人和美国人，但也有一些是在外国船上工作过的岛民，还有一些中国人、东印度水手和美国黑人。这些人主要是跳船的水手，但也有一些是新南威尔士和诺福克岛的逃犯。许多人成为重要酋长的家庭成员，并被视为得力助手，因为他们拥有使用和修理火枪的技能，以及掌握了单体船建造技术和其他木工技艺。他们还能讲述自己的家乡故事或者宗教故事。有些人是亡命之徒，显然会引起东道主的恐惧，但是由于一些岛屿高度尊重凶猛的战士，他们被接纳。然而，在他们的暴力行为令人生厌后，他们就被杀死了。大多数人出身卑微，但有些人受到过相对良好的教育，如船医史蒂文斯或青年牧师马里纳。前者曾在约翰·威廉姆斯第一次远航萨摩亚时做过翻译，后者在其船友被谋杀后被汤加酋长收养。一些海滩流浪汉在一些岛屿上是最早的基督教"传教士"，尽管他们的教导和影响后来遭到基督教教会正式资助的传教士的强烈反对。大部分海滩流浪汉最终离开了这些岛屿，但也有些人与其收养的人一起度过了余生。

一些海滩流浪汉通过成为贸易商而减少了对岛民的依赖，这使得他们可以充当船只与岛民间的中间人。然而，那些决定与岛民一起生活或者与之做生意的外来者仍要按照岛民所规定的条件行事并自担风险。那些被东道主杀害或被侵害和抢劫的贸易商通常不会获得赔偿。但是，为了保护或促进其公民的利益，英国军舰和美国军舰在19世纪30年代开始巡逻，尽管这一行为并不频繁。一位美国海军指挥官曾试图以袭击美国公民的罪名逮捕和审判一名萨摩亚酋长。威尔克斯探险队是被美国政府派来进行科学研究的。美国政府指示威尔克斯要促进"商业和文明"，尤其是新英格兰捕鲸业的利益。在萨摩亚停留时，威尔克斯受邀参与调查了一起事件。1834年，帕洛利村村民袭击了楠塔基特岛的捕鲸船"威廉·维恩"号,造成 3 名船员被杀和 2 艘小船被盗。负主要责任的酋长是图阿劳·托努梅佩·波波图努,他的等级非常高。威尔克斯决定逮捕和审判他,但没有成功。这位酋长外逃寻求庇护,而且他的同僚拒绝投降。这一经历致使威尔克斯支持英国在外来者活跃地区任命领事和制定法典,以便规范与岛民的交往,从而保护外来者的利益。[①] 这是朝着改变权力平衡迈出的第一步,这一转变将在接下来的两章中继续讨论。

结 论

关于岛民与欧洲人的接触有多种看法。其中最被广泛接受的观点或许是艾伦·穆尔黑德在其《致命冲击》第一章中所提出的"致命冲击"理论。该观点详述了太平洋上的首批欧洲人。这些欧洲人傲慢地认为自己是人类的主宰。他们坚信自己的宗教和文化无比优越,但是他们仍犯下滔天罪行,并带来传染病,结果导致暴力冲突、瘟疫蔓延、纯真丧失和文化破坏。这种悲观观点与 19 世纪末开始广泛传播的社会达尔文主义遥相呼应。社会达尔文主义者认为随着西方文化和科技的广泛传播,本土文化和当地人必然会灭亡。流感、性病、结核病等疾病的蔓延确实造成了人口减少,有时甚至崩溃。在极端情况下,如科斯雷岛或拉帕努伊岛,人口从数千人降至数百人。许多欧洲观察家对这些悲剧的解释有些神秘,似乎他们见证了适者生存自然法则的加速显现,而不是微生物对非免疫人群造成的生理后果。

德宁对这种方法所做的解释最复杂和最博学,并得到如下实例的充分证明。在 1774~1880 年,马克萨斯群岛拉帕努伊岛的文化完全被毁灭,人口也所剩无几。德宁注意到,一个没有多少资源可提供给欧洲人的偏僻群岛为什么会遭到如此破坏性的开发,帝国主义理论几乎没有给出什么解释。

既没有任何有意识地开发拉帕努伊岛的阴谋,也没有先进文化有权

146

---

① Gilson, *Samoa*, 1830 – 1900, 147 – 55.

消灭落后文化的明确理念。尽管如此，马克萨斯人还是被剥夺了财产。在拉帕努伊岛整个跨文化历史中，库克时代"命贱如钉"的代价与后果间的差异一直存在……那里没有任何相互理解的契约，有的是死亡。那里没有任何治理工具，人类过着"野兽般"的生活。海滩事实上是一个野蛮之地，这是由于海滩上对立的双方互相轻视造成的。野蛮人总是"对方"，被认为是次要的，被认为没有他所谓的秩序。胜利者要么获得一座岛屿，要么他获得了一片荒原。在拉帕努伊岛，胜利者获得了一片荒原。而马克萨斯人被剥夺得一无所有。①

虽然结果对大多数岛屿来说没有那么灾难性，但德宁对早期接触和海滩上的关系提出了一个重要观点，即缺乏"相互理解的契约"，以及由此带来的灾难性后果。在岛屿社会中，贸易——有用商品的食宿交换——总是以社会关系的名义进行。数百年来，自然资源匮乏的汤加一直充当了萨摩亚和斐济间的"中间商"，它们是红色羽毛、造船木料、扁斧刀身和精美露兜布的来源地。在欧洲人到来之前的一千年里，汤加的航海活动比萨摩亚和斐济广泛得多。但上述贸易从来都不是在不具人格的市场条件下进行的。相反，酋长世家间的联姻为仪式上交换贵重物品提供了断断续续的机会。另一个著名实例是由马林诺夫斯基在20世纪初描述的以特罗布里恩群岛为中心的库拉交换体系，他还把这些岛民比作勇于冒险的阿尔戈英雄。② 岛民们为了拜访伙伴交换贝制臂箍和项链，开启了危险的海上航行。这种物品交换具有深刻的象征意义和美学意义，但严格来说是"非功利主义的"，用带有个人友谊色彩的语言表达出来，并为诸如陶器、盐和扁斧刀身等必需品的交换蒙上了一层庄严的色彩。

与外界交往的权利有时是继承来的。塔纳岛被划分为不同的政治实体，它们彼此都视对方为陌生人和潜在敌人。跨界交流的权利是个体通过继承得

---

① Dening, *Islands and Beaches*.

② Malinowski, *Argonauts of the Western Pacific*.

来的，并附属于其父辈所给予的名望。这些特权被小心翼翼地守护着，因此只能通过世袭的代言人和信使才能进行适当的互动。在整个太平洋地区，相互认识的所有群体，不论是朋友还是敌人，都普遍存在着契约性安排，这些安排规定了彼此交往和表明意图的方式。这种交往方式与18世纪的欧洲形成鲜明对比，当时不带个人色彩的贸易是欧洲各社区与国家间交往的规范和驱动力。欧洲贸易既不需要亲属关系和兄弟般的伙伴关系，它们的物质利益也不需要亲和而友善的仪式。双方对如何调解物质利益的理解完全不同，从而使许多早期接触带上了怪诞和悲剧特征。

在《两个世界》一书中，安妮·萨尔蒙德考察了西方人与毛利人的接触，并将他们的行为、利益和观念置于其文化和习俗的语境中。欧洲残酷的社会不平等，以及诸如猎巫和公开处决等欧洲做法，都与17世纪毛利人特有的战争和同类相食形成鲜明对比。从某个角度来看，他们的遭遇仅仅是"令人费解的插曲"：

> 这些船只——就像漂浮的岛屿，神话里的"鸟"或者满载地精（tupua）的独木舟——驶入这个或那个海湾，向当地人开枪或送给他们奇怪礼物，受到欢迎或被扔石头，而且过不了多久就离开了，基本上被遗忘了……［从］17世纪和18世纪欧洲编年史家［的角度来看］，上述遭遇只不过是欧洲"发现"世界的故事中的一段插曲而已——更多的远航被添加到已完成的"远航"大集合中。探险故事在欧洲是一种具有老套叙事线索的古老体裁——探险家们冒险进入未知海域，发现新陆地并为其沿海地貌命名，描述奇异的植物、动物和居民，以及从手持长矛的文身野蛮人（或者更糟，食人族）的袭击中死里逃生。这些故事……无一例外将欧洲人界定为与这些被发现的"野蛮人"和"原始人"形成对比的"文明人"……

印第安人和野蛮人的神话如今已被新的寓言所取代。在碧海旁银色沙滩上摇曳的棕榈树下，美丽的波利尼西亚女孩和英俊小伙穿着花草裙子自由地谈情说爱。西方文化借助歌曲、小说、诗歌、电影、广告和旅游营销等方式赞美了这些神话,这使它们得以渗透到西方文化的潜意识中。这些意象可以追溯到对早期接触时期性交易的浪漫诠释,但显然远离现实。在早期接触中,岛民的动机可能是基于宗教先入之见,或者是想与强大的陌生人建立密切关系,或者是为了战胜陌生人而实施的诡计。但到了19世纪60年代,贩卖妇女已成为许多岛屿繁荣的商品贸易的一部分。停靠在马克萨斯群岛的捕鲸船已经将嫖娼价格固定下来:

> 像 J. J. 费希尔这样的船长愿意用八口鲸牙(每口350颗)和一支枪换一个11岁半的柔弱姑娘,但是只要不那么挑别,花不了那么多钱……捕鲸业给个人和国家带来的巨额利润取决于地位低下的野蛮人。这是一条长长的链子,把椰子、鲸油蜡烛和鲸须紧身胸衣连在一起,但它们之间仍然是互相关联的。

下列印象也成为岛上传说的一部分,即醉醺醺的身染梅毒的欧洲水手诱骗岛上少女,向无辜岛民推销枪支、朗姆酒和烟草,还有吹毛求疵的身穿黑袍的传教士强迫适婚少女穿上哈巴德大妈式宽大长罩衣,并禁止跳舞。这种刻板印象根植于以下假设,即至少有些岛屿在某种意义上是天堂,那里有即将消亡的纯真,岛民们一直是与外界接触的受害者。很少存在这种案例。一些岛民(在疟蚊和崎岖地形的帮助下)吓跑了外来者。纽埃岛岛民派人登上来访船只,由于他们将脸涂黑,使身上沾满灰烬,把头发弄得乱成一团,一边疯狂叫喊一边打手势,这使得纽埃在外来者那里获得了野人岛的名声。这一策略使许多船只迅速离开。另一个极端是,汤加人迅速适应了外来者的涌入。杰出的陶法阿豪·图普一世利用这一时期的思想混乱和政治不稳定征服了汤加,并确立了自己的君主地位。在马克萨斯、夏威夷以及部分新西兰岛屿,岛民们与欧洲人接触的结果是场灾难,但在大多数岛屿,民众不仅幸存下来,还以截然不同的方式做出反应,将自己的文化发展成至今仍传承着的具有浓郁地方特色的形式。

附录 域外人士的远航

1405～1431 年	郑和率领中国探险队探索了太平洋和印度洋
1494 年	西班牙和葡萄牙签订《托德西拉斯条约》,将"新世界"一分为二
1519～1521 年	西班牙航海家费迪南德·麦哲伦向西航行,先后抵达关岛、菲律宾和马鲁古群岛
1515 年	葡萄牙人抵达马鲁古群岛哈马黑拉岛附近由小火山岛组成的香料群岛。香料群岛成为欧洲香料的主要来源地
1526 年	"迷航的轻快帆船"
1527～1529 年	西班牙航海家阿尔瓦罗·萨维德拉·塞龙向西经马绍尔群岛、关岛到达香料群岛,然后途径马努斯岛、关岛、加罗林群岛,可能到达了波纳佩岛、乌杰朗环礁和埃尼威托克环礁,然后向西返航
16 世纪 60 年代	西班牙控制了菲律宾马尼拉的对外贸易,葡萄牙控制了马鲁古群岛香料贸易
1565 年初	开启了墨西哥与菲律宾间的定期大帆船贸易
1567～1568 年	西班牙航海家阿尔瓦罗·德·门达尼亚西行至圣伊莎贝尔岛、佛罗里达岛、瓜达尔卡纳尔岛、马莱塔岛、圣克里斯托瓦尔岛
1578 年	英国和荷兰海盗开始袭击西班牙的殖民地和船舶
1595 年	西班牙航海家门达尼亚和佩德罗·奎罗斯向西经马克萨斯群岛、普卡普卡岛、纽拉基塔岛、埃斯皮里图桑托岛,到达关岛和菲律宾
1602 年	荷兰东印度公司成立,但是直到 17 世纪 70 年代才在爪哇岛站稳脚跟(业务中心在巴达维亚)
1605～1606 年	西班牙航海家奎罗斯和路易斯·韦兹·托雷斯向西先后抵达土阿莫土群岛、圣克鲁斯群岛、埃斯皮里图桑托岛,然后奎罗斯返回美洲,而托雷斯经托雷斯海峡和新几内亚南部,到达马鲁古群岛
1615～1616 年	荷兰航海家艾萨克·勒梅尔和威廉·斯考膝向西先后到达土阿莫土群岛、汤加北部、富图纳岛、阿洛菲岛、新爱尔兰岛和新几内亚,然后抵达马鲁古群岛
1623 年	荷兰航海家扬·卡兹登兹抵达澳大利亚西海岸
1636 年	日本幕府禁止日本船从事海外贸易,实施日益严格的锁国政策
1642 年	荷兰航海家阿贝尔·塔斯曼从毛里求斯岛出发,途径塔斯马尼亚岛、新西兰、汤加、斐济、新不列颠岛,然后返回毛里求斯岛
1644 年	荷兰航海家阿贝尔·塔斯曼从巴达维亚出发,先后抵达新几内亚岛西部、澳大利亚西北部
从 1668 年起	西班牙耶稣会神父迭戈·路易斯·圣维多力斯开始在关岛和马里亚纳群岛传教
1699～1700 年	英国航海家威廉·丹皮尔从好望角出发,先后抵达穆绍岛、埃米劳岛、新不列颠岛,然后返航

149

续表

1722 年	荷兰航海家雅各布·罗赫芬向西经拉帕努伊岛、博拉博拉岛、萨摩亚、新几内亚岛,抵达巴达维亚
1767～1768 年	英国航海家塞缪尔·瓦利斯向西经土阿莫土群岛、塔希提岛、天宁岛,抵达巴达维亚
1766～1769 年	法国航海家路易斯-安东尼·布干维尔向西经土阿莫土群岛、塔希提岛、萨摩亚、彭德考斯特岛、奥巴岛、马拉库拉岛、路易西亚德群岛、舒瓦瑟尔岛、布干维尔岛,抵达巴达维亚
1768～1771 年	英国航海家詹姆斯·库克(以及约瑟夫·班克斯等博物学家)先后抵达塔希提岛、新西兰、新南威尔士、大堡礁
1772～1775 年	英国航海家詹姆斯·库克(以及约瑟夫·班克斯和 G. 福斯特等人),先后抵达新西兰、塔希提岛、汤加、拉帕努伊岛、马克萨斯、塔希提岛、汤加、瓦努阿图、新喀里多尼亚
1776～1780 年	英国航海家詹姆斯·库克(以及查尔斯·克拉克和詹姆斯·金),先后抵达塔斯马尼亚岛、新西兰、汤加、夏威夷、西北航道、堪察加半岛、凯阿拉凯夸湾
1788 年	"第一舰队"抵达植物湾,创建悉尼
1786～1788 年	法国航海家拉彼鲁兹伯爵,先后抵达夏威夷、西北航道、琉球群岛、千岛群岛、萨摩亚、汤加、植物湾、新喀里多尼亚、瓦尼科洛岛
1789 年	英国航海家威廉·布莱,先后抵达塔希提岛、汤加。然后"邦蒂"号发生哗变。"潘多拉"号追捕叛乱者,1792 年返回英国
1791～1795 年	英国航海家乔治·温哥华,先后抵达新西兰、查塔姆群岛、塔希提岛、夏威夷、西北航道、夏威夷
1797 年	伦敦传道会派遣"达夫"号,携带 4 名牧师和另外 25 人(其中包括五个家庭),抵达塔希提岛、马克萨斯和汤加
1815 年	最后一班大帆船从阿卡普尔科抵达马尼拉

150

后来在新几内亚的探险活动

1907～1913 年	荷兰探险队登上新几内亚西部的特里科拉峰
1926 年	在新几内亚伊迪溪发现黄金
1927～1928 年	查尔斯·卡里乌斯和伊凡·钱皮恩从南向北横穿新几内亚岛
1933 年	探矿者米克·莱希、丹·莱希、吉姆·莱希和吉姆·泰勒进入瓦吉河谷
1935 年	杰克·希德斯和吉姆·奥马利穿越巴布亚高地
1938～1939 年	吉姆·泰勒和约翰·布莱克从哈根山出发,抵达塞皮克河

文献简论

学者们最初都是从探险家角度来描述太平洋探险的。这一研究传统的主要作品包括比格尔霍尔主编的《詹姆斯·库克船长的航海日志及其对太平洋的探险》（*The Journals of Captain James Cook* and *The Exploration of the Pacific*）和安德鲁·夏普的《澳大利亚的发现与阿贝尔·扬松·塔斯曼的远航》（*The Discovery of Australia* and *The Voyages of Abel Janszoon Tasman*）。

由于欧洲传教士在早期跨文化遭遇中表现突出，因此我们可以从如下作品中了解到很多有关早期跨文化遭遇的情况：冈森的《仁慈的使者》（*Messengers of Grace*）和加勒特的《生活在繁星中》（*To Live Among the Stars*）。斯佩特所著三卷本的《麦哲伦以来的太平洋》（*The Pacific Since Magellan*）在全面借鉴上述研究成果的基础上分析了 16～18 世纪列强所面临的战略问题。

为了重构岛民的世界观和认知，学者们后来开始使用人类学的研究方法。劳伦斯的《通往船货之路》（*Road Belong Cargo*）、伯里奇的《堆积如山：美拉尼西亚的千禧年运动》（*Mambu*：*A Melanesian Millennium*）和沃斯利的《号角即将吹响》（*The Trumpet Shall Sound*）分析了美拉尼西亚人的宇宙观。奥利弗在其三卷本的《古代塔希提社会》（*Ancient Tahitian Society*）中重建了古代塔希提社会。萨林斯与德宁率先使用人种历史学的研究方法来研究太平洋。这一传统中较为重要的作品包括萨林斯的《斐济人中外来国王或迪梅齐尔》（The Stranger-King, or Dumezil among the Fijians）、《历史隐喻和神话现实》（*Historical Metaphors and Mythical Realities*）和《发现真正的萨维奇》（The Discovery of the True Savage）、德宁的《岛屿和海滩》（*Islands and Beaches*）和《布莱先生的污言秽语》（*Mr Bligh's Bad Language*）、皮尔森的《1568～1797 年欧洲航海家在波利尼西亚群岛所受到的接待》（The Reception of European Voyagers on Polynesian Islands，1568－1797）、坎贝尔的《欧洲人在波利尼西亚的遭遇：对皮尔森论文的批判》（European Polynesian Encounters：A Critique of the Pearson Thesis）、萨尔蒙德的《两个

151

175

世界》（*Two Worlds*）、希费林和克里滕登的《恍如梦中人》（*Like People You See in a Dream*），以及巴拉德的《研究进展》（Research in Progress）。

奥贝赛克拉在其《对库克船长的神化》（*The Apotheosis of Captain Cook*）一书中批判了人种历史学的重构方法和假定。关于对这一批评的回应，参见卡梅埃雷希瓦在《太平洋研究》（*Pacific Studies*）1994 年第 2 期第 17 页上的评论和由戴维·汉隆、尼古拉斯·托马斯和瓦莱里奥·瓦莱利在上述刊物上发表的其他评论，以及奥贝赛克拉的回应。这一争论还致使布鲁斯·诺福特、黛博拉·伯德·罗斯、安妮·萨尔蒙德、乔纳森·兰姆、伯纳德·史密斯、汤姆·恩斯特和理查德·帕门蒂尔向 1993 年 12 月发行的第 24 期《社会分析》（*Social Analysis*）杂志投稿，以及奥贝赛克拉的进一步回应。

在更实证的传统中，对接触性遭遇进行描述的有：塞恩伯格的《他们为檀香木而来》（*They Came for Sandalwood*）、博内迈松的《树与独木舟》（*The Tree and the Canoe*）、查普尔的《秘密分享者：太平洋岛屿上的土著海滩流浪汉》（Secret Sharers：Indigenous Beachcombers in the Pacific Islands）、巴加斯基的《作为革新者的海滩流浪汉和漂流者》（Beachcombers and Castaways as Innovators）、坎贝尔的《波利尼西亚的欧洲跨文化主义者》（European Transculturalists in Polynesia）、莫德的《关于岛屿与人类》（*Of Islands and Men*）、康诺利和安德森的《第一次接触》（*First Contact*）和同名纪录片、莱萨的《葡萄牙人发现塞奎拉群岛》（The Portuguese Discovery of the Isles of Sequeira）、兰登的《迷航的轻快帆船》（*The Lost Caravel*）、加斯马的《你的工作对我们毫无用处……》（Your Work Is of No Use to Us …）、赫泽尔和伯格主编的《密克罗尼西亚：变革之风》（*Micronesia：Winds of Change*），以及赫泽尔的《文明的首个污点》（*The First Taint of Civilization*）。

杰克-辛顿在《寻找所罗门国王的藏宝岛》（*The Search for the Islands of Solomon*）一书中剖析了欧洲人对所罗门国王宝藏的痴迷。弗罗斯特在《驶向澳大利亚：1400~1788 年间到来的欧洲人》（Towards Australia：The Coming of the Europeans 1400 to 1788）一文中对这一争论进行了总结，该文被收入马尔瓦尼和怀特主编的《1788 年前的澳大利亚人》（*Australians to 1788*）一书。

第五章

土地、劳动力和自主发展

发展？

在整个 19 世纪，雄心勃勃的太平洋岛民发现了许多能改变他们生活、生产和交换的机会。为了开采或开发资源，一些太平洋岛民与外国投机商结成了联盟。然而，随着酋长们的政治权力日益消减，继续保留土地、劳动力和自治权变得越来越困难。

令人惊讶的是，虽然"发展"一词如今被广泛使用，但它直到最近才被赋予经济学意义。这个词诞生于 20 世纪的澳大利亚，当时人们对经济发展丧失了希望。它主要针对经济表现落后于预期的地区。尽管它是个新词，但是关于发展的基本概念同西方文明一样古老，而且它一直以这样或那样的形式激励着西方人按照一个似乎预先设定好的时间表来改造世界。约翰·洛克，17 世纪英国著名哲学家，① 提出了发展阶段理论。他认为，"美洲从一开始就属于整个世界，而且比现在更是如此"。他还为帝国提出了一个正当理由："上帝将这个世界赐予了所有人类，但是既然他赐予人类这个世界的目的是为了他们的利益和他们能够从中获得最大生活便利，那么他的意思就不应该是这个世界应该永远共有和不被耕作。他把它赐予了那些勤劳和理性

---

① Locke is chiefly remembered for his *Essay Concerning Human Understanding* and *Two Treatises of Government*, both published in 1690.

的人……"现代经济学之父亚当·斯密在《国富论》一书中进一步完善了这一远见卓识。他将发展描述为一系列阶段，即从狩猎和采集阶段，到畜牧和农耕阶段，再到金属加工和机械化阶段。正如欧洲人所看到的那样，问题在于使生活深陷过时阶段、技术原始和前景黯淡的落后社会得到发展。

在 20 世纪，罗斯托在《经济增长的阶段：非共产党宣言》① 一书中重申了这个经典假设，即经济发展应该历经多个合乎逻辑的阶段。尽管受到激进派理论家的批判和传统派学者的修正，但罗斯托的目的论仍以某种形式为大多数经济计划提供了理论支持。尽管规划人员希望摆脱文化偏见，但是上述发展理念仍受到文化的影响，而且严重的文化偏见往往会影响分析。例如，在 1975 年巴布亚新几内亚独立时，本书第三章提到的那个世界银行代表团详细说明了这些发展阶段。

> 该国比许多更知名的发展中国家在人类历史上出现的时间要早得多。……当地目前已识别出大约 700 种语言，其中大部分相互间难以理解，而且没有一种书面语言。由于被高山、森林、大江大河、海洋所隔绝，原始石器时代的部落直至最近仍然生活在与世隔绝的原始状态……该地区的土著文化要比西方世界在其他地方所发现的更加原始……[现代化] 始于如此一个民族，它没有字母系统，因此也无文字，完全不知道刀、斧等任何形式的金属制品，仅使用石块进行切割，用弓箭和棍棒打猎，也完全不懂得羊毛和棉花，只使用捣烂的树皮做布，也完全不使用阉牛、公牛、马或牛……

许多规划人员想当然地认为，由于主要以有限需求为中心，岛民们在沦为殖民地前的生存状态无法通过自身动力来发展。增加生产需要外国资本、技术和管理将这些岛屿与更广泛的网络连接起来，以交易货币化的市场生产取代自给自足生产。然后，这些进程会产生普遍而持久的好处。

---

① Cambridge，1959.

激进派学者认为，发展或许具有破坏性，特别是对于那些远离中心地区和缺乏政治手段的社会。然而，激进的悲观主义并不是乐观的正统学说的对立面，而是它的变体。这两种观点都认为，世界大部分地区仍处于"欠发达"状态，发展是可以衡量的，而且不断发展的全球经济是变革的引擎。发展是从物质方面设想的，原动力是个人和公司。这种力量能影响岛屿社会，而岛屿社会却无法控制或使其转向。面对这种无法控制的力量，岛民们要么是受益者，要么是受害者。

外国利益的进入实际上是无序追求贸易、战略和意识形态的结果（参见第四章）。因此，岛民经历的无序超出了任何想象，也难以用统计数据来衡量。前几章表明，将"经济"从岛民社会背景中剥离出来会扭曲岛民的经历。他们的生产系统不像过去或现在的欧洲机制那样运转，他们被认为是"欠发达的"，主要原因是欧洲人不了解他们。由于白种人不愿改变自己的看法，交易继续产生相互矛盾的预期。岛民们习惯于从道德视角看待这些交易，而欧洲人无法或不愿承认这些交易具有道德背景。伯里奇在20世纪50年代注意到了这种僵局：

> ［坦古人认为白人］不能被取悦，被强求，甚至被直接腐化……接受礼物就是接受那个人；而且还礼是极其重要的。坦古居民和马纳姆岛民接受了欧洲人的商品和观念，但是他们难以接受带来它们的那些人，因为这些人只愿意按照自己的条件被接受。当卡内加人试图对商品和观念还礼时，他们要么受到屈尊纡贵地对待，要么受到嘲笑。① 154

建立在赠送和接受礼物基础上的岛屿社会与为无生命的商品定价的西方人之间的冲突依然存在。还有其他理由怀疑欧洲人推动了岛屿有序发展。他们的早期冒险实际上就是资源掠夺。由于在澳大利亚和新西兰的殖民者利用各种手段侵占土地，他们严重破坏了澳大利亚土著和新西兰毛利人社会。商

---

① Burridge, *Mambu*, 39–40.

人和种植园主不是自由市场的使徒，而是政治权力的操纵者。岛民们在做出反应时也利用了手里一切可用的政治和文化武器。"发展"的社会代价往往难以忍受。将这种强大的力量转化为优势需要创造力，然而岛民们忍受了发展带来的社会代价，有些岛民还以富有创造力的方法和出乎意料的方式获得了好处。

资源掠夺：鲸鱼、海参和檀香木

海上贸易直到16世纪才将中国、朝鲜、日本和东南亚联系起来，尽管它们打着向中国进贡的幌子。伟大探险家郑和的印度洋之旅表明，中国在15世纪就已具备创建全球网络和将太平洋岛屿与东亚连接起来的能力。17世纪船只的频繁失事实际上传递了如下信息：为了寻求檀香木或海参，许多船只很早就到达了加罗林群岛西部（尽管很少有船只顺利返航）。但是，通过定期的贸易联系，新几内亚岛西部曾向蒂多雷岛（今属印度尼西亚）的苏丹国输送过奴隶、极乐鸟和西米。

欧洲商人在16世纪武力闯入时恰逢（和有可能引发了）东亚贸易萎缩。由于明朝灭亡和后继者清朝建立了一个质疑海上贸易的陆权体制，中国人终止了海上探险。日本的德川幕府变得越来越封闭。出于对基督教传教士和商人影响的恐惧，幕府将军们先是限制然后压制大名们从事海外贸易。由于不从事传教活动，荷兰人被允许在长崎港的出岛进行贸易。然而，琉球王国仍大门紧闭。由于欧洲人渴望直接与中国或日本进行贸易，他们或者直接占领其某些领土，或者在其周边建立殖民地，如澳门、马鲁古群岛的特尔纳特岛和蒂多雷岛、帝汶岛的古邦，以及马尼拉。直到"邦蒂"号上的叛乱者在1788年将布莱船长抛弃在汤加附近自生自灭时，帝汶岛的古邦港仍是他最近的避难所，而且两地相距5000千米。

155 尽管欧洲探险家们的渲染使得欧洲人误认为太平洋诸岛处于与世隔绝状态，但是欧洲人在该地区的角色主要是用船将岛上的特产运往亚洲市场。在麦哲伦环球航行后的300年里，欧洲人在这些岛屿上的生意主要是满足亚洲人的需求。直到殖民者从 1788 年起开始将澳大利亚土著赶出家园和建立出口经济，这些岛屿可能才与大西洋市场联系在一起。在那之前，欧洲人对这些岛屿的兴趣不大。新的生产方式要求控制土地和劳动力、定期航运、可靠市场与风险资本，但是这些条件直到 19 世纪才完备。由于海运成本高和速度慢，因此只有香料、宝石或贵金属等高价值货物才能补偿它们的成本。那些岛屿既没有宝石也没有香料，虽然有金银，但难以找到。除了被发现几乎不出产任何船货，这些岛屿还被归入航海危险类别。西班牙人满足于开采中国商人希求的美洲矿石，并要求其大型三桅帆船只能出没于没有未知珊瑚礁的安全纬度。因此，海盗只扫荡那些能捕获大型三桅帆船的狭窄地带。

在 18 世纪 90 年代，商人们开拓了从美国到中国的皮草贸易，上述看法也随之改变。跨太平洋贸易迫切需要淡水、食品和性服务，火奴鲁鲁、帕皮提和科罗尔成为停靠港，并因专营"休息和娱乐"而成为该地区首批城镇。从 19 世纪初起，最常见的外国船只是捕鲸船。它们在这些海岛的锚地装载淡水和食物，有时补充水手。欧洲人还在旧贸易网中从事商业投机活动，将熏制海参运往中国。檀香木（用于熏香）自 19 世纪初期为波利尼西亚和斐济的其他货物提供了销路，以及在 19 世纪 40 年代也为来自美拉尼西亚的货物提供了销路。海豹皮和新西兰木材以及马尼拉用龟壳制成的妇女头饰也找到了销往中国的渠道。这些商船促进了岛屿间的联系。在 1842 年访问波纳佩岛时，商人安德鲁·切恩安排海滩流浪汉们作为酋长的代理收集和出售龟壳。在雅浦岛，酋长们不允许切恩这样做，反而诱使切恩为他们运送帕劳文石盘。30 年后，因乘船失事而流落至此的爱尔兰人丹尼尔·奥基夫也开始运送文石盘。他招募雅浦人在科罗尔开采文石，然后将它们运回雅浦岛，而他则被酬以种植园所需劳工。他的故事鼓舞了其他贸易商。

考虑到贵金属的实际分布，它们变得重要的时间出奇的晚。直到 19 世纪 40 年代在澳大利亚和新西兰发现金矿，投机商们才开始以全新的、金色的眼光来看待这些岛屿。与此同时，外来船只日益增多。由于香港在 1842 年被割让给英国，英国与中国的贸易得到加强。随后，航运路线通过新加坡将中国南方、澳大利亚和火奴鲁鲁与世界其他地区连接起来。西班牙对菲律宾的控制遭到英美商人的侵蚀。更富有戏剧性的是，日本从闭关锁国状态转变为地区贸易和战争的积极参与者。在美国海军于 19 世纪 50 年代打开日本国门后，所有展望都认为日本完全有可能重蹈中国覆辙，封建社会既没有可供防御的现代化武器，也没有可供发展工业的资本，而且不平等条约还赋予了外国人经济和法律特权。直到 1867 年叛乱和内战之后，睦仁重树天皇权威，成为明治天皇，并主持了一项革命性的现代化计划。

到 19 世纪 70 年代，日本控制了北方的萨哈林群岛和千岛群岛，以及南方的琉球群岛。琉球王国曾是佩里袭击日本的补给站，因此它感受到了日本焦虑带来的全部冲击。由于琉球王国一直与东亚和东南亚通商，琉球王国名义上独立符合日本利益。萨摩藩的封建领主将琉球王国视为一只训练有素的鸬鹚，可以回吐出贸易利润作为贡品。这种虚幻的独立在 1879 年遭到践踏。由于琉球岛民在文化和语言上与日本相似，明治政府对他们推行了同化政策：不仅废除了君主政体和迫使士族退休，还为了明治维新废除了封建关系。1875 年，尽管这些火奴鲁鲁投机商的后代不容易被同化，明治政府仍同化了日本东南部小笠原群岛的岛民。这些亚热带岛屿为日本商人参与马里亚纳群岛和加罗林群岛贸易竞争提供了前进基地。

美西战争巩固了美国在太平洋的制海权。新英格兰的船只主宰了捕鲸业，美国大农场主早已对夏威夷王国拥有了巨大影响力，而且菲律宾在美国公司帮助下开放了国际贸易。不管怎样，美国在 1898 年征服菲律宾的确改变了权力关系。西班牙帝国最终瓦解，而美国则开始致力于发挥帝国作用，开创属于自己的"太平洋世纪"。这场战争还导致关岛被转让给美国，与此同时德国获得了大部分其他西属岛屿。由于受到反对夏威夷君主政府的移民的连累，美国采取了吞并的最后一步（参见第七章）。所有这些都促进了定期航线的发展，打通了西班牙大型三桅帆船从前一直回避的海域。

岛民们很快就找到登上外国船只的方法。最初，外国船只为补充船员绑架了许多岛民。在科学探险时代，一些名人前往伦敦、中国和北美旅行，但更多岛民被招募为劳工。在捕鲸业兴起后，绑架就减少了。一些岛民自愿被招募为劳工，另一些岛民则是被征召为劳工。由于一直渴望打造一支现代化海军，夏威夷国王卡米哈米哈一世主动向驶往北美的毛皮商人提供船员。到 19 世纪 30 年代，由于可以轻易招募到夏威夷水手，因此捕鲸船从新英兰出发时常常不满员，到火奴鲁鲁后再通过招聘补足船员。不久后，大约有 3000 名夏威夷人在捕鲸船上工作。连同澳大利亚船只上的毛利人和塔希提人，他们大概占了捕鲸业和捕海豹业船员的 1/5。毛利人像英国人那样成为海滩流浪汉，而且塔希提的波马雷就像卡米哈米哈聘请塔希提人那样雇用了夏威夷人。岛民们登上船后，就加入了水手们的多元文化社会，从而分享了他们的风险、利润和传统。有些人在海上度过余生，另一些人通常远赴他乡定居。尽管一些夏威夷人在北美形成了一些聚居区，并且他们的文化身份在那里已经延续了 200 余年，但是大多数夏威夷人拿到工资摆脱劳工身份后，还是返回了家乡。

这些流动人口大多是男性，不过也有一些女性。由于外来人几乎都是男性，妇女常常充当文化翻译的中介。有些妇女显然成为岛上男人贪欲和水手肉欲的受害者，但是也有少数妇女是作为乘客出海的，更多的是作为劳工。尽管性交易占主导地位，但有些妇女建立了永久关系，例如，一位毛利青年妇女嫁给了一位船长，遵守"我们的餐桌礼仪"，其举止"为许多自诩更有教养的人争了光"。[1] 这种自认为高人一等的评判意味着，这些妇女的地位取决于她们的保护人的一时兴致。她们通常会与新同伴产生共鸣，甚至与自己的亲人产生抵触。通过与一位或多位水手密切交往，她们往往比其兄弟们获得了更全面的知识。

海参是最常见的海洋资源。为了在开往中国的慢船上获得很好地保存，蛞蝓被掏空内脏，煮熟，洗净，以及被晒干或熏干。这些工序岛民们做得心应手。岛民们还潜水收集珍珠贝和龟壳。最初，这些海滩上的工人是由酋长们动员来的，并只受收购船监督。到 1830 年，海参成为斐济主要出口商品，但是几年后资源已严重枯竭，以致收购船不得不在锚地停泊数周，并雇

---

① Peter Dillon, *Narrative and Successful Result of a Voyage*, London, 1829, quoted in Chappell, 'Shipboard Relations'.

用数十名欧洲人、斐济人等岛民。鉴于上述规模，这些营地需要消耗大量粮食和燃料，因此产生了重大的政治后果。作为直接受益者，巴乌岛战王（*Vunivalu*）对维提岛东部和瓦努阿岛产生了广泛影响，并延揽了大量这种生意。由于前往渔场的商船通常中途停靠巴乌岛，巴乌岛战王获得了大量鲸牙，因此巩固了他的地区影响力。

檀香木则是另一种有可能成功的生意。由于檀树林在内陆分布零散，砍伐并将原木运输到锚地需要大量劳动力。大约在 1790 年，檀香木已成为夏威夷重要出口商品，这促使卡米哈米哈一世垄断了它。他注意到商人获利丰厚，也买了一些船，并从事与中国的直接贸易。在这些企业亏损后，他使财政收入转而依靠领航费和港口费。老百姓承担了伐木责任，而酋长们则把利润挥霍一空。在最初十年里，利润一直非常丰厚，但是由于供过于求破坏了价格。酋长们，其中最著名的当属博基（参见第六章），仍然坚持做这一行，但是徒劳无功。檀香木也是斐济、新喀里多尼亚和新赫布里底的贸易重点。这些岛屿上的大多数商人都以悉尼为基地，起初他们只需用少量铁、串珠和玻璃就能换取檀香木，但岛民们很快就深入了解了比价。随着知识的增长，贸易品的数量与日俱增，质量越来越好，品种日益丰富。商人们却越来越焦虑，因为中国市场上檀香木价格一再下跌而给酋长们的奖励越来越多，利润受到挤压；商人们被激怒了，因为饱享欧洲商品的塔纳人等岛民还要求来自其他岛屿的猪、狗和龟壳。檀香木迫使一些商人成为岛际贸易的中间商。

商人们为了确保岛民合作想出了巧妙的奖惩办法。商人们将市场库存推销给岛民，先是布料和钉子，然后是烟草（有时通过"吸烟学校"）、酒精和枪支。到 19 世纪 40 年代时，所有波纳佩岛民都成了烟民，烟草也成为最常见的价值尺度和流通手段。塞恩伯格优雅地总结了如下事情之间的联系，即教会岛民吸烟，这样中国人就可以有香烧，澳大利亚人就可以喝上中国茶。[①] 这些新需求使岛民们倾向于就业一段时间，于是船主们直接雇用岛

---

① Shineberg, *They Came for Sandalwood*.

民，建造海岸营地，并每隔数月来一次，以便运来补给品和运走贝壳。

新西兰的特殊自然资源提供了广泛的机会，从而取代了曾使这些岛屿一度恶名远播的可怕的人头贸易。从 18 世纪 90 年代起，捕鲸船开始在群岛湾补给淡水和食物，以及休息和娱乐。它们还招募了一些男性和女性作为船员。更重要的是海豹猎捕业和近海海湾捕鲸业的出现。与深海捕鲸业不同，它们不需要多少资金，从 19 世纪起就吸引了澳大利亚的冒险家。海豹猎捕船和近海海湾捕鲸船不仅雇用毛利人，还购买他们的食物。自 19 世纪 20 年代起，在新南威尔士市场的刺激下，新西兰开始种植亚麻，并自 19 世纪 30 年代起开始采伐原木和种植小麦。毛利人农民不仅很快就引种了土豆和小麦，一些农民还开始放牧牛羊。一方面，他们欣然接受了西方的商业逻辑，但另一方面他们还在追求旧理想。1844 年，英属新西兰总督菲茨罗伊受邀参加了在奥克兰附近举办的一次盛宴，但他发现自己与其说是贵客，不如说是怀卡托部落酋长们为羞辱对手而肆意炫耀的战利品。与身穿制服的总督一样令人印象深刻的是一排土豆。这排土豆宽 7 英尺、高 4 英尺、长 400 码，上面挂着数千条干鱼，就像铺着数百条毯子的晶格状支架。这些土豆并不是为了消费才收集起来的，而是用来分发的，以便证明怀卡托部落在"传统"上的至高无上地位。

这些岛屿第一种可供出口的矿产是挖自秘鲁岛屿的鸟粪，随后是密克罗尼西亚的硝酸盐，这使得澳大利亚和新西兰的农民能够满足全世界对粮食的需求。这些出口产品反映了农产品市场的一体化。糖早已是全球商品，然后是茶、烟草、咖啡和可可。散货航运扩大了商品范围。19 世纪初，菲律宾出口了一些糖和更多的靛蓝、燕窝、乌木和海参；50 年后，这些新奇事物被作为大田作物种植的烟草、大麻和咖啡所取代。在这些岛屿上，尽管出口产品从自然资源转向农产品的趋势较慢，但逻辑顺序是一样的。

159

殖民者

在气候温和的南部地区，英国的殖民大潮越来越强和越来越混乱。在植物湾成为罪犯流放地的 100 多年里，自由殖民者的规模迅速扩大，跌跌撞撞地横穿澳大利亚大陆，来到托雷斯海峡。虽然没有签订任何条约，但是殖民者在 19 世纪制定了一项无主地原则，主张英国殖民地废除土著的土地权利。该原则在英国法律传统中没有任何依据，但反映了边疆地区的权力关系。这个自私的错误被纠正耗费了百余年时间，同时殖民者开始自认为是该地区的唯一合法居民。

从 19 世纪中叶起，新南威尔士和昆士兰一直实行定居者自治，但是托雷斯海峡群岛却在殖民体系外徘徊了整整一代人。1872 年，英国政府扩大了昆士兰的边界，将托雷斯海峡群岛的一些岛屿并入昆士兰，但对新几内亚却犹豫不决。为了维护英国人在这些岛屿上的利益，英国政府在 1877 年建立了西太平洋高级专员公署，但是除了通过在陆上与岛民和在海上与皇家海军合作之外，该机构缺乏履行上述责任所需资源，因此西太平洋高级专员（还兼任斐济总督）仅被授权管理英国臣民。在 1884 年之后，由于柏林会议将占领和有效管理作为承认殖民地的标准，这一省钱做法不再有效。昆士兰在 1883 年单方面宣布兼并新几内亚，但是遭到拒绝，于是又在 1884 年宣布其为英属新几内亚保护领（即巴布亚），条件是由移民殖民地自己承担开支。所罗门群岛保护领（1893 年宣布，1896 年实施）也被设想为一项维持现状的措施，直到澳大利亚联邦成立为止。

在对联合争论 10 年之后，澳大利亚各殖民地于 1901 年授予联邦政府有限权力。建立澳大利亚联邦的目的是为了巩固国防，创建有别于"亚洲"的民族认同，明确边界，以及促进经济发展。澳大利亚联邦因其一些禁令而闻名于世。首届议会为了在帝国框架内解决国防问题而制定了所谓的"白澳政策"，声称其民族性是非亚洲人的而是面向英国人的。6 年后，澳大利亚勉强承担起对巴布亚的责任。所有政策都明确了社会界限，并调整了与邻近社会的关系。

160　　昆士兰北部与亚洲和这些岛屿的互动要比澳大利亚其他地区更为密切，因此存在着截然不同的政策问题。牧牛场、黄金、糖和海参，将一批贪得无厌和冷酷无情的人吸引到约克角。到 19 世纪 60 年代时，对土地有着巨大需求的牧场主们横扫昆士兰，摧毁了土著社区，并利用幸存者做家政工人、牧场饲养员或当地警察。1788 年昆士兰人口大约有 12 万人，但一个世纪后则下降到大约 3.2 万人。虽然澳大利亚土著进行了全面抵抗，但是约克角之所以没变成牧场，却是因为它的崇山峻岭和沿海平原有效限制了牧场主的殖民活动。1897 年颁布的《土著保护和限制鸦片销售法》授权昆士兰政府实行种族隔离，并在远北地区创建土著人居留地。正如其标题所暗示的那样，这部法律旨在将澳大利亚的黑人与白人隔离开来，以及将他们与"亚洲"隔离开来。

继 19 世纪 40 年代的淘金热之后又出现了一个更加暴力的边疆。武装勘探者在 19 世纪 70 年代到达了热带的北部。然后许多人带着探矿者的眼光、赌徒的焦虑和很少的资本横渡珊瑚海。他们具有敌视澳大利亚土著和中国人的传统，在远离警察和给养的旷野彼此依赖，以及怀疑对方老想隐瞒矿石。巴布亚的伦敦传道会传教士深知这些探矿者的名声，他们徒劳地呼吁英国进行干预。这些矿工不是利他主义者，但也不是自取灭亡者。1878 年，第一支来自库克敦的矿工队伍抵达莫尔兹比港，这里是熟悉传教士的莫图人的一块飞地。这些矿工们选举了一名矿区区长，然后同意由他审判任何骚扰当地妇女的矿工，并发誓阻止任何试图登陆的中国人（没有中国人来，但这项禁令后来得到英属新几内亚政府的批准）。100 名矿工在内陆挣扎着，还学会了克制自己，以免受到科伊阿利土地所有者的攻击。和平在这里占了上风，直到科伊阿利人开始估计成本和收益，于是战争爆发了。在这支队伍到达 8 个月后，幸存人员逃走了。他们是被疟疾和科伊阿利人打败的。下一批探险队造访了米尔恩湾小岛，而大陆上的勘探等待着政府的保护。[①]

在新西兰和澳大利亚，牧场所需工人很少，而谷物农场和奶牛场主要以家庭经营为主。然而，在种植数季棉花之后，糖在 19 世纪 60 年代成为昆士兰北部的主要出口商品——那里的种植园急需劳动力。西太平洋岛屿成为种植园主心目中的"劳动力补给基地"。从 1863～1904 年，至少有 6.2 万岛民

---

① Nelson, *Black, White and Gold*, ch. 5.

在昆士兰工作过，主要在糖料种植园，他们大多数来自瓦努阿图和所罗门群岛。美拉尼西亚人大量涌入昆士兰触犯了新成立的澳大利亚联邦的白澳情结，因此首届议会决定遣返这些岛民，并为此制定了《太平洋岛屿劳工法》。由于制糖企业事先得到警告，糖料作物在 19 世纪 90 年代开始由种植园生产变为家庭农场生产，而殖民地制糖公司也仅在数家大糖厂加工甘蔗。澳大利亚联邦政府还向雇用白人的制糖企业支付了一大笔钱，因此制糖业安全度过了遣返危机。

岛民们就没那么幸运了。虽然昆士兰在 1901 年曾有近万岛民，但到 1906 年时仅剩下大约 4500 人。在凯恩斯港，一些被驱逐者喊道："再见，昆士兰；再见，白人的澳大利亚；再见，基督徒。"那些因被给予长期居留权而留下的人发现，大多数工作因白人劳工拥有优先权而无法获得。他们继续遵循基督教教义行事，并在文化上融入移民社会。例如，不再使用独特的卡内加皮钦英语。然而，由于生活水平和受教育水平较低，他们大部分被排斥在移民社会之外，他们的社会地位总是被逼得更接近那些被更加边缘化的澳大利亚土著。一些人在托雷斯海峡的岛屿上重新定居，这个地点突出了他们的地位不稳定地介于白人、澳大利亚土著和美拉尼西亚人之间。在接下来的数 10 年里，他们的后代越来越重视被绑架到澳大利亚当奴隶的传说，而且这些传说将他们描绘成绑架的受害者。尽管上述传说实际上没有什么根据，但"文化绑架"却是他们生活中持续存在的一个事实。

澳大利亚联邦还不怀好意地将它的注意力转向托雷斯海峡和约克角。这两个地区是澳大利亚土著、巴布亚人和捕捞海参的望加锡人的聚集地。1803 年，当马修·弗林德斯在这里偶然碰到一支由 60 艘船和千名船员组成的船队时，他惊讶不已。随着捕鲸船的到来，以及 19 世纪 40 年代太平洋上的商人们又发现珍珠、马蹄螺和海龟壳，贸易日益活跃起来。在 19 世纪 50 年代，檀香木商人加入他们行列。由于海参资源丰富，这里在 1868 年创办了首家海参加工厂。到 1877 年时，100 余艘来自悉尼、日本以及更远地区的采珍珠船被吸引至此。由于浅海区珍珠很快就被采集一空，大多数采珍珠船都装载着潜水装备。欧洲货物沿着环绕新几内亚岛的贸易路线被运往托雷斯海峡以外地区，而且更多货物被从沉船中打捞出来。从 1866 年起，昆士兰的萨默塞特港开始强加某种秩序——贸易还吸引来新几内亚西南部的图格里人乘独木舟偷袭，按人数征收贡品。这些岛屿本身就像太平洋其他海滨社区：星期四岛是"太平洋的藏污纳垢之所"，因为这里聚集了形形色色的岛民、欧洲人、日本人、东南亚人、美国人，甚至非洲人。澳大利亚土著和太平洋岛民在更靠南的地区建立了不可思议的关系：

> 澳大利亚土著提供了无经验的劳动力和当地知识；外来人提供了人工制品、食物和致幻毒品……这些新来的人向当地人索要的东西，就当地人而言是免费给予的。这显然没有威胁到他们的生命或土地。尽管人口减少了，以及新出台了一些基本上无法执行的法律，但是这些土著仍在相对自由地以自己的方式追求着自己的目标。①

日本的重新崛起对澳大利亚的整合起到了迫切的推动作用。明治维新计划与澳大利亚联邦有着许多共同之处，但是推行得更为积极。由于强调天皇御宇、军事实力、海上贸易复兴和边界划定，该计划使日本与邻国区分开来，并凌驾于邻国之上。对于冲绳人而言，并入日本意味着极度困苦。这些资源贫乏的岛屿无法吸引来日本资本；工业制成品取代了当地的手工艺品；有才能的岛民成为国家公务员或大都市公司职员。冲绳的糖在日本市场找到了销路，但是种植甘蔗侵蚀了剩下的口粮田，并使农民暴露在变化无常的市场中。到 1900 年时，这些岛屿成为日本唯一的贫困县。1903 年土地转为个人所有，为资本主义农业奠定了基础。与全国其他地区一样，土地改革造成大量缺少足够土地养家糊口的人。1903 年，首批 941 名冲绳人乘船去了夏威夷；到 1907 年时，有 1 万多冲绳人在国外工作，而当时冲绳人口尚不足 50 万。② 在日本本土，为向工业和军备提供资金，政府对农民征收了严苛赋

162

---

① A. Chase, 'Which Way Now?'.

② Pearson, 'Trade and the Rise of the Okinawan State'.

税。日本农民与冲绳人一样也在夏威夷、新喀里多尼亚和巴纳巴岛做契约劳工。

由于澳大利亚政府对种族问题非常敏感，因此日本企业家进入澳大利亚北部令其非常惊恐。妇女成为日本向南扩张的先锋。在日本南方，许多农民和农业工人为了使自己女儿到海外工作，被迫把她们卖给妓院老板。妓院老板村田一郎用爱国光环美化了他的自传：

> 这些妇女每月都给家里写信和寄钱……你可以把妓院设在南太平洋荒野上的任何地方，很快你就能在那里再开一家杂货店。然后店员从日本来到这里。他们逐渐能独立处理事务，并开始经商。这家公司将开设分公司。即便是妓院老板也会开辟新生意……用不了多久，这个地方就繁荣起来了。

大崎的回忆证实了村田一郎的一些说法：

> 对于我们这些父母双亡的孩子而言，仅靠租地生活是不可能的。[我的弟弟]船造终于成年了，由于没有土地，他无法娶媳妇……我看到一些邻家女孩出国赚了很多钱，于是……我想如果我也出国，我的弟弟就能买地，盖大房子，娶个称心如意的新娘，成为最受欢迎的男人。①

实际上，日本派出了大批妓女，"希望通过赚取外汇来实现明治天皇'富国强军'口号"。到19世纪90年代时，有30多名日本妇女先后在星期四岛上工作，还有许多日本妇女分散在澳大利亚北部。他们可能为其他日本人购买采珍珠船提供了资本。这些创业者来到这里始于19世纪80年代，并实际上垄断了这些采珍珠船的潜水和船员工作。令立法者惊慌的是，他们还

---

① The Story of Osaki' in Yamakazi, 'Sandakan No. 8 Brothel'.

购买或建造了自己的采珍珠船。只有实施种族限制的特许经营法，才能阻止他们收购整个船队。即便如此，他们也往往通过白人"挂名"业主来控制船只。

珍珠贝和海参业强制推行了某种秩序。像罗伯特·汤斯和伯恩斯·菲利普这样的贸易公司为船长们购买采珍珠船提供资金。船长们带来了熟悉太平洋采珠工作的船员和岸上人员，采珍珠船依靠空气泵末端"穿潜水服的采珠人"的技能。潜水采珠人（主要是日本人）有充分理由要求可靠的辅助人员（最好是他们的亲属）。虽然与布里斯班相距 2000 千米，昆士兰政府仍非常重视这笔财政收入，只是将这些行业惯例编入了法规。更令人惊讶的是澳大利亚联邦的宽容，日本潜水采珠人被排除在白澳政策规定之外，成为19 世纪劳工条例的一个特例。从 19 世纪 70 年代起，殖民秩序得到了传教站的加强。在约克角，传教团管理着土著人居留地。这带来一个自相矛盾的结果：虽然许多澳大利亚土著继续在采珍珠船上工作，但他们的大部分收入却被用于补贴土著人居留地管理，因此他们没有动力去学习技能。由于游泳潜水逐渐被淘汰和采珠业要求长期持续从业，最终澳大利亚土著只能从事最低等的工作。

托雷斯海峡的一些岛民（特别是东部岛屿的岛民）主要从事农业，并蔑视对海洋资源的"懒惰式"开发。由于水手们在他们中间安顿下来和他们再度信奉基督教，这增加了他们对采珍珠船和海参的了解。在 20 世纪初，由于他们的当地知识使他们能够胜任采珠工作，传教士和昆士兰官员都决心把他们转变成独立的企业家。他们的发展轨迹使他们免受《土著保护法》的保护，并获得了像卡内加人那样的公民地位——既非白人也非澳大利亚土著。许多家族贷款购买了采珍珠船。一旦这些船还清债务，它们的主人就把它们用作客船，也用来采珠或捕鱼，从而提高了他们的生活质量，但回避了政府所推崇的利润最大化行为。官员们对岛民实施了越来越繁重的义务政策，这一方面是为了促进工作习惯，另一方面是为了增加财政收入。双方关系也变得棘手起来。那些一直在可持续基础上管理资源的岛民被排除在外，取而代之的是那些掠夺式开采珍珠和海参的船长们。随着该地区经济开始缓慢衰退，政府的家长式统治愈发严苛。但是该地区岛民的法律地位没有被剥夺，他们的土地也没有被征用。20 世纪 90 年代，梅里（默里）岛民最终推翻了无主地原则，澳大利亚各地的殖民体系开始瓦解。

从新成立的澳大利亚联邦角度来看，最大的成就是边疆的秩序：传教团没花多少钱就维持了秩序，并建立了稳定的种族等级制度。1884 年荷兰成为巴布亚的保护国，以及 1893 年荷兰在托雷斯海峡北岸马老奇建立行政中心，从而在一个无政府的地区成功建立了殖民统治。白澳移民政策的长期效果是，日本人被限制在指定工作岗位上，而中国被叫停。这些措施连同遣返卡内加人，创造了一个种族等级制度。

虽然受英国殖民澳大利亚方法的启发，但是法国的殖民活动明显不那么成功。在英国"第一舰队"抵达植物湾一星期后，拉彼鲁兹也到达该地，并树立了榜样，但是随后没有把对澳大利亚沿海地区的考察推进到兼并的程度。1840 年，在一阵殖民热潮中，法国殖民者在阿卡罗阿登上新西兰南岛，但是再次因其姗姗来迟而无法维持占有。相反，法国海军将注意力集中在东波利尼西亚，其主张在那里获得控诉新教传教士及其皈依者的天主教传教团的支持。1841 年，法国海军吞并了马克萨斯群岛，并在翌年使塔希提岛成为法国的保护领，但是这对当地日常生活几乎没有产生什么影响，因为新教传教士已深深扎根于塔希提岛，而且塔希提岛和马克萨斯群岛都无法进行大规模移民。10 年后，法国兼并新喀里多尼亚，这为移民提供了唯一希望，尽管恰逢英国终止向澳大利亚东部流放罪犯，法国还是效仿英国，使这里成为罪犯流放地。新喀里多尼亚也是法国为给移民腾出空间而将土著限制在居留地的唯一属地。19 世纪 80 年代，法国还占据了瓦利斯和富图纳，但是该群岛不仅在战略上处于边缘地位，也没有给予殖民前景。

与法国的属地不同，澳大利亚和新西兰不仅仅是大英帝国前哨，它们还向欧洲出口羊毛、小麦、黄金和肉类，并吸引来了英国资本和企业家。作为英国的自治领，它们在航运和贸易方面取得了区域主导地位，成为自治领内部市场和太平洋岛屿的主要商品供应商。随着时间的推移，它们也成为殖民国家。英国在 1901 年把库克群岛管理权移交给新西兰，又于 1906 年将巴布亚移交给澳大利亚。截至第一次世界大战后重新分配德国殖民地时，澳大利亚获得了新几内亚，新西兰得到了西萨摩亚，而日本则被酬以密克罗尼西亚。

虽然新西兰政治领导人参加了组建澳大利亚联邦的谈判，承认与澳大利亚诸殖民地拥有许多共同利益，但是他们最终选择了置身事外。到19世纪末，他们与毛利人的亲密而复杂的接触创造了一种相当独特的社会关系、政治制度和原始民族认同模式。

新西兰土地战争和毛利国王运动

在19世纪早期，新西兰土著毛利人以野蛮而聪明著称于世。根据他们的聚落形态和农业，社会阶层结构和艺术，再加上强健的体魄和红棕肤色，他们与其他"野蛮人"被区分开来，并被置于野蛮人的边缘地位，这意味着他们可以逐步走向文明。出于同样原因，传教士从1814年起开始来到这里，指导毛利人采用欧式方法耕作，并鼓励他们与新南威尔士的来访者进行易货贸易。随着移民越来越多，贸易也日益繁荣。大规模的经济活动很快就对毛利人的劳作模式和乡村生活产生了影响，反过来又引发了对新领导形式的需要。许多酋长掌握了读写能力，因为这是谈判变革的主要手段。从1830年起，毛利人的兴趣开始从西方商品转移到欧洲权威背后的知识。

19世纪20年代初，毛利人获得大量火枪，复仇等原因引发的部族战争很快就失去了控制。北岛北部的纳普希族部落酋长洪基·希卡是当时最著名的武士，他率领2000多名武士向南远征至塔拉纳基，从而开启了近乎无休止的攻击和循环报复。北岛南部也爆发了冲突。直到所有部族都拥有了欧式武器，这些战争才终止，北方结束于19世纪30年代，南方结束于19世纪40年代。战争结果极富戏剧性：新疾病和奴役的增加导致人口急剧下降。由于传统方法无法解决这些问题，许多毛利人尝试了激进的解决方案。19世纪30年代，毛利人大规模皈依基督教，特别是在诺斯兰地区（北岛最北部）。皈依不仅仅是文化分裂的结果。泰晤士－怀卡托的部落因贸易而繁荣起来，但他们也对基督教做出了积极响应。由于皈依似乎与欧洲文化拥有的财富和力量有关，因此皈依必须被置于毛利人对欧洲的殖民和贸易、农业、文字、火枪等的接受能力这一更广泛背景下来理解。对外来影响的热情很快就消退了。虽然与欧洲探险家和贸易商接触的结果是可控的，但由欧洲殖民带来的社会变革很快就超出了毛利人的控制。

毛利人很快就进入了一个殖民者在数量上超过传教士的新世界。大部分殖民者来自新南威尔士，他们打算开发这个日益成长的市场经济体，一开始在群岛湾，但很快就扩张至整个新西兰。新南威尔士总督在塔斯曼海对岸注意到新西兰处于无政府状态后，建议任命一位英国居民来防止欧洲人和毛利人彼此伤害。于是詹姆斯·巴斯比在 1833 年 5 月抵达新西兰，并安排 34 名酋长宣布独立为"新西兰联合部落"，但作为唯一的管理者，他没有权力在这个帝国边疆地区强制推行法律和秩序。到 1839 年时，大约有 1300 名英国公民永久定居在北岛，有 700 人在南岛。

尽管英国殖民部在政策上不愿干涉其国民在南太平洋上的殖民事业，但有义务支持英国移民，并控制他们的过分行为，保护毛利人免受不受控制的殖民的影响。爱德华·吉本·韦克菲尔德策划新西兰协会（后来的新西兰公司），旨在通过购买土地建立殖民地，这促使殖民部采取了行动。1840 年 1 月 29 日，首任总督威廉·霍布森在群岛湾登陆，受命最好通过条约获得主权。霍布森将酋长们邀请到怀唐伊，并向酋长们递交了一份条约，有 40 余位酋长签了字。这份后来被称为《怀唐伊条约》的协议最终由 530 多名酋长签署。1840 年 5 月，英国正式宣布对新西兰拥有主权。

现代学者对《怀唐伊条约》展开过大量辩论。《怀唐伊条约》至少有 4 个版本，而且英语原版和毛利语译文间有显著差异。似乎可以肯定的是，签约人对关键方面有不同理解。该条约有三条。在第一条中，英文版规定酋长们放弃了对其领土"主权的所有权利和权力"。但是毛利文版并没有使用与主权最接近的那个毛利语词汇"*mana*"（权威），而使用了"*Kāwanatanga*"（统治权），这个词是传教士为翻译"总督"（*governorship*）一词而即兴创造的，对毛利人而言，这可能仅仅意味着总督的到来。在第二条中，英文版保证毛利人"完全排他地和不受干扰地拥有其土地和房产、森林、渔场等财产"。毛利文版虽然没有那么具体，但确认了"他们酋长对其土地、村庄和所有财产可以不受限制地行使权力"。① 第三条赋予了"皇家保护（新西兰土著）"和"赋予他们所有英国臣民享有的权利和特权"，虽然它似乎争议较少，但却受到同化毛利人这一英国殖民新西兰最终目标的损害。

在《怀唐伊条约》签署和其后的辩论中出现了关于欧洲殖民的争论。对一些酋长来说，尤其是来自北部沿海部落的酋长，土豆和枪支代表着无法逆转的改变。他们重视增加贸易的前景，而且签署该条约在某种程度上还因为他们希望基督教能带来部落间的和平。不过，一些伟大内陆酋长，如陶波的修修和怀卡托的韦罗韦罗，拒绝签署条约，原因只能推测。他们可能更看重自己的过去，而非受欧洲人影响的不确定的未来，但是他们所在地区的繁荣迹象表明，他们拥有充足资源，需欧洲人支持。

到《怀唐伊条约》签订之时，毛利人社会已经发生了重大变化，不过历史学家对变化程度存在分歧。一些学者认为，到 1840 年时毛利人社会已濒临崩溃，而另一些学者的看法则更为谨慎。尽管毛利人社会在 1840 年前发生了根本性变化，但它们仍按照传统部落模式运行着。此外，在条约签署后，毛利部落至少又控制了整个新西兰局势 15 年。从 19 世纪 20 年代起，由于大片土地被开垦成耕地，粮食贸易蓬勃发展。19 世纪 40 年代，许多地区都有欣欣向荣的农田和面粉厂。如此多的小麦被种植，以至钢制手工磨粉机无法满足磨麦的需要，于是建起了一些水磨机。社区磨坊所需建造资金通常由当地居民认购。不断扩张的经济需要新的工具和创造新的需求，但是尽管农作物和农业生产方法是欧洲人的，生产组织似乎更像毛利人的。不久之后，不仅欧洲人的商品需求得到满足，而且毛利人生产商的交易范围也越来越广。沿海部落开始从事航运。到 19 世纪 50 年代时，毛利部落控制和经营着北岛的大部分沿海航运。截至 1858 年，毛利人仅在奥克兰就登记了 53 艘 14 吨以上的船只。他们向当地市场供应了几乎所有农产品，并向澳大利亚

167

① Kawharu（ed.）, *Waitangi*, 319 – 20.

和太平洋地区出口大量毛利人种植的货物。直到 19 世纪 40 年代末,英国殖民者一直依靠毛利人企业供应粮食。然而,并非所有殖民者都承认这种依赖关系,因为大多数殖民者未将毛利人视为竞争对手。此外,殖民者也缺乏使用雇佣劳动力生产的土地。

起初,许多毛利人愿意把大片土地卖给殖民者。有争议的是,他们在 1840 年前是否已隐约知道殖民者正在寻求永久所有权。在《怀唐伊条约》签订后,他们意识到殖民者自认为拥有永久所有权。尽管毛利人意识到这一点,但土地出售并未完全停止,这在某种程度上应归因于大量土地处于闲置状态。许多社区希望殖民者与他们一起生活,因为他们希望获得他们带来的财富。19 世纪 40 年代,在整个北岛,包括那些靠贸易繁荣起来的地区,几乎所有毛利人都希望移民能住在他们的聚居地或邻近地区。然而,对贸易感兴趣并不一定意味着愿意出售土地。19 世纪 50 年代中期,在那些靠贸易繁荣起来的地区,特别是怀卡托,毛利人反对土地出售问题日益尖锐。由于淘金热的结束和澳大利亚农业的扩张,市场行情在 1856 年暴跌。毛利人不得不更频繁地与殖民者进行竞争,但是村社有组织的劳动优势日益被竞争对手欧洲人的个人土地所有制的优势所抵消。此外,后者为应对经济衰退转向大规模放牧,这加重了经济衰退造成的土地压力。竞争从土地的产品转移到土地本身。

19 世纪 50 年代,移民团体开始游说政府,要求迫使毛利人出售更多土地,同时更多毛利人反对出售土地。对土地转让的抵制导致各部落不再展开部落间竞争,反而开始讨论共同利益。毛利人举行了多次全北岛性的会议,这引起了征地局(为向殖民者提供土地而设立的机构)的极大关注。一些官员散布谣言说,1854 年毛利人在塔拉纳基成立了一个反卖地联盟。联盟一词意味着反卖地运动要比实际情况更具一致性和组织性,甚至有人认为联盟这一概念是欧洲人捏造的,以证明向毛利人施加政治压力迫使他们出卖土地是合理的。

168　　　为了保护自己不受欧洲人干涉,并执行土地买卖禁令,需要一个更加团结的政治组织。毛利人为制定共同战略联合成立了一些部落间委员会

(ruunanga)。毛利人还举行了一些后来被称为"统一运动"的会议。举行这些会议的初衷是为在某一界线内禁止出售土地做好准备，但是毛利人王权很快就明确成为一个政治目标。统一王权并非一个全新的概念。新西兰首位传教士塞缪尔·马斯登为制止部落间纷争，曾极力劝说酋长们拥立洪基·希卡为国王。有人认为洪基·希卡在访问伦敦后曾制定了一个登基为王的计划，而且他在伦敦时对拿破仑·波拿巴的故事很感兴趣。

1852 年，拉卡瓦部落酋长马特尼·维伊维伊率领一个酋长代表团在北岛四处宣扬拥立国王的主张。他们的主要动机是把各部落团结起来，从欧洲人殖民后的混乱中创建新秩序。他们提议建立一个部落联盟，由某位酋长担任总督或国王。王位被提供给几位大酋长，但许多酋长都尊崇怀卡托部落酋长波塔陶·怀罗怀罗。波塔陶的血统系被认为与所有"独木舟"的高级血统系有关联。他还依附于具有重要历史意义的肥沃土地，控制着大量农田和渔场。直到怀卡托部落的另一位领导人怀尔姆·塔米哈纳大力支持该运动后，波塔陶才不再拒绝。由于怀尔姆·塔米哈纳关心法律和秩序，而且对无效的政府政策大失所望，因此他深信，只有毛利人积极采取行动才有可能实现部落间和平。尽管几位有影响力的酋长早在 1856 年就支持拥立波塔陶为国王，但是他直到 1858 年才同意加冕。首位毛利国王的章程是："对这片土地拥有权威；其次，对人拥有权威；第三，制止流血［部落间战争］；第四，毛利国王与英国女王和谐地和在上帝见证下联合在一起。"① 起初，波塔陶一世获得了 23 个部落的支持，主要是怀卡托区和陶波区的部落。虽然其他部落不愿放弃土地控制权和拒绝宣誓效忠，但他们支持该运动的土地政策。波塔陶加冕称王和毛利国王运动兴起只是减少了而非彻底解决了部落间的竞争。毛利人被分成了三派。由于担心种族不和睦和被排除在欧洲人经济体系之外，亲英派反对毛利国王运动。他们虽然希望制定自己的法律，但打算由总督批准并由欧洲人治安法官执行。极端派和温和派都支持有一位国王。极端派坚决反对出售土地，而温和派愿意为了和平放弃某些有争议的地

---

① Jones, *King Potatau*, 196，223.

169 块。后者强调保留毛利人的自治权，但并不打算反对欧洲人殖民。温和派代言人怀尔姆·塔米哈纳多次指出，他的目标不仅是保护当地居民的权威和土地，还要与殖民地政府友好相处。

塔米哈纳深受《圣经》启发，并引用《旧约》为君主制辩护。殖民地政府很清楚基督教的"国王"内涵会使拥王派变温和，但殖民部不能接受半自治运动，因为所有毛利人都被认为已通过签署《怀唐伊条约》放弃了主权。也因为这个原因，总督奉命劝说毛利人放弃选举国王的决定。由于波塔陶有权力拒绝给予土地和禁止出售土地，毛利国王运动似乎就是一个土地联盟。这逐渐成为殖民者反对毛利国王运动的真正理由，而且殖民者也逐渐获得了殖民地政府的同情。

总督格雷在诉诸武力之前尝试了一项新政策，在间接统治体系中成立一些"新机构"。该方案打算使部落间委员会有权向总督建议它们所需要的法律，并在这些机构的基础上将毛利部落纳入欧洲人的政治体制。虽然由民事专员和地方治安官领导，但土地管理权仍然属于部落，这项规定遭到大多数殖民者强烈反对，因为他们主张个人拥有所有权。他们批评总督欺骗毛利人，并希望他正在为战争做准备。然而，这些新机构似乎真正尝试了通过利益冲突寻求和平途径。殖民地政府希望它能澄清毛利人的土地所有权，并最终促进土地转让，从而满足殖民者对土地的需求和同化毛利人的目标。

这些"新机构"的成立环境极其恶劣。殖民地政府极度渴望在不冒犯人道主义游说集团的情况下控制拥王派，但是毛利人对以往的尤其是征地局的侵略政策所产生的影响深感失望。因此，大多数部落只选择性地利用这些机构，而拥王派完全拒绝接受这些机构。在怀卡托地区，部落理事会从未解散，而格雷的区部落间委员会也从未召集过会议。极端拥王派甚至驱逐了怀卡托的地方治安官以及后来的民事专员。

尽管毛利国王运动最初取得了成功，但是毛利部落未能实现统一。在一些地区，出售土地的部落和不出售土地的部落爆发了争执。一些酋长拒绝承认波塔陶为国王，因为他们认为毛利人的社会组织不允许存在这种地位上的差异，而许多北部酋长则认为毛利人的王权与《怀唐伊条约》不相容。拥王派内部也存在战略分歧。仅仅一个国王的存在就影响了整个新西兰的不同种族间的关系，更不用提当地部落是否效忠波塔陶了。不过，毛利人社会较之以往被组织的更集中了。

19 世纪 60 年代的战争不仅仅起因于土地冲突，也是多维度殖民冲突的结果。根源不单是欧洲人的侵略和土著对殖民进程的激烈反应，更重要的是对经济基础设施控制权和政治统治权的争夺。1860 年 3 月，在土地出售者与土地拥有者发生小冲突 12 年后，战争在塔拉纳基爆发。尽管战区起初仅局限于塔拉纳基，但很明显，政府认为这些战斗是入侵怀卡托的最后彩排。殖民地政府在取得重大军事胜利后很快就将所有部队调往奥克兰。关键问题是，既然毛利国王的一些追随者曾介入过塔拉纳基战事，那么政府将如何回应毛利国王。

在 1860 年 6 月波塔陶去世后，其子马图泰拉（*Matutaera*，玛士撒拉的音译）即位。有些人认为他没有能力取代他的父亲，但他赢得了越来越多的人的忠诚，因为这些人开始相信殖民者正计划夺取他们的土地。怀卡托最终在 1863 年 7 月 12 日被入侵。卡梅隆将军率部渡过曼加塔威里河，划定了毛利国王运动的活动范围，那里没有土地可以出售。战争一直持续到 1864 年底，而且每个部落都在其领地内展开了殊死决战。与怀卡托的战斗是在朗基里里进行的，之后卡梅隆不战而胜地占领了毛利国王的首都纳鲁阿瓦希亚。在奥拉考，拥王派在马尼阿波托酋长雷维指挥下进行了最后的抵抗。在关于奥拉考战斗的传说中，为了夸大卡梅隆的胜利，毛利人被视为了英雄。据说有 300 名毛利人拒绝投降，并坚持战斗了三天。他们的口号"我们将永远战斗下去！永远！永远！"成为此后毛利人抗议运动的战斗口号。

政府立即没收了 300 万英亩可耕地。早在 1863 年 6 月，格雷政府就表示要没收并重新分配"心怀敌意的土著的土地"。① 同年 12 月，《新西兰移民法》授权总督可以为了殖民而征用土地。根据这项法律，拥王派部落失去了 1202172 英亩土地，主要在怀卡托地区。他们在塔拉纳基的盟友失去了

① Premier Domett to Governor Grey, 24 June 1863, Appendices to the *journals of the House of Representatives of New Zealand*, 1863, E-7: 8.

127.5 万英亩土地，陶朗阿地区有 29 万英亩土地被没收，而普伦蒂湾则有 44.8 万英亩。虽然马尼阿波托的部落最支持毛利国王运动，但是它们的大部分森林覆盖的山地和陡峭的石灰岩山谷未被触及。惩罚叛乱分子只是借口，没收土地显然是为了殖民。军事定居点被建立，雄心勃勃的移民计划招募来定居者。在被没收的地区之外，1865 年成立了土著土地法院，推动了土地的出售。它的目标首先是在亚部落基础上确定土地所有权，然后将每块地均分给最多 10 个所有者来实现所有权私有化。结果，许多当地居民失去了产业。

没收土地显然违反了保障毛利人所有权的《怀唐伊条约》。19 世纪 70 年代，毛利人在许多案件中寻求正义，但发现该条约没有提供任何保护。在 1877 年的一个重要案件中，当事人西部的毛利人议员维·帕拉塔在最高法院要求将拨给惠灵顿塞尔温主教的土地归还给自己的托阿部落。首席法官詹姆斯·普伦德加斯特认为《怀唐伊条约》"完全无效"，因为"没有任何现有国家容许割让主权，也不可能存在这样的国家"。[①] 这项裁决驳回了毛利人基于该条约所拥有的权利，并为 1987 年以前的所有案件确立了先例。110 年来，政府一直无视该条约，尽管毛利人不断寻求承认。1884 年，时任毛利国王塔维奥率领一个代表团前往英国向女王请愿，因为他认为根据该条约女王有义务履行条约。他要求她归还所有被没收的土地，并批准成立一个独立的毛利人政府，尽管他为证明这些请求合理而解释说："我被称为国王，不是为了分离，而是为了使当地人能够团结在一个种族之下，永远承认女王的至高无上地位，以及理应获得她的保护。"[②] 这些请愿者没有见到女王，因为（从 1852 年起）根据责任政府制毛利人事务归新西兰政府管辖。1886 年，塔维奥呼吁新西兰政府承认他为国王，因为他是每年召开一次的负责执行《怀唐伊条约》条款的毛利人委员会的领袖，但这遭到土著事务部部长的拒绝。于是塔维奥就直接宣称自己拥有政府权力，并于 1894 年颁布了大委员会的章程，但是许多部落无法接受他统治整个北岛的要求。塔维奥只团

---

① *Wi Parata v. The Bishop of Wellington and the Attorney-General* (1877) 3 NZ Jur. (NS) SC 72.

② Quoted in Pei Te Hurinui Jones, 'Maori Kings', in Schwimmer (ed.), *The Maori People in the Nineteen-Sixties*, 137 – 8.

结了那些受没收土地影响最大的部落。因为失去他们的土地败坏了他的怀卡托部落的名声，"征服"为毛利国王运动提供了寻求补偿的目标。然而，这主要是为了怀卡托人民的利益。由于大多数毛利国王运动发动者保留了一些土地，因此他们对毛利国王的政策态度暧昧。

到 19 世纪末，人们普遍认为毛利人正濒临灭绝。他们的人数在 1896 年达到最低点，当时只有 419393 人接受人口普查。毛利人认为为避免完全同化有必要在部落之间展开一些合作，但并非人人都准备支持国王塔维奥。1867 年，毛利人在议会中获得了 4 个席位。1892 年，毛利人议员恢复了 19 世纪 50 年代的统一运动，并为了向政府表达不满而成立了毛利人议会。与塔维奥成立的主张传统主权的大委员会不同，毛利人议会承认欧洲人议会，并试图获得对某些事务的控制权。毛利人议会并没有成功。欧洲人社会在新 172 西兰是如此根深蒂固，以至于可以忽视毛利人议会。许多毛利人对毛利人议会不感兴趣。拥王派部落仍主张团结起来支持塔维奥，而另外一些部落则因认同欧洲人社会而回避毛利人议会。大多数部落拒绝加入毛利人议会，因为它们正在寻求其他政治途径，而非毛利人议会的抗议会议。毛利人议会的抗议会议经常在部落争吵中陷入僵局。缺乏热情在某种程度上是因为毛利人已大规模融入货币经济。事实最终证明毛利人社会的分裂是致命的。几位年轻领导人虽然反对议会的宪法提案，但是对政府持积极态度。与完全不信任政府的、保守的"地方自治"派的、年老的领导人不同，他们不再拒绝政府的一些保护。1898 年，保守派拒绝与年轻领导人进一步合作，并退出了毛利人议会。毛利人议会于 1902 年解散。

有远见的人和企业家

在移民殖民地之外，经济入侵和创新更不稳定。直到 19 世纪中叶，主要出口商品都是从不断拓展的边疆获得的自然资源。斜桁四角帆帆船和双桅纵帆船从太平洋北部和中部开始向南部和东部进行勘探，直到那些实业公司入驻澳大利亚热带沿海地区，这一自然资源极其富饶的最后边疆。在那时，如果投机商能将土地、劳动力和市场联系起来，就能促进生产的发展。移民殖民地却孕育了许多这样的投机商，这些投机商既不了解生产，也不了解那些拥有其所觊觎资源的社会。因此，他们的投资全凭运气：瑙鲁磷酸盐矿被发现就是因为一名勤杂工偶然分析了一件作为悉尼办公室门堵的古玩。

一些企业家是近代海盗，如本杰明·皮斯和布利·海耶斯在 19 世纪六七十年代曾残忍地将密克罗尼西亚夷为平地，绑架劳工，欺骗客户和充当代理商；另外一些企业家则心地良善。1834 年，"绿宝石"号船长伊格尔斯顿将维提岛雷瓦三角洲的酋长科克瑙托带到塔希提岛。他们返航后，伊格尔斯顿送给他两头牛，这是斐济最早的牛。当被问及它们是什么时，伊格尔斯顿把这两头牛归为一类，并把它们称作当地人容易理解的"*Bula ma Cow*"。①这可能是皮钦语单词"*bulamakau*"的首次使用；还有一些企业家虽眼光高远，但不切实际。狂热的长老会教徒和悉尼政治家约翰·邓莫尔·兰在1871 年萌生了一个不切实际的计划，即成立一个巴布亚金矿勘探协会：

173

> 该协会应尽可能博得当地人好感，制定严格的规章制度，会员不得打扰土著生活或侵犯他们权利以免影响勘探。应促进和维系与他们的友好关系，形成类似于在斐济群岛已成功实施的体制，并通过从土著手中购买大片土地，确保协会将来能获得大量利润。②

有人建议每名投机者都要自备工具、帐篷和枪支，这冲淡了他们的乐观情绪。当这支时乖命蹇的探险队在昆士兰附近触礁时，矿工们发现枪支比工具更有用。雷斯侯爵查尔斯·杜·布雷伊还提出了一个在新法兰西务农、捕鱼和开矿的荒谬方案，并向殖民者保证"当地人没有所有权观念，因此不会与新居民发生土地纠纷"。1879～1881 年，有 800 人在新爱尔兰岛南端登陆。土著没等到入侵者到来就因疾病和饥荒崩溃了，不守信用和管理不善并

---

① Quoted in Ward and Kingdon, *Land*, *Custom and Practice in the South Pacific*.
② Whittaker *et al.*, *Documents and Readings in New Guinea History*, 386 – 9.

不总是致命。1862 年，约瑟夫·伯恩决定招募美拉尼西亚人到秘鲁开采海鸟粪。糟糕的向导把他带到了汤加的雷瓦岛，"在整个波利尼西亚，只有这里的岛民非常渴望被招募"，因为他们的椰树生病了，传教士鼓励他们到海外工作。① 伯恩的获利促使秘鲁人租下所有能漂浮的船只。自愿应募者寥寥无几，于是岛民遭到绑架，人口损失最严重的是小岛（例如，拉帕努伊岛损失了 1/3 的人口）。幸运的是，这项投机活动只持续了两年。共有 3634 人离开这些岛屿：有 1/10 的人返乡，因为遣返与招募一样随意。

这些投机活动的目标不是投资而是积累资本。很少有企业家（就像加罗林群岛的丹尼尔·奥基夫那样）能调动岛民的财富，而且双方也因互不了解而缺乏合作基础。与之前的采珍船船长一样，雷斯侯爵、兰和伯恩也追逐不义之财。由于缺乏资金，他们除了剥削岛民外还可能诈骗过投资者和殖民者。一旦资源得到证实，大多数投机商为了募集资金不得不向公司发起人做出让步。令投资者感到振奋的是，一位颇具天赋的杰出商人确实能让自己的公司上市，这个人就是约翰·希金森。希金森生于英国，先是移居澳大利亚，后于 1859 年来到新喀里多尼亚。在新喀里多尼亚，他垄断了澳大利亚人的物资供应，是少数赢得总督信任的定居者之一。1870 年，在探矿者在弗恩山发现金矿后，希金森筹资买下了整座金矿。在澳大利亚人威廉·摩根的帮助下，他让一家铜矿开采公司成功上市，并在耗尽摩根的资本后说服罗斯柴尔德家族投资该公司。在黄金和铜失去光芒后，镍拯救了他。1880 年，在罗斯柴尔德家族的进一步支持下，希金森创办了镍业公司。1890 年，罗斯柴尔德家族接管了镍业公司，直到 1895 年同业联盟提高了镍价，才使其安然渡过镍价低迷时期。

希金森在招募镍矿矿工时注意到一个令人沮丧的情况，不仅新教传教士已经在新赫布里底群岛牢牢扎下了根，而且澳大利亚人正在敦促英国吞并该群岛。为了阻止这一切，希金森在新赫布里底群岛创办了喀里多尼亚公司，174
并于 1882 年带着大量商品和逐个购买这些岛屿的宏伟愿景出发了，截至

---

① Maude, *Slavers in Paradise*.

1886 年，该公司声称拥有 78 万公顷土地的所有权，几乎占新赫布里底群岛全部面积的一半，并开始安置法国移民。一些土地购自已获得土地的种植园主之手（比如后来成为公司代理商的唐纳德·麦克劳德）；更多土地是从美拉尼西亚人手中"买来"的，但是他们根本不知道这是在"出售"，因此当殖民者来驱赶他们时，他们感到愤怒。购买价格反映了这种观念差别。麦克劳德是以每公顷 263 法郎的价格出售的，而埃法特岛东部的美拉尼西亚人则是以每公顷 0.07 法郎的价格出售的。[①] 当 1904 年希金森去世时，喀里多尼亚公司连同其他许多公司实际上都已破产。受欺诈的投资者远多于岛民，而驱逐美拉尼西亚人的责任落在了那些购买公司土地的殖民者身上。

随着贸易规模的不断扩大，航运公司也被吸引来，以便获得足够的压舱物来抵御自然灾害和价格动荡。19 世纪 60 年代，汉堡的歌德弗洛伊父子将业务范围从南美拓展到太平洋中部，并到处安插代理商。19 世纪 70 年代，这些代理商主导了太平洋中部的贸易。为了避免单纯依赖岛民生产的椰肉干，他们在萨摩亚不仅购买了土地，还兴办了由契约劳工照管的种植园。波尔多葡萄酒行商巴兰德家族创办了连锁零售店。出于同样的商业逻辑，利益还驱使他们从越南招募劳工（自带口粮）到新喀里多尼亚。同时，英国的 J. T. 阿伦德尔公司也将经营范围从秘鲁鸟粪开采扩大到岛屿贸易和硝酸盐开采；而伯恩斯·菲利普公司不仅把其昆士兰沿海贸易网延伸至这些岛屿，还曾短暂从事过劳工贸易。奥克兰的亨德森 & 麦克法兰公司、火奴鲁鲁的克劳福德有限公司以及几家德国公司也纷纷将业务拓展到该地区。

一些海滩流浪汉转行成为公司代理商，但是他们大多数人因无工作习惯而失去代理资格。在 19 世纪中期的新赫布里底群岛，只有一些以烟草等商品交换椰子或海参的代理商生存下来。一位好奇的观察家认为"这个职业只能引诱水手、混血儿、贱民以及走投无路的投机商加入"。[②] 歌德弗洛伊公司的代理商被要求会讲当地语言，过着平静的一夫一妻制生活，以及能谨

---

① Bonnemaison, *The Tree and the Canoe*, ch. 3.

② E. N. Imhaus, *Les Nouvelles-Hebrides*, Paris, 1890, cited in *ibid.*, 45.

慎处理公司业务，其中最成功的一位是阿道夫·卡佩勒，他符合上述所有条件。他是在马绍尔群岛定居的首位贸易商，作为一家德国公司的代理商，他不仅安抚了东道主和传教士，还迎娶了一位埃邦环礁上的妇女（大多数海滩流浪汉都娶了妻子），并成为传教团的支柱。19 世纪 60 年代，他创办了自己的公司，并开始种椰子。1873 年，他迁到贾卢伊特环礁，很快就有了一支纵帆船船队，并在马绍尔群岛南部及加罗林群岛建立了一个代理商网络。

> 凡是有传教士的地方，不管是白人还是黑人，几乎总能找到卡佩勒 175
> 的代理商……老百姓的实际工作是把椰肉干切好晾干，然后交给首长。
> 根据传统的进贡制度，酋长决定是否奖励给老百姓一份他认为合适的商
> 品……每隔三四个月，卡佩勒就会派一艘船将代理商收集的椰肉干运
> 走，并向他们付清钱款……①

卡佩勒和奥基夫明白，获得当地掌权者的支持至关重要。传教士经常在公司与岛民间充当中介，传教士不仅选择同教人士作为商业伙伴，还有时谋求结盟（参见第六章）。无论选择传教士还是被传教士选择，许多公司都带有宗派主义色彩。在瓦努阿图，伯恩斯·菲利普公司支持长老会传教士，并向他们提供折扣商品，希望通过获得椰肉干来收回成本。虔诚的安德烈·巴兰德援引圣安东尼的话，为几无虔诚可言的投机商祈福。年轻的阿伦德尔一直对传教士的使命不以为然，直到伦敦传道会使他确信一位虔诚的商人也可以取悦上帝。他和斯坦摩爵士（就像布兰德那样）喜欢认为基督教和商业是相容的：如果两者发生利益冲突，上帝的代言人就重新定义上帝的祝福，以像罪人那样的方式迁就合理的商业惯例。

无论是骗子还是圣徒都仰仗岛上的掌权者。在夏威夷，王国政府赋予传教士后裔经商权。在塔希提，通过与萨尔蒙家族和布兰德家族通婚，波马雷家族使益格鲁－波利尼西亚新教徒主宰了该岛商业，从而避免被法国吞并。

---

① Hezel, *The First Taint of Civilization*, 216.

殖民地政府与君主政体一样有用。希金森的职业生涯始于政府项目承包商；安德烈·巴兰德则与教会结盟，利用教会影响巩固了波尔多葡萄酒代理商的地位，并在 18 世纪末 19 世纪初安然渡过教会与政府的激烈摩擦期。希金森的商业帝国在他失去总督的信任后开始动摇；巴兰德不仅安然渡过了这场危机，而且债务还被与之关系友好的政府一笔勾销。相反，其他列强夺得德国的岛屿市场后，许多德国公司陷入困境。经济、宗教与政治在外来人看来似乎明显不同，但这几乎没有什么实际意义。大多数投机活动不仅利润微薄，还极易受到政治冲击。小商人只有仰仗酋长庇佑才能获得安全、劳动力以及开店或安家所需的土地，因此酋长们在谈判时往往立场强硬。但是，随着小商人被拥有充足资本兴办种植园和从其他岛屿人力公司取代或（像卡佩勒那样）兼并，酋长的影响力不断降低。

农民和种植园

在商人寻求可靠货源时，首要问题是确定一种农作物。在夏威夷，白人企业家在获得土地后种植凤梨和糖料作物。19 世纪 50 年代，歌德弗洛伊公司在萨摩亚购买 2.5 万英亩土地后种植棉花。当南北战争使美国这个世界上最大的棉花生产国陷入分裂时，歌德弗洛伊公司早已准备好从中获益。在美国结束阿波马托克斯战役恢复棉花生产之前的棉花繁荣时期，斐济酋长支持澳大利亚和新西兰投机商获得土地，并动员大量劳动力采摘棉花。在棉花泡沫破灭后，椰子产品独领风骚。19 世纪 50 年代，技术进步不仅使椰肉干取代鲸油，还使椰子成为工业原料，它们被切开后晒干（后来被烟熏干）。一位种植园主说："我们始终缺乏人手。但是在所有热带产品中椰肉干对人手的需求最少，这就是我们虽不情愿也要恢复椰肉干生产的原因。"[①]

如果酋长命令平民生产椰肉干，种植园就不需要扩大椰肉干生产。传教

---

① Quoted in Doug Munro and Stewart Firth, 'Company Strategies-Colonial Policies', in Moore, Leckie and Munro（eds）, *Labour in the South Pacific*, 6.

士们忙于在生产和虔诚信仰之间建立联系，精明的商人也与传教团和有使命感的酋长结成了联盟。例如，随着德国商人收购椰肉干，汤加经济变得越来越有点像农民生产。斐济羽翼未丰的国家体系也培养了类似关系。19 世纪中叶，在汤加卫理公会和椰肉干收购商威廉·亨宁的支持下，汤加投机商埃内尔·马阿福控制了劳群岛。在这些政权中，酋长可以继续控制土地和劳动力，部分经济货币化，政治集权化以及民众基督教化，由此产生的社会并没有受到真正资本主义动力的推动，没有人完全依赖市场上的商品或者出卖劳动力。因此，当椰肉干价格下跌时，当地居民转向了粮食作物生产。种植园主不仅支持萨空鲍对斐济主权的主张（参见第六章），还使他在政府统治薄弱的地方也能重复这种模式，甚至在没有任何被政府承认的地方也出现了类似情况。19 世纪，新爱尔兰岛南部的图拉人开始拓殖新不列颠岛加泽尔半岛。权力依赖市场，货物流通也因贝币（*tambu*）而变得平稳。贝币还使市场主宰者能够收取费用，并且唾手可及的贝币还加强了图里加拉古南（ToRigaragunan）当局 *lualua* 的实力（*lualua*，一些欧洲人将其解释为国王）。商人和传教士通过输入新商品和购买尽可能多的当地产椰肉干加强了对图拉人的殖民统治。

在新赫布里底群岛的奥巴岛，从昆士兰返乡的年轻人成为新生产力的代表。当地居民主要通过猪来角逐各等级职位，因此这些职位在过去刺激了生产发展。一些岛民在昆士兰时或者在返乡时已成为基督徒。他们不仅建造了自己的教堂，还取缔了包括宰猪在内的许多习俗。反对"异教"意味着椰肉干等生产成为必然。在 1907 年经商的传教士到达后，生产椰肉干的基督徒开始与饲养猪的异教徒展开竞争。单单就猪毁坏树苗问题，双方就很难妥协。虽然有耶稣保护椰林，但是（可能因为猪是新品种）猪群还是迅速壮大起来。迟至 1932 年，有人在一次仪式上宰了 1000 头猪。新教徒和英国官员都坚定地支持椰肉干生产，法国商人和官员则态度暧昧，但是英法竞争消除了殖民干预，这场斗争以基督教和支持生产椰肉干势力的胜利而告终。①

177

---

① Allen, 'The Establishment of Christianity and Cash-Cropping in a New Hebridean Community'.

岛民为了保持自治常常不得不做出牺牲。在图瓦卢（埃利斯群岛），瓦伊图普公司曾大胆尝试过自主发展。这家公司的创始人托马斯·威廉姆斯出身自一个传教士、领事和商人的家庭，这为他在岛民中建立合作社的计划增加可信度。当时岛民正因为与外来人关系不平等和受到 H. M. 鲁格公司羞辱而感到沮丧，而且他还很明智地掩盖了自己的商业抱负。瓦伊图普公司成立于 1877 年，公司股东从鲁格公司赊购了一艘双桅纵帆船，并开办了一家椰子种植园，但是公司很快就破产了。作为公司经理他任人唯亲而疏于财务管理，作为伦敦传道会的牧师他疏远了潜在盟友，使地方政治取代了商业方法，附近岛屿居民拒绝将他们的利益与瓦伊图普公司的利益合并。这家公司到 1883 年时已欠下 1.3 万美元债务，岛民们（不像威廉姆斯）体面地还清了债务。岛民们为了还债禁止吸烟，定量配给食物，停止购买衣服。偿清债务之时恰逢鲁格公司宣告破产。正如瓦伊图普岛民所意识到的那样，其中一个瓶颈是双桅纵帆船的所有权。另一些岛民也买了船，也很快就陷入了债务危机，而且发现双桅纵帆船航线被改变，时刻表被打乱。尽管所有"破产"都有特殊原因，但是撇开细节而论，很容易看出商人们坚决反对任何威胁他们生计的革新。

从商人角度来看，自主发展令人沮丧。生产很容易受到酋长们的突发奇想、追随者的灵活顺从、甚至内战的影响。1876 年，为了争夺马绍尔群岛的拉利克岛屿南部的霸主地位，洛亚克和卡布阿停止了埃邦环礁的生产。在恢复和平后，酋长们通过煽动商人相互竞争哄抬椰肉干价格。椰肉干价格从每磅 1 美分和每千磅付给酋长 2 美元佣金跃升至每磅 2.5 美分和每千磅付给酋长 3 美元佣金。同样令人担忧的是酋长对滑膛枪的需求，这意味着战争会越来越多。即使没有政治风险，也存在结构性的经济风险。如果椰肉干价格下跌，生产者就待在家里；如果椰肉干价格飙升，他们就满足于收入目标的实现。那些签订了定期货运合同的商人们对此忧心忡忡，并试图通过承诺、威胁和债务来约束酋长们。

商人和传教士把心思放在土地上不足为奇：他们至少需要土地建造教堂、住宅和商店。一些人获得了自由居住权，但是另一些人则寻求永久产

178

权。一方面，并非所有土地赠予者或出售者意识到他们正在永久性转让土地；另一方面，一些出售土地的酋长们所要求的权力比他们的追随者所承认的要多，或者"出售"不属于他们亲族的土地。很少有白人或者岛民是清白的，就像所罗门群岛那样，岛民领袖发现出售土地可以迅速获得财富和地位。新兴国家的政府通常禁止或控制土地出售。在塔希提岛，女王波马雷四世（1827～1877 年在位）就像汤加国王陶法阿豪·图普一世那样，在 1842 年宣布土地不能转让。无论如何，政府必须明晰早期殖民者的土地所有权。他们经常发现令人不安的现象，希金森公司并不是唯一要求承认土地所有权的公司：一个来自圣弗朗西斯科的财团声称拥有近半数的萨摩亚土地，而且被索要的土地总数是萨摩亚实际土地面积的两倍多。

一旦土地被获得，种植园经济就发展起来了。奥基夫在太平洋岛屿开创了一个先例，他在无人居住的马皮亚环礁创建了一个种植园。马皮亚环礁是帕劳的一个离岛，远离雅浦岛。他并在雅浦岛招募了一些劳工，这些劳工只能乘坐他的船只往来于两岛。种植园的本质是与世隔绝的。种植园主通常选择具有明确界限的土地，常常是一些小岛。在那里，劳工们无法种植所需口粮，也不用履行氏族义务。夏威夷人在 19 世纪 50 年代成为最早发现种植园后果的岛民。平民们期望继续得到当地酋长的保护，并保留土地使用权。酋长们为偿清旧债而进一步出卖岛民的权利，仍希望保留他们的权力，结果令酋长和平民都很失望。一位种植园主道出了许多人的心声："我在那时就知道，除了一些拥有草屋的土著自称拥有草屋产权外，我获得了完全产权……由于我非常渴望明确我的全部不动产的产权，我立即采取措施赶走了那些土著。"① 种植园社会是建立在经理和劳工之间以及两者与地主社区之间的明显差别之上的。

截至 19 世纪中叶，种植园主不仅雇用了半数夏威夷人成年男子，还要求输入契约劳工。夏威夷政府想输入能够融入当地社会的劳工，以缓解人口日益减少的压力。直到招募和遣返岛民的成本超过其带来的好处，以及种植

---

① Joel Turrill, quoted by Jocelyn Linnekin, 'Statistical Analysis of the Great *Mahele*'.

园主转向菲律宾、日本、中国、印度乃至欧洲招募劳工，夏威夷政府才放弃这个想法。与夏威夷一样，每个地方都是如此：种植园主想要得到比当地更便宜、更稳定和更充足的劳动力。理想的劳工是根据契约规定的期限和工资受雇的，住房由种植园提供，而且种植园商店通常是唯一的销售点，于是经理们可以预算和控制成本。种植园对无权利劳工的依赖加深了对原始技术的依赖。种植园生产所带来的技术进步要比其他形式的市场生产都要少，因为经理们不需要节省劳动力。由于种植园使用原始生产方法，经理们坚持使用那些缺乏技能、肌肉发达和工资低廉的劳动力，造成了种植园对契约劳工的刚性需求。

179　　19 世纪末是亚洲契约劳工的全盛时期——他们先是来自印度，然后是日本，尤其是中国。种植园主直到学会通过劳工贸易公司来招工才不再随意招聘。亚洲劳工受到种植园主的偏爱，因为被认为惯于吃苦耐劳。种植园也招聘岛民劳工，但是经理们常常将来自不同背景的岛民劳工混编在一起，从而使他们彼此疏远。只有在夏威夷，种植园才雇用欧洲人与亚洲人和岛民一起工作；其他地方的种植园偏爱雇用社会地位更低和权利更少的劳工。这种种族混合也反映了当时的国际关系。日本劳工一直前往夏威夷、新喀里多尼亚和巴纳巴岛，直到第一次世界大战才被政府派往密克罗尼西亚；越南人只去法国属地；一些印度人在 19 世纪 60 年代被运至新喀里多尼亚，但斐济是印度契约劳工被大量输入的唯一地区，在 1879～1916 年共输入了 6 万多名。英印当局逐步推行了一些降低印度劳工对雇主吸引力的规定，从而终结了契约劳工制度。劳工的种族来源如此多元，种植园主根据他们的政治权利状况进行剥削，其累积效应是，在劳工中造成巨大的种族差异，以至于出现严重的同工不同酬现象。

　　从 19 世纪 50 年代至 20 世纪 20 年代，大多数新劳工是中国南方人和海外华人。最终，上述劳工来源也消失了。在与萨摩亚德国殖民当局长达 10 年的谈判中，中国不断要求对方做出更多让步，缩小中国人与欧洲人在公民权利上的差距。由于处境险恶，德国官员可能会对上述要求做出让步或许祈求好运，但是增加受雇者的权利令雇主感到失望。岛民们在未经其明确同意的情况下被征召投入了生产。事与愿违，所有雇主都偏爱温顺的域外劳工，岛民们启程前往昆士兰、斐济、萨摩亚和新喀里多尼亚之时恰逢亚洲人来到这些岛屿。到 19 世纪 60 年代，当许多塔纳岛民到捕鲸船、商船以及澳大利亚和斐济种植园工作时，当地种植园不得不从其他岛屿招募人手。

首批新劳工不了解情况，常常是被诱拐来的。招聘人员不具备表达能力来解释工作条件、雇佣期限或工资数额，所以没有任何新劳工能够预见未来三年的情况。招聘人员还可能使用暴力。1871 年，"卡尔"号上的大屠杀被广泛报道。与其他一些招聘人员一样，这些招聘人员将马莱塔人的独木舟引诱到"卡尔"号旁边，然后将它们击沉，继而用抓钩将幸存者抓到船上，并将他们关押在甲板下面。由于船上发生斗殴，船员们朝船舱开枪，打死打伤 70 人，并将死伤人员抛到了海里，25 名幸存者在斐济被转船到他们捕获的"佩里"号上。这艘船在海上漂流了 1 个月，直到在昆士兰海岸触礁沉没，此时给养已经耗尽，一些非马莱塔人已被吃掉。发生在圣克鲁斯群岛北部的圣公会主教帕特森谋杀案被认为是报复行为，似乎暗示着欧洲人要想不被报复就必须遏制绑架黑奴做劳工的行径。

1872 年，英国政府批准了《太平洋岛民保护法》，昆士兰也颁布了补充性法律，从此绑架事件日益罕见。皇家海军负责监督执行招聘的最低标准，而且昆士兰船只还载有政府代表。传教士可能会报告不法行为，因此传教士数量的激增强化了这些限制措施。一个重要漏洞是法国当局拒绝采取一致行动。因此，法国招聘人员可能会继续强制招工，但绑架很快就变得没有必要了。19 世纪 60 年代，许多吉尔伯特人因旱灾被迫远走他乡，不仅被招聘到秘鲁，还被招聘到斐济和萨摩亚以及遥远的危地马拉。在他们听说一艘招工船全体乘员都遇难后，甚至还有更多人自愿应聘。一位心存疑虑的皇家海军指挥官检查了这些新劳工，并不情愿地得出结论，不涉及强迫。

在"美拉尼西亚劳动力储备"的大部分地区，人口迁移已成为一种制度。烟草和酒精是强有力的诱因，一些返乡劳工也很有说服力：

当这些人第一次被偷拐走时，岛民以为这些抓他们的白人会杀了他们……结果这些岛民带着枪、刀和斧头回来了，并向当地居民展示了如何在园圃里使用这些东西来杀鸟和人。于是当地居民也想去，而且父亲们也鼓励儿子们去。①

一位传教士抱怨道："昆士兰是岛上作恶之人名副其实的避难所，杀人犯、巫师、奸夫淫妇、小偷、怨妇、逆子等都在为招工船的到来而欢呼，认为这是摆脱可能降临的惩罚或令人厌烦家庭束缚的机会。"②

在源源不断的新劳工获得当地岛民接受后，像马莱塔岛的科瓦苏里亚和福兰加这样的实权派，为了收取佣金和控制该岛大部分地区，开始组织招聘。这些招工渠道控制者"在马莱塔传统社会中处于显要的关键位置（*wane baita*）。但是，在与欧洲人就进入马莱塔文化核心区的权利进行谈判时，他们利用传统的互惠关系和既有的劳工定期轮换为昆士兰制糖业提供了人力资本"。③

关于美拉尼西亚劳工贸易的性质有很多争论。④ 尽管身体暴力有所减少，但工作中的各种法律约束和家乡的社会压力严重限制了工人的生活。他们不仅要忍受恶劣的生活和工作条件，还要面对很高的死亡率和患病率。人类学先驱 W. R. 里弗斯为证实自己的判断指出了劳工贸易定期轮换论更广泛的社会影响，即昆士兰劳工贸易是：

181　　　文明社会中最邪恶的罪行之一，尤其是它的结束方式。许多当地居民根据多年的经验学会了如何适应文明的生活方式，但是他们在所谓的遣返过程中，既没有获得任何帮助，又陷入野蛮状态。由此造成的痛苦和产生

---

① Moore, *Kanaka*, 46, quoting Ishmael Itea, interview, 1976.

② *Ibid.*, 63, quoting W. G. Ivens, *Dictionary and Grammar of the Language of Sa'a and Ulawa, Solomon Islands*, London, 1930.

③ *Ibid.*, 92 – 3.

④ The points of view are summed up by Munro, 'Revisionism and its Enemies' (which emphasises Islander agency), and Brass, 'The Return of "Merrie Melanesia"' (which restates the structural constraints).

的不满……成为美拉尼西亚近代史上大部分骚乱的根本原因……①

雇主、招聘人员和岛民之间的谈判非常不平等，但是在昆士兰时期的 50 年里，平均工资却不断上涨。雇主们完全可以负担得起这些成本，因为经验丰富的劳工要比无经验的新劳工更有生产力，而且更有可能活下去。但工资并不是因利他主义才上涨的：招工渠道控制者和新劳工从新喀里多尼亚、昆士兰和斐济雇主之间的持续竞争中获得了一些边际利益。在印度人来到斐济和 1900 年昆士兰结束劳工贸易后，劳工贸易条件开始朝着不利于他们的方向发展。成千上万的新赫布里底人继续签约前往新喀里多尼亚，那里的待遇和工作条件依然恶劣，甚至还在恶化。②

自主发展？

一个产生持久意义的问题是，岛民未能获得新贸易网的控制权。其中一个表现是如此明显以至于常常被忽视：无论欧洲商人和传教士定居何处，独木舟旅行都在衰落。在新赫布里底群岛，岛民们可能由于害怕被绑架到外地当劳工而较少使用独木舟。③ 但是即使在没有这种风险的地方，海上贸易路线也萎缩了。外国船只的吨位、便利和安全可能促成了岛民对它们的依赖，贸易商品可能也产生了同样效果。不管怎样，只有新西兰岛民掌握了新技术，建造了自己的船只，并在海上（短暂地）赚到了钱。贸易取决于信用、在各地市场上的社会关系以及对用来补充给养和配备船员港口的熟悉，商人们不愿分享这种信息。鉴于大多数岛屿社会的结构，只有大酋长才掌握这种投机活动所需的劳动力和资源，而大酋长的素质很难符合商业要求，夏威夷的君主和斐济的酋长们都因轻率借贷和计划不周而赔本。

"发展"的代价显而易见。一方面，疾病使岛上人口减少，而且岛民往

---

① Rivers, *Essays on the Depopulation of Melanesia*, 105.

② Shineberg, 'The New Hebridean is Everywhere'.

③ Bonnemaison, *The Tree and the Canoe*.

往还被强占不动产；另一方面，岛民们也学会了驾驶船只，以及捕猎、加工、销售鲸鱼和海豹。与哲学家一起用餐或到海外工作的好处则不那么明显。尽管许多人在海外发生巨大变化，但是他们的社会却没有按照外来人的观念进行改造。新技术和新思想常常被吸收进旧的生产关系和意识形态中，从而修改了而非摧毁了它们。有些岛民将货物带回家分给亲戚和酋长们，很少有岛民驾驶自己的纵帆船回家。

雇佣劳动和村社劳动的动力截然不同，这限制了它们之间的相互影响。尽管岛民在海外时举止像外来人，但是在返乡后又基本上恢复了旧日的关系（就像海滩流浪汉，带着生动的记忆和值得夸耀的沉闷故事，回归到普通水手的生活）。尽管塔纳人乐意到海外工作，但他们在家乡与欧洲人的关系不仅紧张还往往充斥着暴力。在塔纳人赶走传教士后，他们家乡遭到军舰炮击和水手入侵，庄稼和房屋被破坏。传教士虽然也遭到岛民抵制但主要受到忽视，商人和种植园主也受到冷漠对待，这是因为当地居民认为这些陌生人不可预测而对他们心存戒心。① 塔纳人在海外是世界主义者，在家乡却是地方主义者，不愿成为工人或农民。

然而，岛民在文化领域中也并非无懈可击。许多岛民在昆士兰按照家乡房屋样式建造了自己的房子，种植自己的食物，在周末狩猎，并坚持自己的独特性。那些决定不返乡的岛民留下了对自己老家的记忆。可以肯定的是，即使是文化保守主义也意味着心灵变化和社会变迁，因为来自上百个岛屿的岛民融合成一个社区。他们虽然没有被改造成像澳大利亚白人那样，但却是按照他们帮助构建的形象来改造的。返乡的男人和女人都怀着矛盾的希望。这些希望隐藏在马莱塔人的行李中：

> 烟草是最重要的物品……一些被打成小包的烟斗丝……自然还必须有一两盒火柴。有人们常见的各式各样的斧子、短柄小斧、餐具、印花棉布和花手帕。深平底锅和比利罐头也很常见。那些不常见物品有音乐

---

① Bonnemaison, *The Free and the Canoe.*

盒、一捆乐谱、游泳裤、方格棉布、润发油、香皂，以及一些被带离采集地的贝壳。①

这些物品仅向我们显示了岛民的愿望。这些由一些岛民带回家乡的烟草、酒精和基督教预示了将在下一章中继续探讨的有关肉体和精神成瘾的话题。

尽管男人和女人可以作为个体不受传统生产关系和意识形态的束缚，但是那片海滩仍继续保卫着"文化堡垒"。一些"文化堡垒"已被其守卫者改造；另一些则被颠覆性的人和价值观所渗透，其中一些已变得无法守卫。海滩保护了岛屿的经济、政治和文化。保留夏威夷和汤加的君主制需要对经济进行大规模重组，但是自上而下的改革会带来风险。在斐济，只有利用经济和宗教力量来约束酋长们的野心，才能建立新的政治体制。毛利人的生产转型不仅为政治角逐创造了新议题，还需要吸收令人震惊的文化价值观。

有些变化不那么引人注目。例如，金属工具的推广一直被视为一种工业革命，它的确对家庭的劳动分工和村民们的投机活动产生了深远影响。钢制工具提高了劳动效率，但其促进程度尚不清楚。据索尔兹伯里估计，新几内亚的锡亚恩人在 1933 年使用石制工具清理和围篱园圃要比在 1953 年使用钢制工具多花三四倍时间，其他工作受影响较小。② 这种优势在园圃劳动中表现得最为突出，在某种程度上是因为工作内容发生了变化。当然，许多居民发现他们的工作量减少了，因为新作物需要劳动力较少，这使当地居民可以节省出时间来独立租种更多的土地。一些创新是自我限制的：随着当地居民日益习惯新奇事物，他们对工具的需求减少了，而烟草变得更有吸引力了。因此，在檀香木和海参资源枯竭与边疆转移后，古老的生产和交换模式不仅被重新启用，还得到了改进，这主要得益于那些被遗留下来的工具效率。

这些新力量参差不齐，反应也是随机的。只有少数岛屿受到矿山、种植

① J. D. Melvin, *The Cruise of the Helena* (ed. Peter Corris), Melbourne, 1977, 7, quoted in Moore, *Kanaka*, 74.

② Salisbury, *From Stone to Steel*, 109.

园或人口减少的全面冲击，但在另一个极端，几乎没有岛屿能够保住对自己土地和劳动力的控制权，独立调整的机会正在消失。主动权掌握在殖民国家手中，因此殖民者试图通过各种方式重新安排那些岛民在自主互动的百年中所发展起来的生意。

文献简论

经济史方面的主要参考资料包括索尔兹伯里的《从石头到钢铁》（*From Stone to Steel*）、塞恩伯格的《他们为檀香木而来》（*They Came for Sandalwood*）。伯里奇的《堆积如山》（*Mambu*）、劳伦斯的《通往船货之路》（*Road Belong Cargo*）和本书第十二章分析了岛民"发展"观。介绍毛利人历史的主要参考资料包括辛克莱的《毛利人战争的起源》（*The Origins of the Maori Wars*）、威廉姆斯的《新西兰毛利人的政治》（*Politics of the New Zealand Maori*）、沃德的《虚假的正义》（*A Show of Justice*），以及卡瓦卢的《怀唐伊：毛利人和新西兰白人视角下的〈怀唐伊条约〉》（*Waitangi：Maaori and Paakehaa Perspectives of the Treaty of Waitangi*）。

查普尔为了重建岛民的海上生活一直在梳理档案。参见他的"秘密分享者"（Secret Sharers）和"1767～1887年太平洋岛屿妇女与欧美男人在海上的关系"（Shipboard Relations between Pacific Island Women and Euroamerican Men，1767-1887）。贝克特在"托雷斯海峡岛屿上的政治"（Politics in the Torres Strait Islands）一文中分析了托雷斯海峡岛民的生活。有关土地使用权的章节还是来源于沃德和金登的《南太平洋地区的土地、习俗和惯例》（*Land，Custom and Practice in the South Pacific*）、塞恩伯格的"无处不在的新赫布里底人"（The New Hebridean is Everywhere）。关于美拉尼西亚的劳工贸易，参见科里斯的《航线、港口和种植园》（*Passage，Port and Plantation*）、斯卡尔的"新劳工和招聘人员"（Recruits and Recruiters）、《太平洋历史杂志》在1976年发行的劳工贸易特刊、由摩尔、莱基和芒罗主编的《南太平洋上的劳工》（*Labour in the South Pacific*）、芒罗的《修正主义及其反对者》（Revisionism and its Enemies），以及布拉斯的 "'快乐的美拉尼西亚'的回归"（The Return of "Merrie Melanesia"）。关于美拉尼西亚人在澳大利亚的生活，参见摩尔的《卡内加人》（*Kanaka*）、默瑟的《对白澳政策的挑战》（*White Australia Defied*）。

第六章

新的政治秩序

新的发展可能性

在 19 世纪的大部分时间里，在太平洋中部和东部，政治开放适应了第五章所讨论的重要机会。酋长社会的制度和传统通常根据新权力观或者有时在外来人的唆使下被调整。一些雄心勃勃的酋长建立了中央集权的政体，但这些政权给外来冒险家带来的好处往往要大于给当地普通民众带来的好处。

政治命运主要是由欧洲人的贸易和移民模式与当地政治结构的相互作用而形成的。19 世纪形成的两种外国移民模式产生了截然不同的长期影响。在澳大利亚和新西兰，欧洲殖民者不仅数量上超过土著居民，还通过殖民者政府获得了权力，控制了政治议程。澳大利亚土著大量丧生于外来疾病，还遭到屠杀，被逐出耕地和牧场，被欧洲殖民者边缘化。异族通婚、强奸、同居和强制收养威胁着土著文化的连续性。虽然新西兰毛利人在数量上也处于劣势，但是他们能深入参与欧式经济和政治竞争。土著居民实际上成为移民社会的内部殖民地，他们受到所谓"国内殖民主义"的统治。

第二种模式更为人所熟悉：少数外来人通过施加与日俱增的影响力或者制造混乱，将某个群岛变成某个帝国的殖民地，这种情况在斐济、波纳佩岛、萨摩亚和塔希提岛都有体现，引起了列强间的对抗和土著政权间的欺凌。沦为殖民地后，尽管当地居民在人口数量上仍占多数并保留了大部分土地，但受到殖民地政府的统治。外来精英对市场交易产生巨大影响，土地转让、经济作物、种植园劳工和征税也扭曲了当地生产。夏威夷兼具移民国家和殖民地的特点。虽然夏威夷人口数量大幅下降，但是直到 19 世纪末他们才在自己土地上成为少数民族，人口数量超过他们的并非欧洲人，而是由外族白人商业精英输入的亚洲劳工。在外族白人商人组成的小集团推翻君主政权不到十年后，夏威夷被美国吞并。夏威夷人经历了人口减少、土地转让、主权丧失和文化压制。

186

虽然我们避免用"致命冲击论"进行分析（参见第一章），但欧洲人的到来确实不可逆转地改变了岛屿社会的发展方向。这些外来人无法被忽视，因为他们带来了先进的军事体制和技术、致命疾病和颇具吸引力的商品，基督教、资本主义和民族国家被强制推广。列强代理人以史无前例的规模去实现帝国的愿景和经济野心，还有些代理人则致力于彻底的宗教、经济或政治变革。岛屿社会的不同组织方式严重影响了岛民与外来人的交易及其命运，而且西方制度并没有被简单复制，而是根据当地环境产生了一系列变体。

由于政治后果与其他事业密不可分，探险家、传教士和商人在本章中再次被提及，还有更具政治色彩的酋长、领事和殖民地管理者。西方人的到来顺序通常几乎一样，先是探险家，然后是海滩流浪汉、商人和传教士，最后是西方政府的代表。列强的政治设计师虽然来的相对较晚，但他们精心设计的殖民方案有效解决了新经济政治秩序面临的威胁。与此同时，岛民被一群形形色色的放荡不羁者、殉道者、极端利己者、空想社会改良家、恃强凌弱者和梦想家介绍给西方社会。起初，贸易远比战略关切重要，因此商业资本的自由放任主义盛行了数十年。帝国主义国家促进政治集权化主要是为了确保商业秩序和保护本国公民的生意。

波利尼西亚和密克罗尼西亚在本章中要比美拉尼西亚受到更多关注，因为外来人与岛民密集互动在美拉尼西亚来得较晚，那里不仅气候、地形、疟疾、敌视和西方种族主义令外来人望而却步，而且早期的争吵往往延续了"野蛮人"的刻板印象。1839 年，著名传教士约翰·威廉姆斯在埃罗芒阿岛被杀，此后数年传教士一直回避该岛。在所罗门群岛圣伊莎贝尔岛，一位玛利亚会主教在 1845 年被人用斧头砍死，斧头是他作为礼物赠送的，因为凶手怀疑他是敌方盟友。两年后，由于在当地遭受岛民袭击和疟疾肆虐，玛利亚会传教士放弃了在这里的传教任务。英国传教士在萨摩亚派遣波利尼西亚人向西去教化"未开化"的岛民。西方人常常认为美拉尼西亚人与波利尼西亚人完全不同，因为他们把种族主义与"黑人"联系在一起。因此，欧洲人最先在波利尼西亚海滩上安顿下来。库克船长之死和拉彼鲁兹"惨案"震惊了欧洲人，他们暂停了与夏威夷人和萨摩亚人的接触，但随着贸易规模的不断增长，夏威夷人和萨摩亚人不再被欧洲人视为野蛮人。

187 　　此外，波利尼西亚和一些密克罗尼西亚岛民比美拉尼西亚人更加热情友好。在美拉尼西亚大部分岛屿中，大人物都是通过公开送礼、演讲、婚姻和招募追随者获得地方领导权，结果是出现大量政治结构不透明的小型社会。与之相比，在酋邦中，社会地位主要与酋长等级有关，这是家谱资历的功能。酋长之所以能成为酋长，是因为他们生来如此，他们的权威通常还被宗教仪式加强。欧洲人把酋邦视为新生的君主政体，如果给予明智的指导，这种政体就可能会稳定下来，从而极大地便利贸易。

酋长的雄心与外国的干预

　　　　正是在滑膛枪和指导使用它们的外来人的帮助下，卡米哈米哈才得以在如此短的时间内将这些岛屿置于他的统治之下……扬和戴维斯，成为卡米哈米哈的宠臣，指挥了统一战争，并据此成为夏威夷世袭酋长和下议院议员。[①]

回顾历史，太平洋岛屿沦为殖民地似乎无法避免，但是外来人和土著精英的早期关系远比殖民史所显示的更具争议。首批西方人既不懂太平洋岛屿当地语言，也不了解当地政治形势，所以他们常常在不经意间就参与了雄心勃勃

---

① Kamakau, *Ruling Chiefs of Hawaii*, 146 – 7.

的领导人的事务。尽管他们后来对太平洋岛屿社会有了一些了解，但他们仍缺乏可靠的军事力量来扭转局面。为了报复岛民针对外国船只的暴力行为，外国军舰偶尔会前来执行死刑和实施炮击，但大多数"军舰制裁"几乎没有产生持久效果。直到 19 世纪海滨社区被牢固建立之后，欧洲人才部署了足以决定或阻止岛民行动的军队。在 19 世纪后期，欧洲人和岛民争夺控制权：制定和执行有关土地、劳动力、贸易和犯罪的法律条文。在 19 世纪中期，军舰制裁让位于更加制度化的炮舰外交，由于多方参与了这一控制权之争，因此他们常常缔结一些微妙的联盟。不仅西方人会因国籍、宗教、经济利益和个人效忠对象不同而分裂，岛民各派也会为各自目的而竞相争夺。

西方人试图通过在土著冲突中发挥决定性作用来影响当地政治。随着西方人实力越来越强和胆子越来越大，一些西方人开始向岛民施压，要求他们采用新的政府形式。一些土著领导人利用外来人为自己谋利。比如，1783年，英国商船"羚羊"号在帕劳触礁，亨利·威尔逊船长为了建造一艘新船就用礼物讨好科罗尔高等级酋长（*Ibedul*）。这位酋长被枪炮留下过较为深刻的印象，因此他向船长借用了 5 名火枪手来攻打自己的主要对手。威尔逊的手下仅仅枪杀了一名武士就令这位酋长的对手溃不成军，而且还帮助这位酋长又实施了一次更血腥的入侵。当威尔逊的新船接近完工时，这位酋长为了最后一次展示武力向威尔逊借了一支武装特遣队，最终迫使对手正式承认了他的霸权。在互赠礼物表达谢意后，威尔逊及其船员起航离开，但是留下了一些滑膛枪和大炮，以及一名自愿留下的船员。此后很多年里，帕劳的酋长们一直向英国船长们寻求军事支持。①

自 18 世纪 80 年代以来，塔希提岛马塔维湾一直是西方人最常去的疗养和娱乐之地，水手们很受当地人欢迎。塔希提人经常用多余的猪肉等食物首先交换铁器，其次是枪炮，最后是欧洲服装。塔希提岛有三大政治势力，其中一派与西方人关系最为密切。该酋邦掌权者（*arii nui*）不仅鼓励这种贸易，还与水手们结下了友谊。对酋长来说，来访者承认了他那徒有其表的塔

188

---

① Hezel, *The First Taint of Civilization*, 73.

希提岛霸主地位，给了他一些武器，有时还帮助他打仗。在 1803 年他去世之前，他被来访者称为波马雷一世。在随后极其关键的十几年里，接踵而至的来访者继续支持波马雷二世的雄心，认为他是猪肉贸易、疗养和娱乐的最佳保证人。从 18 世纪 90 年代起，伦敦传道会也将信任寄托在波马雷二世身上。1815 年 11 月的费皮战役使内战达到高潮。波马雷王朝凭借海军（一位英国炮手做出了重大贡献）、盟友和使用滑膛枪的基督教皈依者击败了敌对势力。莫德总结道："费皮战役之所以能取得胜利，全凭波马雷二世用猪从悉尼商人那里换来的滑膛枪，从而使波马雷王朝获得了压倒性力量。波马雷王朝从此在塔希提岛建立了稳固的王权统治，这多亏了新南威尔士的猪肉商。"① 这个结论可能过于简单化，但是无论做出最重要贡献是什么，反正该群岛实现了统一，而且波马雷王朝的统治获得了伦敦传道会的支持和外国海员的认可。

其他著名海滩流浪汉家臣是约翰·扬和艾萨克·戴维斯，他们被授予夏威夷酋长的特权，并且他们在武器方面的专长被认为是卡米哈米哈统一夏威夷群岛的关键性因素。在 1795 年努瓦努战役后，卡米哈米哈统治了除考艾岛之外的所有岛屿，建立了稳定的中央集权统治，开创了夏威夷王国和卡米哈米哈王朝。欧洲人到来前的夏威夷酋长的执政能力一直备受争议。尽管卡米哈米哈是一位精明的政治家和将军，但是有些人认为，其他酋长在差不多相同的时期内也能取得这场统一战争的胜利。然而，讨论这个问题毫无意义：他的确是在西方军事技术和顾问的支持下才赢得了决定性的战役，但是他的对手毛伊岛和欧胡岛阵营的酋长们也有外部盟友。

虽然库克船长是夏威夷早期到访者中最著名的一位，但英国探险家乔治·温哥华对这位君主的影响可能更持久。温哥华 1792～1794 年曾三次到访夏威夷，并与卡米哈米哈深入接触。有些报告声称，他曾试图说服卡米哈米哈信奉基督教，但最终无果；另外一些报告则认为温哥华对英国君主制的描述影响了卡米哈米哈对夏威夷政府的设计。温哥华重视通过劝说酋长们谈

189

---

① Maude, *Of Islands and Men*, ch. 5, 213.

判和充当中间人来促进和平，可以说是一个空想社会改良家，他把牛和羊带入夏威夷大岛（产生了可怕的生态后果），但拒绝给予或出售武器。卡米哈米哈想通过廉价购买材料和获得帮助来建造一艘西式军舰"大不列颠"号，作为回报，他把夏威夷大岛"割让"给英国，由此不难推断双方动机。温哥华希望通过扩大大英帝国影响来履行对上帝和国王的职责；卡米哈米哈则希望与一个能提供枪炮、工匠和大型军舰的国家结成联盟。虽然英国政府没有接受这一提议，但卡米哈米哈在 1810 年的一封信中表示"臣服"英国乔治国王，他的儿子和继承人利霍利霍也考虑过将王国置于英国保护之下。

探险家和传教士启程时带有内容相当明确的特许状。海滩流浪汉的成分较为复杂，有白人也有岛民。许多人来到这里是为了逃避西方的法律制裁或令人讨厌的雇主。大多数白人和一些岛民是为了追求在国内无法获得的个人荣誉和生活质量，但有些人似乎精神错乱。贸易商和企业家也成为海滩上的政治参与者。军火贩子和渴望土地的种植园主几十年来加剧了萨摩亚的派系冲突。自称"帕劳皇帝"的安德鲁·切恩梦想建立一个贸易帝国，并通过经营种植园发家致富。19 世纪 60 年代，他与科罗尔的酋长们签订了一份通商条约，创制了一部宪法，并为酋长们起草了一份请求成为英国保护领的请愿书。与夏威夷人一样，帕劳酋长们也将上述接触解释为与英国建立了特殊关系，但是科罗尔的酋长们面对切恩的威胁和傲慢最终奋起反抗，并暗杀了他。

巴乌岛是维提岛东海岸的一个小岛，在 19 世纪对海滩流浪汉极具吸引力。海滩流浪汉中有欧洲人、中国人、印度人和岛民，他们都是些遭遇海难者、刑满释放人员或者弃船而逃者。查理·萨维奇从 1808 年直到 1813 年去世，他凭借英勇的个人品质领导着海滩流浪汉，他是唯一一个能流利地说斐济语的海滩流浪汉，因此成为巴乌岛战王诺利武最信任的助手。在与其他酋邦的战争和冲突中，这支新雇佣军令这位战王的汤加侍从黯然失色，萨维奇也获得了丰厚的回报。在他的一生中，他获得了头衔、金钱和出身名门的妻子，在他死后，他以个人的英勇事迹和高贵的英国血统而成为一个传奇人物。殖民主义作家们甚至提出了更大胆的主张，他们认为萨维奇及其朋友不仅对统一战争产生了决定性影响，而且还提出了通过征服统一斐济王国的概念。

殖民主义作家们对塔希提、马克萨斯、夏威夷和汤加君主国的海滩流浪汉也持有类似看法。因此，诺利武与萨维奇的关系可能是对这一普遍论点的检验。

190　　　巴乌岛战王诺利武经常攻打维提岛雷瓦三角洲和向风（东部）海岸的酋邦。火枪显然很重要，但塞恩伯格描述了前镗枪在气候潮湿、保养不良和武士未经训练的情况下具有精度不高和装填缓慢等技术缺陷。[①] 克卢尼的研究表明，可供使用的枪支数量很少，斐济人通常宁愿使用更可靠、更合乎礼制的粗棍棒。[②] 枪的重要性不在于数量（少）和精度（差），而在于由外国人来使用。斐济武士毫无顾忌，但是他们仍被外国人的"野蛮"所折服，萨维奇手下的海滩流浪汉甚至比汤加人更无视禁忌。"凭借查尔斯·萨维奇亵渎神明的英明部署和一支由数十名装备滑膛枪和来复枪的海滩流浪汉组成的先头队伍"，诺利武获得了决定性的优势。"与受传统束缚的斐济武士相比，这些外国雇佣军追逐名利……对酋长们的神性毫不关心，对他们在战斗中的神圣豁免权更是漠不关心，而是原则上先把他们干掉。"[③] 正是他们的野蛮才得到诺利武的赏识。正如萨林斯所观察到的，巴乌岛政权与斐济其他政权不同，而且巴乌岛战王也不同于斐济其他酋长。巴乌岛的传统领袖不是战王，而是一位负责管理土地和人民的酋长（斐济语为 *Roko Tui Bau*）。尽管战王传统上负责海上贸易和战争，但历任战王却使自己凌驾于酋长之上，这使得巴乌岛酋邦比其邻居们更加好战，并为使用巨型航海独木舟进行战争做了更加充分的准备。早在海滩流浪汉们到来之前，巴乌岛武士就已开始袭击他们的邻居，而且每场胜利都为他们赢得了新盟友。军事胜利使得巴乌岛领导了一个联盟，但是作为联盟盟主没能发展成一个中央集权的合法政权，尽管斐济其他酋长兵败被杀，但其酋邦却依然存在。

拿破仑战争导致欧洲建立了新国家，因此许多岛屿领导人热切关注了拿破仑·波拿巴与乔治国王和惠灵顿公爵之间的较量，并从个人抱负角度对他们进行了解读。无论是（在第五章中）已被提到的洪基·希卡还是波马雷

[①] Shineberg, 'Guns and Men in Melanesia'.

[②] Clunie, *Fijian Weapons and Warfare*.

[③] Sahlins, 'The Discovery of the True Savage'; *cf.* Clunie, 'Manila Brig', 51 – 2.

一世都渴望获得来自欧洲的消息。一个汤加的口头流传故事揭示了欧洲叙事的本土化方式，该口头流传的故事称拿破仑的母亲是美国人，父亲是汤加人："我们民族曾经涌现出许多举世闻名的武士，其中一些武士曾为我们民族创造了伟大功绩；而另一些武士则在外族中生活和战斗。因此，拿破仑是汤加人的儿子。"① 岛屿不具备产生拿破仑式结局的环境，斐济的政治文化有利于战王实现战争野心，但限制了他们的政治影响。无论查理·萨维奇及其同伙有多大的野心，他们都无法复制欧洲的历史。他们是斐济历史的参与者和为战略家诺利武服务的战争专家，因此他们无法超越这些局限而成为战王。与之相反，在帕劳（见上文），高等级酋长永远不会统一帕劳和在科罗尔建立中央政权，他们可能拥有这样的手段，但他们缺乏这样做的兴趣。②

海滩上有一些脾气暴躁而又好诉讼的人，他们不仅向不堪其扰的酋长们频频投诉，还向其母国政府陈述自己的不满，其他外来人的动机就不那么明确了。与典型的海滩流浪汉相比，他们更像中产阶级，不像传教士那么容易被定型，他们的兴趣似乎是个人的和以自我为中心的。有些人是社会改良主义者，至少在他们自己看来是这样；另一些人则是追名逐利的冒险家。他们都希望自己能成为酋长们的主要顾问和政权缔造者。这类人包括夏威夷的沃尔特·默里·吉布森、萨摩亚的 A. L. 斯坦伯格、斐济的约翰·贝茨·瑟斯顿以及无处不在的威廉姆斯和普里查德父子。许多外国顾问非常认真地对待自己的职责，视自己为土著的保民官，即使这一角色令其他外国人恼怒万分，然而他们通常自视比其所服务的领导人更了解情况，这种傲慢导致他们中的一些人下台。在 19 世纪 40 年代，夏威夷人成群结队地向政府请愿，反对政府中的"外族白人统治者"。历史学家戴维·马洛反复警告，西方影响正在使岛民陷入苦难。③

学者们曾详述过杰瑞特·贾德和沃尔特·默里·吉布森的淫逸生活。贾德虽是清教徒但喜好浮华和排场，因此他离开美国传教团成为卡米哈米哈三世内阁的事务总管，但遭到太多外国人的敌视以致不得不离职。吉布森的公

191

① Vave of Kolonga, quoted in Fison, *Tales from Old Fiji*, 135.

② Hezel, *The First Taint of Civilization*, 73.

③ Malo, 'Decrease of Population', and *Hawaiian Antiquities*.

职生涯更长，也更离奇。1861 年，他来到夏威夷，并接管了拉奈岛的摩门教社区，自称"太平洋诸岛及夏威夷群岛总会长"。当摩门教徒发现他将拉奈岛的那片土地登记在自己名下时，就把他逐出了教会，但是这桩丑闻并没有影响他的自尊和雄心。吉布森能说一口流利的夏威夷语，并自称是土著的保民官。他在 1878 年被夏威夷人选入议会，然后在 1882 年进入卡拉卡瓦国王内阁。在随后的 5 年里，用道斯的话来讲，他担任了"百管大臣"。① 卡拉卡瓦和吉布森策划了一个建立岛屿联盟的计划，并派代表团拜访了最有可能继承萨摩亚王位的马列托亚。在外国人看来，地区领导权和岛屿联盟的想法甚是可笑，但从历史角度来看，他们实属有远见的人。除了 1887 年革命外，吉布森在卡拉卡瓦内阁中还经历了许多危机。在上述革命中，一个由外族白人商人组成的阴谋集团强迫卡拉卡瓦解散了内阁，并接受了一部新宪法，这严重削弱了他的权威并剥夺了大多数夏威夷人的公民权。这部"刺刀宪法"实际上结束了夏威夷土著的政治主权。

截至 19 世纪 70 年代，萨摩亚人已经历了 30 年的战乱，这造成了旷日持久的政治动荡。在此期间，萨摩亚发生了"斯坦伯格事件"。马列托亚·韦努乌波（Malietoa Vainu'upo）是最后一位拥有 4 个最高头衔的酋长，这四个头衔使其成为萨摩亚最高权威（Tafa'ifa）。虽然外国人倾向于把他视为"国王"，但他似乎仅在仪式上拥有优先权，而非中央集权的统治权。韦努乌波下令，在他死后，这四个头衔必须被"拆分"，这为 19 世纪四五十年代的冲突埋下了伏笔。火器在 1848 ~ 1857 年的战争中变得很重要，而且此后外来干涉也越来越多。马利西亚认为，外来干涉使萨摩亚各派都无法取得决定性胜利，也无法通过征服这种合法的传统模式建立统治。② 当一些外国人试图充当和平缔造者和政权缔造者时，军火商和土地掠夺者也从战争中获利很多。萨摩亚人为了购买武器抵押了土地，这导致农业遭到破坏以致不得不购买食物。传教士倡导和平，并将参战人员逐出教会。以军人为主的列强

---

① Daws, *Shoal of Time*.

② Meleisea, *The Making of Modern Samoa*.

代表敦促萨摩亚人组建国民政府。19 世纪 60 年代，大多数欧洲人倡议建立一个邦联政府，因为单一制国家元首总是引起争执。马列托亚这个头衔被一分为二，两位头衔持有者在阿皮亚湾两岸成立了敌对政府。虽然外国人将这两位马列托亚都称为国王，但是这场斗争的直接目标是乌波卢岛中部图阿马萨加区的大酋长头衔。王位仍然是外国阴谋诡计的焦点，并成为萨摩亚政治竞争者在 19 世纪最后时间里的目标。

1873 年，萨摩亚成立了一个两院制政府，由于没有一个主要竞争者参与，这个政府仅存在了大约 15 个月。然后萨摩亚又尝试了双重王权，即由立法机关从马列托亚家族和图帕阿家族中选出两位国王，但是这种安排仅仅持续了几个月。自称是美国外交官的斯坦伯格赢得了酋长们的信任，并在 1875 年修订了一部新宪法。他的解决方案是轮流执政，即马列托亚家族和图帕阿家族的子孙轮流担任国王，每届任期四年。这个解决方案吸引了萨摩亚人，这在某种程度上是因为国王的权力主要是仪式性的，而实际权力被赋予了总理，萨摩亚人称之为斯坦伯格。但在马列托亚·劳佩帕作为首任国王登基 10 个月后，斯坦伯格却在外国人的唆使下被赶下台，并被勒令乘美国军舰离境。外国人越想推动成立中央政府，社会分裂就越严重。

到 1861 年时，巴乌岛酋长的命令比以往任何时候都要有效，但远没有到对斐济其他岛屿实行中央集权统治的地步，也远远不足以让英国官员相信它是一个君主制国家。

> 虽然巴乌岛完全有资格被视为斐济土著的中心地区，虽然巴乌岛岛民对所有斐济土著拥有公认的优势，虽然巴乌岛酋长接受了……斐济各区的贡品，虽然每个区、每个城镇都有巴乌岛代表（Mata-ki-Bau），但是巴乌岛酋长只不过是自己民族中最有权力、最有影响力、最尊贵的酋长。①

---

① Consul Pritchard to Commissioner Smythe, 14 January 1861, cited in Scarr, *I*, *The Very Bayonet*, 23 – 4.

193　该信作者威廉·普里查德是众多外国顾问中的一位新人，也是众多传教士、商人、外交官中的一员，其职业在下文中将得到详述。巴乌岛战王诺利武（Naulivou）的侄子萨空鲍如今成为战王。他和其他主要酋长皈依了基督教，因此他们的一些追随者也成为基督徒。到1870年时，外国人社区已接近3000人，其中包括响应普里查德之邀前来占据土地种植棉花的澳大利亚人和新西兰人。

　　巴乌岛在获得显赫地位的同时也面临着一些问题。被击败的酋长们一直在等待时机摆脱巴乌岛的霸权统治，其中一些酋长受到埃内尔·马阿福的拉拢。马阿福是一个兴旺的汤加人社区的领导人。该社区位于莱克巴岛，在卫理公会的支持下不断扩张。种植园主和商人不愿意承认任何土著政权，其中一些人渴望成立一个白人的共和国。马阿福是劳联盟的领导人，也被认为是最有希望统一斐济的人，但他在受到一名白人威胁后意识到，许多白人"心怀不轨，反对法律……因为我们是黑皮肤，他们就以为我们是野兽，以为他们可以做任何不义之事而不被追究"。① 一些白人虽然渴望成立一个移民共和国但更支持英国吞并，几乎所有白人都盼望土著政权瓦解。1870年，由于萨空鲍无法支付美国人金额飞涨的赔偿要求，在澳大利亚财团波利尼西亚公司劝说下，他给予了该公司不明确的特权，以换取该公司帮他偿还债务的回报。萨空鲍还根据普里查德的建议请求成为英国的保护国，但遭到拒绝，这使得巴乌岛局势日益恶化。1871年6月，萨空鲍宣布自己为统一斐济的国王，指派马阿福为劳群岛总督，并任命其他酋长和商人为大臣。第二年，他任命约翰·贝茨·瑟斯顿为首席大臣。

　　1865年，29岁的英国商船船员瑟斯顿因船只失事而漂流至罗图马岛，在辗转至奥瓦劳岛商业中心莱武卡后，他成为卫理公会一艘纵帆船的船长，负责收购用来为教会筹措经费的椰子油，后来他转行投资棉花种植园。他曾短暂担任过英国领事，并参加了萨空鲍攻打维提岛腹地科洛的一场战役。与大多数殖民者不同，他不仅研究斐济政治还学习斐济语。作为首席大臣，他

---

　　① *Fiji Times*, 20 August 1870, quoted by Scarr, *Fiji: A Short History*, 52.

因能力超群而承担了内阁的大部分工作，但是他对萨空鲍的忠诚激怒了其他殖民者。萨空鲍政府的主要任务是维护不断受到酋长和种植园主威胁的和平，保持偿付能力，以及获得外国势力的承认。当英国官员改变策略要求割让斐济时，他别无选择只能默许。反抗不仅会引发战争，还势必会使马阿福等酋长宣布分离或招致他们的公开敌视。1874 年，萨空鲍政府在瑟斯顿的帮助下经过谈判最终将斐济割让给英国。

瑟斯顿与其他顾问的不同之处在于他是政坛的常青树。在亚瑟·戈登先生（后来的斯坦莫尔爵士）就任总督后，瑟斯顿成为副总督并最终继任总督，这在一定程度上延续了使戈登享有盛誉的家长式统治政策。萨空鲍与其他集权统治者的区别不在于王国不稳固以致存续时间仅够谈判领土割让，而在于吞并条件相对有利。马阿福的挑战被挫败，那些爱争吵的种植园主受到限制，斐济人保留下大部分土地，斐济群岛被置于一个政府统治之下，而且尽管没有君主统治但贵族统治得到巩固。

194

酋长和皈依

在这种高度政治化的环境中，宣教宪章的宗旨是教导基督圣言，而非介入政治。尽管大多数"上帝的使徒"坚守了这一信条，但是他们的宗教目标不仅与土著政治交织在一起，还有时试图开展大规模的社会改革。仅仅向岛民灌输基督教价值观，也意味着法律制裁和解决纠纷方式的彻底改变。传教士们首先把改变信仰的矛头指向了当地酋长，认为当地居民会追随他们。

传教团体在改变土著信仰的方式和对待土著习俗的态度上各不相同。与伦敦传道会（最初以塔希提岛为中心）相比，美国海外传道会（以夏威夷为中心并扩展到密克罗尼西亚）往往更苛刻，更坚信土著社会必须进行深刻变革。对于美国海外传道会首任领导人海勒姆·宾厄姆而言，夏威夷文化已经堕落到无可救药的地步。因此，美国海外传道会的传教士认为其使命远不止使土著皈依基督教这一项任务，不仅夏威夷人将会受到训斥、威胁和教导，而且其酋长们也将接受文明的教化。年轻的卡米哈米哈二世（利霍利霍）对待皈依基督教态度暧昧，美国海外传道会耗时 5 年才赢得几位高等级酋长（ali'i）的支持。若非利霍利霍在伦敦死于麻疹，几近无计可施。美国海外传道会的首个主要成就是赢得强大的卡米哈米哈一世遗孀女酋长加休曼努的支持。加休曼努不仅成为忠实信徒，还为了督促烧毁旧神像而巡视了整个夏威夷岛。土著宗教早在 1819 年卡米哈米哈逝世和传教士到达之前就已被摒弃。加休曼努的巡视还预示了旧禁忌制度的终结和新禁忌制度的确立，尽管她的环岛巡视模仿了赋予酋长合法权威的宗教仪式，但是她没有按仪式要求的正确方向行进。

美国海外传道会此前没有向夏威夷派遣传教士的经验。20 年前，伦敦传道会的传教士在塔希提和汤加曾有过惨痛的教训（参见第四章）。他们在那里卷入一场自己无法理解的纷争，被迫暂时撤至悉尼。在塔希提岛，波马雷王朝决定保护他们，并利用他们的才干来加强中央集权和管理王国。1797年，伦敦传道会向汤加派遣了 10 名技工，但是直到他们物资耗尽和内战死灰复燃才受到正式接待。虽然幸存者在 1800 年撤离了汤加，但不会说汤加语，也不了解汤加事务。在接下来的 30 年里，虽然他们数次进入汤加，但陷入与酋长和祭司的利益冲突之中，受到贸易商和海滩流浪汉的敌视，而且也无法与土著沟通。1826 年，两名塔希提教师被派往汤加塔布岛主岛的努库阿洛法建造一座教堂，并在 1827 年英国传教士加入之前成立了地方教会，从此打破了僵局。

汤加王族后裔低级家族（Tu'i Kanokupolu）的酋长们，尤其是陶法阿豪（汤加国王乔治·图普一世），出于王朝利益采取了重大措施。拉图克夫解释说，陶法阿豪的皈依是传教士最大的收获：

　　陶法阿豪开始怀疑汤加诸神和传统宗教习俗，他有理由怀疑自己的家族神灵，因为他们没有显灵来帮助他父亲……他们也没有在他与劳弗里汤加（Laufilitonga）的早期斗争中帮助过他……更多接触欧洲人及其性能优越的武器，也有助于削弱他对传统神灵的信仰……

　　在 1827 年和 1828 年初，他数次前往汤加塔布岛，并在那里拜会了

> 传教士和他的信仰基督教的亲戚……他开始模仿基督徒的一些做法。他
> 还试图让自己的臣民向他们学习……①

为了扭转萨摩亚局势，陶法阿豪通过战争和谈判成功地将非常重要的王朝头衔集于一身。他统一了汤加，并改名乔治·图普（这个名字反映了他对英国君主的尊重）。随着他的地位冉冉升起，卫理公会几乎成为国教。由于卫理公会的传教活动极端依赖国王庇护，国王与传教士的正常关系发生逆转，以至于乔治·图普既是世俗统治者也是教会的真正领袖。

叛依从来没有这么简单过，在大多数教区都必须制定新策略。到 1830 年约翰·威廉姆斯来到萨摩亚时，英国传教士正在设法避免大规模敌视和专注于长远战略。他们比美国人更加务实，甚至有人成为研究土著文化的业余学者。威廉姆斯接受了一位萨摩亚人向导的建议，采取了渐进方法。威廉姆斯在 1832 年日记中详述了他向传教团教师讲述了他的传教理念。

> 其中有许多东西是涉及神的"神圣的"、"严禁的"或者是"不祥的"，但是我们认为，现在用强力或权威消除它们是不明智的。在他们更多领悟基督教教义后，他们自己就会发现许多东西的邪恶本质……我的建议是，他们应该劝说首长们……在村落禁止那些明显淫秽的舞蹈，如裸体跳舞，以及吟唱淫词艳曲等，但完全禁止它们，我认为目前是不可取的……在没有不道德行为的地方，我认为最好不要注意……由于当地居民非常爱好娱乐，他们会为失去这些爱好而深感惋惜，由于娱乐是他们生活中的唯一慰藉，他们还可能会对禁止娱乐的宗教产生反感。

在历史记录中，岛民基本上是沉默的。即便作最乐观的估计，他们的声音是间接的，由传教士根据自己目的解释他们的话。在夏威夷，早期传教士对年轻国王的怠慢和酗酒感到沮丧，厌恶地记录了他的许多轻率言论和怪诞

① Lātūkefu, *Church and State in Tonga*, 62.

举动。威廉姆斯在萨摩亚初步取得了更大的成功，当地居民通过其他岛民了解到基督教，而且汤加教师还成功使一些人皈依了基督教。萨摩亚人法乌亚曾在汤加生活过多年，威廉姆斯在他的帮助下不仅成功接近马列托亚·韦努乌波（Malietoa Vainu'upo），还促进了基督教在萨摩亚精英中的传播。威廉姆斯在1830年日记中转述了法乌亚的话："他还告诉他们有多少岛屿已皈依基督教……他还说他们都更好了……他们都已经停止了内战。船只毫无畏惧地造访他们，停靠在他们的港口里，并给他们带来大量的财富……在聆听了法乌亚演讲之后，他们都惊呼皈依基督教还有好处。"[1]

传教士的动机和磨难有据可查，但是岛民皈依或抵制基督教的动机和利益出发点则较难理解。无论登陆何处，传教士们都在不经意间卷入权力斗争。基督教教义被等同于写作和书籍，与传教士成为派系斗争的象征。威廉姆斯对他在萨摩亚受到的接待感到惊讶，因为酋长们恳求他派来教师。在1830年造访萨摩亚时，他让马列托亚·韦努乌波（Malietoa Vainu'upo）负责这项刚刚起步的任务，并给了他8名听凭调遣的教师。尽管有了新的权威和威望，马列托亚（Malietua）还是迟迟没有放弃旧信仰。酋长们欢迎传教士，是希望获得比蒙恩更直接的好处，如工具、庇护和读写等技能。土著神灵曾赋予了酋长权威的合法性，抛弃土著神灵就会破坏酋长权威，这种派系优势促使卡米哈米哈二世废除了夏威夷禁忌制度，使陶法阿豪对基督教产生了兴趣，以及使托克劳低等级酋长迅速皈依了基督教。

波纳佩岛也有一个基于高级和低级家谱的酋长体制。1852年，美国海外传道会首批传教士抵达时，马多莱尼姆酋邦大酋长（Nahnmwarki）接纳了他们，他是高等级酋长。然而，邻近的基蒂酋邦具有军事优势，传教士在那里找到了一个更强大的盟友，即基蒂酋邦的纳海肯（Nahnken，类似萨摩亚人的"发言酋长"）。纳海肯是大酋长的晚辈亲戚，虽然正式等级较低，却是酋邦的实际管理者和最高仲裁者。基蒂酋邦大酋长性格软弱，但纳海肯是一位令人敬畏的领导人，他曾击败过马多莱尼姆酋邦，并吸引来大量外来

---

[1]　Moyle, *Samoan Journals of John Williams*, 124, 142 and 68.

贸易。传教士们接受他的邀请，在基蒂定居下来，并建立了互惠互利的关系。纳海肯给了他们土地、庇护和接近当地居民的权利，在波纳佩岛，上述庇护意味着酋长"拥有"受庇护者。传教士们不仅教纳海肯识字和算术，帮助他与贸易商打交道，还不止一次提醒他提防剥削性合同。纳海肯似乎距改变信仰只差一步，但他总是机敏地拖延这一安排。这些新教徒在 10 年里没有赢得一个皈依者。

传教团体通常商定地域分工，至少在初期是这样。在竞相传教的地区，如在萨摩亚，岛民们利用教派从属关系作为杠杆来榨取商品、宽松统治等。宗派主义成为岛内倾轧的另一特征。对传教士来说，他们带来了对其他教派的所有怀疑。卫理公会教徒和伦敦传道会公理会教徒相互指责，而且新教徒对天主教徒的态度也近乎偏执。许多观察家指出，岛民们无法看出各教派教义有什么差异，也无法理解这些提倡手足情谊的人为什么会恶性竞争，但是他们的确懂得教派的强大全凭其追随者的数量。传教士们能够拿出什么来回报他们的效忠？亚伦·布扎科特在 1836 年日记中指出："他们的许多小村庄被分裂成不同派别，他们像科林斯人为保罗和阿波罗斯曾做过的那样进行了激烈斗争。在许多情况下，他们说话的样子就好像我们对他们负有义务一样，因为他们已经成为我们教派的人，而不是感激我们的教导。"①

由于卫理公会与伦敦传道会为一份"协议"争论不休，萨摩亚的教派意识尤其严重。1836 年，约翰·威廉姆斯声称汤加的卫理公会传教士曾允诺将萨摩亚留给伦敦传道会，这份协议造成了几十年的互相指责。在萨摩亚，卫理公会传教士彼得·特纳坚决拒绝离开，直到 1839 年他收到卫理公会的指示。因此，在 19 世纪 30 年代的萨摩亚村庄里，人们可以发现"汤加教"（卫理公会）、"塔希提教"（伦敦传道会）、融合的西奥威利运动、以海滩流浪汉为核心的灵恩教派以及未改变信仰的"恶魔党"的追随者，这些团体利用发型或服装来标记从属关系。酋长追求荣誉或对传教士的不满可能会导致整个村庄突然改变教派。即使没有常驻传教士，一些萨摩亚人，尤

① LMS papers, 14 July, 1836, Mitchell Library, Sydney, microfilm.

其是在萨瓦伊岛和马诺诺岛的萨摩亚人，仍拒绝放弃"特纳先生的教派"。令伦敦传道会传教士大为恼火的是，一些萨摩亚人在仍享有特权的汤加人教师的帮助下保持了独特性。19世纪50年代，卫理公会在放弃萨摩亚近20年后重新在该心区开始传教，这令伦敦传道会怒气填胸。

传教赋予了派系斗争新的形式，萨摩亚的例子表明竞相传教加剧了当地酋邦的分裂。欧洲人到来之前的关系和文化交往也影响了教派意识。例如，为了理解萨摩亚人对卫理公会教义的忠诚，我们必须注意汤加对萨摩亚历史产生重要影响。传说汤加曾经统治过萨摩亚，而且汤加国王的妻子来自萨摩亚酋长家庭。汤加人要比萨摩亚人更精通远距离海上航行，因此两者间的交往是不均衡的。特纳的信徒声称，他曾向他们承诺终有一天会有传教士从汤加回来。结果汤加国王乔治确实派来了使者和教师，还做出了更多承诺。1842年，汤加国王亲临萨摩亚，用特纳的话说，他和萨摩亚酋长们"郑重缔结了一个盟约，宣称永不抛弃彼此，而且越来越紧密地团结在一起"。①根据特纳的说法，汤加国王和萨摩亚酋长们还发誓，"他们永远不会放弃萨摩亚，因为那是他们亲属的土地和他们父辈的出生地"。上述结盟不仅得到地区掌权者和个人的支持，还具有与基督教无关的历史和文化背景。

皈依者的政治观念常常加剧传教士间的竞争。例如，罗图马岛自1839年起开始接纳来自萨摩亚、汤加和斐济传教团的教师和牧师。欧洲天主教传教士也在1846年接踵而至，但是没有激发出什么热情，因此在1853年就离开了这里。在欧洲天主教传教士离开后，一位英国卫理公会传教士巩固了其波利尼西亚人先驱者的工作，所以法国天主教传教士在1868年返回后发现自己处于非常不利的地位。地区酋长谋求建立王朝的野心使得皈依越来越复杂，在19世纪70年代传统派、新教徒和天主教徒之间爆发了断断续续的战争。由于找不到办法解决这一僵局，酋长马拉福最终在1879年向斐济总督

---

① LMS South Seas Letters 14/5/A, Thomas Heath, 30 April 1841, and 15/6/B, Peter Turner to the Samoan Mission, 1 December 1842, Mitchell Library, Sydney, microfilm.

请求兼并。罗图马岛在两年后被并入斐济。无论战争是宗教性的（如传教士所认为的那样），还是王朝性和宗教性兼而有之（如罗图马传统所描述的那样），世俗问题和宗教问题相互强化，证实了天主教和新教传教人员之间相互敌视。①

由于乔尔·博内迈松的重建，迄今为止所描述的几乎所有主题都可以在瓦努阿图（旧称新赫布里底）得到例证。② 19 世纪 40 年代，檀香木热达到高潮，当时针对塔纳岛、埃罗芒阿岛和阿内蒂乌姆岛的探险多达 150 次。暴力事件并不罕见，尽管一个诚实的商人作为商品供货商受到欢迎（如帕顿，他娶了一名塔纳妇女，并在该岛度过余生）。虽然檀香木价格暴跌和采伐量下降，但劳工贸易在 19 世纪末达到顶峰。

在约翰·威廉姆斯 1839 年殉难埃罗芒阿岛和伦敦传道会其他几次冒险失败后，到南方岛屿传播福音的任务落到基要派长老会教徒的身上。1848年，约翰·格迪来到阿内蒂乌姆岛。长老会教徒不仅强烈敌视所有文化（除了自己的文化）和其他基督教教派（更不用说异教了），还拒绝在精神权威和现世权威间作任何区分。很难找到一个文化敏感度较低的社会来传教，但是长老会在长达 12 年里征服了阿内蒂乌姆岛，此后再也没有岛民公开承认自己是异教徒。从海滩地区开始，在熟悉欧洲人的土著船员或昆士兰劳工中，长老会传教团创建了一个基督教村庄和一所培养传教士的神学院，然后这些传教士不仅对抗岛屿内部的异教徒（和被格迪视为异教徒同党的帕顿），还在整个阿内蒂乌姆岛上建立了一个学校和传教网络。

长老会实际上在阿内蒂乌姆岛建立了神权统治，教堂成为每个村庄的真正中心，萨摩亚人教师或阿内蒂乌姆岛民教师成为事实上的政治领导人。由狂热的基督徒组成的地方法院在教会警察的协助下强制执行圣经禁令。椰子种植园主生产了可用来补充首批经济作物竹芋的商品，所得收入为传教团提供资金。1869 年，一位传教士妻子因初来乍到而对此感到震惊：

①　Howard and Kjellgren, 'Martyrs, Progress and Political Ambition'.

②　Bonnemaison, *The Tree and the Canoe*.

有一座教堂，一所培训机构，以及有许多附属设施的住宅，如木工厂、铁匠铺、储藏室……第二天早上，我们被教堂的钟声吵醒，这是提醒当地居民去上课，我们从 6 点上课到 7 点，然后再去种植园劳作。《圣经》是岛上唯一的书籍，这是当地居民接受的真正的全民性圣经教育。岛上到处都有由当地教师主持的学校，而且不到 10 分钟就能从家里走到学校。这些教师作用很大，但是，我可以说他们的劳动几乎是免费的，因为他们的服务每年仅为自己换回 1 英镑的收入。当地人很有教养，每家每户早晚都要举行礼拜。

唯一美中不足的是岛上居民正在迅速走向灭亡。

邻近的塔纳岛进行了激烈抵抗。1860 年，一场麻疹疫情席卷了整个岛屿，塔纳人趁机赶走了长老会传教士、约翰·佩顿及其妻子。五年后，佩顿搭乘一艘皇家海军舰艇返回，并煽动军舰指挥官炮轰了该岛，烧毁了一些村庄和砸碎了一些独木舟。佩顿然后说服一些塔纳人签署了一份供认罪行的文件，并请求舰长"告知维多利亚女王陛下，我们将不再杀害她的臣民，而且还要听话，学会遵守上帝的旨意"，这一事件并没有使传教士受到塔纳人的欢迎。塔纳人想要的是外部世界的财富，而不是传教士，但事实证明传教士更能吸引来财富。佩顿的自传①在国际上引起了广泛的关注并让财富进入许多人的钱包和钱袋，传教事业蒸蒸日上。在随后不到一代人的时间里，塔纳人全部皈依了基督教。塔纳人皈依基督教后，传教团强制实施了神权统治，即塔纳戒律，这成为文化排斥和压制的代名词。

200　幸运的是，瓦努阿图最北端岛屿招来的是新西兰圣公会信徒。他们遵循两个原则：一是绝不与其他基督教派竞争；二是避免强制推行英国文化价值观，"除非它们是道德和信仰的一部分"。他们的策略也不同寻常。传教士仅仅访问基督教社区和招募学生，这些学生被送到诺福克岛接受牧师或教师培训。莫塔岛民对开明的圣公会主义的反应就像阿内蒂乌姆岛民对狭隘的长

---

① *John G. Paton*，*Missionary to the New Hebrides.*

老会主义的反应一样热切。本着新西兰传教战略家塞尔温主教阐述的自由主义精神，圣公会传教团早在 1861 年就成为一个独立的主教教区，并在 10 年之内就取得了全面成功，就像在阿内蒂乌姆岛那样。

在所有前往瓦努阿图的传教士中，最不幸的是那些奉希金森之命从新喀里多尼亚派来的玛利亚会会员。他们来此是为了将该群岛从新教手中拯救出来和防止英国的吞并（参见第五章）。一位经验丰富的玛利亚会传教士无可奈何地写道：

> 令我感到痛苦的是，我们将要在军队的陪同下和在政治挑拨者的命令下前往那里。我相信那些新教徒会站在屋顶上大声疾呼，我们是在炮舰的支持下强行进驻这里的。我还相信我们将很快就会与那伙人发生争执，因为他们的目的再明确不过：他们只是想利用我们作为先头部队进入他们难以进入的地方。愿上帝帮助我们！

这一预言是准确的。可以预见的是，新教传教士对他们心怀敌意，岛民们受新教徒偏执的影响对这些穷牧师不屑一顾（当新教徒驾着自己的船出行时，牧师们却乘的是独木舟），而且他们也的确与希金森闹翻了。如果把这些不同寻常的事件联系起来，事实就清楚了，即皈依不是"开明"或"狭隘"传教策略的直接后果，而是岛民们选择的结果。尽管我们现在无从知晓土著改变信仰或拒绝接受的原因是什么，但可以推测出一些情况。瓦努阿图的主要决策者包括曾去过国外的沿海，而内陆社区的抵抗最为持久，尤其是在瓦努阿图。传播福音之时恰逢人口也在惊人地减少，许多岛民或许以为他们的文化要消失，甚至整个社会都会消亡。

文字和圣言

一旦酋长们意识到会读写是件好事，所有酋长就聘请家庭教师来教育自己。①

在大多数的太平洋文化中，文字具有治愈、诅咒、挑起战争、祈求神灵的力量，一旦它们被说出口，其影响就无法消除。岛民们起初更喜欢用来阅读和写作的文字，而不是抽象的圣言。教育是传教士使命的一部分。在早期，为了印刷当地语言的经文和传单，传教团配备了印刷工，如夏威夷的伊利莎·洛米斯、汤加的威廉·沃恩和萨摩亚的塞缪尔·埃拉。汤加人不仅很快就学会了读写文字，还请求卫理公会传教士引进一台印刷机和一名印刷工。这名印刷工在到来后的 10 天内就印了 3000 册识字课本，他们还印刷了大量书籍。卡马卡乌在报告中说："1824～1846 年，卫理公会传教团出版了 80 本书，共 65444 页。"在阿内蒂乌姆岛，皈依基督教的村庄被称为斯库尔（*skul*），圣经研读成为岛民一项强制性的日常活动。

尽管有些传教士受教育程度较低，但大多数传教士除了教授教义外还教授识字和算术。大部分教学任务通常落到传教妇女身上，因为她们被认为是家务技能和家庭价值观方面的专家。教会教育是最早的公共教育体系。岛民们通常渴望识字，即使对加入教会没有兴趣。在密克罗尼西亚，传教团最初在波纳佩岛开办了 7 所学校，招收了 8 名至 34 名学生，虽然他们都没有皈依基督教。② 在新西兰，毛利人也热衷于学习读写，期望借此能了解欧洲社会和经济的发展现状。在夏威夷，美国海外传道会怀疑夏威夷人信奉"形式主义崇拜"，认为他们根本"不敬畏上帝"，于是没有急于允许皈依者加入教会。不过，一旦酋长们被说服，教会学校就能取得非凡成就。

在夏威夷，当 1824 年利霍利霍去世时，他的继承人考伊柯奥乌利（即卡米哈米哈三世）尚未成年，因此在整个 19 世纪 30 年代该王国的实际统治者是两位"女王"，即卡米哈米哈一世的遗孀加休曼努和基瑙。在大多数波利尼西亚社会中，妇女拥有的社会地位和个人自主权与西方关于性别角色的

① Kamakau, *Ruling Chiefs of Hawaii*, 248.

② Hanlon, *Upon a Stone Altar*, 102.

设想背道而驰。女酋长的地位并不逊色于自己的兄弟，并且高等级女酋长被视为神圣力量的载体，因此"攀高枝"成为雄心勃勃的男性酋长常用的策略。夏威夷女酋长拥有自己的土地、仆人和个人财产，普通妇女也是当地的重要人物。外国人最初认为那些有权达成协议和确保人身安全的重要人物是男人。虽然有些西方人修正了自己的看法，但大多数人仍认为夏威夷妇女的地位有违常理，需要彻底改变，传教士试图用实例和教育来灌输西方的性别观念。尽管大多数外国政治顾问学会了尊重女酋长，但是仍有一些外国人厌恶地位重要的夏威夷妇女。在火奴鲁鲁，有些外国人戏称基瑙为"大嘴巴女王"。加休曼努与她的兄弟们结成了一个支持传教士的强大集团。欧胡岛总督年轻酋长博基拒绝服从他们的统治，并与火奴鲁鲁的天主教传教士结成联盟。博基曾威胁要反抗政府，后来又建议卡米哈米哈三世迎娶他的妹妹，这在土著文化体系中是一种崇高的联姻。博基的反对以效仿流露不满的低等级酋长的旧方法而告终。他乘船前往埃罗芒阿岛寻找檀香木，从此杳无音讯。随着博基的离开，支持新教的酋长驱逐了法国神父，并囚禁了一些夏威夷天主教徒。美国海外传道会传教团于是享有了实际上的垄断地位，而且公立学校也蓬勃发展起来。19 世纪 30 年代初，夏威夷有 1100 所学校，5 万名学生，大部分是成年人。202

传教团为了培养（男）教师和传教士还创办了神学院。只有圣公会教徒（见上文）在家乡社区之外接受过培训，伦敦传道会为此目的在萨摩亚创办了马鲁阿学院。为了教育"那些终将担任教会和政府重要职务的青年才俊"，1866 年在汤加创办了图普学院。[①] 在波纳佩岛奥瓦校区，传教团创办了一所男女生混合制的寄宿学校和培养教会工人的加罗林群岛职业学校。（男）传教士候补生需要在校学习 3 年，课程均与《圣经》有关，包括地理学和解剖学，候补生妻子则学习识字和家务技能方面的课程。尽管校区建筑令人印象深刻，但这所职业学校培养出来的教师却寥寥无几。然而，与夏威夷一样，"高等教育"也造就了一代通晓两种语言并了解"两种文化"的岛

---

① Quoted in Lātūkefu, *Church and State in Tonga*, 76.

民——既拥有理解土著文化的能力，也善于与外来者打交道。一些出身虽低但天赋较高的岛民则利用他们所受到的教育取得了卓越成就。夏威夷也有类似教育机构，即酋长儿童学校。该校成立于 1839 年，旨在教育年幼的高等级酋长（ali'i）。夏威夷所有王储都曾就读于这所学校，他们在这里学习英语，并被期望通过实例学会成为基督教家庭的成员。历史学家卡马卡乌，一位虔诚的基督徒，描述了该校的课程设置：

> 第一课是对正义和上帝的信仰，第二课是英语语言教育。教学内容包括测量学、电学和化学等自然科学，数学、天文学和外国历史。学生们既聪明又讨老师喜欢。他们长大后将成为有尊严和敬畏上帝的人，因此该国不缺乏既聪明善良又品德高尚的酋长。[1]

然而，新教传教团在 1846 年失去影响力，从而也失去了对公共教育的控制。酋长儿童学校被更名为皇家学校，由公共事务大臣管辖。具有讽刺意味的是，虽然教会在 19 世纪 30 年代末的"大复兴"时期获得了蓬勃发展，但公理会信徒数量从未在当地居民中超过 1/4。尽管卡马卡乌很乐观，但是皇家学校毕业生的职业生涯却表明高等级酋长在 19 世纪后期已普遍衰落。

传教士被指控犯下许多罪行，其中包括压制土著文化和为资本主义开辟道路。关于第一项指控，传教士确实认为，为了灌输基督教价值观，有必要对习俗进行一些干涉，尽管不同传教团体和个人的干涉深度和强度各不相同。关于第二项指控，许多研究者指出，传教使商人更容易与岛民打交道。促进贸易并非传教团初衷，传教士禁止自己从事资本主义活动，他们的后代却没有。伦敦传道会传教士乔治·普里查德最初在塔希提岛传教，后来成为波马雷的顾问，直到他被法国人监禁并被驱逐出境，他是英国驻萨摩亚首任领事，对贸易非常感兴趣，同时敌视与天主教有关的所有事物。普里查德的

---

[1] Kamakau, *Ruling Chiefs of Hawaii*, 405.

儿子威廉·普里查德是英国驻斐济领事，曾将家族经济活动扩展到土地投机。殉道者威廉姆斯的儿子和英国驻萨摩亚领事约翰·查纳尔·威廉姆斯在1839年创办了萨摩亚第一家商业公司。在20世纪50年代之前，许多传教士后裔控制了夏威夷的政治和经济，成为有权势的外族白人精英。

早期传教士是否曾以间接方式促进过资本主义？从岛民的角度看，传教士和贸易商是西方商品和技术的来源。1838年3月，《传教士杂志》（*Missionary Magazine*）指出，福音带来了岛民对英国五金器具的需求。传教士与贸易商的关系各不相同，传教士通常指责那些先来的海滩流浪汉和贸易商"不道德"。一些贸易商指责传教士告知岛民舶来品的价值，导致价格暴跌，双方关系在夏威夷最紧张。火奴鲁鲁是一个繁忙的港口，从传教士1820年到达这里起，就开始与水手和商人长期不和。在酋长们颁布由传教士负责起草的清教徒式的"蓝法"（禁止在星期日进行世俗活动）后，水手们发动了骚乱。然而，在传教士先于贸易商建立自己地位的地方，如萨摩亚，双方关系往往是中性的，甚至是互相支持的，从而证明基督教为贸易铺平道路的比喻是正确的。在波纳佩岛，传教士鼓励教众生产商品出售，他们认为"商业会促进文明进程，因为它会使波纳佩人合理尊重正当的交换和获利形式"。①

尽管马克斯·韦伯的著名理论将"新教伦理"和"资本主义精神"联系在一起，但是很难找到证据表明岛民们将传教士所灌输的勤勉、个人主义、节俭、自我否定的价值观内化了，或者变得更加勤奋也更容易接受资本主义的发展。虽然传教士对夏威夷人进行了30年的教化，但并没有使之为19世纪中叶的土地私有化做好准备（见下文）。然而，传教士们确实通过筹款传授过资本主义的经验。岛民们用商品向教会支付捐献，因此他们不断被劝勉为了神和传教团的荣耀生产更多产品。由于津贴微薄通常难以供养大家庭，新教传教士特别积极地推动提高生产率和向教会慷慨捐赠。长老会治下 204
的阿内蒂乌姆岛经济以椰肉干产业为主，所得利润被捐给教会。天主教传教士通常要求较少，更加慷慨。在波纳佩岛，西班牙神父甚至指责其新教对手

---

① Hanlon, *Upon a Stone Altar*, 131.

"重商主义"。① 在密克罗尼西亚和斐济，新教传教团不仅收集和出售椰肉干，并用传教团的船进行贸易。

令罗图马岛新教传教士感到欣慰的是传教成效显著。一位传教士在1865年写道："皮肤和服装之间的对比，即姜黄色的皮肤与干净的衬衫和裙子，是如此明显以致不容忽视。那些皈依新教地区的年轻人统一穿着干净的白衬衫，并用干净的布替代裤子包裹身体。这是他们自己的想法：效果很好。"正如罗图马历史学家所观察到的那样，新教徒的报告充满了成本核算。另一位传教士则总结了那一代人的传教工作：

> 我们如此花费精力和金钱获得了什么？……在这片海洋的其他传教地区，付出同样精力和金钱能获得更多皈依者。这里是南太平洋上资源最富饶的岛屿之一，但从一开始，它就无法支付当前的费用。它从一开始就是笔赔钱的买卖。②

早期的伦敦传道会传教士可能是萨摩亚第一批鼓励为外部市场生产的代理商。该传教团在1842年开始收集募捐的椰子油，并将它们出售给约翰·查纳尔·威廉姆斯。令传教士感到兴奋的是，他们有多少木桶就能募集到多少椰子油，因此一位传教士还建议每个传教站都配备一个储油罐。19世纪四五十年代，他们的信件记录了椰子油的不断增加，例如，到1850年时已达到1000加仑。传教士还用书换椰子油：1843年，1加仑椰子油可换购"《圣经》的一部分"。考虑到顾客的品位，他们要求用好布来装订。一位传教士写道："我相信理事们会满足我们对布料的需求，尤其是在当地居民非常关注所购买书籍的外观的情况下。"③

---

① Hanlon, Upon a Stone Altar, 180.

② Wesleyan Missionary Notes, April 1866, cited by Howard and Kjellgren, 'Martyrs, Progress and Political Ambition'.

③ LMS papers South Seas Letters 16/7/A, John Stair, 12 September 1843, Mitchell Library, Sydney, microfilm.

萨摩亚酋长们在捐献时特别有礼貌，正如 1843 年的这封信所描述的：

> 我们向您展示的是某些已开始在萨摩亚这里栽培的农作物；这些农产品，竹芋和椰子油，将被用来促进传教事业。看哪，您的慈爱不是为了我们，而是为了这片土地。①

在整个波利尼西亚地区，各宗族以及教众竞相向教会提供更多捐献（vakamisioneri），而且这种做法被萨摩亚、汤加和斐济的传教士带到美拉尼西亚。这可能表明，皈依者已将资本主义价值观内化，但是捐献也属于一种更古老的传统，即通过竞争性送礼来创造义务。

新法律

> 夏威夷人像流浪者那样生活在人世间，居住在被这片海洋环绕的岛屿上，他们为什么要流浪到异乡和其他王国？他们说，因为他们受到这片土地上法律的烦扰。所有这些人离开时恰逢酋长们开始学习字母和制定治理这片土地新法律之际，即所谓传教士的法律。那些喜欢这片新土地并留下来的外国人从中受益颇多，但夏威夷居民却等待着根据异乡法律进行治理带来的好处……没有一个有权势的酋长站出来给当地居民撑腰，将四分五裂的夏威夷人统一起来。令人吃惊的是，当那块被视为靠山的巨岩被暴风雨击碎时，这片土地作为一个所谓的独立王国竟然幸存下来。②

商人和开发者的需求催生了新的法律体系和宪法诞生。帕劳的安德鲁·切恩

---

① South Seas Letters 16/6/C, Mitchell Library, Sydney, microfilm. 萨摩亚语原文：*nisi mea ua faatoa tupu I Samoa nei. O mea ia o masoa ma Mali e faafesoasoani i le galuega ale Atua faauta e la iate i matou lou tou alolofa mai i nei atu nuur*。

② Kamakau, *Ruling Chiefs of Hawaii*, 404 – 5.

便是众多为了自身利益而试图重塑政治制度的人之一。水手们为了便于贸易怂恿了许多酋长签订条约，这是酋长们首次接触到法律性协议和合同。那些执行"军舰制裁"的海军军官经常迫使酋长们签署保护外来者及其财产安全的条约。因此，一位美国舰长在 1870 年召集波纳佩岛酋长们签署了一项保护外来者的协议。该协议还要求实施一项彻底改革法令：外来者有权购买具有永久产权的土地。然而，波纳佩岛酋长们却认为这一协议不过是个权宜之计，波纳佩岛民从未经历过大规模的土地转让活动。为了体现这些文件的共同目标，萨空鲍在制定斐济王国宪法时使其宗旨包括了"维护两个种族的完美和谐和促进与欧洲人的贸易发展"。①

外国企业家无法抗拒这些似乎未被充分利用的土地的吸引力（参见第五章）。他们不了解岛民生活极度依赖灌木和森林，因此他们往往将未开垦的土地定义为"荒地"。太平洋岛屿的自给自足经济被认为是一个需要解决的问题。为了岛民和外来者的利益，必须鼓励岛民长期参与为外部市场的生产活动，外来者认为大宗商品生产显然是解决"问题"的良方。如果岛民不改变自己的土地利用方式，外来者就必须找到从他们手中夺走土地的方法。土地转让成为决定双方命运的关键变量。大规模土地转让往往会导致主权和文化的丧失，反之那些依靠这片土地生活的岛民则有机会保持传统习俗和维护地方团结。一旦土地被剥夺，他们就会饱受习俗和文化衰落之苦，还往往失去抵抗殖民活动的能力。

传教士负责起草了适用于民事和家庭行为的早期法典。许多传教士坚决反对纵欲、卖淫、贩卖枪支和销售酒精活动，他们与商人和海滩流浪汉发生了激烈冲突，这些人来到太平洋岛屿的部分原因就是为了逃避这些限制。19世纪中叶，充满激情的传教士在斐济枉顾事实，指责整个海滨社区买卖斐济妇女。澳大利亚海军军官和殖民地官员认为这些指控是可信的，但在更加深入的调查后发现白人男子和斐济妇女的关系是由当权酋长控制的，并为斐济

---

① Scarr, *Fiji: A Short History*, 56.

妇女提供了一些选择余地。① 无论任何地方的酋长都集各种管理权于一身，如塔希提岛和夏威夷，传教士们能把他们的原则和偏见付诸行动，一旦他们赢得酋长们的支持，他们就会宣布岛民习俗不合法。然而，资本主义的做法逐渐在法典和政府政策中变得与新教道德一样明显，法典中影响最深远的条款规定了土地所有制、税制和外国人的权利。在酋长们的外国顾问中，传教士和其他虔诚的基督徒坚决支持通商和私有制。他们在夏威夷争辩说，土地私有化将会使普通民众更加勤劳，并鼓励企业家们"改良"土地。在面对巨额债务和愤怒的债权人时，由于知识分子和政府官员曾接受过教会教育，常常对传教士的看法表示赞同。

在夏威夷，1850 年通过的一系列法律对夏威夷农民产生了毁灭性影响，并为日后主权丧失奠定基础。《库雷纳法》（Kuleana Act）允许"土著佃户"获得土地的绝对所有权。另一部 1850 年通过的法律赋予外国人拥有土地的权利，这样平民就可以在外国人购买土地时出售土地。希洛港、卡威哈港和凯阿拉凯夸港也开埠通商，以前仅限于火奴鲁鲁和拉海纳，同时一部废除实物税的法律推动了夏威夷人进入市场经济。自 1846 年起，土地税一直以货币缴纳，如今人头税也必须用货币支付。一直勉强维持自给自足的耕种者如今被迫种植经济作物，出售农产品，充当雇佣劳工或者卖淫。传教士们哀怨地写到，新税法正在将当地居民赶出农村。

土地重新分配运动表面上是土地改革，实际上是将公共土地出售给个人的策略，使夏威夷人迅速的被大规模地剥夺了土地。土地分配的法律框架是由外国人根据创业资本主义的个人主义精神设计的。卡米哈米哈三世和一些外国顾问最初非常重视保护平民的权利，但其他西方人和大多数最高等级酋长更关心将自身利益最大化。最后，平民，即那些一直供养酋长但没有地位的"土著佃户"，被漠然处置。土地分配极为偏颇，大多数岛民（近 8 万人）所分得的土地不足 3 万英亩，而数百名酋长则分得了 150 万英亩。政府获得了 150 万英亩，其中 91.5 万英亩被划为王室土地，即君主的份额。然

207

---

① Vicki Lukere, 'Mothers of the Taukei'.

后，部分政府土地和王室土地被廉价卖给外族白人种植园主和牧场主。开发者则寻求通过购买平民土地或使小农户生活陷入困境来增持土地。由于土地重新分配运动全面展开之时恰逢夏威夷在 1848～1854 年爆发致命的麻疹和天花疫情，尽管许多土地认领人在 1848 年曾经登记过土地，但是当土地委员会代表在 2 年至 5 年后前来核实土地所有权时土地所有者却已病逝，如果没有继承人在世和在场，那么已故认领人的土地就被收归政府所有。岛外观察家指出，夏威夷是土著土地转让最糟糕的例子。斐济的萨空鲍和瑟斯顿认为这种情况本可避免，然而这一土地流转前景却使企业家们备受鼓舞。

汤加王国的法律和宪法是通过争取外国势力承认来保持独立战略的一部分。传教士是思想和先例的来源，但他们的影响是分散的。乔治国王（图普一世）不是傀儡，他的思想比那些传教士更广泛。1839 年，乔治国王颁布的首部成文法《瓦瓦乌法典》将汤加定为基督教国家，禁止"谋杀、盗窃、通奸、淫乱和贩卖烈酒"，还重点关注了社会和政治秩序。1850 年，这一法律体系得到了扩展。例如，明确禁止向外国人出售土地（第 29 条）；那条涉及男性的法律（第 36 条）规定："为了养家糊口，以及为了上帝和国家元首的事业进行贸易和贡献，你们要努力工作和坚持不懈地工作"，并且那条涉及女性的法律（第 37 条）也做出类似规定："妇女们，为了使你们的丈夫和孩子有衣服穿，你们必须努力工作和坚持不懈地工作；未婚妇女应当努力帮助亲属和父母工作。"

1862 年，《瓦瓦乌法典》被大幅修订，甚至可以被视为一部宪法。基督教的影响依然存在，但对跳舞等习俗的禁令被取消了，经济问题也得到了认真解决，这反映了乔治国王已拥有了极其丰富的执政经验。"农奴制"和"附庸制"被明确废除，禁止向外国人出售土地的禁令被重申，土地所有制问题也得到解决。

　　在悉尼，乔治国王看到许多人衣不蔽体、食不果腹和睡在公园里……他无法理解，在像澳大利亚这样一个幅员辽阔、资源富饶的国家，怎么会有无家可归和贫困潦倒的人……并决心绝不允许汤加出现这种可怕的情况。国王还对租赁制度深刻印象……这是他在悉尼亲眼看到的，他决定按照同样方式将汤加的土地分配给自己的臣民。

这似乎是乔治国王为土地个人所有制立法的思想来源。这是汤加土地所有制的一次革命性变化。《1862 年法典》第二条关于禁止出售土地的规定只是通过立法规范了传统土地所有制，但是个人通过租赁拥有土地的概念完全是个新生事物。[①]

获得土地仍然取决于亲属关系、与特定酋长的庇护关系、与教会的关系，以及包括对海外传教团的贡献。由于土地牢牢掌握在汤加人手中，汤加经济发展主要依靠农业生产和贵族庄园的大规模生产。

在夏威夷土地重新分配运动开展 40 年后，萨摩亚也进行了土地重新分配，但产生了截然不同的结果。在 19 世纪六七十年代的那场战争中，欧洲人用枪支和补给品换取土地，掀起了一场土地投机热潮。但是有时即使没有委托代理权，萨摩亚人也"出售"土地，由于一些土地被多次出售，所有权重叠比比皆是（参见第五章）。1889 年，德国、英国和美国商议制定了萨摩亚问题的解决方案。虽然这次会议及其主要成果《1889 年柏林协定》未能结束萨摩亚冲突，但该协定授权对土地所有权进行审查和裁决。一个国际性的土地委员会在 1892～1894 年召开了多次会议。在夏威夷的土地重新分配运动中，由土著承担举证责任，但在萨摩亚由外国人承担了这个责任。西方人声称拥有的土地面积是整个萨摩亚领土面积的 2.5 倍。最终，只有约 1/5 的土地被确认归外国人所有，但《1889 年柏林协定》禁止进一步土地转让，此后殖民地政府一直坚持这一原则。在今天的萨摩亚独立国，自由保有土地的比例低于 1894 年转让土地的 20%。

民法和家庭法反映了西方文化和阶级偏见，我们宽泛地将其定义为"维多利亚式"。家庭法试图自上而下地将西方的性别规范制度化，并将男人和女人明确定义为两种存在本质差别的人。在夏威夷，一部 1845 年颁布

---

① Lātūkefu, *Church and State in Tonga*, 162 – 3.

的法律确立了如下原则：已婚妇女在法律上被丈夫替代，并因无权处置财产而成为"民事上的权利虚置者"。这一概念严重背离了波利尼西亚妇女传统拥有的自主权、文化价值观和个人权威，因此，这些有缺陷的法律在城镇之外没有产生多大影响。在土地重新分配运动开展后，夏威夷人涌向了港口城镇，许多老年妇女作为户主和地主留在农村。妇女成为农村社区的支柱，因为她们掌握了地方权力，并在家庭中处于中心位置，尽管她们在国家层面上的法律地位低下。

新法律常常融合了传教士的热情和掌权者的野心。这些法律的语言常常反映了传教士的文化素养和更广泛的经验，但传教士的思想有时（如在汤加）明显服从于酋长的利益。在没有传教士直接参与起草法律的地区，仍然存在着具有启示作用的法典。在奥巴岛（今安巴岛，参见第五章）基督徒和"异教徒"的斗争中，一位基督会长老记录了教众的规则，揭示了新教伦理、男权主义以及相互强化的道德观和卫生观：

> 1. 不要移情别恋。2. 不要饮酒过度。3. 不要偷盗钱财或动物。4. 不要嘲笑保护你的人。5. 不要把妻子卖给别人。6. 不要写内容罪恶的文章。7. 不要糟蹋年轻女孩。8. 不要与人打架。9. 不要触摸你的姐妹。10. 不要做假证。11. 不要对老师说谎。12. 不要无视动物糟蹋园圃。13. 不要对传教士动怒。14. 不要和妻子打架。15. 不要玩骰子。16. 不要与人争抢土地。17. 不要枪杀人。18. 不要拿刀行凶。19. 不要抢劫。20. 不要长期欠钱不还。21. 不要逃避账单。

这些教导针对的是男性。还有一些教导家庭成员如何"使每个家庭从旧生活转变为新生活"的规定：

> 1. 不要在湿地上铺床。2. 不要让垃圾在屋内过夜。3. 不要让家里的水缸没水。4. 不要让为家人做饭的厨房有垃圾。5. 不要让家里无厕所。6. 不要不洗脸不刷牙。7. 不要让猪靠近你的家。8. 不要用脏手吃

饭。9. 不要让小孩子用脏手吃饭。10. 不要穿脏衣服。11. 不要在非就餐时间进食。12. 不要让你的孩子不向你说一声就离开你。13. 不要让你的孩子在你祈祷时未经你同意就离开（不要让孩子未经你允许就离开教堂）。

这三十四条戒律显然借鉴了十诫的内容，也受到反异教运动的影响。昆士兰种植园那些强调作息规律、守时和个人卫生的规章制度也明显地影响了这些戒律，它们对男性暴力的谴责超越了这些行为准则，而且其明显具有的男权主义也不可能是一种随意的借用。这些戒律并不预示着将要有一个中央集权的政权，但预示着将要有一个由成年男子组成的政权，他们将拥有稳定而严肃的家庭，岛民在一位牧师带领下聚在一起做礼拜，把子女送进乡村学校，并通过一个由信贷和现金促进的经济体系密切联系在一起。只有一个强制性政府将这些价值观念强加于这个社会，这个社会才能完成相互关联的各个方面的现代化：生产、交换、年龄、性别和社会凝聚力。

政治改革与抵制

"土著的代理人"在殖民冲突中的作用引发了许多争论。的确，岛民最初把外国人看作是一种可用来实现自己目标的资源。然而，由于西方国家在军事和组织方面拥有优势，外来干预引发了深刻变化。如果殖民是大多数岛民的底线，那么还有必要再关注岛民的动机、行动和利益吗？显然，岛民的动机影响了与西方人接触的进程，但往往不是以岛民所希望的方式。事态发展也不符合西方人的预期：岛民与计划的相互作用对双方都产生了始料未及的后果。除了代理人外，太平洋岛屿的一些社会组织也导致外国人改变了计划，并对结果产生重大影响。

要想解释像1819年夏威夷废除禁忌制度这样明显急剧的宗教变化，必须参考当地的政治冲突和个别酋长的动机。新教传教士在塔希提岛苦干多年却一直收效甚微，直到波马雷二世皈依基督教和统一塔希提岛后才迎来大批

210

皈依者。传教士在塔希提岛的活动远远超出了道德和精神指引的范围,他们不仅是顾问,还是新政府结构的缔造者和管理者。亨利·诺特既是波马雷的老师,也是 1824 年宪法的主要起草人。该宪法设立了一个由男性酋长和民选地区代表组成的议会。诺特被选为该议会首任议长,并主持起草了指导税收和法院以及民事行为的法律。

一位美国传教士在科斯雷岛也促成了这种转变,人口减少加上传教活动使酋长们反对基督教皈依者。由于贡品日益减少和权威受到削弱,酋长们试图恢复基督教传入前的仪式和禁止安息日仪式。尽管大酋长坚决反对传教活动,但是他的突然死亡动摇了酋长们的信心,而且基督教社区的规模和政治势力也日益扩大。传教士本杰明·斯诺抓住这个机会,在 1869 年向新任大酋长施压,要求他接受新的政府结构。一个委员会被成立,成员包括 7 名由选举产生的地区代表和 7 名幸存下来的酋长(岛上最初有 18 个酋长),以及大酋长。但是,该委员会在 1874 年将大酋长赶下台,然后任命了科斯雷岛首位基督徒"国王"。

传教士对汤加立法产生了显著影响,但是代理人问题就不那么明显了。1875 年,乔治国王向议会提出一部新宪法,这部宪法很快就得到了批准。

> 我们过去的政府形式是,我的统治是绝对的,我的愿望就是法律,我可以决定谁是议员,我可以随心所欲地任命酋长和改变头衔。但在我看来,这是愚昧的象征,如今汤加已进入一个新时代,即光明时代,我希望颁布一部宪法,并依据宪法履行职责,而且我的继任者也要这样做,这部宪法将永远是汤加的基石。①

这部宪法获得了英国、德国和美国的认可,但这并不是确保汤加独立的最后决定。甚至在乔治国王在世时,英国当局就干预汤加事务,而且汤加在 20 世纪初爆发危机,险些沦为列强的保护国。然而,它仍不失为一部杰出宪

211

---

① Lātūkefu, *Church and State in Tonga.*

法，几乎没有被修改过，至今仍被使用。谁是起草人？传教士雪莉·贝克奉乔治国王之命起草了这部宪法。在起草过程中，他咨询过新南威尔士州州长和夏威夷驻悉尼总领事，他们向他提供了一些法律副本。然而贝克对卫理公会的使命并不感兴趣，他秘密参与了这项不为其同行所称道的事业。贝克是国王而非传教士的代理人，而国王不是任何人的代理人。

萨摩亚和波纳佩岛是帝国主义国家激烈争夺的焦点。西方人通过数次柏林会议决定了它们的命运。英国人在 19 世纪 70 年代曾一度对波纳佩岛感兴趣，但岛上大多数外来人都是德国商人。1885 年，一艘德国军舰抵达波纳佩岛，并向岛上派遣了一个海军陆战队连，然后舰长要求 5 名高等级酋长签署一份吞并条约。这些酋长虽然签署了这份条约，但军舰离开后德国并没有在此建立稳固的统治。在西班牙和德国玩弄战争边缘政策花招之后，一个国际会议决定西班牙合法拥有加罗林群岛。西班牙人于 1886 年来到这里，但引发了长达 12 年的暴力抵抗运动。美国传教士爱德华·多恩成为西班牙总督的政治对手，随后被逮捕并驱逐出境，主要因为他受到德国商人指控。1887 年，对太平洋岛民而言，波纳佩人完成了一项非常罕见的壮举，暗杀了西班牙总督，并驱逐了西班牙殖民者。四个月后，西班牙人卷土重来，但是在殖民统治的剩余时间里，臣民为了免遭伤害一直躲在高墙之内。西班牙在美西战争中战败后，德国于 1898 年通过协议收购了波纳佩岛。

没有一个帝国主义国家急于吞并萨摩亚群岛，只要其他帝国主义国家不这么做。这些大国更喜欢由萨摩亚人自己组建一个能维护和平与秩序的政府。王朝间的角逐、不断变化的地区联盟、帝国间的对抗和外国侨民的阴谋，引发了一系列错综复杂的政治事件。在斯坦伯格执政时期，"王位"的主要竞争者是马列托亚家族。在他被解职后，又出现两个竞争者，即图帕阿家族的马塔阿法和图帕阿·塔马塞塞。在不同时期，"王位"竞争者不仅自立为王，成立相互抗衡的政府，还可以争取外国侨民支持。一种策略是公布法律，并将其分发给领事们。所有竞争者都援引历史和传统来证明其主张的合理性。19世纪 80 年代，《萨摩亚时报》的读者来信专栏和社论对主要竞争者的家谱证据和萨摩亚传统的其他事项进行了连续公开辩论，但是那家德国大商行的代理人却试图破坏马列托亚·劳佩帕政府的有限权威。在图帕阿·塔马塞塞建立与之抗衡的政府后，他也以"萨摩亚国王"身份发函和发表声明。塔马塞塞的支持者致信英国领事，让他了解"我们国家的信仰和传统"。马列托亚更胜一筹，致信英国女王维多利亚，解释"自古以来我国的传统"。[1]

1887 年，德国派通过任命图帕阿·塔马塞塞为国王和派尤金·布兰代斯担任首相，使酋长传统的合法性变得毫无实际意义。德国利益集团为了自己的利益管理了该政府一年半时间。由于政府将土地和椰肉干抵押给了德国公司，政府为了筹款还贷征收繁重的赋税。如果萨摩亚人与其他国家的公司进行贸易，那么他们将会被起诉和监禁。有组织的反对派不断受到打击，并遭到逮捕。布兰代斯 – 塔马塞塞政权是西方国家首次在萨摩亚建立垄断性影响，而且还使用强制力实施中央政府的法律。该政府的暴政激起了岛民反抗，几乎导致列强间爆发战争。1889 年，著名的阿皮亚飓风摧毁了几艘军舰，终结了这场对抗，但是派系冲突和帝国主义的干涉一直持续到 19 世纪90 年代。一位美国法官主持审理了一个决定谁将成为国王的诉讼案，这使数十年的冲突达到一个非同寻常的高潮。两名候选人分别是马塔阿法和劳佩帕的儿子马列托亚·塔努马菲利。双方都提供了历史证据和习俗证据，塔努马菲利根据法律条款胜诉，这立即导致了战火重启。下一个也是最后一个国际委员会的结论是王权是一个外来概念，并废除了这一职位。列强达成一项协议，西萨摩亚成为德国殖民地，而萨摩亚群岛的东部岛屿，包括图图伊拉岛及其帕果帕果港，则归美国海军管理。

萨摩亚人的策略缺乏体系化。萨摩亚人对商人具有影响力，因为大部分椰肉干是由家庭生产的，而非种植园。农业发展的最大障碍是劳动力，而非土地。商人主要利用土地抵押贷款来胁迫萨摩亚人生产椰肉干。普遍取消岛民的抵押品赎回权没有任何好处，这只会减少产量，造成萨摩亚生活消费品市场严重萎缩。布兰代斯 – 塔马塞塞政权的暴行在某种程度上源于商人为争夺萨摩亚椰肉干而相互激烈竞争。萨摩亚人的债务和村社的抵押贷款激增，

---

[1]　Letter, 18 August 1885, British Consular Series, National Archives of New Zealand.

以致达到无法赎回的地步，这种情况下外国人的胁迫不再起作用，尽管这可能是并非刻意制定的策略的结果。

在许多岛屿，殖民统治受到质疑，而且殖民活动影响也不均衡。欧洲人的计划经常受挫，尽管岛民的抵制活动缺乏明显的组织和明确的意识形态。萨摩亚人拒绝低于一定价格的工作或生产椰肉干，并对种植园主进行许多小规模的偷窃和故意破坏财物等破坏性活动。他们使用未成熟的椰子或供应未充分脱水的椰肉干，因为它们更重和更容易变质。他们为了增加货物重量还掺加了岩石、珊瑚和海水，而商人则对磅秤做手脚。商人们不得不以未来生产的椰肉干为抵押发放贷款，但萨摩亚人善于拖延还款，很少上当受骗，也很少成为沉重债务的受害者。尽管有外国人梦想获得厚利，但是热带农业和贸易的利润并没有保证。在萨摩亚和夏威夷，商品农业的利润取决于政府对种植者的扶持。由于商业投机活动具有风险，无组织的抵抗对外国人的计划产生了重大影响。

其他岛屿在沦为殖民地之前也很少对外国机构展开有组织的抵制运动。然而，回顾历史，从科斯雷岛到夏威夷的文化复兴和排外运动似乎是针对西方对其传统和政治的侵蚀。从 1826 年到 19 世纪 40 年代，塔希提岛的马马亚宗教运动结合了基督教和异教的元素，而且其先知也预言了千禧年即将到来。传教士认为这个邪教组织是对传教团和政府权威的直接威胁。夏威夷本土宗教的瓦解从某种程度上说是高等级酋长中亲外派与传统派斗争的结果。然而，禁忌制度的废除也遵循了明确兄弟角色的夏威夷文化逻辑。土地控制权通常属于兄弟姊妹中的年长者，将看护神灵的权力移交给年轻者，这个实例说明了波利尼西亚的常见模式，即家谱中年轻者作为"各级祭司"侍奉执政的酋长。尽管存在这种理想的分工，但兄弟间仍普遍发生权力斗争。酋长权威的"致命缺陷"是，年轻者可以利用神灵的法力推翻年长者。卡米哈米哈本人就经历了这种篡权的场景，并非巧合的是，他也是一位忠诚于自己的守护神战神库凯利莫库的传统主义者。

当利霍利霍继承卡米哈米哈一世王位时，卡米哈米哈一世最宠爱的外甥柯夸奥卡拉尼则继承了看护战神的权力。大多数人认为，柯夸奥卡拉尼尽管

213

比利霍利霍年轻但更有能力，但由于他是利霍利霍的表弟，这使他们感情特别深厚和关系特别亲密。利霍利霍与卡米哈米哈一世的大多数遗孀都支持社会改革和外国势力，而柯夸奥卡拉尼则成为传统派领导人。考虑到夏威夷文化具有篡权的传统，还有什么方法比宣布传统神灵不再拥有法力更能削弱柯夸奥卡拉尼的宗教权力呢？柯夸奥卡拉尼领导了一场反对废除禁忌制度的武装叛乱，并死于战斗中，他的妻子一直陪在他身边。废除禁忌制度例证了复杂的土著与外来观念是如何共同推动社会和政治变革的。

19 世纪 20 年代，基督教成为夏威夷王国的国教。后来的统治者要么饱受极度苦闷和花天酒地的反复折磨，要么在一系列反传教士的本土主义事件中终结文化冲突。夏威夷人将 1833～1835 年这段时间称为"卡奥米祸国时期"。在塔希提朋友卡奥米的怂恿下，年少的卡米哈米哈三世奋起反抗清教清规戒律的束缚，沉湎于酗酒、赌博和纵欲。有一次，他派一名公告传报员到大街上去宣布废除所有法律（除针对盗窃和谋杀的法律之外）。许多酋长和老百姓都以他为榜样，恢复了草裙舞等被禁止的习俗。根据最高酋长近亲结婚的习俗，卡米哈米哈三世本应与妹妹纳希埃娜埃娜结婚，以使王朝万世永存。在传教士们看来，"王室近亲结婚"毫无疑问是个令人憎恶的习俗。纳希埃娜埃娜公主在虔诚服从和公开反对之间犹豫不决，为此付出了巨大的个人代价。两人已入洞房成为事实夫妻，而且纳希埃娜埃娜还生了一个孩子，但不久之后婴儿和母亲都死了。无论是文化冲击、性病，还是精神和生物因素的某种结合，高等级酋长此后都未能留下子嗣。

帝国在世界的某些地方都是通过分而治之战略来实现扩张的，但在波利尼西亚大多数岛屿则是依靠"统一和征服"办法来实现殖民统治的。在夏威夷、斐济和塔希提岛，中央政府的建立早于主权丧失。在萨摩亚，这一办法未获成功，因为列强认为分裂是解决各国侨民间冲突不断加剧的方法。到 20 世纪初，除汤加外，波利尼西亚大部分地区都成了殖民地。虽然汤加实现了统一，而且王国政府还保持了独立，但是政治制度和文化日益英国化。唯有新西兰毛利人试图建立一个君主制政府，以便在主权丧失后还能团结起来捍卫自己的土地（参见第五章）。

在殖民时代早期，岛屿社会的内部分歧被本地人与外国人之间的对立所掩盖。政治不平等是建立在经济分层基础之上的，并被西方的种族意识形态合理化。岛屿殖民地成为两极社会，两极之间还有一个由异族通婚的后代组成的中间阶级（起中介作用）。英国人称之为"half-castes"，在萨摩亚被称之为"afakasi"，在塔希提岛被称之为"demi"，在夏威夷被称之为"hapa-haole"，他们成为商人、知识分子、政府官员和反殖民运动领导人。白人侨民倾向于将他们归为"当地人"，或者斥之为道德败坏的煽动者。被殖民地管理者归类在一起的岛民们逐渐意识到自己是一个统一的民族，并据此采取行动。因此从 20 世纪初起，岛民对外国统治的反应开始类似于有条不紊的抵制和有组织的反抗。

在波纳佩岛和萨摩亚，德国对其政治习俗的干涉激起了岛民有组织的抵抗。在波纳佩岛，导火索是政府取消了酋长对土地的控制权，并将土地分给个人。德国人还干涉酋长的纳贡制度，并强迫波纳佩岛民去修路。1910 年，波纳佩岛民发动了一场武装反抗运动，史称"索克斯叛乱"。反抗运动期间，岛民暗杀了德国总督和数名官员。6 个月后，这场反抗运动被镇压，领导人被处决，但正如戴维·汉隆所指出的："索克斯叛乱并没有标志着波纳佩岛民对外国统治的反抗的结束，只是武装反抗的结束……抵抗外来入侵已经成为他们文化的一部分。"[1]

在西萨摩亚，索尔夫总督彻底废除了国王，并取缔了长期以来一直决定国王人选的两个主要演说家团体。直到新西兰统治时期西萨摩亚爆发"马乌叛乱"，抵抗运动才得到良好的组织（参见第八章）。但在德国统治之初，为了控制椰肉干价格，萨摩亚人试图成立一家由村庄出资支持的全国性贸易公司。虽然政府查禁了这家名为"奥洛阿"的公司，但随后出现了一场新兴的独立运动。这场新兴的反抗运动对德国政策展开了全面批评，并逐渐被称为"Mau a Pule"（萨摩亚语，即权力主张）。其主要发言人是萨瓦伊岛的著名演说家纳木拉乌乌鲁·拉瓦基·马默。1909 年，德国人将他驱逐到塞

215

---

[1] Hanlon, *Upon a Stone Altar*, 406.

班岛。1915 年，新西兰人赦免了他，但他在返回萨摩亚时去世。拉瓦基的马乌运动在太平洋史中甚至不值一提，但它标志着当地的抵抗从无组织的活动到更统一的反对派的转变。

大多数岛民失去了政治独立，但其他重要问题还必须得解决，如语言问题、文化完整问题、当地习俗优先问题、有关亲属关系和交换的观念以及惯例的存续问题。在被殖民的岛屿上，某些因素对其文化命运似乎至关重要，特别是人口统计、土地转让和语言。简而言之，在人口数量被移民或外籍劳工数量超过和土地被剥夺的岛屿，岛民的情况最糟，这些特征常常同时出现。澳大利亚土著和夏威夷人的情况都是最糟的，他们的土著语言大量消亡，很少有殖民国家像美国在夏威夷那样积极地压制当地语言。夏威夷的公立学校被视为美国化的工具。语言丧失导致夏威夷人产生了深刻的文化失落感。与澳大利亚一样，夏威夷在欧洲人到来后的历史中，地理位置和疾病也是人口减少很重要的因素，在 1778～1854 年，夏威夷人口数量至少减少了3/4。

相比之下，尽管西萨摩亚被殖民长达 62 年，但是其传统文化习俗却在很大程度上得到保留。由于西萨摩亚依赖当地的房屋建筑材料和自给自足的经济，现在看起来更"传统"，而且即使在美属萨摩亚，萨摩亚人仍在说萨摩亚语，通过选举决定家族族长，共同持有土地，以及举行仪式交换。萨摩亚人的主体民族地位既没有改变，也没有被大规模剥夺土地所有权。尽管输入了中国和美拉尼西亚的契约劳工，但人数不多，而且德国和新西兰的殖民当局都支持将他们遣返回国。萨摩西人还致力于阻止土地转让，以防止重蹈夏威夷人的覆辙。

216　　　土著政治集中化的程度可能对"土著文化幸存"也很重要。在夏威夷和塔希提岛，紧随集权而来的是与日俱增的外来影响和接管。一些酋邦越来越像欧洲的君主国，它们也就越来越容易受到外来文化的影响。萨摩亚的地方政权比夏威夷或塔希提岛要强大得多。很少有人会把萨摩亚的冲突描述成积极的，但长期冲突可能推迟了外国统治的步伐。即使在沦为殖民地后，当地酋长仍是一股需要与之抗衡的力量，因为萨摩亚人强调公开辩论和谈判，这在某种程度上抵消了行政法令的效力。事实证明，对帝国主义国家而言，一些（但绝非全部）西太平洋的原子化政治实体要比弱小的土著国家更难被同化。但是，在所有情况下，岛民的行动要么改变要么阻止殖民当局的设想，他们在任何地方都没有陷入绝望。

文献简论

关于欧洲人对波利尼西亚和美拉尼西亚的看法，参见林奈津的"地位低下的野蛮人和其他欧洲人的想象"（Ignoble Savages and other European Visions）和托马斯的"民族学的力量"（The Force of Ethnology）。

本章部分内容参考了一些新教传教士协会未公开出版的档案材料。伦敦大学东方与非洲研究学院的伦敦传教会的馆藏最完整，其他几个图书馆也提供了缩微胶卷副本，包括悉尼米切尔图书馆，米切尔图书馆还收藏了大量卫理公会传教士的档案材料。英国国教的档案被保存在伦敦坎特伯雷大主教官邸，巴布亚新几内亚大学图书馆，以及新西兰和所罗门群岛的几个收藏处。这些收藏在朗格莫尔的《传教生活》（*Missionary Lives*）和希利亚德的《上帝的绅士们》（*God's Gentlemen*）的参考文献中被描述过。

非教会成员的研究人员较难查阅天主教的传教档案。然而，太平洋手稿处人员已经把圣心传教士在太平洋的大部分材料拍摄在了缩微胶卷上。关于玛利亚会的资料，参见拉拉西的《圣母修会与美拉尼西亚人》（*Marists and Melanesians*）。

拉脱克夫的《汤加的教会和政府》（*Church and State in Tonga*）是有关汤加宪法改革内容的主要资料来源。卡马卡乌的《大权在握的酋长们》（*Ruling Chiefs*）是研究夏威夷政治的起点，其次是凯肯德尔的《夏威夷王国》（*The Hawaiian Kingdom*）。赫泽尔的《文明的首个污点》（*First Taint of Civilization*）和汉隆的《在石头祭坛上》（*Upon a Stone Altar*）介绍了密克罗尼西亚的政治变化。马利西亚的《现代萨摩亚的形成》（*The Making of Modern Samoa*）分析了萨摩亚的政治史；斯卡尔的《我，恰是那把刺刀》

（*I*, *the very bayonet*）也分析了斐济的政治史；霍华德和谢尔格伦的"殉道者、进步和政治野心"（Martyrs, Progress and Political Ambition）解释了罗图马岛的平行发展。关于瓦努阿图，参见博内迈松的《树与独木舟》（*The Tree and the Canoe*）；关于马克萨斯群岛，参见德宁的《岛屿和海滩》（*Islands and Beaches*）；关于洛亚蒂群岛，参见豪的《洛亚蒂群岛》（*The Loyalty Islands*）；关于塔希提岛，参见纽伯里的《大塔希提岛》（*Tahiti Nui*）。

217　　关于萨维奇和与战争有关的问题，参见萨林斯的"发现真正的萨维奇"（The Discovery of the True Savage）、坎贝尔的"关于查理·萨维奇的历史编纂学"（The Historiography of Charlie Savage）、塞恩伯格的"美拉尼西亚的枪支和战士"（Guns and Men in Melanesia）、克卢尼的《斐济的武器和战争》（*Fijian Weapons and Warfare*）及其"斐济人的燧发枪"（The Fijian Flintlock）和"马尼拉双桅横帆船"（The Manila Brig），以及法伊森的《斐济古代传说》（*Tales from Old Fiji*）。

第七章

新的经济秩序： 土地、 劳动力和依附性

不稳定的新来源

在 19 世纪的大部分时间里， 英国皇家海军隐然成为太平洋地区的霸主， 因为英国虽致力于自由贸易却不愿承担殖民地管理费用， 它便行使了 "非正式帝国" 的权力。 羽翼未丰的王国和传教团的神权政体在英国皇家海军的庇护下获得蓬勃发展， 而且新教的各传教团体还提供了领事服务， 将英国皇家海军的制海权与岛屿当局联系在一起。 有三种不稳定因素挑战了这一非正式帝国。 在这些岛屿上， 商业扩张引起了社会关系动荡， 并吸引了第五章和第六章所描述的机会主义者和帝国缔造者， 其他工业强国也被吸引到该地区。 法国海军自 19 世纪 40 年代起开始向该地区投射法国的力量。 美国海军不仅激起日本重新崛起， 还击败了衰落的西班牙帝国， 从而开创了美国的太平洋世纪。 英国最不担心的是俾斯麦首相领导下新崛起的德意志帝国。 岛屿农产品仅占德国进口的一小部分， 而且俾斯麦 （与英国相似但不同于法国） 反对实施关税保护和获得殖民地。

不稳定的最大来源是澳大利亚和新西兰的英国殖民者和新喀里多尼亚的法国殖民者。 他们不仅与总部位于西萨摩亚的德国公司的招聘人员争夺太平洋西部岛屿的劳动力， 还都要求宗主国政府吞并所有有人居住或可能拥有矿产的岛屿。 可以理解的是， 欧洲各国政府不愿为了偏远岛屿和无名鼓噪者冒全球冲突的风险。 他们无法忽视日益增长的混乱， 也不能简单地拒绝他们纠

缠不休的臣民，但他们的反应是最低限度的和省钱的。例如，（英国）西太平洋高级专员兼任斐济总督，其职权主要是向为保护英国臣民利益持续巡逻那些岛屿的英国皇家海军提供建议。当俾斯麦在 1884 年决定将非正式帝国转变为保护领体系时，他试图通过特许公司来经营，而不是直接承担管理责任。当事实证明西太平洋高级专员公署难以胜任时，英国宣布巴布亚和所罗门群岛为其保护领，条件是由澳大利亚和新西兰殖民地承担这笔费用。澳大利亚殖民者、英国传教士和希金森的喀里多尼亚公司对新赫布里底群岛的争夺，导致了行动迟缓、效率低下但花费不多的英法共管机制的形成。

商人最初需要当地掌权者的支持，因为他们的投机活动对土地和劳动力的需求很少。在 19 世纪，当地政府纷纷采取干预措施促进大规模生产，权力关系发生显著变化。不管这些政府是由岛民还是由外来者创建，他们都急于采取措施促进出口经济。因为贸易商、种植园主和采矿公司所提建议（即使自私自利）与当地政府目标一致，因此他们形成利益共同体。在跨越海滩后，企业家们要想从资源掠夺转向生产，至少需要政府提供三类服务：种植园和矿山需要可靠的土地所有权；资本是一个严重瓶颈，而且投资者高度重视政府的监管；最重要的是，企业家渴望政府强迫岛民去工作。

19 世纪 70 年代，德国贸易商控制了太平洋中部的贸易。当时实力最雄厚的德国贸易商是总部在萨摩亚的歌德弗洛伊公司，它在萨摩亚兴办种植园，收购萨摩亚人生产的椰肉干，并控制了大部分交易。它与卫理公会传教团签订协议，联手把汤加椰肉干逼入绝境，还为了贸易和劳动力西进密克罗尼西亚、新几内亚和托雷斯海峡。一些总部在萨摩亚的公司因规模较小在竞争中举步维艰，如 H. M. 鲁格公司。弗雷德·亨宁斯公司的业务主要集中在斐济，而规模较小的公司则在马里亚纳群岛更靠北的地区开展业务。在马绍尔群岛，阿道夫·卡佩勒在被歌德弗洛伊父子邀请入伙前一直从事椰肉干贸易。其他小公司仍然保持独立，比如爱德华·赫恩舍姆。爱德华先是在帕劳后来在约克公爵群岛收购椰肉干，而他的兄弟弗朗茨则在贾卢伊特环礁。这些利益与政治权力不相匹配，因此在其他欧洲人吞并岛屿和庇护同胞后，德国公司受到严重影响。例如，在斐济成为英国殖民地后，亨宁斯公司就衰落了，甚至歌德弗洛伊公司也遭受了损失。

虽然歌德弗洛伊公司在太平洋上布局精密，但在欧洲却很鲁莽，它在1879 年被宣布破产，随后德意志贸易和种植园公司成立，并购买了它的资产。19 世纪八九十年代，由于椰肉干价格持续低迷，以及来自其他美拉尼西亚劳工招聘公司的竞争，他们恳请德意志帝国政府出手干预，保护他们的土地、劳工和贸易。这些公司的游说活动获得殖民协会的支持，但没能说服俾斯麦在 1884 年宣布实施保护制度，因此一些愿意承担政府职能的公司向俾斯麦首相保证，他可放心吞并一些岛屿，不需要政府承担行政成本。

创建特许公司（例如使欧根·布兰代斯成为萨摩亚总理的计划，参见第六章）旨在避免正式的殖民统治，但事实证明这只是推迟了吞并。1878 年，贾卢伊特环礁成立了一个脆弱的政府。当时，卡布阿和一些地位次要的酋长代表拉利克群岛签署了一项条约，宣布德国为最惠国，给予其公民保护和允许其海军自由访问贾卢伊特等港口，包括建立加煤站的特权。该条约虽然没有使德国人吞并拉利克群岛，但使德国人掌握了实权，这可以从拉利克群岛黑色、白色和红色三色旗上看出来，它与德国国旗惊人地相似。尽管德国在 1885 年派来了一名不领薪水的专员，但是贾卢伊特公司在 1888 年获得了代表德国政府统治贾卢伊特环礁的特权。

德国实施间接殖民统治的最大力量是新几内亚公司，这家公司由不通殖民事务的银行家阿道夫·汉泽曼出资在汉堡成立。1884 年，该公司受委托管理新几内亚，即新几内亚岛东北地区和俾斯麦群岛。汉泽曼在研究荷属东印度公司后精心设计了一个种植园计划。虽然汉泽曼很轻松地就通过谈判获得了土地，但他没有考虑到疟疾。疟疾不仅导致公司减员，还迫使其撤离了一个定居点。他也没有预料到热带微生物对外来大田作物的危害。他也没想到美拉尼西亚岛民和中国劳工会身患热病和痢疾。只有在新不列颠岛加泽尔半岛和约克公爵群岛，也就是种植园主已立足的地方，种植园产业才获得蓬勃发展，而新几内亚本土的大片土地却未能吸引殖民者。这一糟糕计划是公司管理者在汉堡进行常规商业算计的结果，尽管它适用于新几内亚开展的艰苦谈判，但实施后却造成巨大的生命损失和资本浪费。1899 年，该公司放弃了政府授权，因此新几内亚成为一个真正的殖民地。新几内亚总督哈尔一直奋力促进种植园主的整体利益，抑制他们对新几内亚劳动力的欲望和降低中国劳工的死亡率。到 1914 年，俾斯麦群岛已成为一个相当繁荣的种植园殖民地。

19 世纪 40 年代，法国的兼并基本上是出于战略需要，尽管其后果要广泛得多。1853 年，法国兼并新喀里多尼亚为建立移民社会提供了唯一的希望。19 世纪 60 年代，新喀里多尼亚发展成为罪犯流放地。与法国其他属地不同，因土地被大规模征用，卡纳克人被限制在土著人居留地里。当地自然条件使经营商业牧场比种植农作物更加有利可图，截至 19 世纪末，这里的采矿收益超过所有其他生产。从新喀里多尼亚海军分舰队巡逻新赫布里底群岛起，招聘人员就开始寻求劳工，希金森也开始编织自己的金融幻想。19 世纪 80 年代，瓦利斯和富图纳被吞并，但它既没有给殖民者提供战略利益，也没有给予殖民前景。

澳大利亚周边岛屿

随着移民国家的扩张，同时为了对抗德国和法国的影响，巴布亚保护领（新几内亚岛东南部，简称英属新几内亚）、所罗门群岛保护领和英法新赫布里底群岛共管地逐渐取代西太平洋高级专员公署。由于这些保护领处于法国、英国和澳大利亚的战略利益和商业利益的边缘，宗主国对它们的成立既无积极性也没有提供物质支持。1888 ~ 1898 年，巴布亚副总督麦格雷戈曾将其希望寄托在黄金上。在他离职后，巴布亚殖民当局一直没有采取进一步措施，直到 1906 年新成立的澳大利亚联邦才勉强承担起责任来。一个皇家专门调查委员会建议用澳大利亚人取代英国官员，并制定了一项发展政策。这一通过种植园发展巴布亚的战略制定出来容易，实现起来很难，因为它遇到了前所有为的阻力。巴布亚殖民当局原则上希望获得大规模投资，但实际上却不鼓励。1897 年，在伦敦成立的英属新几内亚财团被殖民当局拒绝给予其计划所依赖的土地。首先，据巴布亚官员反映，澳大利亚公众对英国私

221

人资本疑虑重重，但是澳大利亚人又缺乏发展种植园的资源或经验。其次，白澳政策禁止亚洲劳工或日本企业家进入巴布亚。最后，货物只能由配备澳大利亚船员的船只运输，这增加了成本，给出口经济造成了难以克服的困难。殖民当局别无选择，只能使政策转向强制巴布亚人从事生产活动。巴布亚在各个方面都受到澳大利亚利益的牵制，始终未能摆脱对澳大利亚补贴的依赖。到1914年时，巴布亚只有1/3的地区处于政府控制之下。

正如澳大利亚议会所观察到的："英国统治的方式最适合当前需要"。统治方式当然是因地制宜的，但在总督的选择中有一个模式。人头税和进口税在任何地方都是最便利的税种。至少有三种策略可带来更多的财政收入：采矿、种植园和乡村生产。目前还不清楚为什么很少采用后一种策略，但所罗门群岛驻地专员伍德福德的做法富于启发性。所罗门群岛保护领成立于1893年，前提是驻地专员需要自己创收，这意味着他要支持任何有合理计划的人。伍德福德在1896年就任时，与货币一起流通的还有贝壳等贵重物品。招工渠道控制者已经积攒了一些欧洲产的服装、家具以及船只，当地居民普遍依赖舶来品，这些商品都可以通过出售海参、珍奇小物件和椰肉干来获得。普通人使用进口斧头和鱼钩，拥有枪支者数量惊人，许多成年人饮酒和吸烟（虽然有些人自己种烟草）。政治实体的规模往往会随着商业的繁荣而扩大，不仅通过扩大招工渠道网络的控制者，还（在恩格拉岛上）通过班尼特所谓的虽具有成文规则但仍处于萌芽状态的原始国家，以及由当权酋长与基督教权威组成的混合体。那时，许多岛屿的岛民都致力于区域贸易。

伍德福德认识到村民虽可创造收入但还不够快。他认为美拉尼西亚人正在灭绝，所以不应依赖他们的生产，与之相反的是必须建立种植园。为了获得土地、劳动力和和平，他认为必须使岛民承认政府权威。但是他永远无法实现这样的控制，因为他手底下的斐济警察数量太少，而且这些斐济警察需要搭便船才能巡逻这些岛屿。最终导致一系列惩罚性远征，商人和"友好部落"被征召为民兵。这些远征常常演变成仇杀，只有通过传教士的干预才得以缓和。尽管基督徒被置于易招怨恨的角色，但继续代表

222

新政权行事：

> 早在 1902 年，伍德福德的前警长威廉·布鲁库在斐济生活 23 年后，回到了他在瓜达尔卡纳尔岛流浪湾的家中。在那里，他成为将新法律引入该地区的关键人物。再往东到塔里斯……戴维·桑戈 1907 年从工作了 20 年的昆士兰返回家乡。作为基督徒，他与南海福音教派传教团合作，使该地区皈依了基督教并推动了政府绥靖政策的落实。[1]

在十年之内，结果似乎证明伍德福德是正确的。收支相抵，并且预算在 1905 年以后几乎年年都能保持平衡。到 20 世纪 20 年代，政府已改变了许多当地居民的行为，尽管信仰的改变更多地取决于福音派岛民。它的权威得到广泛承认，而且战争和猎头也越来越少见。直到 1927 年时，一些马莱塔岛的库瓦伊奥人为抵制征税谋杀了一名地区专员，从而招致猛烈报复（参见第一章），但是骚乱远离生产中心。伍德福德认为政府比其臣民懂得更多，岛民不如欧洲人有理性，他们最终会消亡，种植园主可以将岛民改造成能从事生产的帝国臣民。我们只能推测，可能乡村生产已经超过了这一目标，可能当地居民无端被害案件越来越少，还可能更具创造性地分配了收益。

新赫布里底群岛直到 20 世纪仍处于体制不确定状态。希金森的喀里多尼亚公司外强中干，无力落实发展商业、工业和农业的承诺，而且所获土地的所有权也不明晰，因此法国政府不得不出手救助，并在 1894 年和 1904 年对其进行了两次重组。当新赫布里底群岛共管地于 1906 年成立时，该群岛的地区角色仍然是劳动力储备中心。由于向昆士兰移民活动已经结束，向斐济移民的人数也减少了，新喀里多尼亚成为主要移民目的地。英国人的兴趣已逐渐消退，只剩下例行公事地批评法国的做法。有很多值得批评的地方：在登记土地所有权时，"法国殖民当局似乎比其德国和英国同行更少关心如

---

[1] Bennett, *Wealth of the Solomons*, 111.

何防止最严重的玩忽职守行为"。英国种植园主试图接受法国人的管辖，以便利用"法国殖民地官员和种植园主之间的勾结，容忍对劳工的任何暴行，防止他们投诉和获得赔偿"。① 帕诺夫怀疑劳工在不同殖民地政府管辖下的生活有很大不同，但他仅比较了方法上的显著差异："法国殖民当局与种植园主暗中勾结……其德国同行在新几内亚完全出于良心，宣布并试图实施一套制度，以减少新几内亚人的无力感和对其劳动的压榨"。②

尽管在和平时期行动迟缓，但是澳大利亚政府在 1914 年第一次世界大战爆发后立即派军队占领了新几内亚。在澳大利亚军方的监督下，德国人继续管理自己的种植园，并扩大了种植面积，但是在战争结束后他们不仅被没收了财产，还被英国退役军人取代。尽管新几内亚人在第一次世界大战期间曾反抗过德国人的残暴统治，但是新几内亚在战后作为国际联盟委任统治地仍是一个种植园殖民地。澳大利亚人在首个用新几内亚皮钦语发表的文告"不再有德意志皇帝，上帝保佑国王"中宣布军事占领新几内亚，两者占领的区别很小。直到 20 世纪 30 年代，澳大利亚对新几内亚的控制才突破德国占领时期的范围。中国移民被禁止，日本移民受到限制，在城市加强了种族隔离措施。尽管传教团仍在传教，但是德国国民通常被取代。新几内亚的椰肉干仍是主要出口产品，工资水平仍然很低（只有巴布亚的一半），对一些儿童而言，上学是一件烦人、野蛮和短暂的事情，并且法律也带上了种族歧视色彩。

20 世纪 30 年代，探矿者和传教士发现高地地区人口稠密，因此直到这时大多数新几内亚人才引起殖民地政府的注意。与此同时，殖民者开始经营被没收的种植园之时恰逢大萧条时期椰肉干价格暴跌。巴布亚和新几内亚是太平洋上土地最多和资源最丰富的地区之一。这些殖民地的经济之所以停滞不前，主要是因为它们与澳大利亚毗邻，这阻碍了亚洲劳工的输入，抑制了资本投资，并强加了高昂的运输成本。这些障碍阻碍了它们的

① Panoff, 'The French Way in Plantation Systems', 210.

② *Ibid.*

发展，直到在高地发现黄金。20世纪30年代，即在大多数其他殖民地被开发50年后，巴布亚和新几内亚才获得充足资本使萎靡不振的殖民地经济繁荣起来。

新西兰

自19世纪60年代起，绵羊成为新西兰最有潜力的出口产品。到1880年，新西兰拥有1300万只绵羊。随着它们的繁殖，牧场被篱笆围了起来，森林被砍伐，本地牧草被进口品种取代，并且牧场主对羊群和牧场的严密管理使生产力突飞猛进。美利奴羊（为羊毛而饲养）被杂交品种代替，因为杂交品种还能出产羊肉。机械化剪羊毛（在19世纪80年代）的应用使牧场主增加了利润，冷藏技术使得牧场主得以将乳制品和羊肉运往主要市场——英国。与澳大利亚一样，新西兰经济也极度依赖英国的资本、技术和移民。在《怀唐伊条约》签订后的50年里，新西兰欧裔人口数量超过了60万人，而毛利人人口数量则下降到4.2万人。新西兰人虽然参加了组建澳大利亚联邦的谈判，但他们认为没有加入的必要，因为他们已经基本形成了国家认同。作为登记毛利土地的副产品，殖民者知识分子整理了毛利人的历史，并在波利尼西亚人协会及其杂志上将毛利人重塑为早熟的雅利安人移民。根据这种观点，新西兰不是澳大利亚的边疆，而是一个融合了善于处理种族关系的不同拓荒族群的国家。

这种亲切友好的传奇故事掩盖了毛利人财产被剥夺的事实。随着毛利人议会的消亡，毛利人越来越不关心政治自治，但是更加关注他们剩余土地的开发。他们还越来越认识到，只有在欧洲人社会中获得平等权利，才能改善他们的社会福利。然而，承认欧洲人的权力并不意味着必须完全同化。因此，毛利人的意识形态开始服务于两个目标：一是主张"融入"欧洲人社会，这是为了争取社会经济地位平等，要求在农业、政治和教育方面享有平等权利；二是保留毛利人独特的文化，并请求被排除在新西兰社会的某些层面之外，以保持他们的民族特征。这些目标被称为二元文化政策。

这种二元文化政策得到毛利圣公会男子学院特奥特学院学生会成员的极

力拥护。"青年毛利党"始终没有成为一个政党，它基本上是一个由受过西方教育的政治人士组成的群体，其中一些人还赢得了议会席位。大多数人主张完全融入欧洲人的社会框架。他们只是认为，"由于受到陈旧的、颓废的和有害的习俗困扰，毛利人社会堕落了，意志消沉了，无宗教信仰了"。他们以毛伊·波马雷的话"再也回不到夏威夷理想化的家园了"为座右铭。[①]

青年毛利党开展了争取更好的卫生和教育运动，更重要的是，他们提倡利用欧洲技术来开发仍归毛利人所有的土地。根据 1894 年颁布的旨在解禁土地合并的《土著土地法院法》，一些部落试图克服毛利人自由保有土地所有权的碎片化。在阿皮拉纳·恩加塔的主持下，数名波鲁部落的地主将土地交给了一个管理委员会，并实际上成为股东。这群人可以作为一个整体来谈判贷款和开发他们的土地。通过这种方式，波鲁部落开始生产乳制品，并于 1924 年在鲁阿托里亚创建了第一家毛利人乳制品合作社。

当议会通过一系列法案赋予毛利人有限的自治权时，青年毛利党运动正处于高潮。与此同时，毛利人人口数量开始恢复增长，人口数量在 1921 年恢复到 19 世纪 50 年代的水平，人口增长率也在 1928 年超过了欧洲人。20 世纪初被认为是毛利人复兴的开端，但青年毛利党对毛利人福利的影响可能被夸大了。虽然青年毛利党受到欧洲人的尊重，但它对毛利人大众的影响并不明显，它争取改善毛利人福祉的运动只是为了使毛利人的社会习俗在一定程度上符合欧洲人的价值观，这使许多人怀疑它的意图，它提倡欧洲人的、中产阶级的、受人尊敬的习俗，这显然源于其成员所接受的教育。最终，青年毛利党的政治方案受到了广泛的质疑，而且一些年长者还感到悲伤，因为这些特奥特学院的男生们在为毛利人事业的奋斗中迷失了方向。

毛利人先是在布尔战争中为大英帝国战斗，然后在加利波利半岛和法国的西线作战（彼得·巴克，即特兰吉·西罗亚，在那里成为军官），他们的牺牲为新西兰要求对库克群岛和西萨摩亚的委任统治权增添了砝码。巴克和恩加塔之间的往来信件记录了他们对毛利人文化和风俗习惯以及大英

225

---

① Quoted in Fitzgerald, *Education and Identity*, 29 – 30.

帝国的感到自豪。例如，他们批评了新西兰在西萨摩亚的管理人员，但没有批评新西兰的委任统治权，他们认为用毛伊·波马雷取代行政长官理查德森将解决大部分令人头痛的问题，也许他们多年的迁就已使他们的思路变得狭窄，看不到一些可能性了。然而，在他们当时所处的环境下，很难看出他们还能取得什么成就。这项由地方政府和进步协会实施的战略确实带来了一定程度的农村繁荣，这项战略内容包括牧草改良、下水道和供水设施、小学和道路修缮等日常事务。虽然毛利人生活水平和预期寿命仍落后于欧裔新西兰人，但人口减少趋势被扭转，预期寿命在 20 世纪 20 年代也高于其他波利尼西亚人。许多人保留了土地所有权，毛利人的文化和风俗习惯也有了未来。

斐 济

英国对斐济的管理别具一格，与英国其他殖民地不同，斐济总督不受制于澳大利亚殖民地，其合法性（即使不是他的正式权威）来源于由萨空鲍组织起来的酋长们对这些岛屿的权利转让，并得到约翰·瑟斯顿的辅佐（参见第五章）。这位总督也不同寻常。亚瑟·戈登爵士是一位自信而有经验的总督，出身贵族，有着良好的政治关系。他的得力助手瑟斯顿具有十分丰富的经验，这加强了他总体政策方向的把握。在向与会种植园主致辞时，戈登阐释了他的目的："我们需要资本投资……我们需要廉价的、数量充足的、供应稳定的劳动力；我们需要交通工具；我们希望法律裁决能够得到迅速执行；我们需要教育设施；还有……我们想要财政收入。"[①] 殖民地制糖公司解决了第一个问题，印度契约劳工解决了第二个问题，但是最具特色的是处理土地问题的方法。尽管戈登热衷于将土地用于商业目的，但他决心避免澳大利亚、新西兰和夏威夷所采取的剥夺方式。解决方案是使大酋长委员会（*Bose levu Vakaturaga*）发挥实际作用，以便向总督提供有关斐济事务的建议，使酋长们参与农村管理和征税，并保证斐济人拥有大部分土地。一个

226

---

① Cited in Lal, *Broken Waves*, 13.

土著土地委员会被成立，负责评估殖民者的权利主张，然后划分仍被村社控制的土地。这一揽子解决方案并不像看起来那样仁慈，其影响将在下文和第八章中进一步讨论，但是它确实调和了制糖业的需要与酋长的权威以及他们与大英帝国的利益。

种植园与种植园劳工

正如法国官员在塔希提岛所发现的那样，对于渴望促进种植园发展的殖民地政府来说，土地至关重要，但有时难以获得。19 世纪 30 年代，波马雷政府通过立法禁止外国人购买土地或通过婚姻获得土地。随着波马雷家族逐渐凌驾于当地酋长之上，传统的土地所有权遭到侵蚀，在作为法国保护领时（1842～1880 年），政府通过促进村庄发展而不是分散氏族，加剧了土地所有权的混乱状况。然而，政府无法大规模地转让土地，除非像 19 世纪 40 年代那场战争后那样没收叛乱的塔希提人的土地。尽管最终确实形成了种植园，但所有者是身份重叠的皇室成员、贵族、具有欧洲血统的塔希提人和新教领导层。到 1880 年塔希提岛被正式吞并时，再想重构这些土地的产权已为时太晚。

保护领政策不是试图理解土著的原则并使之适应新形势，而是否认这些原则的存在。结果是法国本土法律在没有达到预期效果的情况下被法国人的法院强制执行了上百年。事实上，塔希提人在处理土地问题时所采用的方法和所承认的权利，迥然不同于法律所规定的情形。①

有两种土地所有制传统在起作用，而且常常被人为操纵以使之对个人有利。少数殖民者获得了一些土地，但大公司没有获得发展空间。椰肉干成为主要

---

① Michel Panoff, 'The Society Islands: Confusion from Compulsive Logic', in Crocombe, *Land Tenure in the Atolls*.

出口产品，但只有一小部分产自种植园。

新喀里多尼亚避免了这种现象。根据澳大利亚树立的先例，政府在1855 年以"土地无主"为由获得了所有未开垦的土地，并把它们交到种植园主和牧场主手中。在这里，通常的殖民关系模式被一个意想不到的事件短暂打断了。1862 年，法国总督吉兰走马上任，并受命创建一个罪犯流放地。由于受到当时许多法国人的反教权情绪的影响，他更愿意与"异教徒"卡纳克人谈判，而不是与传教士及其皈依者谈判。到他离职时，政府与卡纳克人已形成了更传统的结盟关系。在这一时期，政府与所有卡纳克盟友拥有足够力量剥夺卡纳克社区的土地和镇压被剥夺者缺乏协调的反抗，甚至1878 ~ 1879 年由酋长阿塔伊领导规模最大、最受支持的起义。罪犯流放地为建立一个由刑满释放人员和自由殖民者构成的社会奠定了基础，并在采矿业和畜牧业基础上创建了资本主义经济。与其说卡纳克人融入了这个经济体，不如说他们被从这个经济体中驱逐到近海岛屿以及主岛的土著人居留地。自由殖民者也认同这个地区的官方观点。例如，对于19 世纪 90 年代在沃区定居的那150 人来说，"那个地方什么都没有"：

> 新喀里多尼亚的灌木丛就像一张白纸，他们不得不在那上面留下自己的痕迹……他们根据自己掌握的知识来组织空间，他们通过在土地上留下自己的标志来占有土地……卡纳克人的世界对欧洲人来说毫无意义，欧洲人甚至没有尝试去理解它……因为他们自认为是帝国的先驱，文明的代表。[1]

沃区的殖民者在自己的咖啡农场建成前一直依靠附近的镍矿生活，他们向镍矿亚洲矿工供应蔬菜，而且他们的儿子还被镍矿管理部门雇用。

即使获得了土地，劳动力也没有流动。德国人实质上只侵入了新几内亚的近海岛屿，仅影响到新几内亚的沿海地区或可通航的塞皮克河两岸。

---

[1] Merle，'The Foundation of Voh，1892 – 1895'.

加泽尔半岛的图拉人受到种植园和新几内亚公司的影响。他们已熟悉外来商人,他们拥有非常适合种植木本作物的火山土地,他们欢迎购买商品的机会,而且在整个19世纪70年代他们可以击退任何威胁要打扰自己生活的商人。图拉人按照自己的条件与传教士重归于好。贝币"tabu"仍是最受欢迎的交换媒介,比新几内亚公司的货币甚至烟草使用得更广泛。殖民者为了与图拉人进行贸易不得不获取贝币,因此它的流通量急剧增加。即使贝币在1900年被"废止流通",以及只能用硬币支付从1905年开征的人头税,它仍在继续流通,这令新几内亚公司厌烦不已。图拉人被彻底惹恼了,因为贝币使他们能够将生产性劳动与社会关系融合在一起,而贝币对订婚、丧葬仪式和其他交换的贡献又加强了生产性劳动。图拉人在享受资本主义生产带来的一些好处的同时,还使自己与资本主义生产的全部逻辑隔离开来。

尽管新几内亚面积比密克罗尼西亚大而密克罗尼西亚更有利可图,但西萨摩亚仍然是德国企业的焦点。德意志贸易和种植园公司拥有土地,但无法动员足够劳动力来摒弃萨摩亚人生产的椰肉干。萨摩亚人不愿去种植园工作,而吉尔伯特人(即基里巴斯人,他们很容易被招募)又太少了。到19世纪80年代,德国为了配合德意志贸易和种植园公司开展业务向阿皮亚派驻了一名领事。他支持德意志贸易和种植园公司为确保获得劳动力而吞并新几内亚的请求,当新几内亚公司试图为满足自己需要保留新几内亚劳动力时,德国政府为了保证德意志贸易和种植园公司的需要再次进行了干预。 228
1900年,德国正式吞并了西萨摩亚,但是这没有动摇德意志贸易和种植园公司在土地和劳工政策制定和解释权上的主导地位。德国企业的种植园经济发展蒸蒸日上,它们实际上垄断了被转让的土地和拥有在新几内亚招募劳工的专有权。小殖民者从总督索尔夫那里得到的支持要少得多。和其他总督一样,他也偏爱收入可靠诉求坚定的公司,而不是利润不稳定和政治立场摇摆不定的殖民者。萨摩亚的情况支持了芒罗和弗思的论点,即缺乏收入导致所有管理者都鼓励欧洲人的发展,"因为只有强劲的出口贸易才能提供可靠的税收来源。实力单薄的商人和船主以及租种小块土地的个体种植者永远无法产生足够多的税收来支撑殖民地的运行……公司更有能力安全度过艰难时期。[1]

第一次分红是在德意志贸易和种植园公司运营 5 年后。四年后，当它的竞争对手鲁格公司倒闭时，它也被重组，且名义资本减少了一半。劳工们为该公司的财务危机付出了高昂的代价。1875 年，劳工们步行 50 千米到穆里努乌向政府请愿，于是政府成立了一个调查委员会。大部分吉尔伯特劳工抱怨在被招聘时受到虚假宣传的误导，体罚、周日劳动、任意削减工资、扣留工资、口粮不足和医疗待遇差。该公司运用其影响力使调查委员会将罢工归咎于煽动者。吉尔伯特人直到吉尔伯特群岛成为英国保护领后才再次进行抗议，因此他们可以向英国执政者提出申诉，希望得到更好的补偿。

在所罗门群岛，种植园也面临着劳动力短缺问题，尽管岛民有在国外工作的传统。由于部族战争受到抑制和为外国招聘劳工遭到禁止，以及传教士、商人和基督徒的出现，招工渠道控制者的权力受到限制。难以根除的消费习惯怂恿他们以及从昆士兰回来的人开始出售土地，这要比工资劳动或椰肉干赚钱更快。在种植园主开始开垦土地后，伍德福德感到非常高兴。1898 年，太平洋群岛公司开始就特许经营权和（似乎取之不尽用之不竭的）"无主地"与保护领政府展开谈判，这增加了他的成功机会。事实证明，太平洋群岛公司成了威廉·利弗用来掩人耳目的工具，他借此积累了 40 万英亩土地。澳大利亚企业伯恩斯·菲利普公司也渴望获得种植园，实力较小的澳大利亚投资商也被吸引来了。999 年的租期弥补了伍德福德只能颁发没有明确所有权的使用权证书这一缺憾。

新种植园向岛民提供了比昆士兰和斐济劳工更低的工资和更差的工作条件。法律偏袒雇主，而且政府既缺少监督人员也缺乏动力去管理雇主。暴力司空见惯。黑人犯错会受到严厉惩罚，而白人仅被悄悄驱逐出境。工资被人为压低，劳工数量只增加到 7000 人（1921 年），但在接下来的 10 年里又降到了 4000 人以下。如果政府拥有足够的权力，它可以用强迫手段获得更多

229

---

① Doug Munro and Stewart Firth, 'Company Strategies-Colonial Policies', in Moore, Leckie and Munro (eds), *Labour in the South Pacific*, 25.

劳动力，但直到 1921 年它才开征人头税，并且在接下来的几年里人头税一直遭到岛民奋力抵制。1923 年，政府再次试图压低劳动力成本，以预支的工资来代替人头税，这主要是为了阻止招工渠道控制者招聘劳工。由于政府考虑不周，虽然招工渠道控制者受到压制，但劳动力供应依然很紧张。

在新喀里多尼亚，随着自由移民成为雇主，劳动力也开始供不应求。由于罪犯在刑满释放后无法离开，他们也必须像自由移民那样自谋生路。雇主更喜欢新赫布里底人。招聘劳工在 19 世纪 50 年代成为一项政府事业，但是从 1865 年起，招聘劳工成为私营企业的业务，这一直持续到 1929 年经济大萧条时期，虽然在 19 世纪 80 年代中断过（当时劳工输入仍在秘密进行）。1865～1929 年，这里至少招聘了 1.4 万名新劳工，其中绝大多数是在 1900 年前招聘的。从那时起，他们逐渐被东南亚劳工取代，法国政府已成功在洛亚蒂群岛开征人头税，所以该群岛岛民都是根据契约被输入新喀里多尼亚岛的。

19 世纪 80 年代，一位前往努美阿的游客观察了一群新赫布里底人：

> 他们成群结队地走进主人商店的外走廊，然后留下来供有意向的买家信息……我是在深思熟虑后才说"买主"和"卖方"的，因为这桩买卖就像过去在美国南方看到那样的公开交易。一位澳大利亚人来寻找一名"童仆"。"上面那群人都卖不出去"，那个和善的总管说："有个小家伙会说英语"。然后，我的朋友就像兽医检查马那样检查了那个"小家伙"……最后给了那名十四岁的男孩一百法郎，从那以后，那个男孩要为买主当三年奴隶。

新劳工通常被雇用 3 年至 5 年，不仅受雇于种植园主和矿山经理，还有政府。由于岛民在地下采矿时易患肺炎，而且雇主们认为越南人更能吃苦耐劳，因此岛民仅从事地面工作。有一座镍矿被称为"无套裤汉矿"，因为岛民的穿着很暴露。一份 1883 年的报告记录道，"新赫布里底人无处不在，没有他们，很少有家庭能过得好"。雇主可以随心所欲地压低工资和延付工资，还任意扣减工资。新赫布里底人还有一个优势。正是因为新赫布里底人与殖民者都是"外来人"，他们比卡纳克人、罪犯或刑满释放人员更值得信任。他们是"天生的宪兵"，他们对"主人"的承诺意味着他们至少有一定程度的选择权和自主权。

大多数遭遇发生在男人之间，女工虽然占少数，但其比例仍比其他岛屿要高。从19世纪80年代起，她们占了旅客名单的10%或20%。根据法律规定，妇女只有在征得丈夫或父亲同意的情况下才可被招聘，但是狡猾的招聘人员会娶土著妇女。少数妇女成为矿工和种植园劳工，但大多数妇女成了家政服务人员。土著妇女的工作隐含在她们的报价中。让一位招聘反对者感到震惊的是，"姑娘们在我们尊贵的商人们的院子里和外走廊下排成一排：15岁的年轻姑娘，500法郎；将近20岁的姑娘，400法郎；那些魅力已经消失的姑娘，300法郎。在自由殖民者中，男性数量远远超过女性。在新赫布里底人中，男女比例大概是10:1；在罪犯和刑满释放人员中，男女比例则飙升至30:1。许多妇女成为小妾，男性劳工可获得其他妇女。这些前景似乎令人沮丧，被遣返回乡者描述了她们当契约劳工时的生活，但有些妇女显然是自愿的。行政记录显示一些妇女为了逃避岛内危机费尽心机地吸引旅游船，还有一些妇女则利用了公认的权利，以致女性志愿者非常熟悉特定锚地。许多妇女在首份合同到期后选择了不返乡，因此她们可能成为小妾、妓女或洗衣妇。①

在斐济，戈登偏爱的是殖民地制糖公司，而非那些自19世纪60年代以来蜂拥而来的小种植园主。殖民地制糖公司在昆士兰的企业依赖最新技术、丰厚的报酬和白人劳工。在斐济，同样的聪明才智产生了完全不同的模式。1879~1916年，有6万名印度人根据为期5年的合同被招聘到斐济，从而取代了劳动力规模较小的岛民。在合同到期后，印度契约劳工（他们自称girmitiyas）可以留下来，抑或（自费）返回印度。印度和斐济政府的要求

---

① Shineberg, ' "The New Hebridean Is Everywhere" ', quoting Julian Thomas [James Stanley], *Cannibals and Convicts*, London, 1886; settlers' petition in *Neo-Caledonien*, 4 July 1882; and Eugene Mourot, in *Le Progrès de la Nouvelle-Calédonie*.

提供了关于工作条件的详细统计资料。（萨摩亚的统计数据反映了最低程度的责任）尽管雇主权力受到法律限制，但是雇主在具体事务上仍拥有自由裁量权，因此许多印度契约劳工的生活受到严重破坏。例如，虽然规定了最低工资标准，但是殖民地制糖公司坚持实行计件工资制，直到 30 年后男人和女人的工资才达到法定最低标准。雇主还以未完成任务为由扣减工资，虽然他们有义务提供医疗和住房，但这是可变通的。印度政府规定男女比例为100∶40，但很少有印度契约劳工能负担得起永久婚姻，这些妇女受到上司和其他男人的骚扰，卖淫或姘居是许多妇女唯一的生存策略。虽然印度契约劳工有权起诉违约的雇主，但是由于财力上的不平等，这项权利遭到嘲弄。尽管印度契约劳工把他们的合同视为地狱，但是他们却在合同到期后选择留在斐济。殖民地制糖公司通常以新的方式继续控制着他们，该公司向其佃农强行规定他们种什么以及套种什么农作物，还为他们的甘蔗设定了价格。

斐济的种植园生活具有许多一般特征。虽然政府对招聘、工资和工作条件做出规定，但将执行权交给了雇主。劳工们被禁止援引这些规定，而且也很少这样做。因此，种植园变成一个自给自足的独裁王国。劳动过程由时钟和警笛控制，劳动质量由公司规定和经理来控制，公司规定明确任务，经理判断是否完成任务。监工经常实施恐怖统治。在这种令人绝望的工作环境中，劳工们为了自尊而斗争。例如，严格的生产目标反而助长了一种贬低超额完成任务的工作文化，这种文化表达了团结起来保护个体不受某些过分行为侵害的愿望。在没有共同语言将劳工们团结起来的情况下，皮钦语发展起来，这种语言简单到足以使工人们相互交流，还难以捉摸到足以让监工们迷惑不解。工棚也使居民们有了一些团结，他们讨论当天事务和预料明天的严酷天气。

正式罢工很少见。当劳工们可以被取代，管理层可以克扣工资，政府支持雇主，以及工人没有其他谋生手段时，罢工几乎毫无意义。"拉包尔罢工"（参见第八章）作为特例证明了如下规律：组织者不是种植园劳工，索赔记录与其说是对工资的要求，不如说是对殖民主义的控诉。更常见的是肢

231

体冲突。在所罗门群岛种植园：

> "新掺和进来"的监工总是被种植园劳工"考验"过。男劳工会公
> 然违抗新监工，期望他打他们或丢面子。在晚上，监工很容易受到攻
> 击，劳工有时会试图当众将他打倒在地。种植园里的每一个人，包括政
> 府，都知道，打架斗殴是一种标准的和可接受的执纪方式——如果这位
> 劳工是过错方，也知道错了，并且没有造成严重身体伤害。然而，如果
> 劳工们觉得自己被冤枉了，他们就会经常联合起来对付监工。①

这种道德经济虽不公平，但它给予了某种程度的可预测性，而且劳工们对它
的影响有限。

对斐济人的社会控制迥然不同于统治契约劳工的，因为酋长体制减轻了
资本主义带来的压力。公共工程、经济作物生产以及装卸和采矿方面都需要
斐济人，但种植园文化影响了所有管理部门。正如 1942 年斐济一个工作小
组的领导人所说："我们知道斐济依赖殖民地制糖公司，而且政府也非常重
视该公司意愿，我们斐济人认为该公司底薪太低。"② 上述质疑是有充分根
据的。所有雇主为了避免相互抬高工资而合谋提供了水平相当的工资。

种植园对土地的庞大需求和对廉价劳动力的过度依赖破坏了岛民的自
232 治。这种冲突在夏威夷得到完美体现。虽然美国殖民者口头上（就像在澳
大利亚和新西兰那样）提倡机会平等，但是这些普世价值在实践中带上了
种族主义色彩。殖民者怀疑甚至否认岛民与其具有同等价值，当夏威夷人在
经济发展中没有获得同等好处时，他们既不感到惊讶也不担心。"自由"市
场的作用是为外族白人开发商提供土地，而对世袭权力的攻击针对的是君主
政体。虽然殖民者完整保留了夏威夷君主政体，但到 19 世纪中叶时种植园利益
主导了公共政策，到 19 世纪 90 年代时该王国基本上已经"预先适应"了移民

---

① Bennett, *Wealth of the Solomons*, 169 – 7.

② Quoted by Jacqueline Leckie, 'Workers in Colonial Fiji: 1870 – 1970', in Moore, Leckie and
Munro (eds), *Labour in the South Pacific*, 47 – 66.

社会，只剩下君主制本身。自库克到来后的一个世纪里，土著人口数量日益萎缩。虽然夏威夷人仍拥有约14%的土地，但都不是优等地。大多数夏威夷人已经离开或被驱逐出乡村，要么在种植园要么在城镇谋生。他们是如何应对的呢？

人们通常认为，纺织品进口对传统纺织业的毁灭性打击导致妇女地位下降，因为妇女织布，并使之与仪式联系在一起。女性人口数量下降的速度快于男性。然而，在《土地大宪章》颁布之后，妇女继承土地的比例越来越高，但继承土地的夏威夷人却越来越少：

> 在《土地大宪章》时代，夏威夷妇女在土地继承权上受到支持，因为妇女被象征性地与土地联系在一起；因为妇女被认为是文化贵重物品的生产者……因为夏威夷没有形成男性在人际关系上处于支配地位和具有优势的意识形态；因为本土宗教的性别禁忌为妇女在仪式上和在社会中建立了一个单独的权力域；因为妇女在土著社会中被视为强大的、独立的生命体；因为从男人角度看，妇女是获得地位、土地和政治权力的通道；因为妇女能够担任具有最高法律权威的职位，尽管男人在这类职位中受到青睐，而且人口减少和经济形势破坏了当地社会正常的继承链。随着平民加速流离失所，法律上的备选人物，即女性，成了地主和当家人，尽管她们自认为是家庭命运的临时守护者。[1]

夏威夷人没有向厄运低头，而是努力支撑着家庭和家族的完整，这是最古老、最持久以及仅存的抵制剥夺的盾牌，但事实证明这一政治上层建筑的韧性并非十足。

夏威夷君主制的瓦解

早在卡米哈米哈一世统治时期，夏威夷就被承认为主权国家。到1887

---

[1]　Linnekin, *Sacred Queens and Women of Consequence*, 238.

年，夏威夷已与20个国家签订了条约和协定，至少与美国签订了5项条约或协定，以及外派了大约100名外交和领事人员。1843年，英国和法国发表联合声明，宣布承认夏威夷独立，并承诺永不吞并夏威夷。当美国被邀请加入这一声明时，国务卿 J. C. 卡尔霍恩回复说，总统完全遵守英法所呼吁的公正精神。移民来自世界各地，许多人放弃了对祖国的忠诚，加入了夏威夷国籍。到1892年，夏威夷成为一个致力于与世界各国进行文化交流和经贸往来的文化多元的多种族国家。夏威夷公民识字率跻身世界前列，而且能讲多种语言的公民比比皆是。夏威夷伊奥拉尼王宫先于美国白宫接通了电话和用上了电。

233

　　"传教士党"是由传教士后裔和商人组成的联盟，实施了激进的法律、经济和社会变革。由于土地私有化、移民和劳工法以及打开美国市场的《互惠条约》，糖料种植园得以建立并盈利。在卡拉卡瓦统治时期，对于制糖业利益集团而言越来越明显的是，深刻影响政府政策是不够的。传教士党形成一个决心推翻夏威夷国王统治和推动美国吞并夏威夷的阴谋集团，两位主要成员是某个早期传教士的孙子洛林·瑟斯顿和另一个早期传教士的儿子桑福德·多尔。早在1882年，瑟斯顿就接管夏威夷问题与美国官员进行过秘密交流，美国海军部部长向他保证切斯特·亚瑟政府将赞成吞并。1892年，瑟斯顿从本杰明·哈里森政府那里得到了同样的保证。美国利益主要是战略性的并集中在珍珠港。在1887年卡拉卡瓦签署"刺刀宪法"后，美国获得了珍珠港的专用权，作为交换，《互惠条约》被延期7年。

　　卡拉卡瓦于1891年在旧金山去世。夏威夷一直有谣言说他死于传教士党的间谍之手。他的妹妹利留卡拉尼女王继位后不久，就收到一份由2/3选民支持的请愿书，恳求她废除"刺刀宪法"，并将政府权力还给夏威夷人民。1893年1月14日，利留卡拉尼女王完成了新宪法的起草工作，她告知内阁打算立即进行改革。根据"刺刀宪法"规定，她的内阁由传教士党控制，瑟斯顿声称她无权通过法令制定新宪法，他与另外12人组成了一个"公共安全委员会"，并拜访了美国驻夏威夷公使约翰·L. 史蒂文斯。

　　史蒂文斯于1889年就任美国驻夏威夷公使。他坚信自己的使命就是帮助美国吞并夏威夷。他写给国务卿詹姆斯·布莱恩的信记录了这种主张。1892 年 3 月，他请求国务卿就下述问题给予指示，即一旦发生有秩序而温和的革命运动，他可以偏离规则和先例到什么程度。他后来写道：

> 最佳时机即将来临……只要该群岛还保留着自己的独立政府，英国或加拿大自治领仍有可能在夏威夷的某个港口建立一个加煤站。吞并将排除所有此类危险。[①]

当瑟斯顿在 1893 年 1 月 15 日拜见史蒂文斯时，"最佳时机"到来了。他们 234 同意海军陆战队以保护美国人的生命为借口登陆，然后革命党宣布组建临时政府，并通过兼并条约把夏威夷移交给美国。

1893 年 1 月 16 日，海军陆战队在没有发出任何警告的情况下在火奴鲁鲁登陆，并沿街道进军，将枪口对准伊奥拉尼王宫。第二天，18 名同谋者，主要是美国人，潜入离美国海军陆战队宿营地不远的政府大楼。在那里，美国律师亨利·库珀（他在夏威夷居住了不到一年）宣布，他和另外 17 人已组成新政府。他们自称"临时政府"，并选举桑福德·多尔为总统，他们的目标就是使夏威夷并入美国。史蒂文斯立即承认了"临时政府"，并和他们一起要求女王投降，否则将与美国爆发战争，利留卡拉尼女王极不情愿地屈从了。美国一直否认对此事负责，但女王的讲话表明美国军队是决定性因素，她希望美国政府撤销史蒂文斯的行动：

> 我，利留卡拉尼，承蒙上帝的恩典和根据夏威夷王国宪法，行使女王职权，在此郑重抗议……由某些声称已为这个王国成立临时政府的人……所做的任何和所有行为。
>
> ……我屈服于美利坚合众国的不可抗力，其特命全权公使，约翰·史蒂文斯阁下，已使美利坚合众国军队在火奴鲁鲁登陆……

---

① Kuykendall, *The Hawaiian Kingdom*, Vol. 3, 648.

现在，为了避免武装部队间的任何冲突和可能出现的生命损失，在这篇抗议书和在这支军队胁迫下，我愿意放弃我的权力，直至美利坚合众国联邦政府，根据提交给它的事实撤销其代表的行动，恢复我的职务和我作为夏威夷群岛立宪君主所拥有的最高统治权。①

1893 年 2 月，史蒂文斯在与夏威夷临时政府谈判后签署了一项兼并条约，并提交哈里森总统批准。但是，克利夫兰在参议院投票之前取代了哈里森。女王的使节设法进入美国，恳求克利夫兰撤回条约和展开调查，众议院议员詹姆斯·布朗特被任命为特别调查员，他在抵达火奴鲁鲁后发现美国国旗飘扬在伊奥拉尼王宫前，他把它取下来，并命令海军陆战队员撤回到他们的船上。布朗在收集证言数月后返回美国，他的报告谴责了这场"革命"，并建议恢复"合法政府"。克利夫兰在向国会发表讲话时用充满激情和毫不含糊的言辞描述了针对夏威夷的这种"战争行为"：

235

那个弱小但友好而真诚的民族的政府被推翻了……

夏威夷合法政府在没有亮剑或开枪的情况下就被推翻了。可以断言的是，其过程和其成功的每一步都直接源于并取决于美国驻夏威夷公使，并通过其外交代表和海军代表所采取的行动。要不是那位美国公使公然想要兼并，那个应被称为兼并委员会的安全委员会绝不会存在。要不是美国军队假借维护美国侨民生命和财产安全之名登陆，该委员会绝不会因颠覆女王政府而遭受叛国的痛苦和惩罚。要不是部署在政府大楼外围的美国军队提供了一切必要的保护和支持，该委员会绝不会从楼外台阶上宣布成立临时政府。而且具有决定性的是，要不是美国军队以虚假借口非法占领火奴鲁鲁，要不是美国公使史蒂文斯承认临时政府时美国军队是其唯一支持者和实际上等于其唯一军事力量，女王及其政府决

---

① Lili' uokalani's protest was published in *Blount's Report* (*House Executive Documents*, 53rd Congress, 2nd Session, No. 47) 120, and in the Honolulu *Daily Bulletin*, 18 January 1893. It has been republished in many places.

不会向临时政府屈服，即使有一段时间屈服也只是为了将她的案子提交给开明、公正的美国。[1]

克利夫兰还说这场"革命"是"国际法上的耻辱"，并拒绝将该条约提交参议院。利留卡拉尼女王被总统告知想要帮助她复位，如果这件事能够在宽大而公正地对待各方的情况下被解决的话。总之，往事不再被追究，即复辟政府在重新掌权后就当它没有被推翻过。女王抗议说这种承诺是违宪的，但后来同意在其政府复辟后实行大赦。临时政府被告知这一决定，并要求遵守克利夫兰的决定和服从女王的宪法权威。他们不仅拒绝了克利夫兰的要求，还厚颜无耻地抗议克利夫兰企图"干涉他们国家的内部事务"，并宣称自己现在是临时政府的公民和不受美国总统的管辖（尽管他们一直以美国公民身份为海军陆战队登陆辩护）。

尽管克利夫兰发表了原则性讲话，但却使美国军队驻扎在了夏威夷，并将此事提交国会进一步调查。然而，参议院外交关系委员会主席约翰·摩根是兼并的狂热支持者。该委员会发布了自己的调查报告，赦免了除女王之外的所有人！这一结果使美国行政当局和立法机构陷入僵局。因此，革命派为使其政府看起来像永久政府，制定了一个重组政府的新计划，他们希望在新总统当选后"永久"政府可以将夏威夷割让给美国。

反叛者为了使自己的行动合法化不得不制定一部宪法。桑福德·多尔作为总统宣布召开由37名代表参加的制宪会议，其中19名代表由他挑选，另外18名代表经选举产生。为了不让复辟者有机可乘，候选人和选民被要求拒绝承认利留卡拉尼女王和宣誓效忠临时政府。只有不到20%的合格选民参加了投票，绝大多数人拒绝通过参与选举美化这一骗局。制宪会议通过了一部基本符合多尔和瑟斯顿要求的《夏威夷共和国宪法》。支持新政权的外国人可以投票，忠于女王的公民则不能。为了使多尔的支持者满意，只有那些会说、会读和会写英语或夏威夷语的人才能投票和解释用英文起草的宪

236

---

[1]　United States Executive Document 47, 53rd Congress, 2nd Session, House of Representatives.

法。因此，支持利留卡拉尼女王的日本人也被剥夺了公民权。

1894 年 7 月 4 日，多尔以总统身份公布了这部宪法。利留卡拉尼女王顾虑到布朗特警告不要武装反抗，以免海军陆战队登陆，并彻底粉碎夏威夷人的希望，她决定耐心等待，仍寄希望于美国主持正义。在威廉·麦金利代替克利夫兰担任总统后，多尔为完成这个阴谋匆忙向华盛顿派去了一个代表团。由于宪法宣布由他们统治夏威夷，夏威夷共和国放弃了主权。革命派意识到该条约无法在美国参议院获得批准所需的 2/3 以上赞成票，在 1898 年勉强接受了美国国会参众两院的一项联合决议，即《关于归并夏威夷群岛的联合决议》。美国在夏威夷建立了一个准州政府，将多尔的头衔从总统改为总督。1900 年，政府颁布的《组织法》宣布夏威夷共和国所有公民自动成为美国公民，并受美国法律约束，夏威夷人在这些变化中没有被给予发言权。随着这场革命达到高潮，利留卡拉尼女王向美国人民发表讲话：

> 哦，正直的美国人，请像基督徒那样聆听我代表被踩蹦的人民所做的讲话！就像你们珍视你们的政府形式那样，他们也珍视他们的政府形式。就像你们非常热爱你们的国家那样，他们也非常热爱他们的国家。不要贪恋远离你们海岸的拿伯的小葡萄园，免得对亚哈的惩罚降临到你们头上，即使不发生在你们活着的时候，也会在你们儿女活着的时候，因为"不要自欺，神是轻慢不得的"。你们的祖先曾向夏威夷人民讲述过永生的上帝，并教导他们称其为"圣父"，然而如今你们祖先的子孙们却想要掠夺和毁灭他们，麻烦缠身的夏威夷人民正在向上帝大声疾呼，上帝定遵他的应许，并聆听他的正为家园之殇痛楚的夏威夷孩子们的声音。[1]

美国人对这一请求充耳不闻。瑟斯顿、多尔及其同伙在夏威夷建立了外族白人寡头政治。他们在 20 世纪 50 年代之前一直控制着夏威夷的政治和经

---

[1]　Lili'uokalani, *Hawaii's Story by Hawaii's Queen*, 373 – 4.

济。传教士后裔和糖料种植园主家族在夏威夷成为一个独特的社会阶层。在
经济上，制糖业居于支配地位。在政治上，夏威夷人尽管没有被禁止投票但
是处于少数地位。大片土地在土地重新分配运动中被划为王室和政府土地并 237
移交给美国控制。这些"割让土地"大部分在 1959 年又被移交给夏威夷
州，但是联邦政府仍将大量土地留作军用保留地，特别是在瓦胡岛。

采矿殖民地

围绕着采矿形成了一些独特的社会关系。秘鲁钦查群岛的海鸟粪采矿场
开创了一些先例（参见第五章）。不久之后，密克罗尼西亚的硝酸盐矿开始
被开采，供澳大利亚、新西兰和日本农民使用。1897 年，J. T. 阿伦德尔与
奥克兰商人亨德森和麦克法兰将他们的海鸟粪股份合并，成立了太平洋群岛
公司，由斯坦莫尔爵士（前斐济总督亚瑟·戈登先生）担任主席。该公司
自成立后一直发展不顺，直到阿尔伯特·埃利斯在巴纳巴岛（旧称大洋岛）
发现磷酸盐矿，并在 1900 年诱使两名巴纳巴岛民签署了一份特别慷慨的
999 年特许状。斯坦莫尔爵士对英国议会施加了影响，威廉·利弗通过收购
该公司在所罗门群岛的土地给其注入了资金。他们说服皇家海军在 1901 年
吞并了巴纳巴岛，并将其并入吉尔伯特和埃利斯群岛。凭借巴纳巴岛民授予
的特许经营权，该公司于 1902 年被重组为太平洋磷肥公司，并于 1907 年通
过获得德属瑙鲁的类似开采权获得了规模效益和市场影响力。

马卡提亚岛是一个位于塔希提岛东北 200 千米处的小岛，曾住有 160 名
至 200 名不幸生活在磷酸盐矿上的波利尼西亚人。几位企业家声称拥有采矿
权，因此法兰西大洋洲磷肥公司于 1908 年将它们合并在一起。这家由商人
和前女王组成的财团与太平洋磷肥公司联手合作。太平洋磷肥公司作为一家
横跨瑙鲁岛和巴纳巴岛的混业经营的企业，负责运输和销售磷酸盐，最大障
碍是因缺乏立法而无法获得法定所有权。历经多年诉讼和谈判，岛民几乎被
遗忘，并因土地被剥夺而离开，这为外来劳工腾出了空间。太平洋磷肥公司
几乎控制了太平洋所有磷酸盐的生产。

由于当地缺少劳动力，太平洋磷肥公司从日本和中国输入了劳工。巴纳巴岛民不仅失去了获得特许权使用费的机会，还在 1927 年被流放到斐济兰比岛。紧随其后，德属殖民地政府也完全剥夺了岛民的土地所有权。1906年，贾卢伊特公司将瑙鲁 94 年特许经营权租给了太平洋磷肥公司。瑙鲁岛民被卷进来只是为了加强德国对反抗华工的权威。他们被边缘化，直到矿产枯竭他们才有幸获得独立。富裕的瑙鲁人和无家可归的巴纳巴人之间的区别似乎是运气问题。

帕劳群岛安加尔岛的磷酸盐在 1909 年也开始被开采，并遵循了同样的轨迹。在岛上妇女拒绝谈判后，太平洋磷肥公司从两名男人手中以 60 英镑价格购买了这座岛，并将岛民限制在 150 公顷的保留地里。该公司一直招募华工，后来因遭到中国官方禁止，转而诉诸波纳佩战俘，然后又诉诸近千名其他岛岛民，主要是由雅浦庇护者为没收其收入而"主动提供"的环礁男人。战俘和"自由"劳工之间的互换性充分说明了劳资关系。虽然这种强制劳动是极端现象，但安加尔矿是按种族将劳动力分成不同等级的典型。到 1914 年，该公司雇用了 10 名德国人、100 名中国人和 500 名岛民，按照国籍来支付工资。

1914 年之后，安加尔岛成为日本的囊中物。根据德国人树立的先例，大多数劳工都是岛民，如果必要的话他们还会受到胁迫。日本人取代了中国工匠。20 世纪 30 年代，威拉德·普莱斯发现该岛情况跟德国人统治时期相比几乎没有变化：

> 劳工们根据合同只身来此工作约 6 个月，不允许带妻儿，因为这个岛太小了……劳工们住在一个像伐木工工棚一样的长木棚里的木架上，虽然不太舒适，但要比岛上的普通茅屋更加通风、明亮和清洁。男人们可在昏暗的俱乐部里打台球、乒乓球等桌面游戏，但他们的生活是沉闷的，没有女人和无家可归。
>
> 安加尔岛在密克罗尼西亚人中一直名声不佳，被称为"死亡之乡"……安加尔岛像炼狱。当一个人非常困苦时，人们就说他正在遭

239

受安加尔之苦。这些信念使岛上工作不再令人愉快。①

在所有降临到岛民身上的灾难中，磷酸盐矿是最严重的。岛民的土地所有权很快就被廉价转让出去。没有必要让他们参与生产，甚至也不需要提供空间。那些住在金矿附近的人至少还有机会从中获利。

黄金勘探的前沿地带从澳大利亚热带地区向外延伸至珊瑚海对岸。1870年，澳大利亚人在新喀里多尼亚发现了黄金，然后在短命的厥山金矿附近不断勘探，直到发现铜，最重要的发现是镍。罗斯柴尔德家族为法国镍业公司打下了坚实的基础，从而使镍的生产在 19 世纪 90 年代欧洲军队强化兵器时获得蓬勃发展。该殖民地的经济表现出一个悖论，即虽有大量人口和罪犯，但劳动力长期短缺。从 19 世纪 60 年代起，新赫布里底人和后来的越南人填补了这个缺口。澳大利亚人除了做技术人员或监工外，几乎没有什么工作机会。相比之下，巴布亚成为昆士兰工业的延伸。库克敦成为探矿者抢占新探明矿藏的前进基地和补给基地。由于早期开采的是冲积矿床，开采矿脉所需资金超过了当地店主的贷款能力。在政府保护生命和财产安全之前，投资一直受到抑制。副总督麦格雷戈采用了昆士兰的采矿法，任命了一名矿区区长，为探矿者提供了海上运输服务，并花费大量时间在远征上，以便为探矿者清除前进障碍和主持公道。

探矿者从塔古拉岛开始重点探查了米尔恩湾诸岛。1888 年，有 400 名矿工涌入塔古拉岛，当时该岛岛民才有 1000 人左右。他们遍布于山区的溪谷之中。暴雨、崎岖的山路、茂密的灌木丛、潮湿、疟疾和痢疾加重了矿工对当地劳工和粮食的依赖——还有忍耐力。尽管当地经济充斥着商品，但是当地岛民反而要求用贝制贵重物品交换。矿工们不得不从马莱塔岛朗加朗加潟湖采购这类物品，从而使得那里的贝壳制造业出乎意料地蓬勃发展起来。采矿业兄弟会在两年内缩减到 40 个。到那时，岛民也加入淘金者队伍，有

---

① Willard Price, *Japan's Islands of Mystery*, New York 1944, cited in Hezel and Berg (eds), *Micronesia: Winds of Change*.

些人在数年里挣到了比正式工作还要高的收入。岛民为了抵御突袭欢迎矿工成为盟友。这些突袭是由一次惩罚性"远征"引起的，这次"远征"又是由塔古拉岛民攻击欧洲人引起的，而塔古拉岛民攻击欧洲人可能是因为与劳工招聘人员发生争执引起的。岛民们有时会与来访者发生冲突：一名盗窃嫌疑人被枪杀，一名矿工因报复而被杀，一名岛民被当众处决，另一名岛民被判 10 年监禁。尽管发生了这种悲剧，以及探矿者和劳工的不卫生做法、痢疾等传染病造成了死亡增加，但我们还必须看到淘金潮和残留技术所带来的好处。

探矿者奔赴其他岛屿也导致了类似的适应和好处，直到发现矿脉打破利益平衡。米西马岛和穆鲁阿岛（伍德拉克岛）不仅吸引来澳大利亚资本，悉尼的公司发起人还充分利用了法律对无责任公司的独特规定。

> 因此，他们操纵股票市场，进行内幕交易，夸大矿样含金量检验数据（如果不是伪造的话），不切实际地估算储量，慷慨地向股票销售商支付酬金，但最终管理不善，这促进了穆鲁阿岛库卢马道的发展……半数授权股被无偿和全额付讫地发行给公司发起人。悉尼的这家公司根据对价向股票销售商支付了 2 万英镑，这几乎是留用资金的三倍。[1]

所以对穆鲁阿人造成的影响要小于对那些资本家的。金矿开采反而促进了石斧的生产。19 世纪 70 年代，铁制工具淘汰了穆鲁阿岛的石斧。但是，在1900 年以后，矿工和商人为了用石斧换取其他岛屿的贝壳和椰肉干，要花5 ~ 10英镑来买一片石刃。

黄金是巴布亚的主要出口商品，但是从 1906 年起开始在莫尔兹比港附近开采铜。在那之前，殖民地政府加强了传统的冲积矿床开采，遏制了巴布亚的暴力活动，还在澳大利亚股市发大财。在米西马岛，主矿脉的发现导致了大规模开采石英石金矿脉，澳大利亚大公司布罗肯希尔土地兴业有限公司

---

① McGee and Henning, 'Investment in Lode Mining, Papua 1878 – 1920'.

自 1914 年接手，并持续生产到 20 世纪 20 年代。该公司以每月 10 先令雇用 241
其他岛屿岛民，但很少雇用米西马岛民。米西马岛民要比劳工们享有更多的
利益。米西马岛民将槟榔卖给这家公司，然后这家公司的管理部门再用槟榔
从其他岛屿换回劳工所食用的山药。

新几内亚岛的情况与巴布亚大不相同。探矿者只能从店主那里筹到有限
的资金，从羽翼未丰的政府那里也得不到足够的军事支持，因此他们无法保
证通道安全。曼巴雷河上游的比南德雷人可以保护自己，而探矿者则成为可
被追捕的猎物。1895 年，比南德雷人为了报复之前的一次冲突而杀害了一名探
矿者。探矿者和政府官员联手发动了一次惩罚性"远征"，下一轮复仇的机会则
集中在政府官员约翰·格林领导的一支队伍身上。格林鲁莽地把他的左轮手枪
交给了一名比南德雷人警察，这名警察发出了屠杀这支政府队伍的信号：

> 比南德雷人把尸体带到村子里，将之排成一行，以确定尸体数量与
> 曾被杀的比南德雷人的数量相等。然后他们将尸体切碎，煮熟吃了……
> 一名武士认为格林的靴子是白人腿部的一部分。他开始吃靴子，当他发
> 现小钉子时，他以为这些是骨头，直到有人告诉他他错了。[1]

暴力绝不是单方面的。1905 年，乔·奥布莱恩因殴打他人而被判处两
个月徒刑，并被预先告知还犯有抢劫罪、谋杀未遂罪、纵火罪、强奸罪和杀
害巴布亚人的猪和狗之罪。他杀死了监督他劳动的巴布亚警察，然后逃走
了。他受到一些矿工的庇护和供养，并有 20 名矿工向澳大利亚政府抗议，指
责澳大利亚接受巴布亚人提供的证据和让黑人警察监督白人："当一个白人得
知这个可怜无知的野蛮人被同胞置于自己权威之上时，它就像插入白人心脏
的一把刀。"矿工们分裂成势均力敌的两派：一派顽固坚持白人至上；另一派
（被管理人员称之为"较好的一类人"）认为奥布莱恩受到了公正处理。

第一次世界大战后，澳大利亚人彻底勘探了新几内亚岛内陆。内陆金矿

---

[1] John Waiko, quoted in Nelson, *Taim Bilong Masta*, 139.

需要大量搬运工，而且每个洗矿槽还需要 24 名劳工。在 1926 年淘金热高潮时，每招聘一名一年期新劳工，招聘人员要收取 20 英镑费用（相当于工资的两倍）。探矿者 1923 年在科兰加和 1926 年在坎迪山山肩的伊迪溪发现了冲积金矿床。到 1926 年底，有 200 多名矿工和 1300 名劳工连赶 6 天山路抵达伊迪溪，并在 1927 年宣布开采了超过 11 万盎司黄金。采矿权很快就被合并在一起，大公司吞并了小企业。

1932 年，在欧洲人的最后一波勘探热潮中，黄金吸引来了昆士兰的莱希兄弟——米克、丹和吉姆。根据多疑的合作传统，其他探矿者资助了他们的勘探活动，后来政府也给了他们物质上的支持，但正是勘探导致政府 242 "发现"了一百万个黑人。莱希兄弟确实发现了黄金，虽然没有发现他们所期望的那种巨大矿藏。这些矿藏直到五十年后才被探明，那时高地居民已是莱希兄弟所未想象到的独立的巴布亚新几内亚的公民了。

探矿者严重依赖搬运工：

> 你们买了我们过去所说的奴隶……每个奴隶大约 10 英镑……有些寡廉鲜耻的招聘人员使用狗链和挂锁。招聘人员每天晚上都用狗链将这些小伙子锁在一起，因为他们离家越远就越想家，因此他们会试图偷跑回家……一旦他们跨过这条河，他们就无法再逃回家了，他们就被困住了。①

搬运工受到武装人员的保护，而采矿营地则用延伸的通信线路组成了一个要塞。当主人和雇工都是外乡人时，人类的情感可能会透过家长式管理的面纱而闪闪发光。杰克·奥尼尔在回忆 20 世纪 30 年代时写道：

> 我们白人把这些小伙子们当作晚辈，有些白人态度宽容，有些白人感情内敛，有些人因恐惧而心生仇恨，但对杜南蒂纳山谷的那些无拘无

---

① Bert Weston and Bob Franklin, quoted in Nelson, *Taim Bilong Masta*, 143.

束的野蛮人不可能抱有这样的态度。他们只是雇工，大部分讨人喜欢，有几个可恶的混蛋，就像我们自己人一样。有几个是真正的朋友……我担心我们给这些人的远远少于他们给我们的。[1]

大部分白人最终被挤出了采矿业。在一个大金矿被探明后，一个矿只需要几个工匠来管理许多没有技能的人。在 19 世纪 90 年代的海员和剪羊毛工人罢工后，澳大利亚人让雇主尤其害怕。尽管罢工失败了，但工人们建立了强大的工会，澳大利亚联邦还代表他们制定了白澳劳工政策。雇主们对澳大利亚可能产生的影响不以为然。例如，阿伦德尔透露："这对我们的利益来说可能是最糟糕的事情，特别是考虑到他们对白澳政策的看法……我们将与帝国政府一起竭尽全力地避免这样一场可怕的灾难。"吉尔伯特和埃利斯群岛驻地专员特尔弗·坎贝尔也认为："一个包括'白人的大洋岛'和'白人的太平洋'在内的'白人的澳大利亚'将毁灭一切。"[2]

最引人注目的矿业巨头当属布洛洛黄金采掘有限公司。为了将采掘机零件空运到现场进行组装，该公司建造了一个简易机场。由于能在 50 分钟内使专机飞到瓦乌，莱城成为该地区最繁忙的机场。该公司雇用了 350 名外国人。这些大公司原本可以将新几内亚人培训为技工来降低工资成本，但是澳大利亚工会和殖民地政府禁止这样做，所以新几内亚人只能使用铁镐和铁锹与使用高科技机器和加入工会的技工们一起工作，每月工资 5 ~ 10 先令。

殖民地政府由于需要搬运工参与巡逻而成为冷酷的雇主。例如，拉包尔罢工的组织者被判在高地矿山服劳役，而且当地居民稍有过错就被判有罪，只是为了征召他们服劳役。布洛洛是一个典型的飞地开发区，该公司把大部分经营费花在了生产资料和物料上，将大部分收入汇往了海外，还雇用了一贫如洗的新几内亚人或希望将积蓄寄回家的外国人。除了特许权使用费和进口税，该地区几乎没有额外收入。

243

---

① Jack O'Neill, quoted in Nelson, *Black*, *White and Gold*, 268.

② Williams and Macdonald, *The Phosphateers*, 70.

大萧条使绝望的淘金者涌入高地，提高了黄金的相对价值，以及释放了用于采矿的资本，从而促进了斐济采金业的兴起。1932 年，在瓦努阿岛塔乌阿区发现了金矿。政府迅速采取行动控制了这一资源。实力不足的探矿者和投机商被高昂的采矿特许费吓住了，斐济人的所有权要求通过立法被巧妙处理了，澳大利亚投资者还对三处主要矿藏的所有权进行了整合（其中两处位于维提岛的科洛省）。弗兰克·帕克是新闻业巨富，爱德华·西奥多和约翰·雷恩是工党中的杰出政治人物。他们联合创建了一个股权结构复杂的公司。这个公司不仅控制了上述 3 处矿藏，还与能够左右政府决策的其他商人结成联盟。由于该公司同意印度人不会被雇佣到采矿业，并且政府允许该公司和殖民地制糖公司雇用斐济人，从而安抚了制糖业巨头殖民地制糖公司。到 1938 年，这些采矿公司生产了占殖民地出口额 1/4 以上的黄金。采金业通常雇用白人经理和技工，以及混血儿和罗图马人劳工。他们的报酬要比大多数斐济人高得多。由于离家乡太远难以逃跑，罗图马人很容易就获得了中间阶层地位。由于低等级酋长能因提供新劳工而得到奖励，斐济人别无选择，只能忍受酷热和灰尘、简陋棚屋和难以下咽的口粮。

对待采矿业和采石业的态度表明了早期殖民地政府的一般特征，官员们认为任何生产都有价值。为了促进磷酸盐矿开采，他们允许企业以低廉价格获得开采特许权和土地所有权，还允许这些企业输入亚洲劳工，并主动废除保护劳工的法规。为了促进金矿开采，巴布亚官员免除了机械进口关税，并将特许权使用费和许可证费设定在可笑的水平。斐济的公司为了尽可能少缴税通常虚报运营成本，同时为了降低特许权使用费而在苏瓦和伦敦不断游说。20 世纪 30 年代之前，殖民地政府几乎没有投入多少资本和技术，也没有试图积累收益。同时，殖民地政府还负责管理劳动力（有时提供罪犯），维持秩序，建设基础设施和提供交通系统。

人口减少

人口减少程度和速度难以量化，因为欧洲人直到来到这里很久之后，为

了摸清殖民地的详细情况，才开始人口普查采集数据。因此，哈尔总督在
1907 年报告新几内亚情况时说："人口稀少，素质低下，而且数量正在减
少；疟疾和痢疾肆虐；必须支付高额运费"。[1] 人口普查员认为，岛民人口
数量已经减少，而且仍在减少。为了使当地居民生活在能听到教堂钟声的地
方，西班牙军队和耶稣会士在 17 世纪 80 年代将他们从分散的小村落集中到
关岛、罗塔岛和塞班岛，这导致马里亚纳群岛的查莫罗人遭遇了有文字记载
以来最早的一次灾难。尽管官员们将疫情与跨太平洋的西班牙大帆船的到来
联系在一起，但是却无法实施显然最有效的补救措施，即疏散人口或禁止西
班牙大帆船入境。当地人口数量在 30 年里下降了大约 70%。相反，丘克是
人口损失最少的岛屿之一，因为其居民一贯排斥外来人。

人口数量很少有像澳大利亚土著居民或夏威夷人那样骤降的。在 20 世
纪 30 年代，即第一舰队抵达澳大利亚 150 年后，土著人口数量可能减少了
90%，只剩下约 7 万人。"人口数量锐减……是夏威夷历史上最重要的'事
实'。疾病在摧毁他们的人口数量同时，也摧毁了他们的信心和文化；疾病
最后还成为他们流离失所的最重要因素：他们不仅失去了土地，还最终丧失
了独立。"[2] 疾病在许多岛群也造成了同样严重的后果。在资源掠夺和劳工
贸易的时代，水痘、百日咳、麻疹、流感、淋病、结核病和麻风病横扫所罗
门群岛和新赫布里底群岛的许多岛屿，使大批岛民死亡。由于与欧洲人的互
动是不均衡的，一些岛屿的岛民几乎没有受到影响；另一些则濒临灭绝。新
赫布里底群岛最南端的阿内蒂乌姆岛是受灾最严重的岛屿。该岛在 1848 年
大约有 4000 人，在一代人的时间里，人口数量急剧减少了 2/3，1895 年减
少至 680 人，1940 年减少至 186 人。整个新赫布里底群岛的人口数量减少
了大约一半。新喀里多尼亚岛曾养活过至少 10 万人口，但只有 34218 名卡
纳克人看到了 20 世纪的曙光。穆鲁阿岛人口损失了大约 2/3，从 1850 年的
2200 人下跌至 1910 年的约 800 人。波利尼西亚诸岛的人口数量至少减半，

---

① Quoted in Firth, *New Guinea under the Germans*, 113.

② Bushnell, "'The Horror' Reconsidered", 162.

而且在新疾病和自然灾害的双重影响下，密克罗尼西亚人口也面临着完全灭绝的危险。在 19 世纪 20 年代欧洲船只开始停靠科斯雷岛时，该岛有 3000 名居民，到 19 世纪 80 年代人口开始恢复增长之前，仅剩下 1/10。在一些小岛上，人口衰退可能是不可逆转的。在 19 世纪 30 年代，恩加提克岛社会被海盗摧毁，但在新生物学的基础上被重建。劫掠奴隶、疾病、饥荒和自发移民也对托克劳群岛产生了类似影响。移民活动使那里人口得以发展。殖民地管理者担忧岛民灭绝，并非杞人忧天。

许多新传染病对土著产生巨大影响。在澳大利亚等地区，事实证明天花对土著的致命性远超其携带者。性病通常伴随船员而来，尽管雅司病对梅毒有一定交叉免疫力，并且一些船长也试图隔离患性病的船员。由于岛民对新传染病缺乏免疫力，群体感染可能几乎同样严重。在 19 世纪 70 年代之前不久，席卷巴布亚沿海地区的传染病可能是天花，但水痘也同样致命。1875 年，由于环境非常适宜麻疹传播，斐济遭受严重冲击。一个政府委员会不仅描述了这次麻疹疫情，还试图确认责任：

> 由皇家海军舰艇狄多号传给巴乌岛战王的儿子酋长蒂莫泰及其仆人。麻疹传播速度之快是无可比拟的，这是由于一次大型土著会议与会者返回各区后，麻疹就在全国各地传播开来……约有 15 万人，死亡约 4 万人。死亡率高在一定程度上是因为它突然降临到当地居民身上，一个村庄接着一个村庄，每个人都易受传染……由于整个村庄同时受到传染，无人幸免，以致无法收集食物或运水，照顾病重的同胞，甚至在许多情况下没人去埋葬死者。

殖民当局指责受害者无知和冷漠：斐济人"不知所措、沮丧、恐惧，放弃了自我保护的所有希望，变得没有能力拯救自己或他人"。[①]

---

① B. G. Corney, J. Stewart and B. H. Thomson, *Report of the Commission appointed to Inquire into the Decrease of the Native Population*, quoted in McArthur, *Island Populations*, 8 – 9.

1968 年，巴布亚高地的艾托罗社会只受到殖民当局的轻微影响，但是它也蒙受了严重的人口损失，这是因为"外来疾病导致高死亡率和传统的低出生率。人口数量下降可能始于 20 世纪 30 年代后期，即在探索性巡逻时期，并在 20 世纪 40 年代加速……因为大约在 1948 年和 1949 年发生了流感和麻疹疫情"。[①] 凯利估计在此后 30 年里人口数量至少减少了 50%。

人口众多和营养良好的地区则蒙受损失较少，恢复也更快。1943 年，新几内亚瓦吉河谷爆发杆菌性痢疾，造成大约 2.5% 的人口死亡，但人口迅速得到恢复。这场痢疾疫情在德雷基基尔地区则造成了 30% 的局部人口损失。这些沿海地区的村民受到战争和其他传染病的严重影响，而高地居民则主要受到战争的影响。由于首次接触外来疾病，再加上其他威胁，50% 的人口损失可能是正常的，但是我们不能仅从微生物学角度来解释某些岛屿在首次接触外来疾病很久以后人口仍持续减少的原因。

人们对流行性传染病的关注如此之多，以至于掩盖了其他致死性疾病的传导机制。为从土著社会的角度解释这一攸关种族存亡的问题，斯蒂芬·库尼茨重点研究了波利尼西亚，并观察到人口减少是不均衡的。夏威夷和新西兰人口损失惨重。塔希提人的数量也下降了，但下降持续时间没有附近的马克萨斯人那么长。马克萨斯的人口数量不仅急剧下降，还在 1930 年继续下降到最低点，即相当于起初人口的 4% 左右。萨摩亚和汤加的人口减少要少得多（除非人口减少发生在欧洲人记录之前）。一个明显的替罪羊是枪支，但当时枪支随处可见，战争也很常见。更好的相关性分析是将发病率与早期接触的频率和强度联系起来。塔希提岛、夏威夷和新西兰都经常有欧洲人来访，但新西兰毛利人因其稀疏分布在大片土地上而受到一定程度地保护。库尼茨认为，这种差异主要反映了这些地区不同的殖民经历：那些蒙受损失最大的岛民不仅被殖民者剥夺了财产，还在人口数量上被远远超过；而另一些岛民则逃过了大规模殖民剥夺，这造成了贫困、拥挤和营养不良，从而为呼吸系统疾病和胃部疾病创造了完美条件。"此外，土地征用不仅导致人口迁

246

---

① Kelly, *Etoro Social Structure*, 29 – 30.

移，还很可能破坏了必要时刻提供帮助和情感支持的传统社会网络"。①

在法国于 1842 年吞并马克萨斯群岛之后：

> 酋长被殖民地官员取代，而且……土著政治体系似乎基本上已支离破碎。尽管在 1800～1840 年发生过一定程度的人口减少，但在 1840～1880 年人口减少程度令人震惊。阿贝尔·迪帕蒂－图阿尔……给出的总数是 20200 人，这可能比早先的任何估计都要准确。19 世纪 80 年代，人口数量降至 5000 人左右，并在 20 世纪 20 年代降至 2000 人以下，人口总量达到最低点。②

殖民背景至少与疾病一样重要。如果我们扩大视野，就会看到另一个潜在威胁，人口聚集的教训并没有被吸取。由于传教士通常鼓励当地居民重新定居在教会村庄里，阿内蒂乌姆岛等地方的皈依者就遭受了这种可预见的后果。

致命传染病常常伴随欧洲人而来，许多岛民认为外来人不仅有传播疾病的能力还有治愈它们的能力。19 世纪 40 年代，在新喀里多尼亚，当传教士和传道师探访病人和给那些濒死之人施洗时，卡纳克人推断基督教仪式（或探访）可能是导致死亡的原因。③ 传教士声称掌握了永生的秘密，这更加深了他们的怀疑。一些传教士认为异教徒的不幸是天谴的证据，但是当事实证明皈依者也易受感染时，他们感到遗憾。这些误解往往导致土著将传教士作为治疗师来求助。在微生物理论或奎宁出现之前，传教团的治疗方法有限，岛民们得到的安慰多于治疗。

尽管全凭运气，一些人群甚至能很快就从可怕的瘟疫中恢复过来。斐济的麻疹疫情就是很好的例子。斐济人口数量在疫情过后的最初几年里似乎有

---

① Kunitz, *Disease and Social Diversity*.

② Thomas, *Marquesan Societies*, 4.

③ Bronwen Douglas, 'Discourses on Death in a Melanesian World', in Merwick (ed.), *Dangerous Liaisons*.

所增加。但是随后人口数量又下降了 20 年,虽然下降的速度比发生瘟疫时慢,但也同样显著。1918 ~ 1919 年,流感更清楚地证明了政治环境的重要性。流感沿着前往澳大利亚和新西兰的航线传播,澳大利亚当局基本上阻止了病毒的进一步传播。新西兰人没有做好充分的准备,所以流感传入汤加(那里有 8% 的人死于流感)和瑙鲁(16% 的人死于流感)。塔鲁尼号蒸汽船将流感带入斐济,造成 9000 人(或 5%)死亡,然后带入西萨摩亚,造成 90% 的人感染流感,使其生活陷入停顿。在流感逐渐消失后,有 30% 的成年男性,22% 的成年女性和 10% 的儿童死亡。由于美属萨摩亚的司令官实施了封锁,当地躲过一劫。流感疫情过去后,新西兰当局声称这纯属偶然,并将他们同胞的无私工作与萨摩亚人的道德沦丧进行了对比。萨摩亚人没有接受这种论调,也没有表示宽恕。萨摩亚人具有旺盛的生殖力,在流感疫情过去后的 5 年里,西萨摩亚人口自然增长率 0.25‰,在随后的 10 年里,人口自然增长率更是达到 0.33‰。

虽然疾病造成了贫困和社会混乱,但贫困和社会混乱也导致了本可避免的疾病。殖民地医生通常将死亡仅仅归因于传染病和感染者的行为。一些对策的确加重了这一问题。例如,马多克斯指出,(伊里安查亚的)马林德人用来应对危机的性仪式并不是对付性病传播的最佳方法。[1] 同样,斐济父母用冷水给发烧的孩子降温也是弊大于利。医生的分析掩盖了政府的无能,并将责任转移到事故、天灾或者与外部世界交流必须付出的代价等领域。

在劳工贸易上,人祸因素尤为明显,这在一定程度上是档案保存较为完整的缘故。什洛莫维茨记录了斐济和昆士兰的浩劫:"年均死亡率从 1879 ~ 1887 年的 80‰左右,降至 1888 ~ 1892 年的 60‰左右,再降至 1893 ~ 1910 年的 35‰左右,到 20 世纪二三十年代已降至 10‰ ~ 30‰……死因主要是杆菌性痢疾、肺炎……以及结核病。[2]

新招聘劳工经常饱受疾病之苦,但是死亡率会随着劳工们日益适应工作

---

① Maddocks, 'Venereal Diseases'.

② Ralph Shlomowitz, 'Mortality and Workers', in Moore, Leckie and Munro (eds), *Labour in the South Pacific*, 124 – 7.

环境而逐渐下降。类似情况可能是某个单一殖民地劳工的典型特征。19 世纪初，劳工在签订合同到新几内亚其他地方后，只有不到 80% 的劳工返回布卡岛。[①] 什洛莫维茨特别指出了结核病。结核病的传播需要密切接触，就像在种植园棚屋里所发生的那种接触，棚屋为感染痢疾和肺部传染病提供了温床。但是善良可能与疏忽一样致命，教会学校可能与种植园一样危险。库尼茨指的是由贫困带来的疾病。在这些岛屿上，结核病是一种由发展带来的疾病，几乎成为基督教和其他外来机构的鲜明标志。在新喀里多尼亚，卡纳克人称之为 *christiano*，即 "基督徒的病"。[②] 但是，结核病不是发展的标志，因为巴布亚新几内亚高地在 20 世纪 50 年代仍是一片处女地，将高地人带到沿海种植园的劳工计划并没有给高地人带来灾难，因为在招聘前公共卫生部门实施了强制疫苗接种。

可能波利尼西亚受到的影响比美拉尼西亚更严重，同时人口较少比人口众多的地区受到的影响更大。令人难以置信的是，新几内亚高地人在 20 世纪 30 年代与疾病抗争后，人口数量仅剩下 30 年前的一半。事实表明，新几内亚的人口损失比孤岛少，这也许可以解释为什么。首先，新几内亚对欧洲捕鲸者和探险者缺乏吸引力。欧洲人发现波利尼西亚气候有益健康，而美拉尼西亚易患疾病。最早定居美拉尼西亚的传教士，主要是波利尼西亚人，像苍蝇一样死去了。[③] 这些危险并没有被休养和娱乐的吸引力所抵消。斯坦纳德将夏威夷人口减少的主因归结于社会习俗有利于性病传播。美拉尼西亚大部分地区的情况则不那么有利。此外，劳工招聘前沿通过所罗门群岛向北移动，直到 19 世纪 70 年代才到达米尔恩湾和俾斯麦群岛，而且这里成为金矿勘探的前沿地区也很晚——先勘探的这些岛屿，然后才是新几内亚本土。即便在 1884 年德国殖民统治得到确立后，这些限制因素仍在发挥作用。德国被迫放弃新几内亚一个定居点，医生只能哀叹 "疟疾一直在获胜"。首席医务官在巴布亚待了数年后，仍建议殖民者至少住在距离巴布亚人 1/4 英

---

① Scragg，'Lemankoa：1920 – 1980'.

② Douglas，'Discourses on Death'.

③ Lātūkefu，'Oral History and Pacific Island Missionaries'.

里外。

瘟疫冲破了所有社区的卫生警戒线。感染的后果因传染病种类、居民健康状况和岛民生活环境而异。发现一种特定微生物如何找到它的目标是不可能的（或没有用的），它们产生的影响并非偶然，因为这在很大程度上取决于生活环境和防治措施。在与欧洲人互动的最初阶段，传染病和触染物就影响到结构保持完整的社会，因此没有理由再期望出现新的非传染性疾病模式。一旦外国人掌握了控制权，他们就承担起对公共卫生以及影响发病率的生活环境的责任。

许多岛屿恢复了人口数量，但有些岛屿却没有。密克罗尼西亚人和夏威夷人与欧洲人互动的时机最糟糕，当时性病和结核病在欧洲非常流行。与之相反，太平洋西岸的新几内亚高地人遭遇欧洲人时，结核病已被卡介苗控制，性病也可用青霉素治愈。只要性病仍在广泛传播，就像夏威夷、塔希提岛、马克萨斯群岛和一些美拉尼西亚的岛屿那样，人口就无法恢复。因此，一些社区的人口数量在疫情过后仍在继续下降，特别是那些土地被剥夺和社会关系网络遭到破坏的社区。总之，岛民们争取保留土地所有权和控制劳动力的斗争不仅仅要从经济角度进行考虑，这实际上是他们生死攸关的问题。

土地，劳动力和殖民地政府

殖民地政府对当地生活、土地和劳动力的影响因为不均衡而难以概括，但有个后果是如此普遍以致经常被忽视，即岛民的流动性受到严格限制。许多岛民外出旅行，要么作为传教团资助的传教士，要么作为政府巡逻队的搬运工，要么作为种植园和矿山的契约劳工，但是雇佣劳动和经济作物生产对劳动力的大量需求阻碍了岛民自主旅行。在所有建立殖民经济的地区，旧的航海网络要么衰落了，要么萎缩了。莫尔兹比港的贸易货栈致使巴布亚湾出售西米的希里交换体系陷入衰落。环绕新几内亚的贸易路线要么被放弃了，要么（就像以特罗布里恩群岛为中心的库拉交换体系那样）只限于运输贸易货栈不储备的贵重物品。外来人主宰了这片海洋，很少岛民有能力购买或

249

维护纵帆船，许多远洋独木舟要么腐烂在海滩上，要么幸存于博物馆中。对许多岛民来说，视野缩小了，生活也变得更加与世隔绝。

新兴的殖民经济具有独特的政治性。有位殖民者声称亨宁斯的贸易公司是"与斐济使命同时出现的"，[1] 尽管他可能是一位知识浅陋的学者，但是他清楚商人在殖民地建立过程中所发挥的作用。殖民经济在其他方面也具有政治性。商人收购椰肉干和出售商品按客户肤色定价，劳工工资水平也取决于肤色而非技能。自由市场的预期效果未能实现：商人不希望竞争，而是追求地方垄断，最好是通过政府注册产权，发放许可证给一些贸易商而把另一些贸易商排除在外，动员当地劳动力或批准其输入，以及保护财产。

虽然澳大利亚和新西兰都是重要的资本输出国，但是岛屿殖民地政府既没有能力举债，也没有能力像日本那样从农民那里榨取资本，因此它们必须依靠私人投资者。殖民地政府几乎做出了所有让步，为了吸引来大投资者，如"斐济的殖民地制糖公司、德属萨摩亚的德意志贸易和种植园公司、英属所罗门群岛的利弗兄弟公司和伯恩斯·菲利普公司、马绍尔群岛的贾卢伊特公司、德属新几内亚的新几内亚公司、新喀里多尼亚的法兰西镍业公司"。[2] 政府不允许企业破产，就像德国政府取消新几内亚公司债务那样，法国政府也救助过希金森的公司，挽救过巴兰德的投资。一方面，这些干预措施"例证了当重大政治利益……似乎有危险时，殖民地政府就会采取相应行动"；另一方面，"可能正是这种商业或经济逻辑影响了英国种植园的大部分收购、合并或合资经营等业务"。[3] 即使殖民地政府希望监管大公司，它们也不具备这种能力。尽管斐济的官僚机构比大多数殖民地更有效率，但是正如商人莫里斯·赫德斯特罗姆在1911年所解释的那样："从殖民地繁荣中获益的人是地主、商人和资本家，而这些人在我们现行税收制度下肆无忌惮地偷逃了几乎所有的税赋"。殖民地制糖公司作为财富创造者享受了特权

---

① Scarr, 'Creditors and the House of Hennings'.

② Munro and Firth, 'Company Strategies', in Moore, Leckie and Munro (eds), *Labour in the South Pacific*, 25.

③ Panoff, 'The French Way in Plantation Systems', 211.

待遇。政府反而依靠人头税、所得税和进口税来筹集收入，以至于政府筹集不到足够收入提高岛民生活水平。

> 如果政府在 20 世纪初采取更加积极的措施，它就能从糖出口中分得一杯羹。如果政府能拥有更多的税务会计师，它就能从寄往国外的利润中获得更多所得税。如果帝国政府不要求将货币储备金投资于……英国或殖民地的证券，这些储备金就能促进斐济的发展……但是斐济属于依赖型殖民经济，因此金融业没有取得很大进展。①

大公司与本土企业形成鲜明的对比，大公司受到尊重，本土企业却被骚扰。因受到价格歧视，一些岛民愤而成立合作社来推销其农产品或进口商品。例如，1909 年，汤加岛民成立了汤加服务汤加人协会 (*Tonga Ma'a Tonga Kautaha*)，数千名会员享受到比贸易商所报更高的价格。这对贸易商来说是无法容忍的，他们向英国领事提出抗议，于是英国领事设法使该协会被破产清算，虽然资产远远超过债务。即使在独立的汤加，土著资本也被视为异类和颠覆者。

虽然所有政府都迎合外资，但效果各不相同。一些政府禁止或控制土地买卖，或规定外来人只能租赁土地；另一些政府则接管了"荒地和空地"，并出租给殖民者。一些政府还试图划分岛民土地，结果通常是形成了背离或曲解原土地所有制的法律新模式。原土地所有制被简化和成文化，这些新制度逐渐成为新"传统"。这些殖民制度有许多新特点。如果土地是"荒地和空地"，它就被重新归类为政府土地。虽然耕地通常由家庭群持有或个人持有，但所有权有时也以较大群体的名义登记，例如新喀里多尼亚的"部落"或斐济的继嗣群。由于永久地界被标明和业主被注册，土地制度失去了灵活性。土地转让习俗往往被有意或无意地禁止。这些因素使得土地所有者群体 251

---

① Fiji, *Legislative Council Debates*, 1911, quoted by Knapman, 'Capitalism's Economic Impact in Colonial Fiji'.

的需要与他们所持有的土地面积之间的差距越来越大。

新技术、新农作物和新动物也带来了变化。通过采用钢制工具，许多社区的工作量减轻了。农作物新品种对降低劳动力需求也做出贡献。殖民政府采取强力措施维护了殖民地的和平，开发偏远地区土地变得更加安全。和平还减少了战争所需的时间，也消除了合作的必要性。共同持有的土地现在可以由个人或家庭耕种，而且越来越多的土地被用于种植经济作物。在传教团和商人鼓励生产椰肉干后，土地利用模式发生巨大变化。椰子种植区域迅速扩大。为了减少运输成本，新增种植区域通常靠近海岸和村庄，因此新建的食物园圃不得不被安排到内陆新开垦的土地上。尽管土地需要休耕并最终归还给社区，但是在此之前归个人或家庭支配的时间被延长了。一个椰子种植园的寿命可能远远超过了一代人，因此，如今只要土地仍被人们记得是谁在使用，就可以一直归某个家庭或个人支配，其他乔木作物种植也延长了支配这些土地的时间。土地在欧洲人试图购买它时获得了新价值，这种新价值又被经济作物的潜在收益进一步强化。土地变成了商品，即使买卖土地受到限制。

殖民地政府在塑造劳动方式方面也发挥了重要作用。斐济的政府为种植园提供了印度契约劳工，并为斐济酋长们保留了为其服务的劳动力。夏威夷种植园主为增加劳动力环视了半个世界。相比之下，白澳政策排除了在澳大利亚、巴布亚和新几内亚雇用亚洲劳工的可能性。新喀里多尼亚（在澳大利亚看来）不加区别地输入了新赫布里底人、瓦利斯人、越南人和中国人，而汤加王国政府则采取了与澳大利亚一样严格的限制措施。由此可见，劳工们的经历大相径庭。一端是拥有很少资源和易受自然灾害冲击的岛民，他们倾向于作为劳工移民海外。基里巴斯人并没有因为合同条款有辱人格甚至船只失事而放弃移民海外，他们在 19 世纪 60 年代渴望被招聘到秘鲁，30 年后为危地马拉，以及始终渴望被招聘到萨摩亚。另一端是富裕的汤加人，他们未曾考虑过到国外当契约劳工，尽管许多夫妇为赚取微薄的传道津贴在陌生的社会中忍受着更艰苦的环境。波利尼西亚人与其他岛民相比更不可能应聘，可能是因为酋长们倾向于保留平民的劳役。

新劳工的性别比例也存在差异。在大多数社会中，女性都不参加应聘，

因为她们自己不愿或者父亲和丈夫禁止她们应聘，但在特罗布里恩群岛以及 252
瓦努阿图的一些岛屿，女性选择了离开家乡，而且有些人还选择了定居他
乡。这些差异在一定程度上源于殖民政策的反复无常，但是社会价值观和个
人喜好也很重要，而且这种差异也反映了个人和社区在面对巨大的经济和政
治压力时都非常珍视的自主权。

土地和劳动力的配置显然受到外国资本实力和需求的影响，但每种安排
都取决于岛民的利益和官员们协调需求冲突的具体方式。需求冲突的典型解
决方式是外国人将资本主义关系强加给不情愿的岛民，但该做法的作用常常
模糊不清，而且它们在昆士兰和新赫布里底群岛被颠倒过来了。结果不同不
仅反映了利益不同，也反映了岛民看待风险和机遇的方式不同，以及他们制
定生存战略甚至发展战略的方式不同。

文献简论

本章的大部分资料已被列在第五章末尾的书目短论中。班尼特的《所
罗门群岛的财富》是有关所罗门群岛商业和殖民统治影响的主要来源。关
于新喀里多尼亚，参见默尔的 "1892 – 1895 年间沃镇的建立" （The
Foundation of Voh，1892-1895）和《殖民地经历》（*Experiences coloniales*）。
关于德属新几内亚，参见弗思的《德国人统治下的新几内亚》（*New Guinea
under the Germans*）。许多关于新喀里多尼亚劳工情况的证据来自于塞恩伯格
的 "无处不在的新赫布里底人" （The New Hebridean is Everywhere）和帕诺
夫的 "法国建立种植园体系的路径" （The French Way in Plantation
Systems）。纳尔逊的《欧洲成年白人的时代》（*Taim Bilong Masta*）和《黑
人、白人与黄金》（*Black，White and Gold*）描述了巴布亚新几内亚的劳工
情况。威廉姆斯和麦克唐纳的《磷酸盐矿工》（*The Phosphateers*）是磷酸盐
矿开采内容的主要来源，而恩伯森－贝恩的《斐济的劳工和金矿》（*Labour
and Gold in Fiji*）则全面而深入地分析了斐济的采金业。拉尔的《破浪前
进》（*Broken Waves*）和《印度契约劳工》（*Girmitiyas*），斯卡尔的《斐济简

史》（*Fiji: A Short History*）和麦克诺特的《斐济人的殖民经历》（*The Fijian Colonial Experience*）还探讨了斐济殖民经历的其他方面。拉尔、芒罗和比彻特的《种植园劳工》（*Plantation Workers*）讲述了种植园经历。根据本书第三章所引用的资料重建了人口史，并得到拉尔夫·什洛莫维茨的研究成果的补充，压缩了他的"死亡率和劳工"（Mortality and Workers）一文，载于由摩尔、莱基和芒罗主编的《南太平洋上的劳工》（*Labour in the South Pacific*）。

第八章

殖民地管理与虚构的土著

殖民统治的作用和意识形态

20 世纪二三十年代，欧洲人普遍认为殖民统治给岛民带来了巨大好处，只有少数持不同政见的人类学家和传教士质疑这种看法。殖民地官员认为他们有责任为了他们自己的利益控制岛民事务。1928 年，西太平洋事务高级专员在谈及所罗门群岛时说："抑制部族战争、仇杀和报复性杀人以及建立法律与秩序，是政府义不容辞的责任。"他认为，用"法律与秩序"取代地方性战争显然是件好事。传教士们坚信，使村民们免于灵魂恐惧和向基督敞开心扉是件值得做的事情，就像种植园主们深信他们雇用岛民是在改变他们的命运一样。随着非殖民化运动的兴起，一种相反的观点开始流行起来。按照这种推翻旧观点的说法，殖民统治对岛民来说是一场灾难，摧毁了当地充满活力的文化传统，强加了外来的工作纪律，用清教徒式和压迫性的基督教取代了传统信仰，以及使岛民融入势必使其处于边缘化和受剥削地位的全球经济中。这两种诠释都把欧洲人放在了世界舞台中央。在多半殖民旗帜降下后的 20 年里，对殖民统治的解读再次发生变化，对局外人的地位有了更平衡的认识，对语言陷阱有了更大的敏感性，对局外人的重要性有了更加深思熟虑的理解。

在讨论这些观点之前，让我们先回顾一下 1921 年世界对太平洋的定义。英国、法国、美国、澳大利亚、新西兰和荷兰仍然留在那里，还有侵占琉球群岛和小笠原群岛的日本和拥有小岛拉帕努伊的智利。在第一次世界大战期间，日本占领了赤道以北的德属岛屿。澳大利亚被酬以德属新几内亚殖民地，并为大英帝国代管瑙鲁。新西兰管辖着萨摩亚。从理论上讲，德国的属地由国际联盟监管，但事实上各托管政府在递交年度报告后就自行其是了。

254 　　在国际法中，南太平洋由不同外国管辖下的领土组成。其中，荷属新几内亚、澳属新几内亚和巴布亚的面积和人口使其他地区相形见绌，那里有 200 万到 300 万人，岛民对外部世界茫然无知；而且那里仍在被欧洲人探险中。人口仅次于上述地区的是英属所罗门群岛（1931 年为 93000 人）和斐济（1921 年为 84475 人，其中印度裔有 60634 人）。再次是人口在 2.4 万至 4.7 万人之间的一些群岛，如汤加、西萨摩亚、吉尔伯特和埃利斯群岛、日属密克罗尼西亚、新赫布里底群岛、新喀里多尼亚，以及由塔希提岛及其所在群岛组成的"法属殖民地"。还有一些群岛的居民不足 1.5 万人，如关岛、美属萨摩亚、库克群岛、纽埃、瓦利斯和富图纳、瑙鲁和拉帕努伊岛（1934 年只有 469 人）。

　　要想理解太平洋岛屿的殖民统治，我们必须认识到殖民势力的局限性。该地区 1/3 以上的人口实际上一直处于独立状态，或者仅在第二次世界大战后才受到殖民统治的轻微影响。新几内亚高地居民虽接触过殖民势力，但没有受到过殖民统治。1933 年，米克和丹·莱希与政府官员吉姆·泰勒以及 60 名新几内亚搬运工一起，从高地东部的贝纳贝纳出发，越过山脉，进入瓦吉河谷，向西到达哈根山和吉米山谷。在这次著名的探险之旅中，他们发现了成千上万的人，这些岛民此前不为外界所知，他们的生活以集约农业和交换为中心。澳大利亚政府通过《非受控地区条例》限制了探矿者和传教士涌入这一地区。

　　最重要的外来人通常是其他岛岛民。例如，在两次世界大战之间，萨摩亚人通过伦敦传道会统治着图瓦卢岛民。萨摩亚语成为图瓦卢的教会语言，萨摩亚牧师拥有最高权力。他们的房子最大，而且他们还强制推行了基于公理会基督教教义和萨摩亚传统的道德规范。1941 年，教会阻止了一场由当地牧师卢西亚领导的争取使用图瓦卢语的独立教会运动。[1] 20 世纪 20 年代，第一批探索新几内亚高地东部边缘的外来人是沿海地区的新几内亚人。传教士萨基·哈林基奥在 1938 年写道："哈根山巨大无比。奥格尔本格传教站就坐落在它的脚下……这里有时会下冰雹。天气常常冷得要命，所以我都冻僵了。如果即将从德国来此的传教士维赛德姆能给我带来一件大衣，我将非常高兴。也许我不该这样乞求，但是我太冷了，我怕我活不下去了。"路德教通过沿海的美拉尼西亚文化棱镜影响了钦布人和哈根人。

我们用来描述岛民的词汇是殖民主义的产物，并歪曲了我们对其身份的理解。我们将新几内亚岛东部的不同民族称作巴布亚人和新几内亚人，似乎他们在 20 世纪 20 年代有着共同的身份认同，但是他们像欧洲人那样都将彼此视为外来人。语言也扭曲了我们的主次观念。从独立国家的角度来看，我们承认了一些人口虽少但获得国家地位的岛民群体，例如基里巴斯人和图瓦卢人，但是却忽视了那些被纳入较大国家的人口较多的岛民群体。殖民地历史成了对现代民族前身的斐济人、库克人和图瓦卢人的叙述，而非对莫图人、比南德雷人、图拉人或特罗布里恩人等岛民的叙述，他们都往往被不顾历史差异而合称为巴布亚新几内亚人。尽管在基于殖民领土的历史中占据了一席之地，但还应在记录自我认同群体的历史中占据一席之地。

大多数殖民地政府都过于节省和资金不足，无法与我们时代的管理机构相比。大多数殖民地依靠微薄资金运转，被宗主国期望能自食其力，只能勉强维持秩序；只有日属密克罗尼西亚、巴布亚和库克群岛在 20 世纪 30 年代获得过补贴。在第二次世界大战之前，美拉尼西亚大部分地区的居民所经历的殖民统治是间歇性的，政务专员、当地警察和招聘人员不仅偶尔到访，有时还提出一些不可思议的要求。在 1939 年访问吉尔伯特和埃利斯群岛时，英国太平洋殖民地的主要官员"被那里可怕的贫穷所震惊，该殖民地由于缺乏必要的运输工具，行政官员和医务官员无法履行基本职责"，而且地方

255

---

[1] Garrett, *Footsteps in the Sea*, 410 - 12.

官员们不得不乞求搭乘商船或传教团的船。①

相反，基督教传教团拥有雄厚的实力和广泛的势力，常常代行政府权力，尤其是在新赫布里底群岛，传教士早在那里成为共管地50年前就已建立了神权政体（参见第六章）。在1940年之前，新赫布里底群岛中部的彭特科斯特岛一直处于分裂状态，一派是信仰天主教的沿海居民；另一派是以传统信仰为主的内地居民，二者常常发生内战。传教团在促进当地现代化上远比大多数政府更重要。在许多地方，外部世界不是在政府中而是在传教站中被具体呈现出来的。传教站拥有种植园、作坊、学校和园圃，而且传教士不仅扎根当地还掌握了当地语言。在波利尼西亚的许多地方，岛民早已使基督教适应了当地的等级、地位、两性关系和良好秩序观念，并使其惯例成为酋长统治的意识形态基础。在一些地方，男人和女人在教堂里是分开坐的，而在另一些地方，酋长们则坐在平民前面。继嗣群还利用征收的进献海外传教团的贡品来炫耀财富和相互竞争。

佛教和神道教的影响都没有产生如此持久的影响。在日属密克罗尼西亚行政中心科罗尔，殖民地政府在1940年建造了用来供奉日本皇室祖先天照大神的宽平大社南洋神社，并为这座神道教圣地举行了三天的落成典礼，帕劳学生还被诱导在这里为日本帝国的侵华战争祈祷。在塞班岛、丘克环礁和拉莫特雷克环礁上也兴建了一些较小的神社。尽管当局竭力向密克罗尼西亚人灌输日本神道教的思想和仪式，但这对岛民信仰没有产生多少影响。

岛民对殖民统治的政治反应很难归类。在太平洋岛屿，没有什么比得上苏门答腊岛阿奇人反对荷兰殖民统治的三十年抗战，也没有比得上坦噶尼喀和西南非洲反抗德国统治的起义。既没有形成像印度甘地领导的"不抵抗运动"那样的大规模民族主义运动，也没有出现可能引发劳工行动的阶级政治。几十年来，随着接触前沿在新几内亚和所罗门群岛不断向前推进，美拉尼西亚社区一直以"原始抵抗"方式武力反抗殖民统治，即用矛、箭和斧头袭击外来者，通常随后会招致惩罚性远征。1927年，马莱塔岛库瓦伊

---

① Macdonald, *Cinderellas of the Empire*, 124.

奥武士在巴斯阿纳领导下杀死了前往该地征税的一名政务专员、一名候补军官和十三名警察，从而引发了一场大规模的惩罚性远征。在第一次世界大战前，波纳佩岛索克斯区是武力反抗西班牙人和德国人的中心（参见第六章）。1917 年，新喀里多尼亚的卡纳克人对法国殖民者发动了零星游击战，但遭到法国殖民者迅速反击。

各种"抵抗"并没有湮没无闻。斐济人阿波罗斯·纳瓦依因反对英国殖民统治被流放到罗图马岛，并在该岛度过了两次世界大战之间的大部分时间。第二次世界大战后，英国人在所罗门群岛遭遇了一场广泛的反殖运动，而且美拉尼西亚各地的千禧年运动也表达了对自治与平等的渴望。"抵抗"意味着他们的组织比平常更强大和不满更广泛。殖民时期的美拉尼西亚如同马赛克那样是由众多小社区构成的，美拉尼西亚的内部冲突要比他们与殖民地政府之间的冲突多得多。岛屿社会与政府关系的主要特征是联盟、妥协与合作，而非对抗和抗议，抗议运动本身也可能出奇地和平，就像 20 世纪 20 年代和 30 年代的西萨摩亚那样。

1929 年，拉包尔罢工是"产业工人"行动的一个罕见例子。拉包尔是新几内亚的行政中心和种植园生产中心。1 月 2 日晚，警察和工人从拉包尔撤退到卫理公会和天主教会的传教站。传教士建议复工并同意向政府请求宽大处理，于是第二天上午大多数人返回拉包尔。组织者（从殖民者角度来讲，罪魁祸首）是船长和招聘人员的苏木素玛，以及数名非常熟悉政府机构的高级警察。警察罢工是因为这些机构使他们失去了价值，普通劳动者罢工是因为薪水较差，还可能涉及种族间的争斗。附近的图拉村民没有参与罢工。一些抱怨来自产业工人（例如要求将最低工资提高到 12 英镑，这几乎是当时薪酬市价的 50 倍），但抗议活动也表达了对家长式统治的愤怒。罢工者来自各行各业，这一事实凸显了该事件的政治和种族根源，这引发了作为大雇主的政府的愤怒。罪名被罗织，刑期被强加，因犯们还被征召到金矿区轨道上搬运货物或在那里服劳役，大多数因犯在候审或服刑期间遭到毒打。苏木素玛放弃了"现代"政治。关于他后来从事"传统"的礼物赠送事业，请参阅第三章。

在文官政府在 1920 年接管之前，新西兰对西萨摩亚的军事占领在法律或政策上没有发生重大变化。萨摩亚人的力量来自于这样一种信念，即萨摩亚传统反映了他们的优越性，他们的政府制度要好于新西兰人所强加的。新西兰人认为萨摩亚人是"一个杰出但落后的种族……他们未曾思考过自己的未来，也没有憧憬过自己岛屿的未来"。一位来自重要村庄鲁夫鲁夫的演说酋长在 1919 年警告西萨摩亚管理者，"你是用萨摩亚人的权威来统治萨摩亚，但你没有用爱来统治这些岛屿"，这位管理者否认了这一说法："我没有用萨摩亚人的权威来统治萨摩亚。赢得战争的协约国把萨摩亚的控制权交给了大不列颠乔治国王治下的新西兰，我在为新西兰执政。"①

新西兰管理者比德国前任更缺乏经验和能力，因此他们未能经受住第一次大考验。1918 年 11 月的流感疫情，也许是萨摩亚现代史上最可怕的事件，给幸存者留下了痛苦回忆（参见第七章）。随后，官方调查揭露了管理者几起存在管理疏漏和判断失误的行为。行政长官被撤换，但在此之前，他公开表达了自己的愤怒，并有失公正地严厉批评了一些著名的萨摩亚人和欧洲人。鉴于萨摩亚人具有克己的价值观念和高贵举止，仅这一点就可削弱新西兰人解决萨摩亚问题的能力。负责管理该属地的公务人员实行任期制，因此他们缺乏足够时间学习萨摩亚文化的微妙之处。

主要问题是新西兰认为萨摩亚人缺乏政治能力。新西兰议会为管理西萨摩亚制定了法律，这实际上是家长式专制统治。长老大会联合主席委员会（Fono of Faipule）虽然作为传统机构可以举行会议，但在决策中不起作用，甚至也没有公认的咨询作用。新西兰承认萨摩亚人的"惯例"，但将其完全排除在政府之外。早在 1920 年，该委员会和一个由欧洲人和具有欧洲人血统的萨摩亚人组成的"公民委员会"就曾要求赋予长老大会联合主席委员会立法权，以及在新西兰议会中拥有代表权。侨居西萨摩亚的欧洲人对禁酒等措施尤为愤怒。到 20 世纪 20 年代，当地人和外国人之间的种族和阶级分化已经缩小。婚姻关系将欧洲人社区与杰出萨摩亚人家族联结在一起。流感

258

---

① Meleisea, *The Making of Modern Samoa*, 124–8.

致使年老族长大量死亡，这为熟悉欧洲管理方法的下一任领导人掌权铺平了道路。有些人曾为殖民地政府工作过，还有些人是迎娶萨摩亚妇女的欧洲男人的儿子，如商人 O. F. 纳尔逊和 S. H. 梅雷迪思。根据法律规定，这些具有欧洲人血统的萨摩亚人被视为欧洲人，但他们的理念和抱负是"二元文化"的，他们在马乌运动中空前活跃。

在 1923 年乔治·理查德森将军就任后，萨摩亚殖民地政府采取了激进的举动。他最初很受欢迎，因为他试图学习当地语言，并注意听取当地人的意见。长老大会联合主席委员会在法律上得到承认，理查德森建立了一个能使长老大会联合主席委员会发挥核心作用的层级制管理结构。长老大会联合主席委员会就各种事务向他提供咨询意见，所有来自各区的信件都要通过该委员会传送。该委员会还被授权制定受到政府支持的法规。长老大会联合主席主持区委员会，管理从环境卫生到椰子种植等一系列村务活动，还可惩罚不遵守规定的村民。这种军国主义结构给了长老大会联合主席前所未有的重要性，他们很快就心甘情愿地成了理查德森的合作伙伴，强行实施了那些干涉岛民日常生活和习俗的措施。

理查德森开始大规模地实施社会改革措施。为了提高生产率，他对种植树木和粮食作物提出了严格的要求，限制板球运动，发起农业竞赛，并试图禁止"马拉加"（malaga），即在庆典活动中交换精美席子的"行商"，西方人长期以来一直认为"马拉加"是工业发展的障碍。理查德森还提议使土地使用适应特殊需要。长老大会联合主席委员会一致通过了他的计划，根据该计划族长们将他们的土地分成小块，然后分给没有头衔的男人。虽然政府后来声称这个计划完全是"非强制性的"，但至少一些萨摩亚人把它理解成了法律。最难以忍受的措施是 1922 年颁布的《萨摩亚罪犯条例》，该条例使政府有权放逐酋长，甚至取消他们的头衔。尽管先例是由总督索尔夫在1901 年开创的，但是为了羞辱主要酋长和惩罚异议人士，理查德森施加处罚更频繁和更武断。他的风格体现在放逐一位制造和销售酒的酋长上：

> 阿法马萨加是一位高等酋长。他爱穿长裤，英语说得很好，还在阿

皮亚做生意。我对他施加了额外的惩罚……剥夺了他的头衔，把他送到他此前从未生活过的当地村庄。在那里，他不仅可以穿印花布短围裙，还有时间反思他的罪行的严重性。[①]

当政府干预族长头衔和仪式交换等社会生活的核心制度时，出现了有组织的反对活动。1926年，理查德森提议族长有权选择自己的继任者，以取代家族选择，甚至连长老大会联合主席也犹豫不决。当一个皇家专门调查委员会就萨摩亚人联盟在1927年举行听证会时，萨摩亚人最常抱怨的是，他"独裁"地使用驱逐族长和取消头衔的权力，其次就是干涉"马拉加"。

"萨摩亚人联盟"（*O le Mau*）成立于1926年。该组织把理查德森提出的"为了萨摩亚人的萨摩亚"这句口号作为其座右铭。理查德森将其两名领导人阿法马萨加和福穆伊纳流放到阿波利马岛，于是萨摩亚人开始有计划有步骤地消极抵抗和不遵守政府制度和条例。新西兰任命了一个皇家专门调查委员会来听取不满意见。尽管有大量证词证实的确存在任意放逐、长老大会联合主席腐败等问题，皇家专门调查委员会还是坚决支持了理查德森的立场，认为萨摩亚人联盟是由少数具有欧洲人血统的萨摩亚人和欧洲人发起的。O. F. 纳尔逊和两名欧洲人被驱逐出境，而民众对萨摩亚人联盟的支持也与日俱增。在理查德森逮捕400名"萨摩亚人联盟领导人"后，他感到很丢脸，但却不得不将数百名要求与他们一起坐牢的人拒之门外。在皇家专门调查委员会的听证会上，萨摩亚大酋长图帕阿·塔马塞塞·利洛菲被问萨摩亚人联盟的目标是否是自治时：

> ——是的，这是萨摩亚人联盟的真正目标。
> 萨摩亚人联盟是否希望让新西兰从该地区政府中撤出？
> ——是的，萨摩亚人联盟希望萨摩亚由萨摩亚人来管理。

[①] Island Territories 88/3 part 1, 1924, Interim Report No. 2 on Native Affairs, National Archives of New Zealand.

当 1928 年斯蒂芬·艾伦取代理查德森时，萨摩亚人联盟已履行了许多政府职能，如鼓励椰肉干生产和监督教育。纳尔逊向国际联盟提交了一份概述萨摩亚人不满的请愿书，但是委任统治委员会拒绝受理。在 9300 名萨摩亚男子中有 8000 人签署了请愿书，这表明萨摩亚人联盟在当地的受欢迎程度。萨摩亚人联盟在新西兰也赢得支持，新一届政府在 1929 年下令暂停长老大会联合主席委员会的职责。有一段时间，萨摩亚人联盟似乎停止发展，一些重要成员辞职。然而，随着支持萨摩亚人联盟的酋长们和欧洲人纷纷从监狱和流放地归来，示威集会仍在继续。1929 年 12 月 28 日，这一天被萨摩亚人铭记为"黑色星期六"，当一大群人在阿皮亚游行时，警察试图逮捕一些不纳税的游行者。一名欧洲人警察被杀，其他警察开枪。附近警察局的警察用机关枪扫射了集会人员。11 名萨摩亚人被杀，几乎都是高等级族长（*matai*）。高等级族长塔马塞塞、图伊马莱阿利法诺和福穆伊纳等三人都严重受伤，随后图帕阿·塔马塞塞·利洛菲不治身亡。由于高等级族长穿着独特的服装，并在被枪击时试图使人群安静下来，萨摩亚人确信警察一直把他们当作目标。

政府的傲慢态度使这场悲剧更加严重。艾伦指责暴力是由萨摩亚人联盟挑起的，宣布它是一个煽动性组织，并召集军队追捕其支持者。男人们逃到山上和森林里，而士兵们恐吓这些村民。20 世纪 30 年代初，妇女们继续推进了这项事业。其中最引人注目的是塔马塞塞的遗孀阿莱萨拉，O. F. 纳尔逊的妻子洛萨·泰西（Losa Taisi）以及图伊马莱阿利法诺与福穆伊纳的妻子。"萨摩亚妇女联盟"（Women's Mau）为召集支持者走遍萨摩亚各地，并继续举行示威活动。新西兰政府对萨摩亚政府的控制更加严密，并施加了更加严厉的惩罚。1933 年，艾伦被另一名军人取代。纳尔逊返回萨摩亚，但是由于萨摩亚人联盟仍是非法组织，他旋即被捕，并在新西兰被判处 8 个月监禁和 10 年流放。这种对峙一直持续到 1936 年工党在新西兰上台执政。由于工党长期以来一直同情萨摩亚人联盟，这一变化立即导致了政策转变。纳尔逊被释放，归来时受到热烈欢迎，并且萨摩亚人联盟被承认为合法组织。《萨摩亚罪犯条例》被废除，并选出一个主要由萨摩亚人联盟成员组成的长老大会联合主席委员会。此外，新组建的长老大会联合主席委员会有权遴选

260

立法委员会委员，从而使萨摩亚人，特别是萨摩亚人联盟支持者，直接参与了政府管理。

种族中心主义

把种族中心主义宽泛地定义为对自己的语言群或文化群的偏爱。西方历史学家对自己祖先的种族偏见感到失望，并存在大量关于此类观点的文献可供引用，西方历史学家深入研究了欧洲人对岛民的种族统治。虽然殖民主义确实如此，但是它也使岛民有机会重新安排了他们相互主宰的方式。由于与欧洲人的种族偏见重叠，殖民主义或许更应该被视为许多相互竞争的种族中心主义的相互作用。

在新几内亚，古老传统一直延续到殖民时期，这些传统的特征是怀疑那些不属于自己亲族的人，蔑视他们的风俗，并决心为过去的不公复仇。在未受控制地区，大多数村民不敢离家超过数千米，因为害怕被敌人杀害，澳大利亚人在 20 世纪 30 年代试图招募侦查员和口译员时就发现了这一点。高地人把血气之勇视为最重要的美德。哈根山区的大人物昂格卡（参见第三章）在敌人包围其部属时援引该村先民的讲话：

> 让我们挺身迎战他们，让我们所受创伤在我们前胸，而非因逃跑在背上，让我们的女人带着年幼的孩子们离开，然后带他们回到这里，让他们看看我们卡维尔卡男人全部战死的地方，这样他们就会知道他们的父亲是谁和被谁杀死了。[1]

261 　在谈及其部属与其他族群关系时，昂格卡讲道：

> 我们卡维尔卡部落曼德姆波氏族与门姆波氏族打仗，一直是你来我

---

[1]　*Ongka：A Self-account by a New Guinea Big-man*，58.

往地将彼此赶回对方领地。我们与邻近的提普卡氏族也是如此打仗的，一直追击他们到山谷里的莫卡河岸边，然后他们又向我们冲过来，将我们逐回山上的家。

这种尚武言辞与英国、法国和日本学童所接受的帝国主义教育如出一辙。当卡维尔卡部落氏族在高地山坡上你来我往地彼此追击时，德国人和盟军在弗兰德斯也在做同样的事，并将他们的胜利归功于士兵的英勇。一位澳大利亚种植园主妻子的巴布亚仆人托亚问，为什么白人不像巴布亚人那样因打仗而被关进监狱？欧洲人看到巨大的文化鸿沟将他们与殖民地居民分隔开来，但是他们之间的共同之处要远远多于他们所意识到的。欧洲人和殖民地居民都是种族中心主义者、实利主义者、领土捍卫者和好战者，他们的差别并非大多数欧洲人所想象的那样是智力或性格上的，而是技术和组织上的，还有就是一些历史偶然事件给一方带来的巨大优势。这同样也适用于在密克罗尼西亚的日本人和在波利尼西亚的许多欧洲人，尽管他们对波利尼西亚人的评价通常较正面。

　　与欧洲人一样，美拉尼西亚村民也认为自己的族群及习俗要优于其他族群，尽管他们的族群通常只有数千人。在一次接触中，一群新几内亚内陆村民警告探矿者杰克·奥尼尔，他们的一些邻居"非常坏，是一群会射死我们，然后吃掉我们的卑鄙混蛋"。① 由于当地语言多达数百种，这极有可能产生偏见。路德教会传教士恩格津奴是休恩半岛科特人，他在 1918 年将休恩半岛的邻居们描绘成：

　　　　非常糟糕的人。我们科特人是异教徒时也没有那么坏。现在，在他们皈依基督教后，他们向我们忏悔了他们过去的所有行为。传教士，您自己也见过他们有时会抓住我们基督徒的性器官，然后我们把他们的手拿开，但是我们之间还有更糟糕的事情。

---

① O'Neill, *Up from South*, 60.

阿加霍（Agajo）在 1929 年报告提到，他正在试图使当地村民改掉"一个令人厌恶的习俗"，并坚称他的部属从未沉溺于此类事情："为年轻男女举办一场盛宴。当地居民专门为此建造了一座特殊的房子。在某个时候，这些年轻人聚在一起行淫五天，甚至十天，直到不久后他们才结婚。这里普遍存在极其不道德的行为，还有鸡奸。"①

种族中心主义为分而治之政策提供了有利条件，因为政务专员扩大了政府的势力范围，"友好部落"为反对宿敌将其命运交给了欧洲人。同样，种植园主为了防止骚乱将来自不同语群的新劳工混合在一起。一名新几内亚招聘人员解释说："我们从未在同一地区招募过（说一种方言的）两个以上小伙子。""我们的枪手来自 300 英里外从马当南部到塞皮克河以北平原的村庄。如果招募来的小伙子们全部或大部说同一种方言，那将是一场灾难。他们可以很容易地抛弃自己的主人。"②

下述事实表明种族中心主义四处泛滥，即萨摩亚和汤加的传教士通常认为是他们把基督教的启示带给了那些迫切需要提升道德水平的低等种族。

殖民者在意识形态领域取得的最重要成就就是虚构了土著，这是一个包含所有非欧洲人的类别。土著虽然独特和具有男子气概，但缺乏诸如勤勉和远见等欧洲人的美德。土著的头脑以神秘的方式运作着。1923 年，卫理公会斐济传教团团长告诫一位同事，在试图把责任交给斐济人时，要"考虑土著的想法"。③"不言而喻"，1937 年澳大利亚《新几内亚领地官方手册》（*Official Handbook of the Territory of New Guinea*）指出，"土著不会表达他们完全不了解的思想，如感恩、贞操、谦虚、谦逊等"。在依赖岛民传播福音的传教团中，欧洲人是传教士，而岛民虽然是"土著教师"或"土著传教士"，但禁止他们担任承担最终责任的职务。种族自豪感是欧洲人团结一致的源泉。白人希望与土著保持社交距离，维护"白人威望"。几乎所有的欧

---

① The letters of Ngezinu and Agajo survive in the Keysser Papers, Neuendettelsau.

② Papers of Reginald A. Beasley, Fryer Library, University of Queensland, ' New Guinea Adventure', c. 1960, 194.

③ Macnaught, *The Fijian Colonial Experience*, 109.

洲人都认为自己在智力、性格和能力上优于土著，把土著化视为最糟糕的事情。20 世纪 30 年代，一名新几内亚的澳大利亚儿童回忆了她的这种可怕想法：

> 我记得有一个叫诺里斯的家伙，他经常在塔巴尔群岛、利希尔群岛附近游荡，他有一把小割刀。有一天，他去了波拉基拉（Bolagila）……他头发蓬乱，衣衫褴褛，腿上有好大一片溃疡，伤口没有绷带包扎露在了外面，脚上也没有鞋，从来没有人像他那样四处走动。我们问："他是谁，他是谁，妈妈？"妈妈说："他叫诺里斯，他是一个白人，他看起来很可怕"。我们说，"他是做什么的？""他什么都不做，他只是与卡内加人住在一起。"我们都吓坏了。[①]

1929 年，美国人类学家霍顿斯·鲍德梅克（Hortense Powdermaker）在新爱尔兰的一次晚宴上被一名澳大利亚妇女问道：

> "你不觉得土著和人类一样吗？"我给予她肯定回答。她接着问我："你注意到他们真的很感激你的好意吗？"我又肯定地点了点头。"哦，我觉得你与土著住在一起真是太好了，你太善良了。"她说着紧紧握住了我的手。[②]

由于那里仍有大片地区处于欧洲控制之外，白人男子担心土著会杀死他们 263
或抢走他们的女人，或者更糟，他们的女人会偷偷喜欢上土著，因为有些女人已经那样做了。1919 年，一位新几内亚总督在一份报告中为体罚辩护时写下了他的担忧。他的报告可以被解读为当时澳大利亚移民所持偏见的总结：

---

① Quoted in Bulbeck, *Australian Women in Papua New Guinea*, 196 – 7.

② Powdermaker, *Stranger and Friend*, 103.

1. 土著是尚未完全形成责任感或责任心的原始生物。吃饱和睡好是其两大愿望。2. 在该殖民地,由于白人定居者稀少,因此他们的事业不得不依靠当地人劳动,并住在他们附近。3. 在大多数种植园和土著劳务中心,绝大多数是营养良好和身体健壮的男性。在有白人妇女和儿童的地方,这是危险的。4. 土著经常把善意误认为软弱……5. 体罚对土著不会产生任何残忍的影响,就像对普通学童一样。对待土著应像对待动物那样,惩罚必须具有威慑性。有人会因为马咬人而把它关起来吗! 6. 监狱是土著的天堂特别是由仁慈的官员管理的监狱。①

日本人将密克罗尼西亚人定义为"三等民族",其上是第二等的朝鲜和冲绳移民,再上是日本人自己。一名海军军官写道,"密克罗尼西亚人没有'进步观念',也没有勤勉或勤奋意识。他们过着放荡的生活,吃饭、跳舞和淫乐占尽他们的清醒时间。鉴于上述原因,他们没有逃脱热带居民的共同特点,即风俗猥亵、粗野、懒惰和放荡"。②

进化论、优生学和种族灭绝思想都为外来人的统治地位提供了理由。所罗门群岛首任驻地专员深信美拉尼西亚人注定要灭亡。所罗门群岛也存在这种看法。利弗兄弟的看法颇具代表性。他们在 1923 年确信,"只有与另一种族融合在一起,美拉尼西亚人……才会繁衍下去"。③ 五十年来,英国总督们一直纠结于岛屿人口恢复。这一直驱使英国人试图保护斐济人的村社生活,并维持了政府为改善岛民健康而采取的首批踌躇不前的措施 (见下文)。1918 年的流感疫情令人沮丧。正如我们在第七章中所看到的,它杀死了 4% 的斐济印度人、5.7% 的斐济人和不少于 20% 的斐济萨摩亚人。所罗门群岛 1931 年的人口普查结果让人担忧,普查结果显示岛民有 9.3 万人,而非预先估计的 15 万人。日属密克罗尼西亚的证据喜忧参半,塞班岛、波

---

① Johnston to Secretary, Department of Defence, 14 March 1919, Australian War Memorial, Ex German New Guinea Miscellaneous Reports, January-February 1920.

② Peattie, *Nfln'yo*, 113.

③ Quoted in Keesing and Corris, *Lightning Meets the West Wind*, 33.

纳佩岛和帕劳在 1923~1933 年人口数量出现增长，丘克环礁和贾利特环礁
人口数量没有变化，雅浦岛人口数量急剧下降。总体而言，密克罗尼西亚人
口数量在两次世界大战之间几乎没有什么变化，新喀里多尼亚的卡纳克人也
是如此。人口恢复的首个明显迹象出现在 20 世纪 30 年代。吉尔伯特和埃利 264
斯群岛的人口普查显示，几乎所有环礁的岛民数量都在增加，这为一项人口
重新安置计划提供了依据，后来大约有 700 人根据计划被迁往无人居住的菲
尼克斯群岛。另一项统计表明，自 1895 年以来，拉罗汤加岛的库克岛民人
口增加了一倍多。1921~1936 年，有数个地区的人口增加数量相当可观，
如萨摩亚从 33336 人迅速恢复到 51094 人；他们在美属萨摩亚的同族从 7776
人增至 11474 人；汤加人口从 23759 人增至 31604 人；关岛人口从 14090 人
增至 20047 人；甚至斐济人口从 84475 人猛增至 97961 人。人们越来越有理
由认为政府能够改善民众的健康状况，到 1950 年，人口恢复使种族灭绝主
义不攻自破。

殖民主义经济

殖民主义管制不仅推动岛屿经济融入全球经济，还促进了政府赖以获得
收入的出口。虽然农村经济养活了绝大多数岛民，但是出口经济对那些提供
劳动力和经济作物的村庄提出了越来越多的需求，殖民政策必须解决农村经
济与出口经济如何相互作用这一核心问题。

首先，融入全球经济的程度和形式取决于与西方接触的程度。一般来
说，太平洋东部和北部以及岛屿沿海地区的村民接触外来者，要比太平洋西
部和岛屿山区的村民早得多。到 20 世纪初，库克群岛和北马里亚纳群岛居
民已成为热衷经济作物的种植者和进口商品的消费者。1911 年，拉罗汤加
岛有 4 家电影院，而且从外围岛屿向中心岛屿移民早在第一次世界大战之前
就已开始，这预示了其他地方的发展趋势。20 世纪 20 年代，拉罗汤加岛民
生产的香蕉、橙子和西红柿多半出口至新西兰。在德国短暂的统治时期，许
多加罗林人用木屋取代了棚屋，查莫罗人则将木屋变成了石屋。由于粮食进

口太多，以致于德国殖民当局为缓解粮食依赖进口采取了干预措施，但粮食依赖进口这一问题直到 20 世纪 80 年代才对大多数岛屿产生影响。为"限制不合理地过度进口大米、粗磨粉等粮食，增强土著的勤奋精神和促进殖民地的生产，使其不依赖外部世界"，德国统治者要求每个家庭种植 1/4 公顷的粮食作物。[1] 到 1914 年日本在北马里亚纳群岛取代德国统治时，这里的居民在西方人看来是太平洋地区最见多识广的岛民。在 20 世纪 30 年代，接触前沿进一步推进至新几内亚。

265 第二，融入的程度和形式取决于政策的总体方向。殖民政策必须妥善解决经济发展与保护农村生活完整的关系。解决方法因殖民国家、总督和时代的不同而有所差异。我们暂且先集中讨论一下殖民者，尽管政策实施决不会不考虑岛民因素。所有殖民国家都必须解决如下问题，即谁拥有土地？谁来干活？谁提供资本？如何平衡岛民与殖民者的利益？村庄将成为雇佣劳动力的来源还是直接出口产品的产地？传统文化习俗被保护到什么程度？之所以出现这些问题，是因为殖民主义不仅要加强外部统治，还要扩张资本主义经济秩序。

日本将南太平洋视为政府和私营企业携手经营的战略资产。在其他地方，国家利益和私人利益从未结合得如此密切，岛民也从未被如此自信地边缘化。对日属密克罗尼西亚发展贡献最大的人是日本南洋开发公司的创始人松江春路（Matsue Haruji）。在 20 世纪 20 年代，成千上万的佃农，大部分是冲绳人，辗转来到南洋开垦土地和种植糖料作物。在塞班岛和天宁岛，甘蔗田、铁路、制糖厂和酿酒厂为制糖业带来一片繁荣景象。它的糖产量在 20 世纪 30 年代末几乎是斐济的 2/3。在那时，占塞班岛、天宁岛 1920 年人口 2/3 的查莫罗人和加罗林人被汹涌而来的移民挤走，而岛民数量只剩下不到原来的 10%。松江成功的原因表明所有种植园公司都需具备如下条件：政府的全力支持，提供廉价土地、种植补贴以及低税收。他几乎没有竞争对

---

① Hardach, *Konig Kopra: Die Marianen unter deutscher Herrschaft*, 1899 - 1914, Stuttgart, 1990, 123, 164.

手，而且冲绳劳工擅长制糖。

法国人也曾断断续续地实施过开发政策。在干劲十足的乔治·居翁总督主政新喀里多尼亚期间（1925～1932年），他为了促进殖民经济发展曾打算修建公路和码头。乔治·居翁仅是两次世界大战期间12任新喀里多尼亚总督中的一位，总督更换频繁，殖民者抱怨受到政府的忽视。除了一些传教士外，没有一个欧洲人怀疑该殖民地是为殖民者而存在的。1928年，一位殖民者问道，"根据什么荒谬的歪理，我们继续让土著拥有超出其所能耕种和维持生存所需的土地？"这表达了他所在社区的典型态度。[①] 美拉尼西亚人成为少数，特别是在1917年叛乱后，《土地划分条例》（cantonnement）将他们限制在主要岛屿的保留地里。

澳大利亚所承担的责任要比其他国家加起来还要多。大多数澳大利亚人仍然致力于向白人开放自己的国家，他们把同样心态带到了巴布亚和新几内亚。第一次世界大战前是巴布亚种植园主的黄金时代，当时该 ₂₆₆ 地区将殖民者吸引至劳动力廉价和前景光明的边疆。1906～1914年，欧洲人的耕地面积从1500英亩暴增至44447英亩，到1920年又增至62162英亩。但此后的20年里，该殖民地经济出现停滞，耕地面积基本没有发生变化。休伯特·默里始终担任副总督。尽管默里最早热心支持欧洲人开发，但是他日益将自己视为对巴布亚人负主要责任的英式总督。他在谈及自己时表示，一名总督不受殖民者欢迎的程度可能与他对土著履行职责的程度成正比。[②] 澳大利亚国内政治也阻碍了巴布亚发展。根据《航海条例》（Navigation Act），运往欧洲或亚洲的椰肉干必须途经悉尼，这要多绕行近2000英里。

另一领地新几内亚远比巴布亚繁荣，这并非政策造成的，而是因为1926年在卡恩迪山（Mount Kaindi）发现了金矿。这一发现吸引了数百名澳大利亚探矿者和数千名新几内亚劳工。紧随其后而来的那些公司将淘金热转

① Connell, *New Caledonia or Kanaky?*, 102.

② J. H. P. Murray, *Review of Australian Administration in Papua from 1907 to 1920*, Port Moresby, 1920, xi.

变为产业，这一产业在 20 世纪 30 年代成为该领地财政收入的主要支柱。默里的风格不同于其新几内亚同事。他宁愿相信，"定居者对土著的态度比在巴布亚更加友好和诚恳"，[1] 而且他的政府更关注福利而较为人道。虽然默里有所夸大差异，但它们确实存在。一位细心的观察家称，"在新几内亚，澳大利亚人将'殴打黑鬼'视为稳定种族关系的唯一保障，并将巴布亚的做法视为纵容"。[2]

只有新西兰人使殖民地政府成为现代经济生产性资产的主要所有者。殖民地政府没有照搬澳大利亚人在新几内亚的做法，即把德国人的种植园出售给本国国民，而是将它们作为"赔偿资产"保留在政府手中，并用种植园收益支付政府开支。虽然这种制度可能为萨摩亚人的福利做出了一些贡献，但是这些贡献却在冲突中消耗殆尽。从纯经济学角度来看，国有化对西萨摩亚没有产生任何作用，因为它没有同时积极开展日本式开发。

英国的殖民地政府迫切需要向种植园和矿山征税，但是人们普遍认为殖民地向白人提供投资机会并在此过程中"教化土著"才是明智之举。殖民地开发始终要平衡殖民者与岛民的利益。与日属殖民地形成鲜明对比的是，英属太平洋诸殖民地都是偏远的前哨。在这个几乎没有什么危险的地方，托管原则被纳入政策筹划范围，贪婪的定居者受到约束，村民得到家长式立法的保护。在吉尔伯特和埃利斯群岛这个曾被描述为"孤立程度举世无双和缺乏发展潜力"的殖民地，一些充斥着家长作风的条例详细规定了岛民们日常的每一分钟和行为的每一方面。英国官员认为所有岛民长期缺乏发展，但是他们也属于某一知识传统。这一知识传统提醒他们要注意殖民情景中的"发展"陷阱，斐济的情况更是如此。

斐济

尽管这套制度在 20 世纪 20 年代进行了改革，但是基本上没有改变 50

---

[1] West (ed.), *Selected Letters of Hubert Murray*, 162.

[2] Mair, *Australia in New Guinea*, 15.

年前总督戈登和瑟斯顿所制定的原则,即遵循斐济人利益至上。斐济人保留了斐济83%的土地。在作为大酋长的总督之下,最初有十三四名斐济人担任省长(Roko Tui),他们都获得了欧洲人水准的工资;之下是地方酋长(buli),他们有权向人民征收粮食和征集劳动力;在这个间接统治金字塔的底层是负责维持秩序的村长(turaga ni koro)。英国人创造了一个带有一些专制色彩的斐济传统。例如,斐济巴乌岛的"传统"是土地归氏族(mataqali)所有,但这也适用于斐济其他地区。但是只有建立一个一致的"传统",间接统治和斐济人的土地所有权才能成为强制执行的法律。虽然这套制度似乎完全保留了传统,但实际上已现代化了。

英国殖民斐济引发了截然不同的评价。有些人认为斐济人自主管理和由斐济人控制土地是斐济发展的障碍。令殖民者反感的是,他们发现斐济不是一个白人国家。19世纪末20世纪初,主张改革的埃弗拉德·伊姆特恩总督认为,斐济人的社会和政治地位是"不寻常的、不恰当的",因此天平必须向有利于殖民者的方向倾斜。他解除了对斐济人土地的限制,于是在几年时间里被卖出了10余万英亩土地。他成了那些对斐济人感到绝望的欧洲人的英雄,因为他"向斐济人授予了英国臣民的所有个人自由,这一高于一切的自由使得斐济人能够卖掉自己的土地和成为自由流动的储备劳动力"。① 但是在戈登亲自领导的一场运动之后,英国殖民部阻止了对土地所有权的进一步改革。斐济人将保留大部分土地,他们不仅得以自我救赎,还将被从乡村义务和限制之外的生活中拯救出来。随着印度移民被安排进入现代经济部门和斐济人被安排留在村庄,殖民社会沿着种族界限分裂了。英国人和斐济酋长称赞这一安排保护了斐济传统,使其免遭消极的个人主义的侵害。

继任的管理者为了满足劳动力需求逐渐破坏了戈登-瑟斯顿体制。从1912年起,如果一名斐济已婚男子的雇主能使地方法官确信其家属有经济来源,那么他就可以离开村庄从事受薪工作。然后,招聘人员不仅可以自由

268

---

① Macnaught, *Fijian Colonial Experience*.

进入村庄，还开创性地改造了在斐济以西殖民地创立的劳动力循环迁移制度。一些斐济妇女干脆无视她们的酋长，离开村庄到酒吧工作，并找欧洲人和中国人作为情人和保护者。离乡人口数量虽然有限，只有不到1/10的斐济人在20世纪20年代被雇用为带薪劳工，这导致乡村住房数量减少，以及"不保温、不散热、排水不良的木头铁皮屋"取代了"斐济古代那些坚固、高大、厚重的茅草屋"。另一种背井离乡使村民解除了对村社的义务，成为像印度人那样为殖民地制糖公司种植甘蔗等经济作物的个体农民。总督默奇森·弗莱彻爵士认为，"将心比心，斐济人没有理由不能成为像印度人那样好的自耕农"。到20世纪30年代末，各种豁免方案造就了大约700名斐济土著蔗农。数百人依靠自己努力成为成功的生产者。

然而，总的来说，这场个人主义的试验失败了。酋长们反对它，因为个体农民削弱了酋长们的权威。在一些斐济土著甘蔗农场里，隐藏的劳动力由印度佃农组成；在另一些斐济土著甘蔗农场里，当斐济土著无法再忍受这种孤独时，或者就像1934年的楠迪那样村庄被足球热吞噬时，庄稼被遗弃在大田里。据斐济新传统主义的坚定捍卫者酋长拉拉·苏库纳所说：

> 一些当地人在市场得到保证的时候作为个体种植者做得很好；另一些当地人取得了一时成功，然后发现固定工作令人厌烦，于是要么返回了自己的村庄，要么打零工去了；有些当地人为了逃避社会义务再次成为个体种植者，住在茅舍里勉强维持生计。无论生病还是年老，他们都为了寻求帮助返回了村里。[1]

总督菲利普·米切尔从保守主义立场指出了上述问题的症结。他认为，"即使那个被免除义务的人……为自己挣了更多的钱，但对其同乡却承担了更少的义务。同样的人生哲学曾使欧洲陷入悲惨境地，如果这种悲惨境地未曾证明什么的话，那就没有什么能被证明了"。与其前任戈登一样，米切尔认为

---

① Macnaught, *Fijian Colonial Experience*, 102–3, 138, 152–3.

个人主义并非通往自由的道路，而是新的奴役，因为这将使斐济土著失去村庄所提供的安全庇佑、共同义务和认同感。他希望自己"最后一次听说这种疯狂行为，人们普遍认为村社是斐济社会的基础，政府插手破坏它，即使不是邪恶行径，那也是愚蠢之举"。①

与此同时，印度人正在抓住机遇。20世纪20年代，随着殖民地制糖公司将其种植园改造成10英亩一座的农场，并将其租给印度佃户，从而改变了制糖业生产方式。该公司之所以做出这一改变，一是从1920年开始不再允许雇用契约劳工；二是为了将风险转嫁给印度人，他们如今对起早贪黑的工作产生了迫切兴趣。公司和种植户签订了涵盖生产、价格和交货的合同，但公司在合同中处于有利地位。印度人在1920年举行罢工，并在次年再次举行罢工。在第二次罢工时，政府调动250名斐济特警镇压了维提岛西部的罢工者。印度政府评论说，这种做法"增加了斐济人对被要求镇压的印度人的蔑视。与此同时，印度人也对斐济人感到愤怒"。② 而且随着印度人变得更加自信，斐济人会向英国人寻求保护，因为斐济人将转让契约视为英国人对这片土地永恒权力的保证。

1936年，在太平洋岛屿中每10名印度人中就有7人出生在斐济，人口数量达到8.5万人，比1921年增加了2.5万人。他们几乎占斐济总人口的43%，而且这一比例仍在上升。印度人起早摸黑的长时间劳作和生活简朴，他们在承租土地上获得了一定成功，但是他们一直对欧洲人不给予他们平等地位感到不满。古吉拉特邦的自由移民从事裁缝、洗衣工、珠宝商、商人和向其他印度人放债等工作。令酋长们感到震惊的是，印度人寻求政治代表，并反对像过去那样基于种族组织代表的集体选举权。他们呼吁为所有英国臣民建立不分种族的共同名册，作为迈向代议制民主的基础。印度人领袖S. B. 帕特尔认为，剥夺政治权利是对其人民的犯罪。他还认为，自由宪章在自由民主制度下适用于所有英国臣民。如果有一个共同名册，"那么在政

① Quoted in Lai, *Broken Waves*, 71.
② Quoted in Gillion, *The Fiji Indians*, 60.

治领域就不会出现太多种族摩擦，我们将会团结起来为整个斐济的正义和福祉而奋斗，而不是相互牵制"。① 苏库纳酋长认为，"如果一个制度不依靠养老院和社会保障计划就能维持老人和病人的生活，那么这个制度在精神上就没有什么大问题"。② 一些殖民地官员为斐济传统进行了辩护；另一些殖民地官员则表示它阻碍了斐济进步，但他们都反对实行共同名册或民主制度。政治变成了三方角力，由于斐济人对印度新来者感到恐惧，斐济人与英国人不可避免地结成了联盟。由于某个种族在现代部门所取得的进步比另一个种族更快，在种族隔离的情况下局势日益紧张，戈登体制对此难辞其咎。

历史学家对殖民时期的斐济有不同的评价。一方认为，尽管戈登－瑟斯顿体制存在缺陷，但是它避免了斐济人被边缘化，因而可视为托管制度的胜利。根据这种说法，村庄是一个避风港，确保了所有人在生病和年老时都能得到照顾，并为赋予斐济人生活意义的盛宴、歌曲、交换和庆典提供了一个框架；如果这种安全牺牲了西方意义上的个人自由，这也是值得付出的代价，至少也是斐济传统的一部分。另一方认为共有制的受益者是酋长而非平民，并且它虽然使斐济人免受现代化影响，但也剥夺了他们的机会。从这个角度来看，共有制使斐济人根本没有为竞争做好准备。英国人尽管以斐济人保护者自居，但岛民认为他们主要是为了保护自己免受多种族民主的侵害，并继续强化种族差异意识。

劳动力

在斐济设计这套制度是为了在不牺牲经济发展或斐济人自身的情况下解决劳动力问题。在其他地方，事实证明劳动力问题不那么容易解决，解决办法也较少关注村民。更重要的是，劳动力短缺限制了经济发展。20 世纪 20 年代，太平洋诸岛形成了一个清晰的发展模式，每个岛屿都据此成为全球经

---

① Quoted in Gillion, The Fiji Indians, 136.

② Macnaught, *Fijian Colonial Experience*, 70.

济微不足道的一部分。种植园主在一战前对各种农作物的幻想都逐渐消失并形成一个清醒的认识：由于劳动力短缺，大多数种植园主只能收获椰肉干。每个殖民地都出口椰肉干，并雇用了大部分劳动力来生产它。从这个意义上说，椰肉干才是王道，但仅靠种植园无法成功建立出口经济，因此磷酸盐、黄金和镍拯救了几个经济体（参见第七章）。殖民当局将磷酸盐岛视为王冠上的宝石，在那里殖民当局为了财政收入可以破例和忽视法律条文。20 世纪 30 年代中期，在安加尔岛，磷酸盐已经取代椰肉干成为日属密克罗尼西亚仅次于蔗糖的第二大出口商品。镍是新喀里多尼亚殖民地经济的基础，而金矿则促进了新几内亚和斐济的发展。蔗糖是斐济殖民地经济的支柱，但在第二次世界大战期间黄金的重要性和价值超过了蔗糖。

在大多数地方，劳动力稀缺是因为土地资源丰富，而且土地仍然掌握在地主手中。在这种情况下，只有两种解决劳动力问题的办法：雇主要么在当地招募劳动力，要么从亚洲输入劳动力。日属密克罗尼西亚经济的多样性和繁荣完全仰仗冲绳等日本劳工，但其他大多数殖民地的雇主已经失去了亚洲选项。英国政府不希望激怒印度民族主义者，因此阻止劳工移民到斐济或其他任何地方，也不允许其大多数殖民地招募中国人。白澳政策禁止大部分亚洲人进入巴布亚和新几内亚。廉价化肥的好处使巴纳巴岛和瑙鲁出现例外，英国磷酸盐委员会从香港输入了中国劳工。磷酸盐矿工完全以亚洲人和岛民为主：大洋岛为中国人和吉尔伯特人，瑙鲁完全为中国人，安加尔岛为密克罗尼西亚人，马卡提亚岛为波利尼西亚人和越南人。在西萨摩亚，中国契约劳工签订了为期 6 年的合同，被禁止与萨摩亚妇女结婚，一直承担着"赔偿地"上的大部分工作。新喀里多尼亚有 14535 名亚洲人，包括爪哇人、越南人、日本人和中国人，在大萧条时期大量劳工离开前在数量上曾一度超过欧洲人。

在英属和澳属殖民地，剩下的唯一选项就是从农村招募青壮年男劳力。将岛民带到昆士兰、斐济、新喀里多尼亚和萨摩亚的"劳工贸易"已经让位给殖民地边界内的劳工管制制度。在巴布亚、新几内亚、所罗门群岛和新赫布里底群岛，这些"内部"劳工贸易所占比例远超传统的劳工贸易，在

271

两次世界大战之间，仅在新几内亚就签署了大约 28 万份契约。由于招聘和契约成为制度核心，政府官员将主要精力集中在监督劳动法规的执行，用托克皮钦语或通过口译员向新劳工宣读合同，告诉新劳工如何做标记来签名，确保合同中包括村庄、区和分区的名称，检查热带溃疡等。在为期三年的合同期满后，新劳工才能领取延期支付的工资，通常每月 3 先令，相当于工资总额的 60%，然后用这笔钱购买了皮带、短裤、印花布短围裙、梳子、爽身粉、剃须刀片、火柴和烟草，这些东西都被他们打包，然后得意扬扬地带回家乡了。

新几内亚政府为了刺激青壮年男劳力流动采取了各种措施。它为了召集劳工每年向身强力壮的男人征收 10 先令的人头税，仅契约劳工被豁免。税务巡查使政务专员有机会检查村庄的年轻人被送往种植园的情况。然而，政策和实践总是有差异，许多地方的村庄往往根据自身情况提供劳动力，而非像在过去的劳工贸易中所做的那样。招聘人员不得不笼络当地的大人物：

> 招聘人员完全仰仗当地土著的合作，而这也就意味着有头脑的酋长们可能会对闯入者心怀怨恨和嫉妒，因为招聘人员篡夺了他们作为"头号大人物"的地位。如果招聘人员不能使出宗主权、贿赂或报酬等浑身解数与首领们建立"交情"，他们将寸步难行，或一无所获。这些方法与政治一样肮脏。当地人可能会利用一些土办法向闯入者施加压力，此外还常常向政府官员抱怨。而政府官员通常站在他们一边，而且经常有充分的理由。[①]

在解释男人们为什么签约受雇时，欧洲人通常把新劳工应聘归因于常见的个人动机，据说他们缺钱缴纳人头税，或者想远离爱唠叨的女人一段时间，或者与别人的女人厮混在一起了，或者接受了某个大人物的指示。[②] 从

---

① O'Neill, *Up From South*, 56.
② *Ibid.*, 58.

文化角度更容易理解他们的动机。虽然村民们签约受雇是为了谋生，但是他们也想发现其他村民的爱情魔法，或者帮助他们的亲属，或者他们在一份文件上看到自己的名字，就觉得自己别无选择。1911 年，由于受到传教士鼓动，新赫布里底群岛奥巴岛西部信仰基督教的村民决定"用致富道路取代传统道路"，开始在自己的种植园里生产椰肉干，而非让自己成为劳工。20 世纪 20 年代，只有岛屿内部地区坚持传统的岛民才在种植园里当劳工，而且他们通过与种植园一起开辟"联盟之路"来保护自己的传统和利益，对抗沿海地区信仰基督教的敌人。①

劳动力迁移的显著特征是循环性的。村民们在合同期内离开家，通常是三年，然后返乡，有时留下来，有时再签三年合同。劳工大多数是男性，也有一些陪丈夫迁移的妇女。种植园制度从来没有使劳动力永久留下来过。村民们没有对工资形成依赖，而且殖民时代也没有产生阶级政治。相反，村庄不仅保持了完整，还暗中对无法养活妻儿的劳工进行补贴。实际上，从事耕种和养猪的妇女们承担了劳动力再生产的费用。

大多数岛民成为雇佣劳工只是暂时的。许多岛民还作为农村生产者参与了现金经济。岛民生产了斐济半数以上的椰肉干，西萨摩亚和法属波利尼西亚 3/4 的椰肉干，汤加、吉尔伯特和埃利斯群岛、库克群岛、纽埃、美属萨摩亚和关岛的几乎所有椰肉干。生产地点是村庄的棕榈林，而非种植园有序的生产线。南太平洋椰肉干的声誉很差，因为它大部分产自那些缺乏知识、激励和设备来提高其质量的村庄。

土地所有权和劳动力循环迁移为岛民提供了一些选择。他们可以在价格高时去切椰肉干，也可以在需要钱缴税或向教会纳捐时到种植园和矿山干活，还可以在其他情况下依靠自己的园圃和钓鱼维持生计。大萧条时期，当椰肉干价格暴跌时，所罗门岛民停止生产椰肉干，并种植了更多的粮食作物。一名商人说："我们惊讶地发现，在没有我们商品的情况下，当地人还

① Ron Adams, 'Plantation Labour in Vanuatu', in Moore, Leckie and Munro (eds), *Labour in the South Pacific*, 142; and Bonnemaison, *The Tree and the Canoe*.

可以种植食物，而且要比我们所想象的种植范围更广和时间更短，考虑到多年来一直教育他们购买食物。"① 对许多欧洲人来说，这种独立性是当地人属于劣等种族的证据。斐济的一位殖民官员在仔细观察帕劳群岛岛民后认为，即使两代人时间也不足以"看到一个由粗心孩子构成的国家变成一个由工人组成的国家。他们还必须快点，因为像孩子一样的种族无法承受现代竞争的压力"。② 但是岛民们不想被永久束缚在一份工作上。1934 年，一位新几内亚维图群岛上的种植园经理报告说，他没有说服 22 名"小伙子"续签合同。"我此前已经注意到总是难以说服劳工们签订第三期合同。"③ 劳动力的最佳来源地是丛林地区，那里的居民不那么精明，也没有其他门路挣钱或做生意。对于招聘人员而言，那些拥有一些选择的村民就是一场噩梦。

欧洲人不愿帮助岛民参与现金经济的竞争。在新喀里多尼亚，当官员们鼓励卡纳克人种植咖啡时，当地殖民者怨声载道，但是这些沿海社区一直坚持不懈，到 20 世纪 30 年代末时咖啡产量已超过 500 吨，足以使他们比任何其他美拉尼西亚人赚到更多的现金收入。令新不列颠岛殖民者感到震惊的是，图拉人企业家为了加工自己的产品开始在 20 世纪 30 年代建设和运作椰肉干脱水设施。种植园主协会抱怨说："土著经济独立有些过于轻率……受到了行政活动的鼓励。因此，在这些地区几乎无法招募到契约劳工。"④ 20世纪 30 年代，两名路德教传教团教师米伦格和亚斯在新几内亚卡尔卡尔岛创办了椰子种植园，招募男学生到种植园工作，并尝试着让他们来种植来自欧洲的经济作物。⑤ 一些朗加朗加潟湖和劳潟湖上的所罗门岛民曾向伯恩斯·菲利普公司借钱买过船。此类尝试大多数都被欧洲人阻止了，因为他们认为没有合适的地方让村民成为种植者、商人或店主。殖民地的意识形态和

---

① Bennett, *Wealth of the Solomons*, 243.

② Young, 'Lau: A Windward Perspective', 173 – 4.

③ R. P. Mills to Manager, Islands Agencies Department, 20 December 1934, 'Reports Meto Estate Witu Group 1931 – 41', Burns Philp Archives, Sydney.

④ Planters' Association, Report, 30 June 1938, Australian Archives, A 1782 C 86: Information supplied by Colin Newbury.

⑤ McSwain, *The Past and Future People*, 67.

规章制度也协力将土著作为劳工保持在适合他们的地方上。

除了新喀里多尼亚以外，上述政策也在美拉尼西亚陷入困境，症结在于只有牺牲种植园才能使农村兴旺发达。休伯特·默里表示，他的政策绝不是为了将巴布亚人从"小农生产者转变为无地的无产阶级"，而且他在1918年颁布了《土著种植园条例》，强迫村民种植椰树和发展经济作物，其中半数农产品由政府收购。默里原本打算让巴布亚人和欧洲人的种植园一起蓬勃发展，但是种植园殖民地高度依赖内部劳动力，即使总督倾力支持殖民地居民，这势必导致农村生产缺乏劳动力。巴布亚人倾向于将默里的种植园条例仅仅视为又一个不公平的负担，而且这一看法得到如下事实的支持，即他们可以通过在乡村种植园工作获得免税。默里的计划没有将巴布亚变成一个基于乡村的出口经济体。

殖民主义政治

274

岛屿内有两种类型的政治。殖民者认为，只有他们对岛屿事务拥有发言权，因为是他们而非岛民在从事开发活动和承担风险。殖民者参与政治采取了与总督们就劳工和税收问题争论不休的方式。在新喀里多尼亚，虽然殖民者能够选出代表进入向总督提供建议的总理事会，但是令他们恼火的是在法国国民议会中没有自己的代表。20世纪30年代一名殖民者抱怨说："新喀里多尼亚正在殖民部的独裁统治下成长起来……我们将会有一名代表吗？"在巴布亚，殖民者对总督非常不满，甚至有一个殖民团体发电报警告国王乔治五世，白人要发动一场反对他的"严重而危险的起义"。大多数英国的和由英国派生的属地都有向欧洲人小社区提供有限代表权的立法委员会。在所有情况下，政府成员在立法委员会中仍占多数。例如，斐济的立法委员会最初曾有当地社会的象征性代表，自1904年起有两名斐济人成员，自1916年起有一名印度人成员。到1937年印度人开展民主运动之后，立法委员会扩至31个席位，其中包括5名由总督提名的斐济人代表以及5名印度人代表，后者中2个席位由总督提名，3个席位由选举产生。在日属托管地，总督说一不二，不受任何代表的影响。

第二种政治以外国统治岛屿社会为中心。从广义上说，殖民统治可以是间接的，也可以是直接的，这些概念应被理解为一个连续统一体的两端。如果是间接统治，就像斐济那样，政府通过现有政体实施统治，并依赖得到政府支持的传统精英。汤加王国保留了一个受英国监督的土著政府。汤加人不仅在枢密院里占多数，还根据宪法选举了议会。萨摩亚人精心设计的政体不仅在新西兰人到来后幸存下来，还成功地与他们展开了竞争。库克群岛的酋长（ariki）在一些委员会中发挥了重要作用。在吉尔伯特和埃利斯群岛，由传统体制和教会体制混合而成的土著政府成为英国法规的执行者，间接统治是殖民者向当地政府妥协的结果。

直接统治是土著政府软弱的结果，有时分等级但通常没有，日属密克罗尼西亚和整个美拉尼西亚殖民地便属于该类型。殖民当局虽然任命了代理人，但很少或者没有赋予他们自主权。司法部门通常沿用宗主国的法律和庭审程序处理涉及殖民者的案件，但让岛民服从任凭行政官员粗暴管理的"地方条例"。例如，几乎所有卡纳克人都是法国的国民而非公民，并受到被称为"国民待遇"（Indigena）条例的管辖。除非获准才能离开，否则卡纳克人只能待在保留地并被迫从事劳动，在城镇里还受到严格的宵禁管制。

尽管村庄首领的名称叫法各异，但是他们的任务都是执行规章制度，如所罗门群岛称之为头人（headmen），巴布亚称为治安官（constables），新几内亚称为村长（luluais）。殖民地政府要求村民们挖厕所、筑猪栏、维护灌木林中的道路和驿站、纳税、提供青壮劳工、埋葬死者，而不是像某些地方的习俗那样，让尸体在平台上腐烂。1934年，一位名叫约瑟夫·塞伦贝的新几内亚村长解释说，政务专员派给他的任务是在传教站惩罚小伙子和劳工们，他必须向政务专员报告不好情况，还必须妥善招待招聘人员。在澳属新几内亚，村长负责为政务专员记录有关村民出生、死亡、拖欠和缴纳税款情况的村名册。一本标准的村名册（1935年来自新不列颠群岛）记录了如下信息，人头税已征收，"虽有4人拖欠税款，但已由其他当地人代为缴纳。

尽管村庄环境干净，但大多数房屋破旧不堪。政府已多次下发指示要求重建房屋"。① 新的等级制度以非传统的方式使一些人凌驾于其他人之上。一些被任命的酋长成为独裁者，因为他们确信可以得到地方政务专员和警察的支持。来自马莱塔岛的乔纳森·菲菲伊回忆说："头人们利用政府赋予他们的权力嘲弄辱骂老百姓。政府给所有头人配发了步枪和手铐……他们殴打鞭笞老百姓。"② 其他酋长只是名义上的领导人，被推举出来仅仅为了阻止政府干预村庄事务。

日本统治类似于英国人和澳大利亚人在所罗门群岛、巴布亚和新几内亚的所作所为。这些岛屿保留了等级制度，村里的酋长（sosoncho）作为传统领导人仍拥有合法性，他的职责在理论上是向村长（soncho）下达命令。由于这两个职务均由日本人任命，他们实际上都遵照附近警察的命令行事，征收税款，举报违规行为，协助人口普查。一位波纳佩酋长回忆说："日本警察下达命令，我必须设法执行它们。"③ "地方治安官"（Junkei）相当于美拉尼西亚警察，虽然拥有更大权限。与日本统治的区别在于其强度，英国或澳大利亚的殖民地官员总共数十人，而日本官员则数以百计。

偏远地区居民之所以臣服，是因为枪支的威力、争取盟友的机会，以及维持和平的益处。政务专员及其警察极易受到操纵，被一个村庄煽动反对另一个村庄。1917 年，一位政务专员解释了他为什么带着警察突袭新几内亚马努斯岛的一个村庄：

> 在过去的三个星期里，马努斯岛西北端南德拉村村民一直控诉岛屿 276
> 内部的当地人劫掠和破坏他们的庄稼，上个星期一，南德拉村村长助理
> 前科科波治安员辛纳巴罗报告说，他们威胁要杀他，就是政务专员来了
> 也一样。

① Village book for Kainiaua (Laubori) in the Talasea District, New Britain, entry for 14 June 1935 by George Ellis, New Guinea Collection, University of Papua New Guinea.

② Keesing and Corris, *Lightning Meets the West Wind*, 119.

③ Peattie, *Nan'yo*, 76.

鉴于该岛西北端除了偶尔前来的招聘人员之外很少被巡视……我觉得为了保持他对我们的有限信心有必要这样做，因此我从上周三开始了一次远征。

这位政务专员在黎明前"突袭了那个地方"，并草率地执行了法律制裁：

尽管治安员们在几分钟内就控制了所有房屋，但是仍有一些卡内加人反抗。我之前已经指示口译员，在我们到达该村后立即叫出来安抚他们。他这样做了，我很欣慰没有发生流血事件。令我惊喜的是，我们出其不意地逮捕了他们，并成功控制了整个村庄。他们很快就被召集到一所没有长矛的大房子里，并且治安员把守每扇门直到天亮，以使我能够开庭。

上午 6 时 30 分左右，他们被排成一队，总共 29 人，南德拉村村长助理辨认出 3 名首犯。然后，我借助口译员当场就对他们进行了审判。

其中两人被判有罪，判处 6 个月监禁，另一人被判无罪。

……我采取行动的主要目的是给予该部落足够严厉的制裁，以便将该区日后移交给会讲皮钦语的小伙子们，但是法律只能严厉制裁两名囚犯，并且鉴于这是欧洲人第一次巡视该村，很可能要过一段时间才能再来，我决定招募新治安员。有五个人立即站出来，被录用两年。然后我解散了那队村民，让他们与治安员们混在一起，我在卡内加人离开后与该村首长进行了交谈，他是一个聪明的老武士，不久又有五个人走上前来应聘，但我没同意录用他们……[1]

让我们重现这些主题。这位政务专员在一名口译员的帮助下，根据辛纳巴罗

---

[1] H. S. Foulkes, D. O. , to Pethebridge, 17 March 1917, Australian War Memorial, Ex German New Guinea Correspondence, April 1917.

的建议监禁了两名村民，他认为自己"占领"了那个村庄，他的权威源自枪支，在这种令人生畏的气氛中，他还能从容地要求年轻人应聘治安员。从美拉尼西亚人角度来看，这些欧洲人是一个强大的语言群体，能被吸引成为盟友，从欧洲人角度来看，"态度友好的当地人"提供了扩大控制区域的机会。这里的政治环境是由语言群体和竞争对手以及微观世界的族际关系制度拼成的。这里的自然环境是世界上最崎岖的地区之一，因此殖民统治降临的很慢。

巡逻队的真正权威通常是资历最深的新几内亚警察。他教导年轻政务专员如何指挥，并寻找他们与岛民彼此之间相安无事的界限。例如在1938年，政务专员约翰·布莱克率领12名警察和60名搬运工徒步穿过新几内亚大部分地区，前往靠近荷属东印度群岛边境的泰勒弗尔敏。[①] 他们途中遭到村民袭击，饱受疾病折磨，以及未能找到穿越高地远西部山脉和峡谷的道路，于是便扎营休整。在士气低落的营地里，这些警察讨论了是否要放弃布莱克。在两名经验丰富的警察中，一人主张与政务专员共同坚持下去；另一人向布莱克提议抛弃搬运工，然后返回哈根山，但遭到布莱克拒绝。后者是位深受同僚信赖的著名巫师，这使得布莱克担心被警察开枪打死，于是在此后数晚，布莱克都带着一把上膛的左轮手枪睡觉。直到搬运工们恢复健康和巡逻队缓慢前行至泰勒弗尔敏后，上述问题才得以解决。这些人加入警察队伍是为了"出人头地"。他们通常是军事酋长的后代，但拒绝了接任酋长的机会，他们应募当差都是为了逃离贫穷、耻辱和独身，这些可能是他们在被平定的村庄里的命运。[②] 一个人拥有身穿制服的职业才有望获得权力、婚姻和安全。当一个警务站被配备一名单身警察时（这是"平定"过程中新几内亚高地的常见做法），他势必被卷入当地政治，通常通过与主要氏族联姻而结成联盟。在这种情况下，政务专员只能通过这名警察来了解当地情况。

在一些偏远岛屿上，一些人通过纯粹的个性力量强加了他们的权威，时

277

---

① Gammage, 'Police and Power'.

② Kituai, 'Innovation and Intrusion'.

隔久远，当地居民仍对他们的个性念念不忘。个别传教士和军官建立了一些微型帝国。亚瑟·格林布尔是一位著名的民族学学者，还是一位家长主义者，他在 1916～1932 年曾在吉尔伯特和埃利斯群岛先后担任过地区专员（District Commissioner）和驻地专员（Resident Commissioner）。他认为吉尔伯特人是"一群孩子，一群心地非常善良的孩子"。他像寄宿学校校长那样管理他们。根据他在 1930 年所制定的《吉尔伯特和埃利斯群岛关于良好秩序和清洁的条例》，每天晚上 9 点，村子里都会响起钟声，"从那时起，所有上厕所的人都必须带灯"：

> 只允许在星期三、星期六和公共假日的下午 6 时至 9 时举办公众舞会。所有参加舞会的男子都要带灯；孩子不能参加；禁止"不道德的姿态和身体动作"、巫术仪式和"不洁的游戏"。私下的舞蹈练习，最多四名参与者，并只允许在星期一和星期四的下午 6 时至 9 时进行。禁止在睡觉的房子里吃饭，或在厨房里睡觉。

举办庆祝出生、订婚以及悼念死者的宴席必须获得地方政府的许可，并且禁止举办攀比盛宴。由于饱受岛民们抱怨，这些规定在格林布尔去职数年后就被废除了。①

278

卫生和教育

随着殖民地政府财政收入的逐渐增加，它们不再仅限于管理以乡村为基础的社会，开始承担起土著及其妻子的健康和教育责任。在这两个领域，传教士走在了政府前面，并在政府的监督下继续提供服务。

要想避免岛民灭绝仅靠未经训练的修士的照料远远不够。尽管外来人在

---

① Grimble, *Tungaru Traditions*, xxii-xxiii; Faaniu *et al.*, *Tuvalu*, 133; and Macdonald, *Cinderellas of the Empire*, 127.

大多数岛屿上获得迅速发展，但是在整个美拉尼西亚，他们深受疟疾之苦，以至于殖民计划受到威胁。加上各地契约劳工的灾难性死亡率，以及医护人员死亡的事实，完善医疗卫生成为殖民地政府的第一要务。为了将奎宁的好消息带给陷入困境的殖民者，细菌理论创始人罗伯特·科赫被派往德属殖民地。

各殖民地政府采取了大相径庭的战略。在新西兰、澳大利亚和夏威夷，医生们自发成立了专业协会，在护理方面获得了合法的垄断地位，同时政府采取措施确保了清洁的饮用水、干净的食物和良好的环境卫生，以及抵御鼠疫等传染病的隔离措施。毛利人的医护人员帮助将卫生保健措施推广到乡村，到 20 世纪 20 年代时毛利人堪称最健康的岛民。公共卫生措施和生活水平的提高使殖民者更加长寿和健康。随着夏威夷土著逐步城市化，1920 年，有近半土著生活在城市，他们获得了这些好处中的一小部分。1940 年，他们的预期寿命远高于其他岛民（超过 50 岁）。[①] 与之形成鲜明对比的是，澳大利亚土著居民，无论是住在城镇外的棚户区，还是住在偏远的农村地区，都承受着各地流离失所者所遭受到的健康代价。

在移民殖民地，移民咨询收费服务的医生、私立医院的护士、药剂师和助产士，而政府监督医疗业务和为穷人提供服务。对于患病的岛民而言，可供选择的医疗服务少得多。无论是政府还是传教士都不支持民间医术，也不赞成体现民间智慧的“巫师”。斐济在麻疹疫情之后才有了首位政府医生——威廉·麦格雷戈。尽管他将主要精力投入在隔离措施上，但在斐济和后来在巴布亚，他意识到清洁的饮用水和良好的环境卫生必不可少。但是，除了自己的医术和禁令之外，他没有任何其他资源，因此他没有产生多少影响力。1920 年，S. M. 兰伯特医生描述了巴布亚的医疗服务情况：

> 一名无事可做的优秀首席医务官，一位负责当地医院的世界末日先知，以及三个偏远区各有一名医生。这五个人，再加上两名护士和两名欧洲人药剂师，被期望向广达 9 万平方英里的地区提供医疗服务……这

---

① Kunitz, *Disease and Social Diversity*, ch. 3.

就是南太平洋地区典型的医疗状况。①

279　在许多殖民地，医生得到了欧洲人医务助理的辅助，他们通常是学过战地救护的退役军人。在 20 世纪 40 年代青霉素和磺胺类药物发明之前，病人康复不是因为他们接受了治疗，而是因为他们接受了护理。因此，最明显短缺的不是医生，而是护士。护士主要在传教站工作，因为政府不愿意让白人妇女与岛上男人一起工作。

19 世纪 90 年代，"热带卫生事业"的正规化使殖民地的医生们有了更加明确的使命感。西欧、美国和澳大利亚的热带医学研究所推广了科学信息和政策建议。在殖民地，殖民地工作人员和种植园主的住宅和办公室都远离死水，只要有可能，死水都会被排干；但政策的主要目的是实施国际隔离和种族隔离，以便保护每个种族都不受其他种族疾病的侵害。因此，医学科学强化了影响殖民者思想及其政策处方的种族主义。

对殖民地政府来说，最重要的任务是保护殖民者免受疾病困扰和保持劳工身强体壮。为白人患者兴建的小型医院如雨后春笋般出现，在那里他们可以得到白人护士的看护和医生的诊治。性病医院收容了患有性病的岛民。在契约签订前后对劳工进行了身体检查。早在 19 世纪初，欧洲的研究人员就发现精米是造成脚气的直接原因，并设计了一些日常食谱，敦促种植园经理采用它们。除此之外，医学给岛民带来的希望微乎其微。他们设法躲开了搜寻麻风病或性病患者的巡逻队。医疗服务未能阻止外来传染病、疟疾肆虐以及（例如）烟草和精米造成的人口减少。幸运的是，医生们基本放弃了放血疗法。最常用的治疗方法是通便，常用来治疗殖民地普遍存在的病状，但是如果染上痢疾，通便疗法几乎肯定会适得其反。

转机突然出现。由于事实证明砷注射可有效治疗雅司病，这种注射剂便于护理人员注射而受到广泛欢迎。在 1910 年代洛克菲勒基金会到来后，这里出现了一场奇怪的运动。洛克菲勒基金会试图通过资助防治钩虫的运动，促使政府

---

① Lambert, *A Yankee Doctor in Paradise*, 17.

建立公共卫生部门。尽管钩虫病不是一个严重的问题，但是洛克菲勒基金会的资助诱使数个殖民地开展了这一运动。在使病人服用令人恶心的土荆芥油数年后，兰伯特医生认为它是无效的，并进行了改革。幸运的是，事实证明四氯化碳更有效。尽管殖民地医疗资源有限，但是仍有许多资源通过这些方式被用于作用不大的运动。正如洛克菲勒基金会所希望的那样，这些运动的真正作用是使公共卫生工作者制定了一以贯之的长期卫生计划。

护理人员短缺的一个原因是白人专业人士薪酬太高。传教团成员在一定程度上解决了这个问题，他们通常学习病人的语言，还掌握了一些与当地生活环境有关的知识。传教团是护理的唯一来源，而且（与政府不同）还护理产妇和普通妇女。随着传教士迷上西医，他们的作用越来越大。殖民地政府还开始培训岛民，起初是临时的，例如，在德属新几内亚，为便于上报疫情，村长助理们（*heil tultuls*）在返回村庄前曾接受过数天培训。自1889年起，斐济政府还开始为土著医师提供正规培训和认证。从1929年起，大多数太平洋殖民地政府共同出资创办了位于苏瓦的中央医学院，每届招收40名学生。大萧条使得越来越有必要将岛民培训成收费低廉的治疗专家，而且这所学校生源充足。新几内亚军事长官想送来一些学生，但遭到澳大利亚医生的拒绝，因为他们坚持认为新几内亚人智力低下。巴布亚首席医务官亲自用莫图语和英语培训这些小伙子们，然后在悉尼大学安排了一门特殊课程。与土著医生一样，他们也是辅助人员，负责在乡村巡查钩虫病或雅司病患者，寻找麻风病和性病患者，或在监督下去乡村医院工作。土著卫生工作者在任何情况下都不能与白人治疗专家平起平坐，即使他们经过培训也获得了证书。所有医生助理和大多数受雇于公共卫生部门的其他岛民都是男性，只有斐济妇女受过助产士和护士培训（见下文）。这一模式照搬了白人的治疗模式，即女性护士必须接受男性医生监督，虽职责广泛但没有任何正式权力，作用有限。

土著母亲

土著母亲与土著一样也是殖民想象的产物。由于担心岛民的出生率和婴

280

儿死亡率，一些殖民地政府推断土著的生死存亡基本上取决于土著母亲，这一论点在斐济得到广泛认可。尽管斐济实施了一个被认为能确保斐济人幸存的制度，但是斐济人口数量在 20 年后仍在继续下降。1896 年，一个专门的调查委员会就这一令人费解的问题发表了一份详细报告，即《关于人口减少的报告》。斐济出生率很高，但官方数据显示近半数婴儿未满周岁就夭折了。这份报告的一个中心论点是人口减少源于母亲糟糕的喂养方式——斐济总督及其专员们在其他场合曾更直白地陈述过这个问题，于是土著母亲观念诞生了。

这种殖民观念为此后五十年出台的许多措施奠定了基础。土著母亲被从种族角度理论化为缺乏母性本能，而这可能导致堕胎、杀婴和孩子无人照管的情况。尽管太平洋岛屿曾经形成过确保她在完全缺乏本能需要的情况下照顾后代的习俗，但是基督教和英国的统治扫除了这些习俗。她还被描述为无知、迷信、受传统接生婆束缚和不讲卫生。她的创造者们还在某些方面借鉴了对工人阶级母亲的成见，因为当时工人阶级母亲在英格兰等地被认为对种族衰退负有责任。

上述专门调查委员会在召开听证会的同时还出台了首批措施，而其中一项就是 1892 年颁布的《土著条例》第五条，即要求斐济治安法官调查所有死产（实际上包括流产）和所有未满一周岁婴儿的死亡。声称其目的是寻找用以起诉土著母亲堕胎、杀婴或疏忽照顾儿童的证据，还希望通过官方调查阻止母亲们伤害子女。

马拉马尼塔布亚的证词显示了许多典型特征。她在其儿子夭折后被带到科洛东区的领薪地方治安法官面前：

> 我的孩子莱瓦达乌上个月得了百日咳，才五个月大，就在 1893 年 2 月 3 日夭折了。当他生病时，我悉心照顾了他，给他开了正确的斐济药，但没用。他在吃奶时吮吸得很好。我在怀孕时受到了悉心照顾，没有搬过重物或做过繁重的除草活，总是从一些妇女从事的工作中抽身出来休息。我的丈夫和我婚姻美满，我们没有彼此生过气。此外，我的第

一个孩子死于上个月爆发的瘟疫。我曾生过四个孩子，其中三个死了，还有一个男孩活着。

在绝大多数调查中很难发现母亲有任何过错，而且（毫不奇怪）她们也很少在调查后被起诉。大多数病例都显示了百日咳、流感或痢疾等疾病的破坏性，而斐济母亲对此无能为力。尽管如此，该规定最初的论据仍然没有动摇，直到 20 世纪 20 年代婴儿死亡调查仍然是一项法律要求。

当斐济总督奥布莱恩在 19 世纪末 20 世纪初获得资金并着手执行《关于人口减少的报告》所提建议时，他采取了进一步的措施：铺设输水管道，兴建省级医院，以及雇用更多医生，同时为了改善乡村卫生和家庭健康状况还任命了一批省级检查员。

1899 年，斐济成立了一个针对斐济妇女的欧洲妇女卫生检查团，这是《关于人口减少的报告》的一项重要建议。它主要是由少数天主教传教团通过其欧洲和斐济修女小团体来执行的。一些卫理公会传教士的妻子也做出贡献，但是她们的传教团对政府的求助反应冷淡。一位省级检查员的妻子劳拉·斯宾塞也参与了这项任务。这些卫生检查员走访了斐济农村妇女，检查了她们的房屋，并就婴儿保健、清洁和护理提供了各种指导。

卫生检查团的解散主要源于卫生检查员与斐济母亲的关系紧张，尽管这项任务始终受到教派纷争和政府各部门协调不畅的阻碍。卫生检查员认同土著母亲的原型，她们处理问题的方法往往盛气凌人和适得其反。经常引发冲突的问题包括斐济妇女喂婴儿前预先咀嚼食物的习俗，给儿童接种雅司病疫苗，以及保留供日常使用的旧席子。许多卫生检查活动经常演变成捉迷藏游戏，村里的妇女们把席子藏起来，卫生检查员再把它们搜出来烧掉。海威夫人在坎达武岛发动的那场特殊运动可能是个例外。在坎达武岛，她组织斐济族部长们的妻子和遗孀去自己的部落中做工作。卫生检查团没有赢得斐济妇女的支持，并于 1903 年在几乎没有留下任何痕迹的情况下就解散了。

政府还试图通过自己主办的斐济语报纸来教导斐济母亲。《纳马塔报》刊登了很多从所有能想象得到的角度探讨人口减少的文章，其中一些文章的

282

内容特别适合妇女，如堕胎的害处，怀孕时不参与捕鱼的重要性，正确的婴儿喂养方法等。诸如"以欧洲方式养育孩子"（1897 年，第 45～46 页）等文章教导说，传统的孩子养育方式是愚昧的，会导致人口减少。《纳马塔报》将信息有效地传达给斐济妇女的说法是值得怀疑的，因为它只被发送给全部由男性组成的斐济官员，而且它的说教一定看起来很荒谬。

有关婴儿喂养的官方说教就属于这一类。牛奶喂养是个棘手的问题。许多欧洲人对斐济饮食中没有一种合适的母乳替代品感到遗憾，而且斐济母乳还不可思议地被认为缺乏营养。因此，总督奥布莱恩在斐济推广了奶牛和奶瓶。斐济人没有饲养奶牛或喝牛奶的传统，一些斐济人在尝过牛奶后就吐掉了。牛奶最适合婴儿的说法也不符合斐济人的想法，因为斐济人认为母乳是婴儿健康的决定性因素，还认为食物禁忌和产后禁欲有助于保持母乳的品质，大多数斐济妇女都嘲笑这些新想法。尽管有些"开明"的父母接受牛奶喂养，但婴儿却夭折了。甚至一些卫生工作人员也对这种观点有不同意见，他们认为斐济气候会令牛奶迅速变质，用牛奶喂养婴儿弊大于利。为了改变土著母亲喂养婴儿的方式，政府做出了许多令人困惑和错误的努力，而这些只是其中的一部分。

教授斐济女孩为母之道的专门学校被政府认为更有希望解决土著母亲问题。1899 年，卫理公会传教团在巴省创办了马特维洛女校。它是对斐济人口减少的回应，后来成为卫理公会女校的典范。除了普通课程外，马特维洛女校的女生们还学习微生物理论、洗涤方法、儿童护理和公共卫生等课程。在 1910 年的一次考试中，当被问及如何拯救婴儿生命时，埃琳娜写道："他们不应进食，只能喝鲜牛奶"；梅瑞宣称："他们应该得到更好的照顾，保持清洁"；狄迪拉说："如果孩子生病，应立刻带他去看医生"。尽管马特维洛的毕业生人数不多，但往往都很有影响力。这所学校不仅为许多土著牧师提供了妻子，还为新兴的护理职业培养了许多候选人。

283　　　　1908 年，6 名女孩被派到苏瓦的殖民地医院，并在短训班毕业后成为殖民地首批土著产科护士。她们的任务是通过接生婴儿和教导婴儿护理方法来降低婴儿死亡率和逐渐取代传统接生婆。殖民地政府希望这些护士能圆满完成卫生检查团和省级医院未能完成的任务。斐济妇女很少去医院，而且父母们也不愿带孩子去医院接受治疗，她们反而去咨询乡村的接生婆和"女巫"。

这批护理先驱发现很难与传统接生婆竞争。在一份典型的报告中，一位医生写道："土著产科护士伊莱娜抱怨很多妇女非常无知和固执……许多妇女更喜欢乡村传统'女巫'的服务"。早期的护士经常受到提防和怀疑，而且她们还缺乏传统接生婆所具有的资历，如年龄、个人生育经验和多年照顾其他妇女的经验。然而，随着时间的推移，她们也获得了这些资历，并打破了殖民地医学与乡村康复领域间的许多障碍。她们在自己的工作中将两者的特点结合在一起，而她们在自己的生活中从一个领域转向另一个领域，因为护士通常在毕业几年后就辞职了，在抚养自己孩子的同时还以志愿者身份从事护理工作，然后重回护理职业。她们虽然没有取代"女巫"，但在她们旁边找到了自己的位置。

这些土著产科护士没有对斐济婴儿死亡率产生显著影响，但是婴儿死亡率已从《关于人口减少的报告》所描述的水平下降了，在 20 世纪 20 年代中期之前一直徘徊在 200‰ 以下。对于一个拥有 1200 个村庄的地区而言，土著产科护士人数太少了，而且她们所能做的也太少了。截至 20 世纪 20 年代，斐济婴儿死亡率已不再是政府关注的焦点。从 20 世纪初起，尽管斐济人口实际上已开始稳定下来，但是一些政府部门和传教团的意见要比以往任何时候都更加确信，要拯救斐济人免于灭绝几乎是不可能的。此外，印度移民人口数量在不断增长，而且在争取结束契约和改善印度人社区环境的国际运动中，该殖民地印度妇女的困境也引起人们的注意。

土著母亲问题在两次世界大战之间再次出现。尽管斐济人在增加，但是印度人的增长速度更快，因此欧洲人和斐济人都开始担心印度人占多数的政治后果。斐济人和印度人的出生率在 20 世纪 20 年代大致相当，但婴儿死亡率却呈现出令人不安的反差。1926 年，政府对上一年的数据进行了细查，印度人的婴儿死亡率一直是 46‰，而斐济人的婴儿死亡率是前者的三倍多，达到 172.2‰，土著母亲再次被宣布掌握着土著居民的未来，而且 19 世

90 年代的原型被重新启用。卫生检查团也在 1927 年开始实施的"儿童福利计划"中得到了重生。

儿童福利计划确实赢得了斐济母亲们的合作,斐济各地纷纷设立了妇女委员会。妇女委员会在其他斐济妇女的监督下工作,并与斐济护士进行合作,这些护士是儿童福利计划工作人员的主体。尽管曾配备过少数欧洲人护士,而且已在萨摩亚获得相关经验的里贾纳·弗勒德-凯斯·罗伯茨医生还视察了苏瓦附近的一些村庄,但总体上欧洲人较少参与儿童福利计划。一些来自劳省土著医师的报告显示了妇女委员会是如何声势日隆的。拉省省长夫人安迪·利西亚·塔瓦柯发起并指导了该计划。在科洛东区,负责这项工作的是马特维洛女校毕业生、因对妇女工作的贡献而成为传奇人物的洛洛西娅·瓦凯莱瓦伊,她经常抱着自己的孩子逐个走访该区村庄。创建于 20 世纪 20 年代的卫理公会鲁夫妇女协会也提供了支持。儿童节目被引进(今天仍然很受欢迎),而且土著事务部部长还机敏地设立了儿童福利奖章。这些荣誉通常授予地位高贵的女士,但也授予普通妇女。20 世纪 30 年代,尽管儿童福利计划在许多方面取得了成功,但是它在降低婴儿死亡率方面的作用存在争议。直至太平洋战争之后儿童福利才出现显著提高,那时印度人的数量已超过斐济人,这导致当地政治和殖民地文化发生变化,以至于土著母亲作为一个类型失去了其早期意义。

总之,大量证据否定了土著母亲缺乏母性本能这一为殖民干预预设的前提,但是未能消除这种成见。许多措施是无效的,甚至是有害的。然而,马特维洛女校、护理职业、儿童福利计划和妇女委员会为斐济土著妇女提供了许多教育、指导和获得承认的机会。许多妇女利用这些机会达到了自己的目的和投身到社区服务中。不同寻常的是,斐济政府公开承诺土著利益至上,而且在公共服务领域投入了比其他许多太平洋殖民地更为充足的资源。它对土著母亲的虚构,虽然是一件拙劣的模仿作品,但却是出于对其人口的延续和生存的真正关切,并确认了斐济妇女在人口再生产中的作用。在其他情况下,与这些相反的殖民观念占了上风,对受异族统治的当地居民及其妇女造成了更大的损害。

尽管每个岛群的人口减少趋势都得到了控制，但人口减少的原因并不明显。检疫隔离和种族隔离可能抑制了疫情蔓延。痢疾失去了杀伤力，这大概是因为当地居民具有了抵抗力。契约劳工由于反复感染而日益习以为常，饮食控制开始实行，种植园死亡率也下降到"正常"水平（虽然仍然很高）。像斐济那样，西萨摩亚妇女委员会也负责乡村卫生工作，而且汤加女王萨洛特也强制推行了一些卫生措施。目前尚不清楚卫生服务产生了多大效果，因为医务人员太少，而且他们的药物也受到严重限制以致明确规定要保护外来人和增强劳工体质而非改善岛民健康状况，以及对病人了解很少，但是他们很乐意接受这一荣誉。

殖民地教育也反映了殖民国家对其太平洋殖民地承担"责任"的程度。 285 最一丝不苟的当属日本政府，它在密克罗尼西亚广泛建立了公立学校网络，并在较大岛屿上强制推行了义务教育。到 20 世纪 30 年代，几乎所有帕劳儿童必须上学，密克罗尼西亚半数以上的学龄儿童不间断地接受了两年到三年的爱国主义和道德教育，旨在逐步灌输效忠日本、献身天皇以及感恩日本统治者的思想。尽管英国人在斐济最接近日本人，但在其他任何地区都没有这种规模的尝试。在英国、荷兰、法国、澳大利亚和新西兰的殖民地，大多数学校由传教团负责管理，偶尔获得政府的少量补贴。通常殖民地政府在公立教育方面仅象征性地做出过一些努力，并把大部分教育任务留给了传教团。

"学校"包括各种各样的机构。它可能是一所精心设计的教会寄宿学校，坐落在草坪、花园和椭圆形跑道中间。学生们在这里长时间地辛勤劳作、缝补衣服、种蔬菜和用铁条除草。在太平洋最好的教会寄宿学校里，生活节奏和纪律完全是修道院式的，学生们天一亮就起床，每天早晚做礼拜，唱赞美诗，在园圃里干活。体育是对祷告和学习等日常活动的某种解脱。巴布亚东部的夸图岛就有一个非常著名的神权社区。新教福音派传教士查尔斯·阿贝尔从异教徒手中将懵懂的巴布亚儿童带到这里，并以典型的英国方式教导他们成为基督徒。男孩们成为身穿法兰绒衣服的板球运动员，而女孩们则成为主妇。在整个太平洋地区，最好的学校都是由传教团开办的神学院，旨在培养新一代牧师、神父和教会辅助人员。

在另一端，乡村学校可能只是一些泥土地面的茅草屋。在这里，教学很简单，每天仅上一小时课，在一块沙地上书写字母，更确切地说是画字母。通过雇用美拉尼西亚人担任传道师和教师，传教团将其影响扩大到美拉尼西亚乡村。这些皈依基督教的教师仅粗通一些西方知识。他们在早上用一两个小时教授一些死记硬背的内容，然后让孩子们自由活动。一位法国传教士在1927年写道："他们最重要的任务便是在星期天带领所有人做弥撒，如果你能根据通常挤满教堂的人群来判断，那么他们似乎成功了。"①

对于永远缺乏资源的殖民地政府来说，教育主要为了向岛民灌输效忠政府的思想和获得熟练劳动力。正如一名所罗门群岛官员所言，殖民地政府需要"稳定而有规律地供应可受雇担任卫生官员、药剂师、护士、疫苗接种员等工作的年轻土著"。② 虽然太平洋地区小规模的椰肉干业、制糖业和采金业不需要复杂技能，但是它们至少需要一些能适应现代世界的岛民，这推动荷属东印度政府建立了一套用荷兰语教学的土著学校体系。这些受教育程度较高的岛民成了基层文员、木匠、管道工、司机和话务员；另一些岛民则在学校里学习一两年后足以准确称量椰肉干、记录结果和填写订单。这是大多数殖民者希望他们能做到的。

286

欧洲殖民者往往把教育岛民视为浪费金钱，如果没有政治危险的话。《拉包尔时报》在1929年评论道，"有色人种在故乡只接受了少量但不足的教育，这对其故乡的福祉构成了巨大威胁"。该报与殖民者联合起来成功阻止了7名新几内亚人被派往澳大利亚接受师资培训，但是太平洋岛民都十分重视教育，特别是英语教育。20世纪30年代，新几内亚拉包尔附近的村民说服政府建立了用英语教学的公立学校，而且斐济总督弗莱彻也注意到斐济人和印度人都呼吁用英语教学。他认为，这起因于"由此可获得经济利益的错误认识"。③ 斐济大多数学校实行种族隔离制度，但也有例外，如苏瓦

---

① Smith, *Education and Colonial Control in Papua New Guinea*, 115.

② James A. Boutilier, 'Missions, Administration, and Education in the Solomon Islands, 1893 – 1942', in Boutilier, Hughes and Tiffany (eds), *Mission, Church and Sect in Oceania*, 151.

③ Lal, *Broken Waves*, 85.

圣母兄弟会的圣菲利克斯学校招收学生就不考虑种族背景，此类学校成为培养未来精英的场所。

殖民时期太平洋地区的学校不仅以宗主国学校为典范，还试图灌输殖民地版的民族爱国主义。殖民者都强调要忠于大不列颠帝国、法兰西文明、日本天皇或者美国民主，虽然他们政府的权威源于更实际的考虑。澳大利亚在占领德属新几内亚后很快就以英国国王生日取代了德国皇帝生日，他们向每名警察和政府工作人员发放了一个身份标签，并举办了体育活动。1915年的比赛程序预告，"拔河比赛（白人）拔河比赛（土著）……4.10圣母玛利亚的种族……4.40猴子们的种族"。当回忆1932年成立的新不列颠岛诺杜普公立小学时，早期学生阿尔伯特·图布鲁阿强调了孩子们的晨会，在校乐队伴奏下唱"上帝保佑国王"，直至孩子们列队走进教室，这些仪式是从澳大利亚照搬来的。与大英帝国其他殖民地一样，斐济的土著儿童和印度裔儿童也庆祝帝国节日和学习以英国军事胜利和帝国荣耀为重点的历史。

第二次世界大战前，除了培养了一些牧师和岛民传教士以及向少数儿童传播基本世俗知识外，这些学校几乎没有取得什么成就。1930年，在英属所罗门群岛驻地专员谈及英国这个最落后的殖民地时，他说这里几乎没有什么像样的教育。直到第二次世界大战后，殖民地政府才承担起大规模建设学校教育体系的责任，而且直到那时学校教育才真正成为参与更广阔世界的通行证。 287

结 论

从20世纪后期的观点来看，殖民统治可以被看作是创建基于国家意识的民族国家的最初阶段。国家意识作为一种新的合法性原则，取代了诸如等级、血统和头衔或者遵从功绩等旧的财富分配原则。在太平洋西部岛屿上未曾出现过现代国家。在其他地区，殖民地政府要么直接取代早期政治实体或教会王国，要么以它们为基础实施殖民统治，将处于萌芽状态的政治实体锻造出可运转的国家。在整个殖民时期，殖民地政府长期与既有政治实体展开竞争（就像在西萨摩亚那样），或者就像在汤加那样遭到早已近代化和要求主权的土著王国的抵抗。殖民地政府的相对软弱和岛民倡议的多样性，严重限制了太平洋岛屿政治现代化议程的进程。

殖民统治还推动了经济现代化，对岛屿融入货币经济进行了调控，有时还进行了抑制。将经济活动从社会生活和宗教生活中分离出来也许是西方现代性的主要创新。然而，对于大多数岛民而言，经济活动无法单独划分出来。在特罗布里恩群岛，妇女们仍在用香蕉叶纤维制作裙子和包袱，并在葬礼上分发它们，作为维持社会关系和男人继续依赖她们的劳动。殖民地官员都没有注意到这一活动，因此这种葬礼分配没有受到规章制度的影响。然而，香蕉叶对特罗布里恩群岛的真正"经济"至关重要。① 萨摩亚人通过精心筹备的分配仪式赫托加（*He toga*）维系了至关重要的社会关系。尽管受到殖民政策阻止，这些仪式在萨摩亚人观念中仍被视为萨摩亚"经济"的一部分。在两次世界大战之间，斐济纳德罗加省洛迈威人用一筒筒盐换回了坎达武岛的席子、维提岛科洛的卡瓦酒、瓦图莱莱岛的树皮布和维提岛雷瓦三角洲的陶罐，新几内亚高地的恩加部落为参与蒂交换体系聚集了一排排猪。经济现代化事业即便作最乐观的评价也是没有明确结论的。

最后，殖民统治推动了意识形态的现代化，既因为它推动了基督教的传播，还因为西方经济学改变了当地居民的思想。与旧的交换体系相反，现代性的逻辑是用不具人格的市场关系取代个人的社会关系；支持在专门知识和教育而非血缘关系和等级的基础上构建社会地位；逐渐削弱集体对个人的权力；颠覆传统的政治秩序；以及改变人们思考自身命运的方式。然而，关于土著（及其外延土著母亲）的意识形态证实并促进了集体主义的思想和行为，因此上述总趋势受到了冲击。殖民政策的预期结果不是现代性本身，而是对现代土著的态度矛盾的想象。

文献简论

关于巴布亚殖民地政府的参考资料包括韦斯特主编的《休伯特·默里

---

① Weiner, *The Trobrianders of Papua New Guinea*, 27 – 31, 162 – 3.

书信选》（*Selected Letters of Hubert Murray*）、刘易斯的《种植园之梦》（*Plantation Dream*），以及韦纳的《巴布亚新几内亚的特罗布里恩岛民》（*The Trobrianders of Papua New Guinea*）。关于新几内亚殖民地政府，有奥尼尔的《来自南方》（*Up From South*）、库克的《受雇于巴布亚新几内亚》（*Working in Papua New Guinea*），以及麦克斯韦的《过去和未来之人》（*The Past and Future People*）。金克斯在"1942～1952年巴布亚新几内亚的政策、规划和管理"（Policy，Planning and Administration in Papua New Guinea，1942–1952）一文中全面考察了战前、战时和战后殖民地政府的政策；梅尔的《澳大利亚在新几内亚》（*Australia in New Guinea*）和布尔贝克的《巴布亚新几内亚的澳大利亚妇女》（*Australian Women in Papua New Guinea*）也考察了政府的政策。基图艾的"我的枪，我的兄弟"（My Gun，My Brother）、甘米奇的"拉包尔罢工事件"（The Rabaul Strike）、基图艾的"创新与入侵"（Innovation and Intrusion）以及甘米奇的"警察与权力"（Police and Power）分析了土著警察的决定性作用。

关于所罗门群岛的殖民统治，主要参考了班尼特的《所罗门群岛的财富》（*Wealth of the Solomons*），还有基辛和科里斯的《风电交加：马莱塔岛惨案》（*Lightning meets the west wind：the Malaita massacre*）。关于新赫布里底群岛共管地，参见博内迈松的《树与独木舟》（*The Tree and the Canoe*）。关于新喀里多尼亚，参见康奈尔的《新喀里多尼亚或者卡纳克?》（*New Caledonia or Kanaky?*）、默尔的《殖民地经历：1853～1920年间的新喀里多尼亚》（*Experiences coloniales：la Nouvelle-Caledonie，1853–1920*）。马利西亚在《现代萨摩亚的形成》（*The Making of Modern Samoa*）一书中分析了德国和新西兰对萨摩亚的殖民统治。关于日据时期的密克罗尼西亚，参见皮蒂的《南洋》（*Nan'yo*）。麦克唐纳在《帝国灰姑娘》（*Cinderellas of the Empire*）一书中阐明了殖民地政府对吉尔伯特和埃利斯群岛（今基里巴斯和图瓦卢）的管理，格林布尔在《通加鲁的传统》（*Tungaru Traditions*）一书中也对其进行了考察。斯卡尔的《斐济简史》（*Fiji：A Short History*）和拉尔的《破浪前进》（*Broken Waves*）对斐济殖民统治的解释代表了两种极端看法。本章中所使用的其他参考资料还有扬的"劳群岛：从迎风角度考察"（Lau；a Windward Perspective）、麦克诺特的《斐济人的殖民经历》（Fijian Colonial Experience）以及吉利恩的《印度裔斐济人》（The Fiji Indians）。

新几内亚路德教派传教士的信件来自德国巴伐利亚州诺伊恩德特尔的路德教派档案馆收藏的"基督徒凯瑟的书信"（the Christian Keysser Papers, Lutheran Archives, Neuendettelsau, Bavaria）。关于传教士的作用，还可参见拉图克夫的"南太平洋诸岛传教士对美拉尼西亚的影响"（The Impact of South Sea Islands Missionaries on Melanesia），载于由詹姆斯·布蒂利耶、丹尼尔·休斯和莎伦·蒂芙尼主编的《大洋洲的传教、教堂和教派》（Mission, Church and Sect in Oceania），以及加勒特的《浪迹四海》（Footsteps in the Sea）。

土著母亲这一节来自薇琪·卢克尔1997年在澳大利亚国立大学的博士学位论文《斐济母亲：斐济族妇女与斐济族人口减少》（Mothers of the Taukei：Fijian Women and the Decrease of the Race）。以及玛格丽特·乔利的"其他母亲：母亲的'疏忽'与1890～1930年斐济、瓦努阿图关于人口减少的争论"（Other Mothers：Maternal "Insouciance" and the Depopulation Debate in Fiji and Vanuatu, 1890–1930）。

关于殖民时期的公共卫生实践和政策，参见戴维斯的《公共卫生与殖民统治：以德属新几内亚为例》（Public Health and Colonialism：German New Guinea）和由狄侬、杜根和马歇尔合著的《1884～1984年巴布亚新几内亚的公共卫生》（Public Health in Papua New Guinea, 1884–1984）；关于殖民地教育和教会教育，参见史密斯的《巴布亚新几内亚的教育和殖民控制》（Education and Colonial Control in Papua New Guinea）。

第二部分

1941 年后的太平洋岛屿

第九章

太平洋上的战争

卷入战争的太平洋世界

在太平洋岛屿，这里最初是第二次世界大战的回响。法属殖民地官员通过短波收音机，获悉阿道夫·希特勒在 1940 年 6 月登上埃菲尔铁塔，鸟瞰德国占领下的巴黎街道。这条新闻让他们进退两难。法国已陷落，亲德政府已与希特勒达成停战协定。他们是追随戴高乐将军和接受支持"自由法国"的同盟国的领导，还是效忠贝当元帅的卖国政府？英国广播公司宣布了"自由法国"运动的目标，西贡电台宣布法属印度支那拥护贝当元帅，因此法国殖民者分成了两派。只有少数岛民就该问题发表了看法，如塔希提女王泰瑞伊·努伊·奥·塔希提，他们支持戴高乐。在新赫布里底群岛共管地，法国居民很快就选择支持同盟国，但是法属殖民地的总督们在随后数月中一直对此支支吾吾。然后在 1940 年 9 月，新喀里多尼亚首府努美阿和塔希提岛的法国移民发动了推翻总督统治的政变，并成立了支持"自由法国"的政府，从而解决了这一问题。在新喀里多尼亚，政变获得了澳大利亚的支持。澳大利亚不仅派去了一艘巡洋舰，还允许"自由法国"领导人搭乘该舰前往努美阿。这些事件的结果是，数百名来自法属太平洋殖民地的波利尼西亚人、德米人（Demis）和卡纳克人成为首批参加第二次世界大战的岛民，他们作为法国太平洋营的志愿兵在 1941 年年中抵达中东。

从 1939 年起直到 1941 年 12 月日本与美国开战，战火仅肆虐于欧洲和地中海等地区。作为英国的属地，澳大利亚和新西兰为支援英国派出了军队，其中包括 1942 年参加希腊战役的毛利营。然而，对于大多数岛民而言，战争是一件很遥远的事情。1941 年年初，为了加强新几内亚首府拉包尔的防御以应对德国潜艇和日本参战，澳大利亚向该地区派遣了云雀部队的 900 名士兵。拉包尔附近民众非常乐于将篮子和鼓（打击乐器）卖给这些澳大利亚士兵。后来，澳大利亚又向拉包尔派遣了更多部队。与村民们过去见过的澳大利亚人相比，他们更加友善和悠闲，而且他们的军营还向新几内亚人提供了割草或厨房勤杂工等工作岗位。许多澳大利亚移民为参军离开了新几内亚。没有人想过拉包尔最快会在什么时候被一支兵力远比其雄厚的外国军队占领。在澳大利亚的另一殖民地巴布亚，官方报纸在 1941 年就那些外国人是谁进行解释，不是白人，而且"他们身上有一件怪事"，就是"他们的眼睛向上斜视外眼角"。[①] 在太平洋岛屿，这场战争仅仅是一个谈资。在斐济，英国人准备用鼓声在村庄之间传递入侵消息，并令苏瓦居民开展灯火管制演习。在汤加，萨洛特女王义无反顾地宣布支持英国，而且汤加人还像斐济人那样为战争慷慨解囊，汤加人出资为皇家空军购买了 3 架喷火式战斗机。1939 年之后，生活节奏仅在日属密克罗尼西亚才加快到足以引发一场大冲突的地步。1939 年，朝鲜半岛"义务兵"被派到这里来修筑防御工事，随后日本又从横滨派来 2000 名罪犯。在偏远环礁上，岛民被迫离开家园，顶着烈日用珊瑚石建简易机场。

当战争最终到来时，这对于太平洋岛民而言犹如晴天霹雳。1941 年 12 月 7 日，日军不仅空袭了停泊在珍珠港的美国舰队，还对太平洋和东南亚的其他目标发动了突然袭击，并迅速占领了所有目标。事实证明，盟军的战争规划者大错特错。他们原以为日军一次只能攻击一个地方，但是为了造成毁灭性后果，日军同时发动了进攻。在珍珠港事件后的第二天，192 架日本海军飞机袭击了马尼拉附近的克拉克机场，摧毁了美国陆军航空部队停在机场上的轰炸机和战斗机，由此拉开了在圣诞节前将美军基本驱逐出菲律宾的战

---

①   Inglis, 'War, Race and Loyalty in New Guinea, 1939 – 1945', 508.

争序幕。在珍珠港事件后的第三天，日本特遣海军登陆部队在关岛登陆，并与美国人和查莫罗人进行了短暂交战，之后接受了美军的投降，并在关岛总督府升起了太阳旗。到那时，日军还封锁了香港，轰炸了新加坡，并在英属马来亚登陆，不断迫使英军向南撤退。日军还向英属吉尔伯特群岛的布塔里塔里环礁派驻了一支小规模的卫戍部队，从而在太平洋岛屿拥有了一个立足点，日军进攻速度惊人。

日军从日属密克罗尼西亚东西两端和从塞班岛到夸贾林环礁的各个基地出发，对太平洋岛屿发动了攻击。在前 6 个月，军事行动完全按计划进行。在攻占关岛和布塔里塔里环礁之后，日军转而南下，并于 1942 年 1 月 4 日轰炸了拉包尔。在航空母舰的护送下，南洋特遣舰队于 1 月 16 日离开关岛，然后在加泽尔半岛使 5000 余名士兵登陆新不列颠岛，这为 1 周后占领拉包尔开辟了道路。另一支部队攻占了新爱尔兰岛的卡维恩，到 3 月初占领了新几内亚岛城镇莱城和萨拉马瓦。由于澳大利亚人仓皇南撤，抛下了成千上万既没有被支付工资也未被遣返回乡的种植园劳工和矿工。日军横扫了新几内亚薄弱的防御体系，并在短短数月内就控制了从荷属东印度群岛边界到米尔恩湾的所有新几内亚沿海地区。另一支部队向东进军至布干维尔岛和所罗门群岛，向西进军至马努斯岛和荷属新几内亚首府霍兰迪亚，从而为进军巴布亚和控制整个新几内亚岛打下了基础。此后，日军开始筹划占领萨摩亚、斐济和新喀里多尼亚。

太平洋战争在头半年可以被看作是一次从密克罗尼西亚向外推进的突袭，这使得日军的控制范围向南和东南扩大至关岛、吉尔伯特群岛、新几内亚，以及所罗门群岛部分地区，包括其首府图拉吉和瓜达尔卡纳尔岛。侵略者在 1942 年 5 月前没有遇到任何有效抵抗。至此，日本的大东亚共荣圈被扩大，不仅包括东南亚的大部分地区，还囊括了吉尔伯特群岛、所罗门群岛、澳属新几内亚以及巴布亚部分地区。日军准备通过海路占领莫尔兹比港。5 月初，在珊瑚海海战中，日军从海上进攻巴布亚中部，但被美国舰队的航空母舰和舰载机击退。在 1 个月后的中途岛战役中，美军击退了由海军上将山本五十六指挥的日本联合舰队，从而保留了夏威夷西北中途岛上的一

296

个重要潜艇补给基地。尽管日军在很短的一段时间内仍在侵略扩张，如在1942年6月占领了阿拉斯加阿留申群岛的两个小岛，在8月占领了瑙鲁和巴纳巴岛。但是，日本的扩张已经达到顶峰，此后日军连战连败。

盟军接连收复失地。美军采用蛙跳战略，向北和西北方向进发，不断逼近日本本土，这使得日军在许多岛屿上孤立无援。从1944年1月起，美军不仅接连收复盟国领土，还从马绍尔群岛的马朱罗环礁开始，不断占领日本岛屿。到战争结束时，美军占领了整个日属密克罗尼西亚。在密克罗尼西亚，虽然德国人在第一次世界大战时没有死守，但是日本人却在第二次世界大战中进行了殊死抵抗，因此美国和日本在岛上的血战留下了许多民间传说。

在整个太平洋战区，日军和盟军在新几内亚争夺战持续时间最长，伤亡最大。在驻防新几内亚和所罗门群岛的30万日军中，只有12.7万人得以生还。与战斗阵亡相比，日军更多是死于疾病，而且大多死于新几内亚。在战争结束时，由于希望"作为一块泥土"与其指挥的第18军官兵一起留在南太平洋，安达二十三将军在拉包尔自杀。在新几内亚沿海地区以及米尔恩湾与艾塔佩之间的腹地，约有9万名第18军官兵死于饥饿、疾病和盟军的炮火。

由于未能通过海路占领莫尔兹比港，日军发动了从陆路横穿欧文斯坦利山脉进攻莫尔兹比港的战役，但是在1942年11月丢掉科科达政府驻地后，这场战役也以失败告终。到1943年2月，日军被迫撤离采金区的瓦乌镇，并在随后的两年半里，第18军沿新几内亚海岸途径萨拉马瓦、莱城、芬什和马当不断向西撤退，而其残部则被围困在韦瓦克内陆的东塞皮克地区。1943年底，盟军从新不列颠岛西部登陆，在随后的18个月里，盟军自西向东一路攻打到日军在加泽尔半岛重兵把守的大本营拉包尔。战役结束时，约有10万人投降，其中包括2万名民工。这场战役将新不列颠岛东部岛民从近4年的日军占领中解放出来。在太平洋上，除了邻近的新爱尔兰岛，就属新不列颠岛东部被占领时间最长。图拉人不仅要养活数量远超自己的日本人，农业生产还被每日空袭打断，因此其人口减少了至少1/4。1943年底，美国海军陆战队在布干维尔岛托罗基纳建立了滩头阵地，从1944年10月起，澳大利亚人取代他们继续攻击兵力不断减少、孤立无援、走投无路的第

17 军，直到这场战争结束。

所罗门群岛的战争结束得更快。1942 年上半年，日军攻占了所罗门群岛西部和瓜达尔卡纳尔岛北部，旋即遭到美军顽强抵抗和大规模反攻，一年之内就被逐所罗门群岛大部分地区。美军在夺占瓜达尔卡纳尔岛后将其变成了前进基地。1943 年年底，美军开始从太平洋中部向西大举进攻，首先是在吉尔伯特群岛强攻重兵把守的布塔里塔里环礁和塔拉瓦环礁，并将日军基地改造成自己的基地。在日军被消灭和美军取而代之后，吉尔伯特岛民再次经历了军事占领者的变换。然而美国人却绕过了巴纳巴岛，这使得巴纳巴岛民经历了这场战争中最骇人听闻的暴行。那里在 1943 年年中仍 160 名岛民，战争结束时只有两人幸存。

美军绕过防守严密的日军基地，取得了辉煌战果。到 1944 年 3 月时，日军仍控制着马绍尔群岛 6 个基地中的 4 个，即沃特杰环礁、贾鲁伊特环礁、米利环礁和马洛埃拉普环礁，但是该群岛实际上已被美军控制。由于日军补给线已被美军潜艇切断，这些基地已变得毫无用处。美军向未占领地区倾泻了大量炸弹，因此这些基地完全成为狂轰滥炸的目标，日军守备部队陷入缓慢饿死的困境。在美军进攻马绍尔群岛和加罗林群岛中部之后，日军预计美军的下一个进攻目标将是加罗林群岛西部的帕劳，驻塞班岛的 31 军军长小畑英良渴望如此，因为帕劳远在自己司令部的南方。恰恰相反，在 1944 年北半球的夏季，美军在北马里亚纳群岛袭击了日属密克罗尼西亚的经济中心，不仅攻占了塞班岛和天宁岛，还全歼守军，从而在日本内防御圈建立了前进基地。不久之后，美国海军陆战队在关岛登陆。

最后是帕劳。在整个密克罗尼西亚防御作战中，日军在这里的抵抗最有效。为了保卫贝里琉岛，日军在这座宽 10 千米、长 3 千米的小岛上利用坑道将珊瑚洞穴、礁石、山头和沟壑连成了一个错综复杂的防御工事网，这是日军在太平洋战场上防御最严密的阵地。在这场旷日持久和代价高昂的战役中，美军历经两个多月苦战才拿下该岛，日军阵亡 1 万余人。从那时起直到 1945 年 9 月投降，在主岛巴伯尔图阿普岛上，陷于困境的 5 万日军为了生存与 5000 名帕劳人展开了激烈的粮食争夺战。在帕劳人记忆里，那一时期

298

至今仍被视为饥馑年代。战争结束后，那里面临着将战斗人员和军事劳工遣返回国的艰巨任务。美国人决定将全部14.7万日本人、冲绳人等驱赶出密克罗尼西亚，无论他们是不是战斗人员。这也意味着马里亚纳群岛的所有冲绳侨民将被遣返日本。直到1947年底这项任务才被完成，非密克罗尼西亚人几乎完全被驱逐出境。

撤离与疏散

太平洋战争与所有战争一样也导致了平民疏散。在日军到来之前最先逃离的是欧洲人。尽管欧洲人为了维护自己的权威一直声称自己不可战胜，但事实证明他们是脆弱的。在1942年1月23日日军大规模登陆时，云雀部队只抵抗了几个小时，其1400名官兵要么被俘虏，要么被打散。那些逃进丛林的官兵只有400人左右逃出新不列颠岛，而其他人则在数周后迫于疟疾和饥饿而投降。澳大利亚人从基埃塔撤离布干维尔岛，这进一步打击了白人的声望。澳大利亚人一见到日军飞机就撤离了，这使得基埃塔被村民们洗劫一空。1942年2月，所罗门群岛的传教士、种植园主和官员争相登上最后一艘离开图拉吉的蒸汽船，抛下皈依者和未付工资的劳工，这一背叛一直令劳工们难以释怀。所有基督复临安息日教会传教士都从所罗门群岛往南逃了。那些留在拉包尔和新爱尔兰岛坚守岗位的卫理公会传教士最终都殉职了。在巴布亚，圣公会传教士和天主教传教士坚守岗位，而卫理公会传教士则于1942年1月撤离了这里。欧洲卫理公会留下了十余户萨摩亚人、斐济人、汤加人和罗图马人传教士家庭。亨利·威廉姆斯伪善地向他们保证，"尽管我们的肉体离开了你们，但我们的精神仍留在了巴布亚，因为我们是为了你们的利益而被迫屈服的"。资深传教士汤加人伊西克里·豪奥法在米西马岛对其手下的牧师和教师说："目前形势正是耶稣所提到的那种情况，他说当狼来时那些为钱工作的人就都跑了。"南太平洋岛民传教士感到被遗弃了。与他们在新几内亚的同行一样，他们不仅没有了薪水，还不得不直面日本人，以及在极端困难的情况下照顾他们的会众。然而，这种困难在巴布亚被遗弃后变得更加严重。

在遭到日军飞机轰炸后,村民们也逃走了。在日军首次轰炸莫尔兹比港后不久,当地居民或乘独木舟走海路或经陆路逃走了。拉鲁阿·塔乌回忆说:"海港里到处都是独木舟,一些正在起航,一些正在划着,独木舟上哭喊声一片。"克罗波西亚、基拉基拉和瓦布克里的村民逃往东南沿海地区定居。哈努阿巴达村村民沿海岸向西逃到马努马努村并在那附近定居,到 1942 年 5 月,已有近 4000 人住在那里。澳大利亚人为了使他们能够换取口粮和一些现金,让他们为莫尔兹比港的房屋制作了成千上万的棕榈叶板。在当地村民撤离后,大火烧毁了他们的家园。但在新建的避难村庄里,孩子们继续到教会学校上学,一些小伙子加入了巴布亚步兵营,或者充当了医疗勤务兵或办事员。战争结束后,虽然被拖延了很久,但是作为战争补偿的一部分,他们坐落于海中支柱上的村庄被重建。虽然一些哈努阿巴达村村民对他们的遭遇越来越感到不满,尤其是澳大利亚人不承认他们作为士兵和搬运工的功勋,但是与撤离至日战区的那些岛民相比,他们的苦难经历就显得微不足道了。

1942 年 8 月,日军占领瑙鲁岛和巴纳巴岛,并急不可耐地恢复了磷酸盐矿的开采。战局不到半年就发生了逆转,美国轰炸机切断了连接日本与其共荣圈的大洋航线。与其他日占岛屿一样,瑙鲁岛和巴纳巴岛也被封锁。由于这两个岛屿人口严重过剩,日本驻军急缺粮食。在这场危机中,日本人开始将岛民向周边迁移,有 1200 人从瑙鲁岛被迁到丘克环礁,有 300 人从巴纳巴岛被迁至塔拉瓦环礁。令人不解的是,尽管瑙鲁岛也缺乏粮食,仍有 400 人从巴纳巴岛被迁至瑙鲁岛。[①] 丘克环礁当时被称为特鲁克岛,号称日本的珍珠港。丘克环礁不仅具有优良的海港,而且在其巨大潟湖中还有数座火山岛,因此非常适合山本五十六统率的日本联合舰队。该舰队本想在这里与美国人展开决战,但未能如愿。在战争初期,丘克环礁对于日本人而言就像美国人的汤加,是一个远离战区的基地。日军官兵可以在这里通过运动、

---

① Viviani, *Nauru*: *Phosphate and Political Progress*, 81; Macdonald, *Cinderellas of the Empire*, 148.

啤酒、美食和岛上的女人养精蓄锐。但是，在瑙鲁人迁到丘克环礁时，该地情况正在恶化，除了少量大米口粮，日本人的粮食要么是自己种的，要么是从丘克人那里抢来的。1944 年 2 月 17 日和 18 日，美国人对丘克环礁进行了连续两天的恐怖轰炸，一举摧毁日军全部 270 架飞机，并将 10 艘战舰和 31 艘商船炸沉在潟湖里或丘克环礁岸礁外的深海水域。然而，美国人没有登陆就继续前进了，这使得当地居民过着悲惨生活，直到战争结束。最终，超过 1/3 的瑙鲁人死在那里。对瑙鲁人而言，更好的选择是留在瑙鲁岛。即使在 1944 年 9 月运输线被切断后瑙鲁岛仍食物充足，尤其是南瓜和鱼。但是，对留在另一个磷酸盐岛巴纳巴岛的人们而言则是致命的。1945 年 8 月，巴纳巴岛上仍有 100 余名巴纳巴人和一些吉尔伯特人和埃利斯人。日本指挥官告诉他们战争结束了，第二天让他们在悬崖上排成一列，然后开枪打死或用刺刀刺死了他们。有一个名叫卡布纳尔的幸存者因跌下悬崖而侥幸活了下来，并在山洞里躲藏了好几个月，直到确信战争结束才走出来。

当美军日益逼近时，日本人疏散了所有居民。贝里琉岛和安加尔岛岛民在帕劳主岛巴伯尔图阿普岛上找到了避难所，雅拉尔德的酋长收留了他们，并让他们与自己部落因躲在丛林中而没有被炸死的成员住在一起。许多人病倒了，有些人死了。数月后，当美国飞行员不再投放炸弹而是从飞机上挥手致意时，这表明战争已经结束了，所有人都熬过了这段最困苦的时期。一位住在艾梅利克日军军营附近的帕劳人回忆，美军轰炸机每天在 11 点左右从关岛飞到这里，它们三三两两地飞来，常常是在白天，所以岛民必须在晚上钓鱼和到园圃里干活。在遭到轰炸和海军陆战队猛攻时，其他地方的岛民只有竭尽所能才能活下来。在海军陆战队向日军阵地发起猛烈攻击之前，马绍尔群岛最西端的埃尼威托克环礁已被连续轰炸了数周。一位埃尼威托克岛民在谈及这些轰炸机时说："有时就像在夜里，天空很黑，当炸弹爆炸时又变成红白相间，发出你永远都看不清的亮光。"[1]

日本人知道关岛的查莫罗人同情美国人，因此随着塞班岛在 1944 年 7

---

[1]　White and Lindstrom（eds），*The Pacific Theater*，126 - 7.

月陷落和美军日益逼近，他们对查莫罗人实施了大规模转移。几乎所有查莫罗人，总数近 2 万人，都被强行押到岛上的集中营。日本人围捕了梅里佐村的 800 名村民，从中挑出两拨人，每拨 30 人，然后把他们赶进山洞，用军刀和手榴弹屠杀了他们。在这场战役期间，他们总共处决了大约 700 名关岛人，有些人被砍头。杰西·雷耶斯·奎宁在解放前夕组织了一支由查莫罗人组成的小分队。他在 1944 年 7 月 30 日的日记中作了如下记述：

> 听说我们的小伙子们昨天在日军的一条战壕里发现了 30 具男尸，所以我决定前去调查一下。根据那些男尸所穿衣物，我们发现他们就是梅里佐村被杀害的那些查莫罗人。调查使我们确信，他们是被手榴弹炸死的。我们在晚上返回了藏身处。今晚 7 点左右，我们的 3 名小伙子和 2 名美国人来到我们的藏身处，我们都很高兴。[①]

战争结束多年以后，关岛发生了一件匪夷所思的事件。1972 年 1 月，日军下士横井昭一走出关岛丛林向当地政府投降。

军队中的岛民

3500 多名巴布亚和新几内亚人加入太平洋岛屿团。战争结束时，太平洋岛屿团驻扎在布干维尔岛、新不列颠岛和塞皮克河以北地区。此外还有 3137 名巴布亚人和新几内亚人作为警察参加了战争，955 人充当了医疗勤务兵。有 2000 余名斐济人作为战士参加了所罗门群岛战役，还有 680 名所罗门岛民加入了所罗门群岛国防军。汤加国防军的兵力在顶峰时有 2700 人。尽管组建汤加国防军旨在保卫汤加，但是仍有 50 余名汤加人通过加入斐济军队在所罗门群岛服役。菲塔菲塔守备队、第一萨摩亚营和海军陆战队后备队各有 500 名官兵。由于组建上述部队是为保卫美属萨摩亚，因此没有被派

301

---

① Farrell, *Liberation* – 1944, 53.

往海外服役。少量波纳佩岛和帕劳岛岛民参加了日军的肉弹挺身队，并在新几内亚充当了非战斗人员。其中，来自帕劳的第 104 建筑支队在战争结束之时被日军遗弃，多年之后才得以返乡。在法国太平洋营塔希提连服役的 300 名志愿兵曾在北非、意大利和法国普罗旺斯地区参加过战斗，他们大多是波利尼西亚人和德米人，而且他们的战友也有来自新喀里多尼亚的美拉尼西亚人。

澳大利亚在战争之前曾计划将巴布亚和新几内亚的警察和志愿兵组成新几内亚野战部队的主力，但该计划遭到该殖民地重要人物的反对。这些人认为，虽然"土著"可作为廉价劳动力使用，但是他们一听到爆炸声就会逃跑，因此不能授以他们枪械。[1] 1942 年 1 月，当澳大利亚政府官员逃离拉包尔时，他们曾试图解除新几内亚警察的武装。尽管仍持有这些疑问，但是年迈的巴布亚副总督休伯特·默里爵士最后还是批准组建了巴布亚步兵营。到 1942 年 2 月日军轰炸莫尔兹比港时，巴布亚步兵营有 300 名官兵，并在此后的两年里不断被扩充。1944 年 3 月，首批新几内亚步兵营被组建。1944 年 10 月，为了使这些部队承担更多的作战任务和减轻澳大利亚军队的负担，澳大利亚将他们组成了太平洋岛屿团。到那时，至少在澳大利亚高级军官中，巴布亚新几内亚军队的形象是非常正面的。土著士兵不仅被视为善于隐蔽行动和偷袭的战士，而且他们对丛林的了解和部落战争的经验被认为有助于盟军的胜利。上述评价得到了太平洋岛屿团战绩的印证，该团击毙日军 2209 人，而澳大利亚人和巴布亚新几内亚人仅损失了 63 人。在这场战争中总共有 85 名巴布亚新几内亚士兵和警察牺牲，201 人受伤。[2] 更多村民，特别是在新几内亚的交战区，由于熟谙传统战术，实际上充当了双方的侦察兵和间谍。多年以后，一名来自东塞皮克地区马姆布克村的男子在回忆自己给澳大利亚人上战术课时说："'你们欧洲人的战法应该被抛弃，你们必须遵循本地战法……把脸搽黑，或用泥敷脸。在早上 5 点包围袭击地点，然后在

---

[1] Nelson, 'As Bilong Soldia', 20 – 1.

[2] Griffin, Nelson and Firth, *Papua New Guinea*, 98; Long, *Final Campaigns*, 634.

6点发起攻击.'他们说这是一种更好的战法。"① 有一些，或许很多巴布亚新几内亚人和所罗门群岛岛民认为，他们的魔法知识能使自己不被敌人子弹击中，并确保自己获胜。事实证明，他们是游击战专家。在战争的最后一年，布干维尔岛上的日军最害怕的就是布干维尔人。"只要日军将步枪放在离自己几英尺远的地方，他就必死无疑，"澳大利亚海岸瞭望哨保罗·梅森报告说："当地人肯定给日军带来了不幸。虽然他们害怕我们的军队，但更害怕当地人。"②

302

第二次世界大战并不是新几内亚的唯一战争。巴布亚和新几内亚士兵常常发现自己身处传统敌人的土地上，并利用这场更广泛的战争作掩护从事仇杀活动，或者发现自己受到与日本结盟的村民的攻击。据说一名下士用斧头杀死了自己的卫兵，因为他们与其民族的敌人有关联。但是这场战争改变了士兵们对自我的看法：他们不是任人驱使的无知的卡内加人，而且事实证明他们与白人士兵没有什么两样。他们应得到尊重。他们不应该像1945年2月那样被命令将军阶佩戴在他们的印花布短围裙上，而应像白人士兵那样将表示军衔的V形标志戴在胳膊上（一名中士说，该命令就像告诉他应将V形标志挂在"屁股上"），他们应该得到更多的报酬，不应被虚假的承诺搪塞。土著士兵怒火中烧，然后突然爆发，令澳大利亚官员措手不及，他们为了使被监禁的战友重获自由，曾捣毁了三个拘留所，并对士兵被关进监狱感到愤怒。下士布拉乌拉说："他不再只是卡内加人，因为如今已懂得很多知识了，可以站起来说话了。"③ 一份陆军报告得出如下结论，即这些士兵对自己的待遇与澳大利亚人不同感到不满。第一军军长在新几内业表示，太平洋岛屿团士兵"是天生的丛林战专家，很少有澳大利亚人能达到他们的个人标准。由于土著士兵完全意识到所有这一切，因此他们认为每天4便士军饷和没有任何补偿或养老金极其不公

① Curtain，'Labour Migration from the Sepik'，61.
② Griffin，'Paul Mason'，157.
③ Nelson，'Hold the Good Name of the Soldier'，202–16.

361

平"。① 为应对上述不安局面，就在日本投降前几天，陆军提高了军饷标准和给予了战后补偿（尽管数额很少）。太平洋岛屿团士兵要么带着乔治六世国王的肖像退役，要么在 1946 年继续充当军队的廉价装卸工。在回忆这场战争时，太平洋岛屿团士兵既骄傲又痛苦，并徒劳地等待着他们认为自己应得的报偿。

大批斐济人入伍。他们积极参加了丛林战训练，并在所罗门群岛战役中表现出色。但是，第二次世界大战却导致了斐济分裂。出于多种原因，斐济的印度人对这场战争的贡献甚微。只有一名印度裔医生在所罗门群岛战役中随斐济军队参加了战斗，而且仅有数百名印度人被说服加入了斐济劳工队。1943 年，当英国人和美国人称赞斐济人有爱国心和忠诚时，印度裔蔗农不合时宜地举行了一场反对殖民地制糖公司的长期罢工，导致数万吨甘蔗未被收割。从那时起，关于谁参战谁没参战与谁帮忙谁碍事的记忆一直困扰着斐济政治。

303 　　从农村招兵很简单。英国当局只需向各省的 *Roko*（大酋长）提出要求即可。然后大酋长再向其下面的酋长们提出要求，于是就会招募到数量充足的新兵，而且每个新兵都渴望维护自己民族的荣誉。例如，楠迪区酋长命令纳萨乌村的索洛蒙·维苏库拉和纳索罗村的奥佩蒂·巴莱纳伊萨参军。他们不仅照做了，还以能代表自己的民族参军而感到自豪。错过这样的机会是可耻的，尤其发出参军号召的还是斐济最受人尊敬的酋长拉拉·苏库纳。苏库纳把这场战争看作是斐济人证明自己的一次机会。新兵们被要求尊重上级，以当兵为傲和忠于祖先社区，这种情感不仅根植于传统，还得到斐济人自己政府的强化。到 1943 年 8 月，共有 6371 名斐济人加入斐济军队和劳工队，此外与之并肩作战的还有 808 名新西兰人和 264 名印度人。在所罗门群岛，有 42 名斐济人死亡和 2029 人返乡。一个未返乡的斐济人因作战英勇而获颁维多利亚十字勋章。②

　　印度裔斐济人参军就没有那么简单了。如果有的话，印度人比斐济人更

---

① Long, *Final Campaigns*, 262－4.

② Lal, *Broken Waves*, 110; Ravuvu, *Fijians at War*, 53.

没有理由为帝国而战。他们做契约劳工时曾饱尝屈辱，如今又受到殖民地制糖公司根据合同施加的压迫。印度裔斐济人反抗英国统治的民族主义风潮也震动了他们的母国印度。印度裔斐济人会为保卫斐济而战，但是如果要在其他地区为大英帝国而战，他们在军队中应得到与欧洲人一样的薪饷和待遇，这就是 A. D. 帕特尔和毗湿奴·迪奥等领导人所采取的立场。殖民地政府当局没有接受这些要求，并解散了斐济军队中唯一由印度人组成的排。从那以后，殖民地政府不再欢迎印度人参军，并一再拒绝印度人的参军申请。英国人怀疑印度人会"无条件服从"，还担心武装他们将会助长叛乱。相反，政府想招募 1000 名印度人加入斐济劳工队，但因殖民地制糖公司反对而未能如愿。殖民地制糖公司之所以反对是因为工厂主希望印度人继续留在他们租赁的农场里生产糖，而且他们间的合同也禁止农民离家超过两个月。最终，只有 331 名印度人加入斐济劳工队，从而证实了欧洲人和斐济人的看法，即印度人不能被寄予信任。殖民地政府在 1943 年的报告中说："斐济人对如下事实日益不满，即大量斐济人参战，而印度人没有。这里还出现了经济恐惧，因为印度人正试图用战时赚来的钱购买土地，或者租赁因本地业主服役而撂荒的土地。"①

这场战争巩固了欧洲人与斐济人的联盟。总督菲利普·米切尔爵士甫一抵达斐济就向酋长们发表讲话说："勇士在危险时刻所关心的事就是战斗，忍耐，如果需要的话还有死亡。"他认为斐济人是一个"高贵的民族"，拥有"非常值得赞扬的天生的真诚、简单的目的和责任感"。② 英国人认为斐济人是殖民地居民的爱国模范，忠于职守和随时准备为大英帝国牺牲，但是他们却指责印度人是斐济殖民地最大的麻烦。斐济人表现出忠诚和服从，而印度人则要求平等和在斐济政治生活中占有一席之地。因此，许多英国官员公开表达对斐济人民的热爱毫不奇怪。

斐济人在战场上的表现的确值得称赞，他们不仅赢得了美国和新西兰指

①　Gillion, *The Fiji Indians*, 179.

②　Macnaught, *Fijian Colonial Experience*, 150; Ravuvu, *Fijians at War*, 55.

挥官的高度赞扬，即使在半个世纪之后仍是骄傲的源泉。由斐济人组成的突击队，在某些情况下还配属有汤加人，参加了所罗门群岛的瓜达尔卡纳尔岛、新乔治亚岛和维拉拉维拉岛的战斗。在瓜达尔卡纳尔岛海滩上，斐济人打破了由美国海军陆战队创下的卸货速度纪录。一位美国海军指挥官在观察到这一切后认为，斐济人是他负责的军舰在南太平洋上运送的最优秀的军队。无论他们走到哪里，斐济人都会因士气、勇气和技能而广受赞扬，一部分原因是这些事情都是真实的；另一部分原因是为了迎合盟军宣传土著忠诚形象的需要。军人们后来的讲述表明，他们与所有士兵一样也害怕、想家和瞻前顾后。当中士要求他检查一名被射中的日本兵时，下士艾萨克·塔纳德拉拉回忆了他的反应：

> 我爬到那个日本人的尸体旁，然后蹲在他身边。看到那个可怕的情景，我感到很害怕，不敢碰那个人。我坐在那里一言不发，不知所措。一些美国人来了，撸走了那个人的手表，拿走了他的手枪，以及他们发现的任何东西，以作为纪念品。我静静地站在那里，喃喃自语道，"就这样吧"。

对于在交战区服役的斐济人而言，斐济人传教士乌萨亚·索图图才是真正的英雄。在日本占领布干维尔岛期间，他一直没有离开。由于他知道一条秘密丛林道路，从而使得斐济第1营摆脱了日军的包围。陆军上士卢克·乌德莱基提写道：

> 根据空中侦察获悉，我们再次被敌人重兵包围，因此我们已没有生还的希望。我们的营长 G. T. 厄普顿问那位海岸瞭望哨是否知道逃生之路。索图图那天的回答一直回响在1营官兵的脑海中："日本人知道布干维尔岛上有99条小径，我知道第100条。跟我来！"[1]

---

① Ravuvu, *Fijians at War*, 31, 47.

作为劳工的岛民

虽然有些岛民参加了战斗，但是更多岛民是为军队服务的劳工。日本官员根据 1939 年颁布的《军事人力资源动员法》，开始强迫密克罗尼西亚人为日本南洋委任统治地修筑防御工事，这使得密克罗尼西亚人成为首批应征劳工。与之同时，被征召的还有朝鲜人和日本罪犯。由于在技术上远远落后于美国，日本不得不依赖大批使用原始工具的劳工来建简易机场和海军基地。从 1941 年起，根据《军事管制法》，日本人可以命令密克罗尼西亚人去任何地方工作。在波纳佩岛，除了来自莫特洛克群岛的劳工外，还有来自丘克环礁、平格拉普环礁和恩加提克环礁的劳工。那些自愿在殖民地非战斗部队中服役的波纳佩岛劳工很快就对激动人心的所谓爱国活动产生了厌倦，他们被任意驱使，然后死去。在 1942 年登陆新几内亚的 20 名波纳佩岛劳工中，有 17 人死在了布纳。1943 年，来自波纳佩岛基蒂酋邦的 179 名劳工被重新安置到科斯雷岛建造简易机场，不料被困在那里直到战争结束，当局听任他们争抢不足以果腹的食物。随着战争的继续，当局从密克罗尼西亚社区强征了更多的劳工，并更加残酷地逼迫他们工作，从而导致日本的殖民统治失去了根基。虽然南洋厅曾一度繁荣兴旺，但是这一热带领地最终成了劳改营。

在巴布亚新几内亚，军事当局也将招募劳工看作是生死攸关的大事。与其他地方相比，该地区所动员的劳工规模更大，而且常常被强迫劳动。例如，在 1944 年年中，澳大利亚人征召了 3.7 万名劳工；与之相较，美国人此前在埃法特岛仅雇用了 1000 人，在努美阿雇用了 1500 人，所罗门群岛劳工队在其发展顶峰时也不过才 2500 人。

在巴布亚和新几内亚未被日军占领的地区，文官政府受澳大利亚新几内亚管理局辖制。其任务是为军队和种植园征召劳工，修筑公路、简易机场和野战营房，以及通过巡逻维持控制村庄和盟军新推进地区。澳大利亚新几内亚管理局官员被要求"即使在必要时暂时牺牲当地利益"也要满足军队需

305

求。许多管理局官员在战前就已在新几内亚，并往往以殖民方式对待村民。巴布亚人在战争初期首当其冲地为澳大利亚人效力。1942 年下半年，战斗主要集中在米尔恩湾周边地区，从欧文斯坦利山脉到莫尔兹比港东北部的科科达小径，以及巴布亚北部的布纳－戈纳沿海地区。自 1942 年 6 月起，澳大利亚新几内亚管理局被授权，可在巴布亚和新几内亚的任何地方征召劳工为军队服务。一位澳大利亚新几内亚管理局的官员解释说："如果当地人不自愿应征，那么就被征召到该地区任何地方工作 12 个月。"另一位政务专员受命为科科达战役招募其辖区内的所有壮劳力。"优先满足科科达小径对劳工的所有需求。由于迫切需要搬运工，因此必须立即展开招募工作。"这条从科科达到奥厄角的丛林小道位于热带雨林和崇山峻岭之中。被征召的巴布亚劳工被派往该地区，并携带 40 磅重的箱子。里面可能是 600 发步枪子弹，或一个人 12 天的口粮，或三发小口径迫击炮弹。①

306　　　日军认为横穿巴布亚很简单。他们计划翻越欧文斯坦利山脉最高点，然后从莫尔兹比港南侧向它发动突然袭击。给予负责侦察该地区的陆军大佐的指示是，推进到"科科达以南的隘口"，并使这条小径适合马匹通过。日军没有找到隘口，但是在崇山峻岭和幽深峡谷中发现了一条曲折的丛林小径，由于这条丛林小径非常陡峭，部队难以挺进。从南部进入科科达小径的澳大利亚人也遇到了同样问题。他们被连绵不断的雨水淋得浑身湿透，脚被泡烂，很快就筋疲力尽了，而且伤员难以从前线被抬下来，因为这条丛林小径泥泞不堪，盘根错节。搬运工成为澳大利亚人的生命线，而且巴布亚人用担架抬着伤兵穿过泥泞的照片令澳大利亚公众意识到他们依赖巴布亚人。对于吃苦耐劳的劳工而言，沿科科达小径搬运物资是一项艰巨的任务。"我们在伊奥拉溪的搬运工的情况，"一位澳大利亚官员写道，

　　　　　　比伤兵更让我担心……过度劳累，负载过重（这主要是因为士兵们将自己的背包，甚至步枪，也扔到了搬运工的担子上），衣不蔽体，

---

① Robinson, *Villagers at War*, 16 ff.

食不果腹已司空见惯。每天晚上都有许多搬运工进来，将担子扔到地上，然后筋疲力尽地躺在地上。眼前景象是可拍的，一顿饭只有米饭，但也不多，而且夜晚的寒战令大多数搬运工苦不堪言，因为每两个人才发一条毛毯。[①]

澳大利亚的报纸杂志和新闻影片感伤地将搬运工看作是忠实的本地挑夫。他们成了"卷毛黑天使"，这一称呼出自科科达小径上的澳大利亚士兵伯特·贝罗斯之手：

> 用树叶挡雨
>
> 像护士一样温柔
>
> 缓慢而谨慎地行走
>
> 在崎岖的山路上，
>
> 他们脸上的表情
>
> 会让你认为基督是黑人。[②]

一群布里斯班的澳大利亚人不仅自称是"黑卷毛鬼之友"，还筹集资金给搬运工寄去了圣诞包裹。尽管澳大利亚人的反应是傲慢和浪漫的，但它如实展现了搬运工的功绩。搬运工将给养和弹药运到前线，并熟练而谨慎地沿着湿滑的岩架，通过瀑布和陡峭的山脊将伤员安全地背回后方，当他们不得不停下来过夜时，他们一心只想着安排好伤员的食宿，然后才每边四人地睡下。许多澳大利亚人都同意一位中士的说法，这位中士认为对搬运工的赞扬无论多高都不为过，因为他们曾拯救了他两名部下的生命。

这些搬运工几乎没有选择工作的余地。一位政务专员描述了他索要 100 名劳工时发生的事情：

---

① McCarthy, *Kokoda to Wau*, 1959, 132.

② Inglis, 'War, Race and Loyalty', 503.

没有得到回应，所有搬运工都必须由我来挑选并押送，即使这样，仍有一些搬运工逃走了。在那之后，凯里马办事处发布了一条命令，要求该地区所有当地人都必须去某个地方工作，并为此做好准备。大约一个月后，巡逻队出动，并在两周内招募了近千名当地人前往拉克卡姆工作。这更坚定了我的看法：这些当地人会对武力和命令做出反应，但他们不会被哄骗。[①]

村民们像战前那样签订了合同，但是这次是在携带步枪和刺刀的警察的注视下。

这场战争对巴布亚沿海村民提出了前所未有的要求。村里的警察要确保将每个壮劳力都能提供给军队，查明某人在家的原因，强迫服从命令和逮捕擅离职守者。一位政务专员在 1943 年命令村里的警察"逮捕任何无法证明自己不是擅离职守者的青壮劳力"。战前的契约劳工主要是青壮劳力，但现在整个村庄的男人都被征召了。澳大利亚根据体力将他们分成了三类：甲类去前线，他们成了卷毛黑天使；乙类通常去澳大利亚新几内亚管理局的种植园，割橡胶树皮采胶液，加工椰肉干；丙类则留在家里种粮食。妇女们虽没有被分类，但也要为搬运工加工西米和将棕榈叶编成建材。村民们种植甘薯，开辟丛林小径，打扫在日军撤退后被重新统治的村庄，埋葬死者，以及用长矛、斧头和老式步枪武装起来作为非正规军配合军队作战。在没有公路的山区，村民们以他们的脊背支持了这场战争。军队所需要的各种物资都是通过搬运工来搬运的，从武器弹药到食物、邮件和药品。新几内亚劳工敏基辛说："警察们没有搬运任何货物，士兵们没有搬运任何货物，政务专员们也没有搬运任何货物，我们必须搬运食物和弹药。"[②]

虽然高地居民从来没有见过日本人，但他们也被当作劳工来对待，至少在高地东部地区是这样。1943 年 5 月，日军轰炸了贝纳贝纳以及戈罗卡和

---

① Robinson, *Villagers at War*, 51.

② Curtain, 'Labour Migration', 67.

阿萨罗卡的简易机场，而且在贝纳部队的澳大利亚人以清理简易机场做出回应时，空袭越来越频繁。成千上万的钦布部落男子向东翻过崇山峻岭来到阿萨罗山谷割草和将戈罗卡的简易机场跑道踩得可供飞机起降。贝纳贝纳居民被安排为钦布劳工种植甘薯。一些飞机跑道是用来欺骗日军的假目标，以便让他们高估盟军的实力，诱使他们发动无效空袭。据说，村民们"认为这完全是一个大笑话，因此当日军发动空袭时，他们会笑得前仰后合"。[1] 但是高地人只同意翻越山脉将货物搬运至拉穆河一线，因为在那里他们很容易感染疟疾，他们一直没有忘记许多年前被带下高地而死去的亲人们。事实上，这场战争对东部高地人最重要的影响是 1943 年 8 月的那场痢疾疫情。

308

尽管搬运工成功将伤员从战场上抢救出来并表现出坚忍不拔的工作精神，但是他们也常常借机开小差。正常情况下，一次大规模空袭足以让大多数劳工钻入灌木丛逃走。例如，当 1943 年 6 月 4 架美国"英俊战士"重型战斗机误射一个澳军战地指挥所时，300 名搬运工逃走了。澳大利亚新几内亚管理局不得不派人追回他们宝贵的劳动力。大量搬运工逃离了将巴布亚拉克卡姆河与新几内亚采金区瓦乌镇连在一起的斗牛犬交通线，该线路被开凿于高山的山坡上，一些关口海拔高达 1 万英尺，年降雨量超过 200 英寸，这条路让托阿里皮沿海村庄的劳工不仅付出了大量辛勤劳动，还饱受无法无天的澳大利亚新几内亚管理局工作人员的虐待。除了有 1000 名搬运工行走在这条小道上之外，还有 480 名劳工受指派将它改造得能够行驶吉普车，这项任务耗时 8 个月，但竣工时已失去了军事价值。

这场战争在托阿里皮村村民的记忆里是他们被迫在斗牛犬小径干活。习惯沿海温暖气候的村民们讨厌山区的湿冷，而且他们还憎恨这个常常让他们还没来得及吃东西就匆忙赶路的制度。当毯子和口粮短缺时，或当澳大利亚人进行搜查和没收金钱时，或当日军飞机投下炸弹时，许多人就逃回家了。"逮捕擅离职守者"成为澳大利亚新几内亚管理局在该地区的主要任务之一，并要求政务专员们查明擅离职守者如此众多的原因。一些擅离职守者被

---

[1] Dexter, *The New Guinea Offensives*, 239.

关进了监狱，但是当他们只能穿一件法兰绒衬衫保暖，扛着45磅重的东西沿着泥泞小路行进时，监狱惩罚也未能阻止他们逃亡。因此，在澳大利亚人的命令下或在他们的默许下，警察当场用藤条抽打擅离职守者，有时把他们的手脚绑在44加仑油桶上施刑；或者让他们驮物操练，负重往返跑六个小时；或者让他们在烈日下暴晒一整天。如果搬运工拒绝运送物资，他可能会被打耳光。澳大利亚新几内亚管理局得到了告密者的帮助。告密者乐于检举不属于自己民族的擅离职守者。一位巴布亚牧师被授予忠诚服务勋章，这至少部分是因为他在抓捕擅离职守者方面颇有贡献。

效忠问题

就像运送伤员那样，村民们在救援坠机飞行员的传奇中也被塑造成仁慈的天使，就像那些卷毛黑天使那样，它也是基于事实的。1943年，一名澳大利亚士兵因飞机坠毁而被困于马卡姆山谷北部山区中，他通过送信人发回了如下消息："向澳大利亚第24步兵营报告，双腿严重烧伤，下颌破碎，双眼受伤，被一群当地人救起。飞行员死亡，并已被埋葬。小伙子星期日开始为期四天的旅程，估计会准时抵达。"村民们先是发现了飞行员的尸体。他们在清洗飞行员尸体后将其下葬，在坟墓上建造了一间置放其随身物品的小屋，还种了花。然后他们又发现了这位幸存者，给他洗了澡，对他的伤口进行了护理，并用担架将他抬出了山区。[1] 在所罗门群岛的斯凯亚纳岛和波利尼西亚离岛，当地人热烈欢迎了在1942年8月来到这里的三名美国飞行员，为他们提供了一所房子，并对伤员进行了护理。四十多年后，那位受伤的美国人将其幸存归功于这样一个事实，"两名年长的男人不断给我清洗伤口"。[2] 在美国、新西兰和澳大利亚，后方民众在舆论引导下认为，岛民运送伤员和营救飞行员是出于忠诚。事实上，许多士兵都知道，村民们也运送

---

① Dexter, *The New Guinea offensices*, 409–411.

② White and Lindstrom, *The Pacific Theater*, 162.

过日军伤员和从零式战斗机残骸中营救过日军飞行员。对于岛民们而言，忠诚是视情况而定的。

事实证明，与重返莱城的澳大利亚人相比，日本人较少压迫当地居民。日本人希望当地居民留在村里种植粮食，而澳大利亚人则希望当地居民去搬运粮食。在莱城以西地区和新几内亚的岛屿，日军在那里逗留时间更长，而且越来越绝望，他们很快就不再广受欢迎。后来成为巴布亚新几内亚总理的迈克尔·索马雷回忆了他的家乡东塞皮克村为澳大利亚人离开而举行的庆祝活动，他说他的同乡觉得日本人"非常友好"。当时索马雷还是一个孩子，他在一所乡村学校里学会了用日语数数和唱歌。① 在塞皮克地区，许多村民欢迎日本人。第18军招募村民，并委以责任，从而在当地居民中迅速笼络了一批追随者。一位前任村长（*luluai*）说："我帮助过日本人，我被任命为队长，就像负责管理当地居民的警察。他们给了我一把破旧步枪和一些手榴弹。我负责带领一些人守护扬戈鲁地区那条道路。我们也保卫重要的日本军官"。另一位在警察局为日本人工作过的村民说："他的工作是看守山坡上的铁丝网后面的日本女人，"他还记得日本人只会托克皮辛语的几个单词，如 *sindaun*、*sanap* 和 *maski*（即坐下、站起来和别介意）。但是在这场战争的最后18个月里，美军对敌人海运的打击切断了大多数日军的补给线。所有日军都被分割包围了，只能自谋生路。塞皮克地区的日军不得不就地补给，这意味着他们要从村子里偷食物，射杀猪，甚至吃人。"如果某人没有迅速向日本兵提供山药、芋头或西米，日本兵就会在村子中心用绳子绑住他的腿，将他头朝下地挂起来，然后洗劫他的园圃和杀死他的猪。直到完事后，他们才会给他松绑。"② 在廷布克，日本人以涉嫌通敌的罪名枪毙了许多青年，以至于那里的成年典礼停办了许多年。③ 日本人与其他地方的村民也出于同样原因闹翻了。一开始，新不列颠岛西部卡里埃地区的居民并不反对充当搬运工和杂工。毕竟澳大利亚人也曾提出过同样的要求，而且日本人

310

① Somare，*Sana*，4 – 5.

② Curtain，'Labour Migration'，31，42，47.

③ Roscoe and Scaglion，'Male Initiation and European Intrusion into the Sepik'，420.

也照顾村民的需要，不仅提供了医疗救护，还发布美国空袭警告。但是当日军在 1944 年撤退时，他们开始不分青红皂白地杀猪抢粮。村民们十分痛恨失去了作为交换制度和仪式生活中心的猪。如果没有了猪，仪式不得不被取消或简化。一名新几内亚人在解释为何折磨日本人时表示，一想到自己村里被他们杀死的那些猪，他的肚子就要气炸了。[①] 村民们对日本人吃人行为的描述非常多，而且前后一致，这足以证明日本人确实吃过人，至少在塞皮克地区是这样。一名目击者说：“在一个村子里，村民们排好队，被日军用机关枪扫射，然后被切成小块拿去当食物，而且他还看到他们的肉被煮给饥饿的士兵吃。”[②]

莱城附近的居民是最先看到日本人到来和离去的新几内亚人。对他们和其他岛民而言，忠诚问题都是策略性的，取决于这场战争的结果。起初，日军的绝对数量表明他们会赢，会成为新的主人。一位村长对一位政务专员说：“我们以为日本人在你们离开这些地方后会打败你们，所以我们就跟着他们走了。在你们不断进行空袭后，我们开始犹豫了，所以我们决定保持中立。但是在你们将他们从这些地方赶走后，我们知道你们更强大。”每个地方的村民都别无选择。谁更强大，他们就为谁搬运货物和侦察敌情，否则他们的园圃和猪就难以幸免。要想生存就得合作。

日本人的宣传强调了一种新的平等。村民们被问道：“他们是否曾被邀请与澳大利亚人一起同桌吃过饭吗？”当然没有过。相比之下，日本人和新几内亚人是兄弟，他们会一起吃饭，将来日本人还会带来工厂，生产当地居民需要的所有产品。这种宣传不仅承诺提供货物，还激起了村民们对自己遭欧洲人排斥的不满，尤其是严禁他们与欧洲人一起吃饭。

盟军对新几内亚的宣传由远东联络处负责。远东联络处制作了 2300 万份传单，准备投放到日军阵地和新几内亚村庄。它将一些巴布亚人和新几内亚人带到澳大利亚，并在送他们回来时还赠送了留声机和唱片，这给他们同

---

① Read，'Effects of the Pacific War in the Markham Valley'，103.

② Curtain，'Labour Migration'，52.

胞留下了澳大利亚事业更具优势的深刻印象。他们还成立了无线电广播台，节目内容通常既有建议也有威胁，就像 H. L. R. "霍利" ·尼尔对莫罗贝区民众所做的那样：

> 我是你们的长官尼尔。我还在瓦乌。现在我们正在赢得这场战争，失败是暂时的。在此期间请保持中立。不要去主动协助日军。我们知道日军已经控制了你们那里，但不要帮助他们，否则我们以后会很生气的。我们将赢得这场战争。

澳大利亚新几内亚管理局向马卡姆地区的村长们发出警告，称那些"自愿帮助敌人"的人的行为已被注意到，将会遭到报复。一位参与宣传工作的澳大利亚人，前政务专员 G. W. L. '卡萨' ·汤森德认为，那 2300 万份传单维护了新几内亚人对政府的信心，这是一种荒谬而乐观的看法。村民们似乎将这些传单理解为向日军发出战争警告，给他们时间逃跑，以及对其他人持怀疑态度。村民们向一位澳大利亚新几内亚管理局官员指出，重要的是日军是否比盟军更强大。

那些与日本人保持信任关系的村民必须审慎地决定何时转投盟军。莱城附近的布提巴姆村村民阿波·阿玛拉先是为日本人工作，他认为日本人"善良而公正"，然后投靠了盟军，并在新几内亚步兵营获得一枚奖章。在争夺波比杜比岭的战斗中，村民们为双方轮流搬运。迅速转换立场是战争的要求，因此随着战局日益明朗，越来越多的村民改变了立场。尽管如此，澳大利亚人还是对"通敌者"进行了政治迫害。1944 年 2 月，当着千余村民的面，他们绞死了一个名叫图雅的男子，因为他曾带领日本巡逻队袭击了一群澳大利亚人，并帮助他们杀害了其中一人。图雅说："他是奉命向那位长官开枪的，因为他担心如果不这样做，他自己就会被杀死。"[1] 另一名男子也做出了类似的辩护，并幸免于难：

311

---

[1] Robinson, *Villagers at War*, 140, 150, 151, 160.

政府抛弃了我们。当日本人来的时候，我们还能做什么？我们没有任何可用来对付他们的武器。我们就像女人一样。所以当日本人来的时候，我们不得不服从。我们就像已婚妇女一样先是嫁给了德国人，然后是澳大利亚人，最后是日本人。我们不得不向日本人屈服。[①]

日本人在自己的岛屿属地对"叛国罪"的处置更严厉。随着马绍尔群岛形势日益恶化，一些村庄整村人都逃到了美国人那里，他们不仅偷走了船只和枪支，还带去了情报。作为回应，日本人用机关枪和刺刀杀死了数百名马绍尔人，并对更多的马绍尔人施加了酷刑。[②]

岛民与新来的外来人

武装冲突没有波及斐济、瓦努阿图、西萨摩亚、美属萨摩亚、汤加、库克群岛，以及三个法属领地，但是美军把它们作为集结地，并招募了数千名劳工。图瓦卢尽管遭到轰炸，但仍位于战区之外。1942 年年初，由于战况紧急，美国参谋长联席会议决定，将美军部署在"美国西海岸和巴拿马与英属澳大拉西亚殖民地之间，以确保这些岛屿和海上航线的安全"。这意味着要在夏威夷与澳大利亚之间的岛屿上建造一系列机场，如约翰斯顿环礁、巴尔米拉环礁、坎顿岛、圣诞岛、维提岛、埃法特岛和新喀里多尼亚主岛。这意味着要向萨摩亚增派海军，加强法属波利尼西亚博拉博拉岛海军燃料补给站的防御，在埃斯皮里图桑托岛建立一个前进基地，并向汤加派遣了一支特遣部队。该地区突然来了成千上万美国人。截至 1942 年年中，约 3500 人驻扎在博拉博拉岛，8000 人驻扎在美属萨摩亚，5000 人驻扎在西萨摩亚，2600 人驻扎在瓦利斯，8700 人驻扎在汤加，5800 人驻扎在埃法特岛，500人驻扎在埃斯皮里图桑托岛，22000 人驻扎在新喀里多尼亚，有一个步兵师

---

① Curtain, 'Labour Migration', 32.

② Peattie, *Nan'yo*, 302.

驻扎在斐济。这仅仅是个开始。到战争结束时，有 100 万美国人曾途径阿德米勒尔蒂群岛马努斯岛。晚上，从大海深处就能看到希亚德勒港的海军基地。美国人将岛民们带入了一个充满半圆拱形活动房屋、吉普车、露天电影、棒球场、冰箱和避孕套的世界。最重要的是，他们有钱，而且还挥霍无度。

在盟军后方，许多岛民发现战争年代令人振奋。他们喜欢新奇、刺激、平等、金钱和使命感。一位美属萨摩亚人说："在第二次世界大战期间，萨摩亚人愿意做的远远多于他们被要求做的。考虑到来到我们岛上的这些人肯定有一个大的 *fa'alavelave*（字面意思为问题或困难，用来比喻整个大家庭不得不共同努力完成的任务），我们必须帮助这些人，这是我们的家园，我们是美国人，钱是个好东西"。① 在汤加，新西兰人花了 5.6 万美元就完成了富阿阿莫图机场工程的大部分工作，然而美国人花了 49.8 万美元才完成所剩无几的工作，其中许多钱是通过汤加人花出去的。汤加人不再种植芋头，而是开始卖纪念品、洗制服、搬运货物、出租马匹和手推车，以及满足美国水兵对性的迫切需求。汤加年轻人如今仍在拿他们祖母在 20 世纪 40 年代做过的事开玩笑。美国海军官兵的女友们成为大量货物从马乌方加海军兵站流入汤加塔布岛村庄的渠道，这些货物从啤酒和香烟到发电机和收音机。一名军官利用军队劳工专门为女朋友建造了一处宅院。对许多汤加人而言，除了"香烟大劫案"这个瑕疵外，这个时期令人陶醉。1944 年，美国人为搜查盗窃海军仓库的嫌疑人，在岛上设置路障，逮捕了 40 名汤加男子，并殴打他们直到找到那些香烟。海军士兵闯入总理索洛蒙·埃塔家，并在搜查时让他靠墙站着。但是在战争大背景下，这件事无关紧要。②

外部世界，尤其是美国的军用机械，以惊人的规模进入太平洋岛屿，这使得之前的一切都相形见绌。当回忆珍珠港事件后美军涌入萨摩亚时，一位

313

① White and Lindstrom, *The Pacific Theater*, 384.
② Weeks, 'United States Occupation of Tonga', 399 – 426.

萨摩亚人说："我永远不会忘记这件事。一些船只不断地驶来，一些船只在岛屿附近不停移动，一些船只停泊在港口入口处准备入港。一卸完货船只就离开，下一艘接着进来，卸下海军陆战队和给养。"[1] 这样的场景在太平洋上不断上演，给岛民留下了财富取之不尽和技术超凡的持久印象。在美国海军舰艇于 1942 年 10 月驶入港口之前，图瓦卢富纳富提居民从未见过这样大的船。"美军突然抵达，"马莱塔岛岛民艾萨克·加富在回忆瓜达尔卡纳尔岛当时情景时说："我的天哪，很难计算他们有多少人下了船。"由数百名技工和测量员组成的美国海军建设营（海峰部队），在登陆数周内就改变了岛屿地貌。如果椰树挡住去路，他们就炸飞它们。如果跑道需要珊瑚，他们就用挖掘机挖出它们，用推土机将它们聚成堆，然后用翻斗车将它们运走。图瓦卢纳努梅阿环礁的近半数椰树被毁，以便为占环礁总面积 1/6 的机场腾地方。美国海军建设营用马斯顿垫铺设跑道（这是一种穿孔金属板，太平洋岛民在战后数十年里发现它有无数用途）。1943 年年底，美军抵达新不列颠岛西部，当地村民清楚记得他们拥有如此多的装甲车，以至于它们一旦陷入沼泽美军就毫不吝惜地丢掉它们。他们的驳船运来无数罐头食品——"那些美国人，他们的所有东西都装在罐头里"，村民们可以免费获得这些食物，而且多得只能堆在房子里。美国人留给那代岛民的永恒印象是既富有又大方，与日本人或欧洲殖民者不一样。[2]

由于与殖民统治没有利害关系，而且军队由黑人和白人组成，美国人是新类型的外人。美国人到来后在一周内就建成了数座机场，还赠送了多得吃不完的食物，然后很快就离开了。取代美国人的是殖民地官员。殖民地官员不仅决心让"土著"回归原位，还经常没收他们刚刚获得的货物。"美国人在这里时，"一位瓦努阿图埃法特岛埃拉克尔村村民回忆说："食物、香烟和钱都没问题。他们一直都有很多……你不需要支付任何东西……这些东西不是你要来的，是别人想给你的。"一位帕劳妇女在从藏身处出来与美国人

---

[1]　White and Lindstrom, *The Pacific Theater*, 386.

[2]　*Ibid.*, 174, 361.

接触后，对美国人的慷慨感到非常惊讶：

> 他们主动给我们食物和糖果。我们虽然接过糖果，但没有吃。我们
> 把它们放进手提包里，留给孩子们吃。所以他们给了我们更多，一次比
> 一次多。我们的篮子里很快就有了一堆食物，最后我们自己也吃了一
> 些。各种各样的食物，还有我们以前没有吃过的食物，有面包、奶酪等
> 美食。①

来自巴布亚托阿里皮地区的劳工一直没有忘记那些支持他们反对澳大利亚人 314
称呼他们孩子们的美国人："他们不应该称呼你们孩子们，你们已经是男人
了。"② 为了诱使美国人留下来取代英国人做统治者，马莱塔岛北部地区和
恩格拉岛的居民募集了一笔钱，并送给了美军指挥官。

　　尽管有些岛民，与曾在瓜达尔卡纳尔岛美军主要基地工作过的圣克鲁斯
群岛岛民一样，也注意到美军隔离并区别对待黑人士兵，把他们视为下等
人，但给大多数岛民们留下更为深刻印象的却是美国黑人与白人穿同样的制
服，吃同样的食物，携带同样的枪支和开同样的吉普车。与岛民自己在殖民
地的从属地位相比，美国黑人的地位似乎是与白人平等的。当几十年后被问
及美国人的情况时，所罗门群岛领导人乔纳森·菲菲伊回忆说："白人和黑
人之间没有什么区别。他们干同样的工作，他们坐在一起，他们是平等
的。"③ 对于菲菲伊而言，美国军队是社会关系的典范。战后，这种表面上
的平等促使他开始为争取这种发展前景而反对英国，并因煽动叛乱罪坐了三
年牢。为澳大利亚新几内亚管理局工作的托阿里皮村村民惊讶地发现，黑人
士兵、美国人公开反对澳大利亚白人军官的观点。由于美国黑人士兵明显不
尊重白人的权威和能够随时获得白人的财富，这使得美拉尼西亚人的从属地
位变得更加突出，从而动摇了殖民秩序的合法性。

---

① White and Lindstorm, The Pacific Theeter, 304 - 305, 131.

② Robinson, *Villagers at War*, 80.

③ 'Setting the Reeord Straight on "Marching Rule" and a 1927 Murder'.

新来的外人并非只有美国人，还有新类型的澳大利亚人。这些新来的澳大利亚士兵无视军队禁止"服役人员与本地人"交友的讨厌规定。军方不愿澳大利亚士兵与巴布亚人和新几内亚人共用水龙头，用吉普车捎带他们，允许他们用教名称呼士兵，以及触犯了诸如"不准一起在水中嬉戏"等规定。虽然有些士兵遵守了这些规定，但是更多的士兵对此视而不见。一名意外身陷日军空袭的村民惊讶地发现，自己在战壕中受到了澳大利亚士兵们的欢迎，而不是像殖民地的澳大利亚人那样被命令离开。在马卡姆山谷恩加拉瓦普姆村村民看来，这些士兵不拘礼节，崇尚平等，不尊重权威，他们截然不同于战前的澳大利亚人或澳大利亚新几内亚管理局的那些人。他们不是对所有人发号施令的"说英语的人"，而是与当地居民坐在一起分享一罐牛肉或一包香烟的澳大利亚人。①

　　所有殖民当局都竭力维护殖民地社会行为准则的完整和保持对劳动条件的控制。殖民当局想要保持低工资，阻止士兵传播反殖民思想。它们担心，即便最简单的互动也可能会削弱岛民对殖民统治者的信服。通过邀请岛民进入他们的帐篷，与他们用同样的杯子喝酒和用同样的盘子吃饭，士兵们正在侵蚀那些旨在维护白人威望的严格的社会行为准则。分享食物是太平洋岛屿普遍存在的平等互惠关系的象征，但却遭到全面禁绝。一位英国圣公会传教士在记述所罗门群岛时写道，"考验一个人对有色人种的感情就看他愿不愿意与不同肤色的人一起吃饭，这是美拉尼西亚人的标准。为了维护自己的威望，没有任何政府官员或商人允许美拉尼西亚人与自己同桌用餐，甚至和他们一起喝茶"。② 虽然士兵们经常无视与岛民保持距离的命令，岛民也很享受这种新的平等，但是令美军指挥官感到恼火的是必须服从英国人和法国人的命令。在努美阿，美国人最终夺得了对劳工的控制权，以确保劳工们得到足以干好工作的报酬、宿舍和伙食。在埃法特岛，一位来自塔纳岛的名叫托马斯·努瓦尔的监工把自己劳工队从殖民当局那里弄来的腐肉和不能吃

315

---

① Read, 'Effects of the Pacific War in the Markham Valley', 106 – 11.

② Laracy (ed.), *The Maasina Rule Movement*, 5.

的芋头拿给一位美军军官看，结果这位美军军官立即安排了像样的食物和衣服。他后来回忆，美国人本来想支付更高的工资，但是"法国人和英国人反对这样做，因为他们付给我们的报酬很低……他们阻挠这样做"。那些在埃法特岛上工作的塔纳人渴望为这些新来的外国人工作，他们不仅提供了前所未有的工作条件，如美食、交通、衣服，甚至娱乐，而且他们就像约翰·弗鲁姆所承诺的救世主（参见第十二章）。1943 年，约翰·弗鲁姆的追随者聚集在塔纳岛，打算为美国飞机建造一座简易机场，从而使美国及其财富能够与他们的岛屿建立直接联系。①

即使是在受战争影响轻微的岛屿上，那里的政治气氛也发生了变化。在艾图塔基岛，美国陆军航空部队库克群岛基地官兵对当地岛民十分友好，他们支付高工资，赠送东西，提供良好的医疗服务，他们认为新西兰没有给予岛上居民公平的待遇。艾图塔基岛岛民开始尖锐批评新西兰，而且该岛岛民阿尔伯特·亨利在战后还领导了库克群岛的政治抗议运动。② 胡阿希内岛岛民普瓦纳阿·艾·奥帕不仅成为波利尼西亚民族主义思潮的象征，还成为政治人物。在被法国人扣留在自己的母岛后，他乘独木舟航行 900 千米来到博拉博拉岛美国海军基地，绕过当地政府，将波利尼西亚人的一份请愿书寄给了戴高乐将军。法国当局不愿意波利尼西亚人向美国人寻求帮助，因此他再次被法国当局拘留。后来，退伍军人因不满战后待遇也参加了由普瓦纳阿领导的争取更多政治自治权的运动（参见第十章）。

女性岛民的战争经历只有根据非常零碎的证据才能还原。不过，我们应当记住，与所有战争一样，强奸事件在太平洋战争期间也时有发生。据澳大利亚新几内亚管理局官员回忆，几乎所有莱城至塞皮克河河口间的村庄都有妇女遭到太平洋岛屿团士兵强奸。在休恩半岛的莫纳卡萨特，据说太平洋岛屿团士兵轮奸了一位十三岁小女孩，并致其下体出血，事后为此仅赔偿了一包饼干。在某一村庄附近，太平洋岛屿团士兵强奸了一位刚刚分娩三天的妇

316

---

① White and Lindstrom, *The Pacific Theater*, 406, 411.

② Gilson, *Cook Islands*, 192 – 8.

女并致其死亡。澳大利亚高级军官虽对此表示担忧，但没有给予重点关注。某一高级军官说："毕竟姑娘们极易'遭到强奸'。"战争濒临结束之际，驻关岛日军将一群查莫罗姑娘带进洞穴，然后对其实施了有组织的强奸，在其他地方极为可能也因军纪崩溃而发生过类似事件。[①]

预言、拯救和颠覆

对于一些岛民来说，日军或美军的到来应验了一些预言。在瓦努阿图的塔纳岛和所罗门群岛的马莱塔岛上，岛民们热烈欢迎美国人到来；而在新几内亚马当地区，村民们却将日本人视为救星。上述两种情况都将他们从殖民地政府的压迫下解放了出来。塔纳人开始相信约翰·弗鲁姆此前对美国人到来的预言："我们对飞机一无所知，但是他是第一个说飞机会飞来的人。我们对很多事情一无所知，但是他说会有卡车来接我们，尽管塔纳岛上没有卡车，但约翰说它们会出现的。"[②]

1939年，一位马莱塔先知准确预言了美国人的到来。由于被岛民认为会带来优越的生活方式，美国人受到欢迎。在新几内亚马当地区，塔加拉布、考特等异教领导人认为日本人是转世神灵或专门为货物开辟通道的神灵，因此应得到帮助，以便将所有白人赶出新几内亚。在1944年4月盟军收复马当时，塔加拉布因背叛日本人已经被枪毙，随后盟军以通敌罪拘捕了考特。但是，在马当以西的巴加辛山区仍有人相信货物会运来，而且日本人将会帮忙他们把货物运来。1944年，这里爆发了一场不同寻常的叛乱。一位名叫卡乌姆的人从撤退的日本人手中夺取了一批武器，并在一个山寨里召集了大概2000人。卡乌姆说："这些枪支直接来自一个被称为基里鲍伯的神，恳求者必须向其祈祷和献祭品。如果基里鲍伯神对他们感到满意，在他们放弃巫术和不再为女人争吵后，基里鲍伯就会将他们变成白人，并直接派

---

① Nelson, 'Hold the Good Name of the Soldier', 208; and Farrell, *Liberation* – 1944, 43.

② White and Lindstrom, *The Pacifc Theater*, 405.

出欧洲人无法拦截的飞机送来货物。最终，神将派来日本军队与卡乌姆及其人民一起进攻马当。同时，卡乌姆为迎接救赎日训练了一支军队。1944 年 11 月，盟军军队攻破了他的山寨并逮捕了他，他所领导的运动土崩瓦解。"①

这场战争是一件令人震惊的重大事件，它破坏了对殖民秩序的旧假设，还激发了许多此类信念。一位新几内亚扬戈鲁地区的村民描述了一位先知在战前曾为使另一个国家取代澳大利亚而施展魔法的故事："为什么我们这些丛林居民活得如此艰难而原始，而白人却过着舒适的生活？朋友，你跟我来，我们将施展一些魔法，让你变得与白人一样。"这位先知一边跳舞一边说："一个新国家将会到来，并与澳大利亚打仗。"② 在 1942 年大多数欧洲人突然撤离米西马岛后，西亚加拉村村民布莱加发出预言。他说："阿道夫·希特勒不仅派圣詹姆斯和以西结到他家，还命令米西马岛民清理传统上被认为是他们祖先长眠之地的土丘。如果这个任务被完成，一个新世界就会到来，他们就会富起来，也就不用工作了。"那年晚些时候，一支由一名澳大利亚军官领导的警察队伍在抓捕布莱加的行动中被杀害。在杀害这些警察后，布莱加逃跑、被捕后自杀。1944 年 2 月，澳大利亚人在米西马岛绞死了另外 8 人。绞刑持续了一整天，澳大利亚新几内亚管理局还要求村民们观看行刑过程。据一名传教士讲，这件事"对米西马人产生了非常坏的影响，使我们白种人受到蔑视"。③ 战争结束时，先知们在新几内亚和巴布亚的许多其他地方宣布了他们已适时改变的预言。在马当，被许多人宣称拥有超自然力量的前警官亚里开创了自己的复兴计划。根据这个计划，追随者们以军营生活为榜样。

在美拉尼西亚人的观念中，宗教仪式是一种创造财富的技术。"货物崇拜主义"将美拉尼西亚这一观念融入其知识框架中。许多村民不仅试图在这个知识框架内解释为什么他们与白人有着那么大的贫富差距，而且他们还据此获得改善的希望。战时经历和突然出现在他们海岸上的巨大财富被融入

①　Lawrence, *Road Belong Cargo*, 98 – 115.

②　Curtain, 'Labour Migration', 37.

③　Mackay, 'The War Years: Methodists in Papua, 1942 – 1945', 29 – 43.

货物崇拜者的阐释之中。这类运动与救世启示相抵牾，传教士们对它们进行了谴责。由于认为它们威胁了政府权威，殖民当局对它们进行了镇压。人类学家为解释它们而陷入争论（参见第十二章），一些人类学家觉察到它们是反殖民民族主义的先导；一些人类学家则声称只能从当地视角来理解它们；还有一些人类学家认为"货物崇拜运动"这个术语是一种误导和贬低。就像汤米·卡布试图重组普拉里河三角洲的乡村经济那样，有些运动并不期待出现神迹，只是呼吁人们放弃旧的方式，按照欧洲的方式做生意。在马努斯岛，退伍军人帕琉·马洛特还将一种新宇宙论与一项社会转型计划结合起来。尽管殖民地政府以及独立后的政府对这个计划心存疑虑，但是这一计划已经存在了近50年。主要因为缺乏做生意的技术知识和会计经验，卡布等人的努力要么失败了，要么仅获得一些小成功。① 无论如何解释这类运动，它们都从战时得到充分展现的新生活方式和组织方式中汲取了灵感。

318

　　在美拉尼西亚，受颠覆性观念影响最大的当属所罗门群岛。由于承担了在美军防线后方建造机场、搬运装备和运送货物等繁重工作，所罗门群岛劳工队队员每月能得到1英镑。他们虽受雇于英国人，但却为美国人工作。美国人的不定期慷慨使得每月1英镑的工资显得微薄，尤其在美国人指出他们受到剥削后。1943年和1944年，岛民不满情绪不断蔓延并在马莱塔岛南部形成了一场以阿热阿热为中心的运动。到1946年时，这场被称为马西纳规则的运动组织得很充分，不仅征收人头税还重新制定了一部习惯法。战后英国人对待岛民财富的态度也助长了这一运动。许多岛民在从瓜达尔卡纳尔岛被运回家乡时，失去了在这场战中获得的战利品，被迫把新获得的物品交给殖民当局。殖民当局认为，如果岛民们获得了大量食物和财产，他们将不太可能再去种植园工作。不久后，由于将美国人带给所罗门群岛的"新曙光"与战后旧政权重建相提并论，马莱塔岛传教团教师阿里尔·西西里被英国人以叛国罪关进监狱。他在1949年的宣言中写道，"那些土著在战时用他们加工或制作的诸如军用棍棒、嵌饰手杖或编织草裙等纪念品从美国人那里交换

---

① Maher, *New Men of Papua*.

来的"几乎所有东西，"要么被英国官员烧掉了，要么因是英国官员所喜欢的好东西而被拿走了……美国人在战时支付给土著劳工的工资也被殖民地政府拿去用了"。① 所罗门群岛国防军的阿尔农·恩格瓦迪里说："英国人烧毁了一些货物，用推土机将其他货物推进了深坑里，禁止他及其朋友带食物回家。"即使在35年后回忆起这一幕仍令他愤怒不已。②

随着马西纳规则运动在1946年和1947年传播到所罗门群岛的东部和中部，英国人开始警惕起来，逮捕了该运动在马莱塔岛、瓜达尔卡纳尔岛和圣克里斯托瓦尔岛上的领导人，并监禁了数百名拒绝纳税的岛民。在首次进行大规模逮捕的除虱行动中，他们仅使用了所罗门群岛西部的警察，因为所罗门群岛西部不支持马西纳规则运动。而在武装警察部队中的西部岛民——"黑人部队"，成为专门打击不同政见者的部队的主力。两年后，当民间谣传美国人要回来取代英国人时，村民们为可能到来的船只燃起篝火，并为货物建造了仓库。③ 直到20世纪50年代，英国人才恢复对马莱塔岛的有效统治。与当时的美拉尼西亚其他运动一样，马西纳规则运动吸收了基督徒、异教徒、货物崇拜者和劳工至上主义者的思想元素。这些思想在所罗门群岛并非新生事物，但是这场战争使它们形成了一个新组合，并引发了在整个英国统治时期最有效的反殖民运动。

评　价

殖民地无法再照旧统治下去了。岛民已被战争改变，国际舆论亦然。殖民地如今已不再被看作是帝国的永久属地，而是作为最终走向自治或独立发展道路的领土。联合国的托管安排取代了国际联盟的委任统治。这意味着美国海军控制的前日本岛屿以及新几内亚、瑙鲁和西萨摩亚将获得新的政治地

319

① Laracy (ed.), *The Maasina Rule Movement*, 170 - 1.

② White and Lindstrom, *The Pacific Theater*, 366.

③ Allen, 'The Post-War Scene in the Western Solomons and Marching Rule', 89 - 99; Laracy (ed.), *The Maasina Rule Movement*, 29.

位。在新几内亚和密克罗尼西亚，虽然政权过渡进展顺利，但是没有参考岛民意见。新几内亚成为澳大利亚托管地，并由澳大利亚与巴布亚共同管理。根据一项特别决定，密克罗尼西亚在 1947 年成为美国托管地，而且管理当局根据"战略互信"条款"可以在此进行军事试验"。然而，在成为澳大利亚托管地后，瑙鲁酋长委员会立即向联合国投诉，因为他们"在制定一般行政管理政策或管理国家财政方面仍没有发言权"。迫于澳大利亚的施压，瑙鲁人撤回了诉状，但这是他们重拾信心的证据。[1] 西萨摩亚也发生过类似事情。图帕阿·塔马塞塞·米阿利等西萨摩亚领导人担心托管协议可能会破坏萨摩亚长期以来的独立愿望和《大西洋宪章》的承诺。于是，萨摩亚长老大会联合主席委员会在 1946 年 11 月召集政治精英开会讨论了托管问题。与其他地区岛民一样，他们中的许多人宁可在财大气粗的美国人统治下过好日子，也不愿使自己成为囊中羞涩的外国人。据塔马塞塞说："90％的与会者在会议之初持这种观点，并呼吁西萨摩亚与美属萨摩亚统一。他们最终决定继续与新西兰保持联系，但要向联合国申请自治和汤加那样的政治地位。"[2]

这场战争也使法属殖民地的命运发生了根本改变，昔日殖民地成了法兰西联邦的海外领土。在法国国民议会的众议院和参议院中，它们将会各有一名代表其利益的议员。每个人都成了拥有选举权的法国公民。在新喀里多尼亚，3 万名卡纳克人发现，这些改革虽然产生了一些影响，但并不是一场革命。卡纳克人不再被局限于保留地或受制于有关土著的专门法规。他们无须被批准就可以在努美阿安居乐业。他们可以领取与欧洲人一样的工资。然而他们仍然被边缘化，生活在曾经属于他们的一小块土地上，虽然可以自由参与资本主义经济竞争，但是由于没有资源和未受过教育而无法有效参与竞争。

澳大利亚怀着对巴布亚和新几内亚人民的感激之情实施了新政策。新政策作用有限。虽然种植园主们回来了，种植园也获得了劳动力，但是新政策

320

---

① Viviani, *Nauru*, 94.

② Davidson, *Samoa mo Samoa*, 164 – 6.

并没有使乡村生活富裕起来。尽管如此，新政策仍产生了显著影响，至少暂时如此。那就是海外领地部部长埃迪·沃德不顾一切官僚的建议，下令自1945 年 10 月起取消所有劳动合同。令雇主们感到厌恶的是，工人们通过一档莫图语无线电广播节目最先获悉了这个消息，雇主们永远也不会原谅沃德对他们权威的破坏。几乎所有 3.5 万名契约劳工的反应是立即回家，这使橡胶树遭弃割，椰子烂在树上，码头无人装卸，酒店也无人值守。劳工们要么聚集码头等待遣返，要么涌向了通往他们村庄的道路。沃德部长的讲话被报道说：

> 我们的士兵在多年征战之后已被允许回家。政府决定土著也享有上述战后特权，如果他们愿意的话，可以返回家乡。他曾被再三告知，土著并不反对当契约劳工，他们会一再续签雇佣合同。好吧，那就试试吧。在 10 月 15 日之后，他们将会通过续不续签雇佣合同来表明他们是否喜欢这种契约制度。结果是，他们中的大多数人都回家了……①

尽管这一重大举措导致椰肉干和橡胶停产，但是澳大利亚并没有改变殖民政策。它只是让劳工们获得了一个喘息的机会，而且契约劳工制度很快就被恢复了。政府的工作重心不是农村的经济作物，而是帮助种植园主回归。尽管在健康、教育、战争补偿和农业技术推广等领域进行了改革，但是事实证明新政策的重点是重申白人的统治地位。直到 1950 年年底，澳大利亚人才最终废除契约劳工制度。此前，该制度不仅在和平时期支撑了他们的种植园，还在战时支援了他们的军队。

如同澳大利亚人在新几内亚，英国人在所罗门群岛、吉尔伯特和埃利斯群岛也只兑现了一小部分承诺。根据《1940 年殖民地发展与福利法》的精神，英国人制订了一些计划。如果这些计划被实现的话，将使殖民地的通信、教育和医疗状况得到迅速改善。甚至有人建议将种植园移交给所罗门岛

---

① *Pacific Islands Monthly*, December 1945.

岛民。但是，这场战争不仅使英国处于崩溃边缘，还摧毁了这些岛屿经济体的基础设施。码头被毁，供水中断，城镇被夷为平地，种植园杂草丛生，而且这些情况并没有得到迅速改观。在等待资金和设备时，殖民地官员用这场战争遗留下来的材料将就了几年。例如，直到 1952 年，英国人才开始在塔拉瓦建造新总部，在战后的最初 10 年里，他们为所罗门群岛的发展仅投入了原计划资金的 1/3。

在斐济，这场战争巩固了当地传统。一位英国官员说："帝国内没有比斐济人在身体和精神上更加出色的土著了，当然也没有比其更忠诚的土著了。"① 斐济人的积极参战为斐济人单独管理自己事务提供了更加坚实的理由，但是殖民地政府走得更远。在 1944 年改革中，它将政府控制权交给了酋长们，这是自 1915 年以来所未有过的。酋长拉拉·苏库纳不仅领导着新成立的斐济人事务委员会，还在其同僚帮助下拥有了集中管理所有斐济村庄事务及其人民行为的权力。即使在战后，斐济酋长仍可以根据传统义务要求村民为其种粮食，建造房子和制作塔帕纤维布。苏库纳幻想恢复等级秩序，这是对西方个人主义的明确拒绝，但是他无法无限期地对抗现代化压力。一位英国政府官员警告说："它今后只会强化村社的独立倾向和加剧村社问题。"② 第二次世界大战以这种方式充当了斐济未来政治问题的熔炉。

由于战场遍布海滩、小岛、潟湖、山区和沼泽，这场战争对很多人产生了深远影响。战争带来了破坏、混乱和大量人员伤亡。军队需要岛民种粮，割草，在船舶和飞机上装卸炸弹和其他军事装备，保卫仓库，洗衣服，在丛林小径上运送给养和弹药，修建道路和机场，侦察敌情，甚至在某些情况下还要战斗。在前线地区，如关岛、巴布亚、新几内亚、所罗门群岛、吉尔伯特群岛和日属密克罗尼西亚，外国军队取代了文官政府，岛民们处于军事管制之下。岛民们被卷入了一场与他们无关的巨大冲突。交战双方为了各自的事业，随着战争的进展，岛民们被交战双方相继动员起来，还被双方强加了

---

① Lal, *Broken Waves*, 135.

② Gillion, *the Fiji Indians*, 194.

各自的忠诚观念。有些人被疏散，主要在瑙鲁、巴纳巴岛和日本的委任统治地，但在关岛、巴布亚和新几内亚，他们的命运最为悲惨。这场战争带来了资金、设备、技术、新理念、不同种族的外来人和与外来人打交道的新方式，大多数岛民对所有这一切并不太熟悉，而且战前行政效率低下的政府也没有使他们做好应对准备。在新几内亚、巴布亚和所罗门群岛，这场战争和外国用于战争的财富促使一些社区开始寻求对其从属地位的新解释，并利用美拉尼西亚认识论发动挑战殖民秩序的运动。

这场战争使岛民与外来人发生了史无前例的接触，同时也使许多社区陷入了新的孤立状态。在新几内亚和所罗门群岛，数十万岛民虽然受战火的影响不大，但是却因殖民地政府的撤离而陷入战时无政府状态。除了诸如新不列颠岛东部等少数地区外，日本对新几内亚和所罗门群岛的统治要么短暂，要么完全缺位，这与其军事存在形成极大落差。对于巴布亚东部塔古拉岛岛民而言，20世纪40年代初最让他们刻骨铭心的"战斗"是在澳大利亚人离开后重新复燃的内斗，这迫使许多村民逃难到该岛山岳地带的高脊上。① 在新几内亚艾塔佩也发生了同样情况，沿海村民不仅洗劫了该镇，还袭击了内陆居民。② 在所罗门群岛圣克鲁斯群岛北部，岛民们恢复了岛屿间的贸易联系，建造了更多的独木舟，并重新起用红色羽毛作为货币。因战争而造成的孤立使圣克鲁斯群岛的传统习俗得到短暂复兴。由于政府和教会等权威销声匿迹，人们还重新考虑过恢复传统秩序。在圣克鲁斯群岛恩德岛，近半数居民接受了允许男性与未婚女性自由发生性关系的"新法律"。③ 在新几内亚马卡姆山谷，伊比阿加人趁机离开了村庄，重新过上了他们所钟爱的鸡犬之声相闻老死不相往来的生活。他们被集中到村庄里居住只是为了管理方便，他们喜欢远离殖民地政府。④

这场战争是殖民统治史上的一个转折点，尽管没有像东南亚某些地区那

322

---

① White and Lindstrom, *The Pacific Theater*, 215.

② Allen, 'The Importance of Being Equal', 189.

③ White and Lindstrom, *The Pacific Theater*, 266 – 70.

④ Read, 'Effects of the Pacific War in the Markham Valley', 98.

样走上武装争取独立的道路。这场战争对太平洋岛屿的影响相对温和。战争消除了白人至上或者日本人至上的神秘感。岛民们见识了欧洲人的惊慌失措和仓皇逃跑。一名澳大利亚陆军上校报告说:"在军事行动中,数个由土著组成的排已积累了一定战斗经验,而澳大利亚步兵因缺乏经验尚未有特别出色的表现……这些事情令当地人议论纷纷。"① 他们见识了欧洲人偷窃和抢劫。他们不仅清楚欧洲人已陷入绝境,还知道欧洲人的生存取决于村民。他们目睹了殖民当局的崩溃。他们尝到了美国生活方式的甜头。虽然欧洲人在战时和战后轻易地重建了权威,但是很多人没有接受它,因为他们如今已知道情况发生了质变。这场战争还改变了殖民统治的范围和发展趋势。政府在战后所做的每件事在范围上都比以前大得多,其中一些是为了岛民在遥远的将来走向独立做准备。这场战争预示着殖民地迎来了发展的新时代。

323

文献简论

　　太平洋战争在许多岛民的历史记忆中是如此重要,以至于它在第一章末尾"关于太平洋岛屿的书目导论"所引用的通史中显得格外突出。在这场战争结束后不久,堪培拉的澳大利亚战争纪念馆就出版了研究澳大利亚军事史的官方出版物。引用作品包括三卷本的《战争中的澳大利亚(1939~1945)》(*Australia in the War of 1939 – 1945*),即麦卡锡的《西南太平洋战区——第一年。通往瓦乌镇的科科达小径》(*South – West Pacific Area-First Year. Kokoda to Wau*)、德克斯特的《新几内亚攻势》(*The New Guinea offensives*)和朗的《最后一战》(*The Final Campaigns*)。美国也有一个类似项目《第二次世界大战时期的美国海军作战史》(*History of United States Naval Operations in World War II*),该项目赞助了莫里森的《瓜达尔卡纳尔岛争夺战(1942年8月至1943年2月)》(*The Struggle for Guadalcanal*,*August 1942 – February 1943*)和《珊瑚海、中途岛和潜艇的行动(1942年5月至

---

① Long, *Final Campaigns*, 264.

1942 年 8 月)》(*Coral Sea*, *Midway and Submarine Actions May 1942 – Augus 1942*)。这些著作分别关注了澳大利亚和美国公民,对岛民经历只是附带说明。

学者们研究岛民经历远远晚于士兵经历。其中最有价值的研究成果包括罗宾逊的《战时的村民》(*Villagers at War*)、里德的"太平洋战争对新几内亚马卡姆山谷的影响"(Effects of the Pacific War in the Markham Valley, New Guinea)、威克斯的"美国占领时期的汤加(1942 ~ 1945)"(The United States Occupation of Tonga, 1942 – 1945)、拉拉西主编的《马西纳规则运动》(*The Maasina Rule Movement*)、拉乌乌的《战时的斐济人(1939 ~ 1945)》(*Fijians at War*, *1939 – 1945*),最全面的研究成果当属怀特和林德斯特伦所著《太平洋战区》(*The Pacific Theater*)。许多退役军人出版了回忆录,例如汤森德的《政务专员》(*District officer*)和菲菲伊的"澄清有关'进军规则'和 1927 年谋杀案的事实"(Setting the Record Straight on "Marching Rule"and a 1927 Murder)。大部分军事单位都有编年史。利用这些资料和档案,纳尔逊发表了"军队、城镇和战斗:1942 年的拉包尔"(The Troops, the Town and the Battle:Rabaul 1942)、"巴布亚步兵营的筹建"(As Bilong Soldia:The Raising of the Papuan Infantry Battalion)、"第二次世界大战对巴布亚新几内亚的影响"(Taim Bilong Pait:The Impact of the Second World War on Papua New Guinea),以及"维护士兵的名誉:巴布亚和新几内亚步兵营的纪律(1940 ~ 1946)"(Hold the Good Name of the Soldier:The Discipline of Papuan and New Guinea Infantry Battalions, 1940 – 1946)。本章所引用的有用的著作还包括格里芬的"保罗·梅森:种植园主和海岸瞭望哨"(Paul Mason:Planter and Coastwatcher)、麦凯的"战争年代:巴布亚的卫理公会传教士(1942 ~ 1945)"(The War Years:Methodists in Papua, 1942 – 1945)、奥拉姆的《从殖民小镇到美拉尼西亚的大城市:莫尔兹比港(1884 ~ 1974)》(*Colonial Town to Melanesian City*:*Port Moresby*, *1884 – 1974*)、维维安尼的《瑙鲁:磷酸盐和政治发展》(*Nauru*:*Phosphate and Political Progress*),以及法雷尔的《解放——

1944 年》（*Liberation – 1944*）。

对战后影响的研究包括拉拉西主编的《马西纳规则运动》（*The Maasina Rule Movement*）、马赫的《巴布亚的新居民：文化变迁研究》（*New Men of Papua：A Study in Culture Change*），以及艾伦的"所罗门群岛西部的战后事件和进军规则运动"（The Post – War Scene in the Western Solomons and Marching Rule）。

第十章

核时代的太平洋

核时代的开端

在原子弹终结太平洋战争后，杜鲁门总统在日记中写道："无论希特勒那伙人还是斯大林那伙人都没有发现这个原子弹，这是件好事。"但是，杜鲁门仅仅心满意足了几年。在美国独家垄断核武器技术仅仅数年后，苏联、英国和法国也都拥有了核武器。苏联只在国内进行核试验，因此带来的核污染仅限于境内。然而，美国人、英国人和法国人却将核试验场放在了远离本土的殖民地。之所以如此选择，一是人烟稀少；二是政治成本最小。在满足上述条件的太平洋岛屿中，美国选择了马绍尔群岛的比基尼环礁和埃尼威托克环礁，英国选择了北莱恩群岛的圣诞岛和莫尔登岛，法国选择了土阿莫土群岛的穆鲁罗瓦环礁和方加陶法环礁。

太平洋进入核时代始于如下两个核心事实：一是核试验场被设在了远离西方居民的岛屿上；二是岛民在政治上从属于这些核国家。英属殖民地和澳大利亚政府之所以同意英国在其偏远岛屿和沙漠地区增建核试验场，是为了获得急需的援助和很少考虑核试验对澳大利亚土著的影响。1946～1996 年，美国、英国和法国在不同时间和地点几乎接连不断地开展了核试验。1946～1958 年，美国人在马绍尔群岛进行了原子弹（后来又进行了氢弹）的大气层试验。在中止数年后，美国人于 1962 年又在太平洋的约翰斯顿环礁和圣诞岛上开展了一系列最终核试验。1952～1957年，英国人在澳大利亚进行了一系列大气层核试验，不过小规模核试验一直持续到1963年。英国人还分别于1957年在圣诞岛和1958年在莫尔登岛实施了两次氢弹试验。1966～1992年，法国人在穆鲁罗瓦环礁和方加陶法环礁实施了一系列核试验。在此期间，法国于1975年停止了大气层核试验，然后将核试验转入了地下。虽然遭到太平洋地区和全世界的激烈反对，法国仍在1995年和1996年进行了一系列最终核试验。

美英法在核试验终止之前，其导致的长期影响已经日益显著。美国核试验不仅污染和破坏了土壤，还对马绍尔群岛岛民造成了身体和心理的伤害。自20世纪40年代以来，马绍尔群岛岛民的生活一直以原子弹为中心。这些影响多年来一直受到马绍尔群岛和美国公众的关注，并构成了赔偿的依据。1985年，澳大利亚通过一项调查发现，英国核试验不仅污染了土壤，还使当地居民暴露在放射性尘埃中，但是这些辐射造成的伤害既无法加以量化，也无法确定受到辐射伤害的人群范围。尽管英国在太平洋地区进行氢弹试验饱受质疑，但几乎没有任何证据能证明它们对太平洋岛屿产生了放射性影响。至于法国进行的核试验，由于戒备森严，人们对其细节更是无从知晓。因为独立监测的存在，法国政府无法否认其大气层核试验制造的放射性尘埃影响了全球，但是声称，统计数据证明核试验的安全记录堪称完美。虽然法国当局一直允许在接受严格监管的前提下进行其他方面的研究，但是对核污染至今尚未开展任何全面而独立的研究。

污染和伤害只是核试验后果的一部分，其政治和社会影响同样值得关注。20世纪70年代，更多岛民接受了太平洋无核化主张。法国核试验不仅遭到新独立岛国政府和南太平洋论坛的谴责，还诱发了人民中的反核情绪，从而推动南太平洋论坛成员国在1985年签订了《南太平洋无核区条约》。帕劳的政治领导人起草了一部无核宪法，从而导致他们与美国之间及其内部爆发多年冲突。在马绍尔群岛和法属波利尼西亚，连年的军事补贴不仅造成了明显的经济依赖，还严重影响了政治议程。

密克罗尼西亚

截至太平洋战争结束，美国人历经一系列浴血奋战成功将日本人驱逐出密克罗尼西亚。然后，他们在那些被认为对美国安全至关重要的岛屿上建立了统治。对于某些密克罗尼西亚人来说，事实证明和平比战争更具破坏性。1946～1958 年，美国在马绍尔群岛北部进行了 66 次核试验，其中包括美国核试验史上威力最强大和污染最严重的几次核试验。

马绍尔群岛

最先受到美国核试验影响的是拉利克群岛的比基尼环礁和埃尼威托克环礁。1946 年和 1947 年，当地人口被疏散。比基尼环礁上的 166 名岛民被东迁至较小的朗格里克环礁。当在数月后要求返乡时，他们仅被告知无法遣返。在比基尼环礁潟湖，原子弹不仅炸毁了一支由废弃战列舰、巡洋舰和驱逐舰组成的小型舰队，还使鱼类、蟹类、植物甚至污泥具有了危险的放射性。一位科学家回忆说："我们试图向他们解释，树木和村庄已经被彻底摧毁；水和鱼仍然很不安全，而且这种局面可能要持续数月甚至数年之久。当地人对于这些后果一无所知，但他们的感情是清清楚楚的。"①

1946 年 12 月 21 日，埃尼威托克环礁上的 142 名岛民被转移至乌杰朗环礁，就像一首埃尼威托克歌曲描述的那样：

> 在 21 日那天，所有人都来到了这个环礁。
> 但是我们并不担心，因为这是上帝的旨意。
> 我们非常伤心，我们想念那些与我们分离的岛屿，
> 但是我们并不担心，因为这是上帝的旨意。②

---

① Bradley, *No Place to Hide*, 162 - 3.
② Tobin, 'The Resettlement of the Enewetak People', 231.

美国人很巧妙地怂恿他们相信，被迫迁移是上帝的旨意，核试验将造福全人类，马绍尔人毫无怨言地接受了大部分提议。由于惯于服从酋长，岛民们泰然服从了"地球酋长"美国人。美国人以为当地居民会坦率地说出他们的想法，许多美国人误将服从理解为同意和支持。然而，在这种谦恭态度的背后却有着要求补偿的决心和对他们宗族土地的强烈依恋。酋长们毕竟负有照顾人民的义务。随着时间的推移，环礁的岛民日益成为坚决要求补偿、洗消和遣返的谈判者。

另外两个环礁上的居民，即朗格拉普环礁和乌蒂里克环礁岛民，也加入了比基尼人和埃尼威托克人的行列，成为美国核试验的受害者。1950 年 1 月，杜鲁门总统在一场七分钟会议上决定，美国将继续试爆威力比原子弹大数百倍的氢弹。不到 3 年时间，美国人引爆了他们的首个热核装置"迈克"。"迈克"的爆炸威力相当于 500 颗广岛原子弹，完全消除了埃尼威托克环礁的一个小岛，并在岸礁上留下了一个直径 1000 多米的巨洞。然而，即使是"迈克"也不如美国人 1954 年在马绍尔群岛实施的首次核试验那么具有破坏性。引爆"布拉沃"产生了规模空前的蘑菇云，并致使放射性沉降物扩散到广大地区。

约翰·安加尹是朗格拉普环礁某一小岛的岛民，该小岛位于核试验地点比基尼环礁以东，两者相距 300 千米。在"布拉沃"爆炸的当天，约翰·安加尹早早醒来：

> 我以为我看到的是日出，但它却在西方。它的确很漂亮，色彩斑斓，有红色、绿色、黄色，因此我很惊讶。过了一会儿，太阳从东方升起。又过了一段时间后，像烟一样的东西弥漫了整个天空，不久之后，一阵强劲的暖风犹如台风般席卷了朗格拉普环礁。然后所有人都听到了巨大爆炸声。有些人吓得开始哭起来。几个小时后，朗格拉普环礁开始落下粉末。它布满了我们的岛屿，并黏在我们身体上。①

---

① 'Nuclear Specter in the Marshalls', *Asian Action: Newsletter of the Asian Cultural Forum on Development* (July-August 1982).

放射性尘埃轻轻落了一整天，并在树木、房屋和沙滩上形成了薄薄的白层，午后的雨水又将这些颗粒冲进了储水箱。那天晚上，虽然美国联合特遣舰队的舰船曾经过朗格拉普环礁和埃林吉纳埃环礁，但是没有停下来疏散那里的居民。直到第二天，辐射安全员才乘坐两栖飞机在朗格拉普环礁潟湖中着陆。在用盖革计数器测量沙地、土壤和植物的放射性后，他们告诉当地居民"禁止饮用此水"，然后就离开了。出于一些仍有争议的原因，美国人直到核爆后的第三天上午才开始撤离岛民。尽管乌蒂里克环礁岛民也受到了放射性尘埃的影响，但是地理位置更靠东，因此直到第四天才被撤离。

美国人将朗格拉普环礁和乌蒂里克环礁居民疏散至更靠南的夸贾林环礁。岛民们在那里受到了照顾并接受了体检。他们出现了如下症状：呕吐和腹泻，皮肤和眼睛发痒，脖子、肩膀、手臂和脚也被烧伤。官方不仅用照片仔细记录了这些辐射伤，还给每个人穿上了一件号衣，如"荣第 39 号"，以便进行科学分析。由于在短短数月内就明显完全康复，这些岛民希望能返回家园，但是未被允许。由于放射性尘埃污染了他们的家园，因此他们只能在此后 3 年里住在夸贾林环礁的一个岛屿上。

"布拉沃"使得 1.1 万名马绍尔人突然受到世人瞩目。在"布拉沃"被引爆后，诸如卡布阿·卡布阿和德怀特·海涅等岛民领袖向联合国托管理事会递交了请愿书。他们指出，朗格拉普环礁和乌蒂里克环礁岛民"如今正不同程度地受到'血压降低'、烧伤、恶心和头发脱落的折磨"，而美国人为了给核试验开路致使当地居民背井离乡。失去土地尤其令人担忧：

> 土地……不只是一个你能种植粮食作物和建造房屋的地方，还是一个你能埋葬自己遗体的地方，它是当地居民的安身立命之本。夺走他们的土地，他们的精神也就垮了……夸贾林环礁仍在被留作军用。比基尼环礁和埃尼威托克环礁为开展原子弹试验而被拿走，环礁的居民也被分别转移至基利岛和乌杰朗环礁。由于朗格拉普环礁和乌蒂里

克环礁如今仍具放射性，它们的居民将在夸贾林环礁滞留多长时间尚不确定。"接下来是哪里"这个大问题赫然耸现在我们所有人的脑海里。①

马绍尔人呼吁立即停止在他们岛屿上进行核试验，他们的请愿没有产生任何结果。联合国托管理事会仅仅表示遗憾，满意地注意到这些岛民现在据说已恢复健康，并欢迎美国保证没有人会永远流离失所。两年后，一份类似的请愿书同样没有产生任何效果。1960 年，朗格拉普环礁岛民对美国提起民事诉讼和要求赔偿 850 万美元，该托管地的美国首席大法官驳回了这一指控，辩称美国作为一个主权国家"未经它自己同意是不受诉讼的"。

随着辐射照射的长期影响越来越明显以及美国人在殖民地的权威日益弱化，抗议活动倍增。对风向在"布拉沃"试验后发生了出人意料的变化的官方说法，一些马绍尔人提出了质疑，并开始认为他们被当作小白鼠，被故意暴露在放射性尘埃下，以便有一群被辐射的人类供美国长期研究。1954 年请愿书中所提出的诸如放射性损伤、土地丧失和背井离乡等问题后来成为补偿谈判的核心，而且谈判一直延续至马绍尔群岛过渡到新的政治地位之后。

为了与苏联开展军备竞赛，美国在 20 世纪 50 年代加快了核试验步伐。1958 年，在比基尼环礁和埃尼威托克环礁所引爆的核弹相当于太平洋地区此前所有核试验的总和。20 世纪 50 年代，美国所进行的百万吨级核试验在另外 11 个环礁或岛屿上造成了美国能源部后来所谓的"中程放射性尘埃"。

由于力量相差悬殊和看法南辕北辙，美国人与密克罗尼西亚人分道扬镳。一方面，兰德公司的防务专家为美国军械库编制了一些世界末日计划；另一方面，密克罗尼西亚偏远岛屿上的岛民虽然担心死胎，鱼类受到毒害和

---

① United Nations Trusteeship Council, T/PET. 10/28, 6 May 1954.

土地遭到放射性污染，但是又无能为力。1961 年，一份被提交给肯尼迪政府的核战争计划要求，一旦苏联有入侵西欧和威胁自由世界的征兆，美国将先发制人地对苏联、东欧和中国实施灾难性核打击，并使苏联和中国付出死亡 2.85 亿人的代价。一位将军对国防部部长罗伯特·麦克纳马拉开玩笑说："我希望你在阿尔巴尼亚没有任何朋友或亲戚，因为恰好我们将不得不彻底摧毁它。"当然，并非所有美国人都想用这种连麦克纳马拉本人也被吓坏了的方法，但是这种观点在美国军队中却广为传播，并显露出一种傲慢，而且这种傲慢情绪还被军方带入对待核试验方案的态度上。由于预计将会有数百万士兵死亡，因此数百名岛民无家可归或被暴露在核辐射中就无关紧要了。

这些岛民所关切的是土地丧失、安全感和康复问题。1961 年，朗格拉普环礁岛民向联合国视察团讲述了流产、胎儿畸形、胃功能紊乱和疲乏，并说潟湖里的鱼令他们嘴上生疮。他们想知道"布拉沃"的影响是否还在继续。当联合国视察团就这些问题询问美国高级专员时，他表示这"其实更多是心理上的"，并认为有些人为获得赔偿而假装生病。上述意见分歧再次引发了争论，马绍尔人声称情况极其糟糕，而美国当局则怀疑其别有用心，并对所发生的一切满不在乎。

有关放射性尘埃影响健康的真相，虽然令人相当震惊，但介于这两种极端看法之间。从 1963 年起，遭受核辐射的朗格拉普人逐步形成了一个关于"布拉沃"造成的长期伤害的清晰模式，而且乌蒂里克岛民在 1976 年也开始采用了这一模式。最常见的影响是甲状腺增生或结节。到 1979 年时，在"布拉沃"被引爆时 10 岁以下的朗格拉普人中，77% 患有上述疾病。有相当数量的当地居民在美国接受了甲状腺手术。虽然最初怀疑，但是美国医生还是接受了甲状腺肿瘤和一些发育障碍病例是长期暴露于核辐射的结果。1973 年，朗格拉普人将 17 人的死因归结为"布拉沃"，并列出了名单。但是，美国医生在对这一数字进行激烈争论后最终只承认其中 1 人可能死于放射性尘埃，即死于白血病的莱克杰·安加尹。一个长期影响是毋庸置疑的，即 20 世纪 50 年代的经历导致岛民长期焦虑。他们大多数人即使在 20 年后仍然不敢吃当地食物。在朗格拉普环礁和乌蒂里克环礁，当地居民在 1972

331

年对密克罗尼西亚国会议员说："每当我们感冒或身患其他疾病时，我们就会想起那颗炸弹。""心理问题"和"实际问题"没有实质性区别。美国医生每年仍会访问马绍尔群岛两次，以便检查和治疗仍幸存的那160名放射性尘埃受害者。这些受害者被认为"因辐射照射的晚期并发症而身患恶性疾病的危险日益增加"。

　　与此同时，在那些遭受核辐射污染的环礁上，当地人已从宣扬他们的苦难中获得许多好处，而且还从许多报告中获得了好处。通过这种方式，也许只有通过这种方式，他们才能引起公众和国会的同情，并最终根据《马绍尔群岛与美国自由联系条约》的条款获得补偿。1986年，根据上述条约（第十一章对此进行了更充分讨论），美国设立了一个1.5亿美元的信托基金，并在这些岛屿上设立一个负责分配补偿款的核索赔法庭，而且此后将不再受理任何索赔。

　　比基尼环礁和埃尼威托克环礁岛民从未放弃过重返家园，他们希望消除环礁上的放射性污染和清除放射性碎片。在20世纪70年代后期，美国花费1亿美元对埃尼威托克环礁进行了洗消，铲除了鲁尼特岛上的数万立方米放射性土壤和核试验设备，并以一个巨大的混凝土穹顶封盖了放射性碎片。当数百名岛民在1980年返回埃尼威托克环礁时，他们仅能住在该环礁四十个岛屿中的三个上。其他岛屿的放射性仍然很强。完全消除核污染是不可能的。对于比基尼人而言，20世纪70年代是一个糟糕的开始。尽管铲除不充分，仍有百余名比基尼人重返家园。但是，1978年科学家们发现他们所吸收的锶和铯超出了安全水平，他们再次被迁出。1988年，在美国国会资助下，比基尼环礁开始更加彻底地清除污染物。自从那时起，清理队伍开始用钾肥覆盖埃尼乌岛，尝试阻止具有放射性的铯137进入椰子等植物。与此同时，因担心在朗格拉普环礁受到核辐射伤害，朗格拉普人从其母礁迁到了夸贾林环礁最西端的一个偏僻岛屿上。1985年，绿色和平组织的积极分子乘"彩虹勇士"号将他们迁移到那里。1988年，绿色和平组织对朗格拉普环礁重新进行的全面放射性评估发现，只要不食用其北部诸岛上的食物，该环礁对于成年人而言是安全的。但是，至于儿童，它没有做出明确结论。由于朗格拉普人仍然住在其他岛屿上和主要依靠美国粮食援助过活，美国国会在

332

1991 年拨款 195 万美元重新安置了朗格拉普人。

截至 1992 年 4 月，那四个公认的"辐射环礁"的岛民不仅收到了 6700 万美元的直接补偿，还因卫生保健计划、科学调查和损害索赔被支付了 2100 万美元。由马绍尔群岛政府所设立的核索赔法庭认可了 25 种由辐射照射所造成的医学病症，并规定了每种病症的补偿金，例如，复发性甲状腺癌 7.5 万美元，卵巢癌 12.5 万美元和"重度精神发育迟滞"10 万美元（如果生于 1954 年 5 月至 9 月期间，首末月包括在内，且母亲曾于 1954 年 3 月到过朗格拉普环礁和乌蒂里克环礁）。[①] 到 1992 年 3 月，共有 345 人符合上述条件而获得补偿。在朗格拉普环礁、乌蒂里克环礁、埃尼威托克环礁和比基尼环礁，多达 9544 名岛民充分利用这一机会，参加了"四环礁卫生保健计划"。

对岛民影响最为深远的是失去了独立性。美国农业部为这四个环礁提供粮食援助至少持续到 1997 年。在马绍尔群岛，辐射环礁上的岛民要比其他马绍尔人更加依赖美国的精白米、精白面粉、鱼罐头、煎饼和甜甜圈。一些人患上了糖尿病和肥胖症。他们的生活是以补偿款、医疗津贴和福利津贴为中心被组织起来的。在文化受"布拉沃"影响而发生转变中，他们成了核补贴依赖者。

埃尼威托克环礁岛民讲述了关于马绍尔群岛欺诈之神埃塔奥的一个颇具启迪作用的神话故事。在周游整个群岛之后，埃塔奥带着米利环礁一位酋长的美丽女儿乘船去了基里巴斯和斐济。然后他又被带到"亚美利加岛"。他在那里被逮住并被装进瓶子里。"只有同意帮助政府试验飞机、火箭、核弹和宇宙飞船，他才会被释放。"[②] 在 20 世纪 90 年代，夸贾林环礁仍被用于导弹试验，而且这种用于埃塔奥身上的谈判似乎自 1946 年以来一直是马绍尔群岛与美国关系的核心。

[①] US General Accounting Office, *Marshall lslands*: *Status of the Nuclear Claims*, Washington DC, 25 September, 1992, 19.

[②] Laurence Carucci, 'The Source of the Force in Marshallese Cosmology', in White and Lindstrom, *The Pacific Theater*, 92.

333 **帕 劳**

马绍尔群岛岛民的经历逐渐为其他密克罗尼西亚人所熟知。1965 年，密克罗尼西亚成立了议会。密克罗尼西亚议会不仅聚集了各地区代表，还提供了密集的政治训练。1972 年，它成立了朗格拉普环礁和乌蒂里克环礁特别联合委员会。一些具有代表性的密克罗尼西亚人成为其中一员，并前往这两个环礁与当地居民开展对话。这些密克罗尼西亚人中就有帕劳人。自美国人于 1971 年宣布打算将帕劳大部分地区作为军用后，帕劳人一直担心加罗林群岛西部岛屿的未来。在允许帕劳人减少对美国的政治依赖之前，美国人想让帕劳人做出严格保证，即允许美国人在短时间内就能得到某些用于军事训练、建设机场和港口设施的土地，这些土地相当于这些岛屿面积的 28%。美国人执意要求这一保证应是美国与密克罗尼西亚正在谈判的《自由联系协定》的一部分。

与其他地方一样，土地在帕劳也是"人民的安身立命之本"，即安全、身份和地位以及繁衍生息之源。自 20 世纪 50 年代以来，帕劳地主一直在徒劳地寻求从美国政府手中收回大片公地。现在，帕劳人面临着国防部对土地的潜在需求越来越多的局面。国防部在马绍尔群岛的做法一直是先占有后补偿。帕劳议会议员和酋长们的反应，先是完全拒绝任何军事设施，然后将满足美国的土地购买需求与返还公地给地主的问题联系在一起。美国后来同意归还公地，但仍坚持军用土地购买优先权。

20 世纪 70 年代，关于密克罗尼西亚非殖民化的谈判几乎没有引起外界的兴趣。然而，对于美国军方而言，继续有权使用这些岛屿和环礁具有极其重要的战略意义，因此美国人不希望密克罗尼西亚获得完全独立。1973 年，尼克松总统的国家安全事务助理亨利·基辛格允许中央情报局评估对密克罗尼西亚独立运动的关键元素以及其他促进和支持美国在该地区战略目标的必要元素施加秘密影响的可能性，而且福特政府还授权中央情报局从 1975 年年初到 1976 年 12 月间就此展开秘密情报收集行动。

中央情报局的影响微乎其微，幸好没有适得其反。1979 年，决定走向独立的帕劳人起草了一部宪法。这部宪法不仅震惊了美国当局，还使帕劳成了一个国际争论点。美国人警告他们，"任何针对核武器或常规武器的禁令……都将会给美国带来极其严重的麻烦"。① 上述警告没有被理会。帕劳宪法规定，"如果在全民公投中赞成票没有超过所投票数的3/4，在帕劳领土管辖权范围内不得使用、测试、储存或处置有害物质，如供战时使用的原子类、化学类、毒气类或生物类武器，供核电站使用的核燃料和由此产生的核废料"。此外，由于期待一份非殖民化协议，帕劳需要进行一次类似的公民投票来批准某一协议，"授权使用、测试、储存或处置供战时使用的原子类、化学类、毒气类或生物类武器"。

从最严格的意义上讲，上述宪法并没有使帕劳成为无核国家。相反，它要求在有可能发生与核武器有关的活动前应举行全民公投，而且有75%的选票赞成才能被批准。然而，鉴于这一障碍难以逾越，它实际上是禁核的。无论是1979年7月还是一年后，它都被帕劳人高票批准了。它成为帕劳人在1981年实现自治的基础，虽然帕劳仍作为联合国托管地而处于美国控制之下。帕劳随后迂回曲折的历史是以简单的利益集团对抗格局为中心的。一方是决心在星条旗被降下后仍保留军事存在的美国，美国人愿意给予非殖民化的帕劳大量援助，但前提条件恰恰与帕劳宪法的禁核性质相抵牾；另一方是渴望摆脱监管状态的帕劳人，但是他们已经习惯了由托管领土补贴和福利计划所支撑的生活水平。从美国人的角度来看，帕劳人必须在援助和反核主义之间做出选择。只要他们放弃无核想法，援助就会源源不断而来。

帕劳人在传统和思想路线上出现了分歧，政府领导人大多支持按照美国意愿修改宪法。在美国鼓励下，为了使那份与援助有关的《自由联系协定》与宪法相适应，帕劳领导人带领其人民举行了7次公投，1983年1次，1984年1次，1986年和1987年4次，以及1990年1次，但是没有一次达到75%的法定多数。随着政治风险日益增大，争论不仅加剧了政治分裂，还助长了腐败、恐吓和暗杀。一位总统在1985年被枪杀，其继任者在1988

334

---

① Smith，*Micronesia：Decolonisation and US Military Interests*，46.

年自杀，一位强烈支持维护宪法权威的活动家在一场政治谋杀中被枪杀。帕劳政府将资金用在了支持《自由联系协定》事业上，而没有公正无私地将资金投入到政治教育上。1987年，由于争论达到白热化程度，暴力恐吓已司空见惯。同时，一些帕劳政治领导人开始以合同换取好处和不负责任地使用政府资金。一份美国调查报告显示，除其他事项外，有5名帕劳官员和商人接受了国际电力工程有限公司的子公司国际电力系统公司77.5万美元的"可疑账款"。该公司曾建造了一座造价极其高昂的发电站。

335 　　对于外部世界而言，尤其是对于西方国家的反核人士而言，帕劳是受到核巨人恐吓的反核大卫，这使其博得了同情和支持，但是，现实情况比较复杂。一些帕劳人在搞阴谋诡计，从事传统的派系斗争，或试图利用帕劳的战略价值获得更多的钱。对于其他人而言，或许对于大多数人而言，这个问题与核武器并没有直接关系，而是以土地为中心的。自第二次世界大战以来，土地一直是争论之源。1992年，这种观点在《自由联系协定》反对者的一份声明中得到充分体现：

> 正如你们所熟知的，世界各地的政治气候正在发生着变化。我们从美国有线新闻网获悉：冷战已结束；苏联不再是威胁；欧洲社会正在讨论联合；种族隔离在南非已成历史；到1993年，美国将使140060名军人转为预备役，到1996年还会更多。如今，帕劳已失去10年前所公认的战略价值……我们目前所关切的是，根据《自由联系协定》，美国军方可轻易获得帕劳任何土地的使用权……我们不希望我们的土地被用于别人的"应急计划"。①

根据《自由联系协定》，美国人有权因军事用途而使用土地50年，虽然仅承诺给予财政援助15年。由于预先考虑到这一点，帕劳人在其宪法中插入了禁止"为外国实体利益"而从地主那里获得土地的条款；与涉核条款相

---

① *Pacific News Bulletin*（October 1992），2.

比，尽管这一条款较少引起外部同情者关注，但可能意义十分重大。帕劳最高法院后来裁决美国是"外国实体"，因此，帕劳独立政府征用土地以供美国军方使用可能会被裁决为违宪。

宪法起草者还受到如下记忆的影响：一是第二次世界大战最后一年的穷困、饥饿和杀戮，二是日本人被大规模驱逐出境。在负责起草无核条款的11名帕劳代表中，有5人要么具有日本血统，要么为了纪念而被父母冠以日本朋友的名字。因此，该宪法不仅反核，还反战。

批准《自由联系协定》之所以陷入僵局一直是因为75%的门槛。在1987年和1992年，帕劳人还就此议题进行过两次公投，试图将门槛从75%降为51%。在第一次公投时，一群女长老打算通过司法途径解决这一分歧，但是因受恐吓而撤诉；国际法学者委员会代表团声称，暴力妨碍了正当法律程序。1988年，在案件被呈递给帕劳最高法院后，它裁定1987年修正案"无效，并不具法律效力"。1992年，这个棘手的问题最终通过全民公决被解决。在此次全民公决中，有60%的帕劳人支持修订宪法，以致只要简单多数同意，就可批准《自由联系协定》。该修正案被通过，同时，克林顿政府保证美国只在"发生危机或敌对行动"时才行使其权利，在帕劳"进行训练和调动"。1993年，帕劳人民投票批准了《自由联系协定》。1994年10月1日，帕劳独立。

即便以太平洋标准来衡量，人口仅1.5万人的帕劳也属于小国。帕劳是通过与美国谈判获得独立的。双方在谈判中就有限非殖民化条款展开了激烈争论，即他们将处于什么地位和谁将对他们产生决定性影响。考虑到帕劳国土面积狭小和对外经济依赖，它将不可避免地留在美国的轨道之内，但是，帕劳仍有一小部分人反对为了援助而做出太多让步，特别是保留美国在帕劳土地上驻军的可能性。

澳大利亚与圣诞岛

第二次世界大战期间，尽管英国是战胜国，但它已从大国行列中滑落下来。由于难以接受这个既成事实，政治领袖们开始将核弹作为保持英国国际地位和影响力的新手段。"如果我们不能自己制造核弹，并为了这一至关重要的武器而不得不完全依靠美国"，彻韦尔勋爵写道，"我们将沦落到仅允许提供二流军队的二流国家的行列，就像被给予小型武器但却没有大炮的被征募的土著军队"。① 从1947年起，英国开始发展自己的核威慑力量。一些顾问和大臣更愿意与美国进行直接合作，但后者并不热衷于提供帮助。1946年的《麦克马洪法案》明令禁止美国科学家与外国人分享与核武器有关的资料，而且在20世纪50年代初，英国要求使用埃尼威托克环礁进行核试验，遭到美国人拒绝。直到1958年，在修订《麦克马洪法案》后，美国才允许英美在核武器领域进行合作。但是，英国早已决心另起炉灶，起初在澳大利亚进行了千吨当量的核试验，然后在吉尔伯特和埃利斯群岛殖民地的圣诞岛和莫尔登岛上进行了氢弹试验。按照在20世纪80年代解密的马拉林加试验计划，英国在南澳大利亚接连实施了一系列小型试验，直到1963年才停止。截至1980年，英国核弹所产生的核微粒沉降物只占全球的4%。在1958年进行最后一次爆炸后，英国保证不再进行大气层核试验，并于1963年签署了《部分禁止核试验条约》。但是，英国所实施的核试验不仅使土地受到核污染，还使一些澳大利亚土著受到程度尚未确定的核辐射，受到核辐射的可能还包括一些吉尔伯特人。

在获得核试验场上，英国所面临的问题最少。澳大利亚总理罗伯特·孟席斯不仅欣然同意英国海军部为1952年首次核试验所选定的核试验地点——远离西澳大利亚的无人居住的蒙特贝罗群岛，还愿意在南澳大利亚西部的不毛之地共同建设核试验场，先是鸸鹋试验场，后是马拉林加试验场。由于认为以这种方式帮助英国是一种荣誉，孟席斯在事先未与内阁通气的情况下就做出了决定。

337　　澳大利亚政府科学家艾伦·布特蒙特建议在马拉林加建造核试验场，因为他认为该地区荒无人烟，穿越马拉林加的那条小路，"除了一两个上了年

---

① Arnold, *A Very Special Relationship*, 5.

纪的黑人之外，当时很少再被使用"。但是，实际上，在 20 世纪 50 年代，成群的澳大利亚土著正在南澳大利亚过着传统的生活，仅偶尔到过白人的定居点。为了寻找猎场、食物和水，走亲访友和参加宗教仪式，扬库尼特加特加拉人和皮特简特加拉人仍频繁地活动于已成为马拉林加禁区的这片荒漠地区，人群"不断分分合合"。

原子弹被引爆时，当局未能确保禁区内已没有澳大利亚土著存在。因缺乏车辆、设备和官方支持，地面巡逻受到限制，并且在 10 万余平方千米的地区寻找澳大利亚土著是一项不可能完成的任务。一名飞行员后来坦承，实际情况是，在进行空中巡逻时，飞机"事实上只是沿着道路进行飞行，而没有巡逻整个地区……我认为该地区太广阔了，以致无法进行拉网式巡逻"。总之，澳大利亚土著畏惧飞机并躲避它，因此，在整个核试验期间，一些土著仍在马拉林加禁区内生活着。一名非常了解该地区的政府官员试图提醒当局搜索计划不完善，但被指责"显然把少数土著置于英联邦国家事务之上"。这个人就是沃尔特·麦克杜格尔。为了阻止人们横穿该禁区，麦克杜格尔试图采取措施警告扬库尼特加特加拉人和皮特简特加拉人"南方出现了一群妖魔鬼怪，并将原子弹的毒性与马目传统'毒药'联系在一起"。一名扬库尼特加特加拉男子回忆说，"麦克杜格尔警告那里有毒……毒性非常强，它将会杀死吸入它的人，因此我从仪式地带折回，去了西南"。①

当澳大利亚皇家委员会研究人员询问沙漠地区人民在 20 世纪 50 年代曾发生过什么事时，他们收到了意想不到的答复。在埃纳贝拉，扬库尼特加特加拉人和皮特简特加拉人想要谈论的是曾降临到他们头上的大灾难，即令人绝望的病情、痛苦和死亡。研究者们想要了解空中的放射性尘埃云和闪光，因此许多澳大利亚土著在研究者们提示下才谈及上述事件，但将其编排进了一个对 1948 年和 1957 年在儿童和成人中突然出现大量死亡的单一解释，直到第二次才把它与核试验相联系。他们讲述的是麻疹流行，或许这是他们首次接触到它。通过询问某一灾难，研究人员无意中发现了另一个在西方人眼

---

① Goodall，'"The Whole Truth and Nothing But…"'，116 – 17.

里不那么严重但对于埃纳贝拉人民而言极其严重的大灾难。埃纳贝拉人民将麻疹和放射性尘埃看作是由白人带来的一连串死亡和破坏的一部分。

放射性尘埃还影响了澳大利亚其他地区土著的身体健康。在离鸸鹋试验场 173 千米远的沃拉廷纳，澳大利亚土著向皇家委员会研究人员讲述了在 1953 年核试验后笼罩在他们周围的"黑雾"。这次核爆所产生的放射性尘埃飘向了东北方向，但是尘埃云在一定程度上有些怪异，据描述，它"范围广大……离地面相当近，看起来颜色暗淡，正在扩散……在风的推动下，它正缓慢地过来"。在放射性尘埃云过去后，人们开始呕吐，并逐渐出现眼痛、皮疹和发热。皇家委员会虽然认为放射性尘埃也对沃拉廷纳地区居民产生了影响，并使一些人暂时出现身体不适，但是，由于"缺乏关于澳大利亚土著死亡和患病的历史记录"，没有得出进一步结论。

一项对南澳大利亚核试验场的调查发现，20 世纪 60 年代所实施的秘密试验散布了大约 22 千克的钚 - 239 和数量相当的铀 - 235。这两种元素的放射性将会残存数千年，并且如果人们吸入被钚 - 239 污染的粉尘和摄入被其污染的食物，或者伤口遭其污染并被人体吸收，钚 - 239 还会对人类造成独特危害。在沙漠地区，由于日常活动会扬起受钚 - 239 污染的粉尘，当地居民特别容易受其影响。粉尘常常落在食物上，于是许多人受到溃疡、刺痛和烧伤的折磨。在拖延了近 10 年后，英国最终在 1993 年同意支付 2000 万英镑，近半资金被用于清理马拉林加特贾鲁塔人民被污染的土地。此项工作的第一步是清除表层土，然后将放射性物质装入玻璃容器并深埋于地下，最后用栅栏将最危险区域围住。

圣诞岛是英国在 1957 年和 1958 年进行氢弹试验的场所，但它在 1962 年被提供给了美国，用于实施最后一次大气层核试验"多米尼克行动"。当英国军队抵达时，数百名吉尔伯特人正在该岛椰子种植园中劳作。英国军队雇用了其中一些人。在 1992 年接受采访时，托亚卡乌·塔克洛回忆说，他们被带到海上的一艘船上，当进行核试爆时，他和其他吉尔伯特人劳工正在船舱里看卡通片。尽管此后也进行过类似于 1962 年的临时性疏散，但是，由于不断进行核试爆，人们越来越不屑于离开。核辐射所造成的后果仍然有争议。几乎所有核试验都是"无污染的"高空引爆，因此基本没有形成任何放射性尘埃。另一方面，爆炸后的雨洗效应可能将放射性微粒带到地面和海里，这使得它们在食物链中得到聚集。鉴于此，有人认为这可能对圣诞岛造成了放射性污染。

法属波利尼西亚

如同在基里巴斯和马绍尔群岛，殖民主义和核试验在法属波利尼西亚也同时存在。如果法属波利尼西亚早些获得独立，法国就不会在这里进行核试验，并且，在土阿莫土群岛，每当引爆悬挂在气球上的原子弹时，法国政府就担心剧烈的独立运动会损害其战略利益。法国的对策是将其提供资金的胡萝卜和查禁当地政治反对派的大棒结合在一起。事实证明，这是一对成功的组合。

在 1966～1996 年的数十年里，用于核试验的军事开支使得法属波利尼西亚产生了依赖。当地人依靠核试验中心提供现金、资本投入和工作机会，这支持了该地区的现代化。因此，两大主题反复出现在法属波利尼西亚的政治生活中：一是大多数土著毛希人一直没有团结在民族主义运动旗帜下，二是庇护制，即以工作机会、公共设施和不动产换取选票，而这一切最终由法国通过财政转移资金来支付。自 20 世纪 60 年代中期兴起建设热潮以来，有数千名军事人员来到塔希提岛参加核试验任务，从而在法属波利尼西亚形成了转移支付经济，即法国用钱换取战略利益。法属波利尼西亚人依靠外援建立了一个向其所管辖的地方和自治市输送恩惠的经济体制。如果忽略原子能委员会和太平洋核试验中心的这种压倒性存在，人们可能就无法理解最近在法属波利尼西亚政治和经济中所发生的一系列重要事件。因此，从这个意义上讲，法属波利尼西亚的现代史就是一部"核武史"。

法属波利尼西亚由南方群岛、甘比尔群岛、马克萨斯群岛、社会群岛和土阿莫土群岛等组成，其首府是位于塔希提岛的帕皮提。1880 年被法国完全吞并后，法属波利尼西亚成为对其宗主国形同鸡肋的穷乡僻壤。第二次世界大战后，法国与其他国家一样，倾向于殖民地自治。法国制定的1946年宪法首次承认，其海外领土上的"各种族和民族"有权发展他们自己的文明和管理他们自己的事务。海外居民不仅被给予了法国国籍，还被允许成立政党。直到20世纪50年代，该领地才缓慢而稳定地走向拥有更多权利的自治，并且独立也似乎触手可及。1957年，根据《德菲尔法》，法属波利尼西亚被授予部分自治权，这使得权力移交进程达到高潮。按照立法者的说法，制定这一法律是为了使其准备好向独立过渡。该领地议会获得了许多授权，特别在经济领域。

在法国实施上述改革的同时，塔希提岛民族主义运动在魅力型领袖普瓦纳阿·艾·奥帕领导下也获得了发展。普瓦纳阿在第一次世界大战期间曾加入过太平洋营，并在第二次世界大战期间支持过戴高乐的"自由法国"；因此，当普瓦纳阿因请求进行社会改革而在1942年被总督放逐到胡阿希内岛时，他怒气满腹。出狱后，他又因非暴力政治活动三次被逮捕。普瓦纳阿的经历为其步入政坛奠定了扎实基础。1949年当选法国国民议会议员后，他成立了一个名为"塔希提人民民主联盟"的政党。该党主张进行内容广泛的、有利于当地毛希人的政治和社会改革，譬如，增加毛希人受教育和在公共部门就业的机会，为毛希人提供更多的公共设施和社会保障，进行土地改革和促进经济发展等。为实现上述目标，塔希提人民民主联盟想扩大领地议会权力，降低总督作用。普瓦纳阿设想实行与法国密切联系的自治，所以没有提出独立要求。

1949~1957年，塔希提人民民主联盟在选举中接连获胜，这足以表明该党的愿景顺应民心，也表明普瓦纳阿具有很高声望。该党支持者绝大多数是农村地区的贫穷毛希人，他们深受该党党纲和普瓦纳阿虔诚的民粹主义演讲的吸引。在1951年和1953年的大选中，普瓦纳阿再次当选国民议会议员；他的同事弗洛里松博士和让-巴蒂斯特·赛兰-耶鲁萨勒米则当选为法国参议院参议员和法兰西联盟议院议员。在1953年和1957年领地选举中，塔希提人民民主联盟赢得了领地议会的多数席位，并组建了两届领地政府。该党的主要竞争对手，反对自治的塔希提民主联盟，只能赢得帕皮提市政

府。但是，由于受到总督和官僚政治的阻碍，塔希提人民民主联盟很难实现
自己的目标。虽然领地政府终于在 1957 年被授予了更多权力，但由于受到
次年政治危机的影响，在 1958 年新条例生效前该党的愿景几乎没有取得任
何进展。

在领地议会中，塔希提人民民主联盟政府也面临着阻力。在领地大选
中，由于得到城市选民的支持，由塔希提民主联盟和无党派人士组成的反对
派获得了 55% 的选票。1958 年 4 月，当塔希提人民民主联盟打算推行所得
税时，这场政治危机进入了紧要关头。一大群民众用一辆推土机和一卡车石
头包围了领地议会大厦。当议会大厦被投掷石块时，法国警察却袖手旁观。
反对派要求取消个人所得税法，并得到总督支持。虽然塔希提人民民主联盟
拒绝参会投票，领地议会仍开会通过了反对派所提出的提案。当地商业利益
集团、控制着当地警方的总督、戴高乐派政治家和宗主国法国的官员联合起
来阻挠了塔希提人民民主联盟提出的议程。普瓦纳阿与其副手塞朗间的竞争
也加剧了这场政治危机。在他们公开分裂后，塔希提人民民主联盟将塞朗开
除出党，这导致该党分裂，塞朗及其追随者创建了一个小政党塔希提人民民
主联盟阿拉塔依派。

与此同时，法兰西第四共和国正濒临崩溃。1958 年 5 月法兰西第四共
和国崩溃，戴高乐将军重新掌权，并密切关注了塔希提岛的事态发展。对于
戴高乐为该领地制订的战略计划而言，民众支持塔希提人民民主联盟不是好
兆头，因为实施这一计划需要社会稳定和一个顺从的地方政府。于是，自治
进程出现逆转。1958 年 9 月 28 日，围绕批准法兰西第五共和国宪法，法国
要求海外领地也举行全民公投，旨在确定各殖民地是希望继续作为法国的一
个组成部分，还是独立。戴高乐只提供了两个选择："如果你们在这次公投
中投赞成票，这意味着，不管怎样，你们愿意遵循与法国一样的道路……如果
你们投反对票……法国将不会阻止你们独立。她将祝你们好运，并让你们主导
自己的生活，但不会再给予你们任何道义上或物质上的帮助。"① 为了合法

341

① Danielsson and Danielsson, *Poisoned Reign*, 36.

地在领地事务中发挥主导作用，法国希望大多数人投赞成票——法国正考虑将法属波利尼西亚作为核试验场。绝大多数人投赞成票不仅会令反对声音降到最低，还会破坏民众对争取独立的塔希提人民民主联盟的信任。人们发现，虽然有64%的选票赞成批准法兰西第五共和国宪法，但没有达到绝对多数。因此，民族主义运动仍威胁着法国的宗主国地位。

尽管普瓦纳阿以前一直主张在法兰西共和国内实行自治，但是如今他开始争取独立。他之所以出现上述转变，可能是因为法律改革步伐的缓慢和总督的故意刁难。这并不是说独立原本不在普瓦纳阿的政治议程之中，考虑到其推进民族主义运动的经历，他利用此次公投机会加快独立进程就不足为奇了。

更出人意料的是，塔希提人民民主联盟没有获得多数人支持。该党最近的分裂没充分获得普通党员的理解，特别是在外岛；这些岛屿不仅拥有全国近半数人口，还是塔希提人民民主联盟的核心根据地。对于塔希提人民民主联盟和普瓦纳阿而言，有两个因素使得他们几乎无法传播其新党纲。法属波利尼西亚政府和私人利益集团阻挠他们前往外岛，并且领地政府拒绝让塔希提人民民主联盟使用广播电台，但亲法派却可以。总督巴伊为参加争取批准宪法运动而巡视了外岛，并充分利用了广播电台。他警告说，独立将意味着"你们的日常生活和精神会出现混乱，对于许多人来说，它意味着白天没有食物可吃和晚上对未来极度不安，你们孩子的眼睛里将会出现恐惧，社会动乱将会紧随不幸、疾病和饥荒而来"。争取批准宪法运动是由天主教会、传统亲法派和新教教会发起的，它们迄今为止一直在容忍普瓦纳阿。令人惊讶的是，尽管争取批准宪法运动背后的势力十分强大，但是争取否决宪法运动仍获得了1/3的选票。

一个月后，总督巴伊解散了领地议会，声称它已不胜任其使命。在数天内，普瓦纳阿及其许多追随者因被指控纵火而遭逮捕，尽管没有可靠证据。在审判前，他们在监狱中受了1年折磨。普瓦纳阿被判处了8年监禁和15年流放。纵火仅仅是逮捕普瓦纳阿的借口。总督的一番讲话揭示了其政治动机，他声称"那些仍在四处散播刺耳言论的人将不再获得宽恕或怜悯"。这几乎意味着没有任何公平正义可言。

领地议会当时还讨论了该领地在法兰西第五共和国内的地位问题，并在经过反复讨论后要求削减一年前被移交给该领地的权力。法国政府不仅接受了这些建议，还进一步增加了一些限制。1958 年 12 月，法国政府下令修改了条例。该条例使总督集大权于一身，从而恢复了它作为该领地行政长官的地位。领地议会和政府未经总督事先批准不得做出任何决定。它还可以罢免个别政府成员，甚至解散整个政府。

领地议会的抉择并不反映民意。法属波利尼西亚的选民不仅在 1957 年使塔希提人民民主联盟获得绝对多数选票，还一直支持其争取完全自治的党纲。在法国的 1960 年大选中，普瓦纳阿的儿子马塞尔·奥帕当选国民议会议员，但死于任上。塔希提人民民主联盟的约翰·特亚力克接替了他，并在 1962 年大选中获得连任。在 1962 年的领地选举中，尽管塔希提人民民主联盟所获支持减少，但它仍是第一大党，赢得领地议会 30 个席位中的 14 个，并组建了一个联合政府。

法国中央政府对法属波利尼西亚的民族主义者获得民众支持十分忧虑。成立于 1954 年的法国原子能委员会为核试验确定了两个可能地点，一个是阿尔及利亚的撒哈拉大沙漠，另一个是土阿莫土群岛。1960～1962 年，法国在撒哈拉大沙漠进行了 4 次大气层核试验和 13 次地下核试验。在阿尔及利亚独立后，法国不得不停止核试验而另择他地，但法国政治家们不会考虑法国本土，因此土阿莫土群岛成为唯一的选择。土阿莫土群岛坐落于法国人口稀少和鲜为人知的偏远角落，选择它不会在法国本土引起抗议。此外，这些被推荐的核试验地点不仅远离重要的海上和空中航线，还无人居住。尽管建造和维护如此偏远的试验场费用高昂，但这一代价被它的物理隔离和政治孤立所抵消。当国家国防委员会于 1962 年 7 月宣布创建太平洋核试验中心时，一直未与领地代表进行过协商。甚至，他们一直也没有被告知这一决定。直到 1963 年 1 月，当戴高乐总统在巴黎接见一个塔希提政治家代表团时，才向他们保证"将不会有任何危险……只有当风向适当时，我们才进行核试验……［并且太平洋核试验中心将提供］新的财政收入和就业来

342

源"。施工始于 1963 年，而核试验始于 1966 年。

　　法国对此进行保密的原因之一是希望塔希提人民民主联盟在 1962 年的领地选举中败北并不再执政，但是特亚力克和塔希提人民民主联盟重新控制领地议会和联合政府表明，该民族主义政党依然深受爱戴。塔希提人民民主联盟不仅恢复了争取自治运动，特亚力克还对核试验计划展开了激烈批评。由于塔希提人民民主联盟直言不讳地反对法国战略利益，法国对此日益难以容忍。1963 年，当普瓦纳阿（在监狱中）鼓励塔希提人民民主联盟将独立问题列入下一届领地议会的议程时，戴高乐援用了一部古老法律：这一法律规定，政府有权解散任何威胁"国家统一"的团体或政党。塔希提人民民主联盟没有任何法律追索权。1965 年，在特亚力克的领导下，塔希提人民民主联盟所选出的代表将其重组为爱国者党（Patriots' Party，塔希提语为 *Here Ai'a*），并从该党党纲中删除了独立内容。10 年后，另一政党正式提出独立。

343　　与此同时，法国在 1964 年 2 月通过《割让条约》获得了穆鲁罗瓦环礁、方加陶法环礁和法埃亚军事基地的主权。绕过领地议会，该决定被提交给了总督所领导的常设委员会，并以三票赞成、两票反对而被批准。该条约准许法国无偿使用这些环礁，只要核试验计划需要它们，而且在核试验计划结束后，法国无须承担恢复或者赔偿义务就可以归还它们。起初，所有政党都以影响健康、环境和社会为借口，反对建立太平洋核试验中心。戴高乐派也提出过异议，然而很快因意识到其中的经济利益而三缄其口；但是，在整个 20 世纪 60 年代和 70 年代，自治派一直保持着警惕。

　　1966 年 7 月，爱国者党所控制的新一届领地议会开幕时，恰逢穆鲁罗瓦环礁进行首次核试验。特亚力克利用这个机会，联合各方力量发动了一次反对太平洋核试验中心的运动。此前，他曾提出过抗议，因为在所划定的危险区内有 7 个有人居住的环礁，而且危险区靠近海上和空中交通线。尽管太平洋核试验中心缩小了危险区半径，但是图雷亚环礁仍有 60 名居民留在危险区。太平洋核试验中心专家声称生活在穆鲁罗瓦环礁附近的毛希人没有任何危险，但是，由于欧洲工作人员被紧急疏散，这种说法很难令人信服。后来，岛民们被告知当放射性尘埃云从空中飘过时所应采取的预防措施。在进行首次核试验1个月后，死亡原因统计不再被公布，并且帕皮提主要医院也被置于军方控制之下，这使得质疑声达到顶峰。军方实验室对辐射影响所进行的分析被视为国家机密，并仅选择性地公布了部分数据。为了使戴高乐总统可以亲临现场观看原子弹爆炸，法国在1966年9月11日匆忙进行了1次核试验，而它所产生的放射性尘埃被西向风裹挟着飘到太平洋的其他岛屿上。新西兰在一份官方抗议声明中指出，"在许多太平洋岛屿（包括库克群岛、西萨摩亚和斐济）的空气和凝雨沉降物中，放射性呈高水平"。新西兰的监测站记录了每次大气层核试验所产生的大量放射性尘埃，这些放射性尘埃有时会被风吹回去，但更多时候会被带到世界各地，以及沉降在整个南半球。

一个意想不到的盟友壮大了特亚力克领导的反核运动。1965年9月，弗朗西斯·桑福德领导的新陆地党控制了法阿市议会。1967年，桑福德与特亚力克争夺国民议会议席，由于没有对太平洋核试验中心做出公开声明，他获得了总督支持，并以微弱多数勉强击败特亚力克。直到这时，他才谴责核试验。如今有两个重要政党在为自治而奋斗和反对太平洋核试验中心。1967年，自治派重获领地议会大多数议席。他们的首个议案是投票赞成在法属波利尼西亚实行内部自治。尽管法国政府对上述议案置之不理，但是，1968年，桑福德借参加新一届国民议会选举之机明确提出了在法兰西共和国内自治的问题，并赢得了绝对多数选票，从而击败了反对自治的戴高乐派候选人。自治派政党通过了数项与核试验有关的决议。从此开始，自治派人士一直要求在法属波利尼西亚举行一次公投，从而决定太平洋核试验中心的去留问题。尽管上述要求一再被提出，但是法国政府对该领地议会议员的关切置若罔闻，并且几乎没有做出任何回应。每当总督做出回应时，也只是强调核试验属于国防事务，不归属领地议会管辖。尽管遭到许多政治家反对，但事实证明，两党不可能在此问题上建立统一阵线。事实还证明，难以动员群众参加反核运动。

1968年11月，普瓦纳阿获得总统特赦，并在回国后受到英雄般的欢

344

迎，这加强了法属波利尼西亚的民族独立事业。一年后，普瓦纳阿被恢复公民权，并在 1971 年赢得 2/3 的选票，从而当选为法国参议院参议员。在他于 1972 年被重新选为领地议会议员和成为议长后，他以塔希提语发表了就职演说。这是史无前例的，并且自治派政党强烈支持他争取将塔希提语作为官方语言。虽已 77 岁高龄，但是普瓦纳阿仍在为民族独立事业奋斗着。

法国不仅没有对自治派的要求做出让步，还进一步削弱了法属波利尼西亚政府的权力。1972 年，法国政府设立了 44 个自治市，但法属波利尼西亚只占了 4 个。法属波利尼西亚政府必须给予这 4 个自治市大量权力和专项经费，而且，其对这些自治市政府的监督被缩减至最低限度，并且，这些自治市直接归总督或内政部部长管辖。现在，有 48 位市长获得了任免权。从此之后，选民们日益根据市级庇护关系、个人忠诚和地方性利害关系来进行投票。在 1972 年选举中，自治派之所以失去他们的大多数席位，主要因为他们一直反对设置更多的地方自治政府，并因此惹恼了自治市的政治掮客。戴高乐派通过谈判与一个新成立的小政党和一些无党派人士组成了一个非常不稳定的联盟。

尽管自治派遭到上述失利，但是自治派开展的反对大气层核试验运动却在 20 世纪 70 年代初达到最高潮。这在某种程度上得益于对马绍尔人经历的了解和新西兰研究法国核试验的放射科医生所提供的证据。由于受到国际抗议活动的鼓舞，该领地的抗议活动日益增多。智利、厄瓜多尔、哥伦比亚、委内瑞拉和阿根廷呼吁法国停止核试验。澳大利亚和新西兰向联合国国际法院控告了法国。它们认为，法国核试验所造成的放射性尘埃侵犯了它们的国家主权，使它们的人民暴露于暗中为害的有毒物质之中。为了转播蘑菇云照片，新西兰向土阿莫土群岛派去一艘海军护卫舰。反核人士由于不惧怕遭法国当局逮捕而乘快艇驶入核试验区。在反核人士中当属加拿大人戴维·麦克塔加特最为著名。1973 年，在法国海军陆战队员强行登上麦克塔加特的"绿色和平 3 号"后，麦克塔加特遭到法国海军陆战队队员殴打。关于这一事件的照片被偷偷带出法属波利尼西亚，并向全世界生动讲述了该事件。

虽然桑福德是法国国民议会议员，但他却不知疲倦地游说法国和国际上的和平运动组织与联合国反对法国在法属波利尼西亚开展核试验，同时游说它们支持他的争取自治运动。他和普瓦纳阿联合向宗主国法国的公民发出了一封公开信，要求他们敦促其政府停止在法属波利尼西亚进行核试验："自1963年以来，法属波利尼西亚一直通过其民意代表表达了其意见……在不断抗议的同时，请求对我们自然环境中的放射性污染进行国际控制。"桑福德的宣传活动取得的最大成绩，就是与宗主国的自由派政治家让－雅克·塞尔旺－施雷伯结成了联盟。1973年6月，让－雅克·塞尔旺－施雷伯率领一个"和平营"去了塔希提岛。这个备受瞩目的代表团支援了该领地有史以来规模最大的一次反核示威游行。桑福德随后向蓬皮杜总统发出了最后通牒，要求他停止核试验，否则将面临独立公投的风险。然而，这只是个别代表所发出的苍白恐吓。塔希提人发出了相互矛盾的信息。桑福德及其新陆地党，连同特亚力克所领导的爱国者党和上述和平运动组织，都致力于反核运动。尽管如此，领地议会议长加斯顿·弗罗斯却要求太平洋核试验中心尽可能长久地留下；工会领导人也被激怒，因为该领地的反核抵制行动影响了贸易和交通。

在美国、英国和苏联签署《部分禁止核试验条约》和将核试验转入地下十年后，法国仍在进行大气层核试验。最终，法国向压力屈服，并于1973年8月宣布转向地下核试验。虽然如此，法国仍在1974年进行了最后一系列威力强大的大气层核爆，然后才于1975年开始在珊瑚环礁下面进行核试验，并在它们耗尽空地后，又开始转入潟湖湖底。这一决定受到贸易和外交制裁的影响，因为它们比从大气层核试验中所获得的技术利益更重要。在1973年的总统选举期间，塔希提人也发出了强烈信号，在法属波利尼西亚，有51%的选票投给了表面上反核和赞成自治的候选人弗朗索瓦·密特朗。虽然密特朗输给了吉斯卡尔·德斯坦，但是后者也注意到了塔希提人的态度。两个月后，他宣布将核试验转入地下。第二年年初，他启动了关于该领地政治地位改革的谈判。

在谈判开始时，自治派已经准备好了他们的要求，而戴高乐派（仍然反对自治）则温和地请求自我管理。谈判拖延了两年之久。其中一个障碍

345

415

是，法国政府收回了其最初的谈判立场，并对自治进行了极其有限的解释；另一个障碍是，由于领地议会接连发生倒戈（和反倒戈），其工作陷入瘫痪状态。自认为稳操胜券的自治派要求重新举行选举。但是，总督却下令召开领地议会。在 1976 年 6 月 10 日的黎明时分，自治派激进分子及其所选出的领导人占领了议会大厦，并锁上了大门。占领持续了 10 个月。通过辞去国民议会议员和赢得补选，桑福德推动这一问题再次写入党纲。此时，法国重新开始与桑福德较为温和的盟友和戴高乐派进行磋商。作为谈判结果的 1977 年条例更近似塔希提民主联盟的有限自我管理，而不是自治，但是自治派接受了上述妥协，因为它包含了一项举行新选举的协议。虽然他们赢得了领地议会的多数席位，但是鉴于他们受到新条例的限制，这一胜利有名无实。

尽管自治派和一些边缘反核团体继续开展反对太平洋核试验中心的活动，但是，在核试验转入地下之后，他们失去了许多外部支持。不管怎样，要不是自治派施加压力，选民们始终如一地支持自治派和自治派孤注一掷地令领地议会瘫痪，吉斯卡尔甚至可能不会进行丝毫改革。为了将较为激进的自治派排除在外，法国一直操纵着谈判，并保留了广泛权力。然而，一些成立于 20 世纪 70 年代中期的独立派政党对 1977 年条例展开了激烈批评。在争吵出现之前，根本就没有蜜月期；其中，一方支持内部自治，另一方支持独立。这些新政党的党员最初少之又少，在 1977 年既没有赢得领地议会席位，也没有代表进入自治市议会，但是他们在争论中极大地扩大了影响。

1975 年，普瓦纳阿的侄子查理·钦组建了自由塔希提党，并致力于以包括武装斗争在内的任何方式立即获得完全独立。该党组建了一支准军事秘密组织"托托图普纳"（*Toto Tupuna*，我们祖先的血），攻击与太平洋核试验中心运行有关的军事目标。1977 年 11 月，"托托图普纳"的 4 名成员把目光转向民用目标，并在帕皮提电话局引爆了一枚炸弹和杀害了一名法国商人。这些武装分子，以及查理·钦和另外两名成员被逮捕。1979 年 1 月，虽然在程序上有一些违规，他们还是受到了审判。判决从 10 年到 20 年不等，如对自供为突击队员的人判处了 20 年监禁，对查理·钦判处了 10 年监禁，虽然没有证据直接牵连到他。法国律师被允许参与辩护。由于审判遭到抵制，案件被发送至法国上诉法院。在那里，刑罚被大大降低。律师们还为被告们赢得了用他们自己的语言接受审讯的权利。这些诉讼引起了前所未有的舆论关注。一名《世界报》记者评论说，"对恐怖主义的审判已变成对法国殖民主义的审判"。"托托图普纳"因其暴力行径而受到普遍谴责，但是，在法国国民议会议员选举中，（在监狱牢房里）查理·钦在该领地获得5.6%的选票；这个出人意料的结果表明，民众支持一个具有激进议程和采取激进策略的新政党。

觉醒的毛希人为争取独立成立了两个较为稳固的新政党，即人民权力党（Power to the People）和为毛希人民服务联盟（Rally to the Service of the Maohi People）。这两个政党在法国引起了比自由塔希提党更大的关注，因为它们主张以非暴力和民主的方式促进独立和反对核试验。此外，它们还促使主流政党扩大了自治的概念。这两个政党都反对进行核试验。人民权力党关注的是经济和社会，而为毛希人民服务联盟专注于环境和太平洋核试验中心工人和岛民的健康。人民权力党是一个明确宣布拥护社会主义的政党。1982年，人民权力党在领地议会议员选举中赢得了3个席位——尽管该党选区的选民不仅是虔诚的教徒，还对左派怀有深深的反感。然而，人民权力党的领导人杰奎·德罗耶未能当选市长。在1983年的市级选举中，为毛希人民服务联盟获得了其首个选举胜利，控制了人口最多的自治市法阿，并且其领导人奥斯卡·特马鲁成为市长。1986年，为毛希人民服务联盟在领地议会中首次获得两个席位。

在核试验转入地下后，虽然反对太平洋核试验中心的群众抗议减少，但是自治派政治家并没有放弃反对立场，并且在这些新政党的影响下和由于试验场接二连三发生事故，反核运动取得了新进展。一场因爆炸起火而导致核泄漏的事故造成2名工人死亡和4名工作人员受伤。1979年7月，还发生了一场重大事故。法国人在竖井中间位置引爆了一颗炸弹，从而造成海底滑坡，并在整个土阿莫土群岛引发了海啸。这些事故导致领地议会全体议员一致要求立即暂停核试验，并成立一个独立委员会来调查试验场的安全性。法国拒绝了这两项要求。1981年，穆鲁罗瓦环礁发生了更加严重的事故，暴

347

风雨导致大气层核试验所产生的钚残留物遍布整个潟湖。保守的人民阵线领导人加斯顿·弗罗斯请求派遣国际专家。爱国者党紧随其后呼吁暂停核试验。这两项提议获得领地议会通过，但再次遭到法国拒绝。

因此，反核运动在 20 世纪 80 年代初一度得到上述两个党派的共同支持，并且示威规模和频率日益增长。这部分是因为核试验在经过短暂暂停后重新开始，对密特朗总统和新一届社会党政府结束核试验的希望破灭。法国加大了公关工作力度。在这场安抚民众和压制外部批评的运动中，为弄清塔杰耶夫、阿特金森和库斯托等核试验场的安全状况，无党派代表团分别在 1982 年、1983 年和 1987 年对它们进行了 3 次备受称赞的视察。他们向法国提交的报告证明，核试验没有对健康或环境构成直接威胁。但是，由于行程短暂，取样受到限制和严禁进入该环礁受污染最严重的区域，上述代表团没有得出长期结论。

在法国，无论是社会党政府，还是保守党政府，都坚决反对就太平洋核试验中心举行全国性的全民公投，更不用说在该领地举行全民公投了，尽管领地议会多次提议。1989 年，社会党政府总理罗卡尔再次排除了这一前景："［1988 年的］总统选举，包括法属波利尼西亚，已确认国家对现国防政纲的支持。这就足够了。"他重申了一项长期坚持的政策，即法国国防决策无须征求各地区或领地意见。另一方面，法国政府考虑授予法属波利尼西亚自治权。30 年来，法属波利尼西亚的保守政党一直反对扩大自治权。出人意料的是，1980 年 3 月，人民阵线领导人加斯顿·弗罗斯的态度发生根本转变，并将自己描绘成内部自治的最重要支持者。他承认，这一概念已经在法国和当地获得了尊敬。面对弗罗斯的高调参选，既有自治派始终未能重获他们早先失去的席位。在 1982 年举行的领地选举中，特亚力克的爱国者党只获得了 6 个席位；并且，虽然桑福德当选，但是这是新陆地党所赢得的唯一席位；然而，人民阵线赢得了 13 个席位，并在获得一些小政党和无党派人士的不稳定支持后，具备了组建政府的资格。具有讽刺意味的是，尽管弗罗斯支持戴高乐主义，并一度强烈反对自治，但是却由他与原来主张自治的法国社会党人领导了内部自治谈判。根据新制定的 1984 年条例，有些权力被移交，但该领地的管辖权仍主要局限于地方性事务。法国中央政府在下列领域保留了大量权力，即外交关系、200 海里专属经济区、出入境、治安、国防和公共服务等。

法国保护了其根本利益。人们不太清楚的是，法属波利尼西亚代表为什么接受这一条例。奥斯卡·特马鲁拒绝接受它，并视之为"垃圾桶，人们可以随心所欲地往里面放任何东西"；但是，弗罗斯阵营的亚历山大·里昂蒂耶夫却称它"在没有麻烦的情况下提供了独立的好处"。特马鲁的评论反映了其政党的看法，即该条例所做让步是象征性的和非实质性的；然而，里昂蒂耶夫表达了主流观点，即该条例是可获得的最佳选择。自治的上限是在为法国所接受的框架内的。领地代表受到需要法国批准的约束，如果没有它，他们就无法获得法属波利尼西亚经济所极度依赖的法国财政支持。

密特朗总统在1981 年指出，"经济没有真正发展，这意味着法属波利尼西亚从未像现在这样依赖法国"。在产生这一结果的过程中，太平洋核试验中心发挥了重要作用。在整个 20 世纪 50 年代，法属波利尼西亚的贸易一直处于适当平衡状态，出口额弥补了 90% 的进口额，并且补贴基本上没有附加条件。在 20 世纪 50 年代末，经济状况急转直下。由于建立在仅有的 5 种主要出口商品基础上，现金经济易受需求波动的冲击。椰肉干和咖啡价格下降，珍珠贝日益被塑料纽扣所取代，香草种植园也受到病害打击。1966 年，马卡泰阿岛磷酸盐矿因资源枯竭而关闭。同时，人口增长和城市化增加了对进口商品的需求。当领地代表团于 1963 年前往巴黎寻求援助时，戴高乐几乎在同一天宣布即将成立太平洋核试验中心和一揽子经济援助计划。这一提议无法拒绝。

通过大规模基础设施投资、海关收入、在当地消费和提供就业岗位，太平洋核试验中心为法属波利尼西亚带来了经济繁荣。在 20 世纪 60 年代，为建设太平洋核试验中心，该部门在当地雇用了大量工人。在 1967 年最高峰时，当地工人数量达 5400 人，但是，这一数字在 20 世纪 70 年代迅速减少。如同太平洋核试验中心的开支，该项目对劳动力的需求也不断变化，这给当地的就业和移民造成极大混乱。但是，随着这种不稳定模式停止，工作岗位也日益缩减。1986年后，由于核技术逐步完善和核试验逐步减少，太平洋核试验中心几乎没有再招聘新工人。自那时起，太平洋核试验中心仅长期雇用数百名当地人，尽管相关部门的就业人数仍然很高。

军事和民用开支，以及招募毛希人劳工的高潮，削弱了在第一产业创办新企业的动机。在许多外岛，大部分成年男子为了太平洋核试验中心的高工资工作而离开。与此同时，国营经济获得迅猛发展，公共服务部门的工资也日益增长，从而吸引人们离开了农业和渔业，以及其他私营经济活动。20世纪50年代，该领地曾基本实现粮食自给。到20世纪60年代后期，市场上所销售的粮食超过一半来自进口。20世纪90年代初，该领地仅生产了其所需粮食的1/4。之所以出现这种状况，一是因为太平洋核试验中心1.5万名法国工人的工资，二是因为公共服务部门不断扩张。受美国核试验和夸贾林军事基地影响，马绍尔群岛也出现过类似情况，到20世纪80年代后期，马绍尔群岛90%的粮食需求依靠进口。由于进口增加和出口下降，法属波利尼西亚的贸易赤字暴增：1960年，出口额可弥补75%的进口额；到1965年，这一数字降至9%，并从此一蹶不振。在法属波利尼西亚经济的生产部门中，仅仅旅游业和黑珍珠产业经历了真正的增长，但是，上述增长没有对贸易不平衡产生多大影响。制约制造业和其他产业发展的主要障碍是距离遥远、生产成本高和国内市场有限。

在20世纪60年代中期的建设期，太平洋核试验中心对法属波利尼西亚经济的影响最大，其对该领地国内生产总值的贡献在最高峰时达到76%。在建设完成后，太平洋核试验中心对该领地经济的影响明显下降。在大气层核试验于1975年停止后，太平洋核试验中心的支出在该领地国内生产总值中所占比例降至26%。为了弥补上述落差，法国扩大了民用开支，主要是在公共工程和政务领域。在20世纪60年代和70年代，由于这些外部财政转移支付，经济显著快速增长。然而，表面繁荣掩盖了日益恶化的国内经济环境。到20世纪80年代，法属波利尼西亚经济严重失衡，国营经济投资过多，而第一产业和第二产业很少发展或变化。从1986年开始，经济增长停滞，消费支出下降，资本外逃。随着核试验转向近海和次数减少，太平洋核试验中心的活动和支出也相应缩减，这对经济造成了不良影响。领地政府开始诉诸借款。到 1993 年，政府陷入借新贷还旧贷的状况。核试验在 1992 年暂停成为压倒骆驼的最后一根稻草，政府为了获得短期救助和长期发展战略所需资金再次将目光转向法国。

在太平洋岛屿，像法属波利尼西亚这样极具依赖性的经济体并不罕见。该领地与众不同之处在于其对援助的依赖程度，生活成本（和水平）高昂的限度和最低生活保障消失的范围。在大多数情况下，法属波利尼西亚的经济发展一直类似于其他海外领地和行政区，而且，与其已获独立的邻居们相比，它的生活水准要高得多。然而，由于军事开支，宗主国的转移支付一直比其他海外属地高得多。自 20 世纪 60 年代初期以来的军事开支的时间选择表明，它旨在换取对法国存在和太平洋核试验中心的默许。法国非常有效地实现了这一政策目标。到 1990 年，由于其外来收入的 75% 源自法国，其中有 35% 来自军方，该领地严重依赖法国。法属波利尼西亚只有 25% 的外部收入源于其自有资源，主要是黑珍珠和旅游业。在被授权实行内部自治的 5 年后，总理罗卡尔对于法国的支配地位直截了当地解释说："谁掏钱，谁说了算。"

1992 年 4 月，独立派和反核派都欢迎中止核试验，但是，由于财政问题，主流政党已经开始接受或支持核试验。太平洋核试验中心还充当了当地政治家从法国索要财政援助的工具。最终，法属波利尼西亚政府无法确定，高水平民事援助在后核时代是否将继续，因为太平洋核试验中心一直是法国的主要战略利益。在当时，具有讽刺意味的是，法属波利尼西亚政府反对太平洋核试验中心撤离，因为该领地已变得依赖财政转移支付和由此形成的经济活动。一份当地报纸在星期日专栏上刊登了一篇以"停止核试验：现代启示录！"为标题的文章，这反映了政府和企业界的恐慌。中止核试验使财政赤字突然陷入危险境地。

当核试验场处于正常运转状态时，法属波利尼西亚曾在一次暂停核试验期间经历过一些困难。领地统计研究所预计，如果没有补偿，太平洋核试验中心撤离将会造成国内生产总值下跌 23% 和就业岗位减少 17%。相比之下，作为最大的外汇收入来源（除国家转移支付外），旅游业只占了国内生产总值的 7% 和就业岗位的 6% 。如果永久取消核试验和随之急剧减少公共服务和补贴，这些困难将加剧。当然，这在短期内不太可能发生。在其所有其他海外领地，法国为了维持其忠诚一直在给予生活补贴。由于深知法属波利尼西亚的战略意义，专属经济区的潜在价值，以及作为法国向外输出文化和语言的前哨的重要性，法国可能会维持较高的支出水平。

在核试验暂停后，法属波利尼西亚立即向法国派遣了一个代表团，并呼吁民族团结，因为"一直将此核试验场免费供该国处置，该领地近 30 年来一直为法国国防事业做贡献"。为了安抚法属波利尼西亚，法国同意了一项称作《发展协定》（Pact for Progress）的十年发展计划。法国同意继续将民事转移支付维持目前水平至少十年。法国为促进这些发展项目还周密准备了一些计划。可是，即使现有承诺得到履行，《发展协定》也无法完全弥补军事转移支付。

351　　为什么毛希人会普遍接受法国存在？仅以法律和经济上的限制来解释是不充分的。毛希人在身份认同和生活方式上所经历的社会变化的强度和速度也同样重要。太平洋核试验中心在加速毛希人法国化上发挥了重要作用。建设太平洋核试验中心，不仅使得法国文化突然而普遍地涌入，还促进了现代经济的发展。在毛希人迅速融入城市经济的同时，传统社会和文化解体。

单一法语语言政策被推行于 1860 年，并一直被实施至 1971 年。国家教育都使用法语。一位法国官员觉得，实施单一语言政策可能是担心，对土著身份的任何表达都可能与民族主义和独立愿望有联系。[①] 直到最近其在政治话语中复兴，塔希提语才在公共生活中被置于重要地位。1980 年，塔希提语在该领地获得了官方语言地位，但是法语仍在教育、传媒、法院、商业等领域居于主导地位。在口头文化中，保护塔希提语对于解释和保护文化和历史极其重要。语言学家和神学家杜罗·拉亚普托（Duro Raapoto）认为能熟练说塔希提语的人不多。他在 1992 年估计，在大多数毛希人所居住的塔希提岛，只有老一代人精通塔希提语，而三十岁以下的人对塔希提语知之不深；至于青少年，如果不大量借助法语的话，他们已很难用塔希提语进行交

---

① Lionel Rimoux, Assistant High Commissioner, personal communication, 1992.

流。在大家庭中，年幼的孩子们只会说法语，以致无法与他们的祖父母沟通。"为了与我们的土地和文化和谐相处，人们有必要采取措施以避免这种语言消失。塔希提语对我非常重要。为了能够谈论文化、神学和许多其他事情，年轻人必须讲这种语言。"①

电子媒体传播了法国语言和文化。法国为其海外领地专门成立了一个电视台。毛希人特别容易受到影响，因为他们出生于一个口头文化之中，并且大部分是半文盲。电视节目是随着太平洋核试验中心的成立而被引入法属波利尼西亚的，后来又通过卫星传送至外岛。到20世纪90年代，电视节目大约覆盖了其人口的90%，并且81%的家庭拥有电视机。法国海外电视台（French Overseas Television，法语缩写为RFO）直接从巴黎播放节目，但是只有一小部分节目使用塔希提语和与塔希提有关。这一设施极其昂贵。值得注意的是，法国没有将电子媒体的控制权移交给该领地政府。尽管人们很难全面评价电视的影响，但是它对毛希人的态度和生活方式产生了重大影响。原来，在家人一起吃饭时，孩子们可以借机讲塔希提语并顺便从父母和祖父母那里学习文化价值观，虽然这种机会并不多，但是如今这一时间被看电视所侵占。同样，电视节目和广告提高了期望值和塑造了消费偏好。

教育系统一直很少重视毛希人的历史和文化。文化学者让-马克·帕姆布伦指出，关于毛希人文化的课程远远不够，"有必要描述和撰写从起源和创世神话到现在的波利尼西亚历史……当前课程不可能使波利尼西亚人获得身份认同和建立国家认同"。② 自1984年实行内部自治以来，领地政府一直未曾致力于增加对毛希人语言和文化的了解。然而，这一结论需要加以限定，即承认制度和进程的根深蒂固性，即使在法国结束直接统治之后，制度与进程仍在使法属波利尼西亚继续法国化。法属波利尼西亚的法国化经历是马绍尔群岛的真实映照，因为马绍尔人受到了英语语言政策与美国式学校教育的影响。马绍尔人还被淹没于美国电视和无线广播节目与西方消费文化之中。

352

---

① Duro Raapoto, personal communication, 1992.

② Jean-Marc Pambrun, Director of Department of Traditions at the Musee des ties, personal communication, 1992.

在 20 世纪 60 年代之前，法国侨民人数微不足道。太平洋核试验中心导致大量军事和文职人员涌入，这使得法国人从数百人增至数千人。后来，经济快速增长又吸引来许多投资者和法国普通民众。1988 年，欧洲居民所占比例稳定在了 12%（90% 以上为法国人）。太平洋核试验中心也促进了旅游业发展，因为供太平洋核试验中心使用的法阿机场方便了游客进入。1960年，游客为 4000 人次，到 1986 年，达到顶峰，为 16.1 万人次。法国居民、短暂停留的军事人员和保修人员以及游客共同影响了这个小社区，从而加强了法国化。

法属波利尼西亚在日益法国化的同时还出现了混血的德米人。德米人的特征是他们完全吸收了法国的语言、文化、教育观念、工作和生活方式。由于具有毛希人血统，他们还充当了法国文化进一步广泛传播的途径。在现代经济和法国政治制度中，德米人中的成功人士充当了在当地出生的人的榜样。在公共领域，他们使得宗主国无须再派遣人员来现场监督，并制造了民治的表象。此外，亲法派政党和法国媒体还利用种族主义指控独立派政党，从而削弱了德米人对它们的支持。这样做并不难，考虑到独立派政党试图取消法国人的统治，它们的政策自然而然地疏远了法兰西人以及具有少量法国血统的德米人。

相对较低的移入率以其他方式塑造了毛希人的心态。在新喀里多尼亚，外来移民在人数上已经超过土著卡纳克人。与之相比，毛希人从来没有成为少数民族，他们在总人口中所占比例一直在增长。与其他族群相比，毛希人的家庭规模较大，而且移民率非常低。1988 年，毛希族在总人口中占 66.5%，如果再加上具有毛希人血统的德米人，则达到 83%。与新喀里多尼亚的卡纳克人不同，毛希人没有感受到威胁。

在太平洋核试验中心建立之前，人口已有逐渐向首府迁移的趋势。为了满足太平洋核试验中心对劳动力的需求，农村人口加速外流。塔希提岛和其姊妹岛莫雷阿岛在总人口中所占比例从 1962 年的 59% 上升到 1967 年 74%，其中，半数以上居住在帕皮提。城市无产者的劳动方式和社会形态很快取代了外岛的生活方式、文化和社区。这些变化在很大程度上是伴随太平洋核试

353

验中心而来的现代化和经济增长的结果。虽然制定这些政策不是为了让毛希人适应新的文化习俗，但它们的确产生了如此效果。

这些在 20 世纪 60 年代所发生的急剧变化导致法属波利尼西亚社会日益按照阶级和种族划分了阶层。德米人主导了政治舞台和政府，与此同时，德米人、中国人和宗主国的法国人控制了商业、工业和一些自由职业。自 20 世纪 60 年代以来，绝大多数毛希人日益沦落到社会底层，成为领取低工资的工人、小农或者失业者。尽管毛希人社会地位低并在经济上被边缘化，但是，为了使法属波利尼西亚维持现状，法国承诺给予他们巨大的物质利益。太平洋核试验中心和法国国内转移支付使得基础设施建设获得空前发展。由于经济增长，毛希人在城市找到了快速挣钱的机会。公共事业获得大发展，尤其是学校和医院发展迅速。虽然法属波利尼西亚不提供失业津贴，但是家庭、年老有病的领取退休金人员可获得各种各样的津贴。同时，法属波利尼西亚几乎完全普及了自来水、电气化和无线电通信，如果没有财政援助，这是不可想象的，特别是外岛。

正如法国政府反复强调的那样，与已获独立的岛国相比，毛希人获得了高水平的物质生活。尽管社会变化塑造和提高了人们的期望，但是经济增长和社会福利事业满足了人们的期望。民族主义者呼吁为独立牺牲生活水平，这几乎没有说服力。独立派也未能充分利用族群间的显著不平等。毛希人的不平等意识尚未激起他们形成"我们"毛希人与"他们"相对的民族主义观念。满足不是绝对的，特别是在年轻的毛希人中。多年的经济衰退不仅造成失业人数增多，还使不满日益增加，从而引发了一系列暴乱，如 1987 年 10 月暴乱，20 世纪 90 年代初期破坏性较小的暴乱，以及与 1995 年恢复核试验同时发生的大暴乱。尽管如此，大多数人仍将法国视为他们幸福的保障者，虽然觉醒的毛希人越来越多，但是尚未加强独立派政党的力量。

1984 年以来的选举趋势表明，选民始终支持那些主张与法国继续保持紧密联系和使现行条例继续有效的政党，仅少数人支持独立派政党。在 1991 年选举后，人民权力党在该领地政治中彻底失势。然而，为毛希人民服务联盟的席位从 2 个温和增至 4 个。为毛希人民服务联盟得益于人民权力 354

党的消亡，以及经济衰退致使贫穷和失业的毛希人大量增加。但是，为毛希人民服务联盟的支持者仍主要局限于法阿市。在 1982～1991 年，独立派所获选票从 14.6% 微降至 13.8%。法国国民议会选举也为了解民意提供了一个新维度。在 1993 年 3 月举行的全国大选表明该领地选民倾向于保守。在东部选区，弗罗斯在第一轮选举中就胜出了。在人口稠密的西部选区，弗罗斯的盟友让·朱旺坦遇到较大困难，直到第二轮选举才胜出，其主要竞争对手奥斯卡·特马鲁拿下 44.3% 的选票。在 1993 年选举中，独立派政党所获选票创下历史最高纪录，但是，特马鲁广受支持可能是因为他本人的正直性格和反对朱旺坦的抗议活动（他最近受到腐败牵连），而不是投票支持独立。

自 1984 年实行内部自治以来，老牌政党间的政策分歧实际上已经消失并逐步趋同。虽然没有任何政党能获得足够选民支持以便有权组织政府，但是某一政党还是会脱颖而出。十多年来，直至并包括 1996 年的领地选举，为毛希人民服务联盟成为第一大党，并支配了六届联合政府中的五届。联盟领导人加斯顿·弗罗斯的个人魅力，外岛的保守性和非毛希人族群的支持，以及承诺将与法国保持牢固的长久关系，一直是该党获得支持的主要原因。

政治活动的个人化和选举的地方化也是一些政党取得成功的决定性因素。这一进程阻碍了法属波利尼西亚毛希人运动的发展。如下趋势十分明显，即投票支持现任市长和领地代表（通常是同一人）。重要参选人，尤其是弗罗斯、朱旺坦和特马鲁，大多是法属波利尼西亚自治市的市长。弗罗斯担任过三届领地议会主席，三届国民议会议员，并自 1963 年起一直担任皮拉埃（Pirae）市长，而且，自 1993 年起一直兼任上述三个职位。

有限扩大自治权反而加强了法国对法属波利尼西亚的控制。内部自治不仅保护了法国的战略目标，而且，它所提供的让步和象征满足了主流派政治人物的要求。与此同时，独立派政党无力将毛希人团结起来，从而削弱了它们获得外部支持的基础。与新成立的南太平洋论坛中的卡纳克运动不同的是，它们也没有使该领地重新列入联合国的非殖民化名单。直到 1995 年突然爆发反核骚乱，世界其他地区才对毛希人独立运动有了深入了解。

法属波利尼西亚政府想要额外权力。它希望更好地控制移民，在南太平

洋地区性事务中发挥更大的作用和获得对 200 海里经济区的管辖权。但是，
那些做决策的政治家在巴黎，而非帕皮提。持续多年的核试验所造成的影响   355
不仅是环礁被污染，还有该领地在经济、政治和文化上的法国化。

太平洋无核化理念

只要这些岛屿仍是殖民地，宗主国政府就不会考虑岛民们对核试验的抗
议。但是，在 20 世纪 70 年代，由于越来越多的领地获得独立和法国大气层
核试验为无核化意见提供了政治聚焦点，民众抗议日益变得更有组织性，并
开始影响新兴国家的外交政策。到 20 世纪 80 年代初，被一些人以激进方式
和另一些人以温和方式所阐述的"太平洋无核化"成为独立国家的普遍
目标。

1975 年在斐济召开的太平洋无核化会议发动了一场有组织的太平洋无
核化和争取独立的运动。在此次会议上，太平洋岛屿代表宣布太平洋岛民已
"厌倦了被当作狗对待"，并呼吁制订一项条约，以便使这些岛屿完全成为
无核区。在随后几年中，该运动还举行了其他活动，譬如，反对大规模军事
演习、反对夸贾林群岛的洲际弹道导弹试验、反对夏威夷群岛卡霍奥拉韦岛
的投弹训练、反对澳大利亚开采铀矿和日本倾倒放射性废物。该运动曾支持
过帕劳宪法，法属领地独立运动，以及东帝汶和伊里安查亚的游击队抵抗活
动，其成员还定期举行反对法国核试验的示威活动。该运动有许多目标未能
实现，因为这些目标的性质影响了美国和法国的安全利益。然而，它推广了
太平洋无核化理念，并表达了广为流传的意见。

在独立后不久，太平洋岛国领导人就提出了核问题。1971 年，在第一
届南太平洋论坛会议上，与会各国政府首脑呼吁法国今后不要再在太平洋上
进行核试验；他们还在 1972 年呼吁停止一切大气层核试验。1975 年，南太
平洋论坛原则上接受了新西兰提出的南太平洋无核区理念。20 世纪 80 年代
初，太平洋无核化理念开始进入各岛国的外交政策和宪法。巴布亚新几内亚
和瓦努阿图于 1981 年宣布支持南太平洋无核区理念，瓦努阿图宣布自己无

核化，帕劳和密克罗尼西亚联邦在独立前夕通过了具有限核条款的宪法。在新西兰，尽管工党是反对党，但承诺在上台后使新西兰无核化。

在 1983 年 3 月当选澳大利亚总理后，鲍勃·霍克感到必须认真对待无核化理念。他担心，如果不这样做，由于澳大利亚没有采取行动阻止穆鲁罗瓦环礁上的核试验，一些南太平洋国家会感到沮丧，并将开始阻碍美国海军舰艇和飞机的自由活动，并且，由法国所激起的反核情绪将被指向美国，从而破坏其在南太平洋的战略地位。因此，在 1983 年南太平洋论坛会议上，澳大利亚，而非某一岛国，提出了《南太平洋无核区条约》，然后领导了论坛条约事务委员会。在此后两年里，澳大利亚利用其对这些岛国的影响力，确保了最终条约温和地反对法国的核弹试验，而非美国的核动力舰艇的访问或导弹试验。巴布亚新几内亚、所罗门群岛和瓦努阿图希望规定更加严格，如禁止导弹试验和对核武化舰艇到访港口的时间进行限制。但是，澳大利亚极其不愿损害美国战略利益，因此澳大利亚的倡议可以被看作是压制岛国积极性的政策。1989 年，美国国会在一份关于"天堂里的难题"的报告中指出，"军舰短期访问问题由该条约各签约国酌情自行决定。因此，在这个重要问题上，该条约对美国利益没有产生任何不利影响，因为我们没有被阻止做任何我们一直在做的或正计划要做的事情"。截至 1996 年，16 个论坛成员国中有 12 个签署了该条约。西方国家都将无核区视作一项核武器控制措施，然而，由于在世界政治中没有任何影响力，岛民们往往把它看作是环保措施。该条约草案已被提交给五个公开宣布拥有核武器的国家签署，但是，到 1993 年，只有中国和苏联签署了它。法国拒绝签署它，美国和英国亦然。

随着冷战的结束和法国核试验的暂停，核问题在南太平洋政治中已不再是迫切需要解决的事情。但是，在雅克·希拉克 1995 年成为总统后不久，他签署了首批法令，其中一项就是宣布法国将试验更多核弹。他这一举动使核问题再次回到太平洋地区政治的中心，不仅在南太平洋国家中激起公愤，还引发了全世界的抗议。南太平洋论坛秘书长耶利马亚·塔柏称该决定是一种挑衅，并预测它会伤害法国与该地区的关系。几天后，一个论坛代表团在巴黎正式向法国政府提出抗议；在此后数周里，法属波利尼西亚有成千上万人走上帕皮提街头，举行了自 1973 年以来规模最大的游行示威活动。他们打着反核标语前往欢迎绿色和平组织的"彩虹勇士号"，他们的抗议表明独立运动远未结束。1995 年 7 月 10 日，由于渴望制造一个具有象征意义的时刻，绿色和平组织将"彩虹勇士号"驶入穆鲁罗瓦环礁附近的禁区。十年前的这一天，法国特勤局特工在奥克兰港曾击沉过与"彩虹勇士号"同名的一艘船。法国海军突击队袭击了该船，砸碎了窗户，并用催泪瓦斯制伏了抗议者，从而进一步激起了全世界对法国核试验的反对。

随着首次核试验的临近，局势日益紧张。法国在穆鲁罗瓦环礁附近扣押了绿色和平组织的抗议船只。来自澳大利亚、新西兰、日本和欧洲的国会议员与波利尼西亚人一起在塔希提岛进行了另一场游行示威活动。当核弹在 9 月 5 日被引爆时，帕皮提爆发了一场大暴乱。示威者用砖头、铁棍和一台推土机袭击了国际机场航站楼。当警察以眩晕手雷和催泪瓦斯回应时，暴徒转向了帕皮提市里，他们在街道上横冲直撞，洗劫商店，掀翻汽车，并纵火烧毁了部分市区。国际媒体的影像表明，一个殖民地正处于起义时期，但这场暴乱的真正意义仍有待观察。许多暴徒是来自帕皮提最贫穷地区的失业青年。如果法国放弃法属波利尼西亚，他们将不会有什么损失。其他波利尼西亚人虽然想让法国停止核试验，但是仍然将法国人视作他们生活的慷慨资助者：他们反核但亲法。1996 年的领地选举表明，独立仍然是少数人的事业。当独立派代表在领地议会 41 个议席中从占 6 个增至占 11 个时，加斯顿·弗罗斯所领导的亲法的人民阵线轻松赢得了多数议席，并继续控制着领地政府。

从某种意义上说，太平洋核时代终结于 1996 年。当年，法国迫于国际舆论压力提前结束了核试验计划。长期以来，太平洋岛民几乎都想让这些岛屿和这片海域远离所有与核有关的事物。实现太平洋无核化理念已经成为该地区身份认同的一部分，如今，这一愿望似乎最终得以实现。在比基尼环礁首次核爆的 50 年后，法国开始拆除太平洋上的试验设施，并加入了美国和英国签署的《南太平洋无核区条约》。五个拥有核武器的大国一致认为，在太平洋上进行核试验的时代已经过去。但是，从另一种意义上讲，核时代不会结束，无论是现在，

357

还是今后数百年。半个世纪的核爆炸的遗产仍影响着接触放射性物质的人们的身体，破坏着核试验环礁的自然环境和存在着今后污染的风险。

文献简论

弗思的《核竞技场》（*Nuclear Playground*）介绍了太平洋核问题的概况。关于美国所实施的核试验和密克罗尼西亚所受到的影响，资料主要来源于基斯特的《比基尼人》（*The Bikinians*）、维斯盖尔的《十字路口行动：在比基尼环礁上的核试验》（*Operation Crossroads：The Atomic Tests at Bikini Atoll*）、布拉德利的《无处藏身，1946～1984 年》（*No Place to Hide，1946 - 1984*）、托宾的《埃尼威托克环礁居民的重新安置》（The Resettlement of the Enewetak People）、史密斯的《密克罗尼西亚：太平洋岛屿托管地的非殖民化和美国军事利益》（*Micronesia：Decolonisation and US Military Interests in the Trust Territories of the Pacific Islands*）、伍德的《反战宪法的序言》（Prelude to an Anti-War Constitution）、卡鲁克茨的载于怀特和林德斯特伦的《太平洋战区》（*The Pacific Theater*）的《马绍尔人宇宙论的力量来源》（The Source of the Force in Marshallese Cosmology）。政府报告可见密克罗尼西亚第五届国会第一次例会，《关于涉及 1954 年 3 月 1 日事件的朗格拉普环礁和乌蒂里克环礁人民的医学报告：损伤，检查和治疗》（*A Report on the People of Rongelap and Utirik Relative to Medical Aspects of the March 1，1954，Incident：Injury，Examination，and Treatment*，February 1973）；第二次例会，《对朗格拉普环礁和乌蒂里克环礁人民的补偿》（*Compensation for the People of Rongelap and Utirik*，February 1974）；联合国托管理事会报告；美国能源部，《对马绍尔群岛北部进行辐射测量的计划》（*Radiological Survey Plan for the Northern Marshall Islands*，22 August，1978）；还有，美国总审计局的两份出版物：《马绍尔群岛：核索赔信托基金的状况》（*Marshall Islands：Status of the Nuclear Claims Trust Fund*，Washington，DC，25 September 1992）和《美国托管地：与帕劳向自治过渡有关的问题》（*U. S. Trust Territory. Issues*

Associated with Palau's Transition to Self-Government，Washington，DC，1989）。

阿诺德的《一个极其特殊的关系：皇家专门调查委员会对英国在澳大利亚进行核试验的报告》（*A Very Special Relationship*；*Report of the Royal Commission into British Nuclear Tests in Australia*，Canberra，1985）、古道尔的《真相大白》（The Whole Truth and Nothing But…）、基础产业和能源部所出版的《对澳大利亚前核试验场的复原》（*Rehabilitation of Former Nuclear Test Sitesin Australia*，Canberra，1990）和迈耶恩的《一生只有一个巴拜·皮特》（Only One Babai Pit in a Life time）讨论了英国核试验和对澳大利亚和岛屿的影响。

关于法国核试验及其对法属波利尼西亚的影响，资料主要来源于冯·斯特罗基克的《塔希提岛的自治：幻想或真实？》（Tahitian Autonomy：Illusion or Reality?）。另请参见冯·斯特罗基克的《核试验对法属波利尼西亚政治的影响》（The Impact of Nuclear Testing on Politics in French Polynesia）、格兰德的《普瓦纳阿·艾·奥帕与塔希提岛的民族主义》（Pouvanaa a Oopa et Nationalisme à Tahiti）、芬尼的《法属波利尼西亚：核依赖》（French Polynesia：A Nuclear Dependency）、本格特·丹尼尔森和玛丽－泰蕾兹·丹尼尔森的《有毒统治：法国的太平洋核殖民政策》（*Poisoned Reign*：*French Nuclear Colonialism in the Pacific*）、塔古帕的《法属波利尼西亚的政治，1945～1975 年》（*Politics in French Polynesia*，*1945－1975*）、国际防止核战争医生组织出版的《放射性天地》（*Radioactive Heaven and Earth*）、法国原子弹中心协会出版的《和平之营》（*Le Bataillon de la Paix*）、马泽利耶的《塔希提岛自治》（*Tahiti Autonome*）、蒂阿尔的《波利尼西亚方程》（*Equations Polynésiennes*）、布兰切特的《法属波利尼西亚经济调查：1960～1990 年》（*A Survey of the Economy of French Polynesia*：*1960 to 1990*）、波利尼西亚代表团出版的《发展协议》（*Pacte de Progrès*）、博里尼的《塔希提岛：后核时代的战略》（*Stratégie pour l'après-nucléaire*）、塞恩伯格的《法国的形象》（The Image of France）、芬尼的《波利尼西亚的农民和无产阶级》（*Polynesian Peasants and Proletariat*），还有赖斯特莱特撰写的《从普瓦纳阿的下台到机构的回归》（De la chute de Pouvanaa au retour en arrière des institutions）。

第十一章

物质世界的重塑

由于认识到国家主权是重新获得环境控制权的先决条件，太平洋无核化运动从构建一个无核和独立的太平洋的角度进行了重新定位。对资源和利润的榨取破坏了资源基础。由于新政府正在奋力构建单一民族国家及其经济基础，许多对资源管理至关重要的问题往往被妥协。这些问题也超出了这些民族国家的管辖范围，因为太平洋岛国人民生活在受到全球化进程剧烈影响的生态系统之中，并为了在国际舞台上就其利益展开谈判还创建了区域性组织。

当代政治制度

太平洋岛屿不仅是世界上最后一个被欧洲殖民的主要地区，也是世界上最后一个被非殖民化的主要地区，而且这一进程至今尚未完成。法国仍拥有法属波利尼西亚、瓦利斯和富图纳、新喀里多尼亚的主权。美国仍管辖着美属萨摩亚和关岛，尽管关岛要求获得美国联邦成员地位，就像文化相似的邻居北马里亚纳群岛那样。托克劳仍是新西兰的自治领。太平洋战争结束后，尽管印度尼西亚民族主义者声称对整个荷属东印度群岛拥有主权，荷兰仍试图恢复对西巴布亚的统治。1962年，由于联合国支持印度尼西亚临时政府筹划的《自由选择法案》，西巴布亚的命运最终得以决定。尽管仍存在打着自由巴布亚运动旗号的零星抵抗活动，但从那时起伊里安查亚一直是印度尼西亚的一个省。自由巴布亚运动坚称这只是将西巴布亚从某个殖民国家手中转到了另一个的手中。由于自由巴布亚运动纪律败坏和缺乏外部的强力支持，伊里安人有可能继续被囊括在印度尼西亚之中，就像美国夏威夷人，新西兰毛利人和澳大利亚土著居民那样。

为了成为可靠的后继政府，反殖民运动必须克服地方主义和部落主义，并努力缔造史无前例的政治团结局面。但是，自由巴布亚运动在伊里安查亚未能超越狭隘的地方利益，这限制了它的影响力。在另一个极端，汤加王国毫无争议地摆脱了英国的保护国地位，也没有修改宪法。同样，在被殖民吞并之前很久，萨摩亚人就已有了萨摩亚类型的文化认同，而且还憧憬着在塔法伊法（Tafa'ifā，萨摩亚最高权威）的统治下实现统一。在新西兰承认自己的失败并将萨摩亚人联盟支持者笼络进新成立的长老大会联合主席委员会后（参见第八章），萨摩亚人开始与政府合作，等待独立。1948年，萨摩亚政体被改组为两党制的议会民主制，萨摩亚人还讨论了未来的政体。尽管在议会民主制下国家元首像塔法伊法那样仅具有仪式性权威，宪法仍在很大程度上确认了传统权威和土地占有模式。1990年之前，只有族长才能投票，而且96%的族长是男性。在1962年独立时，国家元首问题得到解决，即由图帕阿家族和马列托亚家族轮流担任，这种模式可追溯到斯坦伯格那里（参见第六章）。

由于对太平洋不再感兴趣，一旦有可靠的政治运动可以接手政府，英国就放任其独立。在1970年，也就是汤加恢复独立的那年，斐济独立；1978年，所罗门群岛和图瓦卢独立；1979年，基里巴斯独立（它与图瓦卢一直作为吉尔伯特和埃利斯群岛被管理）；1980年，新赫布里底群岛共管地独立，成立瓦努阿图共和国，尽管受到法国阻挠和存在分离主义运动（参见第十二章）。

在澳大利亚势力范围内，瑙鲁于1968年获得独立；但是，直到1972年澳大利亚保守派政府决定推动非殖民化，巴布亚新几内亚的前途才最终明确。同年晚些时候，澳大利亚工党赢得大选，成为执政党。令工党政府总理惠特拉姆感到尴尬的是，澳大利亚是世界上仅存的几个殖民国家之一，因此，他决定同意殖民地 3 年内实现独立。实现这一目标需要巴布亚新几内亚议院的合作。同年早些时候，巴布亚新几内亚举行大选，组建了首个完全由选举产生的议院。议院第一大党联合党代表了欠发达的山岳地区的利益。它反对急剧变革，因为这样做有可能将权力移交给较为发达的沿海地区。迈克尔·索马雷所领导的潘古党则持相反意见。索马雷组建了一个联合政府，但是，由于面临许多棘手问题，而且其中任何一个问题都有可能破坏独立进程，该政府极为脆弱。最亟须政府解决的问题包括起草宪法，布干维尔、巴布亚和山岳地区的分离运动，拉包尔周边刚刚兴起的暴乱，三五成群跨越与伊里安查亚之间没有界碑的边境线的难民，寻找可取代澳大利亚人担任公职的巴布亚新几内亚公民，与澳大利亚谈判一揽子援助计划，以及重新谈判与布干维尔有关的采矿协议。更糟糕的是，议员们没有任何治国理政的经验，缺乏维护党内团结的传统，而且只接受过极少的正规教育。

361 　索马雷政府成功处理了这些重大问题。宪法规划委员会赞成广泛下放权力，因此省政府被创建并加强，从而满足了布干维尔的要求。政府重新谈判了采矿协议（见下文），并就澳大利亚逐步停止预算支持达成了协议。事实证明，索马雷是一个老练的调解人，而且泰·阿巴尔也是一位具有建设性的反对党领导人，因此，他们数次联手缓和了紧张局势。公职人员本土化所造成的负面影响低于预期。高地人对受过良好教育的沿海人的担忧逐渐消退，所以沿海巴布亚人也打消了对未受过教育的高地人来莫尔兹比港的恐惧。凭借索马雷高超的政治手腕和一些好运，巴布亚新几内亚在 1975 年 9 月实现了独立，而且政府运行良好，财政收入有保障，还拥有一部被普遍认可的宪法。

在这段史诗般的岁月里，有几个议题被回避了。例如，决策权下放意味着地主不仅能直接与木材公司进行谈判，还期望它们能修建政府负担不起的道路、学校和医院。这带来的后果是为腐败提供了温床，而且大片森林遭到滥砍滥伐。同样，从筑路到采矿等创收项目都需要与地主进行旷日持久的谈判，以便补偿由此带来的不便或损失。

由于反对政府在殖民后期的极端集权，宪法制定了关于民主政治的条款，但是这些条款加剧了上述困难。国会议员能否当选取决于他们受地方民众欢迎的程度，而这又与他们从中央拿回多少公共服务项目和工程项目有关，因此他们对政党的忠诚是有弹性的。一个失去议会多数支持的政府无法要求提前举行大选，而且开除党籍也不能胁迫国会议员遵守党纪。野心勃勃的后座议员可以轻而易举地改换党派，从而创建一个新的多数派（同样也不稳定）。由于行政部门受制于立法者的意志，没有任何一届政府能干满每届议会的五年任期。特别是在 20 世纪 80 年代，国会议员可以为其选区要求公共服务项目和工程项目，不论这些要求是否属于国家重点发展领域和符合预算约束政策。在向这些地方项目提供资金后，一些部门失去了执行国家职能的财力。后座议员们还大幅增加了他们的薪水和扩大了他们的特权，而且每位议员每年要在其选区项目上花费 50 万基那。总之，行政机构失去了对立法者的控制，并且政府也失去了对预算的控制。文职人员对国防军的管理也因军纪败坏而受到质疑，即使在布干维尔危机之前（见下文和第十二章）。

19 个省的治理水平参差不齐。较富裕省份的政府，由于拥有合格的工作人员和有钱发放薪水，往往运转良好；贫困省份的政府则无法履职，其中有几个省份还曾经暂停运转。一些中央官员（包括在 1992 年曾担任过总理的帕亚斯·温蒂）可能目睹过一些省政府无法有效发挥作用，因此中央政府（在他的继任者陈仲民领导下）对它们实施了重组。有些省级官员，尤其是马努斯、新爱尔兰、东新不列颠和西新不列颠等岛屿省份的，开始思考他们是否需要一个中央政府。1994 年，当新几内亚岛屿省份的总理在拉包尔举行会议时，事态几乎到了紧急关头。他们向中央政府发出最后通牒，要求中央政府放弃威胁省政府，否则他们将考虑集体脱离巴布亚新几内亚而独立。这场危机实际上被几天后的火山爆发所遮蔽。这次火山爆发不仅摧毁了拉包尔，还需要在全国范围内展开救援工作。但是，这场危机并没有被解决，只不过被推迟了。管理不善还招致了主要援助者澳大利亚政府以及世界银行的批评。在 1995 年总理陈仲民披露该国国库空虚之后，巴布亚新几内亚只有满足世界银行提出的重组财政的要求，澳大利亚才会提供短期援助。

362

激烈的谈判表明，政府控制后座议员的难度不亚于世界银行将其计划强加给万般无奈的政府。

法国决心保留主权，不仅在塔希提岛（参见第十章），也同样在新喀里多尼亚。那里的美拉尼西亚人已被彻底剥夺了土地所有权，尽管洛亚蒂群岛的岛民保留了一些土地，但是他们却被限制在了拥挤不堪的主岛保留地里，从而只能作为雇佣劳动力从事采矿和农耕工作。他们的生活水平和预期寿命明显低于那些人数超过他们的移民（与瓦利斯人和其他移民相比）。由于很少有机会接受高等教育，他们大部分人无法从事专业和管理领域的工作。20世纪60年代末，在一定程度上受1968年巴黎骚乱的启发，以及出于对新喀里多尼亚1878年叛乱的追思（参见第七章），大学生们首次阐明了民族主义立场。他们竭力争取将带有贬义的"*Canaque*"一词改为具有民族自豪感的术语"Kanak"，并坚持将"Kanaky"作为新喀里多尼亚的名称。上述躁动在年长的美拉尼西亚人中引起了共鸣，推动了几个主张独立的政党兴起，而且这几个政党只是在策略和对社会主义目标的承诺上有所不同。

与塔希提人一样，卡纳克民族主义者也面对着一个毫不妥协的法国政府，于是他们将希望寄托在社会党总统密特朗（1981～1995年在任）身上，但最终非常失望。就像在塔希提岛那样，为了分裂民族主义者和削弱领地议会权威，地方自治政府也建立了地方性庇护关系网。大多数移民也攻击卡纳克民族主义者，他们渴望新喀里多尼亚像澳大利亚或新西兰那样成为移民社会，他们对"卡纳克社会主义独立派"的厌恶则导致了暴乱。尽管遭到上述打击，卡纳克知识分子从自己民族的历史中汲取灵感，并在让－马里耶·吉巴乌的精明领导下把各党派团结在一起（组成社会主义和卡纳克民族解放阵线）。虽然吉巴乌的两个兄弟和一些卡纳克人在1984年被白人和混血农民杀害，但是他仍坚持通过谈判争取使新喀里多尼亚和平过渡到独立。由于亲法派大多数成员固执己见和法国政府内部矛盾重重，谈判进展甚微，以致局势再次转向暴乱。暴乱在偏远的乌韦阿岛达到高潮。在那里，卡纳克武装分子抓获了数名宪兵。1988年5月5日，法国军队猛攻扣押人质的山洞，最终有3名士兵和19名卡纳克人死亡，其中3名卡纳克人是在投降后被

363

杀的。

这一悲剧使法国政府大受震动，促使双方重新展开谈判，并最终达成《马提翁协议》。新喀里多尼亚被划分为三个省，其中两个省（洛亚蒂群岛和主岛北部）通过选举成立了由卡纳克人组成的政府。这些政府一经成立就开始进行土地改革和采取措施纠正卡纳克人的历史性劣势。领地命运将在1998 年通过公投决定，届时由于特权受限制，公投结果可能会由占多数的卡纳克选民决定。因此，如果他们团结起来，就能实现独立或与法国建立某种形式的联系。一些对上述屠杀感到愤怒的武装分子认为，该协议对法国让步太多。1989 年 5 月，极端分子暗杀了吉巴乌及其副手耶韦内·耶韦内，但《马提翁协议》作为中期政治框架幸存了下来。

一些偏僻小领地的岛民不愿与宗主国完全断绝关系。库克群岛是首个就中间状态展开谈判的领地，并于 1965 年与新西兰达成可单边终止的自由联系协定。根据这一安排，库克群岛岛民具有双重国籍，可以自由进入新西兰工作；库克群岛岛民依赖新西兰提供援助和在外交事务上的帮助（尽管有时与新西兰的政策有所不同）。这是 1974 年纽埃和新西兰建立自由联系的模范。更宽泛地说，它是为几个美属太平洋岛屿托管地商定的解决模式。美国与马里亚纳群岛、加罗林群岛和马绍尔群岛的谈判常常困难重重（关岛除外，它自 1898 年以来一直是美国领土）。岛民们虽然更喜欢独立，但选择自由联系则更容易实现；美国代表团奉命不讨论独立问题。到第二轮谈判时，美国主张给予所有领地联邦成员地位，分歧在于美国使用战略核设施的权利（参见第十章）和禁止这些岛屿单方终止任何协议。在 1975 年谈判陷入僵局后，美国最终接受了这些岛屿的独立。由于愿意允许美国将一个岛屿用于军事目的，北马里亚纳群岛在 1976 年取得了独立的联邦成员地位（和高额人均补偿）。由于对美国具有战略价值，帕劳和马绍尔群岛在谈判中拥有强势地位，最终选择了独立的共和国。雅浦岛、丘克环礁、波纳佩岛和科斯雷岛则组成了密克罗尼西亚联邦。密克罗尼西亚联邦和马绍尔群岛在 1986 年与美国缔结了《自由联系条约》。在为满足美国要求而修宪后，帕劳也在1994 年成为美国的自由联系国。联系国公民保留了自由进入美国的权利以及美国国籍。它们拥有自治权和外交权（除非违背了美国国防利益），但自由联系只能被双边共同终止，这使得马绍尔群岛和密克罗尼西亚联邦直到1991年才加入联合国。

364

物质世界的变化

一旦独立，太平洋岛国政府就可以开始重新分配资源，或者重新界定资源。太平洋岛民为满足自己的需要一直在重塑环境（参见第二章），来自欧洲、亚洲和美洲的早期殖民者也犯过类似错误，但是双方的错误存在本质区别。由于殖民者不必住在那里，他们可以过度开发这些岛屿。他们可以取代或最低限度地雇用当地居民，还认识到没有义务实现资源长期可持续利用和实施环境控制。一些土地和海洋遭到外来业主的掠夺性开发。在第二次世界大战后的50年里，一些岛屿的海滩上仍散落着锈迹斑斑的坦克和登陆艇，偶尔被冲上岸的水雷，或者虽被遗忘但依然有效的炸弹。数座环礁因受到核污染至今仍被禁止靠近。那些磷酸盐岛的土壤被露天开采一空，地貌颇像遍布陨石坑的月球，因此，这些岛屿正在起诉前托管国，要求赔付巨额复原费用。帕劳的安加尔岛受到了双重影响，一方面，开采磷酸盐使该岛腹地环境退化（参见第七章）；另一方面，它不仅遭到美国狂轰滥炸，而且为了空袭贝里琉岛和巴伯尔图阿普岛的日军要塞，它又作为美军基地被混凝土跑道覆盖（参见第九章）。在新喀里多尼亚、伊里安查亚和布干维尔，新建的镍矿和金矿造成了山川移动，污染了江河及其流域，甚至在江河流入国际水域后还破坏了海洋资源。生态系统退化证据确凿，物种灭绝速度位居世界前列。

殖民地政府推行了如下理念，即与村庄或氏族相对的国家为了共同利益必须控制一些土地；并提出了如下期望，即政府应提供道路、教育和保健，而且这种期望在独立后日益增强。人们期望民选政府理解土地和海洋所有权在当地的意义，尽管它们曾经历了殖民转型。因此，独立后的岛国政府使争取界定物质世界以及分配和开发物质世界资源的斗争复杂化了。这场斗争既是意识形态上的，也是物质上的，而且不仅涉及岛民和跨国公司，还与政府和社区有关。如何平衡地主关切和为所有居民提供公共服务之间的关系？应以谁的法律为准绳？地主有权支配其土地的"主体"（地下矿产权），还是只能支配其"表皮"？普拉里河似乎向巴布亚新几内亚政府展示了水力发电的前景，这引发了一位牧师对普拉里河三角洲社区的反思：

> 我有时想知道，白人将如何截住我们的河流以便为巴布亚新几内亚发电。我们许多人认为他们无法成功截断这条河。对我们来说，这是一个神圣的地方……因为这是我们祖先的诞生地。这些树木、动物、鸟类，甚至河流都是我们祖先创造的。即使白人截断这条河，也是短暂的，不久后我们祖先就会破坏他们的工作，并再次打通这条河。我们的黑人政府怎么可以无视我们的信仰？什么更重要，金钱，还是我们的传统信仰和价值观？〔莫尔兹比港周边的〕莫图人不再打猎或为园圃翻地。他们反而转向政府寻求办公楼里的工作。我不希望这种事情发生在这里或者我们孩子身上……
>
> 我想让我的孩子们知道这条河是我们生活的一部分。当那些聪明人截断这条河时，将会有什么事发生在我们身上呢？[1]

太平洋生态系统受到全球化进程的严重影响。全球气候变暖使环礁处于极度危险境地，上述威胁主要来自其他国家的农业生产、工业污染、林业和采矿业。即使海平面小幅上升，也可能会淹没马绍尔群岛、加罗林群岛、基里巴斯、图瓦卢、上阿莫上群岛、库克群岛，以及汤加的大部分岛屿。对环境问题的关切和对区域论坛的需要推动岛民们成立了自己的区域机构。由于南太平洋委员会（第二次世界大战后由殖民国家创建）拒绝讨论法国核试验，一些自治国家在1971年成立了南太平洋论坛（它在20世纪80年代扩大到赤道以北）。该论坛率先设立了与经济和环境有关的机构，如论坛渔业

---

[1] 'Purari, Overpowering Papua New Guinea?' in Moody (ed.), *The Indigenous Voice*, 196.

局和南太平洋区域环境规划署。

虽然海洋和陆地环境的变化最显著，但是生活方式上日积月累的微小变化，以及航空、通信和医疗服务等领域的技术进步可能会产生更广泛的影响。新食品、新材料、新技术和新宗教相互交织，融入生活模式。为了获取生活必需品和便利设施，环礁居民与火山岛保持着联系。在危机期间，如20世纪80年代与厄尔尼诺现象有关的干旱和90年代初的超强台风和飓风，火山岛继续提供着援助。随着外岛航运业务的衰退和人口的增加，越来越多的岛民选择住在火山岛上或中心国家的城市里，或者建造能够抵御风暴的水泥砖砌房子。电视机和录像机，通过无线电收发报机和电话与国外家庭成员交流的卫星通信，宗主国新闻机构，大米、鱼罐头和肉罐头等方便食品，汽油动力的摩托艇和独木舟，飞机等都已成为岛民生活不可或缺的一部分。

岛内社会结构，无论是有形的还是无形的，都在不断发生变化和彼此影响着。贸易网络的变化，再加上新材料和新技术的应用，使婚姻伴侣的选择网状化，而婚姻伴侣又影响了族群纠纷的处理。定居城市中心和住宅类型变化影响了家庭内部和家庭之间的关系。儿童入学影响了工作模式，男人和女人的雇佣劳动亦然。由于家庭粮食生产让位给薪资就业，大米和肉罐头取代了芋头和鲜鱼，营养和卫生标准的下降速度有时甚至超过了国际收支平衡。经济走向的改变和知识的代际传递反过来又影响了人口结构的转变。家庭层面不仅天天发生着有形变化，而且还往往创造性地适应着变化。人们首先是在家庭和个人层面感觉到混乱的。

本章讨论了岛民在与环境相互作用时所面临的一些问题。环境是后世子孙的生存之本，因此，这些问题既具象征性，也包含物质性。这引发了一些争论，因为没有任何公认的框架可用来理解经济、文化和环境之间的关系。经济学者和岛民都是从最基本层面来尽力理解自给型粮食生产与国民经济和国际劳动力市场之间的关系。然后，分析家们在岛国经济与区域经济的关系问题上产生了分歧，一些人认为岛国经济是与区域经济分离的，另一些人则认为岛国经济是区域经济的一部分。上述争论提出了一些基本问题，即这些

366

新兴民族国家是世界上最富有的，还是最贫穷的？博内迈松深刻领会了上述争论对于理解那些背叛基督教的塔纳人的看法的重要性（参见第七章和第十二章）：

> 当某人参观他们种着山药和芋头等传统粮食作物的园圃时，他会立即被其美丽景色和多样性所震撼。由于不断补充和施加火山灰等肥料，这些土地已变成棕色的腐殖质土壤。除非遇上飓风或严重干旱，这些土地将会提供种类繁多且数量充足的口粮，而且还会有大量剩余，以致可供当地族群在结盟仪式上进行交换。但是，如果把现金收入考虑进去，现代资源显然不足。因此，塔纳岛既富裕又贫穷。从传统生活方式的角度来看，岛民生活在某种程度上是丰裕的，但是，从舶来的社会经济框架来看，岛民是现代意义上的"无产阶级"……塔纳人如今已意识到他们距离今天的消费世界仍然遥远，以致他们几乎无法接近它。他们使自己越来越多地参与到生产和传统仪式交换中。尽管缺乏现金，但是岛民们拥有大量的猪、卡瓦和巨大块茎。他们用一场又一场的盛大仪式非常有排场地将它们卖掉。与外部世界相比，他们很穷，但是他们努力在自己的环境中保持着富有，以便在他们之间展现慷慨。①

塔纳人的宇宙观非常独特，但是许多其他社会也存在这种兼具富裕、贫穷和慷慨的异常现象。学者们在分析政府时遇到了另一个难题，即许多政府似乎入不敷出，而来自宗主国的财富远远超过了岛民的贡献。在阅读国际收支平衡表时，他们发现岛屿社会出口微不足道但进口增长迅速，因此他们提议用"依附式发展"或"福利资本主义"等术语来描述这一悖论。然而太平洋岛国却不认同这些经济理论，因为岛民与这些经济理论所描述的拉美无地农民有着极大差异，即后者只有依靠雇佣劳动才能维持生计。

---

① Bonnemaison, *The Tree and the Canoe*, 108 - 9.

367　　　巴雷对塔希提经济术语的研究表明，将西方术语应用于太平洋经济体时会出现一些翻译和理解问题。[①] 在塔希提人的理解中，最主要的区别是"外部"与"内部"——这一对立概念对夏威夷人的理解也至关重要，但是它与西方的地理区分无关。语义范畴不匹配混淆了对"外部""依赖"等术语含义的分析。塔希提人区分"外部"和"内部"并不完全取决于地理位置或初始位置，而且也不完全取决于思维方式。存在已久的教会等"外来"机构如今已被内化，本地建造的酒店亦是如此（即使它们被"外部"拥有）。椰肉干是殖民地典型的出口农产品，它与这片土地有着根本的联系，从而已完全本土化为一种"祖业"。模棱两可比比皆是。当语义场与受薪工作、贷款和债务联系在一起时，如果用塔希提语来表达，它与塔希提交换周期模式的联系更为直接，其中包括通常不属于西方合同条款的互惠原则。例如，"*tarahu*"通常被解释为"雇佣"，但它在塔希提语中也含有向某人借钱（这需要相互支付）之意。"*aufaura'a'ava'e*"这一短语最初表示向酋长进献贡品，后来被延伸为"自愿"向教会捐款，但是如今被用来表示工资，从而颠倒了西方雇主与雇员间通常的不对称关系。由上可见，我们所说的工资、捐款和税收都包含在这一短语中。更重要的是，从宏观经济角度来看，没有任何近似资本的本土概念，而且要想讨论"国民财富"（国内生产总值）还必须论及"*rava'ira'a fenua*"（土地）的充分性及其有用性，而非附加值概念。其他地方也出现了与西方期望相反的情况，例如，加罗林人期望资源主要从资源丰富的火山岛（进而从美国）流向珊瑚环礁。[②]

　　太平洋知识分子对岛屿之间的相互关系有不同看法。埃佩利·豪奥法对南太平洋所做的结论很有可能也包括北太平洋，并将整个地区纳入更广泛的环太平洋经济和社会。他坚称，那里早就存在一个单一的区域性经济：

---

① Baré, 'Talking Economics in Tahitian'.

② Alkire, *Lamotrek Atoll and Inter-island Socioeconomic Ties*.

它是南太平洋社会形成的基础。它的特权群体拥有一个单一的主流文化，而贫困阶层所拥有的地方亚文化则日益边缘化。这个区域性社会正随着非殖民化进程而形成。尽管与初心背道而驰，它还是将太平洋岛屿纳入澳大利亚和新西兰的经济和社会，以致这些岛屿无法或不愿摆脱它们。鉴于它们已一体化，我们必须重新审视我们对本地区发展所做的许多假设。①

经济学者特奥·费尔贝恩认为这些岛国是可分离的，它们的经济同样（但独立地）建立在脆弱的基础之上："它们的经济仍然脆弱，因为资源基础受到严重限制，地理上孤立和分散，以及国内市场狭小不利于人口迅速增长。此外，它们已严重依赖国际市场，因此容易受到世界市场动荡的冲击。"② 这些陈述概括了两种分析框架。经济学家们的看法毫无疑问占了上风，特别是在发展专家和机构中。这种观点强调陆基资源和有形出口，并将偏远的出口市场和小规模的本地市场视为制约因素。

368

重新定义资源

以陆地面积多寡来考察这些岛屿，将会给予那些位于西太平洋大陆架上的岛屿特权。这种陆基模式是基于传统分析的大陆视角，但是那些非传统描述也应得到同样的重视。首先是航海家们对这些岛屿的观察。他们认为，每个岛屿四周都会有告知值更水手附近存在岛屿的标志，如漂浮物、军舰鸟和鲣鸟的踪迹、海浪偏转、云反射。从这个角度来看，海洋不是障碍，而是一座桥梁。这种观点完全不同于西方对它们的通常描述，即一些黑点孤立地分散在广阔的蓝色海洋上，许多甚至没有被命名，仅被粗略地估计了一下陆地面积。

---

① Hau'ofa, 'The New South Pacific Society', 1.

② 'Subsistence Economy and Policy Options for Small lsland Economies', in Hooper *et al.* (eds), *Class and Culture in the South Pacific*, 56.

从海洋开始，独立的岛国可以对资源的定义和控制提出可供选择的主张。20世纪70年代的海洋法谈判以下列定义为中心，即一国资源仅限于其陆地和距离海岸3海里（或12海里）的领海基线以内的内水，还是应该考虑从文化和经济上对陆地和海洋所有权进行重新定义（这一论点主要由岛国提出）？海洋是否应被视为共有资源？只有独立国家参加了谈判，但有一个例外。美国的立场以陆地为基础，这违背了其托管地密克罗尼西亚的利益，这些岛屿在谈判时被赋予了观察员地位。最终，第三次联合国海洋法会议在1982年拟定了《联合国海洋法公约》议定书。《联合国海洋法公约》允许各国在其领土周围划定200海里专属经济区。在专属经济区内，每个国家都拥有对资源的主权权利，但允许从空中和海上自由通过专属经济区。最终，只有美国对远洋捕捞金枪鱼等物种提出了质疑。①

在专属经济区被包括在内后，资源基础大为改观（参见表11-1）。标示200海里专属经济区的地图变成了一个完整的圆圈，就像岛屿领航员的地图那样。除了巴布亚新几内亚，那些大群岛失去了优势，而且人口和资源的比率也变均衡了。一些较小的岛国和地区，如法属波利尼西亚、基里巴斯、密克罗尼西亚联邦、马绍尔群岛，与巴布亚新几内亚一起成为国际资源博弈的主要参与者。

369

表11-1　太平洋岛国和地区概况（含专属经济区）

岛屿政治实体	常住人口*（人）	陆地面积（km²）	陆地人口密度（人/km²）	专属经济区（km²）	总体人口密度（人/km²）
美属萨摩亚	54600	197	277.16	390000	0.14
库克群岛	19100	240	79.58	1830000	0.01
密克罗尼西亚联邦	105900	701	151.07	2978000	0.04
斐济	777700	18272	42.56	1290000	0.60
法属波利尼西亚	218000	3265	66.77	5030000	0.04

---

① Jon Van Dyke and Carolyn Nikol, 'U. S. Tuna Policy: A Reluctant Acceptance of the International Norm', in Doulman (ed.), *Tuna Issues and Perspectives*, 105 - 32.

续表

岛屿政治实体	常住人口 * （人）	陆地面积 （km²）	陆地人口密度 （人/km²）	专属经济区 （km²）	总体人口密度（人/km²）
关岛	146700	541	271.16	218000	0.67
伊里安查亚	1400000	420000	3.33	n. a.	n. a.
基里巴斯	78300	690	113.48	3550000	0.02
马绍尔群岛	54069	176	307.21	2131000	0.03
瑙鲁	10600	21	504.76	320000	0.03
新喀里多尼亚	182200	19103	9.54	1740000	0.10
纽埃	2100	259	8.11	390000	0.01
北马里亚纳群岛	56600	471	120.17	1823000	0.03
帕劳	16500	494	33.40	629000	0.03
巴布亚新几内亚	3951500	462243	8.55	3120000	1.27
所罗门群岛	367400	28369	12.95	1340000	0.27
托克劳	1500	10	150.00	290000	0.01
汤加	98300	747	131.59	677021	0.15
图瓦卢	9500	26	365.38	900000	0.01
瓦努阿图	164100	12190	13.46	680000	0.24
瓦利斯－富图纳	14400	255	56.47	300000	0.05
西萨摩亚	163500	2820	57.98	95800	1.71
	7892570	971093	8.13	29721824	

来源：专属经济区一栏的数据由杜尔曼搜集，来自南太平洋委员会，并根据南太平洋区域环境规划署提供的最新数据进行了修订：戴维·杜尔曼，《远洋船队作业和区域渔业合作》（Distant-Water Fleet Operations and Regional Fisheries Cooperation），参见杜尔曼所编《金枪鱼渔业的发展》（The Development of the Tuna Industry）；南太平洋区域环境规划署所编《汤加王国：环境管理行动策略》（The Kingdom of Tonga：Action Strategy for Managing the Environment）和《西萨摩亚：国家环境与发展管理战略》（Western Samoa：National Environment and Development Management Strategies）。

* 常住人口为 1994 年数据。

为了资助目前的基础教育、医疗和公共安全事业，这些新独立的岛国在很大程度上延续了殖民时期所建立的经济联系。除非资源已经枯竭（如巴纳巴岛和安加尔岛），否则岛国政府将继续批准采矿等项目，以换取更大份额的收益。殖民地政府很少收支相抵，而且新政府也没有取得太大成功。大多数岛国维持了与前殖民统治者的主要贸易关系，并严重依赖它们的援助和政府支持。

岛国经济是政治性的,我们用来理解经济的分析结构也是政治性的。岛民们认为这个世界是相互联系的,而非彼此隔绝的,这种看法正在成为活生生的现实。这些联系有悖于表 11-1 所依据的自给自足的民族国家模式,但却为那些强调相互依存的模式提供了证据。

1996 年库克群岛"葡萄酒盒"丑闻(一些官员涉嫌合谋做假账)不仅表明岛国与太平洋沿岸国家的经济是相互渗透的,还展现了岛国政策影响其前殖民者和援助捐赠者声誉的方式。在建立自由联系之前,库克群岛与新西兰是一个整体,库克群岛的小农为新西兰冬季市场提供了热带果汁、水果和蔬菜。在新西兰向外国供应商开放市场后,库克群岛居民失去了他们赖以为生的小营生,越来越多的岛民加入了移民新西兰的大潮。如今,近 70% 库克岛民居住在新西兰,这引起了新西兰和库克群岛政治家的关注。这个虽小但稳定的老乡群体目前由一家大型国营企业来供养。该企业不仅得到了新西兰的援助,而且工资还高于私营企业。最终,为了建立一个更加独立的财政基础,库克群岛政府转向了离岸银行业务。涉嫌违反法律并受到指控的是,虽然库克群岛证明日本、澳大利亚和新西兰投资者已向其缴纳了 15% 的代扣所得税,但是税款在减去酬金后又返还给了这些公司,从而欺诈了投资者所属国家的纳税人。新西兰特别关注该问题,因为新西兰是库克群岛的前统治者、现"自由联系"伙伴和主要援助国,尤其是涉案新西兰投资者还包括国有企业。不管怎样,新西兰的国际声誉明显岌岌可危,这起所谓的诈骗案还可能会进一步波及新西兰经济和货币信誉。目前,新西兰正在公开调查和审理该案,这不仅是首次大规模地公开调查颇为神秘的免税天堂,而且对库克群岛和新西兰的政治家而言凶多吉少。

在此背景下,瓦努阿图 1995~1996 年的动乱可能具有启发性。在 1980 年独立时,由于获得了绝大多数选票和议席,以英语为母语的瓦努阿库党上台执政。到 1991 年时,瓦努阿库党因分裂而在大选中败给了一个由马克西姆·卡洛特·科尔曼领导的、主要由以法语为母语的政党组成的联盟。在 1995~1996 年,由于该联盟在大选后不久也分裂了,政局出现动荡,议会的规章制度遭到破坏,一些政客被指控违规开具大量银行保函。就像巴布亚新几内亚和所罗门群岛那样，激烈的政治竞争似乎侵蚀了各政党上台伊始所奉行的原则和被庄严载入独立宪法的程序。

从西方的角度来看，许多岛国的进出口严重失衡，以致人们可能很好奇它是如何被维持的。难道差额会导致生息贷款？难道太平洋岛国也从差额中获得了好处？为什么宗主国会继续给予补贴？难道这种转移支付属于"援助"？这些问题的答案（就像这些问题一样）都是政治性的。在确定宗主国权力界限和在国际关系中充当政治、经济和环境缓冲区上，我们如何评价岛国的作用？难道岛民们从木材、矿产品和水产品出口中获得了合理回报？旅游业和海外银行业务等"隐形"出口发挥了什么作用？

表 11－2 提供了一种基于国内生产总值和人均官方发展援助的视角。从人均国内生产总值来看，瑙鲁一直遥遥领先，但是它的磷酸盐矿很快就会枯竭；接下来的五个政治实体是宗主国属地，其次是自由联系国，最后是那些独立岛国。在独立岛国中，只有斐济人均收入较高。国内生产总值最高的是自由联系国或与宗主国实现一体化的政治实体。

表 11－2 太平洋岛国及地区经济统计数据

岛屿政治实体	年份	国内生产总值（千澳元）	人均国内生产总值（澳元）	人均官方发展援助（澳元）
美属萨摩亚	1985	260417	6660	2117
库克群岛	1993	89866	5195	912
密克罗尼西亚联邦	1993	315399	3400	
斐济	1993	2077830	2716	64
法属波利尼西亚	1992	4106108	19622	
关岛	1990	1513369	12356	878
基里巴斯	1990	43430	600	421
马绍尔群岛	1991	95815	1995	1386
瑙鲁	1989	206250	22418	27
新喀里多尼亚	1990	3053988	17970	1901
纽埃	1991	8835	3946	4034
北马里亚纳群岛	1994	732432	12941	
帕劳	1988	63291	4163	907
巴布亚新几内亚	1993	7269565	1882	127

续表

岛屿政治实体	年份	国内生产总值（千澳元）	人均国内生产总值（澳元）	人均官方发展援助（澳元）
所罗门群岛	1993	336572	947	174
托克劳	1990	800	478	3750
汤加	1992	176968	1815	389
图瓦卢	1990	12265	1256	694
瓦努阿图	1993	267793	1678	337
瓦利斯－富图纳				75
西萨摩亚	1992	212674	1305	160

来源：这些数字由作者根据范围广泛的官方资料汇编而成。至于最新资料，请查阅澳大利亚国立大学国家发展研究中心的南太平洋经济和社会数据库。

　　这些宽泛的指标未能反映出太平洋岛屿经济的本质：自给自足的财富对国内生产的贡献有多大，或者海外家庭成员的贡献有多大？在国内是如何分配的？瑙鲁 31% 的人口不是瑙鲁人，主要是磷酸盐矿工，他们无法期望平均分配。当然，这些问题比任何计量经济学分析都要复杂。战略拒绝或者开放海空航线的代价有多大？对于岛民、生物圈和所有民族而言，海洋和土地退化的代价有多大？地缘政治上的利害关系解释了为什么法国和美国主要支持受其影响的岛屿，这些政治实体的国内生产总值排名靠前，这与它们的合并程度成正比。战略上的利害关系会影响财政支持力度，并且某些岛国或者它们的精英人士最好被视为"食利者"而非"依赖者"。然而，这种分析并没有被广泛接受，因为它承认有些转移支付是租金，而非援助。同样，美国和日本拒绝仅仅就"支付"定期捕捞金枪鱼许可权费进行谈判，而是坚持将部分转移支付归类为经济援助或技术援助，尽管在上述支付中有 85% 的款项与两国渔业捕捞地点有直接关系。[1] 考虑到上述分类的含义，中心国家以及太平洋岛国重新界定了经济学术语。如果这些转移支付被称为援助，那

---

[1]　Van Dyke and Nicol, 'U. S. Tuna Policy', in Doulman (ed.), *Tuna Issues and Perspectives*, 121. See especially Secretary of State Schultz's message to Pacific island delegations, appendix 4, 130 – 1.

就掩盖了政治和经济现实。

这些做法也使得负债水平难以追踪。世界银行仅监测了斐济、巴布亚新几内亚、所罗门群岛、汤加、瓦努阿图和西萨摩亚。在 1990～1991 年度，大多数岛国使其外债与国内生产总值的比例保持了大致相同，而且利息支付水平也保持了稳定。汤加不仅减少了绝对债务，还将负债水平从 52.9% 降至 37.8%。只有巴布亚新几内亚被列入了世界银行警示名单。然而，在 1991 年，由于出口急剧下跌和进口飙升，西萨摩亚经历了灾难性的一年，负债水平从 1990 年的 50% 升至 93%，而且自 1991 年以来，情况一直在恶化。太平洋岛屿经济极易受到天气和大宗商品价格的影响，由于在 20 世纪 90 年代初遭受到一系列强台风的侵袭，粮食和出口作物将受到数十年的影响。

高国内生产总值并不等同于高生活质量，有时恰恰相反，如表 11 - 3 所示。瑙鲁是世界上预期寿命最低的国家之一，其预期寿命只有 55 岁，由于饮食习惯改变、肥胖和缺乏锻炼，糖尿病（在世界上发病率最高）、高血压、心脏病、中风和痛风等疾病的发病率很高。因此，瑙鲁为提高生活质量已经采取了更加细致的措施。在表 11 - 2 和表 11 - 3 中，由于数据来源不同，同一国家的人均国内生产总值存在巨大差异，但这进一步说明了这些措施的局限性。

人们不仅很难量化生活质量，而且也难以将这些指标与国内生产总值联系起来，但是表 11 - 3 给出了一个令人遗憾的关联，即独立国家越大，在教育方面的表现越糟糕。通过比较库克群岛和所罗门群岛，罗纳德·戈登·克罗科姆和马乔里·塔伊卡雷·克罗科姆得出的结论是：国家越小，越能从捐赠者手里获得资源，因为赠款是按国家而非按人均给予的；主权与教育存在负相关关系；高人均收入和高水平的外国投资与接受各层次教育的机会存在密切关联；福利集中在城市地区；传统机构之外的教育和培训设施（由企业、国际机构和非政府组织提供）也集中在城市地区。[①]

373

———————————

① Crocombe and Crocombe, 'Scale, Sovereignty, Wealth and Enterprise'.

表 11 - 3　太平洋岛国人类发展指数

国家	出生时预期寿命(岁)	成人识字率(%)	受教育平均年限(年)	人均国内生产总值(美元)	指数
库克群岛	69.8	99	8.4	3416	985
帕劳	67.0	98	9.6	3289	939
纽埃	66.0	99	8.3	3051	879
汤加	69.0	99	7.1	1396	723
斐济	63.1	87	6.8	1991	652
图瓦卢	67.2	99	6.8	1068	652
马绍尔群岛	61.1	91	8.5	1576	611
密克罗尼西亚联邦	64.1	81	7.6	1474	604
西萨摩亚	63.1	98	9.1	722	578
基里巴斯	60.2	93	6.1	461	439
瓦努阿图	62.8	64	4.0	1020	424
所罗门群岛	60.7	23	2.8	529	191
巴布亚新几内亚	49.6	52	2.1	999	138

来源：联合国开发计划署，《太平洋人类发展报告》(pacific Human Development Report, Suva, 1994)。

这可能是西方经济指标所揭示的最大教训。不论他们"生活富裕"程度如何，所有岛民都参与了世界经济，以致教育、医疗、道路、电力和水必须由政府或为换取资源开采权的公司来提供。政府能否获得资金取决于它所能卖出的产品和它所能谈成的贸易条件，以及援助水平。这些在某种程度上与该国对捐赠者和机构的重要性及其自治程度有关。例如，太平洋岛国推动将专属经济区纳入资源管理定义的能力，以及为这些资源获得高回报率和管理非法捕鱼的能力，直接关系到可用于重要公共事业的资金。岛民们期盼道路、电力和教育，他们允许那些承诺给予上述好处的赞助商来开发林业和矿业项目。

某些类型的环境退化具有普遍性，如森林滥砍滥伐，水源和海洋环境的污染，海洋物种的消亡，但是，岛屿受影响程度取决于它的位置、生境、面积、人口、政治结构和外部联系。下面的个案研究描述了太平洋岛屿居民在其资源框架内的相互作用，提出了不同的观点，以及思考了国际组织和国家援助项目在界定和管理岛屿生境中的作用。

珊瑚环礁岛民的日常生活

对大陆居民而言，最难以捉摸的概念也许是太平洋岛民不断越过海滩进入、穿过和遍布于这些海洋，因此，太平洋岛屿渔民对潟湖的水下地形和通往邻近岛屿的航道就像农民对土地和道路那样熟悉。我们对岛民物质世界的研究就始于这些海洋和小岛。

对于一名游客而言，当他在某天早上乘坐政府的客货船到达密克罗尼西亚联邦加罗林群岛的某个环礁时，第一印象是岛民们仍在按过去的方式生活着，尽管融合了非常现代的生活方式。首先映入眼帘的是沿海的远航独木舟和独木舟茅屋，然后是那些聚集在独木舟茅屋里正式互致问候的身穿缠腰布的男人们。然后，游客们四散到他们亲属家里，但是任何陌生人都由酋长指定的人照管。在珊瑚碎石平台上的茅屋外，身穿手织印花布短围裙的妇女加入迎接队伍，刚学会走路的小孩羞涩地窥视着这些游客：其中一名男子穿着一件印有当地天主教高中宣传语的 T 恤，一位妇女则穿了一件印有太平洋无核化口号的 T 恤，下身穿着印花布短围裙。

加罗林群岛某个环礁上的生活与其他地方的生活有着千丝万缕的联系。那艘远航独木舟来自邻近岛屿，有几名小伙在结婚后迁居到了那里，他们带着孩子回来是为了探望父母和亲戚。这艘独木舟的橙黄色船帆是由帆布制成的，它取代了露兜树纤维。虽然独木舟对于探亲和捕鱼而言仍很重要，但是大部分旅客都是乘坐每月一班的客货船来的。旅客们带来了信息和礼物。年轻人试图打听有关他们在关岛、夏威夷和加利福尼亚学习的朋友们的消息，或者（如果有外国人的话）练习他们在学校学会的英语。乘客们从首府的工作岗位、学校或医院回来。这艘船运来了大米、糖、面粉、咖啡、鱼罐头和肉罐头、燃料、香烟，可能还有啤酒，以及供老师、护士和政府事业用的耗材。客货船还带来了供妇女们用背带式织布机编织印花布短围裙的鲜艳棉线。如果国际市场价格合适的话，该船还可能装载转运到首府的椰肉干。但是，即使有国家补贴，椰肉干价格通常也过低，以致无法补偿加工所花时间。尤其是在孩子们从国外寄来包裹和建筑材料以后，岛民很少再生产椰肉干。当这艘船前往下一个环礁时，它运载了新乘客和供乘客和亲戚在国外使用的熏鱼干，椰子，新鲜的岩礁鱼和海龟蛋，以及精纺布。

当这艘船离开后，生活又恢复了正常，直到偶尔出现一艘旅游潜水船或游艇，或一艘远离海岸的金枪鱼围网渔船。早晨，妇女和孩子会前往潟湖洗澡，然后一些妇女回家织布，而另外一些妇女则去内陆的芋头地里。妇女们还用香蕉叶纤维制作精美的印花布短围裙。印花布短围裙要么供个人穿，要么作为贡品献给酋长，然后由酋长将贡品作为礼物送到雅浦岛贾吉尔村。根据季节和天气，男人们要么去修理独木舟，要么出海捕鱼，就在他们拥有传统捕捞权的海底山或小岛附近。孩子们陪着父母和祖父母到芋头地和独木舟屋里劳作，如果到了上学年龄，就到通风良好的校舍里跟老师学习。岛上护士负责配药，她们或许会前去咨询公立医院，或许会与治安法官一起收听广播。晚上，一些岛屿的岛民会围坐在电视机前玩游戏，观看日本和美国的电影录像，或者观看有关最近文化活动的录像，比如亲朋好友所表演的舞蹈或发表的演说。男人和女人会参加舞蹈练习，要么为毕业典礼，要么为其他活动做准备，这取决于季节。当地居民在天主教堂做礼拜，仪式主要由助祭主持，该教堂隶属驻维诺岛的丘克主教。

捕鱼不仅仅是为了谋生。在整个太平洋地区，捕捞鲣鱼长期以来一直是最令人兴奋的体育运动、社区活动和主要消遣。在加罗林群岛和托克劳，高手仍在使用专门的独木舟和珠母贝鱼饵捕鱼，如果出海满载而归，当地居民将会为其庆祝和举行仪式表演。① 当金枪鱼进入加罗林群岛某个潟湖时，或者当独木舟出海捕鱼满载而归和有最受欢迎的岩礁鱼和远洋鱼可供村社和家庭分配时，集体捕鱼活动会带来极具感染力的亢奋情绪。很少有人研究当地

---

① Robert Gillett and Foua Toloa, 'The Importance of Small-Scale Tuna Fishing: A Tokelau Case Study', in Doulman, *Tuna Issues and Perspectives*.

渔业对消费的贡献，而且即使有人研究也一直集中在像加罗林群岛和托克劳那样的地区，因为它们仍沿袭着传统的捕鱼方式。远洋捕鱼国感兴趣的是远洋鱼类，特别是鲣鱼和黄鳍金枪鱼，而国际上对自给型捕鱼业渔获量的估算主要依据当地对远洋鱼类的消费。尽管这些鱼类具有重要象征意义，但是当地主要消费的是岩礁鱼类。在托克劳，约85%的肉食产自当地，主要是鱼类和海产品（89%）；在总消费量中，金枪鱼类占19%，而近海鱼类则占了65%。[1] 在整个太平洋地区，潟湖鱼类与远洋鱼类之比通常是二比一，但是城市化通过过度捕捞和污染影响了近海渔业。不管使用何种渔船和捕鱼设备，渔民们仍依赖潟湖和远洋捕鱼谋生。雇佣劳动者仍在为体育运动和生计出海捕鱼，并将摩托艇、枪刺捕鱼和新兴的线钓技术融入他们的捕鱼技术中。对于汤加渔民而言（尤其是那些没有农地权的渔民），捕鱼不仅是为了获取蛋白质，也是为了非市场性义务交换和赚取现金。[2]

物质世界包含了新材料、新食物、即时无线卫星通信，以及新宗教，然而它们都以岛屿方式被整合在一起。棉线或香蕉叶纤维被织成印花布短围裙，尽管它的花样至今已流传了数百年，但仍是在火山岛和珊瑚环礁之间分配资源的交换体系的一部分。如今，当地居民最喜欢的紫色染料来自复印机——美国官僚政治的副产品。除了当地食物，当地居民还吃进口大米和鱼罐头，这丰富了过去有时过于单调乏味的饮食。除非受到台风或干旱侵袭，当地食物通常是充足的，对西方商品的"依赖"在某种程度上显然是因为便利和偏好。令人惊讶的是，航海者人数一直没有变化，而且常住人口一直是50人，因为新增人口被吸引到这个新国家及其宗主国盟友的中心城市去了。尽管生存条件得天独厚，但是现金对于岛屿生活不可或缺，如购买做饭用的煤油、进口主食和布等商品，为舷外发动机加油，支付孩子在国外上学的费用；现金对于政府履行职责也是不可或缺的，如向治安法官、护士和老师发放薪水和承担岛际班轮的燃料费。岛民们几乎没有"看得见的"出口

376

---

① See Gillett, *Satawal*; Gillett and Toloa, 'Small-Scale Tuna Fishing'.

② Sitiveni Halapua, *Fishermen of Tonga*, 66-73.

商品。根据将有形出口等同于发展的模型，这些岛屿"依赖"外部世界。

但是，它们真的"依赖"外部世界吗？如果利用简单替换法，这种情况也同样适用于许多环礁群岛，如法属波利尼西亚、库克群岛、图瓦卢、基里巴斯。在大多数情况下，至少有1/4的岛民住在国外，基里巴斯人和图瓦卢人主要居住在自己的首都，但是其他岛民却居住在遥远的奥克兰或努美阿。大部分现金收入都是由这些侨居海外的人汇回岛内的。这种感知上的依赖在一定程度上取决于考虑的单位——岛屿民族国家，或者有亲属旅居国外的家庭。岛民已吸收了新资源，因此即使最偏远的环礁也能够利用无线电与首都就卫生问题、紧急事件进行沟通，或者监测航运。当那些低海拔岛屿开始受到被推测为全球变暖早期效应的强风暴侵袭时，卫星通信网络可以报告情况和安排救援。

首都的变化更加明显，有了国际新闻机构、医院、中小学校和大学。一些专科学校为了使本地海员能够加入国际船队而对他们实施了培训。为了使学生们准备好担任政府职务或者到海外留学，一些学院常常通过卫星连接远程教育课程和海外学术会议。首都还可能会建旅游度假胜地，这是最近兴起的"清洁"发展。发展项目也集中在这里，因为这里提供了有限的基础设施支持，如机场、转运港口，以及（在美属萨摩亚和所罗门群岛）一家罐头工厂。

国际渔业

第三次联合国海洋法会议为该地区目前的政治经济发展创造了条件。海洋资源不仅是岛民生活必需品的主要来源，而且还为一些岛国创造了1/4的收入。当地居民仅消费了游经他们水域的远洋鱼类的一小部分——可能每年只有1万吨，而1984年的国际渔获量超过了65万吨。尽管难以做到精确统计，但是可以通过日本渔业观察到这种变化的规模。1977年，日本捕捞的金枪鱼有48%来自其他国家的200海里专属经济区，但是《联合国海洋法公约》声明使金枪鱼捕捞业陷入多年萧条。在《联合国海洋法公约》生效后，这些岛屿终于可以与宗主国谈判，要求它们缴纳从其专属经济区获取资源的费用。1982 年，密克罗尼西亚联邦与基里巴斯、马绍尔群岛、瑙鲁、帕劳、巴布亚新几内亚和所罗门群岛联合组建了瑙鲁集团。这些毗连国家控制了大约 1400 万平方千米的专属经济区，其中包括密克罗尼西亚联邦和巴布亚新几内亚所属海域，深海捕鱼国的围网渔船在这些海域捕获了所有上报金枪鱼渔获量的 3/4 以上。通过展开联合行动，建立渔船区域登记制度和制定基本许可条款和条件，瑙鲁集团降低了管理成本，并成功防止了深海捕鱼国的挑拨离间。①

《联合国海洋法公约》签署之时恰逢围网渔船兴起。1976 ~ 1982 年，日本在太平洋上的围网渔船数量从最初的 8 艘增加到 33 艘。美国紧跟日本脚步。到 1984 年时，超过 120 艘围网渔船在太平洋海域作业；到 1985 年时，在论坛渔业局登记的围网渔船数量（158 艘）达到了可在其成员国海域合法作业的极限。美国获批了 60 艘，日本 33 艘，菲律宾和苏联各 13 艘。单围网渔船的日均渔获量从 30 ~ 35 吨到 40 ~ 45 吨不等，双围网渔船为 17 ~ 20 吨。太平洋渔业的重要性也相应提升：西太平洋在美国总渔获量中所占比重从 1980 年的 6% 上升到 1984 年的 66%。该地区的金枪鱼罐头产量占全球的 60%。

尽管通过专属经济区确立了国际产权，但是事实证明公平缴费难以实现。在 1982 年美国渔船"达妮卡号"被巴布亚新几内亚扣押后，美国威胁要对其实施贸易制裁；在 1984 年美国金枪鱼围网渔船"珍妮特·戴安娜号"被所罗门群岛扣押后，美国悍然对其进行了报复。此后不久，苏联也卷入了这场金枪鱼捕鱼船之战。苏联为换取为期 5 年的捕捞许可证向基里巴斯支付了一笔丰厚的费用，随后又与瓦努阿图签订了类似协议。为修复其在太平洋地区骤然跌落的形象，美国最终在 1987 年年初与论坛渔业局的 16 个成员签署了一份协议。在这个由上述机构促成的首份多边协议中，美国同意

---

① Introduction, 'The Case of the Nauru Group', and Yoshiaka Matsuda, 'Postwar Development and Expansion of Japan's Tuna Fishery', in Doulman (ed.), *Tuna Issues and Perspectives*.

在 5 年内至少支付 6000 万美元，约占其太平洋渔获物价值的 9%。[1]

从此许可证费和援助的关系变得清晰起来。由于美国金枪鱼渔船协会拒绝支付超出贸易费用的一小部分款项，美国从援助预算中拨款补足了差额。其他国家也将援助和准入权联系在一起，尽管官方否认这一点，而且岛国也试图将两者分开。作为主要捐助国，日本支持与其签订许可协议的国家的渔业项目。自与 16 国达成协议以来，双方再也没有达成新协议，甚至也无法将许可证费维持在 9% 的水平。苏联解体和冷战结束削弱了这些岛屿的影响力。与一些重新谈判的矿产开采协议不同（参见下文），太平洋岛国如今都很幸运地获得了在自己海域捕鱼的许可证费，这些费用约占上报渔获物市值的 5%。大多数太平洋岛国都依赖渔业和援助，因此他们很难保持统一立场。

许可证费率不是唯一问题。论坛渔业局估计，1991 年的金枪鱼渔获量超过了 100 万吨。仅就围网渔船的渔获量而论，南太平洋委员会估计，三大深海捕鱼国仅仅报告了其渔获量的 20% 不到。日本和美国的报告表面上相对准确，但经济学者们对韩国和中国台湾的数字提出了质疑。在 20 世纪 80 年代和 90 年代，太平洋岛国展开了打击领海非法捕鱼和采集蛤蜊的执法活动。这场力量悬殊的战斗使非法捕捞船付出了船只被没收或缴纳罚款的代价，但是执法活动很快就遇到了一些阻挠。虽然这些岛国避免与超级大国对抗，但是一些船只太微不足道，以致母国拒绝支付罚款或遣返船员回国，而是让东道国供养他们，直到他们挣够回家路费。岛民们为了加强管理和获得许可证费采取了多种策略：派人监督，在船上安装监测和报告设备，以及提高商业捕鱼参与度。澳大利亚、新西兰和美国为购买和操作高速巡逻艇提供了援助，还为空中监测提供了便利。日本也加入了它们的行列，援助了冷藏和冷冻设备、港口和机场设备。由于拥有了这些基础设施，密克罗尼西亚联邦渔业管理局开始通过谈判争取在其港口转船，而不是在难以监管的深海母船上。当地领导人如今怀疑这些船只支付的转运费是否能补偿由

---

[1] Grynberg, 'The Tuna Dilemma'.

此带来的污染等成本，而且这还使岛民们目睹了成吨的渔获和大规模捕捞所带来的浪费，以及大量鱼在当地被馈赠和销售导致当地市场供过于求而陷入萧条。

许多太平洋岛国寻求与外国公司创办合资企业和直接购买渔船。在扩建船队和港口设施后，它们可以增加收入份额和获得更准确的数据。密克罗尼西亚联邦获得了联合经营的围网渔船，马绍尔群岛获得了延绳钓船，这两个国家都寻求合作伙伴来经营岸上设施、加工厂和罐头厂。然而，帕劳的经历有些令人沮丧。由于在国际市场上没有竞争力，范坎普加工厂在 1979 年倒闭。最近，两架货机曾定期将新鲜金枪鱼从帕劳空运到日本生鱼片高端市场，但是这门生意已经终止。美属萨摩亚的金枪鱼罐头厂存活了下来，这在一定程度上归功于它与美国的最惠国贸易地位。

关于创办合资企业的可能性和存在的问题，所罗门群岛提供了最佳案例。自 1971 年以来，所罗门群岛与日本大洋渔业公司合作，发展了自己的渔业。自 1973 年以来，尽管其他国家禁止利用大部分专属经济区，所罗门大洋有限公司一直作为合资企业在运营，不仅在图拉吉创办了一家罐头厂，还在所罗门群岛专属经济区经营着数艘杆钓船。20 世纪 70 年代末，所罗门群岛将当地的钢丝网水泥造船厂和船员培训学校组成了第二家金枪鱼捕捞公司，即国家渔业发展有限公司。该国渔业处在听取专家意见的基础上制订了一项管理计划。1986 年，所罗门大洋有限公司不仅订购了 2 艘围网渔船，还计划创办第二家罐头厂。截至 1987 年，渔业提供了约 7% 的正规就业岗位，并一直占该国出口总额的 30% ~40% 和现金国民生产总值的 25%。所罗门群岛一直与日本合作伙伴保持着密切的工作关系，而且上述合作还在大多数情况下提供了原本难以获得的关于渔获量和销售情况的市场数据。虽然如此，该企业一直难以应对国际金融动荡，各种世界市场因素，以及沟通和渔船船员本地化导致的人为失误。虽然船员们逐渐获得了经验和专业技能，但大多数仍然缺乏教育。尽管所罗门大洋有限公司将单围网捕捞扩大为双围网捕捞，增加了渔获量，但是仍在政府允许的有限范围作业，而且虽然生产率提高了，却不得不继续依赖日本经理。这家合资企业不仅促进了所罗门群

379

岛渔业的发展，还获得了高额回报（估计占该公司总收入的9%），以及大量衍生效益。即使加上援助，特许权使用费也很难达到这一比例，而且所罗门群岛渔业还在捕捞和罐头加工方面提供了大量就业机会。然而，休斯的结论是，"限制所罗门群岛渔业发展的因素很可能不是鱼、渔船或岸上基地，而是人力资源，因此今后应将注意力越来越多地集中在培训、激励、留用和效率上"。[1] 对于这个该地区识字率最低的国家，这一点至关重要。

截至 1993 年，渔业仍占所罗门群岛出口收入总额的 23% 和国内正式就业岗位的 8%。所罗门群岛 80% 的公民是农民和渔民，因此他们从渔业中获得了实实在在的好处。他们的收入还可能会更高，因为除了在专属经济区作业的日本杆钓船要为渔获支付其价值的 4%，所罗门群岛还有适用于其他国家和捕鱼方式的支付方案。根据与美国签署的多边条约，所罗门群岛只向美国渔船开放了专属经济区 10% 的海域，合资企业通过与省级政府直接谈判，获得了在其他海域进行捕鱼作业的权利，但是人们不太知晓这些协议的具体细节，因为所罗门群岛专属经济区 90% 的海域实际上由省级政府负责管理，而省级政府很少具备使其收益最大化的经验和知识。在整个太平洋地区，只有各岛国采取多边行动，才能使按照渔获价值比例收取的各项费用最大化和使报告更加准确（根据南太平洋委员会和海洋资源评估小组 1990 年和 1991 年的研究报告估计，占捕捞量的 15% ~21%）。论坛渔业局，代表所罗门群岛、基里巴斯、密克罗尼西亚联邦、马绍尔群岛、图瓦卢、瑙鲁、巴布亚新几内亚和帕劳，正在与其他国家谈判一份新协议。这份新协议将使以上述国家为基地的捕鱼作业建立在廉价使用费基础上。这可能会提供一些必要的解决方案。[2]

如果要维持渔获量，那么东道国和深海捕鱼国必须要寻找到合作的方法。经过多年施压，太平洋岛国成功取缔了一种极具破坏性的做法，即

---

[1] Anthony Hughes, 'High Speed on an Unmade Road: Solomon Islands' Joint-Venture Route to a Tuna Fishery', in Doulman (ed.), *Tuna Issues and Perspectives*, 203–24.

[2] Australian Agency for International Development, *The Solomon Islands Economy: Achieving Sustainable Economic Development*, Canberra, 1994, 37–41.

1989 年的《惠灵顿公约》禁止在国家专属经济区和公海划定区域内流网捕鱼。太平洋岛国主导了联合国关于全球暂停捕鱼的讨论，但是捕鱼业和大国一直没有回应。1994 年，为了保护濒危物种，联合国召开了一次关于落实第三次海洋法会议精神和规范公海捕鱼作业的会议。岛民们越来越多地参与区域性和国际性机构，支持为远洋鱼类捕捞制定指导方针。但是，如果未能实现对专属经济区的有效管理，上述条约可能会毫无价值。

土著保护海洋的传统做法在财产、法律和人际关系等观念上与西方存在着本质上的不同。然而，土著的传统做法不应被浪漫化，因为他们既没有将目前利用的所有资源纳入保护范围，也没有像过去那样经营更广泛的社会关系。更重要的是，许多此前曾被珍惜的资源如今已被过度开发，如维持欧洲"玳瑁壳"时尚的玳瑁海龟。同样，帕劳海域是世界上仍幸存有巨蛤的少数几个地区之一，但是由于偷猎者寻求巨蛤的外展肌，它们在帕劳海域濒临灭绝。在这种情况下，要想重建和保护种群就必须采取非常措施，因为它们的繁殖栖息地正被不断增长的人口所接管，而且大部分禁忌也不再发挥作用。密克罗尼西亚海洋生物养殖研究中心在帕劳成功实施了一项研究发展计划。研究人员从野外收集海龟蛋，然后将海龟饲养到足以独立生存，海龟存活率达 75% ~80%，超过 1% ~2% 的自然存活率。迄今为止，该中心最成功的项目是创造了 5 个物种种群的巨蛤孵化场。

更重要的是，管理近海资源的生物和社会环境已改变，即使有可能，沿袭旧做法也是不够的。过去的许多管理方法，如限制季节、规模、工具、捕捞种类和保护繁殖栖息地，都与西方的做法完全一致。两大制约因素妨碍了它们的实施，一是降低管理职责的集中化程度（如果把管理权交还给地方政府，还得解决中央政府的协调问题），二是整合现代的和传统的知识。

381

商业捕鱼，马蹄螺、海参、青螺、龙虾和珠母贝成为重要出口资源，采用新渔具和速度更快的船只都给管理带来了新挑战，因为传统管理不是为应对上述挑战而设计的。此外，已西化的政治、经济和宗教制度对地方政府和管理造成了一些微妙而依然重要的影响。如何最有效地

完成知识转移以帮助村民们应付这些新挑战，这个问题似乎是我们
［在南太平洋委员会渔业技术会议上］讨论的最重要议题。①

随着岛民们的土地权益日益获得承认，他们开始寻求对他们海洋权益的
承认。在怀唐伊法庭的监督下，毛利人的资源权益正在被重新评估（参见
第十二章）。然而，正当毛利人的捕鱼权被认可之时，国内又出现了族际分
配问题。将渔业补偿款根据部落拥有的海岸线长度转给部落，或者平均分配
给所有毛利人，还是两者兼而有之？上述争执导致高等法院承认城市毛利人
群体为一个部落，虽然他们作为这个部落的成员不索要土地权益，但准备参
与分配渔业补偿款。在澳大利亚，土著居民和托雷斯海峡岛民要求法官承认
他们的财产所有权和近海狩猎权。他们的诉讼得到了"马波裁决"的支持。
1992年，高等法院对土著土地权做出了具有里程碑意义的"马波裁决"，为
大范围调整土著所要求的土地权益和海洋权益开辟了道路。

城市化与环境

虽然所罗门群岛在管理近海资源方面相当成功，但是它也非常关心极有
可能发生的事情，即由于城市的商业性和生计性活动，近海资源被过度开
发，而且沿海潟湖也受到淤积和污染的影响。尽管高度重视跨国公司开发森
林资源，但是所罗门群岛在国家环境管理战略中更加重视"将环境考量纳
入经济发展问题，改善环境教育和提高环保意识"，② 以及关于废物管理和
污染的具体政策。当然，所有问题都是相互关联的，例如，随着当地居民移
居到城市或者因开发项目被迫离开自己的土地，城市变得拥挤不堪，已无法
通过岩礁捕鱼和家庭园圃向城市居民提供足够食物，也没有能力通过供水和
排污设施向城市居民提供足够的水和保护环境。

382

---

① Robert Johannes, 'Workshop Focus: Decentralised Nearshore Fisheries Management in Oceania', typescript, n. d. [1991].

② Solomon Islands, *National Environment Management Strategy*, Apia, 1993, vii.

除了住房过于拥挤和简陋问题，生活环境恶劣和不卫生以及水源污染导致的疾病流行问题之外……还有工业污染及其危害穷人问题和人们越来越依赖从商店买来的食品导致的营养恶化问题。此外，一些敏感问题，如土地所有权问题、城市居民的政治代表权问题……社会不平等和贫富差距扩大问题，都是当今太平洋地区的主要问题。①

在许多岛屿，污染是潟湖资源面临的最严重威胁。因筑路形成的泥沙淤积和径流破坏了海洋生物赖以生存的珊瑚礁。地下水资源受到污染，此外还存在垃圾处理问题、粪便污染城市水体和贝类动物问题。在许多聚居区，近海资源受到过度开发，根本原因是人口急剧膨胀和城市化。人口问题引发激烈争论。许多国家直到最近才恢复到与欧洲人接触之前的人口水平。在其他地区，由于坚信天主教教义，许多人反对采取节育措施。对于许多岛民而言，建立大家庭是为了获得经济安全和希望某个孩子能够通过接受教育进入精英阶层。许多岛民获得了移居前宗主国的机会。由于移居国外，一些岛国和地区人口持续高速稳定增长（帕劳），而另一些岛国和地区人口则日益减少（托克劳、纽埃）。岛国人口增长率很高，年均为 2.2%，仅次于非洲的 2.9%。瓦努阿图曾达到过这一增长率，马绍尔群岛、密克罗尼西亚联邦、美属萨摩亚和所罗门群岛都超过了这一增长率。只有移居国外才能抵消低死亡率和高生育率带来的后果。高抚养比率使得各国政府需花费巨资才能解决儿童保健和教育等问题。学校教育水平通常很低，以致学生很少有机会接受高等教育，而且还迫使他们不得不到国外就业。缺少培训还需要投入大量资金发展医疗和教育事业，并限制了一些经济企业的发展潜力。

许多岛民已经搬到公共设施比较集中的城市中心。一个极端是北马里亚纳群岛联邦。在日本统治时期，塞班岛岛民就拥有很高的生活水平。在第二次世界大战后，塞班岛成为美国管理机构的驻地，是密克罗尼西亚美国化程度最高的岛屿。自 1976 年获得美国联邦成员地位以来，由于享有进入美国

---

① Bryant, *Urban Poverty and the Environment*, 48.

市场的特权，以及吸引来邻近的东亚廉价劳动力和高消费的日本游客，北马里亚纳群岛联邦一直致力于发展旅游业和成衣加工业。但是仅靠为数不多的查莫罗人和加罗林人无法建造度假酒店，而且由于能以飞涨的价格出售或出租土地，他们不再愿意从事非熟练劳动。如今，许多岛民拥有了新住宅和汽车，享有免费的教育和医疗，而且许多岛民去了美国，并在那里拥有了第二套住房和培养他们的孩子。专业及非技术工人来自亚洲以及密克罗尼西亚其他岛屿，但是富裕带来的文化代价很高。土著在十年里成为自己岛屿的少数民族。在劳动力方面，外国人比本地人多四倍。由于不受美国最低工资标准和入境限制，许多家庭可以轻易雇用到对当地文化和语言一无所知的菲律宾女佣（帕劳也存在此问题）。大部分教师也是外国人。这种经济基础是脆弱的。临时工的工作条件很差，生活环境拥挤不堪。美国政府一直在调查外资制衣厂违反劳工法的行为，而且还可能会撤销该地服装没有配额亦可进入美国市场的规定。那里的劳工领袖抨击该行业的生产活动不符合美国劳工法。

对于许多城市岛民而言，尤其是那些无法获得土地权益的城市岛民，城市生活就像卢阿对汤加首都努库阿洛法的哈维鲁罗托村的描述：

> 哈维鲁罗托村已不再宁静。白天，灰尘和烟雾不断上升，空气中充斥着来自汽车引擎、建筑工地和椰枣局的噪声。到了晚上，舞厅的乐器声和俱乐部的歌声一直持续到天亮，而且两家电影院每周有六晚放映电影。犯罪在该地区已司空见惯。土地纠纷也在增加。所有这些问题都源于人口的大量涌入……
>
> 这些新体验需要付出高昂代价。由于新来的移民无法再种植椰子和捕鱼，不得不购买它们，还有木薯、芋头、山药、面包、茶、肉罐头和鱼罐头。他们还不得不寻找住处，通常与亲戚或朋友住在一个房间里。他们的就业机会非常少，而且就业条件也越来越高。他们受到的诱惑太多，以致把白天赚的钱都花在了啤酒和娱乐上……
>
> 还有一些明显的不利条件，导致难以将这么多具有不同背景、来自不同行业的人组织起来。社会混乱通常导致犯罪。哈维鲁罗托村居民的

生活方式和需求正在变得越来越复杂，但是许多人不知道如何应对这种新生活方式，这导致他们感到失意、失望和沮丧。过度拥挤还导致了污染和健康状况不佳。[1]

重新定义矿产资源

独立后的岛国政府几乎没有用于指导与地主和矿业公司的谈判的先例。例如，磷肥公司（参见第七章）曾因岛民完全丧失生活来源而向他们支付过少得可怜的赔偿。在澳大利亚属地和新喀里多尼亚，土地直接被政府征用了；斐济地主的土地所有权在金矿被发现后被回避了。民主政府很难如此随意地对待地主群体。同样，到 20 世纪 60 年代，大多数矿山都比 30 年代的规模大得多，价格也贵得多。它们的规模使其很容易受到冲击，并且许多新兴国家的政府要么将其业务国有化（赞比亚、智利和马来西亚），要么坚持成立合资企业。在这种环境下，政府可能会征收更重的特许权使用费和实施更加严格的环境管制，一旦开始生产并使政府深入了解到协定的价值，协定往往会被重新谈判。

这些趋势也渐次扩散到太平洋。在殖民时代末期，澳大利亚康辛里奥廷托有限公司开始在布干维尔岛勘探，1967 年布干维尔铜业私人有限公司上市。布干维尔岛的地质情况类似于伊里安查亚和巴布亚新几内亚的几处矿藏：铜矿床虽然储量巨大但品位低，而且被金矿覆盖并伴生少量银矿，这需要大量的资金和精湛的工程技术。政府持有少数股份，一些股份被出售给了"真正的居民"。布干维尔铜业投产于 1972 年，此时正值铜价处于高位，1973 年盈利达 3830 万澳元（收入 9810 万澳元），政府获得 110 万澳元的特许权使用费，外加 1040 万澳元的股息。这恰好为刚自治的巴布亚新几内亚提供了一个重要的国内收入来源。然而，采矿带来的破坏性影响激起了布干

384

[1] Lua, 'Migration into Haveluloto, Nuku'alofa'.

维尔岛在整个殖民时代一直被抑制的分离主义情绪。为了维护国家统一，迈克尔·索马雷政府采取了两个重大举措，一是使布干维尔人通过省政府获得了广泛自治权，二是重新谈判了采矿协议。新协议使中央政府获得了更多收入和增持了企业股份。更具争议性的问题是如何在中央、省级政府与地主之间分配收入。由于渴望收入和决心使全国均衡发展，中央政府不愿意使布干维尔人享有特殊待遇，仅仅将部分收入拨给了布干维尔省政府。尽管纳斯沃伊的地主承受了环境代价，例如每天超过 10 万吨的尾矿，但是他们很少受到关注。20 世纪 80 年代，在发表大量恐吓言论之后，更加坚定自信的新一代要求获得巨额赔偿和彻底改革利益分配方法。在 1989 年谈判破裂后，布干维尔共和军介入，迫使该矿关闭，并发动叛乱（参见第十二章）。

与此同时，印度尼西亚政府在 1967 年授权总部设在新奥尔良的弗里波特公司在伊里安查亚的艾斯伯格开采铜矿和金矿。印度尼西亚矿业部部长由于渴望创建独立以来的首家矿产企业，"同意由该公司起草的草案作为谈判基础"。[①] 这项引人瞩目的工程不仅用推土机推平了通往海岸的 100 千米公路，还建了一条将矿山与选矿厂连接在一起的 1600 米长的高架轨道，以及一条将浆料输送到阿姆马帕尔港的管道。该项目投产于 1972 年，两年后，政府利用铜价上涨机会，与企业重新谈判了协议。与第一次布干维尔谈判一样，只有政府和企业参加了谈判。

印度尼西亚宪法将矿产确定为国家财产，而且土地法也只承认农民拥有耕种土地的权利。这些规定不利于在矿藏上方从事耕作的阿蒙格姆人（达玛尔人），并拒绝了他们提出的所有赔偿要求。弗里波特公司雇用了一些阿蒙格姆人，但是认为他们属于"集体主义者……他们不懂得为自己的利益工作。他们认为他们的劳动属于大家，因此他们没有积极性"。[②] 政府和公司想让他们离职。在当地工人被停职后，他们的棚屋被夷为平地，以阻止他

385

---

① Lenny Siegel, 'Freeport Mines Indonesian Copper', *Pacific Research and World Empire Telegram*, 7：2 (1976), 8 – 11.

② Craven, 'Mineral Resources: A Discussion about an Irian Jaya Experience'.

们继续逗留，然后为了吸引他们离开工地，又在沿海建造了一座村庄。当地人与政府和公司关系的恶化始于 1977 年，分离主义者打着自由巴布亚运动的旗号在伊里安查亚大部分地区发动了叛乱。在 1977 年 6 月两名警察被赶出阿基姆加村后，军队炮轰了这座村庄。作为报复，当地人袭击了输油管道和油罐。8 月，军队再次炮轰了阿基姆加村，造成约 30 人死亡。武装抵抗被扑灭，重新安置方案再次启动。但是，由于沿海地区疟疾肆虐，很少有人愿意合作。环境后果也很严重。选矿厂每天产生 11.5 万吨尾渣——超过了世界上最大的航空母舰。地基不稳定致使尾矿坝施工难度大，公司将尾矿倒入河里——一名矿工将这形容为"加速地质时间"。[1]

20 世纪 80 年代末，在艾斯伯格山被挖空后，弗里波特公司为开发附近的格拉斯伯格矿与政府又签署了一项协议。该矿藏的金、银和铜的储量估计价值 500 亿美元，这使格拉斯伯格成为世界上最富有的企业之一。吉姆 - 鲍勃·莫法特，时任弗里波特公司总裁，将其作用描述为"极大地推动了伊里安查亚中心地带的经济发展"。[2] 印度尼西亚政府认为，发展意味着使该省与全国的经济和社会融为一体。政府政策的设想是就近安置稻农，并对这片土地进行新定位，使伊里安查亚的获益与印度尼西亚其他省份差不多，而非仅使阿蒙格姆人或该省获益。由于赞同这一战略，世界银行多年来一直资助印度尼西亚的移民项目。通过该项目，来自人口稠密的印度尼西亚中部的居民被重新安置到伊里安查亚（和其他人口稀少的省份）。在 1984~1989 年，印度尼西亚政府为了移民至少开发了 300 万公顷伊里安地区的森林。由于许多项目规划不当，许多不再抱幻想的家庭又迁走了。尽管世界银行在 1986 年改变了政策，但为了建立国有种植园仍在 1987 年投资兴办了人民核心种植园（*Perkebunan Inti Rakyat*）。这些移民定居点不断使土著居民流离失所，如今产生了大量失地廉价劳动力。[3]

386

---

① *Far Eastern Economic Review*, 1994.

② Adam Shwarz, *Far Eastern Economic Review*, 4 July 1991; Greg Earl, 'Indonesia: The Miners Who Dug up a Conscience', Reuters New Service, 3 May 1995.

③ Kiddell-Monroe and Kiddell-Monroe, 'Indonesia: Land Rights and Development'.

由于没有像印度尼西亚政府那样的强制力，巴布亚新几内亚政府在开发奥克泰迪的资源项目时与地主建立了完全不同的关系。由于这一地区地处偏远，山脉高耸，雨林茂密，殖民当局直到 20 世纪 50 年代才来到这里（参见第四章），而且几乎没有提供过任何服务。20 世纪 60 年代，当肯尼科特公司开始在伏毕兰山展开试验时，它提供了医院和学校，并试图获得地主的授权。伏毕兰山一直是沃普凯敏人的财富之源和制作石锛的采石场，如今是他们获得"现代"利益的唯一希望，因此上述试验受到他们的热烈欢迎。结果，肯尼科特公司退出了试验，但是澳大利亚、英国、德国和美国的利益集团在 1981 年兴趣重燃，并与巴布亚新几内亚政府组成了一个财团，再次提议开矿，其中巴布亚新几内亚政府作为新合作伙伴占 20% 的股份。地主们再次表示同意。在 1982 年开始运营后，奥克泰迪矿业公司需要解决的待办事项中既有社会问题，又有环境问题，还要补偿矿区主要业主和住在矿区附近、利益更为分散的奥克山区居民，以及与奥克山区居民无亲属关系的受到尾矿影响的下游居民。它不得不面对两个省和人数不详的地主，以及中央政府。在尾矿坝垮塌后，中央政府没有坚决要求重建。尾矿流入弗莱河，然后被排放到托雷斯海峡，造成了国际影响。在最初的 10 年里，奥克泰迪矿业公司、地主、省政府和中央政府重新协商了各方利益：开采特许权使用费的地方提成在 1989 年从 5% 提高至 20%，最近的政策也规定了地方权益。奥克泰迪矿业公司还被期望提供通常应由省政府提供的服务。

政府和矿山经理期望当地居民逐渐从"传统"的孤立状态走向"现代"经济，但实际反应却没有那么有序。许多北方的奥克人响应基督教复兴运动，摧毁崇拜场所，揭示神圣知识，废除男性成年仪式：传统的男性崇拜似乎与当代问题无关。"基督教复兴运动的意识形态使在利用现金方面反对社区互惠的家庭自治合法化。"相反，邻近的沃普凯敏人一直被传教人员忽视，他们将新想法建立在其男性崇拜的基础上，在 1981 年重建了崇拜场所，又在 1983 年重启了成人仪式。"在因地方分权而拒绝基督教复兴运动后，沃普凯敏人恢复了传统的小村落内部互惠模式……许多人认为地方分权是防止文化知识流失和确保男孩成长的一种方式。"①

伏毕兰山是如此荒凉，它的人烟如此稀少、矿石品位如此低下，只有高
科技工程才能开采它。不过卡雷山与它非常不同。澳大利亚康辛里奥廷托有
限公司的勘探人员在南高地省塔里以北发现了沙金。这一发现在 1987 年引
发了淘金热。生活在塔里盆地边缘的各氏族声称对这片土地拥有直接权利。
另一些人则基于亲属关系、婚姻甚至友谊关系要求补偿。在 1986～1988 年
爆发的大规模冲突"或多或少地将塔里盆地一分为二"。到 1990 年，淘金
者拿走了价值超过 1 亿基那的黄金。澳大利亚康辛里奥廷托有限公司和巴布
亚新几内亚政府都无法控制成千上万的淘金者，他们上演了一出可被好莱坞
改编成剧本的情节：

> 垃圾杂乱地散布在房屋周围，没有任何卫生设施，很难获得干净的
> 水。居民点被建在一个临时直升机停机坪周围，直升机是唯一的交通工
> 具，运输成本高昂是食品价格过高的主要原因……住宅……主要有两种
> 风格——木板墙和野露兜树叶屋顶构成的传统住宅，合成树脂墙和屋顶
> 构成的"现代"住宅……
>
> 它的代名词，至少在塔里盆地当地居民中，是暴富、疾病、不道德
> 和浪费。

淘金带来的好处不仅不均衡，还很短暂。那些淘金者要比待在家里的人
获益更多——但是工薪阶层获益最大。许多妇女都很珍惜自己的第一次赚钱
机会。然而，大部分财富很快就被挥霍掉了。"淘金者们说，这些黄金似乎
顺着他们的指间溜走了——甚至有人说，有一种使黄金一经发现就迅速被
'收回'的力量。"将这些好处抵消的是大规模械斗，以及由环境不卫生而
引发的疾病，卖淫，酗酒和赌博。这项调查的结论是，"由于自然环境日益

---

① Hyndman，'A Sacred Mountain of Gold'．

恶化和人口不断增长，人们将不得不重新适应勉强糊口的生活方式"。①

澳大利亚康辛里奥廷托有限公司在经历了大量黄金矿产流失后，开始与地主合资经营。随后，澳大利亚康辛里奥廷托有限公司受到澳大利亚小勘探公司诉讼的骚扰。这些小公司与索赔遭拒的地主结成了联盟。由于没有一个正常运作的省政府，他们还受困于缺少道路、桥梁、高中和医院。不仅公司经理们，就连巴布亚新几内亚政府也开始怀念过去的殖民时代，因为政府既无法阻止这股淘金热潮，也没有利用好其收益。从地主的角度来看，既然巴布亚新几内亚政府没有能力提供学校和医院，那么这些就必须由矿业公司来提供。最终，澳大利亚康辛里奥廷托有限公司完全退出。

20世纪80年代（对石油以及黄金和铜）的勘探热潮催生了几座新矿，而且许多农村社区被预先警告，它们只有一次获得矿产租金的机会——作为资源所有者而非公民。经过数年谈判，利希尔岛岛民（利希尔岛邻近新爱尔兰岛）才承认巴布亚新几内亚政府（起初被他们斥为"只是一个概念"）有权分享"他们的"特许权使用费。最终协议在其他巴布亚新几内亚人进入利希尔岛或在该岛就业方面赋予利希尔岛岛民广泛权利。该协议还规定，尾矿将被倾倒入深海。同时，尾矿和对资源所有者的补偿问题也困扰着西高地省波尔盖拉的谈判，特别是奥克泰迪的谈判。一些弗莱河下游沿岸的地主，在澳大利亚律师的代理下，成功起诉了奥克泰迪矿控制人布罗肯希尔私有有限公司。这起诉讼案之所以具有里程碑意义，是因为它不是在巴布亚新几内亚提起的，而是在墨尔本（这家公司的运营中心）提起的。矿业公司及其员工的活动范围长期以来一直是跨国性的，如今环保组织和村民们也成为跨国性的。

尽管印度尼西亚政府施展浑身解数，成功驳回了地主的诉讼或分化了地主，但是，采矿和移民累积了大量矛盾，如当地居民的流离失所，城镇周围形成的棚户区，以及伊里安人因土地被征用而产生的普遍焦虑。城市骚乱反映了伊里安人和其他印度尼西亚人之间以及伊里安人与印度尼西亚当局之间的紧张关系。1996年2月，一群自由巴布亚运动的激进分子绑架了欧洲和

---

① Vail, 'The Impact of the Mt Kare Goldrush'.

印度尼西亚的博物学家，并在被森林覆盖的内陆山区躲避印度尼西亚军队追捕长达 3 个月之久才被缉拿归案，这使他们的事业重新受到全世界的关注。弗里波特公司管理层现在受到美国环保人士和印度尼西亚人权活动人士的攻击：在骚乱导致该矿停产两天后，人们再也不能无视矿区社区或该省其他地方的混乱。弗里波特公司承诺提供一系列服务和就业机会，并将 1% 的利润支付给该省居民，这呼应了巴布亚新几内亚跨境企业早些时候所采取的措施。巴布亚新几内亚发展态势产生的另一个持久影响是，1996 年 5 月，汤姆·贝纳尔代表阿蒙格姆人提出了一件 60 亿美元的集体诉讼。这起案件发生在新奥尔良，据称对环境和文化造成了破坏。印度尼西亚一个偏远省份的事务已成为全球性事业。

上述对矿产资源的重新定义在很大程度上取决于政治环境。政府凭借手中权力获得了巨大好处，犹如法国在新喀里多尼亚和印度尼西亚在伊里安查亚那样。巴布亚新几内亚政府的命运喜忧参半。在巴布亚新几内亚独立后，迈克尔·索马雷政府接手了一个主要依赖澳大利亚援助资金运转的庞大官僚机构。索马雷政府可以为减轻财政压力而取消一些公共服务，也可以设法维持这些服务。"如果新政府选择改善和扩大服务，那么势必会寻求在长期援助和重大资源投资方面与外国政府和外国公司达成妥协。"[1] 巴布亚新几内亚政府打算将矿产项目作为税源，以便资助国家层面上的公共服务项目。这一战略未能使纳斯沃伊地主与布干维尔矿所有者达成和解，而所有其他谈判都谨慎地给予了地主补偿，并越来越多地让他们直接参与谈判，就像在利希尔岛金矿和其他同时期项目上所发生的那样。

这些纠纷反映了区域乃至全球对矿产资源的重新定义，以及其成本和收益的分配问题。从表面上看，矿业公司在非殖民化进程中丧失了政治权力。卫星土地测绘还揭示了在最偏远地区进行大规模采矿所造成的物理影响，这使得破坏性做法更难以掩盖。另一方面，由于"富矿"日益罕见，开采工艺所需资金日益巨大，只有大财团才能负担得起。巨大的资本，地主的希

389

---

[1] Ross Garnaut, quoted in Amarshi, Good and Mortimer (eds), *Development and Dependency*, 215 – 16.

望，东道国政府的财政焦虑，都有利于矿业公司的利益。在中央政府权力薄弱的地方，公司可能会被要求行使准政府权力，因此很难将国家与资本区分开来。当政府选择在采矿业中占有股份时，这种关系尤其密切，因为国家在这些项目中既拥有财政利益，还要监管其环境和社会影响。

自从 20 世纪 60 年代最早的现代项目动工以来，地主的权力越来越大，无论他们的要求是基于法律，还是道德考虑（如在伊里安查亚）。地主们，而非高薪的采矿工人或政府，阻止了一些项目的动工，在极端情况下还采取行动使项目陷入停顿，就像他们从企业和政府那里设法获得补偿和公共服务那样。公司、项目、省政府甚至中央政府，都是过客：当地人对这片土地的依恋几乎是永恒的。他们的利益只能以牺牲国家收入和依赖这种收入的国家公共服务为代价来满足。出于上述复杂原因，矿产资源不仅造成许多政治问题，还造成财政分散问题。在巴布亚新几内亚，农业一直停滞不前，农村缺乏就业机会导致人口向城市集中。心存疑虑的企业家们涌向莫尔兹比港，寻找腐败的合作伙伴。由于社会秩序和对政府机构的尊重已遭破坏，边界两侧的矿区都爆发了冲突。与此同时，巴布亚新几内亚的财政危机直到政府于 1995 年被迫与世界银行达成协议才有所缓和。事实证明，对于弱势政府而言，矿产资源完全是一种喜忧参半之物。

伐木业

森林砍伐是一个全球性问题：它不仅对栖息地及其物种造成了长期影响，还导致了全球气候变暖，以及水土流失造成的水道污染。由于跨国公司在任何地方都没有长期利益，大多数皆伐都是它们干的。尽管很少有岛屿拥有足够吸引它们注意力的木材，但美拉尼西亚拥有大量森林储备。森林与鱼类和地下矿产不同，它们是岛民的生存之本。在 20 世纪 90 年代的森林砍伐高峰期，政府、当地社区和研究人员几乎没有时间来适应这个动荡的行业。1991 年，所罗门群岛出口了价值 5400 万所元的原木，而 1992 年则为 1.1 亿所元。由于出口价格在 1993 年翻了一倍，出口额又跃升至 2.3 亿所元，猛然间占了全部出口的 55％，这不仅使渔业黯然失色，还占了政府收入的 25％。巴布亚新几内亚、伊里安查亚和瓦努阿图的情况类似——一些公司从大片皆伐中赚得了暴利，而一些岛民和省份也从中获得了现金收入。与渔业遇到的问题相似，伐木业也面临着价格、逃税和出口量少报等方面的问题。短期和长期代价惊人。尽管有各种计划和承诺，但是采伐率远远超过了可持续水平，而且几乎没有重新造林。在国家层面，腐败指控已经影响到政府及其部长的更迭。为了控制伐木业和获得更多收入，每届新政府都会宣布实施政策改革，或推翻上届政府的政策。由于一些地主和省份获得了新收入，区域不平衡日益加剧。但是，这些收入被用于私人消费，以及进口用于伐木的机械和其他基础设施。当地居民强烈要求政府在卫生和教育领域提供更多的公共服务，但是收入流入经常性支出账户和这种收入的不稳定性造成了更大的预算赤字，尽管出口呈几何级数增长。虽然那些面积最大和资源最丰富的岛屿的渔业、伐木业和收入迅速增长，但是所罗门群岛、瓦努阿图和巴布亚新几内亚的生产能力却随之出现萎缩，公共赤字也随之不断扩大，并面临着严峻复杂的政治和经济挑战。

在所罗门群岛独立前，殖民地政府为支持独立设置了一个经济部长职位，职责是购买土地创建森林保护区和呼吁重新造林。这立即引发了土地和资源所有权上的冲突：根据习惯法，谁重新造林谁就可以主张对树木的所有权。部分是为了避免家长式统治，政治家们支持地主与企业展开直接谈判，但是地主几乎没有与跨国公司谈判的经验。可以预见的是，中央政府和省政府失去了控制权和财政收入。由于伐木公司不能提供超过其伐木作业所需的利益，地主在与伐木公司打交道时遇到的困难越来越多，他们也越来越多地向林业局寻求援助。如果重新造林失败，按照目前的砍伐速度，森林资源可能会在 2000 年被砍伐殆尽。

问题并不仅限于森林环境和可持续发展，还深刻影响了人际关系。由于只有少数人能获得高额赔偿，当地居民把注意力都集中在了土地所有权上，土地纠纷越来越多。当夸拉埃人戴维·戈乔在 20 世纪 90 年代返回故乡马莱塔岛时，他描述了这些纠纷： 391

夸拉埃人认为土地是一切生命之源，而土地维持生命的各种方法都体现在其传统神话、传说、音乐、宗教、语言，当然还有食物理论中……

在过去20年左右的时间里，纠纷的数量和激烈程度出现了巨大的升级。合法所有权已成为第一主题……

作为夸拉埃人，我非常关注部族内部及其之间不断升级的纷争。在传统上，大家庭是调解和解决冲突的主要途径，如今它正受到资本主义改革的威胁。如果这种文化上的调停之源被消灭（哪怕只是被削弱），那么随着资本主义转型的加剧，这些在夸拉埃人中出现的问题——与土地等有关——将极难控制。如今，在这些村庄中长大的孩子们将看到和学会如何挑起纷争和使家庭四分五裂，而不是如何解决冲突和团结全家人……[1]

并非只有外国人在砍伐森林。土地所有制不断回应着资源所有权和使用权的转变，还经常与殖民地政府强加的制度发生冲突。萨摩亚至少实行了两种所有制，而且根据新制度，个人可对新开垦和耕种的土地提出所有权要求。山地森林正在被砍伐，与其说这是为了木材的价值，不如说是为了通过开垦土地来确立土地权利，这些权利集中在那些能够雇用工人砍伐树木的人手中。岛民们越来越排斥远亲，并将家族土地用于商业目的。

对环境的重建和管理

一些太平洋岛国在独立时经历了相当大的变化。在美国管理的太平洋岛屿托管地中，有一个珊瑚小岛就经历了一场社会和环境灾难，那就是埃贝耶环礁。环礁上住着被夸贾林环礁导弹基地的高工资吸引来的马绍尔人和其他岛民（参见第九章）。美国人在夸贾林环礁过着舒适的生活，那里有着充足

---

[1]　Gegeo, 'Tribes in Agony'.

的住房、医疗和娱乐设施（包括一个高尔夫球场），而岛民们则不得不住在距离夸贾林环礁 5 千米远和面积不到 180 公顷的埃贝耶环礁上。那里的住房及其配套的供水系统和污水处理系统可容纳 3000 人，但却生活着 9000 多人。医疗和教育设施很简陋，因为管理人员担心较好的医疗和教育设施会吸引来更多移民。20 世纪 80 年代初，一些夸贾林环礁地主为了阻止导弹试验和迫使重开补偿谈判而重新占领了自己的岛屿。在 1986 年马绍尔群岛独立后，夸贾林首任市长利用这些资金和新获得的政治控制权对该岛进行了改造：新建了一座海水淡化厂，住房、下水道和市政设施得到改善。但是，社会和生态平衡脆弱不堪。这些政治领导人不仅要与天灾人祸做斗争，还须与土著各阶层以及外部势力进行谈判。埃佩利·豪奥法描述了在太平洋岛国比较常见的经历：新一代精英将他们的技能转化为个人财富，扩大了他们与被边缘化的亚文化间的差异。货币化解决方案虽然解决了许多问题，但也引发了许多问题。

394

国际援助与国际保护组织

国际组织的作用一直自相矛盾，例如世界银行资助的印度尼西亚移民项目（见上文）。在 1984~1989 年，印度尼西亚政府为移民开发了至少 300 万公顷伊里安地区的森林，而且在森林被砍伐后又将土地拨给了移民。结果，森林砍伐造成了水土流失、洪水泛滥、动植物群损失。对当地居民和森林而言，上述损失无法弥补。尽管初衷是为了重新分配种植园和合理利用土地，积极应对贫困和无地问题，但是结果却事与愿违，而且国际资助机构也常常在意图和结果之间陷入进退两难境地。

除非与相关社区进行过精心筹划，否则国家公园和自然保护区会使当地居民失去他们的生境。在 20 世纪 70 年代，一些帕劳人欢迎国际自然保护联盟、世界野生动植物基金会、总部位于美国的塞拉俱乐部和海洋学会加入他们反对修建超级油轮码头的斗争，支持使帕劳成为国际自然保护区的建议，以避免帕劳遭到开发性破坏，这是可以理解的，但是却引出了如下问题，即当地居民将如何生活，而且他们将实行上述建议到什么程度。自然保护协会等组织在当地设立了办事处和研究机构，力图在维护当地发展方向的框架内资助一些环境保护项目。自然保护协会、亚洲开发银行和联合国开发计划署联合南太平洋区域环境规划署，为该地区的国家环境管理战略提供了启动经费。①

即使在一些没有受到矿业和林业影响的地区，不断增加的人口也威胁了山地森林。虽然19世纪的人口减少减轻了大多数岛屿的人口压力，但是，随着人口复苏，对宅地和土地的需求日益增加，从而再次将森林置于危险境地。即使为了维持生计而管理岛上生态系统，随着粮食生产系统的变化，人们仍需保持警惕。1983年，美国农业部发起了一项针对波纳佩岛的植被调查。研究人员估计，波纳佩岛的森林覆盖率已从70%减至55%。虽然在1987年颁布了流域保护法规，但是当地社区一直没有充分参与立法工作，而且还抵制未承认传统习俗的法规。一些地方和国际机构联合成立和资助了流域指导委员会，它由一些地方和州政府机构、密克罗尼西亚学院、农业部和自然保护协会组成。1991年，美国林务局资助了一个流域管理试点项目。该项目与由基蒂区四个村庄提出的倡议都试图成立一个非政府组织，然后与州林业局合作创建一个地方性管理小组，目前这一方法已被推广到其他社区。这种共同管理的办法，由当地指导并由国际资金和专业知识支持，为国际参与提供了一些模式。这种方法承认政府没有足够资金用来管理森林资源；虽然森林没有被视为共同财产，但却受到传统权威的管理；社区比政府管理机构获得了更多的资助，因此可以更有效地发现违规行为。最重要的是，需要管理的森林面积要比实际上被禁伐的储备林更大，而且森林管理还要求当地社区参与提供可持续的土地做法。

两种关系紧密的规则

文登·鲁邦贾和奇普斯·麦金诺蒂的画作《两种关系紧密的规则》对比

---

① NEMS reports were prepared for the Cook Islands, FSM, Marshall Islands, Western Samoa and Tonga in 1993 (available through South Pacific Regional Environment Program, Apia).

了西方人与土著在洞察地点上存在的巨大差异，并为了共同目标将它们结合在一起，即把注意力集中在景观和为后代保护它上。正是这种结合带来了极大挑战。从欧洲人的视角来看，景观的西方人那一半直接呈现了土地：背景是一座容易辨认的山脉，前景是一棵巨大的桉树。对于一个没有接受过训练、不能从澳大利亚土著视角看问题的人来说，景观的土著那一半似乎只是没有任何意义的几何形状。甚至想要理解那些代表水坑或山脉的圆圈，代表人类的弧线，代表祖先在光明时代留下的小路的波浪线，都需要经过特殊训练。然而，一旦能够理解，这些几何形状就会揭示出与景观相关的大量知识，以及景观与祖先、同代人和后代之间互动的方式。因为人们需要专业知识才能知道如何在沙漠环境中找到水和如何收割植物。

过去数十年标志着人们为实现共同目标开始进行跨资源管理模式的交流，因为环境退化显然是这些岛屿所面临的最关键问题。国际政治和经济考虑使 20 世纪 70 年代的海洋法谈判对资源定义进行了重大调整。如今，宗主国有时试图与国际保护组织和土著一起协调解决方案，但利益的多样性使得他们难以弥合理解上的鸿沟。正如奥克泰迪矿开发和农林复合经营案例所证实的那样，光有良好的意愿和艰苦的努力可能是不够的。

396

文献简论

在克里·豪、罗伯特·基斯特和布里吉·拉尔主编的《历史的潮流》（*Tides of History*）、康奈尔的《新喀里多尼亚或者卡纳克？》（*New Caledonia or Kanaky?*）、约翰·何宁汉的《法国与南太平洋：当代史》（*France and the South Pacific：A Contemporary History*）和麦克亨利的《密克罗尼西亚：遭到背叛的信任》（*Micronesia：Trust Betrayed*）等著作中，非殖民化得到了充分考虑。在《太平洋历史杂志》和《当代太平洋》中，每年都会记录和分析时事政治。安东尼·胡珀等人主编的《南太平洋的阶级与文化》（*Class and Culture in the South Pacific*）发表了豪奥法的《新南太平洋社会：融合与独立》（The New South Pacific Society：Integration and Independence）一文。

关于太平洋渔业问题的主要资料来源于杜尔曼主编的《太平洋岛屿区域的金枪鱼问题和前景》（*Tuna Issues and Perspectives in the Pacific Islands Region*）、吉列特的《传统的金枪鱼捕捞：对加罗林群岛中部萨塔瓦尔环礁的研究》（*Traditional Tuna Fishing：A Study at Satawal, Central Caroline Islands*）、由莫罗塔、佩米塔和希尼主编的《巴布亚新几内亚的传统保护》（*Traditional Conservation in Papua New Guinea*）和海德曼的《巴布亚新几内亚的海洋使用权和海洋生物资源的管理》（Sea Tenure and the Management of Living Marine Resources in Papua New Guinea）。海德曼的论文提供了有关最近研究的参考书目。

对于采矿业，霍华德的《南太平洋的采矿业、政治与发展》（*Mining, Politics, and Development in the South Pacific*）对南太平洋地区进行了整体分析；专题研究有杰克逊撰写的《奥克泰迪矿：金罐子？》（*Ok Tedi：Pot of Gold?*）、恩柏森－贝恩撰写的《斐济的劳工和金矿》（*Labour and Gold in Fiji*）和海德曼的《一座黄金圣山》（A Sacred Mountain of Gold）。维尔的淘金热报告被发表在《凯尔山淘金热对塔里地区居民的影响》（The Impact of the Mt Kare Goldrush on the People of the Tari District）一文中。狄侬等人主编的《亚太地区的采矿业和矿产资源政策问题》（*Mining and Mineral Resource Policy Issues in Asia-Pacific*）收录了几篇有关伊里安查亚和巴布亚新几内亚当前问题的专题论文，尤其是巴拉德的《公民和地主：印度尼西亚东部和巴布亚新几内亚的土地和矿产资源争夺》（Citizens and Landowners：The Contest over Land and Mineral Resources in Eastern Indonesia and Papua New Guinea）和法勒的《参与、治理和社会影响：希尔金矿公司的计划》（Participation, Governance and Social Impact：The Planning of the Lihir Gold Mine）。

对森林问题进行描述和分析的有帕克的《热带雨林》（*Tropical Rainforests*）、兰姆的《对热带雨林的开发》（*Exploiting the Tropical Rain Forest*），以及科尔切斯特和洛曼的《对土地的争夺和森林的命运》（*The Struggle for Land and the Fate of the Forests*），另见澳大利亚国际开发署的

《所罗门群岛的经济》（The Solomon Islands Economy）、班尼特的《所罗门群岛的林业、公共土地和殖民遗产》（Forestry, Public Land, and the Colonial Legacy in Solomon Islands）、奥梅拉的《萨摩亚的种植园主》（*Samoan Planters*）、法兰鲁的《雅浦岛上的粮食生产与生态系统管理》（Food Production and Ecosystem Management on Yap），以及雷纳的《波纳佩岛山地森林的资源管理》（Resource Management in Upland Forests of Pohnpei）。布莱恩特的《南太平洋的城市贫困与环境》（*Urban Poverty and the Environment in the South Pacific*），追溯了经济与环境问题之间的联系。1994 年发行的《岛屿》对密克罗尼西亚的文化生态学研究做出了贡献。

第十二章

意识形态领域的重塑

文化与认同

太平洋岛屿的许多政治与宪法争论的核心在于，文化和民族身份以及"土著"等类别是模棱两可、充满争议的。当地居民曾认为自己属于某个部落、某个地区或某个特定领导人，如今被要求接受与陌生人和昔日敌人之间的绝对亲密关系。特别是在美拉尼西亚，民族团结修辞很容易受到文化独特性和地方习俗优先性主张的影响。即使在同质化程度更高的社会，各国政府也必须应付地区和村庄自治的要求。在后殖民时代，"文化"成为一个从未有过的辩论场。政治辩论主要是关于文化和土著制度的性质，即变革是遵从还是违背了传统先例。

这些岛屿的政治转型是一个开创性的协商过程。在这一过程中，西方的"王权"、"国家"甚至"民主"模式都已被重塑。例如，波利尼西亚的酋长很快就完成了向政客和政治家的过渡，尽管他们继续掌权，但其合法性在斐济和汤加却受到挑战。汤加学者埃佩利·豪奥法认为民主变革不可避免。平民、教会领袖、移民和知识分子共同推动了汤加民主运动：

迫使具有［这些］背景的人一直处于出生时所归属的从属地位，试图这样做的那些人纯属自欺欺人，因为那是另一个地方，另一个时间……

在南太平洋现存的三个真正的贵族社会（汤加、斐济、萨摩亚）

中，汤加酋长对其人民的日常生活的控制和影响最少。只有在国家结构的顶层，贵族才能施加完全有效的控制。虽然汤加实行绝对君主制，但是汤加人民已经发展了民主文化，以致政治体制发生相应变化仅仅是时间问题，因为"杰里科之墙"已经动摇。①

在和平实现非殖民化后，由许多不同语言和文化的群体组成的美拉尼西亚国家可能面临着极其艰巨的国家建构任务。自20世纪70年代以来，巴布亚新几内亚城镇涌现出许多"拉斯克尔帮"犯罪团伙，这表明人民对当局的尊重急剧下降，执法也出现危机。一些观察家把"拉斯克尔帮"描绘成社会不平等的受害者或现代美拉尼西亚的罗宾汉。实际上，他们不一定没有工作，而且阶层来源广泛，"其中许多人犯下滔天罪行，这些罪行是一系列伤害穷人的小规模犯罪活动的升级"。然而，许多帮派都采用了罗宾汉式的修辞，将政客等当权者描绘成巴布亚新几内亚社会的"真正"罪犯。②

尽管面临这些困难，德高望重的领导人仍可在赞美多元文化主义和增强地区友好联系的基础上构建民族团结意识，这被称为"美拉尼西亚道路"。尊重人权似乎是后殖民时代政府的基本原则，但近年来，太平洋地区开始出现类似其他地方的冲突。1987年，斐济成为首个爆发军事政变的太平洋岛国，不久后布干维尔岛也爆发了血腥叛乱。1985年，帕劳总统被杀，继任者也在1988年自杀（参见第十章）。1988年，新喀里多尼亚发生乌韦阿岛惨案（参见第十一章）。到20世纪90年代，巴布亚新几内亚似乎陷入经济、社会和政治危机。面对多重危机，巴布亚新几内亚政府把重点集中在谋求军事解决布干维尔危机和调整省级治理结构上（参见第十一章）。一些关于布干维尔叛乱的争论表明，全球化语境下的微民族主义已经开始影响美拉尼西亚人对文化差异的看法。另一方面，种族言论可能是针对国际舆论，并把一个联邦制国家的内部冲突描绘成土著争取文化生存的斗争。政治话语和大众文化的全球

---

① Hau'ofa, 'Thy Kingdom Come', 423-5.

② Goddard, 'The Rascal Road'.

化加剧了归属感和自我界定的困境，特别是对在海外工作过或受过教育的岛民而言。海外生活可能会增强一个人对过去和现在的生活方式的自我意识，但是全球性都市文化的显著崛起不一定导致同质化，即便在知识分子中。文化多样性在被彻底改造的同时也在被复制。无论地域认同现在如何被重构，它不仅没有被民族性和国际性从属关系所取代，反而得到了增强。

与其他地区的新兴国家一样，太平洋岛国也力图创造超越地域和文化差异的国家认同。国家标志和象征在引导公民忠于国家方面可能比政治修辞更有效，但标志选择却充满了分歧：选择谁的标志，如何表示这些标志，以及由谁来选择这些标志（类似问题已阻碍在国语问题上达成一致，例如在巴布亚新几内亚）？在瓦努阿图，政府所采用的国家象征由若干传统文化标志组成——响板鼓①、猪牙和树叶。② 巴布亚新几内亚新议会大厦的设计说明精心制作国家象征具有一定危害性。一位评论家声称，设计竞赛充斥着地方性竞争和偏袒。获奖设计不仅模仿了塞皮克地区具有高耸屋顶的神庙（haus tambaran），还融入了塞皮克地区的其他特征，因此它可能被批评为"以塞皮克为中心"。一位巴布亚新几内亚评委称该建筑为"文化上的流产儿"，因为它结合了从文化背景中剥离出来的多种标志性元素，但这种创造性重组似乎是对多民族国家构建的生动写照。③

本章讨论了殖民时代以来的文化制度和意识形态在非殖民化进程中的转变，重点集中在政治思想、文化和地方认同，以及不断变化的族群行动形式。我们还讨论了非殖民化和经济转型对妇女的影响。学者们给出了造成政治暴力事件及其他暴力事件不断增多的各种原因，例如，外国教育、年轻人的挫败感、民族间的权力差距、地方与国家间在资源问题上的冲突，以及日益扩大的贫富差距。接触更广阔的世界也会带来新的行为模式。就像在塔希

---

① 响板鼓（slitgong drums），木制乐器，中间挖有细缝的长木块，用来敲击传递信号。——译者注

② Joan Larcom，'Legitimation Crisis in Vanuatu'，in Linnekin and Poyer（eds），*Cultural Identity and Ethnicity in the Pacific*，176.

③ Rosi，'Papua New Guinea's New Parliament House'，311.

提岛和整个密克罗尼西亚（参见第十章）那样，大众传媒和消费主义带来了
一系列奇特的生活方式和信仰。岛民们日益感觉到可以自由地进行个人选择。
这也许是太平洋意识形态"重塑"的最深刻方式，例如，在西萨摩亚，个人
主义威胁了族长由家族推选和族长管理家族土地等萨摩亚传统理念。越来越
多的族长试图指定自己的孩子为继承人，越来越多的土地被私人占有和转让。
一些家族对族长头衔归属和土地转让提出异议，因此常常诉诸土地和头衔法
院。大多数萨摩亚人在理论上仍秉承传统理念，虽然他们在实践中操纵甚至
违背这些理念。传统先例为了适应今天的偶发事件也被扩展和重新定义。

　　我们想知道，对外交往和殖民化是否重塑了岛民的意识形态？如果是的
话，又是在何种意义上。民族主义话语与反殖民主义学者恰当地批判了许多
西方舶来品，但是有些批评对传统与现代的区分过于简单。访问任何岛屿
（参见第十一章）都会混淆这种区分。与任何其他地方一样，太平洋岛屿也
存在杂乱融合和边界模糊的大众文化，因为岛民们一直试图让外国人以及自
己的设想合乎自己的目的，"本土化"基督教等意识形态。除了塔纳岛岛民
和所罗门库瓦伊奥人之外，基督教已成为岛民日常生活密不可分的一部分，
但岛民仍"重塑"了意识形态，在与外来人的互动中重新诠释和重建了自
己的文化。林德斯特伦（参见下文）将其描述为重塑传统的传统。

　　对于处于殖民统治之下的大多数太平洋岛民来说，国家独立是一个不言　400
自明的政治目标，但是，将太平洋岛屿区分为殖民地或国家可能过于僵化，
以致无法涵盖其经历。首先，由于地理位置、治理能力和军事支持、土著权
威的性质和当地抵抗的力度存在差异，外国殖民统治的入侵程度相差很大。
外国统治并不总是处处威胁着文化完整性和地方自决权。殖民当局及其法律
常常是一个遥远的存在，只需要在税收等可预见事务上与之互动。面对征税
和执法，岛民们逐渐形成了一套逃避和抵制的策略，从而考验了殖民地行政
当局强制执行的意志。在与当地社区打交道方面，殖民地政府不如学校或教
堂有效率。与此同时，处于殖民统治之下的岛民获得了进入澳大利亚、新西
兰和夏威夷等"宗主国中心"的权利。岛屿产品在这些市场获得了有利的
贸易地位，而且许多岛民还把移民看作是获得教育和经济优势的契机。

无组织的抵抗有时会发展成有组织的反殖民运动，比如塔希提的"塔希提人民民主联盟"（参见第十章），西萨摩亚的萨摩亚人联盟或新喀里多尼亚的社会主义和卡纳克民族解放阵线（参见第十一章），以及新赫布里底群岛的瓦努阿库党（见下文）。但是，对于毛利人和夏威夷人而言，殖民霸权是不可避免的。因此，他们的政治和文化斗争的轨迹、口号和动力都非常不同，而且往往更加激烈。

密封社区

对《怀唐伊条约》的重新审议

第七章认为，无论在社会领域还是经济领域，毛利人社会在 20 世纪初之前几乎没有发生多大变化。首先，土地开发之初恰逢大萧条，许多毛利人被迫回到自给型农业和物物交换。一些人放弃了农村，被说服搬到城市去工业部门工作，这是政府为创造廉价劳动力而有意制定的政策的一部分。大约70% 的毛利人现在生活在城市地区，并陷入了一个恶性循环：社会环境差、受教育水平低、技术性工作参与率低、失业率高、收入比白人低、犯罪率高，以及自尊心低和健康状况差。在 1994～1995 年，根据艾伦·达夫颇具争议的小说改编的电影《夕阳武士》引起了世界各地观众对毛利人历史和社会问题的关注。这部电影生动地描述了一个城市毛利人家庭中的关系失调、酗酒和家庭暴力等问题。虽然达夫的描述被批评为太极端，但是很难否认毛利人在制度上处于不利地位。

在这种情况下，承认《怀唐伊条约》保障的毛利人权利再次成为一个重大的政治问题。由于毛利人在 20 世纪 60 年代部分受到美国民权运动的影响而日益政治化，新西兰政府在 1975 年做出回应，制定了《〈怀唐伊条约〉法》和设立了怀唐伊法庭。如果王国政府任何"与该条约原则不符"的政策或做法对毛利人造成了"损害性影响"，《〈怀唐伊条约〉法》允许任何毛利人据此向怀唐伊法庭提出索赔。但是，怀唐伊法庭不能审理该法颁布之前产生的问题，也不能洗刷冤情。它只被授权建议政府"补偿或消除侵害"。该法被批

401

评为没有牙齿，但是它在 1983 年坚定了毛利人对上述条约道义力量的信任。关于塔拉纳基的特阿提阿瓦部落对拟建的莫图努伊合成气厂向他们传统渔场和珊瑚礁排放污水和工业废料提出的索赔，该法庭裁定，该条约责成王国政府保护毛利人免受土地开发和殖民的影响。值得注意的是，毛利人的部落结构促进了同新西兰中央政府的谈判和向其提出索赔。由于没有一个有效的基于土地的地方组织，其他土著——从夏威夷人到澳大利亚土著——一直难以建立一个针对联邦政府的统一战线。直到 1992 年，"马波裁决"才废除澳大利亚的无主地原则，迫使中央政府同意就土地权利与澳大利亚土著展开谈判。

在怀唐伊举行的年度庆祝活动期间，毛利人的抗议活动日益增加。在 1984 年 2 月 6 日前的几天里，来自全国各地的 3000 多名部落代表游行至怀唐伊，要求在王国政府履行其条约义务之前停止庆祝活动。然后，代表们为了汇集对该条约的意见举办了一次全国性集会，其中一项决议导致 1984 年当选的工党政府彻底改变了自己的政策。它建议给予怀唐伊法庭追溯管辖权，以便审查自该条约签署之日起提出的申诉。为了表示愿意改善毛利人与欧洲人的关系，朗伊政府在 1985 年修订了《〈怀唐伊条约〉法》，将怀唐伊法庭的司法管辖权追溯至 1840 年 2 月 6 日。毫无疑问，这一条款为洗刷冤情开辟了一条重要途径，尽管该法庭仍只向王国政府提出建议。不过，王国政府也只保留了补偿或消除侵害的权力。

蒂·阿塔女王是第一位领导毛利国王运动的女性。在最初支持毛利国王运动的非泰努伊地区的部落和波塔陶自己的部落之间的分裂（参见第五章）从未得到修复。虽然蒂·阿塔作为毛利国王运动的正式领袖而广受尊敬，但是她只被自己的部落联盟尊为女王。出于这个原因，大多数部落在索赔时都是独立提出的。20 世纪 80 年代，工党政府决定让毛利人能够寻求洗刷历史冤情的办法，这一决定使得公众对毛利人问题的看法发生巨大改变，以至于保守的国家党（1990 年和 1993 年蝉联执政）别无选择，只能设法在《怀唐伊条约》的基础上满足毛利人的要求。通过谈判达成的第一项主要协议涉及新西兰渔场的使用问题，这是毛利殖民史上最复杂的问题之一。[①] "西洛 402

---

① 'Muriwhenua Fishing Report', Waitangi Tribunal, Wellington, 1988.

德协议"达成于 1992 年，规定政府在三年内向毛利人支付 1.5 亿新西兰元，从而使之成为该国最大的渔业和鱼类加工企业西洛德海产有限公司的股东。此外，该协议还规定将 20% 尚未列入新西兰配额制度的鱼类分配给毛利部落。作为回报，毛利人将停止向怀唐伊法庭提出所有与商业性渔业有关的诉讼和索赔，并取消所有毛利人的商业性捕鱼权。该协议被认为是毛利人渔业索赔问题的"全面和最终解决方案"。然而，这些最终条款使得"西洛德协议"极具争议性，尤其是毛利部落一直未能在它们之间就渔场分配问题达成一致。

由吉姆·博尔格政府谈判达成的第二项重大协议涉及毛利女王主要支持者泰努伊诸部落的土地所有权问题。1989 年，泰努伊人在上诉法院赢得了有关出售新西兰煤炭公司的历史性官司，之后博尔格政府被迫加入了谈判。法院裁定，在泰努伊人对该公司土地及其资源的权利要求未获得制度性保障的情况下，政府不能将该公司出售给私营企业主，虽然泰努伊人的土地和资源早在 19 世纪就已被全部没收。最终，在 1995 年 5 月，也就是毛利女王加冕 29 周年纪念日前夕，政府和毛利女王签署了一项协定，全面解决了泰努伊人在土地方面的问题。该协议包括来自王国政府的正式道歉，承认毛利国王运动在 1863 年受到不公正对待，并规定归还 15790 公顷公有土地。这些土地约占最初没收土地的 2%，将在 5 年内归还完毕，但一般不包括所有建筑物。据估计，被归还土地约值 1.7 亿新西兰元，租金和租约每年可产生多达 1400 万新西兰元的收益。泰努伊人的没收问题的解决为支持毛利国王运动的斗争提供了不受新西兰政府支配的经济基础。然而，泰努伊人的索赔仅仅是毛利人索赔问题的冰山一角。只有在未来才能知道下列问题的答案：这些索赔问题被解决后全体毛利人是否会满意，以及处理到什么程度才会有助于解决毛利人处于不利地位所产生的问题。20 世纪 50 年代，新西兰白人学者称毛利部落已经落伍，并将逐渐失去一切有效的功能，但发展趋势却恰恰相反。由于不断发展和适应国情，在政治上，甚至在城市社会组织中，毛利部落变得越来越有效和团结——罗杰·马卡将这一现象描述为"重新部落化"。马卡记录了一些生活在自己部落土地之外的城市毛利人是如何"在另

一个部落的领地上"建立起"有效的社会卫星部落"的——这一创新既增
强了他们的政治影响力，也为他们提供了一个社会支持网络。①

对夏威夷的文化压制及其复兴

1900 年正式并入美国版图后（参见第七章），夏威夷经历了影响生活方
方面面的创伤性变化。阴谋家桑福德·多尔被任命为准州长。他为朋友和同
事提供了职位和合同。"五大"公司逐步控制了商业、媒体和政治。经营这
些公司的是长期定居夏威夷的外来白种人。这些外来白种人通过血缘、婚姻
和互兼董事联结在一起。由于深信盎格鲁－撒克逊"种族"优越，他们主
要在彼此之间进行联系。这一精英集团由白人、新教徒、共和党人和传教士
后裔组成。它对夏威夷人和亚洲移民施加了巨大的影响力。从制糖业开始，
他们控制了交通、酒店、公用事业、银行、保险机构和许多小企业，垄断组
织在航运业、金融业和通信业发展起来。土地转让和亚洲劳工使种植园蓬勃
发展起来，许多精英逐渐富裕起来。

大规模的同化和文化移入计划试图使夏威夷人相信，美国是合法的统治
者，他们不再是夏威夷人，而是美国人。"夏威夷人"这一术语被重新定
义，它指代的是种族而非国民。这个前君主国的公民和居民不能再被认为是
夏威夷人，但能被认为是中国人、朝鲜人、日本人、葡萄牙人或菲律宾人。
美国甚至还在夏威夷人中运用了分化策略。联邦国会在 1920 年的《夏威夷
家园法》中规定，"夏威夷土著"——拥有至少 50% 土著血统——享有专有
的土地特权，同时剥夺了拥有较少土著血统的夏威夷人的土地权利。

公立学校至关重要。为了使孩子们美国化，公立学校从美国本土引进了
教师。孩子们必须就读于美国学校，并在那里被教导要宣誓效忠美国。他们
接受外国法律的培训，被告知要接受外国的道德准则，只说英语，并接受美
国的生活方式。在中小学校和大学校园里，母语只存在于外语系。习俗和传
统，甚至当地居民的名字都被废止了。纪念罗诺神的盛大的玛卡希基节庆典

---

① Maaka, 'The New Tribe'.

在学校里从未被举行过，也从未被提及过。相反，学校用戏剧和露天表演来庆祝圣诞节。当地居民被哄骗给孩子们起与其祖先没有任何联系的地道美国式名字：这些名字没有描述任何实体物质、精神观念或人类情绪，这些名字不能呼唤风或水、土或热，这些名字完全与周围环境无关。夏威夷人的艺术和科学被推向了灭绝的边缘。借助植物、水或按摩，或者干脆完全靠咒语进行治疗的做法被赶到了偏远地区。通过动物行为、云彩颜色或树叶形状来预测未来遭到讥笑。夏威夷文化正濒临灭绝。

浪潮般涌入的美国人带来了文化、道德、宗教和政治观念。夏威夷人被 404 "说服"去模仿他们的习俗，崇拜他们的英雄，接受他们的生活方式。美国人获得了政府机构和企业管理岗位上的上等职位，收购了许多"五大"公司尚未控制的资源。虽然受到长期定居夏威夷的外来白种人轻视，但是新移民夏威夷的外来白种人同样自信，并在商业、房地产、工会、土地开发和媒体领域找到或创造了适合自己的职位。大多数从事制糖业的亚洲劳工都接受了"美国梦"，他们的许多后代都经历过这样的情景，但是夏威夷土著基本上被排除在这些成功故事之外。

美国军队把夏威夷变成了军事要塞，并将珍珠港变成了重要的海军军港。海军为炮兵演习轰炸山谷，并将卡霍奥拉韦岛作为靶场。军方将许多家庭赶出家园，并最终将核武器带到这些岛屿。军方不仅可以随时宣布戒严令，还强征夏威夷公民入伍。在经过三代美国人的统治后，"夏威夷人"最终有机会成为具有完全公民权的美国人。美国向夏威夷的"合格"选民提出了以下问题：夏威夷是否应作为一个州立即加入联邦？"合格"选民都是居住在夏威夷的美国人。那些抵制美国国籍和坚持夏威夷国籍的人不能投票。美国政府只提供了两种选择：继续保持准州地位或成为联邦的一个州。"夏威夷应该独立吗"这个问题当然不会被问，而绝大多数"美国人"选择了成为美国的一个州。

自 1946 年以来，根据《联合国宪章》，美国必须每年报告其"非自治领地"的情况。夏威夷被列入此类领地名单，此外还有波多黎各等地区。某一领地实现自治的条件是，成为主权独立国家，与某一独立国家自由联合，或并入某一独立国家。在通过公投决定成为美国一个州后，联合国大会接受了夏威夷人自由行使自决权的事实，并免除了美国提交报告的责任。

然而，从那时起，国际社会对国家认同和主权权利的看法发生了巨大的变化。从 20 世纪 60 年代初起，非殖民化运动得到了极大的推动。联合国通过了《给予殖民地国家和人民独立宣言》，宣布所有人民都有自决权：所有人民都应能够自由地决定自己的政治地位，并自由地谋求自己的经济、社会和文化发展。联合国要求立即采取步骤，使非自治领地非殖民化，并将权力移交给这些领地的人民。联合国还成立了一个特别委员会来监督非殖民化。20 世纪 80 年代，该委员会收到的一些报告说，美国声称波多黎各人自愿选择联合，这是一种欺骗，实际上有成千上万支持波多黎各独立的人受到迫害。在 1984～1987 年，特别委员会每年都重申波多黎各人享有不可剥夺的自决权和独立权。独立岛国的出现和联合国对非殖民化的推动提高了夏威夷人对土著权利的认识水平。国际形势的变化挑战了如下假设，即任何州一旦成为美国的一员就不能再脱离。

夏威夷人在 20 世纪 60 年代见证了非裔美国人争取平等的斗争，美国印第安人运动也引起了他们的注意。但是，这些运动被越南战争蒙上了阴影。随着种族认同感和文化自豪感越来越强，夏威夷人挑战政府的意愿也越来越强。夏威夷音乐正焕发出新的活力；草裙舞学校声名鹊起，学员日众；独木舟俱乐部蓬勃发展；夏威夷语学习班迅速增长；对夏威夷天然药物和夏威夷历史的兴趣也日益浓厚。夏威夷语名字日益被自信地用于公共场合。许多不同种族的人也加入了这次文化复兴的行列。

土地成为另一个争论的焦点。土地寡头将农民赶出欧胡岛卡拉玛山谷引发了质疑。保护卡霍奥拉韦岛免遭轰炸的运动将抗议目标扩大到以前神圣不可侵犯的军事机构，于是在 20 世纪 70 年代出现了大量夏威夷人组织。主权和自决权问题是对社会和经济状况不再抱有幻想的自然结果。到 20 世纪 70 年代末，对主权的挑战变得更加明显。当州法院公开审判一位所谓的黑社会领导人时，被告方提出州法院不具有审判夏威夷公民的司法权。《布朗特报告》《克里夫兰国会讲话》《纽兰兹决议》和其他历史文献都成为该案案卷

405

的一部分。然后，该案律师质疑地方法院强迫他作为陪审员参加审判的权力，理由是他不是美国公民，而是夏威夷人。不久之后的桑德岛主要居民夏威夷土著驱逐案、马库阿海滩驱逐案和怀马纳洛驱逐案，都对法院审判夏威夷公民的司法权提出了质疑。这些驱逐案件反映了另一种激进主义的趋势：割让土地被定性为盗窃。在马库阿海滩驱逐案开庭审理期间，当被要求追查被割让土地的所有权时，州专家证人宣称这是政府政策，没有必要对上述土地进行追查。法院裁定夏威夷共和国确实有权将这些土地割让给美国。

夏威夷人对历史不公的觉醒对 1978 年的州制宪会议产生了重大影响。州制宪会议创设了代表夏威夷土著的夏威夷人事务办公室。该机构的理事由土著居民选举产生，并至少在理论上只对他们负责。预计美国很快将承认推翻夏威夷君主国的罪责，该办公室被设想为赔偿基金的保管单位。卡特执政时期，美国国会成立了夏威夷土著研究委员会，这燃起了土著居民的希望，即最终会对土地和主权的丧失做出一些补偿。设立该委员会的联邦法律也开了一个先例，将"夏威夷人"定义为所有土著居民的后裔，而不考虑土著血统的占比。

党派政治使研究委员会偏离了轨道。卡特政府最初任命了 9 名委员，其中 6 人来自夏威夷，3 人来自美国本土。但是，在该委员会开始工作之前，新上台执政的里根政府立即解职了卡特任命的委员。接替者为 6 名美国本土人士（包括一名海军律师），以及 3 名夏威夷人。委员会举行了听证会，进行了研究，并就夏威夷人的文化、社会、经济和健康状况起草了一份详尽的报告。但是，这份报告的草案在 1982 年激起了夏威夷土著的愤怒。关于推翻夏威夷王国政府的那一章完全免除了美国的罪责。这一章出自那位海军律师之手，结论是美国对夏威夷人的领土或主权的丧失不承担任何法律或道义责任，联邦政府不欠夏威夷人任何东西。《多数派报告》虽然承认夏威夷土著在社会中处于不利地位，但也将他们的结论提交给了州立机构、私营企业，以及在为美国土著制订计划的联邦政府。大多数委员的结论是，既没有必要批准任何新项目，也不应支付任何钱。

最终报告发表于 1983 年。不出所料，第一卷《多数派报告》是由获委任的 6 名美国本土委员签署的。第二卷《良心的声明》是由夏威夷委员提出的反对报告。第一卷汇编了全部原始资料，第二卷反驳了政府的罪责论。尽管夏威夷的参议员和众议员继续向国会施压，要求其重新审议赔偿问题，但目前尚无进展。

夏威夷人事务办公室的运作经费微薄，只占被割让土地收入的 20%。尽管许多利润丰厚的州有设施坐落在被割让土地上，但是州立机构一直不愿出钱。随着公众对州政府的行为日益不满，夏威夷人事务办公室威胁要提起诉讼。20 世纪 80 年代末，在夏威夷土著约翰·怀希担任州长期间，他同意支付一笔款项解决财政索赔问题，从而增加了它的经费。但是，它仍被视为一个能力有限的组织，因为其存在取决于殖民时期的宪法。此外，由于其选民是按种族界定的，它没能包括夏威夷王国的所有潜在公民。它在主权问题上的立场是支持类似于美国印第安人部落那样的部落联盟模式。如今，夏威夷越来越被设想为一个独立国家，在此设想中，国籍和居住权不是由种族出身来决定的，而是取决于一个人与夏威夷的"关系"；衡量这种"关系"所依据的标准为文化适应、个人忠诚宣誓、祖先在美国入侵前即为夏威夷公民等。

美国统治面临的挑战越来越多：一些中小学生拒绝宣誓效忠美国、夏威夷公民拒绝报税、越来越多的当地居民拒绝承认美国法院的司法权。1993 年，为纪念利留卡拉尼女王被迫退位一百周年，夏威夷举行了长达数周的公众哀悼、示威游行、辩论会和场景重现等活动。根据一项激进提议，州长怀希下令降下美国国旗，让夏威夷州旗（夏威夷王国的旗帜）单独飘扬在州建筑物上。这一行动激起了反示威游行，并引发报纸读者来信栏的激烈交锋。州议会两院在认可周年纪念活动的联合决议中使用了不同寻常的强硬措辞：

> ……美国军队实施首个行动，公然推翻夏威夷这个独立国家……公然武装侵略一个爱好和平的独立国家……
>
> 州立法机关认为，夏威夷土著人民在夏威夷和美利坚合众国的政治

体制内的适当地位仍未达到最后阶段，仍在演变过程中……

兹决议……立法机关鼓励促进关于夏威夷作为太平洋岛屿社会的未来的讨论，不论它是否属于美利坚合众国。

1993 年 11 月，克林顿总统签署了国会参众两院的一项联合决议（公法 103 – 150，107 号法令 1510），就美国参与推翻夏威夷人国家向夏威夷土著道歉。虽然这项立法对夏威夷土著的权利而言意义重大，但它仅限于夏威夷土著，似乎预示着夏威夷人今后将像印第安人那样被作为依附性民族来对待。"夏威夷土著应不应选举代表来提议成立一个夏威夷土著政府"这个议题在 1996 年 9 月举行的夏威夷土著公决中获得 73% 选民的赞同。实施主体是由州议会设立的夏威夷主权选举委员会，该委员会在决定问题、选民资格和选举规则方面被赋予了广泛的自由裁量权。

后殖民时代的挑战

习俗的重塑

在殖民时期，美拉尼西亚"传统"在两个领域变得备受瞩目和引起争议。关于当地信仰和习俗的争论随着货物崇拜的兴起而升级。货物崇拜是美拉尼西亚千禧年说的一种著名形式。最近，民族独立运动再次强调了地方传统意识。在美拉尼西亚皮钦英语中，带有政治色彩的传统被称为"kastom"（或"kastam""kastomu"）。同早先的货物崇拜一样，岛民根据这些惯例是否有利于强化国家认同和民族团结，对"习俗"重新进行了定义和评价。为了民族主义的修辞和目的，美拉尼西亚人改造了某些习俗。

408　　美拉尼西亚逐渐融入全球政治、经济和通信网络，推动了岛屿意识形态领域的变革。美拉尼西亚人长期以来一直在改造这些领域。他们有改造传统的传统。鉴于传统在经济和政治上的用途，大部分文化领域已成为政治修辞的目标。那些习俗既不固定，也并非自发形成，因此人们对如何定义和评价它们常常争论不休。某个人可以通过引入一些文化创新而声名鹊起。创新者不仅包括民众运动的领导人，如 20 世纪 50 年代马努斯岛的帕琉·马洛特（参见第九章）和 20 世纪 70 年代埃斯皮里图桑托岛的吉米·莫里·史蒂文斯，还包括野心勃勃的乡野村夫，如瓦努阿图奥巴岛的埃里克·塔里。20世纪 40 年代末，埃里克·塔里通过采用新方式干净利索地杀死献祭用的猪而出名。在汽灯照亮的宗教仪式现场，他混搭着欧式服装和传统服装，坐在从战争剩余物资中淘来的吉普车上，驱赶并杀死拴着的猪。

特定文化形式可被用来识别地方族群。歌曲曲目、神话案卷、社区方言、艺术图案和祭祀礼仪都可被用来区分亲族和村庄。文化形式间的差别具有经济价值和政治价值。美拉尼西亚普遍具有版权制度，从而维护了对文化资源的独特主张。一支舞，一首新歌，一帧新雕刻图案都属于声望商品。与无处不在的猪或库拉交易圈的臂镯和项链一样，它们也会给家庭带来声誉。当地习俗不仅预示着身份和社会差异，还可以在族群间相互交换和交易，在这里卖出一首新歌，或在那里购买一种新创的成年仪式。

借用习俗破坏了所有原始传统概念。文化惯例和社会认同之间存在着一种象征性关系，但是随着人们获得新习俗和抛弃旧习俗，标志性惯例也会发生变化。讨论范围更广泛的区域性文化遗产要比讨论某一社区的传统更有意义。一个村庄或宗族的曲目任何时候都能反映他们（及其邻居们，通常处于对立状态）从该地区文化宝库中所做出的选择。除了追逐经济利益和满足个人需求，欧洲贸易商、官员和传教士还输入了大量文化资源。他们有意推广这种文化：到 20 世纪 60 年代，有 4500 名传教士在太平洋上传播上帝福音，相当于每 600 名岛民中就有一名传教士。

鉴于岛民重视新的文化形式，他们往往愿意消费基督教。许多社区迅速皈依了基督教。基督教之所以获得如此惊人的成功，主要是因为雄心勃勃的传教士借用基督教教义，为岛内信徒重新包装了信仰和惯例。卫理公会传教士约翰·戈尔迪在 1902 年被派往所罗门群岛的新乔治亚岛。他在十年内共使 7500 余名岛民皈依了基督教。他在 1910 年报告中说，"每一天都能看到一些灵魂皈依基督。一些最优秀的年轻人已经明确要献身于他，并尽最大努 409

力引导其他人献身于他"。① 传教士们或许已经意识到了美拉尼西亚人有将文化形式转化为声望交换象征的倾向，也意识到了那些最优秀年轻人的野心。

美拉尼西亚人与所有殖民地居民一样不得不适应或抵制殖民主义强加给他们的政治、经济和象征上的不平等。鉴于美拉尼西亚社会和文化的特点，融合和抵制问题特别尖锐。融入全球大宗商品市场冲击了当地的礼物经济。与波利尼西亚社会不同，美拉尼西亚人不得不经常与殖民势力直接打交道，这使得当地政治权威无法居中调解。殖民危机不仅激起了对欧洲人需求的抵制，还引发了对它们的被动适应。这多数集中在文化领域：当地居民理性审视了自己的制度、惯例和信仰。许多人试图借用欧洲习俗，就像他们曾采用其他文化形式那样。在世纪之交的塔纳岛上（参见第十一章），书籍、布料和毛毯已经成为贵重的交换物品，但是当地居民仍继续在宗教仪式上相互赠送布料和毛毯，以及猪、园圃食物和卡瓦酒。塔纳人还重新编排了一些庆祝交易的舞蹈。岛民重新评估了自己的生活方式，有时是肯定性的，但更多时候是批评性的。他们修改了结婚和交易的习俗，重新设计了村里的建筑和所有文化景观；他们采用了新的历法，以及新的安排日常活动的钟声和铃声；他们找到了超自然力量的新来源，有时把美国人作为祖先，有时是慷慨的神灵；他们建立了与身心有关的新制度，改变了性行为、沐浴和穿衣方面的习俗。为了占卜未来，有时还使用阴魂附体、致幻药物和解梦等既有传统方式。

抵制并非仅限于文化领域，但是鲜见战争、罢工或暗杀。在新型巫术恐惧和解梦中出现了一种更为常见的文化抵制。当地居民通过新型巫术恐惧和解梦，构建了对殖民不平等的叙事性批评。在重新设计日常仪式惯例的尝试中，组织得最好的是太平洋战争后兴起的"货物崇拜"运动。该术语在1945 年 11 月首次出现于印刷品上，成为各种政治组织、运动、号称具有神授超凡能力的宗教团体和改革运动的通用名称。从与欧洲人交往初期的运动（如印度尼西亚伊里安查亚省比亚克岛的曼斯仁崇拜，首次被记述于1857

---

① Quoted in C. W. Forman, 'Foreign Missionaries in the Pacific Islands during the Twentieth Century', in Boutilier, Hughes and Tiffany (eds), *Mission, Church and Sect in Oceania*, 36.

年），到后殖民时代的组织（如布干维尔革命军），学者们一直应用这一术语。这个极度缺乏共性和凝聚力的大杂烩是依靠宗教仪式和超自然吸引力来实现狂热崇拜目标的。这些目标通常包括，获得西方工业品（industrial goods，在托克皮辛语中为货物，即 cargo），以及在乡村社会中和在美拉尼西亚人社区与欧洲人社区之间建立和谐新秩序。"货物崇拜"这一术语含蓄地嘲弄了上述企图。类似的动机和项目激励了许多皈依基督教的人，也鼓舞了货物崇拜者。彼得·沃斯利提出，这些都是原始民族主义对殖民主义的反应。先知们明确表达了抵制欧洲列强的神示，并建立了将四分五裂的村庄和宗族团结起来的政治联盟。沃斯利认为，抵制运动采取这种宗教形式，是政治和经济基础建设不完备所致。现代政治制度只能随着时间的推移而逐步发展起来。他写道，"今后，民族主义的发展从千禧年教领袖那里所获得的支持可能会越来越少……激进的千禧年运动仅是该地区政治和经济发展到某一特定阶段的产物，而且……注定要消失，或成为落后分子进行政治表达的一种次要形式"。[1]

不过，美拉尼西亚人偏好文化重构和宗教创新还有其他原因。彼得·劳伦斯等人认为，货物崇拜是推动美拉尼西亚文化发展的一种正常而又富有创造力的方式。通过分析巴布亚新几内亚马当附近的亚里运动，劳伦斯认为它的根源存在于美拉尼西亚文化中。他从土著文化的角度搞清楚了两个令人困惑的特征——为什么是货物和为什么狂热崇拜。至于当地居民对"货物"永无止境的欲望为什么看上去不合理，劳伦斯认为，货物崇拜者渴望获得欧洲商品，是因为商品在基于礼物的经济中具有重要的社会意义。获得西方物质文化被看作是实现与外来人经济和社会平等的一种手段。对于岛民而言，劳伦斯写道："货物已成为欧洲人政治力量的象征，因此他们觉得必须与这种力量展开斗争。"[2] 劳伦斯还从文化角度解释了这些运动的组织形式。狂热崇拜不是当地居民被强大的欧洲人任意摆布的绝

---

① Worsley, *The Trumpet Shall Sound*, 255.

② Lawrence, 'Cargo Cult and Religious Beliefs among the Garia', 30.

望反应，相反，它们是富有活力和创造力的事业，而且在美拉尼西亚传统中也是有先例可循的。

在四种普遍存在的情况下，组建宗教崇拜组织和仪式创新都是正常的政治实践。首先，美拉尼西亚宗教是一种具有使用价值的技术。岛民们不认同西方对宗教/经济与仪式/技术所做的区分，他们通常通过仪式活动来寻求经济利益。例如，农业技术既包括土地平整技术，也含有确保多产的咒语。其次，美拉尼西亚认识论假定知识是被启示的，因此智者曾受到过启发。美拉尼西亚人很少相信个人的创造力。社会活动家必然是先知，而先知必须将自己的设计作为祖先的启示呈现出来，并使之合法化。先知的梦、集体歇斯底里和宗教恍惚是合法社会变革的正常手段，而不是对无法容忍的情况做出的反动反应。再次，美拉尼西亚大人物与异教先知有相似之处："只有世俗本领是不够的。重要的是精通能够确保祈愿实现的宗教仪式。领导人是那些'真正精通宗教仪式'的人，他们能把那些'的确不懂宗教仪式'的人的活动引向最有利的方向。"① 劳伦斯认为，异教是一种美拉尼西亚受到殖民冲突影响的正常政治现象。作为领导人，大人物和先知们有着相似的政治目标和策略，并且货物对于有志之士而言是一个特别有前景的新领域。最后，美拉尼西亚人的时间观念期望社会变革是突然的、全面的和分离的。美拉尼西亚人通常在寻求改变生活时才组织异教："我们所说的'异教'或'运动'只不过是美拉尼西亚社会中的宗教仪式创新和阐释创新的普通形式而已。"②

这种解释可能低估了异教的创新性，并使它们脱离了其所要解决的具体问题。货物崇拜充当了殖民晚期文化话语的熔炉，包容了对传统的批判和对习俗的重铸。许多参与者担心强大的外来者——还担心自己生活方式的状况和价值。总之，异教通过公众、重建政治传统或发明新仪式，巩固和强化了地方习俗观念。

在一些异教中，如塔纳岛的约翰·弗鲁姆运动（参见第九章），当地居

---

① Lawrence, *Road Belong Cargo*, 31.

② Wagner, 'The Talk of Koriki', 164.

民为反对外来者而转向强化传统，一种经过修正的认同感得到巩固。为了抵消基督教对美拉尼西亚文化的负面解读，"kastom"在此获得了正面解释。当地居民恢复了他们在皈依基督教后放弃的互惠交换、跳舞和卡瓦仪式等习俗。不过，有些人虽然皈依了基督教，但对其形式做了创造性的修正。新乔治亚岛的塞拉斯·埃托奥和埃斯皮里图桑托岛的吉米·莫里·史蒂文斯在解读《圣经》的基础上建立了独立教会，这使美拉尼西亚人能够有权提出经济和政治需求。在其他运动中，如所罗门群岛的马西纳规则运动（参见第九章），当地居民将注意力集中在建立新的政治和领导结构上，以阻止欧洲人在战后卷土重来。作为一种选择，就像在马努斯岛帕琉运动早期那样，信徒们详细制定了新的卫生制度、村庄规划和工作进度表，以取代看上去混乱和低劣的当地方式。

太平洋战争推动货物崇拜进入鼎盛时期。1940年年初，有关约翰·弗鲁姆的消息传到了英国地区特工处（British District Agent）。约翰·弗鲁姆是一位将塔纳岛与外界尤其是与美国联系在一起的灵媒。这个最成功和持续时间最久的异教解决了领导权传承问题，保持了其政策和目标的连续性，并转型为政党与教会的复合体。约翰·弗鲁姆运动一直支持候选人参选瓦努阿图地方和国家的官职。它还制定了礼拜日历。该日历不仅有周五例会和年假，还包括2月15日纪念日。1957年2月15日，该运动的领袖升起了他们的第一面旗帜。关于该运动名称的由来，众说纷纭。它起源于施洗者约翰吗？源于布鲁姆（Broom，扫帚）——为了将白人扫出塔纳岛吗？源于美国的约翰，或者解放者约翰·布朗吗？弗鲁姆与乌鲁姆（urumun，灵媒）有关吗？不管来源于什么，约翰·弗鲁姆已经在具有教化作用的祖先和文化英雄中占据了一席之地。

约翰·弗鲁姆在塔纳岛西南海岸格林角附近首次露面时指出，有必要恢复在长老会控制时期被贬低的知识。他还指出，陆地与海洋、山脉与峡谷和黑与白之间的关系即将发生巨大反转。货物元素在他早期启示中发挥了一定作用，该启示预测美国军队将到来，并带来政治自由和经济援助。许多岛民脱离了长老会、天主教和基督复临安息日教会。1941年，只有少数基督徒

412

参加了主日礼拜；直到 20 世纪 50 年代和 60 年代，教会会友人数才恢复。许多男人重新开始饮用卡瓦酒，以此来纪念他们的祖先，并复兴了仪式交换和舞蹈庆典。他们还遗弃了基督教沿海村庄，重新回到父辈们抛弃的村庄，复垦了他们的园圃。此外，还有一些人拒绝使用货币，以及与欧洲商人打交道。

政府和教会当局试图重新控制塔纳岛局势。从 1941 年年中开始，殖民地特工詹姆斯·尼科尔逮捕并驱逐了约翰·弗鲁姆运动领导人。1941 年 6 月，第一个被逮捕的领导人是马内希维，他被指控冒充约翰·弗鲁姆，并被流放到维拉港监狱。镇压并没有熄灭岛民们的热情，到 1943 年，在塔纳岛北部的格林高地和东部的硫黄湾又形成了新的活动中心。随着数千名美国人的到来，热情被重新点燃。许多塔纳男人加入了当地的劳工营，为美军埃法特岛基地工作。约翰·弗鲁姆在 1941 年发表的一些言论中曾预言过美国人要来，而美国作为外国智慧和货物的主要来源，很快就在该运动的意识形态中占据了主要位置。

殖民地政府直到 1956 年才停止逮捕和驱逐约翰·弗鲁姆运动领导人。迫于人类学家让·基亚德等人的压力，政府释放了一些领导人，并将该运动重新定义为异教组织，而不是从事颠覆活动的阴谋集团。托马斯·纳姆帕斯、穆威利斯、纳克马哈、波伊塔等被释放的领导人抓住机会，将约翰·弗鲁姆组织制度化为教会和政党的复合体。他们定期举行宗教仪式，并根据教义制定了政治纲领。他们采用了源自战时经历的标志——美国国旗、红色十字、军服和操练。他们还借鉴了长老会的仪式和组织，定期在周五晚上举办跳舞仪式、花祭，以及祭祀约翰·弗鲁姆和祈祷。自 1956 年起，领导人开始招募警察和警卫，并召开法庭审判违反教规的人。目前，约半数塔纳人积极支持或欢迎约翰·弗鲁姆的意识形态，他们要么隶属于硫黄湾总部，要么附属于对约翰·弗鲁姆的启示提出不同解释的其他团体。

20 世纪 70 年代初，塔纳岛成立了一些民族主义政党，这加剧了塔纳人的内部分歧。几乎所有长老会教徒都加入了瓦努阿库党。1980 年，瓦努阿库党上台，组建了独立后的首届政府。该党由彼得·陶拉科托、唐纳德·卡

尔波卡斯、沃尔特·利尼等在英国接受过教育的宗教和民间领袖创建。该党
要求尽早独立和实行土地改革。法国侨民和讲法语的岛民成立了一些与之竞
争的政党。在法裔当权派的支持下，这些政党以不同名称结成联盟，但后来
被称为"温和派"。

由于约翰·弗鲁姆组织一直反对支持瓦努阿库党的长老会教徒，温和派
领导人曾拉拢过它。约翰·弗鲁姆运动领导人最终同意成立全国性的约翰·
弗鲁姆党，并支持候选人参加国民议会选举。自 1975 年以来，约翰·弗鲁
姆党候选人在每次国民议会选举中都赢得过席位。经过数年谈判，各政党和
两届殖民地政府都同意瓦努阿图在 1980 年独立。在独立前的选举中，瓦努
阿库党大获全胜，这引发了塔纳岛约翰·弗鲁姆党等政党和埃斯皮里图桑托
岛的纳格利亚梅尔运动支持者的不满，他们在吉米·莫里·史蒂文斯的领导
下发动了一次小规模叛乱。反叛者所获援助来自恐惧瓦努阿库党统治的法国
侨民，一些法国政府要人，以及凤凰基金会（该组织寻求建立一个执行自
由主义经济原则的新国家）。亚历克西斯·尤卢在率领一支约翰·弗鲁姆党
军队进攻政府驻地伊桑埃尔时中弹身亡。随后，塔纳岛上的这场叛乱以失败
告终。政府在巴布亚新几内亚军队的帮助下还镇压了埃斯皮里图桑托岛的分
离派。

20 世纪 80 年代，在瓦努阿库党执政期间，约翰·弗鲁姆党人减少了公
开露面，但在 80 年代末，作为 2 月 15 日庆祝活动的一部分，他们再次挥舞
美国国旗，并身穿美式制服游行。1991 年，温和派成为新联合政府的主要
伙伴，约翰·弗鲁姆党人仍然是温和派在塔纳岛的主要支持者。当时领导硫
黄湾分部的是第三代领导人。他们维持了 20 世纪 50 年代的政治结构和仪
式，但根据形势变化不断调整意识形态和党纲，主题一直是积极重估和重申
岛上习俗。

20 世纪 70 年代是美拉尼西亚殖民地独立的主要时期，当地居民重新考
虑和改造了文化习俗。特别是，"kastom"这一术语在整个美拉尼西亚传播
开来。对"kastom"的阐释促进了政治修辞的进一步宽泛化，如"美拉尼西
亚社会主义"、斐济道路（vakavanua，意为"这片土地的道路"），以及

"美拉尼西亚道路"。"美拉尼西亚道路"这一概念发端于律师伯纳德·纳若科比在 1976 ~ 1978 年主持的巴布亚新几内亚《信使邮报》专栏"美拉尼西亚之声"。纳若科比对早先兴起于南太平洋大学斐济苏瓦校区的"太平洋道路"一词的含义做了进一步阐发。纳若科比说:"我深信美拉尼西亚人正受到共同的文化和精神统一体的引导。虽然在许多文化习俗上,包括在语言上,我们各不相同,但我们仍是统一的,而且也不同于亚洲人和欧洲人。我们的方式并不像许多人所宣称的那样各不相同和相互矛盾……我们是一个统一的民族,因为我们有着共同的愿景。"① 这些对习俗的关注与货物崇拜时期稍有不同。当地居民曾担心如何超越落后传统以适应殖民秩序,或如何重振传统以抵制殖民秩序,在 20 世纪 70 年代和 80 年代的问题是,如何利用"kastom"使美拉尼西亚道路取代离开的殖民国家的道路,然后创建民族认同感和统一的国家意志。它们有一些明显的共同点:双方领导人都必须唤起集体团结,明确表达可信的未来愿景,并维护他们有时脆弱的权威。政治家们必须为他们的政府建立合法性,并在文化多样化的人民中形成认同感和政治共识。"kastom"再次提供了一种政治修辞,但是规模更大,以便为其公民定义国家共同体。当地居民可以被定义为巴布亚新几内亚人,所罗门人,或瓦努阿图人,那是因为他们都拥有,而且有时还共享着"kastom":

> 如果不首先确定文化身份,就不可能实现政治自决。巴布亚新几内亚的文化身份使他成为他之所是……而非斐济人,甚至澳大利亚人。他必须首先确立自己的身份,以便确定他的社会理想,以及在当今瞬息万变的世界中前进的道路或方向。②

传统在追求经济发展中的应有作用特别令人担忧。关于习俗效用的争论集中在传统和民主的协调以及妇女地位上。一些人援引"kastom"来削弱妇

---

① Narokobi, *The Melanesian Way*, 7.
② Wari, 'The Function of the National Cultural Council', 110.

女的公共角色，另一些人则谴责"*kastom*"没有为理解现代两性关系提供足够的基本知识，还有一些人将"*kastom*"想象为性别平等的遗产，将女性能力的丧失归咎于欧洲人的殖民实践。宪法起草者、政治家和教育家都以不同方式将"*kastom*"纳入了国家体制，特别是纳入到法律、政治和教育制度中。政治家还鼓励新兴民族文化的其他方面。在瓦努阿图，这包括弹奏当地风格的弦乐比斯拉马，或饮用"国药"卡瓦酒。瓦努阿图宪法宣称，瓦努阿图是"建立在传统美拉尼西亚价值观之上"的国家，并成立了负责对习俗问题提供建议的全国酋长委员会。不仅在巴布亚新几内亚宪法中存在类似规定，所罗门群岛在 20 世纪 80 年代也承认了岛内的酋长委员会。

瓦努阿图自发讨论了决策机构的传统共识，本国语言教育的重要性，对土地所有权和纠纷解决惯例的依赖。国家领导人曾试图彻底改革土著的决策和调解机制，以便缓和因采矿、种植和伐木引发的土地纠纷。他们为解决此类纠纷探索过多种方式，如加强酋长、大人物和其他地方领导人的权力。在 1989 年当选总统后，弗雷德·蒂马卡塔表示要加强农村领导人的权力："我将与生活在基层的传统领导人合作，让他们利用自己的影响力把人民团结起来……现在，如果我们真的想保持国家统一和维护社会和谐，那么酋长们将不得不回到他们的老路上去。"[1]

因此，"*kastom*"不只是一种能增强国家凝聚力的语言。它具有"习惯"和"传统规范"双重含义，因此，它不仅描述某人是谁，而且还规定了某人的行事方式。"*kastom*"是一个强大的习语，可用来组织和管理个人行为，保障社会秩序和国家统一。它能为行动和身份唤起新的团结一致。国家共同体完全可以被"定制"，尽管其成员有不同的看法和做法。那些致力于改变人民日常习惯或希望协调社会行为的领导人，会发现"*kastom*"是一种有力的修辞手段，可用来定义国家和塑造国家议程。

这种修辞为文化身份和社会规范带来了美好前景，而且瓦努阿图和巴布亚新几内亚已经感受到了"*kastom*"的真正力量。密封社区还可以援引文化

415

---

① J. Moala, 'Vanuatu's Chief', *Pacific Islands Business* 15：2（1989），24.

差异来挑战国家的合法性。当国家话语过度夸大共有的"*kastom*"的黏合作用时，当地居民可能会提出未共有的习俗来抵制并退出这个国家。在 20 世纪 80 年代，瓦努阿图和巴布亚新几内亚一直不得不应对叛乱。这些叛乱在某种程度上使用了未共享的"*kastom*"这一习语。大量对"*kastom*"的地方性解释支持了传统的多样性、矛盾性，以及维持和颠覆国家共同体的能力。"*kastom*"可以作为国家身份的习语，也可以作为国家规范化和控制的机制，但是它也能以同样方式表达反对和抵抗。

斐济政变

民主是一朵不适合斐济土壤的外来花。在民粹主义的斐济族运动（Taukei Movement）中，许多具有民族主义思想的斐济族人士在反思 1987 年事件时也是这样说的。民主以及机会均等和个人权利的价值被用来剥夺斐济土著的"继承权"，阿塞塞拉·拉乌乌认为："多数人的统治可能会变成歧视性统治，多数人的权力会侵犯少数人的权利。民主决策程序并不能保证最佳决策。在某些情况下，最佳决策来自于……一些心怀善意和知识渊博的人。"① 自 1970 年独立以来，斐济一直由联盟党统治。联盟党选举获胜似乎是必然的，联盟党领导人、斐济总理、酋长卡米塞塞·马拉是太平洋政治家中的元老。1987 年 4 月，意想不到的事情发生了：联盟党在大选中输给了由新成立的斐济工党和（印度裔斐济人）民族联合党组成的联盟，斐济工党领导人蒂莫西·巴瓦德拉博士成为总理。巴瓦德拉联合政府名义上左倾，实际上既不受酋长也不受斐济土著"当权派"的控制。因此，新政府威胁了等级制度的基础，即酋长（*turaga*）和平民（*vanua*）的联合。他们通过酋长制不可分割地联系在一起，并始终支持联盟党重新执政。巴瓦德拉是白手起家的斐济中产阶级之一，是独立后通过职业道路崛起群体的典型代表，他并不激进。他说，"酋长制是斐济族拥有的一项悠久而神圣的制度"。他对它"怀有最高敬意"，但民主是另一个问题。"在我们的政治制度中，个人的民主投票权并

---

① Ravuvu, *Facade of Democracy*, x.

不意味着他必须投票支持某位酋长。这是一个完全自由的选择。"①

　　1987 年 5 月 14 日，巴瓦德拉政府组建未满一个月就被西蒂韦尼·兰布卡上校和斐济军队推翻。9 月，第二次政变带来一个临时政府（主要由前联盟党政府成员组成，酋长马拉担任临时政府总理），等待新宪法的颁布。1990 年 6 月新颁布的宪法规定斐济族在政治制度中享有至高无上的地位，并制定了阻止斐济重返英联邦的条款。大酋长委员会（Bose levu Vakaturaga）在斐济国家事务中发挥监督作用，并有权任命总统，而总统必须由三个部落联盟的某个酋长担任。它还有权提名上议院 34 个席位中的 24 个。下议院有 70 个席位，其中斐济族 37 个，印度裔斐济人 27 个，（混血）普通选民 5 个，罗图马岛理事会 1 个，这些席位都从根据种族分列的名册中选出。在斐济族的 37 个席位中，有 32 个来自 14 个以斐济族为主的农业省份。

　　1992 年 5 月，根据上述安排举行选举时，结果令人震惊。斐济族政治党（Soqosoqo ni Vakavulewa ni Taukei）是由大酋长委员会发起成立的斐济主要政党。许多斐济族人士认为它应该不受选举政治影响。斐济族运动领导人和全体国民代表大会（All Nationals Congress）创始人阿皮塞·托拉说，它应该"处于斐济社会的塔尖，彻底远离普通政治活动的腐蚀"。结果，虽然斐济族政治党赢得了 30 个斐济族席位，但只获得了斐济族 2/3 的选票，这引发了要求大酋长委员会收回支持的呼声；否则，阿皮塞·托拉说，它"存在的理由将受到越来越多的带有敌意的质疑"。② 其他斐济族席位被小党派瓜分。在印度裔斐济人选区，斐济工党与民族联合党的旧联盟瓦解，失去斐济族支持的斐济工党仅赢得了印度裔斐济人席位。斐济工党赢得 13 席，民族联合党赢得 14 席。

　　对总理大位的争夺同样备受瞩目。两位候选人都是斐济族政治党党员，417
一位是酋长马拉的门生约瑟法塔·卡密卡密卡，另一位是军人出身的政治家西蒂韦尼·兰布卡。兰布卡在斐济族政治党内得到了广泛支持，但是卡密卡

① *Fiji Times*, 22 March 1987.

② *Fiji Times*, 10 October 1991, and 11 January 1993.

密卡得到了包括民族联合党在内的反对党的支持。斐济工党的支持使兰布卡获得了胜利，但兰布卡为此保证，进行合宪性审查和在农地租赁、劳资关系和税收等重要问题上满足斐济工党的要求。一部旨在促进斐济族团结的宪法却使他们产生了分歧，酋长马拉提名的候选人败选，拜在第一次政变中被他推翻的政党所赐，一位平民当上了总理，而且他已经允许合宪性审查。

由于高度依赖派系和知名人士，兰布卡政府处境艰难。兰布卡和在酋长佩纳亚·加尼劳去世后成为总统的酋长马拉相互掣肘。1993 年，兰布卡政府在财政预算案辩论中受挫，于是要求提前举行大选。卡密卡密卡创建了自己的政党斐济联合党，兰布卡似乎败局已定。但是，斐济联合党最终只在酋长马拉所掌控的劳省与奈塔西里省获胜。尽管兰布卡领导的斐济族政治党所获选票比以前少，但足以赢得大多数斐济族席位，并与一般选民党联盟。斐济工党因支持兰布卡付出沉重代价，失去了许多印度裔斐济人的选票。

发动政变和制定新宪法旨在统一斐济族力量，并捍卫斐济族权力，使其免遭印度裔斐济人社区的潜在威胁。印度裔斐济人目前约占斐济总人口的43%，尽管近年来人数由于移民和生育率降低而有所下降。印度裔斐济人主要政党民族联合党和斐济工党在意识形态和策略方面存在分歧，使得印度裔斐济人越来越难以发起有效威胁。另一方面，斐济族的团结在省级层面上也出现一定程度的瓦解。许多斐济族人士质疑，为什么人口超过 5.5 万人的巴省与人口 1.4 万人的劳省都被分配了 3 个席位？这主要是为了赢得可能支持传统主义意识形态的斐济族农民的支持。按省份分配席位也阻碍了治理。议员们首先忠于自己所在省份，而各省理所当然地希望内阁中有自己的代表。一些因不称职和舞弊而被降职的部长将自己的困境借题发挥为对他们所在省份的非难。在提交给合宪性审查和咨询委员会的一份意见书中，一个由西部斐济族人士组成的代表团批评宪法歧视"生产力日益增长的、受过更好教育的、具有前瞻性思维的斐济族，却支持代表（和竭力保留）贵族的、不民主的、享有特权的殖民生活模式的少数民族"。[①]

---

① Sutherland, *Beyond the Politics of Race*, 190.

巴瓦德拉获胜适逢斐济土著社会的社会和意识形态基础受到压力之时。现代教育为个人发挥才能创造了机会。超过 1/3 的斐济土著生活在城市。移民和城市化导致价值观和观点发生变化。日益重要的经济作物也在改变着工作模式以及资源的使用和分配。R. G. 沃德写道，"新技能、新技术和资金的引入削弱了维系斐济乡村社会的功能性纽带"，这与 30 年前奥斯卡·斯佩特的观点如出一辙。"这并不意味着上述结构已经崩溃，或不久后会如此。这的确意味着，如果其他因素动摇了这座大厦，那就存在解体的风险。"[1] 许多斐济人也承认这些变化。例如，兰布卡注意到"精英酋长最终将战胜传统酋长，即以精英统治取代传统贵族统治"。[2]

为了巩固斐济族的统治基础，兰布卡政府颁布了许多有利于斐济族的政策。这些措施包括增加给予斐济族学生的奖学金；成立向斐济族提供咨询服务的小企业事务处；向各省议会和罗图马委员会提供财政援助，以购买由斐济族独资和斐济族控股的公司的股票；向斐济族氏族提供购买土地的资金；免征斐济族企业 20 年所得税；将 73841 公顷国有土地的管理权转让给土著土地信托委员会。这些举措经常被与达官显贵有关系的公务员和政客利用。即使这样，结果仍然令人沮丧，尤其是在商业领域。正如斐济工党领袖马亨德拉·乔杜里所言，"纵然有了这些资源，结果仍不尽如人意，这肯定是体制本身出了问题"。[3] 与此同时，印度裔领导人抱怨在公共部门、法定机构和援助项目中存在歧视。1992 年，在 9572 名公务员中，斐济族占 61.4%，印度裔斐济人只占 33.2%。在储备银行董事会和广播委员会中没有一名印度裔斐济人，令人难以置信的是，在制糖公司董事会中也是如此。

两个关键问题必须被解决。首先是《农业地主与佃户法》。该法规定将斐济族土地租给大约 1.2 万名印度裔佃户。租约将在 1996 年期满后逐个续签。一些斐济族领导人希望将租约续签与印度裔斐济人接受斐济族的政治主导地位联系起来。一些地主希望将分成租佃制作为租赁安排的一个组成部

[1] Ward, 'Native Fijian Villages：A Questionable Future', 36.

[2] *Fiji Times*, 29 August 1991.

[3] *Islands Business*, August 1993.

分。西部的地主希望绕过土著土地信托委员会，直接与佃户谈判；另外一些地主则完全反对续签租约，因为他们也想进入农业。与此同时，印度裔佃户则希望摆脱苛刻的短期租赁。如果续签租约，租金将根据什么原则确定？如果不续签租约，佃户会被重新安置，还是因改良了土地收到补偿？印度裔佃户全部从土地上转移到小企业工作吗？

此外，宪法再次受到审查。目前的安排使印度裔斐济人沦为二等公民，政府政策限制了他们在公共部门的机会。那些有能力移民的印度裔斐济人移民去了海外，自 1987 年以来大约有 3 万人。那些没有能力移民的印度裔斐济人希望新成立的宪法审查委员会建议修改宪法，让他们再次参与国家决策。这些建议的命运将由斐济社会当权派和国际社会的态度来决定。联盟党资深政治家、酋长威廉·托加尼瓦卢曾经说过："我们这个国家的土著不应该有这样的想法，即通过压制印度裔斐济人的发展来改善命运。如果你们这样做，我们所有人的发展都会受到阻碍。"但是，他的声音在斐济族中属于少数派，大多数斐济族希望由斐济族来控制这个国家的政治进程。

尽管对斐济危机的分析众说纷纭，但是观点主要集中在两极。土著民族主义者倾向于赞成兰布卡的接管，认为这是防止"外国人"（印度裔斐济人）统治和保护土著主权的唯一途径。他们将这部带有种族色彩的宪法看作是支持那些在自己土地上成为少数民族的土著的典范。斐济族运动的成员公开宣称自己是"这片土地的固有所有者"，并声称一个由印度裔斐济人主导的政府将会剥夺斐济族的公共土地。鉴于法律保护斐济族的传统土地，这种威胁似乎很遥远，但是这种论调很受外国听众和一些斐济族人士喜欢。自由主义学者反驳说，斐济族的主权从未受到过威胁，新宪法既不民主还带有种族主义色彩。他们认为，政变领导人一直利用煽动性的、过分简单化的种族主义修辞来掩盖阶级、等级和传统权威等实质性问题。无论发生哪种情况，兰布卡的言论都具有强大的吸引力。他的支持者面临的问题是，为了使土著享有自决权，民主是否必须被限制。尽管有些人认为，多民族民主不仅是可能的而且是可取的，但令他们疑惑的是，在目前的全球政治环境下，所有文化族群是否都需要建立仅限自己民族的国家，以便保护其遗产和政治权利。

布干维尔岛内战

巴布亚新几内亚政府没有完全解决布干维尔的自治问题，也没有解决好大规模采矿所带来的损失和利益分配问题（参见第十一章）。因此，局势日益紧张，直到 1989 年叛军关闭矿井致使内战全面爆发。一年后，巴布亚新几内亚政府从布干维尔岛撤出了巴布亚新几内亚国防军，并实施了封锁，使食品和医疗物资无法运往布干维尔岛。文官明显无法控制国防军，而且布干维尔岛岛民内部长期存在严重的种族分裂，这加剧了危机。谈判和外国斡旋都没有达成解决方案，这在一定程度上是因为双方都无法在达成内部共识的基础上阐明立场。1990 年 5 月，叛军宣布成立"布干维尔共和国"，并组建了布干维尔临时政府。不过，布干维尔革命军一直掌握着叛军一方的实权，自封为最高指挥官的弗朗西斯·奥纳还自称是布干维尔共和国的总统和国父。虽然老一辈文职领导人和布干维尔革命军的政治目标是一致的，但他们之间的关系一直很紧张，而且温和派政治家要么被杀，要么被驱逐出布干维尔岛。由于游击队主要由年轻人组成，布干维尔革命军几乎只在名义上受布干维尔临时政府或其自身指挥体系的控制。考虑到布干维尔岛的种族多样性，一些布干维尔革命军部队被认为比该省部分地区的占领军强不了多少。

1990 年 9 月，巴布亚新几内亚国防军控制了布干维尔岛以北的布卡岛。一些布卡岛领导人开始与巴布亚新几内亚政府合作，并公开反对分裂。布卡岛岛民声称，他们之所以受苦，是因为一场主要涉及潘古纳矿周围地主的争端。国防军为了打击布干维尔革命军而武装了一个民兵组织，即布卡解放阵线，结果导致布卡岛爆发内战。由于这些部队军纪不严和相互残杀，1.2 万余名当地居民被重新安置到难民营里。在布卡岛发生暴行之后，国防军"未经批准"就重新占领了布干维尔岛北部，这使人们开始质疑政府对军队的指挥。

到 1992 年年初，巴布亚新几内亚国防军重新控制了布干维尔岛北部，布干维尔革命军为了迟滞此次进攻摧毁了数座村庄。布干维尔革命军的突袭还使自己失去了该岛西南部的斯瓦伊人的支持，并使国防军趁机在那里获得

420

了立足点。基于在北部和南部的军事存在，巴布亚新几内亚政府宣称，布干维尔岛岛民可自由参加 1992 年全国大选。然而，只有亲政府的候选人敢于参加竞选，在布干维尔岛南部 3 万选民中只有 240 人参加了投票。在所有参加投票的选民中，90% 来自受政府保护的布干维尔岛北部，这削弱了整个布干维尔岛席位的可信度。

向巴布亚新几内亚供应武器的澳大利亚也受到批评，因为它未能抗议布干维尔岛上践踏人权的行为，以及违反了两国政府之间的一项协议，即允许巴布亚新几内亚国防军将直升机改装成"武装直升机"（从技术上讲，就是发射平台）。在被称为"抵抗运动"的反布干维尔革命军的民兵组织的大力支持下，国防军在某种程度上重新控制了布干维尔岛大部分地区。但是，潘古纳矿及其附近山区仍然牢牢掌握在布干维尔革命军手中，而且布干维尔革命军仍有能力对该岛最北端发动军事进攻，可以说战争已陷入僵局。1994 年 10 月，在前省首府阿拉瓦举行的和平谈判失败；此后非布干维尔革命军团体与巴布亚新几内亚政府达成协议，即《米里基尼协议》，并据此成立了一个全省性机构，即布干维尔过渡政府，以取代长期停摆的北所罗门省政府。它的领导人和该省总理西奥多·米里温格曾是一名杰出的律师和巴布亚新几内亚高等法院的代理法官，他在 1990 年站在了叛军一边。1994 年 10 月，他在布干维尔革命军领导层拒绝参加阿拉瓦和谈后与之决裂。在巴布亚新几内亚总理陈仲民坚持下（和在他的不断干预下），以布干维尔过渡政府为一方、布干维尔临时政府和布干维尔革命军为另一方，双方开始展开试探性的和平谈判。1995 年 8 月，首轮谈判在澳大利亚凯恩斯镇举行，其目标是就布干维尔岛未来地位问题向巴布亚新几内亚提出一个协商一致的观点。

尽管存在派系分歧，但是许多布干维尔岛岛民仍渴望该省获得更大程度的自治权，并赞同布干维尔独立这一长期目标。目前尚不清楚巴布亚新几内亚当局是否意识到这种渴望有多么殷切，也不清楚它是否能够以减轻而非加重当前危机的方式做出反应。布干维尔的分离运动一直被视为种族"民族主义"的一个范例，但是这个术语显然未充分说明这场冲突的根源和规模。

这场叛乱致使布干维尔岛分裂，使各语言群体、各地区和几代人互相对立，并造成了普遍的争斗和不信任的气氛。

女性能发挥作用吗？

布干维尔革命军起初由矿区地主组成，但是后来吸引了岛内其他地区的年轻人。如果巴布亚新几内亚政府处理了地主多年来对土地租金偏低、环境遭破坏等相关社会问题的不满，这场骚乱本来是可以避免的。在最后一次尝试提出不满和诉求后，地主炸毁了连接港口和矿山的公路沿线的电塔，并封锁了道路。政府匆忙派出一支警察防暴队。防暴队非但没有控制住冲突，反而犯下了令人震惊的罪行，焚烧房屋，强奸妇女，以及随意射杀平民和动物。这种行为导致年轻男人拿起武器捍卫自己的土地、妇女和儿童。政府为增援防暴队又派去了军队，从而在整个布干维尔岛点燃了仇恨之火，尤其是在那些决心帮助地主的年轻人中。到这时，这场斗争的目标已经变成了布干维尔岛独立。这场斗争并不是新萌生的：1962 年（当时在潘古纳发现了铜矿）之前，布干维尔岛岛民就曾要求过独立。甚至在巴布亚新几内亚脱离澳大利亚而独立的两周前，布干维尔岛岛民就宣布将单独独立，然而巴布亚新几内亚政府对布干维尔岛岛民的行动计划毫无准备。巴布亚新几内亚政府暂时留住了布干维尔岛岛民。不幸的是，这一事态并没有改变。

这场始于 1989 年的内战已造成苦难，并使布干维尔岛岛民以及许多巴布亚新几内亚人极为悲痛。一开始只是部分地区的民众表达不满，现在内战已席卷了整个北所罗门省。事态再次陷入僵局：各方都不愿意放下武器，巴布亚新几内亚政府提供的公共服务也没有多大改善。巴布亚新几内亚政府声称，布干维尔岛独立是不可想象的，而布干维尔革命军和布干维尔临时政府却不这么认为。为了维持现状，巴布亚新几内亚政府实施了重建、复兴与和解项目：一些学校重新开学，在国际组织和红十字会的帮助下，药物尽管数量不足但已被运来；为了重建和平和恢复常态，巴布亚新几内亚国防军被部署到该岛大部分地区。

在寻找解决办法时，女性能集体发挥作用吗？妇女一直是支柱：维持一

422

定程度的和平与秩序，维持家庭凝聚力，采集食物和为子女提供安全保障。然而，她们同儿童和老人一起成为一场不是她们造成的游击战的受害者。修女伊丽莎白·洛普克是被布干维尔革命军囚禁的五名修女之一。她的经历成为由双方施加的苦难的典型：

> 我们在难民营中继续为当地居民提供宗教服务。那里几乎集中了全岛半数居民……我们日夜受到嘲弄和威胁，但我们从未停止为我们认为应该做的事而呼吁。有时我们几乎与死神擦肩而过，但总是被天意拯救……在我生命中的那一刻之前，我一直认为一切都是理所当然的，但在这场危机期间，我看到和感受到了被钉在十字架上的基督的真正苦难……当一切都陷入混乱时，我们坐在地上哭泣……看到当地居民在我们面前被杀，一些人被绞死。这些死刑通常是由异教徒执行的，他们不相信未来，只想回到祖先的生活方式。[1]

1994 年，在阿拉瓦举行的布干维尔和平会谈上，母亲们、教会女性代表、北所罗门省妇女理事会主席艾格尼丝·提图斯和许多基埃塔地区的年轻妇女们，走出她们丛林中的住所，并参加了会谈。她们齐声呼吁和平，要求和平，为和平哭泣，谈论和歌唱和平，以及为布干维尔祈祷和平。艾格尼丝·提图斯在与约瑟夫·卡布伊的电台谈话中要求和平。从那时起，和平呼声萦绕在每个布干维尔岛岛民的心中。

非政府组织、澳大利亚和布干维尔天主教、澳大利亚贵格会和代表澳大利亚非政府组织的个人接连举办关于和平、冲突解决与和解的研讨会。同时，妇女、男人和儿童还组织了关于和平与和解的文化活动。1994 年，在妇女们齐心协力的推动下，澳大利亚妇女在布卡岛为妇女举办了小型商业讲习班。澳大利亚关怀组织在莫尔兹比港设立了由一名布干维尔妇女担任工作

---

[1] Elizabeth Ropoke, In *South Pacific Journal of Mission Studies*, xiv (1992), quoted in Griffin, *Bougainville: A Challenge for the Churches*.

人员的办事处，她的任务是确定澳大利亚关怀组织可提供服务的最佳地区。

布干维尔妇女的问题包括卫生、教育、安全、缔造和平和创造收入。布干维尔妇女在国外四处奔走，从日内瓦到曼谷和北京，向全世界诉说她们的困境、贫困、医疗设施的缺乏、生命损失——布干维尔人的悲惨故事。自1990年以来，澳大利亚国立大学举办了四次会议。妇女们描述了自己的可怕经历，缺乏基本公共服务和物资的情况，以及巴布亚新几内亚政府的重建和恢复工作。尽管妇女们无意批评政府工作，但是她们一直被限制在向全世界诉说布干维尔苦难的范围内，处于主要政治舞台的边缘。如果妇女的参与度仅限于这种水平，她们将继续害怕被指控通敌，从而恐惧被骚扰，恐惧被强暴，以及恐惧未知甚至死亡。在巴布亚新几内亚政府、布干维尔过渡政府、布干维尔临时政府、布干维尔革命军、巴布亚新几内亚国防军和警察之间的这场斗争中，妇女仍是被动的旁观者吗？"是的，亲爱的。是的，妈妈。是的，姐姐。是的，阿姨。喂饱我们的孩子，继续维护村庄的和平。当你向全世界诉说我们的困境时，只告诉他们我们的悲惨境遇和我们被破坏的环境。将政治留给我们男人吧！"这就是女性的全部能力吗？我希望不是这样！

1992年，我去布干维尔岛看望我的家人，我的兄弟们让我想起的第一件事就是土地。在我们特奥普语（使用于布干维尔岛东北沿海地区）中，有一个关于土地所有权的习语："女人像母亲般照管着大地"或"女人是大地之母"。这种观念具有如下几层含义，而且不仅限于特奥普地区。在布干维尔岛西南部的纳戈韦西，"家族的权威人物是一位被称为'图梅利'的年长的女性"。家族事务，诸如土地分配权，都交由她处理。"如果一个已婚男人要求在自己的母系家族的土地上为其妻儿种植多年生农作物的权利，他将遭到拒绝，理由是已婚男人不可以长期使用自己母系家族的土地……除非他妻子的族人发誓通过死亡、贝币、战时援助或葬礼来维系关系。"① 在特奥普－廷普茨地区，如果一个已婚男人想向家族为其家庭要土地，他必须与那个女人接洽。有三种可能：一是这个女人允许他耕种但不给予他所有权，

① Mitchell, *Land and Agriculture in Nagovisi*, 10, 22.

二是允许他用传统货币购买，三是不允许他使用或购买。如果是第三种情况，这个男人可以带着他的家人到他妻子的土地上做符合要求的事情，在他妻子的土地上劳作。

特奥普语中的另一个习语描述了这种权力："女人像母亲般照管着财富"或"女人是财富之母"。财富包括传统货币和用于重大交易、婚姻和解决争端的其他贵重物品。这种程度的权威和权力遍布全岛大部分地区。在哈里亚语和哈库语分布区（布卡岛的大部分地区），高等级的妇女被称为"*Te Tahol*"，该头衔常常被释义为"女王"。在她的婚礼上，新娘由自己家族的男人用一个木制平台抬着，男人们骄傲地向她未来的公婆和公众炫耀她。她象征着生育、生命、家族的延续、对土地和传统财富的权力和权威。男人们在这些问题上的确有权利和发挥了作用，但是女人们拥有否决权。男人们只是这些东西的保管人和保护人。

在这种权威和权力的基础上，妇女将更多地参与更高层次的决策。这不是装点门面，而是对妇女权力的认可。毕竟，这场斗争完全是为了土地。弗朗西斯·奥纳不会独自决定重开潘古纳矿，他的男性亲属也不会。他必须征求作为地主的妇女的意见，然后才能做出具体决定。或许有必要将这些权力转化为现代政治世界的术语。她们将如何利用地主和财富主管的身份来影响与布干维尔政治地位有关的决策？但是，也许还需要划定和界定她们在政治舞台上参与的领域。谁来划定和界定它们呢？妇女们应该根据其现有的权威和权力亲自来做这些事情。在她们的影响范围得到承认和能够改变布干维尔现代政治之前，这是一个时间问题，还是一个克服无知的问题？

重塑性别意识形态吗？

我们曾经认为岛民已经适应了西方的政治模式。在两性关系上也存在着当地先例与外来思想和制度的动态结合。有学者断言，在与西方接触后，妇女的地位必然会下降，但是如果我们考虑到太平洋岛屿的文化多样性，这种说法就很难维持。从夏威夷神圣的女酋长和意志坚定的地位较高的女性亲戚，到被新几内亚男性异教徒公开贬低的妻子，妇女地位差别很大。对美拉尼西亚与波利尼西亚进行简单对比也是不恰当的，在美拉尼西亚母系社会中，妇女不仅在文化上受到尊重，在社会中也具有重要地位。在波利尼西亚，许多妇女被认为拥有某种神圣力量，但在大多数社会中，她们在公共和政治事务中显然比男性地位次要。

早期受西方影响的法律改革倾向于使妇女处于从属地位和被边缘化。经济作物和雇佣劳动也被认为是造成妇女受压迫及其劳动和产品"商品化"的原因。但是许多岛内女权主义者认为，土著男性利用外来意识形态强化了他们相对于女性的地位。一些美拉尼西亚妇女批评"kastom"是男性用来奴役女性的工具，而且毛利妇女质疑将女性声音排除在毛利会堂公开演讲之外是否真的是"传统"。最近的殖民地法律，诸如密克罗尼西亚作为托管地时所创立的法律，可能给予了妇女比从前更多的民事法律权利。也就是说，无论在与西方接触之前还是之后，都没有对妇女"地位"达成共识；无论现在还是过去，在性别角色和意识形态上都存在着巨大差异。

两性关系可以被看作是男性和女性争夺人际影响力和决策权的政治。妇女的文化地位和社会地位往往不明确和有争议。殖民时代的意识形态和制度都极度以男性为中心，但是女性对制度化的男性统治做出了无法预测的反应。她们不仅试图影响男性公众领袖，还为施加政治影响力成立了自己的组织。即使在明显轻视女性的社会中，妇女也会想方设法强迫男人放弃喝酒、赌博和挥霍钱财。

由于雇佣劳动和新作物的出现，男人在美拉尼西亚粮食生产中的作用日趋下降，而妇女则承担了越来越多的工作。男人越来越依赖妇女来维持生计和提高声望，这与妇女社会地位降低有关。然而，在布干维尔岛处于母系社会的纳戈韦西人中，经济变革和经济作物并没有削弱女人的重要性。纳戈韦西人的园圃是由母亲传给女儿的。已婚男子只有在妻子的亲戚同意后才能使用土地。当芋头作为主要农作物时，男人负责繁重的开垦工作，妇女则主要负责种植和日常管理。然而，在第二次世界大战结束后，所罗门群岛内外传播的芋头枯萎病导致岛民们将主要农作物换成了甘薯。男人的工作减少了，

425

妇女的田间管理工作变得更加复杂。不过,"女性与男性的整体关系似乎并没有发生重大变化"。① 纳戈韦西人不符合这样一种预期,即男人工作越少,妇女社会地位就越低。

经济作物也出人意料地影响了纳戈韦西人的两性关系。农业部鼓励纳戈韦西人种植可可。许多家庭在妻子土地上种植了可可,男人和女人都有固定的种植任务。可可地和可可树被女儿们继承,但是赚的钱被留在家里,而不是与女性的母系家族共享。政府在传播经济作物种植知识时青睐男人,并鼓励男人单独登记经济作物,从而将其传给儿子。可可由当地生产合作社负责加工和销售,而生产合作社社员和工作人员都是男性。"妇女对参与合作社事务不感兴趣,也很少参加会议。"虽然这种情况似乎倾向于增强男性相对于女性的地位,但是纳什报告说,"母系制度实际上得到了加强",从妻居成为主导模式。

在以"性别对抗"而闻名的处于父系社会的巴布亚新几内亚高地,女性建立了一种阻止其经济权利遭受侵蚀的新制度。中间商业务和积累现金的机会一直偏向于男性——尤其是咖啡销售和雇佣劳动。但是在 1960 年前后,钦布和戈罗卡地区的妇女建立了一个名为"沃克梅里"(Wok Meri,意为"妇女工作")的储蓄交换制度。妇女们把从咖啡或蔬菜种植中获得的部分收入汇集起来,成立了一些沃克梅里团体。它们在仪式上与其他"沃克梅里"团体进行交换,充当了地方银行的角色,为妇女们提供小额贷款。理由很简单:"成立'沃克梅里'一开始是因为妇女们不赞成男人们花钱打牌和喝啤酒。"②

沃克梅里交换不仅反映了男性的仪式交换,而且这场运动还为推动女性企业发展利用了西方银行模式。这一制度的发展既没有受到国家干预,也没有得到外国劝诫。一次仪式就像一场婚礼,通过"彩礼"筹集资金。在筹

---

① Jill Nash, 'Women, Work, and Change in Nagovisi', in O'Brien and Tiffany (eds), *Rethinking Women's Roles*, 98.

② Lorraine Dusak Sexton, 'Pigs, Pearlshells, and "Women's Work"', in O'Brien and Tiffany (eds), *Rethinking Women's Roles*, 121.

集到足够资金后，沃克梅里团体就投资于几乎与男人相同的生意，例如货车运输、零售商店和咖啡种植园。团体领导人被称为"大女人"（vena namba，一种新头衔）。她联络其他团体，举办仪式，敦促追随者来储蓄和为交换做贡献，并与其他"大女人"竞争："一个'大女人'的信誉……不仅仰仗她的个人财富，还取决于该团体能否成功完成一轮交换，以及控制的资金规模。"妇女们将本地模式和外国模式结合在一起，扭转了她们被排斥在现金经济之外的局面，并向自己的社会要求此前被剥夺的法律权利。早在几十年前，妇女们就参与过集体行动，但沃克梅里团体的直接前身是教会组织——钦布路德教会的妇女联谊会和丘阿维的筹款工作组。在这些教会组织中，"妇女学会了如何为了非传统目的维持和运作纯女性团体"。① 但是男人们也支持"沃克梅里"的活动。每个团体都雇用了青年男子作为簿记员、"主席"、发言人和货币顾问。更重要的是，妇女们要求丈夫们拿出咖啡收入。换言之，男人们认为妇女们对威望活动产生了兴趣。

沃克梅里运动展示了女性对过去和现在的性别不对称的反应。妇女在经济上的边缘化在一定程度上是古已有之，但是第二次世界大战后的发展加剧了这种状况。丘克环礁的禁酒运动将妇女们动员起来，试图以集体力量解决酗酒问题。在密克罗尼西亚和巴布亚新几内亚的部分地区，人们认为男人喝酒后会失控并变得暴力，实际上等于获得了一张寻衅滋事的许可证。早期的殖民政权实行禁酒是因为种族主义的假设，即"土著"嗜酒如命。在非殖民化时代，饮酒合法化被视为一种解放。具有讽刺意味的是，一些太平洋岛国已考虑重新实施禁酒令，以应对酗酒和与酒精有关的暴力行为的增加，尤其是在年轻人当中。

在岛屿社会中，男人是酒精的主要消费者，女人很少在公共场合饮酒。在丘克人的意识中，女人被认为是顺从的，是家庭的一部分。1970年以前，由于父母反对，很少有女孩在小学毕业后继续接受教育。尽管妇女的集体行

427

---

① Lorraine Dusak Sexton, 'Pigs, Pearlshells, and "Women's Work"', in O'Brien and Tiffany (eds), *Rethinking Women's Roles*, 124, 150.

动和妇女担任公职前所未有，但事实上丘克妇女在 1959 年酒精合法化决策过程中几乎没有发挥任何作用。酒精合法化之时恰逢自给型经济被雇佣劳动取代，而摩恩也正处于快速城市化时期。到 20 世纪 70 年代，饮酒致使年轻人扰乱公共秩序，有时会导致杀人、自杀或车祸。在 1976 年地区议会未能通过立法实施有效控制后，教会妇女及其男性盟友提出了自己的法案，从而在 1977 年为摩恩制定了一部禁酒法。美国的殖民地改革至少在一定程度上为妇女在公共事务中发挥更大作用奠定了基础。在第二次世界大战结束后，丘克妇女获得了选举权，并受法律保护免受性别歧视。一小群受过良好教育的精英女性脱颖而出。在地方一级，妇女组织从宗教团体演变为致力于改善儿童保育、家庭福利和教育的服务俱乐部。自 1970 年以来，越来越多的妇女接受了中等教育，虽然与男性相比仍然存在明显差距。到 20 世纪 70 年代，妇女的职业和经济活动已经多样化，并且有些妇女还担任了责任重大的公职。1977 年，教会妇女及其支持者发起了一场请愿活动，要求就酒精问题举行公投；在参加公投的选民中，有 93% 的投票者支持禁酒令。1979 年，当立法者考虑使酒精合法化时，妇女们组织了一场游行——"这在特鲁克环礁前所未闻"。① 她们不顾男性对女性行为举止的看法，举着示威标语游行，包围立法机构，并进行了静坐抗议。总之，女性挫败了三次废除禁酒令的企图。她们的胜利虽然被繁荣的黑市和警察的松懈执法所冲淡，但是公共场所的酗酒和暴力行为确实减少了，而且妇女们坚持认为家庭生活变得更加平静了。

这些叙述并不否认殖民主义削弱了妇女的社会与文化地位，但是我们应该缓和这种笼统的说法。通过引入经济模式和将男性主导的意识形态制度化，殖民主义往往会削弱妇女的地位，但并非总是如此。例如，有一种观点认为，在西方布料取代大多数岛屿社会妇女生产的本土布料后，妇女的地位下降了。但是太平洋妇女并不是布料的唯一制造者，她们的社会文化价值也不一定取决于她们所生产的东西。在汤加、波纳佩岛和夏威夷，妇女作为年长的亲戚仍保持着相当大的个人权威和享有文化尊重。要想理解对妇女地位

---

① Marshall and Marshall, *Silent Voices Speak*, 72.

的任何评价，必须先理解对女性工作、女性产品和女性自身的文化评价。许多例子可以支持吉尔·纳什的结论：

> 引进一种新作物或新生产方法涉及很多复杂因素。一堆西方文化模式也被同时引进来……外来文化的条条框框给予了男性优先权。然而，我们必须给予土著一些赞扬，他们并不总是接受从岛外原样输入的东西。重新解释使最终结果难以预测。[①]

斐济政变和布干维尔叛乱挑战了岛民们在文化上倾向于跨种族和多元文化共存的观念。那些相信大洋洲乐土存在的人，可能会把这些危机解释为意识形态和政治污染的结果。人类学家发现，太平洋大多数地区的归属感意识形态缺乏西方模式中的生物遗传本质主义。太平洋岛民欢迎、嫁娶、收养和雇用外国人，几乎不考虑种族差异。因此，民族或种族优越感和排外思想必定源于其他地方；它们的支持者一定是在国外学习或工作时接受了这种思想。自由主义学者倾向于将这种令人不悦的思想归咎于西方社会。当然，这种两分法过于简单刻板。西蒂韦尼·兰布卡的种族主义修辞不可能来源于斐济文化意识形态，但是他也不是西方"影响"的马前卒或"知识殖民"的不幸受害者。在公共话语中，岛内的政治行动者为反对既定权威利用了种族主义和民族主义的思想。但是，支撑这些修辞的是更为基本的结构性问题，以及相互交织在一起的个人的、地方的、派系的、世代的和阶级的利益。

太平洋的文化身份[②]

文学与艺术表达了现代太平洋的文化身份，体现了创作者对他们过去、现在和未来的洞察。这些洞察包括种族、地理环境、性别和政治。虽然国外

---

① Nash, 'Women, Work, and Change', in O'Brien and Tiffany (eds), *Rethinking Women's Roles*, 119.

② An earlier version appeared in Howe, Kiste and Lal, *Tides of History*.

学者倾向于把这些看作是互不关联的，但是岛民们却把生活的各个方面都看作是他们自己不可分割的一部分，而且我们岛民的观点可能与别人对我们的看法不一致。我们的文化身份总是处于不断变化的状态，这是一个我们永远无法完成的旅程，我们不是代代相传的磐石。文化认同是过程，而不是结果。这些岛屿的口述历史、想象文学以及视觉和表演艺术表明了文化身份演变的重大时刻。由于国家统治精英可以把自己的国家认同强加给人民，他们的观念对国家政策和国际思想产生了重要影响。此外，在塑造家乡文化身份方面，在城市或宗主国受过教育的精英通过海外侨汇正变得越来越有影响力。因此，这里使用的大部分资料都是这些精英的观点。

与其他太平洋民族的模式相类似的罗图马模式也将历史划分为三个阶段：黑暗时代、光明时代和新时代，在编年依据上相当于欧美划分的前殖民时代、殖民时代和后殖民时代。罗图马和西方的历史模式都以欧洲人入侵作为编年依据，但是二者具有本质区别，罗图马模式在塑造文化身份时突出了基督教的重要性。简而言之，文化身份在黑暗时代受到质疑，在光明时代被改造（由于某些元素被压制），在新时代是可商榷的。

在黑暗时代，岛民们都信奉生命轮回论。唐娜·阿瓦特里在谈及毛利人观念时写道，"过去与现在都融合在大自然的周期性变化和祖先的生死轮回之中"。[1] 阿尔伯特·温特将这一时期称为黑暗时代："我们曾走出以及都必须回归的大黑暗时代。"[2] 这种生命轮回没有起点也没有终点，所有生命都是它的一部分。祖先的神灵位于中心，他们从内部维持着轮回的协调，并从外围吸引注意力。这种观念与西方具有发展和进步特点的线性进化论形成鲜明对比。根据这一标准，欧洲探险家们认为岛民仍处于"原始"或"未开化"阶段。这种线性观点还认为黑暗时代是静态的和简单的，但是这种观点没有得到岛屿口述历史的支持。

黑暗在波利尼西亚人的观念中是不固定的和不明确的：海恩努伊特波

---

① Awatere, *Maori Sovereignty*, 62.
② Wendt, *Pouliuli*, 145.

（*Hine Nui te Po*，字面意思是黑暗夫人）原本是光明夫人，她具有双重身份，其阴道是出生与死亡的地方。许多创世神话都明显存在这种矛盾心理，例如夏威夷的《库姆利波》（参见第二章）。此外，许多神话、传说、圣歌和诗歌都叙述了海上探险和航海壮举，这些都表明该时期是岛屿间交往、冲突和移民的活跃期。例如，波纳佩岛的口述历史揭示了该岛被外来者相继征服，同时伴随着社会惯例的变化，以及新技能和知识的输入。可能在 12 世纪或 13 世纪，"波利尼西亚人"对波纳佩岛和科斯雷岛的社会结构产生了巨大影响，引进了卡瓦酒等元素，并留下了大量石头遗迹。

这一阶段产生了一些最具活力和想象力的艺术形式，表明岛民们狂热地探索宇宙、关注宗教和扩张领土。例如，世界各地博物馆和私人收藏中都有精美华丽的军用木槌、长矛、独木舟、雕饰和雕像。这种艺术上的卓越表现在美拉尼西亚和波利尼西亚的较大岛屿上最为显著。尽管内部冲突支配了这些岛屿，但是政治斗争和冲突非但没有阻碍艺术创作，反而起到了催化剂的作用。当代的发展表明，艺术家和艺术在冲突时期会成为文化和精神寄托的焦点。通过借鉴周边地区的艺术成果，艺术家们创作出用于日常生活或宗教活动的器物或歌舞。编织精美席子，雕刻祭祀器物，建造灵屋，为戏剧表演准备服装——这些活动和其他许多活动不仅体现了周围环境的具象和幻象，还有海外岛屿及其居民的具象和幻象。

欧洲人的到来并非完全出人意料。一位塔希提岛先知曾预言，外来人将会到来，然后拥有这片土地，并终结现有习俗；一位夏威夷先知讲述了天堂的启示和禁忌的颠覆。库瓦伊奥人的先知和塔纳岛的约翰·弗鲁姆也预言了美国人的到来。岛民对欧洲人的早期反应，经历了从迷恋到冷漠，从恐惧到奉承，从嫉妒到蔑视的转变。随之而来的传教士发现他们的许多同胞正与"黑暗时代"的"本地人"一起狂欢。在光明时代，许多惯例被传教士归入黑暗时代，并被标记为应根除。当传教士引领岛民们走上"文明"和"进步"之路时，线性历史观取代了循环历史观。随着时间的推移，岛民们开始利用"黑暗"和"启蒙"等术语来思考他们的历史。

基督教和资本主义几乎成功地使殖民者沦为太平洋东部岛民的讽刺对

象。从传教士到来到第二次世界大战，岛民一直被教导要效仿殖民者的服饰、语言、举止和习俗。然而，在通往虔诚的坎坷道路上，许多岛民不仅讽刺欧洲人，即使是已被他们借用和改造过的基督教也未能幸免。萨摩亚人在"灵屋"（fale'aitu）戏仿欧洲人举止。理查德·亨利·达纳记述了夏威夷一位著名即兴演奏者对美国人和英国人的嘲笑。[①] 一名前往拉罗汤加岛的游客描述了年轻男子对军事演习的嘲弄，以及无视教会的醉酒狂欢。在萨摩亚和汤加，作为娱乐节目和批评教会及其神职人员的手段，滑稽表演已成为教会活动的一部分。库克群岛每年都举办一次努库节（《圣经》庆典）。在那天，数百名穿着五颜六色服装的孩子参加室外庆典，一边唱歌一边举着横幅游行。基督教产生了不同影响：岛民接纳了殖民者强加给他们的东西，但又通过向其注入当地文化元素加以抵制，使之成为一种土著制度。总之，岛民们意识到基督教具有可塑性，以及需要改造基督教的做法以适应他们的文化。

人们曾期望基督教传播的价值观和信仰能使岛民们做好迎接现代世界的准备。虽然岛民们在许多场合似乎已完全抛弃了某些受到谴责的祖先信仰，但是这是一个很容易被识破的假象。许多岛民在危机时刻会回归祖先灵魂。阿尔伯特·毛利·基基在 1968 年指出，很多奥罗克洛居民"是基督徒和常去礼拜的人，但他们在工作日将《圣经》放到了一边"。[②] 上述评论如今仍然有效，但是对传统神灵和治疗方法的依赖程度取决于传教的效果和基督教信仰的效力。

从 18 世纪到 20 世纪 80 年代，欧洲人主导了对太平洋岛民的表现。他们的观点往好了说是种族中心主义，往坏了说是种族主义。第二次世界大战在很大程度上改变了这些观点，尽管岛民们为了好处也偶尔会利用对"当地人"或"野蛮人"的这些成见：对圣伊莎贝尔岛战事的叙述包含了"一种由幽默自嘲与高超狡猾混合而成的讽刺手法……'野蛮人'形象虽然在某个层面上被接受，但又在另一个层面上被否定，这在关于这场战争的口头

---

① Dana, *Two Years Before the Mast*, 117.

② Kiki, *Ten Thousand Years in a Lifetime*, 168.

文学中形成了一个反讽的特点"。① 外国士兵没有为热带作战做好准备。当巴布亚新几内亚人、斐济人和所罗门人作为士兵、搬运工、担架员或向导协助他们时，当与当地居民一起对抗共同敌人时，"卷毛黑魔鬼"变成了"卷毛黑天使"（参见第九章）。毛利营在这场战争期间所获的胜利也提高了毛利人的威望和自豪感。与岛民直接接触在一定程度上有助于消除无知、恐惧和偏见，至少在西方士兵中是这样。

然而，对岛民的刻板表现，无论是正面的还是负面的，都使其形象缺乏深度，以致他们不得不与这种先赋身份展开斗争。随着西式教育的扩展，年轻一代岛民日益主张他们有权定义和表现自己的身份。1966 年，巴布亚新几内亚大学正式开学。在乌利·贝尔和乔治娜·贝尔的鼓励下，该校学生开始撰写富有想象力的文学作品。他们很快就开始用英语创作诗歌、故事、戏剧和小说。岛民们不再满足于仅让外国人来表现自己。许多人以彻底还原自己人民的人性为己任。最优秀的学生往往会到海外留学，尤其是到澳大利亚或新西兰，但是这种经历通常会导致他们与这片土地和社区的疏离。许多在海外受过教育的岛民在回国后发现，为了重新加入社区和重获土著身份，需要学习或重新学习传统技艺。

人们在非殖民化时代的文学和艺术中看到了文化的复兴。岛国领导人在努力塑造民族国家时组织了全国性的艺术和手工艺品节，以便复兴一度衰落的艺术形式。旅游业也对复兴传统舞蹈和手工艺产生了浓厚的兴趣。艺术家们获得了新工具、新材料和新创意，交通工具的改善也使他们比从前更容易进行面对面交流。1972 年在苏瓦举办的第一届南太平洋艺术节（现太平洋艺术节）使此次文化复兴达到高潮。苏瓦艺术节成为除关岛和塔希提岛之外的其他太平洋地区恢复尊严和自豪的转折点，因为关岛和塔希提岛直到四年后才参加在新西兰罗托鲁瓦举办的第二届艺术节。复兴艺术形式（尤其是视觉和表演艺术）的个别尝试得到集中庆祝。结果，太平洋地区出现了

① Lamont Lindstrom and Geoffrey White, 'War Stories', in White and Lindstrom, *The Pacific Theater*, 8.

前所未有的文化大发展。岛民们逐渐意识到自己与邻居间的差异和共同之处。首届艺术节的成功产生了深远影响，从那时起，艺术节每四年举办一次，将艺术家们会聚在一起——跳舞、唱歌、欢笑、互相学习，以及庆祝他们的太平洋身份。

基督教一百多年来一直"照亮"着这些岛屿，因此，那些复活的文化元素通常都已与基督教信仰相调和。这些被复原的文化形式不仅融合了从"黑暗时代"和"光明时代"挑选出来的元素，还在多年后成为传统。太平洋上的文化和艺术不断吸收着欧洲、亚洲、美洲以及其他太平洋文化的元素。因此，这个最终的混合文化形式与欧洲人到来前的文化形式截然不同。尽管如此，这些身份是有效的和必要的，因为岛民们正在生活的所有领域争取自治。在新时代，有选择地对过去和现在进行政治化的整合，体现了当代身份表达的特点。"后殖民时代"一词不能准确地描述这一时期，因为即使在独立国家仍存在新殖民主义的做法。在法属太平洋殖民地、新西兰和夏威夷，土著仍在为主权而斗争，因此这个词毫无意义。罗图马语中的"*fo'ou*"一词更准确：它的意思是"新的"，意味着陌生和不熟悉。在罗图马岛，它通常被用于以外地方式或当地方式转换效忠对象的语境下。某位以非罗图马方式行事的人可能会因为把自己"出卖给"外地方式而被嘲笑。上述术语有时也被用来替某些特定的衣着或行为辩护，以使其他人深刻了解当前的生活现实和文化演变的本质。"*fo'ou*"一词被用来谴责穿着或行为，或者被用来替穿着或行为辩护，这表明文化身份已变得可以协商。

在社会发生深刻变革的背景下，保护传统文化的尝试被西方学者指责为"虚构"和"伪造"传统。不出所料，这些观点激起了岛内外学者的反驳。这些争论的焦点常常模糊不清，因为不仅问题提得不恰当，答案也混乱不堪和毫无益处。土著学者越来越希望域外人士不要对土著身份妄加评论。然而，非土著学者不太可能停止就身份建构问题发表意见；一个更为现实的办法是，使所有相关学者集中讨论那些能恢复平等和岛民尊严的问题。"真实性"问题远没有理解当今一些政治运动所采取的本质主义立场的文化、历史和政治原因重要。岛民们象征性地表达自己身份的方式似乎前后不一致或

433

自相矛盾，这恰恰体现了当代社会的文化和意识形态的竞争性和多样性。

虽然口头上总是说要使用本地语言教学，但是教育仍借进步之名继续使用殖民者的语言。在中小学和大学被教授的文学作品仍然以欧美文学为主。那些命中注定要在甘蔗田或木薯种植园工作的斐济族和印度裔学生被强制学习莎士比亚的作品。许多家长、教师和有影响力的人物仍然认为外国的才是最好的。因此，课程中既没有也轻视本土的口头和书面文学，以及太平洋的视觉艺术和表演艺术。那些从外国学校毕业的学生对西方历史、地理和文化的了解，要多于对他们自己的或其他岛屿的文化遗产的了解。

建校之初，南太平洋大学非常希望恢复岛屿的自豪感。然而，它的文学和语言系在一代人之后仍没有教授过任何太平洋语言。该校员工大部分是外籍人士，外籍（甚至本地）员工很少参加文化活动；而那些花时间准备文化展示的学生，往往不满于其贡献对成绩没有影响。在学术上受益最多的是那些选择不参加文化活动的学生。他们认为文化活动妨碍了自己的学习。尽管岛民们倾向于认为教育应具有更加明确的目标，并由自己精心设计，但这一趋势发展缓慢。"太平洋方式"的勇气尚未渗透到对精神革命极为关键的教育领域。除非政治家和教师全面改革课程，否则思想领域的真正非殖民化仍是一个梦想。

城市中心的白领岛民也面临着类似的文化冲突。他们觉得太平洋充满乐观和慷慨的精神，重人轻物，但他们说英语，穿西方服装，付房租或房贷。在现代环境中，他们徘徊于传统和"现实"之间，往往无法调和这些身份概念。当然，拥有两个或多个身份，或一个复合身份，并不可耻：精通两种语言或两种文化的个人具有明显优势。秘诀在于适应环境的能力，止如罗图马人通常展现的那样。在回答"你是谁"这个问题时，罗图马男人通常提及他的名字、父母和村庄。很少有人直接问与身份有关的问题，因为这被认为是无礼的。相反，人们会低声问"那个人是谁"，由于罗图马人习惯上不拿父亲的名字作为姓氏（虽然许多人现在效仿欧洲人的做法），一个人的名字很少透露什么，除非父母的名字都被提到。有时候提及父母名字就足够了，有时候还需提及村名才行。这种"同族"身份反映了亲属关系的价值

434

和大家庭的重要性。这种人格观也适用于其他太平洋岛屿。除了某人的出生之岛外，身份是易变的，也更容易被操纵。如果在夏威夷被问到"你是谁"，罗图马人可能会说他是斐济人，因为罗图马岛在宪法上是斐济的一部分；如果在英国被问到这一问题，他可能会声称他出生于太平洋岛屿。换言之，答案取决于语境和应答者的动机。总之，罗图马人试图被包容，尤其是在需要建立共同背景的情况下。如果这种关联没有给他增添荣光，罗图马人不希望被称为斐济人。

但是，共同身份感很少延伸到白人身上，他们的外表和价值观，以及他们是殖民群体的成员的这一事实，使岛民们非常清楚与他们之间的差异。西式教育非但没有增进岛民对欧美价值观的欣赏，反而似乎滋生了疏离感和批判，这一点可以从许多接受过高等教育的岛民身上得到证明，他们都强烈主张一种根植于过去的文化身份。这些岛民可能从事着根植于西方中产阶级文化的职业，但是他们却创造了一些能表达自己文化根源的标志。在这些情况下，文化身份的标志意味着对欧美文化某些价值观的抵制。但是，白人通常在政治上对岛民是有用的，在某些情况下，土著岛民和"白人岛民"都能从合作和联合中获益。

在城市受过教育的岛民返乡后往往会感到疏远。然而，一些岛民可以从"白人"的行为方式切换到地方化的太平洋行为方式。有些岛民会定期返回自己的家乡，并且无论身处何方，他们都会与移民社区建立联系。这些被精心培养的双重或多重身份，极其适合当代太平洋的生活。不幸的是，今天很少有岛民对自己的身份和在现代社会中的地位有着明确的认知；也很少有岛民致力于采取政治行动，团结本国人民，恢复民族自豪感。他们口口声声宣称自己是太平洋岛民中的一员，但是对如何将这种身份转化为行动却只有一个模糊的概念。欧洲或美国的文化及其方法、观点和技术，必须创造性地加以利用，才能适应不断变化的环境，即使个人仍然扎根于文化中心，并且不害怕批评和抵制那些使压制永久化的制度或意识形态。只有这样，岛民们才能成功地面对西方主流文化强加给他们的影响和挑战。

民族团结对于许多岛国而言是个问题。殖民政策常常是分而治之，在许多岛屿社会中，亲属、派系和语言差异以及地理位置都使得国家认同难以建立。追求民族团结往往涉及选择占统治地位的政治集团的文化符号。这些文 化符号通常由少数受过西方教育的精英来定义。大多数人可能会接受它们，但它们也可能不为大多数人所接受。无论这些符号是瓦努阿图的开口锣、猪牙和装饰性树叶，巴布亚新几内亚的极乐鸟，还是密克罗尼西亚联邦的国旗，目的都是为了创造国家认同感和自豪感。在情况最好的时候，此类符号能被全体居民所接受；在其他时候，则是怨声载道。公共建筑的式样也是太平洋精英试图界定独特国家身份认同的一种方式。毛利人重建会堂，以及萨摩亚和巴布亚新几内亚设计议会大厦，都是利用现代工具建造具有鲜明地方特色国家建筑的好例子。这些宏伟建筑吸收了外国和当地的文化精华。然而，它们有时会因为偏袒某一特定族群而牺牲其他族群利益，从而招致批评。

在 1987 年斐济政变之后，有人贸然试图在行政部门和商业中建立明显的斐济族存在。这一主张最有力的象征是仿照斐济族草屋样式建造新议会大厦，以取代殖民地政府的英式建筑。其他具有象征意义的例子也是为了确认根植于种族的文化身份，包括 1976 年在火奴鲁鲁联邦法院大楼前树立头戴葫芦头盔的夏威夷人像，塔希提人恢复海瓦节和文身传统，毛利人面对新西兰白人统治坚持土著惯例，复兴葬礼等仪式惯例。在寻求自决的过程中，最具象征意义的也许是语言的复兴。新西兰如今有许多学校教授毛利语。"语言巢"不仅可以使学龄前儿童沉浸在毛利语环境中，还开始在全国范围内产生影响。为了使夏威夷语回归公共教育领域，夏威夷人也采用了语言巢模式，一些夏威夷儿童现在可以选择在公立小学接受夏威夷语教育。1992 年 2 月，夏威夷人再次取得重大胜利，美国教育委员会批准了一项政策，即"允许公立学校从小学直到高中阶段几乎完全用夏威夷语教学"。①

艺术节等针对外界的国家展示，往往呈现出一种静态的"传统"文化

---

① *Ka Leo o Hawai'i*，*The Voice of Hawaii*（University of Hawai'i student newspaper）10 February 1992，1.

形象。艺术节通常强调早期的创造性形式，而非那些混合形式。为筹备1992 年太平洋艺术节而大力恢复独木舟建造技术就是这样一个例子。这些展示无论是真实的还是想象的，往往极少变化，这可能部分是因为土著的循环历史观，但还可能是因为需要象征文化自治。然而，在宗教问题中，大多数岛民并不打算复兴祖先神灵。相反，基督教及其惯例被认为是传统的。因此，重要仪式包括用当地语言祈祷和唱赞美诗。1991 年，在火奴鲁鲁威基基喜来登酒店举行的一次旅游会议上，住在火奴鲁鲁的汤加人以唱基督教赞美诗作为他们对此次文化活动的贡献。当一位来访的知识分子获悉唱赞美诗计划时，她回应道："很好。应使这种文化继续存在下去！"尽管这位与我分享这个"笑话"的回应者是在说反话，但是她的汤加同乡却是依照字面意思来理解这番话的。对于展示文化或传统的适当方式，并非所有岛民都持有相同的看法，但是这一事件突显了基督教的同化和本土化。

区域认同正在缓慢形成，而且主要局限于受过良好教育的精英阶层：南太平洋大学学生喜欢与来自同岛的同学一起吃饭、玩耍、跳舞和唱歌，但是他们也接触到了其他太平洋文化。在南太平洋大学成立时，其成员国仅限于美拉尼西亚（除巴布亚新几内亚）、密克罗尼西亚（基里巴斯、瑙鲁）和波利尼西亚（不包括法属领地和夏威夷）。然而，目前为该校提供资金的是密克罗尼西亚联邦和马绍尔群岛，而且招生数量有限。尽管对区域文化相似性和历史共同性的呼吁有时被斥为机会主义，但这些岛民正在建立长久的友谊和社会网络，这些将塑造太平洋岛国的命运。在南太平洋委员会、论坛秘书处、太平洋教会会议和南太平洋大学等区域机构中，岛民往往自认为是对该地区负有义务的"泛太平洋"人士或国际人士，尽管他们可能仍然强烈认同某一特定群体。由于在海外受过教育和习惯国际化氛围，他们被吸引到区域机构。区域机构要比他们的家乡更宽容不同的价值观和观点。包括法国领土和密克罗尼西亚在内的南太平洋运动会也增进了地区感情，尽管运动员们代表自己的国家参赛。与艺术节一样，南太平洋运动会为岛民在友好气氛中见面、分享和竞争提供了难得机会。它们还为东道国提供了经济利益，也为促进合作提供了途径。

对于岛民而言，融入白人殖民社会或加入西方国际机构需要文化整合，或至少需要"转换准则"的能力。欧美元素已经融入不断发展的身份建构中。许多太平洋地区妇女在寻求文化和性别认同的过程中，接受了西方女权主义。她们所寻求的文化和性别认同摆脱了外国殖民主义，以及土著男性的压迫。一些激进的毛利妇女反对男性长辈权威。她们声称，女性，尤其是年轻女性，在毛利文化中受到贬抑，例如，她们没有权利在毛利会堂公开发言。这一趋势在夏威夷、斐济和关岛的妇女中也很明显。另一方面，在汤加和萨摩亚的女性知识分子中似乎出现了一场强烈的反女权主义运动，或者至少出现了拒绝既有女权主义的倾向，因为它主要与西方中产阶级白人妇女有关。尽管地位不同，岛国妇女建立了越来越多的基于性别的地区组织，从而规避了种族、国家和父权社会的等级制度。

黑暗时代是一个以探险和贸易为标志的充满身份争议的时期。在随后的光明时代，传教活动通过使岛民们皈依新的宗教秩序，同时压制某些文化习俗，改变了他们的文化身份。然而，在岛民皈依基督教后，他们使自己的崇拜象征和方式融入了基督教。自第二次世界大战以来，在寻求个人、国家和区域身份的过程中，岛民们也一直在利用各种方法调和本土文化、基督教以及欧美的唯物主义和进步主义价值观。一系列融合随之而来，从而创造了可供选择的不同身份和展示这些身份的多种方式。在新时代，太平洋文化身份的确是可以商榷的。

文献简论

莫罗塔主编的《转型社会的法律和秩序》（*Law and Order in a Changing Society*）和戈达德的《流氓之路：巴布亚新几内亚的犯罪、声望和发展》（The Rascal Road：Crime，Prestige，and Development in Papua New Guinea）分析了巴布亚新几内亚的城市犯罪。

主要分析千禧年运动（或"货物崇拜"）的作品有：沃斯利的《号角即将吹响》（*The Trumpet Shall Sound*），劳伦斯的《通往船货之路》（*Road*

437

Belong Cargo)。其他案例研究包括让·基亚德的《一个半世纪的文化交流》（*Un Siècle et Demi de Contacts Culturels*）、米德的《第二春》（*New Lives for Old*）、施瓦茨的《帕琉运动》（*The Paliau Movement*）、伯里奇的《堆积如山：美拉尼西亚的千禧年运动》（*Mambu*）、盖斯茨的《新举措和启蒙：塞皮克河流域传统乡村信仰背景下的货物崇拜型运动》（*Initiative and Initiation*）、拉拉西的《太平洋上的抗议》（*Pacific Protest*）和里莫尔迪夫妇的《哈哈利斯和为兴趣爱好而劳作：布卡岛的社会运动》（*Hahalis and the Labour of Love*）。最近的综述包括伯里奇的《新天地》（*New Heaven，New Earth*）、克里斯蒂安森的《美拉尼西亚的货物崇拜：千禧年主义与文化变迁》（*The Melanesian Cargo Cult*），以及施泰因鲍尔的《美拉尼西亚的货物崇拜：南太平洋上的新救世运动》（*Melanesian Cargo Cults*）。基拉尼的《美拉尼西亚的货物崇拜》（*Les Cultes du Cargo Melanesiens*），巴克的《论货物崇拜》（*Cargo-cult Discourse*），运用了更加标准的马克思主义理论视角。贾维在《人类学的革命》（*The Revolution in Anthropology*）一书中通过回顾对货物崇拜的解释，全面批判了人类学的解释。梅的《巴布亚新几内亚的微民族主义运动》（*Micronationalist Movements in Papua New Guinea*）、赫普顿斯塔尔和卢瑟福的《太平洋殖民时代的抗议和异议》（*Protest and Dissent in the Colonial Pacific*），以及罗力格和特洛普的《美拉尼西亚的新宗教运动》（*New Religious Movements in Melanesia*），讨论了其他类型的政治和宗教运动。特洛普的《货物崇拜和千禧年运动》（*Cargo Cults and Millenarian Movements*）和拉塔斯的《异化的镜子：美拉尼西亚的基督教、货物崇拜和殖民统治》（*Alienating Mirrors*）重新研究了货物崇拜，探索了这个术语的新应用。麦克道尔在《关于货物崇拜的说明》（A Note on Cargo Cults）中和林德斯特伦在《货物崇拜》（*Cargo Cult*）中质疑了人类学领域内外对货物崇拜这个术语的使用。

学术界对文化政治的讨论很普遍。有三期期刊专门讨论过这一主题：基 438 辛和汤金森在 1982 年主编的《人类》特刊（*Mankind*, 13），玛格丽特·乔利和托马斯在 1992 年主编的《大洋洲》特刊（*Oceania*, 62），怀特和林德斯特伦在 1993 年主编的《人类学论坛》特刊（*Anthropological Forum*，6）。探讨美拉尼西亚习俗、传统的"发明"或改造的著述为巴巴德赞的《南太平洋上的习俗和国家建设》（Kastom and Nation-building in the South Pacific），以及基辛的《创造过去》（Creating the Past）和《给特拉斯克的回复》（Reply to Trask）。对此的回应包括特拉斯克的《土著和人类学家》（Natives and Anthropologists），以及林奈津的《文本的感染力和表现话语：学术的政治性表现》（Text Bites and the R-word：The Politics of Representing Scholarship）。关于美拉尼西亚以外的类似辩论，请参阅汉森的《毛利人的形成》（The Making of the Maori）、林奈津的《定义传统》（Defining Tradition），以及林奈津和伯亚的《太平洋上的文化认同和种族》（*Cultural Identity and Ethnicity in the Pacific*）。对美拉尼西亚文化独特性阐述得最清楚的杰作是伯纳德·纳若科比的《美拉尼西亚道路》（*The Melanesian Way*）。学术界对斐济政变进行了大量研究，其中包括拉乌乌的《民主的表象》（*The Facade of Democracy*）、斯卡尔的《斐济：政治错觉》（*Fiji：Politics of Illusion*）、萨瑟兰的《超越种族政治》（*Beyond the Politics of Race*），以及拉尔的《权力和偏见》（*Power and Prejudice*）。自 1990 年以来，澳大利亚国立大学出版了一些关于布干维尔问题的最新资料。

第十三章
与世隔绝状态的终结

太平洋世纪的岛民范式

帝国主义在 19 世纪划定了导致大洋洲收缩的疆界，从而将一个曾经无边无际的世界变成我们今天所熟知的太平洋岛国和领土。当地居民被限制在狭小空间里，彼此隔绝。他们再也不能像几个世纪以来那样自由旅行了。他们不仅被迫与国外的亲人中断了往来，还与遥远的财富来源地和文化富集地失去了联系。这为认为我们国家贫弱和孤立的观点提供了历史依据……但是，这一假设已不再适用于波利尼西亚中部和西部国家，而且在密克罗尼西亚也站不住脚了。第二次世界大战以来，世界经济快速发展……这解除了疆界对普通人生活的束缚……最近的经济现实不仅消解了人为疆界的意义，还使当地居民摆脱了它们的限制；从此，他们再次开始大规模地迁移，履迹先祖……他们在新的资源开发区扎下根，不仅获得了稳定的工作，在海外置办了家业，还扩大了亲戚网。通过这一网络，他们本人、亲戚、物质产品和故事得以布满他们的海洋。这片海洋是属于他们的，因为它一直是他们的家园。①

太平洋岛屿及其居民之间的联系程度一直高于有关文献所认可的程度。

---

① Hau'ofa, 'Our Sea of lslands'.

因此，与世隔绝状态的终结意味着掩盖现实的、殖民主义的与世隔绝观念的结束。它还指出了当代生活的经验现实，即岛民恢复和扩大了太平洋诸岛间的联系。总之，我们再次"将人类在太平洋诸岛间的迁移和交易设想为一个统一体"，从而为岛民找到理解该地区的范式。正如本书所展示的那样，岛民的历史就是他们迁居太平洋、为保持联系展开岛际航行以及通婚、交换和交战的历史。甚至在欧洲人试图限制他们之后，他们仍以传教士和劳工的身份继续旅行、因太平洋战争和核试验而参战和流离失所、建立区域性机构并为之配备职员。由于岛民适应了新的太平洋生活方式、宗教、经济体制和政治体制，他们继续保持着流动性。

关系网遍布于太平洋岛屿和大陆社会。对许多人而言，这些关系包括与 440 其他社会成员的通婚。正如维尔索尼·赫伦尼科在本书第十二章中深刻指出的那样，太平洋文化正在不断整合他们共同文化遗产中的元素。无论是对于新独立国家的公民而言，还是对于侨居海外的岛民而言，种族自我认同可能与语境有关，并具有多重性，因此这需要复杂的综合、权衡和语言转换。在太平洋岛屿社会中，岛上居民主要是土著后裔，此外他们的先辈还包括殖民地投机商和贸易商，来自其他岛屿和大陆的契约劳工，到海外寻求就业和好运的男男女女，以及那些因天灾人祸而背井离乡的人。岛民最近的一段经历有一个共同点，即流动加剧——从小村落和村庄迁居至市镇和区域中心，甚至更远的地方。包括土著在内大约有 100 万岛民如今在新西兰、美国和澳大利亚生活和工作。

对殖民范式的解构是太平洋岛屿非殖民化产生的最深远影响之一。人们日益认为，船舶和飞机将太平洋诸岛连接成一个相互依存的整体，即使这些连接依赖于不断变化的时刻表。由于将关岛与澳大利亚、马绍尔群岛，瑙鲁与基里巴斯、图瓦卢，斐济、夏威夷与塔希提连接起来，今天的航线重新将太平洋诸岛联系在一起。岛民们在这些航线上不断来回穿梭，从而建立了多民族的家庭和社区。随着北太平洋新独立国家加入更大的区域性组织（太平洋岛国论坛）和国际性组织（联合国），世界上最后一个主要殖民区被桥接在一起。虽然欧洲正四分五裂为难以驾驭的民族国家，但是太平洋新兴民族国家不仅将许多族群联合在一个单一的政治组织之中，还共同成立了一些有效的区域性组织。

当我们以考察岛民和移民的散布状况来结束本研究之时，我们绕了一大圈又回到起点来讨论种族划分问题和岛民与该地区陆地海洋的核心关系。对于岛民和移民而言，太平洋岛屿既是东道岛，也是家乡。我们不断改变范式，从孤立到依赖，再到相互依赖；这也影响了我们以何种方式理解当地居民的跨越国界行为。他们仍是本国社会的标准成员吗？当他们在追求好运和财富时，他们所遵循的是古老的海上航行模式，还是将积攒的钱汇回家的侨工模式？他们是新社会的标准成员，还是不受欢迎的外来劳工？如何确定他们的族群、身份和种族？居住多少世代才能获得"土著"身份，或者这个概念仅限于血统？如果是后者，母系血统和父系血统同样重要吗？允许领养吗？这些问题正在根据传统惯例和在各国政府法律框架内通过谈判被解决，以便在当地历史和国际环境的基础上形成解决方案。

441

太平洋范式

如果我们看一下大洋洲各民族的神话、传说和口头传统，以及宇宙观，就会发现……他们的宇宙不仅包括地表，还有海洋、地狱和天堂。虽然岛屿四周都是海洋，但是岛民能周游四海和使之为己所用。地狱里栖息着能够控制火和使地动山摇的动物。天堂里不仅有着等级分明的强大神灵，还有被命名的星星与星座，人们可以依靠上述星星和星座来引导他们漂洋过海。他们的世界一点也不小……

将太平洋诸岛看作"深海之岛"和"岛屿之海"有天壤之别。前者强调的是在一片远离权力中心的汪洋大海中有一些干燥地面……后者的视角更具整体性，即通过事物的全部关系来理解它们。[①]

---

① Hau'ofa, 'Our Sea of Islands', 7.

在南太平洋大学二十五周年校庆上，埃佩利·豪奥法的论文"我们的岛屿之海"在其同事中引发了争论。豪奥法本人就是个旅行者：他生于汤加的传教士家庭，在巴布亚长大，目前在斐济生活和教书。与其他学者一样，豪奥法在其早期作品中接受了"依附理论"对单一地区经济的看法。这一看法系统阐述了欧洲人控制的中心与太平洋外围的关系。跨国利益使得太平洋诸岛出现特权阶层和形成一个国际性精英阶层。他所依赖的学术模型侧重于研究依附太平洋沿岸大国的小国。从国际捐助者的角度来看，这些岛屿太小，资源太贫乏，而且太孤立，以致无法支撑大多数岛民所向往的宗主国生活方式。即使在专属经济区被承认后（参见第十一章），岛民们仍依赖国际援助和海外亲戚的汇款。太平洋岛屿自此再也不能自力更生，不是因为它缺乏资源，而是因为它受困于"禁止它自力更生"的经济。① 岛民的迁移虽然使穷人获得了利用国际资源的机会，但是延续了不平等的经济关系和促进了地区一体化。这符合 MIRAB 模型，即小岛国依赖迁移（Migration）、侨汇（Remittances）、援助（Aid）及其所维持的官僚机构（Bureaucracy），因此小岛国掉入了听凭宗主国捐助者摆布的国际依赖陷阱。

两位经济学者以 MIRAB 这一新创术语描述了基里巴斯、图瓦卢、库克群岛、纽埃和托克劳的依赖型经济。它还可以被用于塔希提、美属萨摩亚和美国前托管地密克罗尼西亚。作为一种分析模型，MIRAB 遭到太平洋地区政治家的强烈反对，因为它挑战了国家主权和自给自足。与独立的西萨摩亚相比，美属萨摩亚拥有大量资金和就业机会，这在一定程度上是因为美国的援助和庞大的领地官僚机构。尽管西萨摩亚被广泛认为是萨摩亚传统的堡垒，但其许多公民却在帕果帕果（美属萨摩亚首府）的金枪鱼罐头厂工作。442 虽然美国最低工资标准并不适用于美属萨摩亚，但是工资仍远高于西萨摩亚。美国联邦政府在美属萨摩亚还新设立了一家国家公园，根据与联邦政府达成的一项前所未有的租赁协议，相关村庄的族长将因其很少被使用的土地而获得数万美元租金。

---

① Hau'ofa，'*The New South Pacific Society*'，10.

虽然 MIRAB 模型备受争议，但是它仍继续被用来分析问题（甚至被用来分析给国外留学生等汇款的马绍尔群岛）。由于极其重视当代太平洋的城镇维度，芒罗将上述模型改称为 MURAB 模型。[1] 布鲁克菲尔德提出了 MIRAGE 这一术语，因为官僚机构由外援资助的政府雇员组成。在 MIRAB 模型的所有变量中，经济可持续发展是无法实现的海市蜃楼，因此发展严重依赖慷慨的国际赠予。由于农业和渔业产量随着人口外迁而下滑，迁移、侨汇、援助及其所维持的官僚机构日益成为经济的一部分，而不仅仅是经济的支撑物：

> 海外属地不再是传统的殖民地。这些传统殖民地曾经产生了大量的有关不平等交换、殖民主义、依附、剥削和发展不均衡等罪恶的文献。相比之下，它们如今成为大量慷慨捐赠的接受者……政治合并使之走上了建设福利国家之路……［并且］向宗主国移民成为被谨慎保护的权利。[2]

这些与前殖民者关系密切的国家享有比其他国家更好的生活水平，但是，这种生活水平是否建立在慈善基础之上，主要看如何定义（参见第十一章）。埃佩利·豪奥法强调说："在合计流入该地区的财富后，澳大利亚和新西兰仍遥遥领先。它们从援助中获得的回报大多是出口收入和汇回的投资利润。"[3] 豪奥法关注了普通民众的生活经历和观念。精英与普通民众经历的脱节造成一种张力，而这种张力迫使我们重新审视了自己的模型。但是，这种张力并非简单的二元对立，即跨国精英与普通农民和渔夫的对立，或者自给型经济与货币经济的对立，甚至中心地区与外围地区的对立。

岛民的资源从未局限于他们的陆地，而是还包括海外亲戚和他们之间的

---

① Munro, 'Migration and the Shift to Dependence in Tuvalu', in Connell, *Migration and Development*.

② Connell, 'Island Microstate', 272.

③ Hau'ofa, 'The New South Pacific Society', 9.

海洋。如今，资源区已扩展到环太平洋国家。汇款不是施舍，而是海外家庭成员——精英阶层和工人阶级——的劳动成果。给它贴上"依赖"标签，则贬低和掩盖了占主导地位的亲戚关系。人们很少考虑东道国社会对廉价外来劳工的依赖，因为它们不需要为这些劳工支付教育和养老费用。例如，当瓦利斯和富图纳酋长在 1961 年提出召回海外劳工时，法国政府给予了这些酋长补偿，以"避免新喀里多尼亚和新赫布里底出现劳动力短缺，这可能会给那些与法国利益攸关的岛屿经济造成危机"。[①] 岛民也不再愿意承认外来劳工对本国经济的贡献，特别是当这些劳工是亚洲人时。一旦土著成为少数民族，无论这发轫于殖民地劳工条例，还是后殖民时代的政府选择，都无关紧要了。太平洋岛国种族构成的多元性和家庭成员居住地的多国化，都要求我们重新思考我们的模型。

443

如今，在澳大利亚、新西兰、夏威夷、关岛和新喀里多尼亚，移民已使土著在人数上相形见绌。在这些移民中还有太平洋其他岛屿的岛民，这使得"土著"概念进一步复杂化。岛民移民是对殖民地土地和劳动力需求的回应。一些岛屿未经公投就被纳入了宗主国，如澳大利亚的托雷斯海峡群岛，美国的夏威夷、美属萨摩亚和美属关岛，智利的复活节岛，印度尼西亚的伊里安查亚，新西兰的托克劳，法国的新喀里多尼亚、瓦利斯和富图纳以及塔希提岛。其他岛民则选择了较小程度的合并（参见第十一章）。

岛民以前曾遍布于他们的岛屿，如今，许多岛民涌入了国内外的城市中心。奥克兰是最大的波利尼西亚城市，拥有 10.3 万岛民和 10.4 万毛利人，他们占奥克兰人口的 22% 以上。由于这些岛民都很年轻，他们维持着新西兰的最高生育率。在奥克兰 25 岁以下人口中，1/3 是毛利人和太平洋岛民。在太平洋星罗棋布的岛屿上，生活多以城市关切和与家乡社区关系为中心。然而，下一个抽象层次，即太平洋沿岸国家充当了处于"外围"的太平洋岛国的"中心"，就不那么有说服力了。对任何岛民而言，太平洋是太平洋

---

① A. Likuvalu, 'History and Migrations of Wallis and Futuna People', in Pollock and Crocombe (eds), *French Polynesia*, 222 – 3.

沿岸国家的中心。维提·伊希麦拉及其同事明确指出：

> 对于少数民族文化而言，有关中心和外围的概念具有挑战性。英语
> 世界的后殖民时代和后现代的方法论已将大多数术语中的中心定义为主
> 流。根据这一定义，毛利人文献与许多土著文献一样都不是中心。从我
> 们的角度来看，毛利人文献就是中心——因为如果你是毛利人，你是以
> 自己为中心向外看的。这就是我们所接受的颠覆性观点。我们希望以自
> 己的方式来看待事物，即从内到外，而不是从外到内。
>
> 对于所有少数民族文化而言，中心一定是那个仍在不断利用语言、
> 习俗、法律和传统构建"造就我们是谁"的观念的地方。

对于毛利人而言，有形中心是毛利会堂和保管知识的长老。在所有太平洋岛
屿上，类似文化设施和长老都居于中心。但是，这种重置中心的观点也会随
着更仔细的审视而消失：

> 虽然毛利会堂和我们的文献保管人仍是我们的中心，但是我们已离
> 开了这个中心。我们已城市化，能言善辩，四处奔波。如今，我们有
> 80% 以上的人口住在城区，大部分在奥克兰。我们不仅融入了更加广阔
> 的新西兰文化——正变得二元化和多元化的白人单一文化社会，而且，
> 由于当今世界通信高度发达，我们也已经成为地球村的一部分。我们有
> 60% 的人口处于 25 岁以下，并且，与这个世界其他地区的居民一样，
> 我们的生活正受到国际政治、经济和文化趋势的影响。我们有些边缘
> 化，或者没有？[①]

太平洋社会有一个关于道路的重要隐喻。这条路不仅留下了祖先们探索
这片陆地和海洋的足迹，还承载了他们建立的各种关系。对于澳大利亚的沃

---

① Ihimaera et al., *Te Ao Marama*, 15-16.

皮瑞人而言，这条路是祖先们在黄金时代通过沿路节点横穿、横越和进入沿路景观而留下的足迹，而且沃皮瑞人还可以通过沿路节点进入澳大利亚土著宇宙观的祖先世界。① 通过沿着这条道路旅行，当代沃皮瑞人与沿路景观、他们的祖先和后世子孙连接在一起，并在不断与之互动的过程中扎根于沿路景观。通过重走该路，沃皮瑞人维持了亲戚关系。同样，当岛民们到达一个新地方时，他们将细察家谱和家族历史以便与当地居民建立联系，通过业已存在的或可以被重建的关系来建立渠道。对于帕劳人而言，连接来宾与主人的道路决定了提供食物和服务的种类；对于塔纳人而言，这条路径标示了交换和避难的可能性。

交换体系由连接遥远陆地的网络节点组成，其中最著名的有拉皮塔文化早期的黑曜石贸易体系，雅浦帝国贸易体系，勇士号海峡贸易体系，库拉贸易体系和汤加帝国贸易体系。如今，在航海家们旅行至下一节点后，那里的家人和朋友会提供支持，以便最终能够继续前进，最终也许会在成年和挑战之旅中建立新节点。数百年来，许多岛民都是通过这些初始路径和避风港来扩大网络的。社会学者称这种现象为"层递迁移"，人们非常熟悉从拉莫特雷克环礁到乌利西环礁、雅浦岛和关岛的航线，而且这条航线现在已被扩展至火奴鲁鲁和洛杉矶。广为人知的东北航线从阿皮亚和汤加塔布岛到帕果帕果，再到火奴鲁鲁、圣地亚哥和盐湖城；南线到阿皮亚、奥克兰和悉尼。其他航线从塔纳岛到维拉港、悉尼和布里斯班，并从帕皮提、瓦利斯和富图纳到努美阿。

让我们设想一个基于太平洋互动模式的网络模型，而不是常见的中心－外围模型。这将展示出人口沿既定道路迁移的联系网络及其太平洋中心。

> 美拉尼西亚的文化认同是一种地域认同，源于与地点有关的记忆和价值观。通过一个由某一区域所有地点构成的网络，氏族或社会集团的成员资格，即个人或集体的身份，被继承下来。因此，每个地方集团都

445

---

① Nancy Munn, 'The Spatial Presentation of Cosmic Order in Walbiri Iconography', in A. Forge (ed.), *Primitive Art and Society*, New York, 1973, 212.

是一个"地域社会"或者一个"区域社会"。前者的定义涉及它所居住的空间，后者通过共同占有一片土地而获得身份，此外还源于对故乡的认同。①

海外岛民如何维持根植于母岛景观的文化认同感？博内迈松提出一个难题，即我们如何调和"树"与"独木舟"的关系？他的比喻源自瓦努阿图人对其身份的一种隐喻，其中，独木舟表示迁移航线，而树代表祖先和稳定。塔纳人认为上述隐喻并不矛盾，即人类是那棵扎根的树，而地方集团是那艘沿既有"道路"探索世界的独木舟。博内迈松发现了一个能够作为社会认同基础的地方模式。这一模式可能适用于太平洋诸岛，因为每个地方的起源神话都追溯了始祖的足迹，即被穿越的陆地景观和海洋景观，它们如今提供了一个允许安全通行的联盟网络。

正是由于将停滞与流动结合在一起，塔纳人通过维持和扩大"独木舟"的社会网络表达自己的身份。在瓦努阿图，流动不是自由的徜徉，而是沿着已组织起来的网络旅行。通过这一空间法则，秩序被建立起来。在塔纳岛，每个地缘政治单位都被设想为一艘以一个据点网络为基础组织起来的独特的独木舟。独木舟的流动不仅展示了联盟范围，还界定了迁移的安全空间。从每个港口向外辐射出一个航线网络，随独木舟而来的联盟集团在邻近岛屿上建立了第二层安全保障和立足点。在过去，塔纳人远航是为了启蒙、交换、避难，或者是因为蒙羞和被流放。个体与团体通过由地点和航线组成的网络进行交往，并且，凭借权利和带来的礼物，他们还维持了航线的畅通和世代关系。"社会集团垄断了陆地或海洋上的路线，就好像它们是自己领土的延伸。人们不仅通过他们的道路，还通过他们的居住地来定义自己。"拥有道路就是拥有权力，因为流动不仅能带来交换，还能提供避难场所。

现在，长途旅行把塔纳人带到了澳大利亚甚至更远的地方。过去，无论是为了工作，还是为了交换和购买西方商品，来到昆士兰的塔纳人从未实现

---

① Bonnemaison, 'The Tree and the Canoe', 30 ff.

预期目的，因为欧洲人只把塔纳人视为不具人格的和可被取代的种植园劳工，而非可交互的人类。与此同时，圣地景观也因基督教而被遗弃。150余年来，椰子种植园和劳动力流动彻底改变了旅行者和景观。在塔纳岛，近半数岛民居住在传统土地之外。塔纳岛的土地所有制是建立在轮垦农业基础之上的，可以灵活地满足不断变化的需要。如今，土地和当地居民之间的关系正被重新确立，而且还与人口的不断流动交织在一起。美拉尼西亚移民所特有的周期性流动可能构成了这一地方身份，而且没有与之发生抵触；今天的教育和就业之旅可能类似于历史上的启蒙之旅。

446

国籍、身份和本质化观念

图伊马莱阿利法诺描述了斐济萨摩亚语社区的形成过程：

在社区形成过程中，萨摩亚语成为常用交流媒介，此外还不同程度地吸收了一些斐济语、罗图马语、瓦利斯语、富图纳语和吉尔伯特语的实用知识。根据大多数萨摩亚人的记述，瓦利斯人和富图纳人是最先来到纳维斯的，然后他们又逐渐迁至塔马乌阿的维拉－玛利亚。萨摩亚人与欧洲人、罗图马人、汤加人、图瓦卢人、瓦利斯人/富图纳人、中国人、基里巴斯人、斐济人和印度人等通婚数量相对较多，因此，在纳维斯的塞夫鲁迈拉形成了一个以萨摩亚人为基础的独特的"水果拼盘"社区。[①]

谁可以被称为太平洋岛民？标准是什么？种族纯洁性可能是一种西方化而非太平洋化的成员概念。在个人层面上，岛民可利用多种遗产，例如，"一对夫妻，丈夫是生于斐济的南古吉拉特印度人，妻子是生于斐济的萨摩亚人，他们收养了一位斐济公民，而这位公民可能是华裔、萨摩亚裔、库克

① Tuimaleali'ifano, *Samoans in Fiji*, 52 – 3.

群岛裔或者丹麦裔",因此,这位被收养者可以选择归属多个种族。一些家族和世家通过婚姻与新来者或邻居建立了关系,这种关系对社会各阶层都很重要,对精英阶层而言或许尤为重要。在帕劳科罗尔的精英氏族中,嫁入强大的外族集团是一种由来已久的做法。他们不仅与帕劳其他精英氏族通婚,甚至还与雅浦岛的精英氏族通婚,而且后者的后代会受到格外垂青,因为他们既可在帕劳通过母系也可在雅浦岛通过父系拥有土地和头衔。帕劳最重要的两个氏族都认为自己是葡萄牙人的后裔。他们祖先的船只在恩格鲁安格尔岛如今已被海水淹没的北部环礁遭遇海难。与科罗尔精英氏族通婚的有早期船长,德国的殖民地总督(一种非常成功的吸收外国势力的模式!),日本和中国的商人,美国间谍(日本统治时期),美国商人,以及其他太平洋岛民。在上述世家中,收养关系也很重要,例如,在上一代人中就有一位从邻近岛屿收养的女孩;这名女孩后来深受爱戴,并被授予了最高女性头衔,持有这一头衔直到去世。虽然一些帕劳社区对自己的帕劳血统深感自豪,但是科罗尔精英氏族却以通过婚姻和收养与外来者建立关系而自豪。世家婚姻的后代都被科罗尔精英氏族视为真正的科罗尔人,他们的优势在于他们还可以利用强大的外部联系。

447   政府更倾向于根据岛上民族等独立实体和法学对国籍进行定义。当帕劳政府在 1983 年制定宪法时,国籍的定义和根据传统地位参与政治活动的程度引发了激烈辩论。按照传统,几乎所有帕劳人都可以成为帕劳公民。帕劳政府的优势和劣势在于,帕劳 2/3 的人口已经迁至首都,但是许多居民仍主要效忠于家乡社区,这导致一个普遍存在的问题,即社区意识因移民而变得复杂。根据帕劳宪法,只要父母一方被认为具有帕劳血统就可以成为帕劳公民,出生地国籍原则并不适用于在帕劳出生的外国人子女。该条款被批准是为了防止关岛查莫罗人成为自己岛屿上的少数民族。这些条款虽然解决了眼前问题,但是它们的持续存在和使用可能会使外国劳工在一两代人之后创造出一个新类别,即无国籍者。

人口变迁的步伐日益加快。在被殖民统治数百年后,关岛查莫罗人成为该岛的少数民族。在邻近的塞班岛,查莫罗人和加罗林人仅在北马里亚纳群岛自治十年后就成为少数民族。由于急于扩大20世纪80年代出现的经济繁荣局面，政府通过谈判解除了美国法律对外国工人的限制，并从韩国、中国、日本和菲律宾输入了数千名工人，他们建造酒店并从事与旅游业、制衣业相关的工作。并非所有移民都是劳工，移民还包括这些国家和美国的投资者，他们创办的企业只需缴纳地方税。1980年，北马里亚纳群岛有16780人。到1990年，人口几乎增加了两倍，达到43345人，其中只有46%是公民或国民。土著查莫罗人（14194人）和加罗林人（2987人——被德国人重新安置在塞班岛的岛民后裔），所有其他的密克罗尼西亚人和岛民的人数都少于亚洲工人——仅菲律宾人的人数就几乎超过了查莫罗人。在此之前，查莫罗人和加罗林人有时会相互竞争。如今，他们为了反对外来者联合起来，人们有时会听到一个新种族术语"查莫林人"。少数民族地位可能会持续下去，因为在把土地租给外资企业富裕起来后，一些当地居民移居到美国。

斐济保护土著公民权利的努力对混血斐济人造成了不公。1970年宪法对国籍设置了三项限定性条件：那些父系种族源自"斐济或美拉尼西亚、密克罗尼西亚、波利尼西亚任何岛屿的土著居民"，印度裔斐济人，以及其他人，包括那些申请获得国籍的人。根据上述规定，一名斐济族女子和一名萨摩亚族男子的子女有权拥有国籍。到1976年人口普查时，只有那些在1874年定居斐济的居民的后裔和有资格列入土著土地登记簿的人才被认为是斐济人。一名斐济族女子与一名萨摩亚族男子的子女现在被排除在外。虽然仍能参加投票，但是许多太平洋岛屿居民"在土地、教育资助和商业机会方面"不再受到政策扶持。①

太平洋诸岛宪法在承认其他岛民为公民以及遵守这些要求的程度上各不相同。虽然不被允许完全拥有土地特权，但是印度裔斐济人、其他太平洋岛民劳工和移民的后代可以在斐济参加投票。相比之下，在汤加，除非入籍，否则来自斐济和所罗门群岛的土著契约劳工后裔被认为是外国人。居住和融入社区生

448

———————

① Tuimaleali'ifano, *Samoans in Fiji*, 10.

活可能被认为比血统更重要。例如，在实践中，虽然不是根据法律，帕劳政府仍将帕劳人在第二次世界大战结束时收养的少数日本人子女视为正式公民。

多年来，太平洋岛国人口普查大部分只统计居民，尽管大量侨居海外的岛民仍参与国内事务。在国内选举中，帕劳侨民不仅仍参加投票，有时还发挥了决定性作用；新西兰的库克群岛侨民还将自己的代表选入了库克群岛议会。最近，一些岛国的人口普查试图获得海外侨民的概数。1994年，密克罗尼西亚联邦科斯雷州举行了一次人口普查；人口普查对象不仅包括所有居民，还包括那些在国外侨居五年以内的公民，因为科斯雷州政府认为这些人在完成学业或结束短期工作后很可能会返乡；但是人口普查没有尝试统计长期移民，无论他们是否会返乡要求土地和住宅。相比之下，瑙鲁统计了其家庭中所有法律上的瑙鲁人（无论是否在瑙鲁居住），以及事实上的非瑙鲁人。瑙鲁的人口普查还统计了来自其他国家的太平洋岛民，这部分人约占瑙鲁人口的24%。

土著身份问题在岛屿社会中至关重要。岛民在澳大利亚、新西兰和美国人口中所占比例非常小，直到最近才有人试图确定其身份。在1990年美国人口普查之前，所有太平洋岛民与"亚洲人"一直都被归入亚太岛民类。由于人口普查数字与获得社区服务的机会有关，岛民组织正竭力说服其成员更加积极地参加人口普查，并要求设置单独类别（这一要求在1990年被满足）。然而，种族渊源的多重性使得无法对他们进行分类，甚至在被问及下列问题时：种族划分是基于出生地、国籍，还是父母一方或双方的出生地、家乡语言，或是自我归属？自我归属要求列出多少层级？宗主国人口普查有一个共同特点，即公开承认低估了岛民人数。这在一定程度上是由于居留时间往往超过签证允许的期限，但是只有一小部分逾期滞留者是岛民。还有一些人干脆避开了人口普查员和表格填写。虽然无法估计统计的完整程度，但是南奥克兰在1992年开展的一项健康调查发现，与1991年的人口普查数据相比，太平洋岛民多出了32%以上；至于毛利人和欧裔新西兰人，仅相差3%~6%。[1]

449

---

① Bathgate et al., *The Health of Pacific Islands People in New Zealand*.

从 1990 年起，美国通过人口普查识别岛民的种族，并要求所有 5 岁以上的岛民提供个人信息，包括出生地、入境年份、此前 5 年的居住地、主要母语和父母国籍，从而为查明他们在美国及其领地和前领地间的迁移范围提供了可能性。然而，自 1986 年以来，自由联系国公民可以自由入境，因此出入境数据不再被收集。该地区的人口普查年相互交错，这进一步增加了比较《自由联系协定》签署前后数据的难度。

正如查莫罗学者罗伯特·安德伍德所探讨的那样，没有任何社区比关岛查莫罗人社区更能说明身份、混血儿和国际移民等本质化概念的破坏性影响。马里亚纳群岛是太平洋岛屿中最早被殖民的，由于疾病以及反抗西班牙殖民者的武装斗争，土著人口减少到与西方接触前的 5%。到 1700 年被彻底征服时，只有 3000 名幸存者被重新安置在关岛，他们在那里开始重建自己的生活。他们成为天主教徒，与处于统治地位的西班牙人、菲律宾人和墨西哥人通婚，并从他们的文化中吸收了多种元素。他们保留了自己文化遗产中的语言，倾向母系的大家庭的优点，以及对等级制度的偏好。在他们的等级制度中，地位表现为慷慨大方。精英阶层强调他们的西班牙血统，"在他们作为太平洋民族的起源问题上，许多查莫罗人给人留下了强烈的不真实感……尤其是在一本关于关岛历史的儿童读物中。该书把与西方接触前的文化称之为查莫罗文化，把后继的混合文化称为关岛文化"。[①]

19 世纪，一些查莫罗人在西班牙人鼓励下重新定居塞班岛，而另一些查莫罗人则作为捕鲸船船员去了夏威夷和美国。夏威夷总督在 1886 年报告说，火奴鲁鲁有 800 名查莫罗工人（占查莫罗人口的很大一部分）；但是，在 1899 年，即在美国通过美西战争获得关岛主权后，关岛与塞班岛上的查莫罗人被分开了。马里亚纳群岛的其他岛屿和加罗林群岛先后成为德国和日本的属地，许多查莫罗人被重新安置在加罗林群岛和马绍尔群岛；关岛的查莫罗人则把目光转向美国，并开始加入美国军队。

到 1978 年，美国关岛人协会联合会估计，有 5.5 万查莫罗人居住在加

---

① Underwood, 'Excursions into Inauthenticity', 161.

利福尼亚州，这个数字有可能被高估；但是与约 4.7 万居住于关岛的查莫罗人相比，这一估计再次引发了关于什么构成查莫罗人或关岛人身份的问题。美国人身份日益成为他们身份的一部分，特别是在 1950 年通过《关岛组织法》后，查莫罗人根据该法成为美国公民，而且建立了美式教育制度。在美国，无论是精英家庭子女，还是军人家庭子女，普遍可以接受高等教育。在 20 世纪 70 年代中期，随着旅游业的繁荣，关岛查莫罗人富裕起来，越来越多的家庭有条件移民到加利福尼亚州，他们主要在那里的军事基地附近生活。与加利福尼亚州的其他移民相比，查莫罗人人数很少，生活方式已完全美国化，所以他们没有形成可识别的街区或飞地。由于在美国缺乏关注，他们通过建立组合家庭和查莫罗人俱乐部，努力创造了一种查莫罗文化。安德伍德将这种文化缺失感直接与日益增强的政治激进主义联系起来，无论是在查莫罗人问题上，还是在更广泛的加利福尼亚州太平洋岛民联盟政治上。

然后，新层次的不真实性开始显现，例如，不仅母岛的关岛人质疑加利福尼亚查莫罗人节日的真实性，其他地区岛民也怀疑关岛或美国的查莫罗人拥有独特的太平洋文化。尤其是在第十二章讨论的太平洋艺术节上，这种不真实性更加明显。虽然这个节日是为岛民而非游客组织的，但节日展示的身份却是面向外界的，而且往往是面向过去的传统文化，而非现在的混合文化。1980 年，在莫尔兹比港举办的艺术节上，与会岛民难以相信关岛剧团表演的现代舞是真正的"太平洋"文化。然而，到 1988 年艺术节时，其他国家开始超越过去对传统的严格限定。这主要归功于查莫罗活动家和教育家劳拉·托雷斯·苏德的精辟解释，即太平洋岛屿观众开始欣赏关岛混合传统与现代元素的舞蹈，因为它反映了许多太平洋民族的共同历史。与会者开始认识到吸收借鉴外来文化是太平洋文化的长处。

关于传统和习俗的辩论已经把这个问题提升到泛太平洋关切的高度。对比"真实"和"虚构"的传统，即鲜活的现实和夸张的表现，意味着只有自发形成的"文化"才是真实的，以致自觉意识本身必然是不真实的。西方二分法式的辩证统一过程必然带来被严重扭曲的站不住脚的结论。太平洋文化根本不是一元化的。一些学术大家认为：

太平洋诸岛的自我意识是在殖民遭遇中产生的，觉悟是通过相互角力获得的。欧洲人的到来毫无疑问将文化差异意识和文化选择意识推向了一个全新方向……但是，如果没有文化选择意识，有没有人在任何地方和任何时间都"仅生活在自己的文化中"？另一个西方神话认为西方人具有文化差异意识，而其他民族则缺乏这种意识。在沦为殖民地前，太平洋诸岛的种族多样性和与外部隔绝的状态并不意味着文化上与世隔绝……语言和文化差异不仅源于独立发展，还是对比的结果……因为太平洋诸岛的贸易和仪式交换往往依赖于扩大生态位、生产专长和文化风格的差异。① 451

维森特·迪亚兹记录了外来人对查莫罗民族消亡感到痛惜的历史，但是他认为：

不必把关岛的历史理解为，查莫罗民族完全欧美化是以牺牲土著文化为代价的。查莫罗文化也不必像它在历史上一直被设想和表现的那样，被理解为一种边界恒定和内涵完整的东西，即从前曾具有纯粹和纯洁的基本品质。

迪亚兹没有低估查莫罗人面临的危机。虽然他们在第二次世界大战前确实对自己的身份和土地拥有相当大的控制权，但自1960年以来他们已经被外国居民所吞没。

如今，查莫罗人面临着史无前例的政治和文化困境。在这片土地上有许多非查莫罗人，而且许多查莫罗人已不再拥有土地使用权。其他地区的查莫罗人也比关岛的多。在关岛和其他地区，许多查莫罗人已不能流利地使用查莫罗语了。查莫罗人的生存问题显得特别紧迫，与以往关

---

① Jolly, 'Specters of Inauthenticity', 58.

岛长期殖民史中的任何时候相比，如今风险似乎更大。

20世纪的这场文化危机，使得重新思考关岛等地的主流文化、政治和历史思想更为重要。①

背井离乡和接受补助的移民

正当一些岛民在人数上被外来者压倒时，另一些岛民也因被殖民当局重新安置到新岛屿上而成为少数民族。殖民当局之所以这样做，是为了使这些岛民得到灾后救济，或者满足殖民地对劳工或土地的需求。即使理由明显利他，这样做也往往会产生出乎意料的政治后果。在重新安置被台风摧毁的加罗林群岛环礁上的岛民时，德国人趁机为塞班岛殖民地经济提供了劳动力。有时甚至全岛居民都被迁走，例如，为了促进巴纳巴岛磷酸盐矿开采，所有岛民都被迁到了斐济的兰比岛，此外还有撤离比基尼环礁的撤离（参见第十章）。

19世纪人口流动的规模及其受强迫程度都没有得到充分记录。今天，大多数迁移都涉及个人或家庭，而且无论是个人还是家庭，在下文所讨论的政治限制范围内，都享有相对的迁移自由。并非所有岛民都能自由进入其他太平洋岛国或太平洋沿岸国家，但是，迁移可能主要是为了就业、教育和家庭团聚。移民社区与那些在外部机构帮助下重新安置的社区存在本质差别，需要单独考虑。我们需要考虑它们的特殊情况是由殖民主义直接造成的，还是由社会内部的社区结构关系所派生的，或是由重新安置他们的机构导致的。

20世纪60年代，霍默·巴尼特主持了一项针对太平洋地区背井离乡群体的研究。这些群体包括被迫整体迁移的社会，最初作为家乡社区附庸的亚群体，由以前没有住在一起的当地居民组成的新社区，以及虽来自同一岛屿但选择分开居住和不形成新社区的移民。对于一些移民而言，易地而居是较为古老的区域迁移模式之一；对另一些移民而言，他们从未有过这种经历。

452

---

① Diaz, 'Simply Chamorro', 53.

在解释社区差异时有一个极其重要的因素，那就是社区成员是主动选择迁移（移民社区），还是在外部机构的鼓动下才迁移（安置社区）。移民社区和东道社区的结构和文化期望，限制了这两类移民的定居行动。在呈现大多数太平洋岛国特征的政治体制内，定居点经过几代人的磨合才逐步走向融合。与此相反，在等级森严的国家或殖民体系中，定居行动通常需要维持族群边界。在19世纪和20世纪，任何迁移都由殖民当局负责协调。即使在非等级社会中，如果该社区的主要关系是与殖民机构的关系，殖民当局也支持维持族群边界。

这种与殖民机构的特殊关系，在大多数情况下彻底改变了安置社区与东道主的关系（即使两者拥有共同的文化背景），比如被安置在马绍尔群岛的比基尼人。殖民当局与安置社区间的权力差异、殖民国家的国籍以及社区的理想目标都影响着结果。比基尼人希望美国政府承担起责任来，从而使自己能够依赖一个富裕、强大而且基本不干涉他们事务的外国政府。在这个过程中，比基尼人能够绕过他们的大酋长。相比之下，重新定居努库费罗的蒂科皮亚人不希望政府介入他们的事务。文化前提与政治和经济相互作用。

迄今为止，一些安置社区仍然与其前殖民地政府保持或建立了一种特殊关系，这影响了它们的经济选择。比基尼人通过谈判与美国建立了直接关系，并在马绍尔群岛独立后仍保持了独立地位。比基尼环礁与乌蒂里克环礁、埃尼威托克环礁和朗格拉普环礁一起构成了"原子环礁"，为了补偿他们撤离生计来源地，这些环礁上的岛民不仅能从信托基金中获得单独收入，还能得到食品。巴纳巴人必须掌握更复杂的关系。1945年，当他们 453
被重新安置在斐济兰比岛后（在日本占领期间，曾被重新安置到塔拉瓦岛、瑙鲁和科斯雷岛），巴纳巴岛成为吉尔伯特和埃利斯群岛殖民地的一部分。由于同意搬到斐济的兰比岛，巴纳巴人在战略上更接近英国西太平洋高级专员（斐济总督），这样他们就可以向他陈述自己的不满，并要求对磷酸盐矿的开采给予适当补偿。20世纪60年代，他们驱逐了驻兰比岛殖民顾问，并在20世纪70年代成功发起了针对英国君主的诉讼。在1978年制宪会议上，巴纳巴人徒劳地主张脱离基里巴斯独立，就像它的姊妹岛——同样富含磷酸盐的瑙鲁那样。今天,他们在基里巴斯和斐济政府中都保留了特别代表。

虽然安全迁移和援助路线是太平洋陆基身份的一个组成部分,但事实证明,仅凭迁移不足以取代土地,即使得到财政支付资金的支持也取代不了。由于先后被重新安置在朗格里克环礁、夸贾林环礁和基利岛,比基尼社区试图利用部分财务结算资金在夏威夷大岛购买土地,但是遭到当地社区的拒绝。如今,大多数比基尼人居住在马朱罗环礁的一个小岛上。对比基尼人和巴纳巴人而言,即使有大量财政支付资金也不能取代岛屿,甚至还可能造成社区分裂。巴纳巴人的情况显示了通过土地调整关系的复杂性。在某种程度上,这一困境是以基于巴纳巴岛个人土地所有权的个人权利与巴纳巴人在与英国磷酸盐委员会对抗时的集体需求之间的冲突为中心的;而且,磷酸盐委员会和殖民地政府也没有在兰比岛开发建设基础设施,就像在巴纳巴岛那样。委员们坚持认为,特许权使用费应支付给集体,因为习俗没有涉及地下采矿权。巴纳巴人认为,磷酸盐采自巴纳巴人个人拥有的土地,因此特许权使用费应支付给个人,但是为了对抗英国磷酸盐委员会委员,巴纳巴人认为必须采取(支持支付给个人的)集体行动。巴纳巴人还认为,兰比岛应实行自治和归巴纳巴人所有,因为它是用卖磷酸盐的钱买来的。他们也不想在兰比岛从事手工工作,因为与他们在巴纳巴岛矿业公司的职位相比,这些工作需要掌握的技能和承担的责任更少。"我们来兰比岛不是为了在这片土地上当工人……我们来这里不是为了工作,而是为了自由支配我们的钱。"冲突仍在继续——现在需要管理大量资金,围绕着个人或集体利用这笔钱和后世子孙的权利,更加不易形成集体共识。

　　巴纳巴经济从以自给型渔业为主,彻底转变为以特许权使用费为基础,这深刻影响了巴纳巴人的心态。这笔特殊的货币收入没有给全体巴纳巴人带来太多为钱工作的经验。巴纳巴领导人争取来了大部分磷酸盐矿收入,然后将其分配给了社区,这大大满足了越来越多的巴纳巴人对它们日益增长的期望……不足为奇的是,巴纳巴人

将拥有金钱等同于发展、西化或进步，以及他们赋予这一变化过程　454
的任何其他意义。土地是巴纳巴人所拥有的较为重要的自然资源之
一，也成为货币收入的一个直接来源。①

不过，巴纳巴人拥有兰比岛的土地权利，而且巴纳巴岛也适合人类居
住。但是，比基尼环礁何时能够再次适合居住尚不确定；当在完全不同的
环礁之间迁移时，比基尼人不顾内部的强烈反对，彻底改变了土地所有
制，从而引发了关于土地和资源权利的纠纷。异族婚姻增多和人口增长也
影响了既得权利，因此在比基尼等原子环礁与该国其他地区分离的情况
下，必须以金钱而不是土地来构建这些权利。巴纳巴岛和比基尼环礁例证
了穆鲁罗瓦环礁等太平洋岛屿的居民所面临的问题。这些岛屿的居民要么
背井离乡，要么与基于土地的身份和生活来源分离。现金安置影响了巴纳
巴岛和比基尼环礁的人口。1945 年，有 1003 人定居在兰比岛，其中 30%
是基里巴斯人。1985 年，兰比岛上的巴纳巴人社区有 4064 人。巴纳巴人
的后裔都被视为巴纳巴人（即使与基里巴斯人通婚率很高，很多人仅具有
部分巴纳巴血统），因此该岛 92% 的人口现在被认为是巴纳巴人。它们不
同于移民社区。移民主要依赖与其家乡社区的个人关系和社区关系，并保
留了返乡选项。尽管程度较轻，安加尔，瑙鲁，以及布干维尔、奥克泰
迪、弗里波特等安置型社区的经济也经历了从自给型向依赖特许权使用费
的转变（参见第十一章）。

人口压力和环境风险导致人口有必要重新安置或迁移。环境风险通常更
多影响西太平洋沿岸火山岛，如火山爆发摧毁了拉包尔。这些岛屿可能承受
较少人口压力，而且灾后吸纳移民的能力更强些。但是，像图瓦卢、土阿莫
土群岛、托克劳、基里巴斯和马绍尔群岛这样的小珊瑚环礁，因人口压力和
海平面上升正处于危险之中。南太平洋区域环境规划署为应对上述风险而统

① Martin Silverman, 'A Study of a Banaban Meeting', in M. Lieber (ed.), *Exiles and Migrants*;
and H. Dagmar, 'Banabans in Fiji'.

筹了区域评估和行动计划。马绍尔群岛政府一直在联合国强调全球气候变暖的潜在影响，并试图通过领导小岛国联盟提高公众认识。马绍尔群岛政府为监测海平面变化已建立了一个科学站。由于许多太平洋岛国完全由环礁组成，人口的任何迁移必然涉及国际机构。

马绍尔人在移民和社区重新安置方面具有丰富的经验。在过去 20 年里，马绍尔群岛政府正式承认了美国加利福尼亚州南部的一个移民社区，并于 1993 年在纽波特比奇设立了一个领事馆。这个社区已经形成了完善的就业环境，并建立了一个强大的社区组织教会和与当地学校的关系，从而为社区的下一步发展奠定了基础。尽管马绍尔人在夏威夷形成了一个数百人的庞大族群，但是加利福尼亚州南部的那个族群更大，只是由于该地移民众多而没有受到关注。[①]

基里巴斯也具有重新安置的经验。由于基里巴斯首都塔拉瓦市区人口密度超过了每平方千米 5000 人，基里巴斯不得不尝试着将人口重新安置到莱恩群岛。[②] 在 20 世纪 30 年代，吉尔伯特和埃利斯群岛殖民当局曾试图重新安置菲尼克斯群岛的部分岛民，包括悉尼岛岛民。殖民当局挑选了同意搬迁和放弃母礁所有财产的移民。虽然这些移民来自吉尔伯特南部，在风俗习惯上与安置岛礁差别不大，也预料到安置社区将复制吉尔伯特的生活方式，但是仍需要不断做出妥协和适应。社区会议场所必须为新加入家庭增加座位，由于农业和渔业资源都不同，需要转变劳动组织方式。移民分裂成了"集体派"和"个人派"（反映了巴纳巴人的冲突对立）。[③] 在头十年里，重新安置似乎是成功的，但是该群岛在 20 世纪 50 年代爆发了长期旱灾，因此代表们请求政府为他们寻找一个新家。重新安置到吉尔伯特群岛是不可能的，也没有其他合适的无人岛。最终，殖民当局将新定居点安排在了英属所罗门

---

① Jim Hess, 'Migration, Networks, Resources, and Households: The Formation of a Marshallese Community in Orange County', typescript, 1993.

② B. Tonganibeia, 'Kiribati: Development and Internal Migration', in McCall and Connell, *A World Perspective on Pacific Islander Migration*.

③ Silverman, 'A Study of a Banaban Meeting', 211.

群岛。在一位吉尔伯特主管的率领下，移民从吉尔伯特群岛和悉尼岛被送到所罗门群岛西部吉佐岛的提提亚纳角。人们没有预料到会再次出现文化变化，尽管吉佐岛不是珊瑚环礁，新地点在生活和工资发展潜力方面不同于以往，而且所罗门群岛岛民由不同种族组成，除了美拉尼西亚人之外，还有伦内尔岛、斯凯亚纳岛和翁通爪哇岛的波利尼西亚人，以及中国人、斐济人和日本人。最终，悉尼岛全体居民都被迁移至所罗门群岛，而且这些吉尔伯特人还获得了肖特兰群岛的一些土地；该群岛位于吉佐岛以北 250 千米处，与布干维尔岛隔海相望。1963 年，政府向每个吉尔伯特家庭分配了土地，但是由于提提亚纳土地不足，政府购买了以前被集体使用的近海岛屿，以及肖特兰群岛的土地。土地分配产生了更多问题，一是因为所分土地不能满足家庭生活的最低要求；二是因为它们太分散且其所依赖的家庭和户主定义存在争议；三是因为它们为未来留下的一些隐患，即一旦户主去世，土地将如何重新分配。到 1963 年，菲尼克斯重新安置计划被终止，剩下的定居者被转移到所罗门群岛西部，提提亚纳充当了切入点。到 20 世纪 70 年代中期，所罗门群岛西部的木材工业吸引了吉尔伯特雇工，他们将家人迁至陵吉湾的另一个社区。

456

目前将过剩人口从通加鲁迁至莱恩群岛的尝试可能不会取得成功，但是基里巴斯政府认为几乎别无选择。1985 年，只有 3.5% 的基里巴斯人在国外生活，他们主要在瑙鲁打工或当海员。在 20 世纪 90 年代末瑙鲁停止采矿后，基里巴斯肯定预料到了在瑙鲁工作的基里巴斯人要返乡和停止汇款（1987 年，汇款共计 18700 澳元）。这是在基里巴斯工人中发生的又一次返乡潮，早在 1979 年和 1980 年巴纳巴岛停止磷酸盐矿开采时就曾发生过类似事情。因此，瑙鲁就业机会的消失关闭了基里巴斯人的主要移民路线。1994 年，基里巴斯和图瓦卢请求澳大利亚和新西兰追加一千名工人的工作许可，但遭到拒绝。结果，由于环礁分散且土地面积有限，这两个国家都面临着巨大的人口压力。为了解决人口压力，基里巴斯政府正试图将人口重新安置到莱恩群岛，并再次开发菲尼克斯群岛。一个长期存在的结构性问题是，为如此广阔的区域提供服务的成本十分高昂。1995 年，为了削减这些成本，基里巴斯、图瓦卢和马绍尔群岛政府一致同意合并空运和海运服务。

当代的远航

我们了解，岛上族群通过通婚和贸易建立长期联系，就像马绍尔群岛的基里巴斯人或者科斯雷岛的罗图马人那样；我们也了解太平洋岛屿与前宗主国之间的人口迁移情况；但是我们对后者的了解更多一些。虽然殖民经历在19 世纪使一些较为广泛的联系支离破碎，但仍不断塑造着当前关系。太平洋岛屿与太平洋沿岸国家关系的历史和性质，对移民的可能性产生严重影响。当代大多数移民仍遵循着以前由海外劳工开发的路线，通常与之相对应的是只有前宗主国才能提供的合法途径。民族国家以外的移民主要发生在波利尼西亚和密克罗尼西亚。虽然巴布亚新几内亚国内人口迁移频繁，但很少有公民到国外生活。所罗门群岛、新喀里多尼亚、瓦努阿图的情况与此类似，因为这些国家和地区的人民都无法自由进入海外国家（自 20 世纪 60 年代起，一些印度裔斐济人开始移民到加拿大，自 1987 年政变以来，有更多的印度裔斐济人移民到加拿大、美国、澳大利亚和新西兰。他们之所以能够移民，是因为其个人技能符合定居国需要）。法属波利尼西亚人、瓦利斯和富图纳人、新喀里多尼亚的卡纳克人，以及那些以前在法属新赫布里底群岛政府统治下的人，很少移民到法国本土，但是他们在法国太平洋领土旅行，尤其是到新喀里多尼亚。上文已经讨论过的基里巴斯和图瓦卢居民，更是很少选择移民到宗主国。相比之下，关岛、美属萨摩亚、复活节岛和托克劳的公民，以及太平洋自由联系国和北马里亚纳群岛联邦的公民，都可以自由地进入前宗主国。经过谈判，西萨摩亚人可以根据配额制度和通过家庭团聚相对自由地进入新西兰。

在新西兰人口中，毛利人和太平洋岛民占 11%，仅太平洋岛民就占4.9%。新西兰是接纳其他地区岛民最多的国家，无论是在占人口比例和绝对人数方面（1991 年为 167073 人），还是在增长率方面（在过去 10 年中增长了 60.2%）。在新西兰人口中，岛民增长最快，这是因为他们的高生育率和移民人数（占总数的 50.8%），其中萨摩亚人最多，计 85743 人。[1] 但是，根据侨民占总人口的比例，纽埃、托克劳和库克群岛保持着最大的侨民群体，分别有 85%、70% 和 69% 的人口居住在新西兰。虽然汤加人不能自由进入太平洋沿岸国家，但是他们主要通过家庭团聚计划成功侨居国外；他们在移民新西兰的岛民中名列库克群岛人之后排第三位，在移居美国的岛民中名列关岛人之后排第三位。

美国是第二大移民目的地。1990 年的人口普查数据显示，除 211014 名夏威夷人之外，太平洋岛屿岛民有 154010 人，其中近半数出生在美国。从 1980 年的庞大人口基数开始，太平洋岛民在 10 年间增加了 41.5%，与总平均增长率 9.8% 相比，增速惊人。萨摩亚人在太平洋岛民移民中人数最多，计 62964 人。虽然汤加人和斐济人的增长率非常高，但是他们在 1980 年时的人口基数较小，而且大量印度裔斐济人是在政变后才移民美国的。关岛人在 1980~1990 年增加了 61%，略低于 5 万人。所有数字都是概数，因为难以确定种族归属。夏威夷人和关岛人的高速增长也可能意味着重新识别了种族，而不是人口增长。

很难确定居住在澳大利亚的岛民的种族归属，因为 1986 年的人口普查数据不可靠，而且 1991 年的人口普查没有调查关于祖先或族裔的问题。根据 1986 年的关于祖先情况的数据，约 6.5 万人至少有一个岛民祖先，这些人主要生活在新南威尔士州。新西兰毛利人有 2.6 万，占岛民的 40%。根据《泛塔斯曼协议》，他们可以自由入境；一些其他岛民也利用了上述协议。尽管毛利人很早就在澳大利亚生活，但是几乎完全被忽略，这主要是由于统计数据起初是根据出生地来编制的，并且新西兰不在太平洋岛国之列。 458
其他重要族群有斐济人、汤加人、巴布亚新几内亚人、西萨摩亚人、库克群岛人和瑙鲁人的后裔。

萨摩亚是太平洋沿岸国家间迁移的主要节点。美属萨摩亚既是目的地，

---

[1]　Bathgate *et al.*，*The Health of Pacific Islands People in New Zealand*, 38.

也是西萨摩亚人和汤加人进入美国的跳板，虽然目的地的选择取决于新西兰和美国经济的波动。当新西兰在 20 世纪 70 年代出现经济衰退时，岛民转向了美属萨摩亚和美国。到 1980 年，美属萨摩亚有 1/3 的人口出生于西萨摩亚和汤加；至于生活在美国的萨摩亚人，生于西萨摩亚的要比生于美属萨摩亚的多几乎 1.5 倍。在 20 世纪 80 年代末，随着新西兰经济走强和美国经济下滑（尤其是在夏威夷州、加利福尼亚州、华盛顿州和犹他州），移民目的地再次发生变化。到 1990 年，只有生于美属萨摩亚的萨摩亚人移民到美国。显然，那些生于西萨摩亚的萨摩亚人正沿着南线进入新西兰，而且增长速度更快。在西萨摩亚和美属萨摩亚，近一半人口如今住在国外。

分别自 1951 年和 1950 年以来，美属萨摩亚人和关岛查莫罗人一直享有自由进入美国的权利；自第二次世界大战以来，许多人选择了服兵役。关岛和塞班岛展示了由美国和地方政策造成的复杂问题。在自由进入美国的头 20 年里，大多数查莫罗人为了寻求更好的教育和就业而移民美国；与此同时，帕劳人为了利用相对充分的就业机会开始移民关岛。托管地主管机构在 20 世纪 60 年代迁至塞班岛后雇用了来自各岛礁的岛民，但主要是帕劳人。这些人口迁移为随后一些社区的发展奠定了基础，因为领导人们创建了一些强大的社区组织，在关岛建立了一个会议中心，并提供了通常由密克罗尼西亚社会大家庭提供的援助和安全。此外，在 20 世纪 60 年代，托管领土密克罗尼西亚的公民也获得了在美国接受公费高等教育的资格，但是直到托管制度在 1986 年终止，才取消入境就业限制（帕劳人是在 1994 年）。20 世纪 80 年代，关岛估计有 2000 名帕劳人，比塞班岛要少一些。20 世纪 70 年代末和 80 年代初，在密克罗尼西亚人先后成立新政府后，大部分该领土的移民都迁回了家乡，但是另外一些移民迁到了那些早已独立的岛国。

《自由联系协定》为自由入境美国创造了可能性。密克罗尼西亚联邦公民主要迁往关岛，然而马绍尔人则移居美国（帕劳人在 1994 年前仍主要限于短期教育入境）。密克罗尼西亚联邦公民很快就利用了关岛蓬勃发展的经济。在第一年，大约有 1600 人迁至关岛；到 1991 年年底，人数超过了 6000 人。与此同时，他们也向北迁至塞班岛，尽管增长速度较低，但较稳定。

在这两种情况下，大多数移民来自密克罗尼西亚联邦人口最稠密的丘克州。 459
美国和密克罗尼西亚领导人一直就美国政策对关岛人口构成的非凡影响争论
不休，而且美国还一直提供缓解资金扶持当地机构。对于许多岛民而言，关
岛是夏威夷与美国本土之间的中间站。对于另一些岛民而言，它是一个令人
兴奋的新家园，因为它靠近家乡，这样既可与家庭保持联系，又可变得更加
独立于家庭。在签署《自由联系协定》后，亚洲移民充实了关岛和塞班岛
人口。密克罗尼西亚人、菲律宾人和其他亚洲人不仅为该地区提供了教师和
医疗专业人员，还为建筑业、服装厂和旅游业提供了非熟练和半熟练工人。
土著领导人谴责移民导致土著失去多数地位，但也承认大多数土著已经选择
定居美国。重叠人口不再与岛国边界保持一致。

性别在海外社区中一直是个复杂因素，很难归纳出模式，但是移民关岛
的帕劳人有一个显著特征，即妇女占多数。她们移民是为了接受高等教育、
结婚和工作。在移民关岛的帕劳人中，女性多于男性，而且完成大学学业的
比例也高于男性（尽管男性的学位完成情况略好于女性）。[1] 一些密克罗尼
西亚妇女早年嫁给美国人，并移居美国，这为学生移民奠定了基础。移民马
绍尔群岛的基里巴斯女性似乎也采取了类似的外嫁策略。在这种情况下，加
利福尼亚州奥兰治县的马绍尔人社区呈现了有趣的性别模式：虽然男性和女
性人数大致持平，但是二十多岁的女性略多于同年龄组男性，并且在四十岁
以上年龄组中亦然。这似乎反映了一种习惯做法，即老年妇女移民加利福尼
亚州是为了照顾家里的年轻移民和学生。在所有其他年龄组中，男性略多于
女性。[2] 与之形成鲜明对比的是，在《自由联系协定》签署之初，侨居关岛
的丘克岛岛民至少以男性为主；这是因为在加罗林群岛岛礁上有一个在历史
上一直被遵循的模式，即男人被期待外出旅行，并常常在母礁外娶妻生子，
而女性最好待在家里，以保护母系的土地权利。然而，在过去 20 年里，期
望和迁移模式发生了变化，主要是因为这些环礁无法提供极受重视的中学教

---

① DeVerne Smith, 'The Palauans on Guam', typescript.

② Hess, 'Migration, Networks, Resources, and Households'.

育。例如，为了接受高等教育，如今有几乎与男性同等数量的年轻女性离开普拉普环礁，并在丘克州首府维诺建立了一个两可居的普拉普人社区。① 随着关岛的丘克人社区越来越成熟，男女比例已趋于均衡，家庭生活安排也从以单身男性为中心转变为以家庭整体为中心。②

460　　　在太平洋沿岸目的地之间的其他潜在节点是密克罗尼西亚联邦和马绍尔群岛。马绍尔人和基里巴斯人具有悠久的通婚历史（就像科斯雷人与瑙鲁人或罗图马人那样）。因此，瑙鲁人和基里巴斯人有可能通过密克罗尼西亚联邦和马绍尔群岛移居到美国，但这两条路线似乎都没有经常被使用。并非所有海洋旅行者都在新陆地定居。在海外的基里巴斯男性中有 30% 从事海员工作，这一比例与图瓦卢相近。基里巴斯、图瓦卢和密克罗尼西亚联邦都设有海事学院，以便将岛民培训成国家、地区和欧洲航运公司的领航员、船长、驻港船长和海员。

虽然当地居民在密克罗尼西亚联邦、帕劳和塞班岛之间的流动被认为是国际性的，但它们也同样被理解为当地居民从农村向城市中心正常流动的一部分。这种人口流动是巴布亚新几内亚、瓦努阿图和所罗门群岛移民的主要特征。这些地区的移民社区和家乡社区之间的文化差异，至少与密克罗尼西亚诸岛间的一样大。更确切地说，正是由于后殖民时代民族国家的结构，人口流动被标记为国际性的或从农村向城市的。

在殖民时期的美拉尼西亚，城镇是欧洲人的势力范围：美拉尼西亚人和其他工人只有根据劳动合同才能被允许进入，而且他们的住房是被准备好的、受到管制的和被隔离的。因此，美拉尼西亚直到最近才开始大规模城市化，而且殖民主义仍影响着当代城市。③ 殖民时期和后殖民时期的政府都没有制定有效的住房政策，莫尔兹比港、莱城、苏瓦和卢甘维尔的棚户区增多成为最令人不安的现象之一。这一问题并不仅限于美拉尼西亚，在阿皮亚和拉罗汤加，以及塔拉瓦南部也存在，只是程度较轻，这是因为美国政府在密

---

① Flinn, 'From Sea and Garden to School and Town'.

② Rubinstein and Levin, 'Micronesian Migration to Guam', 350 – 5.

③ Connell and Lea, 'Cities of Parts, Cities Apart?'

克罗尼西亚大力发展出租屋，阻止了上述情况在这里发生。第二次世界大战之前，大部分巴布亚新几内亚工人在短暂的合同期内都住在雇主的房子里；第二次世界大战之后，越来越多的移民带着妻儿来到莫尔兹比港。由于雇主没有提供充足的住房，移民们希望获准在莫图人和科伊塔人的土地上建造房屋，否则就非法占用政府土地。城市移民的感受因文化群体的不同而不同，这与他们的受教育程度、就业水平和入境方式有关。到 1965 年，胡拉人在莫尔兹比港已建立了一个人口稳定的族群，普遍拥有了牢固的住房和稳定的职业；然而，仍有超过 2/3 的托阿里皮人居住在棚户区的废铁屋里，男人们从事着低工资和毫无安全保障的工作。① 时至今日，那些住在政府土地上的移民仍未获得正式的土地所有权，尽管许多此类定居点日益永久化，房子由水泥砌成，且能定期供水。它们类似于农村村庄，由来自同一村庄或地区的讲同种语言的人组成。许多住在莫图人和科伊塔人土地上的移民已经建立了 461 亲戚关系和交换关系，以确保能继续占有土地和建造永久性住房。

城市中心在太平洋岛屿仍是惊险刺激之地，特别是在人口主要住在城市的法属波利尼西亚和密克罗尼西亚各国，以及巴布亚新几内亚和所罗门群岛，对那里城市的考察访问可能为长期移民奠定了基础。在研究 20 世纪 70 年代迁至霍尼亚拉的托亚拜塔人后，弗雷泽描述了以青年男性（尤其是失业者和新来者）为主的短期丛林流浪的做法，包括区域内的一般空间流动，城镇中的雇佣劳动流动，以及霍尼亚拉市区内的流浪。这类迁移并非漫无目的，因为青年男子是在寻求战略接触、维持群体的凝聚力和促进相互支持。在此过程中，一些人成功找到了工作，甚至还创办了一家小企业。②

要把像海外迁移这样的具有多面性的现象归纳为一种解释是困难的。经济因素，包括就业，是吸引岛民出国的主要因素，此外岛民出国也与更好的教育机会密切相关。那些完成高级专业学位课程的人备受本国社会追捧，但是他们可能会留在国外，因为那里的工资可能更高，前途可能更好。另一些

---

① Nigel Oram, 'The Hula in Port Moresby', and Dawn Ryan, 'Toaripi in Port Moresby and Lae', both in May (ed.), *Change and Movement*.

② Frazer, 'Walkabout and Urban Movement'.

人可能会留下来完成学业或避免失败尴尬。婚姻也会影响回国的决定。虽然岛民可能希望在国外短暂停留，但从长远来看，随着家庭重心通过进一步迁移而转移，定居可能成为永久性的。美国的西萨摩亚移民有 60% 已归化为美国公民，对于美国的太平洋岛屿移民而言，这一比例是一个可能的结果。[①]

侨居海外的岛民的确有数种不同的发展轨迹。正如埃佩利·豪奥法所描述的那样，有一个受聘于区域组织、社会公共机构和私营企业的国际精英阶层。这些受过高等教育的岛民在许多方面取代了殖民地外籍商务人士、政府官员、教育工作者和卫生官员，而且他们当中的许多人还将子女送到曾经为殖民官员子女保留的国际学校接受教育。马尔库斯将汤加精英家庭形容为跨国公司，这可能过分强调了对过度分散的资源的集中控制；但并不罕见的是，一些家庭有三四个相互影响的节点，拥有土地、房屋和企业，并通过遍布太平洋岛屿的中学和大学以及家族企业培养青少年。另一些家庭，虽然不太富裕，但仍设法维持着跨国生活方式或管理着国际贸易。跨国生活方式通过母岛就业将国际交往与交流培训机会结合在一起。[②]

尽管新兴的太平洋精英与其殖民时代的前辈存在明显相似之处，但是将他们相提并论会使人产生误解。科奈·塔曼在历经汤加人的移民节点后，把自己前后不断变化的世界观做了对比。她先是在奥克兰的文法学校和大学读书，接着返回汤加当教师，然后到美国加利福尼亚大学进修，最后到苏瓦的南太平洋大学。在家乡汤加时，她的世界是与家人和亲属的遗产和承诺密切联系在一起的；在旅居奥克兰时，她形成了个人认同。在最初对加利福尼亚州生活节奏感到震惊之后，她学会了欣赏多样性和实验精神，并发展了自己作为诗人和作家的创造力。她在学习遥感技术和国际教育时形成了一种全球视野，并意识到世界资源的有限性和高科技的影响。现在她定居斐济苏瓦，在南太平洋大学从事教学和行政工作，成为新一代区域领导人的典型。她的同事和学生以及辅导对象都是太平洋岛民。她的泛太平洋经历和身份对她在

462

---

① Ahlburg and Levin, *The North-East Passage*, 47.

② Marcus, 'Power on the Extreme Periphery'.

这所区域大学中获得成功发挥了关键作用。①

　　移民的初始条件，以及移民的规模、地点和时间，都会影响移民群体。由于萨摩亚人和查莫罗人享有自由入境权，查莫罗人大部分移民到了加利福尼亚；加利福尼亚州的查莫罗人和萨摩亚人在教育程度和就业水平方面都高于夏威夷州。近30年来，密克罗尼西亚人从托管领土进入美国的主要方式是接受高等教育。因此，他们的受教育程度在1990年远高于全国平均水平。居留时间长短，以及受教育程度和技能水平都会影响移民的赚钱能力。因为大多数密克罗尼西亚人都是新移民（也许还在上学），他们仍有很大一部分人生活在贫困线以下。要判断早期密克罗尼西亚移民的受教育程度是否能为他们提供更大的经济流动性，还为时过早。虽然查莫罗人学者法耶·穆诺慈对此提出了质疑，但是加利福尼亚州的关岛公民一直被描述为经济和社会状况良好的中产阶级。②

　　大多数岛屿侨民的生活水平低于平均，而且因为受教育程度低，技术技能差，就业机会有限，许多人一贫如洗。由于移民可能享有比留守家人更高的生活水平，他们往往通过汇款来补贴家人。但是，他们自己也生活在新社区的底层，失业率高，收入水平低，可支配收入少；由于家庭人口规模较大，不得不依赖兼职，而且住房拥有率低。1991年，新西兰就业岛民中有80%的人年收入低于2万美元，而一般居民为64%。岛民失业的可能性比其他族群高两倍，1991年第一季度的失业率在20.0%～30.6%之间。失业率高与学历低有直接关系。类似情况也影响了赴美移民。这些限制对移民健康产生了不良影响。

　　《托克劳群岛移民研究报告》通过不常用的纵向分析，研究了家乡社区和移民社区，并收集了1968～1986年的流行病学数据。托克劳的情况并非典型，因为母礁极度孤立，而且与新西兰关系密切，但是许多环礁社会也存在类似情况。虽然托克劳人口增长迅速，但是大多数人目前旅居国外，母礁

463

---

① Thaman,‘The Defining Distance’.

② Muñoz,‘Pacific Islanders：A Perplexed，Neglected Minority’.

人口在过去 20 年中基本未变。国内与国外社区互动密切，国内家乡社区正在经历变革，尽管其速度不如国外移民社区。在 20 世纪 70 年代新西兰经济衰退期间，一些家庭回到托克劳，然后又移民到澳大利亚，或散布于新西兰。如今，新西兰出生的那一代岛民已经成年，这使我们能够观察到移民对他们第二代和第三代的影响。① 托克劳人的语言和教育问题得到缓解，并在置业和获得物质产品方面取得稳步进展，但是人口分散导致越来越多的托克劳人，尤其是年轻人，在一定程度上脱离了社区活动。该研究主要关注的是健康。尽管基因相当一致，而且移民和非移民之间的界限因为不断迁移而变得模糊，但是"一些慢性病（如糖尿病、痛风、慢性肺病、哮喘、高血压，甚至冠心病）的发病率和患病率，移民要比非移民高……与这些疾病相关的是一些与新西兰国际性文化生活有关的因素，如肥胖、饮食变化、环境和压力增大。然而，很少有移民认为他们的健康状况下降了，有 86% 的人报告说，他们在新西兰的生活要"好"于托克劳：那些受访者从"生活水平提高、独立性增强、教育和文化机会增多"等方面解释了这种改善。② 在研究加利福尼亚州一个萨摩亚人社区时，简斯发现了类似因素，强调了经济紧张造成的结构性压力，特别是对妇女的家庭压力，并认为这些都与国家和世界经济变化有关。③ 萨摩亚人的体型与其在萨摩亚文化中的社会地位呈正相关，体型越大社会地位越高，这导致心血管和代谢性疾病高发，但是并没有像美国医学模型预测的那样导致更高的死亡率。萨摩亚社会机构的积极影响显然减轻了某些消极影响。"在近 20 年里，这个国家的人口几乎减少了50%，是什么不可抗拒的力量让一个人自愿离开自己的国家？纽埃人为什么如此大规模地放弃他们及其祖先居住了上千年的岛屿？"④

464

纽埃为自由联系带来的文化和人口风险提供了一个值得深思的例子。数

① C. Macpherson, 'Public and Private Views of Home'; and 'I Don't Go There So Often Now'.

② Wessen et al., Migration and Health in a Small Society, 383, 287.

③ Janes, Migration, Social Change and Health.

④ H. Douglas, 'Niue: The Silent Village Green', in Hooper et al. (eds), Class and Culture in the South Pacific, 186.

百年来，这座大型珊瑚岛一直没有世袭酋长，实行家族自治制度。第二次世界大战后，移民到新西兰的人数一直十分稳定，但在 1974 年内部自治和自由联系被批准后达到顶峰：超过半数的纽埃人当时决定移居新西兰。如今，岛上居民不足 2500 人，14500 人（占 85%）住在新西兰。通常第二代和第三代纽埃移民从未去过纽埃。虽然纽埃人可能怀有返回故土的梦想，但是国内精英官僚与穷苦民众之间的鸿沟仍在加剧移民潮。独立可能会关闭这扇移民之门，并促进国内更大的发展，但是纽埃人不愿放弃自由联系带来的好处，新西兰政府由于顾及国际形象也不愿认真考虑强制推行这种解决办法。谁是纽埃政府的支持者？是那些仍在岛上居住的纽埃人，还是全体纽埃人——这两类人的利益是否相容？

一个受到严重关切的问题是，住在纽埃的老年人和年迈老年人的比例不断上升（超过 8%），导致赡养比率是第三世界国家的三倍。[1] 这是太平洋岛屿在经历长期大量向外移民后出现的一种模式。虽然留在家乡社区的人数可能会保持稳定，但是年龄分布往往集中在老年人组和年轻人组；为了接受更好的教育和找到更好的工作，15 岁 ~ 29 岁年龄组最先移民（这一过程同样适用于较大岛屿以及环礁的内陆人口）。虽然最终有一部分青壮年返乡，但是由于异族通婚越来越多和配偶原籍越来越远，岛民们越来越倾向于留在国外。在家乡社区，最危险的家庭成员是老年人，尤其是子女不在家时。虽然他们收到了汇款和粮食，但是这些钱物时多时少，时有时无，而且也无法在日常家务和社交方面提供帮助。[2]

在托克劳和纳莫鲁克环礁等偏远环礁，虽然大多数岛民侨居海外，但是环礁人口保持稳定，也没有外来劳工。在太平洋诸岛，尤其是那些生活水平较高和就业机会较多的地区，当地劳工经常被吸引来取代外来劳工。这些地区包括塞班岛、关岛、帕劳、夸贾林环礁、美属萨摩亚等美国势力范围内的

---

[1]　Barker, 'Home Alone'.

[2]　Marshall, 'Education and Depopulation on a Micronesian Atoll', and 'Beyond the Reef'; Louise Morauta, 'Urban Movement and Rural Identity'; and Ryan, 'Toaripi in Port Moresby and Lae', and 'Home Ties in Town: Toaripi in Port Moresby'.

465 岛屿，还有瑙鲁、新喀里多尼亚，以及巴布亚新几内亚和新喀里多尼亚的矿区。原因通常是下述行业的开发项目需要雇用大量非熟练和半熟练工人，即采矿业、建筑业、旅游业、罐头业或服装业。由于大多数太平洋岛屿都非殖民化了，而且西萨摩亚和瓦努阿图的中国和越南劳工都被遣返回国了，大多数外来劳工本身就是与东道国具有相同或类似文化的太平洋岛民。① 例如，西萨摩亚人受雇于帕果帕果的金枪鱼罐头厂，或在亲戚家中提供家政服务。除了一小部分亚洲人外，瑙鲁雇用的磷酸盐矿工主要是基里巴斯人。来自太平洋各岛的熟练工人和非熟练工人被吸引到埃贝耶岛，这里居住着为夸贾林导弹基地工作的岛民。

菲律宾人、日本人、中国人、韩国人等亚洲人是在悠久的殖民关系史背景下来到这里就业的。对于在关岛和塞班岛工作的菲律宾人而言，这里在17世纪初被西班牙殖民后，以及在18世纪初输入菲律宾人以便恢复被摧毁的人口后，史前关系发生了彻底改变。第二次世界大战后，菲律宾劳工被视为威胁，尽管他们为当地便利设施建设做出了贡献。存在争议的是，移民到底是短期的还是长期的，特别是在当地居民一出生就被赋予美国国籍的关岛。当前充分利用亚洲廉价劳动力的可能性，压倒了反对经济开发的共同利益。②

挑　战

理解多元文化遗产和亲属关系是一个拥有创造性方能应对的挑战，或许这在奥克兰最为明显。在学校里，孩子们经常接触到有关萨摩亚人、汤加人、纽埃人的正面和负面形象。他们显然不是新西兰白人，也不属于土著毛利人，但是大部分毛利人也不在远离部落和会堂的奥克兰。由于接触到全球文化的表象，年轻人可能会选择接受洛杉矶黑帮的影响，并在此过程中彻底

---

① Tom, *The Chinese in Western Samoa*; G. Haberkorn, 'Paamese in Port Vila', in Connell (ed.), *Migration and Development*, 155.

② Diaz, 'Bye Bye Ms. American Pie'.

改变了它们的原意。1993 年，一个主要由萨摩亚人组成的剧团将《论战》搬上舞台。该剧凭借对一个虚构往事的生动描绘，通过代表两个家庭的演说家，提出了一个跨越多代人的挑战。那个在首场论战中败北的男子的儿子，在母亲的陪伴下，来回穿梭于这场挑战的永恒现场与当代奥克兰之间。他的母亲在当代萨摩亚母亲与已故演说家的贤内助这两个角色之间来回交替，帮助儿子在战略上战胜了丈夫的老对手。为给父亲报仇，儿子必须找到一个合适的雄辩的新挑战。当他最终以说唱的节奏和速度成功击败那位老资格的演说家时，全场爆发出阵阵欢呼和笑声。

另一部戏剧《初来乍到》，在奥蒂亚表演艺术中心不仅长期上演，而且场场座无虚席。这部风格严肃的喜剧探讨了对领导人的挑战和新定义。舅舅虽然在家乡社区中是地位较高的族长，但在今天的海外社区中又能发挥什么作用呢？由于刚从萨摩亚来，舅舅不仅需要学习新文化知识，还需要受人尊重，因为他是母亲的哥哥；但是，他发现他的酋长身份在奥克兰毫不起眼，相反他的妹妹在这个家庭中已经确立了地位，因为她学会了在新环境中如何生活和抚养她的孩子们。

这是整个太平洋地区的一个挑战，尽管不同社区应对挑战的方式不尽相同。在密克罗尼西亚大多数社会中，头衔拥有者与其家乡社区密不可分，因为头衔不仅与它们所代表的土地有着更直接的联系，还对它们所代表的土地拥有发言权。即使在国内，它们的作用也遭到新式政府的侵蚀。尽管精英家族成员在国外社区领导层中有可能发挥更加积极的作用，但是这样做已没有酋长头衔所带来的好处。与之相比，萨摩亚的许多族长头衔已由数名代表分享，其中一些族长为了维持对他们分散在多个地点的家族成员的领导，经常往来于海外与国内。领导问题，即在基于土地的威望制度与基于新经济的威望制度之间和在个人利益与社区利益之间维持平衡，如今不断对跨越当代太平洋的国内社区提出挑战。

太平洋地区的领导人面临着更为严峻的挑战。回到树和独木舟的隐喻，太平洋社会一直循着共享的交换路线，将停滞与流动结合在一起，但是这些社会是集中的。百年殖民统治彻底改变了太平洋地区的经济面貌，形成了国

466

与国之间在经济和权力上的相对差异。然而，这些新国家没有与其试图包容的民族（或社会）形成一致。在巴布亚新几内亚或所罗门群岛，许多社会同属一国；萨摩亚则被一分为二。更重要的是，当地居民跨越国界，创造了新独木舟，建立了跨越后殖民时期政治实体的集中和相互影响的新社区。借助便利的航空运输和卫星通信，岛民们利用新资源，创建了新的泛国家社会，从而消除了此前在南与北之间、边缘与盆地之间，甚至太平洋与亚洲之间的鸿沟。

当代太平洋社会跨越国界的方式已不同于殖民官员和外来劳工的方式。萨摩亚人不仅横跨东西萨摩亚，还有奥克兰、夏威夷和加利福尼亚。帕劳人将帕劳、关岛、塞班岛、夏威夷和加利福尼亚联结在一起。汤加人再次将他们的势力范围扩展到萨摩亚，乃至奥克兰、加利福尼亚和悉尼。巴布亚新几内亚人不仅在国内迁移，还移民到澳大利亚；与此同时，瓦努阿图各社区迁至维拉港甚至更远。菲律宾人以及印度尼西亚的一些岛民跨越相对狭窄的距离，到达帕劳、关岛和塞班岛，从而跨越了学术上的和殖民时代的分界线，重新将南太平洋岛屿联结在一起。太平洋各岛国的元首，以及指导区域组织和在区域机构任教的跨太平洋领导人，都拥有一个跨太平洋选区。他们将如何迎接领导这一新兴的跨国界的太平洋所带来的挑战？

467

文献简论

本章所引用的关于移民的著作，包括安东尼·胡珀等主编的《南太平洋的阶级和文化》（*Class and Culture in the South Pacific*）、康奈尔主编的《南太平洋的移民和发展》（*Migration and Development in the South Pacific*）、博内迈松的《树与独木舟：瓦努阿图社会的根源和流动性》（The Tree and the Canoe：Roots and Mobility in Vanuatu Societies）、图伊马莱阿利法诺的《斐济的萨摩亚人》（*Samoans in Fiji*）、利贝尔主编的《大洋洲的背井离乡者和移民》（*Exiles and Migrants in Oceania*）、麦考尔和康奈尔主编的《从世界视角看太平洋岛民的迁移》（*A World Perspective on Pacific Islander*

Migration）、巴林杰等人的《美国的亚洲人和太平洋岛民》（*Asians and Pacific Islanders in the United States*）、博德雄的《法属太平洋的人口流动：近况和展望》（Movement in the French Pacific：Recent Situation and Prospects），以及梅主编的《变迁和流动：关于巴布亚新几内亚人口内部迁移的材料》（*Change and Movement：Readings on Internal Migration in Papua New Guinea*）。关于 MIRAB 的著作，包括被胡珀等主编的《南太平洋的阶级和文化》收录的沃特斯的《MIRAB 型社会和官僚政治精英》（Mirab Societies and Bureaucratic Elites），被康奈尔主编的《南太平洋的移民和发展》收录的奥格登的《MIRAB 和马绍尔群岛》（MIRAB and the Marshall Islands）、芒罗的《移民和图瓦卢走向依赖》（Migration and the Shift to Dependence in Tuvalu），以及康奈尔的《微型岛国》（Island Microstate）。至于海外岛民的健康以及健康、教育和工作之间的相互影响，参见巴思盖特等人的《新西兰太平洋岛民的健康状况》（*The Health of Pacific Islands People in New Zealand*）。

东道国关于移民的报告，包括美国商业部的《1990 年人口普查：北马里亚纳群岛联邦》（*1990 Census：Commonwealth of the Northern Mariana Islands*）、达格玛的《斐济的巴纳巴人》（Banabans in Fiji）、克劳福德的《马绍尔群岛共和国：国家环境管理战略》（*Republic of the Marshall Islands, National Environment Management Strategy*）、基里巴斯共和国的《统计年鉴》（*Statistical Year Books*）、普莱斯的《澳大利亚的亚洲人和太平洋岛民》（The Asian and Pacific Island Peoples of Australia）、劳的《澳大利亚毛利人：统计摘要》（Maori in Australia：A Statistical Summary）（被收录于麦考尔和康奈尔主编的《从世界视角看太平洋岛民的迁移》）、奥尔伯格和莱义的《东北通道》（*The North-East Passage*）、佛朗哥的《夏威夷的萨摩亚人》（*Samoans in Hawaii*）、莱恩斯的《移民、社会变迁和健康：加利福尼亚城市中的萨摩亚人社区》（*Migration, Social Change and Health：A Samoan Community in Urban California*），以及瓦阿的《移民对西萨摩亚的影响》（Effects of Migration on Western Samoa）。

术语表

'afakasi："half-caste；cf. *demi*，*hapa-haole*"，萨摩亚语，混血儿，比较 *demi* 和 *hapa-haole*。

ali'i："chief（s）"，夏威夷语和萨摩亚语，酋长或酋长们。

arii nui："authority"，塔希提语，权威。

aufaura'a'ava'e："tribute to chiefs，hence'voluntary'church contributions"，塔希提语，进献给酋长的贡品，在这里指给予教会的"自愿"捐款。

bêche-de-mer："trepang，sea slugs"，法语，海参，海蛞蝓。

bisnis："business"，托克皮辛语，商业。

Bose levu Vakaturaga："Great Council of Chiefs"，斐济语，大酋长委员会。

buli："lower-level chief"，斐济语，低级别酋长。

bure："house"，斐济语，房屋。

caldoches："settlers in New Caledonia"，法语，新喀里多尼亚的定居者。

cantonnements："in New Caledonia，the policy of confining Melanesians to reserves"，法语，一种在新喀里多尼亚施行的将美拉尼西亚人限制在保留地的政策。

colons："settlers"，法语，定居者。

dama："Tari ambiguous spirit beings"，塔里人的神灵。

Demis："In French Polynesia，the population with mixed Polynesian and

European or Chinese ancestry"，德米人，即法属波利尼西亚具有欧洲人血统或华人血统的波利尼西亚人。

Fāgogo："fables, family storytelling form"，萨摩亚语，传说，家族叙事形式。

fetokoni'aki："obligatory non-market transfer"，汤加语，强制性非市场转让。

gafa："genealogies"，萨摩亚语，家谱。

gau："strings of shell crafted from Spondylus"，用海菊蛤精心制作的贝壳串。

gauman（**gavman**）："government"，托克皮辛语，政府。

girmit："contract of indenture"，印度语，契约合同。

girmitiyas："indentured labourers"，印度语，印度裔契约劳工。

haka："war chant"，毛利语，战歌。

haole："white person"，夏威夷语，外族白人。

hapa-haole："half-caste"，混血儿。

haus tambaran："spirit house"，托克皮辛语，神庙。

heiau："structure dedicated to Lono"，夏威夷语，罗诺神庙。

hiri："trading network in the Gulf of Papua"，托克皮辛语，巴布亚湾的贸易网。

Ibedul："paramount chiefly title of Koror, Palau"，帕劳语，科罗尔大酋长的头衔。

'ie toga："fine mats, the principal form of woman-made wealth"，萨摩亚语，精美席子，萨摩亚妇女创造的主要财富形式。

iwi："tribal group（s）"，毛利语，部落或部落群。

kama'āina："children of the land"，夏威夷语，大地之子。

kamokim："Wopkaimin leader"，新几内亚沃普凯敏人的领袖。

kapu："taboo system"，夏威夷语，禁忌制度。

kastom："tradition"，美拉尼西亚语，传统。

kaukau："sweet potato（Ipomea batatas）"，托克皮辛语，甘薯（番薯属山芋）。

kava："a mild narcotic made from the root of *Piper methysticum*"，一种由卡瓦胡椒根制成的具有轻微麻醉作用的饮品。

kōwanatanga：毛利语，英语单词"governorship"的毛利语音译，即总督职位。

kesame："Onabasulu'spirit people"，奥纳巴苏鲁族的精灵。

kiaps："patrol officers"，新几内亚殖民地居民用语，政务专员。

Kingitanga："kingship"，毛利语，王权。

kotahitanga："oneness"，毛利语，唯一。

kula："exchange network in Milne Bay, Papua"，巴布亚米尔恩湾的交换网络。

kula iwi："'plain of one's bones'，ancestral lands"，夏威夷语，人骨平坦之处，祖传土地。

kumara："sweet potato（Ipomea batatas）"，毛利语，甘薯（番薯属山芋）。

lakatoi："sailing vessel in the Gulf of Papua"，莫图语，巴布亚湾的帆船。

lotu："church, congregation, hence'lotu Tonga'，'lotu Tahiti' etc."，教会，地方教会，在这里指"汤加教会""塔希提教会"等。

luluai："village constable or headman"，新几内亚殖民地居民用语，村治安官或村长。

mahu："transsexual"，塔希提语，变性者。

malaga："'travelling parties'，exchanging fine mats at ceremonial events"，萨摩亚语，在仪式举办场所交换精美席子的"旅行集会"。

Malaiya："legendary origin place of Onabasulu"，传说中的奥纳巴苏鲁族起源地。

mamaia："religious movement in nineteenth-century Tahiti"，19世纪塔希

提岛的宗教运动。

mana："spiritual authority, hence sovereignty"，波利尼西亚语，精神权威，在这里指主权。

marae："tribal meeting place"，毛利语，部落会堂。

matai："titled person"，萨摩亚语，有头衔的人，部落酋长或氏族族长。

mataqali："descent group, landowning community"，斐济语，氏族，拥有土地的社区。

me'ae："Marquesan stone structures"，马克萨斯人的石制建筑。

mere："spears"，毛利语，长矛。

moka："formal gift-giving, usually of pigs（cf. *tee*）"，梅尔帕语，正式的赠礼，通常为猪（与 *tee* 比较）。

Nahnken："second-ranked chief in Pohnpei"，波纳佩岛上的副酋长。

Nahnmwarki："paramount chief of Madolenihmw"，波纳佩岛马多莱尼姆酋邦大酋长。

'oloa："food, canoes and tools produced by men"，萨摩亚语，人类生产的粮食、独木舟和工具。

Pa："fort"，毛利语，要塞。

pakeha："white person"，毛利语，白种人。

papālagi："'sky bursters', hence foreigners"，萨摩亚语，"冲破天穹者"，专指外国人。

pule："authority"，萨摩亚语，权威。

raay："calcium carbonate discs"，加罗林群岛雅浦语，碳酸钙圆盘。

rava'ira'a fenua："the adequacy of the land, or national wealth"，塔希提语，土地充足或国家富有。

rebaibal："spiritual or religious revival"，巴布亚新几内亚托克皮辛语，宗教复兴。

Roko Tui："governors of provinces, appointed by the Governor, supervising *buli* or local chiefs, e. g. Roko Tui Bau"，斐济语，各省省长，由总督任命，负

责监督地方酋长（*buli*），例如巴乌省长。

ruunanga："inter-tribal councils"，毛利语，部落间的议事会。

santokokumin："'third-class people', hence Micronesians during the Japanese period"，日语，"第三等级"或"三等人"，在这里指日本统治时期的密克罗尼西亚人。

siapo："bark cloth"，萨摩亚语，树皮布。

Tabu："type of shell"，一种贝币。

tabua："whale's teeth"，斐济语，鲸牙。

taeao o le atunu'u："'mornings of the country', or notable events"，萨摩亚语，本国初期，或值得注意的事件。

Tafa'ifā："supreme authority in Samoa, holder of the four leading Titles"，萨摩亚的最高权威，四大头衔的持有者。

tala fa'aanamua："stories in ancient style"，萨摩亚语，古代故事。

tala fa'asolopito："'tales told in succession', i. e. sequential narratives"，萨摩亚语，"连续讲的故事"，也就是连续叙事。

tala o le vavau："old time stories"，萨摩亚语，旧时的故事。

tee："formal gift presentation"，恩加语，正式的礼物赠送（与 *moka* 比较）。

tambu："shell wealth"，图拉语，贝币。

tanga te whenua："people of the land"，毛利语，当地居民。

tapa（kapa）："bark cloth"，波利尼西亚语，树皮布。

tapu tarahu："borrowing someone's services, hence to employ"，塔希提语，借别人的服务，在这里指雇佣。

taukei："common people, indigenous people"，斐济语，老百姓，土著居民。

Tok Pisin："Language widely spoken in Papua New Guinea; cf. Bislama in Vanuatu, Solomons Pijin"，托克皮辛语，广泛使用于巴布亚新几内亚的语言，比较瓦努阿图的比斯拉马语和所罗门群岛的皮钦语。

Tulāfale："orators"，萨摩亚语，发言酋长。

tupu："would-be kings"，萨摩亚语，想要当国王的人。

tupua："strange beings or goblins"，毛利语，丑妖怪或小妖精。

turaga："chiefs"，斐济语，酋长。

turaga ni koro："village headmen"，村长。

utu：" 'return', hence revenge"，毛利语，"归还"，在这里指复仇。

vakamisioneri："contributions towards overseas missions"，源于斐济语，现广为流传，对海外传教团的捐献。

vanua："land, with cognate physical, social and cultural dimensions; also people"，斐济语，意为土地，具有物理、社会和文化三层含义；还指民族。

Vunivalu："War king of Bau"，斐济语，巴乌岛战王。

Waka："canoes"，毛利语，独木舟。

wanlok："a speaker of one's own language, hence kin"，托克皮辛语，说母语的人，在这里指有亲属关系。

yaqona：斐济语，阳高那，斐济的一种饮料，参见 kava。

参考文献目录

BIBLIOGRAPHY

Abbreviations

ANU   Research School of Pacific and Asian Studies, Australian National University, Canberra

IPS   Institute of Pacific Studies, University of the South Pacific, Suva

JPH   *Journal of Pacific History*

JPS   *Journal of the Polynesian Society*

TCP   *The Contemporary Pacific*

UHP   University of Hawai'i Press

Adams, Ron, *In the Land of Strangers: A Century of European Contact with Tanna*, ANU, 1984.

Ahlburg, D., and Levin, M., *The North-East Passage: A Study of Pacific Islander Migration to American Samoa and the United States*, ANU, 1990.

Aldrich, Robert, and Connell, John, *France's Overseas Frontier: Départements et Territoires d'Outre-mer*, Melbourne, 1992.

Alkire, William, *Lamotrek Atoll and Inter-island Socioeconomic Ties*, Urbana, 1965.

Allen, Bryant, 'A Bomb or a Bullet or the Bloody Flux? Population Change in the Aitape Inland, Papua New Guinea, 1941–1945', JPH xviii: 3–4 (1983).

Allen, Bryant, 'The Importance of Being Equal: The Colonial and Postcolonial Experience in the Toricelli Foothills', in Nancy Lutkehaus *et al.*, *Sepik Heritage: Tradition and Change in Papua New Guinea*, Bathurst, 1990.

Allen, Colin H., 'The Post-War Scene in the Western Solomons and Marching Rule: A Memoir', JPH xxiv: 1 (1989).

Allen, Jim, 'When Did Humans First Colonise Australia?', *Search* xx (1989).

Allen, Jim, Gosden, Chris, and White, J. Peter, 'Human Pleistocene Adaptations in the Tropic Island Pacific: Recent Evidence from New Ireland, a Greater Australian Outlier', *Antiquity* 63 (1989).

Allen, Jim, and Gosden, Chris, *Report of the Lapita Homeland Project*, ANU Prehistory Occasional Paper 20, 1991.

Allen, Jim, *et al.* (eds), *Sunda and Sahul: Prehistoric Studies in Southeast Asia, Melanesia and Australia*, London, 1977.

Allen, Michael, 'The Establishment of Christianity and Cash-Cropping in a New Hebridean Community', *JPH* iii (1968).

Amarshi, A., Good, K., and Mortimer, R. (eds), *Development and Dependency: The Political Economy of Papua New Guinea*, Melbourne, 1979.

Andaya, Leonard Y., *The World of Maluku: Eastern Indonesia in the Early Modern Period*, UHP, 1993.

Anderson, Athol (ed.), *Traditional Fishing in the Pacific: Ethnographic and Archaeological Papers from the 1st Pacific Science Congress*, Bernice P. Bishop Museum, 1986.

Arnold, Lorna, *A Very Special Relationship: British Atomic Weapon Trials in Australia*, London, 1987.

l'Association des Français contre la bombe, *Le Bataillon de la Paix*, Editions Buchet/Chastel, Paris.

Awatere, Donna, *Maori Sovereignty*, Auckland, 1984.

Babadzan, A., 'Kastom and Nation-building in the South Pacific', in R. Guidieri, F. Fellizzi and S. J. Tambiah (eds), *Ethnicities and Nations: Processes of Interethnic Relations in Latin America, Southeast Asia and the Pacific*, Houston, 1988.

Ballard, Chris, '"The Centre Cannot Hold": Trade Networks and Sacred Geography in the Papua New Guinea Highlands', *Archaeology in Oceania* xxix: 3 (1994).

Ballard, Chris, 'The Death of a Great Land: Ritual, History and Subsistence Revolution in the Southern Highlands of Papua New Guinea', PhD thesis, ANU, 1995.

Baré, Jean-François, 'Talking Economics in Tahitian: A Few Comments', *Pacific Studies* 15: 3 (1992).

Bargatsky, Thomas, 'Beachcombers and Castaways as Innovators', *JPH* xv: 1 (1980).

Barker, J., 'Home Alone: The Effects of Out-Migration on Niuean Elders' Living Arrangements and Social Supports', *Pacific Studies* 17: 3 (1994).

Barringer, Herbert, Gardner, R. W., Levin, M. J. (eds), *Asians and Pacific Islanders in the United States*, New York, 1993.

Barwick, G. F., *New Light on the Discovery of Australia as Revealed by the Journal of Captain Don Diego de Prado y Tovar*, H. N. Stevens (ed.), Hakluyt Society Works, London, 1930, vol. 64, series 2.

Bateson, Gregory, *Naven*, Stanford, 1958.

Bathgate, Murray, *et al.*, *The Health of Pacific Islands People in New Zealand*, Wellington, 1994.

Baudchon, Gerard, 'Movement in the French Pacific: Recent Situation and Prospects', *Asian and Pacific Migration Journal* 1:2 (1992).

Beaglehole, J. C. (ed.), *The Journals of Captain James Cook on his Voyages of Discovery*, 3 vols, Cambridge for the Hakluyt Society, 1955–74.

Beaglehole, J. C., *The Exploration of the Pacific*, Stanford, 1966.

Beaglehole, J. C., *The Life of Captain James Cook*, London, 1974.

Becket, Jeremy, 'Politics in the Torres Strait Islands', PhD thesis, ANU, 1963.

Beckwith, Martha (trans. and ed.), *The Kumulipo: A Hawaiian Creation Chant*, Honolulu, 1972 (first published 1951).

Beechert, Edward, *Working in Hawai'i: A Labor History*, Honolulu, 1985.

Bell, Clive (ed.), *The Diseases and Health Services of Papua New Guinea*, Port Moresby, 1973.

Bellwood, Peter, *The Polynesians: Prehistory of an Island People*, London, 1987.

Bellwood, Peter, Fox, James, and Tryon, Darrell (eds), *The Austronesians: Historical and Comparative Perspectives*, Canberra, 1995.

Bennett, Judith, *Wealth of the Solomons: A History of a Pacific Archipelago, 1800–1978*, UHP, 1987.

Bennett, Judith, 'Forestry, Public Land, and the Colonial Legacy in Solomon Islands', *TCP* 7:2 (1995).

Blanchet, G., *L'Economie de la Polynésie française de 1960 à 1980: un aperçu de son evolution*, Paris, 1985; translated as *A Survey of the Economy of French Polynesia: 1960 to 1990*, ANU, 1991.

Bonnemaison, Joel, 'The Tree and the Canoe: Roots and Mobility in Vanuatu Societies', *Pacific Viewpoint* 26 (1985).

Bonnemaison, Joel, *The Tree and the Canoe: History and Ethnogeography of Tanna*, UHP, 1994.

Boutilier, James, Hughes, Daniel, and Tiffany, Sharon (eds), *Mission, Church and Sect in Oceania*, Lanham, Md, 1978.

Bowdler, Sandra, '50,000-year-old Site in Australia—Is It Really That Old?', *Australian Archaeology* 31 (1990).

Bowdler, Sandra, 'Some Sort of Dates at Malakunanja II: A Reply to Roberts *et al.*', *Australian Archaeology* 32 (1991).

Bowdler, Sandra, '*Homo sapiens* in Southeast Asia and the Antipodes: Archaeological vs Biological Interpretations', in T. Akazawa, K. Aoki and T. Kimura (eds), *The Evolution and Dispersal of Modern Humans in Asia*, Tokyo, 1992.

Bowdler, Sandra, 'Sunda and Sahul: A 30K Yr Culture Area?', in Smith, Spriggs and Fankhauser (eds), *Sahul in Review*.

Bowdler, Sandra, 'Offshore Islands and Maritime Explorations in Australian Prehistory', *Antiquity* 69 (1995).

Boyd, Mary, 'The Military Administration of Western Samoa, 1914–1919', *New Zealand Journal of History* 2 (1968).

Bradley, David, *No Place to Hide, 1946–1984*, Hanover, University of New England, 1983.

Brass, Tom, 'The Return of "Merrie Melanesia": A Comment on a Review of a Review', *JPH* xxxi: 2 (1996).

Brauer, Gunter, and Smith, Fred (eds), *Continuity or Replacement: Controversies in* Homo sapiens *Evolution*, Rotterdam, 1992.

Brown, Paula, 'Gender and Social Change: New Forms of Independence for Simbu Women', *Oceania* xix (1988).

Bryant, Jenny, *Urban Poverty and the Environment in the South Pacific*, Armidale, NSW, 1993.

Buck, P., 'Cargo-cult Discourse: Myth and the Rationalization of Labor Relations in Papua New Guinea', *Dialectical Anthropology* 13 (1989).

Buckley, Ken and Klugman, Kris, *The History of Burns Philp*, Sydney, 2 vols, 1981 and 1983.

Bulbeck, Chilla, *Australian Women in Papua New Guinea: Colonial Passages 1920–1960*, Cambridge, 1992.

Burridge, K. O. L., *Mambu: A Melanesian Millennium*, London, 1960.

Burridge, K. O. L., *New Heaven, New Earth: A Study of Millenarian Activities*, Oxford, 1969.

Burton, John, 'Axe Makers of the Wahgi', PhD thesis, ANU, 1984.

Bushnell, Andrew, '"The Horror" Reconsidered: An Evaluation of the Historical Evidence for Population Decline in Hawai'i, 1778–1803', *Pacific Studies* xvi: 3 (1993).

Campbell, Archibald, *A Voyage round the World from 1806 to 1812*, 1822; reissued by UHP, 1967.

Campbell, Ian, 'European Transculturalists in Polynesia 1789–ca.1840', Ph.D thesis, University of Adelaide, 1976.

Campbell, Ian, 'The Historiography of Charlie Savage', *JPS* 89 (1980).

Campbell, Ian, *A History of the Pacific Islands*, Christchurch, 1989.

Campbell, Ian, *Island Kingdom: Tonga, Ancient and Modern*, Christchurch, 1992.

Campbell, Ian, 'European Polynesian Encounters: A Critique of the Pearson Thesis', *JPH* xxix: 2 (1994).

Chappell, David, 'Shipboard Relations between Pacific Island Women and Euroamerican Men, 1767–1887', *JPH* xxvii (1992).

Chappell, David, 'Secret Sharers: Indigenous Beachcombers in the Pacific Islands', *Pacific Studies* xvii: 2 (1994).

Chase, A., 'Which Way Now? Tradition, Continuity and Change in a North Queensland Aboriginal Community', PhD thesis, University of Queensland, 1980.

Christiansen, P., *The Melanesian Cargo Cult: Millenarianism as a Factor in Cultural Change*, Copenhagen, 1969.

Clifford, James, *Person and Myth: Maurice Leenhardt in the Melanesian World*, Berkeley, 1982.

Clunie, Fergus, *Fijian Weapons and Warfare*, Fiji Museum Bulletin 2, Suva, 1977.

Clunie, Fergus, 'The Fijian Flintlock', *Domodomo: Fiji Museum Quarterly* i (1983).

Clunie, Fergus, 'The Manila Brig', *Domodomo: Fiji Museum Quarterly* ii (1984).

Colchester, Marcus, and Lohmann, Larry, *The Struggle for Land and the Fate of the Forests*, Penang, 1993.

Connell, John, *New Caledonia or Kanaky? The Political History of a French Colony*, ANU, 1987.

Connell, John, 'Island Microstate: The Mirage of Development', *TCP* 3: 2 (1991).

Connell, John (ed.), *Migration and Development in the South Pacific*, ANU, 1990.

Connell, John, and Lea, J., 'Cities of Parts, Cities Apart? Changing Places in Modern Melanesia', *TCP* 6: 2 (1994).

Connolly, Bob, and Anderson, Robin, *First Contact: New Guinea's Highlanders Encounter the Outside World*, New York, 1988.

Cooke, John, *Working in Papua New Guinea, 1931–1946*, Brisbane, 1983.

Cooper, Matthew, 'Economic Context of Shell Money Production in Malaita', *Oceania* xli: 4 (1971).

Corris, Peter, *Passage, Port and Plantation: A History of Solomon Islands Labour Migration*, Melbourne, 1973.

Craven, Edward, 'Mineral Resources: A Discussion about an Irian Jaya Experience', in B. Farrell (ed.), *Views of Economic Development in the Pacific*, University of California, Santa Cruz, 1975.

Crawford, Martha, *Republic of the Marshall Islands, National Environment Management Strategy*, Apia, 1993.

Crocombe, R. G., *Land Tenure in the Cook Islands*, Melbourne, 1964.

Crocombe, R. G. (ed.), *Land Tenure in the Atolls: Cook Islands, Kiribati, Marshall Islands, Tokelau, Tuvalu*, IPS, 1987.

Crocombe, Ron, and Crocombe, Marjorie Tuainekore, 'Scale, Sovereignty, Wealth and Enterprise: Social and Educational Comparisons between the Cook Islands and the Solomon Islands', *Comparative Education* 29: 3.

Curtain, Richard, 'Labour Migration from the Sepik', *Oral History* vi: 9 (1978).

Dagmar, Hans, 'Banabans in Fiji: Ethnicity, Change and Development', in Howard (ed.), *Ethnicity and Nation-building*.

Dana, Richard Henry, *Two Years Before the Mast*, New York, 1959.

Danielsson, Bengt, and Danielsson, Marie-Thérèse, *Poisoned Reign: French Nuclear Colonialism in the Pacific*, Harmondsworth, 1986.

Davidson, D. S., 'The Chronology of Australian Watercraft', *JPS* 44 (1935).

Davidson, James, 'Problems of Pacific History', *JPH* i (1966).

Davidson, James, *Samoa mo Samoa: The Emergence of the Independent State of Western Samoa*, Melbourne, 1967.

Davies, Margrit, *Public Health and Colonialism: The Case of German New Guinea, 1884–1914*, London, 1996.

Daws, Gavan, *Shoal of Time: A History of the Hawaiian Islands*, UHP, 1968.

Daws, Gavan, *Holy Man: Father Damien of Molokai*, New York, 1973.

Daws, Gavan, *A Dream of Islands: Voyages of Self-discovery in the South Seas*, Brisbane, 1980.

Delegation Polynésienne, *Pacte de Progrès: Economique, social et culturel de la Polynésie française*, Tahiti, January 1993.

Dening, Greg, 'Ethnohistory in Polynesia: The Value of Ethnohistorical Evidence', *JPH* i (1966).

Dening, Greg, *Islands and Beaches. Discourse on a Silent Land: Marquesas 1774–1880*, Chicago, 1980.

Dening, Greg, *Mr Bligh's Bad Language: Passion, Power and Theatre on the 'Bounty'*, Cambridge, 1992.

Dening, Greg, *The Death of William Gooch, A History's Anthropology*, Melbourne, 1995.

Denoon, Donald, 'Pacific Island Depopulation: Natural or Unnatural Causes?', in Linda Bryder and Derek Dow (eds), *New Countries and Old Medicines*, Auckland, 1995.

Denoon, Donald, Dugan, Kathleen, and Marshall, Leslie, *Public Health in Papua New Guinea, 1884–1984: Medical Possibility and Social Constraint*, Cambridge, 1989.

Denoon, Donald, and Snowden, Catherine (eds), *A History of Agriculture in Papua New Guinea*, Boroko, n.d. [1981].

Denoon, Donald, *et al.* (eds), *Mining and Mineral Resource Policy Issues in Asia-Pacific*, ANU, 1995.

Dexter, David, *The New Guinea Offensives, Australia in the War of 1939–1945*, series 1, vol. vi, Australian War Memorial, 1961.

Diaz, Vicente, 'Simply Chamorro: Telling Tales of Demise and Survival in Guam', *TCP* 6: 1 (1994).

Diaz, Vicente, 'Bye Bye Ms. American Pie: The Historical Relations between Chamorros and Filipinos and the American Dream', *Isla* 3: 1 (1995).

Dodson, J. (ed.), *The Naive Lands: Prehistory and Environmental Change in Australia and the South-West Pacific*, Melbourne, 1992.

Douglas, Bronwen, 'Discourses on Death in a Melanesian World', in Merwick (ed.), *Dangerous Liaisons*.

Doulman, C. (ed.), *The Development of the Tuna Industry in the Pacific Islands Region: An Analysis of Options*, East-West Center, Honolulu, 1987.

Doulman, David (ed.), *Tuna Issues and Perspectives in the Pacific Islands Region*, East-West Center, Honolulu, 1987.

Dunlop, Peggy, 'Samoan Writing: Searching for the Written Fāgogo', *Pacific Islands Communication Journal* 14: 1 (1985).

Dumont d'Urville, J. S. C., *Voyage de la Corvette L'Astrolabe . . . pendant les années 1826, 1827, 1828, 1829*, Paris, 1830.

Dunmore, John (trans. and ed.), *The Journal of Jean-François de Galaup de la Pérouse*, Hakluyt Society, London, 1994–95.

Emberson-Bain, 'Atu, *Labour and Gold in Fiji*, Cambridge, 1994.

Faaniu, Simati, *et al.*, *Tuvalu: A History*, IPS, 1983.

Falanruw, Marjorie, 'Food Production and Ecosystem Management on Yap', *Isla* 2: 1 (1994).

Farrell, Don, *Liberation – 1944*, Tamuning, Guam, 1984.

Feil, D. K., 'Women and Men in the Enga Tee', *American Ethnologist* v (1978).

Fifi'i, Jonathan, 'Setting the Record Straight on "Marching Rule" and a 1927 Murder', *Pacific Islands Monthly* (July 1982).

Fingleton, Jim, 'Pacific Values and Economic Development? How Melanesian Constitutions Deal with Land', in P. Sack (ed.), *Pacific Constitutions*, ANU, 1982.

Finney, Ben, *Polynesian Peasants and Proletarians*, Cambridge Mass., 1973.

Finney, Ben, 'French Polynesia: A Nuclear Dependency', in A. B. Robillard (ed.), *Social Change in the Pacific Islands*, London, 1992.

Firth, Stewart, 'Governors versus Settlers: The Dispute over German Labour in Samoa', *New Zealand Journal of History* 11 (1977).

Firth, Stewart, *New Guinea under the Germans*, Melbourne, 1983.

Firth, Stewart, *Nuclear Playground*, Sydney, 1987.

Fison, Lorimer, *Tales from Old Fiji*, London, 1904.

Fitzgerald, Thomas, *Education and Identity: A Study of the New Zealand Maori Graduate*, Wellington, 1977.

Flinn, Juliana, 'From Sea and Garden to School and Town: Changing Gender and Household Patterns among Pollap Atoll Migrants', *Pacific Studies* 17: 3 (1994).

Foley, William, *The Papuan Languages of New Guinea*, Cambridge, 1986.

Fortune, Reo, *Sorcerers of Dobu*, New York, 1963 (first published 1932).

Fosberg, F. R. (ed.), *Man's Place in the Island Ecosystem*, Honolulu, 1965.

Franco, Robert, *Samoans in Hawai'i: A Demographic Profile*, Honolulu, 1987.

Frankel, Stephen, *The Huli Response to Illness*, Cambridge, 1986.

Frankel, Stephen, and Lewis, Gilbert (eds), *A Continuing Trial of Treatment: Medical Pluralism in Papua New Guinea*, Boston, 1989.

Frazer, Ian, 'Walkabout and Urban Movement: A Melanesian Case Study', *Pacific Viewpoint* 26 (1985).

Frost, Alan, 'Towards Australia: the Coming of the Europeans 1400 to 1788', in Mulvaney and White (eds), *Australians to 1788*.

Fry, Greg, 'South Pacific Regionalism', MA thesis, ANU, 1979.

Gammage, Bill, 'The Rabaul Strike, 1929', *JPH* x (1975).

Gammage, Bill, 'Police and Power', in H. Levine and A. Ploeg (eds), *Work in Progress: Essays in Honour of Paula Brown Glick*, Frankfurt, 1995.

Ganter, Regina, *The Pearl-shellers of Torres Strait: Resource Use, Development and Decline, 1860s–1960s*, Melbourne, 1994.

Gardner, Robert, and Heider, Karl, *Gardens of War: Life and Death in the New Guinea Stone Age*, New York, 1968.

Garrett, John, *To Live Among the Stars: Christian Origins in Oceania*, IPS, 1982.

Garrett, John, *Footsteps in the Sea: Christianity in Oceania to World War II*, Geneva and Suva, 1992.

Gegeo, David, 'Tribes in Agony: Land, Development and Politics in Solomon Islands', *Cultural Survival Quarterly* 15: 2 (1991).

Gesch, P., *Initiative and Initiation: A Cargo Cult-type Movement in the Sepik Against its Background in Traditional Village Religion*, St Augustin, 1985.

Gillett, Robert, *Traditional Tuna Fishing: A Study at Satawal, Central Caroline Islands*, Honolulu, 1987.

Gillion, Ken, *The Fiji Indians: Challenge to European Dominance, 1920–1946*, ANU, 1977.

Gilson, Richard, *Samoa, 1830–1900: The Politics of a Multi-Cultural Community*, Melbourne, 1970.

Gilson, Richard, *The Cook Islands, 1820–1950*, ed. Ron Crocombe, Wellington, 1980.

Goddard, Michael, 'The Rascal Road: Crime, Prestige, and Development in Papua New Guinea', *TCP*, vii: 1, 1995.

Golson, Jack, 'Agriculture in New Guinea: the Long View', 'Agricultural Technology in New Guinea', and 'New Guinea Agricultural History: A Case Study', in Denoon and Snowden (eds), *A History of Agriculture in Papua New Guinea*.

Golson, Jack, and Gardner, Doug, 'Agriculture and Sociopolitical Organisation in New Guinea Highlands Prehistory', *Annual Review of Anthropology*, 1990.

Goodall, Heather, '"The Whole Truth and Nothing But...": Some Intersections of Western Law, Aboriginal History and Community Memory', in B. Attwood and J. Arnold (eds), *Power, Knowledge and Aborigines*, Bundoora, Vic., 1992.

Gotschalk, J., 'Sela Valley: An Ethnography of a Mek Society in the Eastern Highlands, Irian Jaya, Indonesia', PhD thesis, University of Amsterdam, 1993.

Grand, A. R., 'Pouvanaa a Oopa et Nationalisme à Tahiti', PhD thesis, University of Paris, 1981.

Graves, Adrian, *Cane and Labour: The Political Economy of the Queensland Sugar Industry*, Edinburgh, 1993.

Green, R. C., 'Near and Remote Oceania—Disestablishing "Melanesia" in Culture History', in A. Pawley (ed.), *Man and a Half: Essays in Pacific Anthropology and Ethnobiology in Honour of Ralph Bulmer*, Auckland, 1991.

Grezel, Isidore, *Dictionnaire Futunien-Français avec Notes Grammaticales*, Paris, 1878.

Griffin, James, 'Paul Mason: Planter and Coastwatcher', in J. T. Griffin (ed.), *Papua New Guinea Portraits: The Expatriate Experience*, ANU, 1979.

Griffin, James, *Bougainville: A Challenge for the Churches*, Sydney, 1995.

Griffin, James, Nelson, Hank, and Firth, Stewart, *Papua New Guinea: A Political History*, Melbourne, 1979.

Grimble, Arthur, *Tungaru Traditions: Writings in the Atoll Culture of the Gilbert Islands* (ed. H. E. Maude), Honolulu, 1989.

Groube, Les, 'Contradictions and Malaria in Melanesian and Australian Prehistory', in M. J. T. Spriggs *et al.*, *A Community of Culture: The People and Prehistory of the Pacific*, ANU, 1993.

Groube, Les, *et al.*, 'A 40,000-year-old Human Occupation Site at Huon Peninsula, Papua New Guinea', *Nature* 324 (1986).

Grynberg, Roman, 'The Tuna Dilemma', *Pacific Islands Monthly* (May 1993).

Guiart, Jean, *Un Siècle et Demi de Contacts Culturels Tanna, Nouvelles-Hebrides*, Paris, 1956.

Gunson, W. N., *Messengers of Grace: Evangelical Missionaries in the South Seas, 1797–1860*, Melbourne, 1978.

Haberkorn, Gerald, 'Paamese in Port Vila', in Connell, *Migration and Development*.

Halapua, Sitiveni, *Fishermen of Tonga: Their Means of Survival*, IPS, 1987.

Handy, E. S. C., *Polynesian Religion*, Bernice P. Bishop Museum, 1927.

Hanlon, David, *Upon a Stone Altar: A History of the Island of Pohnpei to 1890*, UHP, 1988.

Hanson, A., 'The Making of the Maori: Cultural Invention and its Logic', *American Anthropologist* 91 (1989).

Hau'ofa, Epeli, *Kisses in the Nederends*, Auckland, 1987.

Hau'ofa, Epeli, 'The New South Pacific Society: Integration and Independence', in Hooper *et al.*, *Class and Culture in the South Pacific*.

Hau'ofa, Epeli, 'Our Sea of Islands', in Eric Waddell, Vijay Naidu and Epeli Hau'ofa (eds), *A New Oceania: Rediscovering Our Sea of Islands*, Suva, 1993.

Hau'ofa, Epeli, 'Thy Kingdom Come', unpublished ms., 1993.

Hecht, Julia, 'The Culture of Gender in Pukapuka: Male, Female and the *Mayakitanga* "Sacred Maid"', *JPS* lxxxvi (1977)

Hempenstall, Peter, *Pacific Islanders under German Rule: A Study in the Meaning of Colonial Resistance*, ANU, 1978.

Hempenstall, Peter, and Rutherford, Noel, *Protest and Dissent in the Colonial Pacific*, IPS, 1984.

Henningham, Stephen, *France and the South Pacific: A Contemporary History*, Sydney, 1992.

Herr, Richard, 'Regionalism in the South Seas', PhD thesis, Duke University, 1976.

Hess, Jim, 'Migration, Networks, Resources, and Households: The Formation of a Marshallese Community in Orange County', 1993, typescript in possession of Karen Nero.

Hezel, Francis, *The First Taint of Civilization: A History of the Caroline and Marshall Islands in Pre-Colonial Days, 1521–1885*, UHP, 1983.

Hezel, Francis and Berg, Mark (eds), *Micronesia: Winds of Change*, Saipan, 1979.

Hill, A. V. S., and Serjeantson, S. W. (eds), *The Colonization of the Pacific: A Genetic Trail*, Oxford, 1989.

Hilliard, David, *God's Gentlemen: A History of the Melanesian Mission, 1849–1942*, St Lucia, Qld, 1978.

Hiscock, Peter, 'How Old are the Artefacts in Malakunanja II?', *Archaeology in Oceania* 25 (1990).

Hooper, A., *et al.* (eds), *Class and Culture in the South Pacific*, Auckland, 1987.

Hope, Geoff, and Golson, Jack, 'Late Quaternary Change in the Mountains of New Guinea', *Antiquity* 69 (special number 265), 1995.

Howard, Alan, and Borofsky, Robert (eds), *Developments in Polynesian Ethnology*, UHP, 1989.

Howard, Alan, and Kjellgren, Eric, 'Martyrs, Progress and Political Ambition: Re-examining Rotuma's "Religious Wars"', *JPH* xxix: 2 (1994).

Howard, Michael, *Mining, Politics, and Development in the South Pacific*, Boulder, 1994.

Howard, Michael (ed.), *Ethnicity and Nation-building in the Pacific*, Tokyo, 1989.

Howe, Kerry, *The Loyalty Islands: A History of Culture Contact, 1840–1900*, ANU, 1977.

Howe, Kerry, 'The Fate of the "Savage" in Pacific Historiography', *New Zealand Journal of History* xi (1977).

Howe, Kerry, *Where the Waves Fall: A New South Sea Islands History from First Settlement to Colonial Rule*, Sydney, 1984.

Howe, Kerry, Kiste, Robert, and Lal, Brij, *Tides of History: the Pacific Islands in the Twentieth Century*, UHP, 1994.

Hunt, E. E., Kidder, N. R., and Schneider, D. M., 'The Depopulation of Yap', *Human Biology* xxvi (1954).

Huntsman, Judith, and Hooper, Antony, 'Structures of Tokelau History', in *Transformations of Polynesian Culture*, Auckland, 1985.

Hviding, Edvard, *Guardians of Marovo Lagoon: Practice, Place and Politics in Maritime Melanesia*, UHP, 1996.

Hyndman, David, 'Sea Tenure and the Management of Living Marine Resources in Papua New Guinea', *Pacific Studies* 16: 4 (1993).

Hyndman, David, 'A Sacred Mountain of Gold: The Creation of a Mining Resource Frontier in Papua New Guinea', *JPH* xxix: 2 (1994).

Ihimaera, Witi, *et al.* (eds), *Te Ao Marama: Contemporary Maori Writing*, Auckland, 1993.

Inglis, Ken, 'War, Race and Loyalty in New Guinea, 1939–1945', in Inglis (ed.), *The History of Melanesia*, University of Papua New Guinea, 1969.

International Physicians for the Prevention of Nuclear War, *Radioactive Heaven and Earth*, New York, 1991.

Irwin, Geoffrey, 'The Emergence of Mailu', *Terra Australis* 10 (1985).

Irwin, Geoffrey, *The Prehistoric Exploration and Colonisation of the Pacific*, Cambridge, 1992.

Jaarsma, S. R., '"Your Work Is of No Use to Us . . .": Administrative Interests in Ethnographic Research (West New Guinea, 1950–1962)', *JPH* xxix: 2 (1994).

Jack-Hinton, Colin, *The Search for the Islands of Solomon, 1567–1838*, Oxford, 1969.

Jackson, Richard, *Ok Tedi: The Pot of Gold?*, Port Moresby, 1982.

Janes, Craig, *Migration, Social Change and Health: A Samoan Community in Urban California*, Stanford, 1990.

Jarvie, I., *The Revolution in Anthropology*, Chicago, 1964.

Jennings, J. D. (ed.), *The Prehistory of Polynesia*, Cambridge, 1979.

Jinks, Brian, 'Policy, planning and administration in Papua New Guinea, 1942–52', PhD thesis, University of Sydney, 1975.

Jolly, Margaret, 'Specters of Inauthenticity', *TCP* 4: 1 (1992).

Jolly, Margaret, '"Ill-Natured Comparisons"?: Racism and Relativism in European Representations of ni-Vanuatu from Cook's Second Voyage', *History and Anthropology* 5: 3 (1992).

Jolly, Margaret, *Women of the Place: Kastom, Colonialism and Gender in Vanuatu*, New York, 1994.

Jolly, Margaret, 'Other Mothers: Maternal "Insouciance" and the Depopulation Debate in Fiji and Vanuatu, 1890–1930', in M. Jolly and K. Ram (eds), *Maternities and Modernities: Colonial and Post-colonial Experiences in Asia and the Pacific*, Cambridge, 1997.

Jolly, Margaret, and Macintyre, Martha (eds), *Family and Gender in the Pacific: Domestic Contradictions and the Colonial Impact*, Cambridge, 1989.

Jolly, Margaret, and Thomas, Nicholas (eds), *The Politics of Tradition in the Pacific*, special issue 62 of *Oceania* (1993).

Jones, Pei Te Hurinui, *King Potatau: An Account of the Life of Potatau Te Wherowhero, the First Maori King*, Auckland, 1959.

Kamakau, Samuel, *Ruling Chiefs of Hawaii*, Honolulu, 1961.

Kawharu, I. H. (ed.), *Waitangi: Maaori and Paakehaa Perspectives of the Treaty of Waitangi*, Auckland, 1989.

Keesing, Roger, 'Creating the Past: Custom and Identity in the Contemporary Pacific', *TCP* 1–2 (1989).

Keesing, Roger, 'Colonial History as Contested Ground: The Bell Massacre in the Solomons', *History and Anthropology* 4 (1990).

Keesing, Roger, 'Reply to Trask', *TCP* 3 (1991).

Keesing, Roger, and Corris, Peter, *Lightning Meets the West Wind: The Malaita Massacre*, Melbourne, 1980.

Keesing, Roger, and Tonkinson, Robert (eds), *Reinventing Traditional Culture: The Politics of Kastom in Island Melanesia*, special issue 13 of *Mankind* (1982).

Kelly, Raymond, *Etoro Social Structure: A Study in Structural Contradiction*, Ann Arbor, 1974.

Kelsey, Jane, *A Question of Honour? Labour and the Treaty, 1984–1989*, Wellington, 1990.

Kennedy, Paul, *The Samoan Tangle: A Study in Anglo-German-American Relations*, St Lucia, Qld, 1974.

Kiddell-Monroe, Skephi, and Kiddell-Monroe, Rachel, 'Indonesia: Land Rights and Development', in Marcus Colchester and Larry Lohmann (eds), *The Struggle for Land and the Fate of the Forests*, London, 1993.

Kiki, Albert Maori, *Ten Thousand Years in a Lifetime*, Melbourne, 1968.

Kilani, M., *Les Cultes du Cargo Melanesiens: Mythe et Rationalité en Anthropologie*, Lausanne, 1983.

Kirch, Patrick, *The Evolution of the Polynesian Chiefdoms*, Cambridge, 1984.

Kirch, Patrick, *Feathered Gods and Fishhooks*, UHP, 1985.

Kirch, Patrick, 'Rethinking East Polynesian Prehistory', *JPS* 95: 1 (1986).

Kirch, Patrick, *The Wet and the Dry: Irrigation and Agriculture in Polynesia*, Chicago, 1994.

Kirch, Patrick, and Hunt, T. (eds), *Archaeology of the Lapita Cultural Complex: A Critical Review*, Seattle, 1988.

Kiste, Robert, *The Bikinians: A Study in Forced Migration*, Menlo Park, 1974.

Kituai, Augustin, 'Innovation and Intrusion: Villagers and Policemen in Papua New Guinea', *JPH* xxiii (1988).

Kituai, Augustin, 'My Gun, My Brother: Experiences of Papua New Guinea Policemen, 1920–1960', PhD thesis, ANU, 1994.

Knapman, Bruce, 'Capitalism's Economic Impact in Colonial Fiji, 1874–1939: Development or Underdevelopment', *JPH* xx (1985).

Knapman, Bruce, *Fiji's Economic History, 1874–1939: Studies of Capitalist Colonial Development*, ANU, 1987.

Knapman, Claudia, *White Women in Fiji, 1835–1930: The Ruin of Empire*, Sydney, 1986.

Kunitz, Stephen, *Disease and Social Diversity: The European Impact on the Health of Non-Europeans*, Oxford, 1994.

Kuykendall, Ralph, *The Hawaiian Kingdom*, Honolulu:
  vol. 1, *1778–1854: Foundation and Transformation*, 1938;
  vol. 2, *1854–1874: Twenty Critical Years*, 1953;
  vol. 3, *1874–1893: The Kalakaua Dynasty*, 1967.
Lal, Brij V., *Girmitiyas: The Origins of the Fiji Indians*, ANU, 1983.
Lal, Brij V., *Power and Prejudice: The Making of the Fiji Crisis*, Wellington, 1988.
Lal, Brij V., *Broken Waves: A History of the Fiji Islands in the Twentieth Century*, UHP, 1992.
Lal, Brij, Munro, Doug, and Beechert, Ed (eds), *Plantation Workers: Resistance and Accommodation*, UHP, 1994.
Lamb, David, *Exploiting the Tropical Rain Forest: An Account of Pulpwood Logging in Papua New Guinea*, UNESCO, Paris, 1990.
Lambert, S. M., *A Yankee Doctor in Paradise*, Boston, 1941.
Langdon, Robert, *The Lost Caravel*, Sydney, 1975.
Langdon, Robert, *The Lost Caravel Re-explored*, Canberra, 1988.
Langdon, Robert, 'When the Blue-egg Chickens Come Home to Roost: New Thoughts on the Prehistory of the Domestic Fowl in Asia, America and the Pacific Islands', *JPH* xxiv (1989).
Langdon, Robert, 'The Banana as a Key to Early American and Polynesian History', *JPH* xxviii (1993).
Langdon, Robert, 'The soapberry, a neglected clue to Polynesia's prehistoric past', *JPS* 105: 2 (1996).
Langmore, Diane, *Missionary Lives: Papua, 1874–1914*, UHP, 1989.
Laracy, Hugh, *Marists and Melanesians: A History of Catholic Missions in the Solomon Islands*, ANU, 1976.
Laracy, Hugh (ed.), *The Maasina Rule Movement: Solomon Islands, 1944–1952*, IPS, 1983.
Laracy, Hugh (ed.), *Tuvalu: A History*, IPS, 1983.
Laracy, Hugh (ed.), *Pacific Protest: The Maasina Rule Movement, Solomon Islands, 1944–1957*, IPS, 1983.
Latouche, Jean-Paul, *Mythistoire Tungaru*, Paris, 1984.
Lattas, A. (ed.), *Alienating Mirrors: Christianity, Cargo Cults and Colonialism in Melanesia*, special issue of *Oceania* 63: 1 (1992).
Lātūkefu, Sione, *Church and State in Tonga*, ANU, 1974.
Lātūkefu, Sione, 'Oral History and Pacific Island Missionaries', in D. Denoon and R. Lacey, *Oral Tradition in Melanesia*, Port Moresby, n.d. [1981].
Lawrence, Peter, 'Cargo Cult and Religious Beliefs among the Garia', *International Archives of Ethnography* 47 (1954).
Lawrence, Peter, *Road Belong Cargo: A Study of the Cargo Movement in the Southern Madang District*, Manchester, 1964.
Lessa, W., 'The Portuguese Discovery of the Isles of Sequeira', *Micronesica* xi (July 1975).
Lewis, David, *The Plantation Dream: Developing British New Guinea and Papua, 1884–1942*, ANU, 1996.
Lewthwaite, G. R., 'Geographical Knowledge of the Pacific Peoples', in H. R. Friis (ed.), *The Pacific Basin: a History of its Geographical Exploration*, New York, 1967.

Lextreyt, M., 'De la chute de Pouvanaa au retour en arrière des institutions', *Bulletin de la Société des Etudes Oceaniennes* 245, December 1988.

Lieber, Michael (ed.), *Exiles and Migrants in Oceania*, Honolulu, 1977.

Likuvalu, Albert, 'History and Migrations of Wallis and Futuna People', in Pollock and Crocombe, *French Polynesia*.

Lili'uokalani, *Hawai'i's Story by Hawai'i's Queen*, Rutland, Vt, n.d. [1964].

Lindstrom, Lamont, *Cargo Cult: Strange Stories of Desire from Melanesia and Beyond*, UHP, 1993.

Linnekin, Jocelyn, 'Defining Tradition: Variations on the Hawaiian Identity', *American Ethnologist* 10 (1983).

Linnekin, Jocelyn, 'Statistical Analysis of the Great *Mahele*: Some Preliminary Findings', *JPH* xxii (1987).

Linnekin, Jocelyn, *Sacred Queens and Women of Consequence: Rank, Gender, and Colonialism in the Hawaiian Islands*, Ann Arbor, 1990.

Linnekin, Jocelyn, 'Ignoble Savages and Other European Visions: The La Pérouse Affair in Samoan History', *JPH* xxvi: 1 (1991).

Linnekin, Jocelyn, 'Text Bites and the R-word: The Politics of Representing Scholarship', *TCP* 3 (1991).

Linnekin, Jocelyn, and Poyer, Lyn (eds), *Cultural Identity and Ethnicity in the Pacific*, UHP, 1990.

Loeliger, Carl, and Trompf, Gary (eds), *New Religious Movements in Melanesia*, IPS, 1985.

Long, Gavin, *The Final Campaigns: Australia in the War of 1939–1945*, series 1, vol. vii, Australian War Memorial, 1963.

Lua, Kisione, 'Migration into Haveluloto, Nuku'alofa', in *In Search of a Home*, IPS.

Lukere, Vicki, 'Mothers of the Taukei: Fijian Women and the Decrease of the Race', PhD thesis, ANU, 1997.

Maaka, Roger, 'The New Tribe: Conflicts and Continuities in the Social Organization of Urban Maori', *TCP* 6 (1994).

McArthur, Norma, *Island Populations of the Pacific*, ANU, 1967.

McCall, Grant, and Connell, John (eds), *A World Perspective on Pacific Islander Migration: Australia, New Zealand and the USA*, Sydney, 1993.

McCarthy, Dudley, *South-West Pacific Area—First Year. Kokoda to Wau: Australia in the War of 1939–1945*, series 1, vol. v, Australian War Memorial, 1959.

Macdonald, Barrie, *Cinderellas of the Empire: Towards a History of Kiribati and Tuvalu*, ANU, 1982.

McDowell, N., 'A Note on Cargo Cults and Cultural Constructions of Change', *Pacific Studies* 11 (1988).

McGee, W. A., and Henning, G. R., 'Investment in Lode Mining, Papua, 1878–1920', *JPH* xxv (1990).

McHenry, Donald F., *Micronesia: Trust Betrayed*, New York, 1975.

Mackay, Ross, 'The War Years: Methodists in Papua, 1942–1945', *JPH* xxvii: 1 (1992).

Macnaught, Timothy, *The Fijian Colonial Experience: A Study of the Neotraditional Order under British Colonial Rule prior to World War II*, ANU, 1982.

Macpherson, C., 'Public and Private Views of Home: Will Western Samoan Migrants Return?' *Pacific Viewpoint* 26 (1985).

Macpherson, C., 'I Don't Go There So Often Now: Changing Patterns of Commitment to Island Homelands among Some Migrants and Their Children', *Pacific Studies* 17: 3 (1994).

McSwain, Romola, *The Past and Future People: Tradition and Change on a New Guinea Island*, Melbourne, 1977.

Maddocks, Ian, 'Venereal Diseases', in Bell (ed.), *The Diseases and Health Services of Papua New Guinea*.

Maddocks, Ian, 'Medicine and Colonialism', *Australian and New Zealand Journal of Sociology* 11: 3 (1975).

Maher, Robert F., *New Men of Papua: A Study in Culture Change*, Madison, 1961.

Mair, Lucy, *Australia in New Guinea*, 2nd edn, Melbourne, 1970.

Malinowski, Bronislaw, *Argonauts of the Western Pacific: An Account of Native Enterprise and Adventure in the Archipelagoes of Melanesian New Guinea*, London, 1992.

Malo, David, 'Decrease of Population', *Hawaiian Spectator* 2 (1839).

Malo, David, *Hawaiian Antiquities*, 1839; 2nd edn, Bernice P. Bishop Museum, 1951.

Marcus, G. E., 'Power on the Extreme Periphery: The Perspective of Tongan Elites in the Modern World System', *Pacific Viewpoint* 22 (1981).

Marshall, Mac, 'Education and Depopulation on a Micronesian Atoll', *Micronesica* 15: 1–2 (1979).

Marshall, Mac, 'Beyond the Reef: Circular, Step, and "Permanent" Migration from Namoluk Atoll, FSM', typescript, 1992.

Marshall, Mac, and Marshall, Leslie B., *Silent Voices Speak: Women and Prohibition in Truk*, Belmont, Calif., 1990.

Martin, John, *Tonga Islands: William Mariner's Account (An Account of the Natives of the Tonga Islands, in the South Pacific Ocean . . .)*, 5th edn, Tonga, 1991.

Masterman, Sylvia, 'The Origins of International Rivalry in Samoa', MA thesis, University of London, 1934; published under the same title, London, 1934.

Maude, Harry, *Of Islands and Men: Studies in Pacific History*, Melbourne, 1968.

Maude, Harry, *Slavers in Paradise: The Peruvian Slave Trade in Polynesia, 1862–1864*, ANU, 1981.

May, R. J. (ed.), *Change and Movement: Readings on Internal Migration in Papua New Guinea*, ANU, 1977.

May, R. J. (ed.), *Micronationalist Movements in Papua New Guinea*, ANU, 1982.

Mazellier, P., *Tahiti Autonome*, Pape'ete, 1990.

Mead, Margaret, *New Lives for Old: Cultural Transformation—Manus, 1938–1953*, New York, 1956.

Meggitt, M. J., 'Male–female Relationships in the Highlands of Australian New Guinea', *American Anthropologist* lxvi (1964).

Meggitt, Mervyn, '"Pigs are Our Hearts": The Te Exchange Cycle among the Mae Enga of New Guinea', *Oceania* xliv: 3 (1974).

Meleisea, Malama, *The Making of Modern Samoa: Traditional Authority and Colonial Administration in the Modern History of Western Samoa*, IPS, 1987.

Meleisea, Malama, et al., *Lagaga: A Short History of Western Samoa*, IPS, 1987.

Mellars, Paul, and Stringer, Chris (eds), *The Human Revolution: Behavioural and Biological Perspectives on the Origins of Modern Humans*, Edinburgh, 1989.

Mercer, Patricia, *White Australia Defied: Pacific Islander Settlements in North Queensland*, Townsville, 1995.

Merle, Isabelle, 'The Foundation of Voh', *JPH* xxvi (1991).

Merle, Isabelle, *Expériences coloniales: la Nouvelle-Calédonie, 1853–1920*, Paris, 1995.

Merwick, Donna (ed.), *Dangerous Liaisons: Essays in Honour of Greg Dening*, Melbourne, 1994.

Meyenn, Natalie, 'Only One Babai Pit in a Lifetime: Gilbertese Migration in the Pacific, 1938 and 1963/1964', BA Honours thesis, ANU, 1992.

Mitchell, Donald, *Land and Agriculture in Nagovisi*, Madang, 1976.

Moody, Roger (ed.), *The Indigenous Voice: Visions and Realities*, 2 vols, London, 1988.

Moore, Clive, *Kanaka: A History of Melanesian Mackay*, Port Moresby, 1985.

Moore, Clive, Leckie, Jacqueline, and Munro, Doug (eds), *Labour in the South Pacific*, Townsville, 1990.

Moorehead, Alan, *The Fatal Impact: An Account of the Invasion of the South Pacific 1767–1840*, London, 1966.

Morauta, Louise, 'Urban Movement and Rural Identity: A Papua New Guinea Example', *Pacific Viewpoint* 26 (1985).

Morauta, Louise (ed.), *Law and Order in a Changing Society*, ANU, 1986.

Morauta, Louise, Pernetta, John, and Heaney, William (eds), *Traditional Conservation in Papua New Guinea*, Port Moresby, 1982.

Morison, S. E., *The Struggle for Guadalcanal, August 1942 – February 1943: History of United States Naval Operations in World War II*, Boston, 1966.

Morison, S. E., *Coral Sea, Midway and Submarine Actions, May 1942 – August 1942: History of United States Naval Operations in World War II*, Boston, 1967.

Moyle, Richard, *The Samoan Journals of John Williams, 1830 and 1832*, ANU, 1984.

Moynagh, Michael, *Brown or White? A History of the Fiji Sugar Industry, 1873–1973*, ANU, 1981.

Mulvaney, D. J., and White, J. Peter (eds), *Australians to 1788*, Sydney, 1988.

Munn, Nancy, 'The Spatial Presentation of Cosmic Order in Walbiri Iconography', in A. Forge (ed.), *Primitive Art and Society*, New York, 1973.

Muñoz, Faye, 'Pacific Islanders: A Perplexed, Neglected Minority', *Social Casework* (March 1976).

Munro, Doug, 'Migration and the Shift to Development in Tuvalu', in Connell, *Migration and Development*.

Munro, Doug, 'Revisionism and its Enemies: Debating the Queensland Labour Trade', *JPH* xxx (1995).

Narokobi, Bernard, *The Melanesian Way*, Boroko and Suva, 1980.

Nelson, Hank, *Black, White and Gold: Gold Mining in Papua New Guinea, 1878–1930*, ANU, 1976;

Nelson, Hank, 'As Bilong Soldia: The Raising of the Papuan Infantry Battalion', *Yagl-Ambu* 7 (1980).

Nelson, Hank, 'Taim Bilong Pait: The Impact of the Second World War on Papua New Guinea', in W. McCoy (ed.), *Southeast Asia under Japanese Occupation*, Yale, 1980.

Nelson, Hank, 'Hold the Good Name of the Soldier: The Discipline of Papuan and New Guinea Infantry Battalions, 1940–1946', *JPH* xv: 4 (1980).

Nelson, Hank, *Taim Bilong Masta: The Australian Involvement with Papua New Guinea*, Sydney, 1982.

Nelson, Hank, 'The Troops, the Town and the Battle: Rabaul 1942', *JPH* xxvii: 2 (1992).

Neumann, Klaus, *Not the Way It Really Was: Constructing the Tolai Past*, UHP, 1992.

Newbury, Colin, 'The Makatea Phosphate Concession', in R. G. Ward (ed.), *Man in the Pacific Islands*, Oxford, 1972.

Newbury, Colin, *Tahiti Nui: Change and Survival in French Polynesia 1767–1945*, UHP, 1980.

Obeyesekere, Gananath, *The Apotheosis of Captain Cook: European Myth-making in the Pacific*, Bernice P. Bishop Museum, 1992.

O'Brien, Denise, and Tiffany, Sharon (eds), *Rethinking Women's Roles: Perspectives from the Pacific*, Berkeley, 1984.

O'Faircheallaigh, Ciaran, *Mining in the Papua New Guinea Economy, 1880–1980*, UPNG, 1982.

Ogden, Michael, 'MIRAB and The Marshall Islands', *Isla* ii (1994).

Oliver, Douglas, *Ancient Tahitian Society*, 3 vols, ANU, 1974.

Oliver, W. H., and Williams, B. R. (eds), *The Oxford History of New Zealand*, Oxford, 1981.

O'Meara, Tim, *Samoan Planters: Tradition and Economic Development in Polynesia*, New York, 1990.

O'Neill, Jack, *Up From South: A Prospector in New Guinea, 1931 1937*, Melbourne, 1971.

Ongka: A Self-account by a New Guinea Big-man, trans. Andrew Strathern, London, 1979.

Oram, Nigel, *Colonial Town to Melanesian City: Port Moresby 1884–1974*, ANU, 1976.

Ottino, P., *Rangiroa*, Editions Cujas, Paris, 1972.

Panoff, Michel, 'Maenge Labourers on European Plantations, 1915–42', *JPH* iv (1969).

Panoff, Michel, 'The French Way in Plantation Systems', *JPH* xxvi (1991).

Park, Chris, *Tropical Rainforests*, London, 1992.

Parmentier, Richard, *The Sacred Remains: Myth, History, and Polity in Belau*, Chicago, 1987.

Parry, John, *Ring-Ditch Fortifications in the Rewa Delta, Fiji: Air Photo Interpretation and Analysis*, Fiji Museum, Bulletin 3, 1977.

Parsonson, G. S., 'The Settlement of Oceania: An Examination of the Accidental Voyage Theory', in J. Golson (ed.), *Polynesian Navigation*, Wellington, 1963.

Paton, John G., *John G. Paton, Missionary to the New Hebrides: An Autobiography*, London, 1891.

Pawley, Andrew, and Ross, Malcolm, 'Austronesian Historical Linguistics and Culture History', *Annual Review of Anthropology*, 1993.

Pearson, Richard, 'Trade and the Rise of the Okinawan State', *Bulletin of the Indo-Pacific Prehistory Association* x (1991).

Pearson, W. H., 'The Reception of European Voyagers on Polynesian Islands, 1568–1797', *Journal de la Société des Océanistes* 26 (1970).

Peattie, Mark, *Nan'yo: The Rise and Fall of the Japanese in Micronesia, 1885–1945*, UHP, 1988.

Ploeg, Anton, 'First Contact in the Highlands of Irian Jaya', *JPH* xxx: 2 (1995).

Poirine, Bernard, *Tahiti: Stratégie pour l'après-nuclégire*, Tahiti, 1992.

Pollock, Nancy, and Crocombe, R. G. (eds), *French Polynesia: A book of selected readings*, IPS, 1988.

Pool, Ian, *Te Iwi Maori: A New Zealand Population Past, Present and Projected*, Auckland, 1991.

Powdermaker, Hortense, *Stranger and Friend: The Way of an Anthropologist*, London, 1967.

Pratt, George, 'The Genealogy of the Sun: A Samoan Legend', *Australian Association for the Advancement of Science* 1 (1888).

Price, Charles, 'The Asian and Pacific Island Peoples of Australia', in J. T. Fawcett and B. V. Cario (eds), *Pacific Bridges: The New Immigration from Asia and the Pacific Islands*, New York, 1987.

Rallu, J. L., 'Population of the French Overseas Territories in the Pacific: Past, Present and Projected', *JPH* xxvi (1991).

Ravuvu, Asesela, *Fijians at War, 1939–1945*, IPS, 1974.

Ravuvu, Asesela, *Vaka i Taukei: The Fijian Way of Life*, IPS, 1983.

Ravuvu, Asesela, *The Fijian Ethos*, IPS, 1987.

Ravuvu, Asesela, *The Facade of Democracy: Fijian Struggles for Political Control, 1930–1987*, Suva, 1991.

Raynor, Bill, 'Resource Management in Upland Forests of Pohnpei: Past Practices and Future Possibilities', *Isla* 2: 1 (1994).

Read, K. E., 'Effects of the Pacific War in the Markham Valley, New Guinea', *Oceania* xviii: 2 (1947).

Rimoldi, M., and Rimoldi, E., *Hahalis and the Labour of Love: A Social Movement on Buka Island*, Oxford, 1992.

Ritter, Philip, 'The Population of Kosrae at Contact', *Micronesica* xvii: 1–2 (1981).

Rivers, W. H. R. (ed.), *Essays on the Depopulation of Melanesia*, Cambridge, 1922.

Roberts, R. G., *et al.*, 'Thermoluminescence Dating of a 50,000-year-old Human Occupation Site in Northern Australia', *Nature* 345 (1990).

Robinson, Neville, *Villagers at War: Some Papua New Guinean Experiences of World War II*, ANU, 1981.

Roscoe, Paul, and Scaglion, Richard, 'Male Initiation and European Intrusion into the Sepik: A Preliminary Analysis', in Nancy Lutkehaus *et al.*, *Sepik Heritage: Tradition and Change in Papua New Guinea*, Bathurst, 1990.

Rosi, 'Papua New Guinea's New Parliament House: A Contested National Symbol', *TCP* 3: 2 (1991).

Routledge, David, 'Pacific History as Seen from the Pacific Islands', *Pacific Studies* 8: 2 (1985).

Roux, J. C., 'Traditional Melanesian Agriculture in New Caledonia and Pre-contact Population Distribution' in Yen and Mummery, *Pacific Production Systems*.

Rowland, M. J., 'The Distribution of Aboriginal Watercraft on the East Coast of Queensland: Implications for Culture Contact', *Australian Aboriginal Studies* 2 (1987).

Rubinstein, Donald, and Levin, Michael, 'Micronesian Migration to Guam: Social and Economic Characteristics', *Asian and Pacific Migration Journal* 1: 2 (1992).

Ryan, Dawn, 'Toaripi in Port Moresby and Lae', in May (ed.), *Change and Movement*.

Ryan, Dawn, 'Home Ties in Town: Toaripi in Port Moresby', *Canberra Anthropology* 12 (1989).

Sahlins, Marshall, *Moala: Culture and Nature on a Fijian Island*, Ann Arbor, 1962.

Sahlins, Marshall, *Historical Metaphors and Mythical Realities: Structure in the Early History of the Sandwich Islands Kingdom*, Ann Arbor, 1981.

Sahlins, Marshall, 'The Stranger-King, or Dumezil among the Fijians', *JPH* xvi (1981).

Sahlins, Marshall, *Islands of History*, Chicago, 1985.

Sahlins, Marshall, *Anahulu: Historical Ethnography*, vol. 1 of P. V. Kirch and M. D. Sahlins (eds), *Anahulu: The Anthropology of History in the Kingdom of Hawaii*, Chicago, 1992.

Sahlins, Marshall, 'The Discovery of the True Savage', in Merwick (ed.), *Dangerous Liaisons*.

Sahlins, Marshall, *How 'Natives' Think—About Captain Cook for Example*, Chicago, 1995.

Salisbury, Richard, *From Stone to Steel: Economic Consequences of a Technological Change in New Guinea*, Melbourne, 1962.

Salmond, Anne, *Two Worlds: First Meetings between Maori and Europeans, 1642–1772*, Auckland, 1993.

Saunders, Kay, *Workers in Bondage: The Origins and Bases of Unfree Labour in Queensland, 1824-1916*, Brisbane, 1982.

Scarr, Deryck, 'Creditors and the House of Hennings', *JPH* vii (1972).

Scarr, Deryck, *I, The Very Bayonet*, vol. 1 of *The Majesty of Colour: A Life of Sir John Bates Thurston*, ANU, 1973.

Scarr, Deryck, 'Recruits and Recruiters: A Portrait of the Pacific Islands Labour Trade', in J. W. Davidson and Deryck Scarr (eds), *Pacific Islands Portraits*, ANU, 1973.

Scarr, Deryck, *Fiji: A Short History*, Sydney, 1984.

Scarr, Deryck, *Fiji: Politics of Illusion*, Sydney, 1988.

Scarr, Deryck, *The History of the Pacific Islands: Kingdoms of the Reefs*, Melbourne, 1990.

Schieffelin, E., and Crittenden, R. (eds), *Like People You See in a Dream: First Contact in Six Papuan Societies*, Stanford, 1991.

Schieffelin, E., and Gewertz, D., *History and Ethnohistory in Papua New Guinea*, Oceania Monographs 28, University of Sydney, 1985.

Schwartz, T., *The Paliau Movement in the Admiralty Islands, 1946–1954*, New York, 1962.

Schwimmer, Erik (ed.), *The Maori People in the Nineteen-Sixties*, Auckland, 1968.

Scragg, Roy F. R., 'Lemankoa: 1920–1980', typescript.

Serpenti, L. M., *Cultivators in the Swamps: Social Structure and Horticulture in a New Guinea Society*, Assen, 1965.

Sharp, Andrew, *The Discovery of Australia*, Oxford, 1963.

Sharp, Andrew, *The Voyages of Abel Janszoon Tasman*, Oxford, 1968.

Shineberg, Barry, 'The Image of France: Recent Developments in French Polynesia', *JPH* xxi (1986).

Shineberg, Dorothy, *They Came for Sandalwood: A Study of the Sandalwood Trade in the Southwest Pacific, 1830–1865*, Melbourne, 1967.

Shineberg, Dorothy, 'Guns and Men in Melanesia', *JPH* vi (1971).

Shineberg, Dorothy, '"Noumea No Good, Noumea No Pay": New Hebridean Indentured Labour in New Caledonia, 1865–1925', *JPH* xxvi: 2 (1991).

Shineberg, Dorothy, '"The New Hebridean is Everywhere": The Oceanian Labor Trade to New Caledonia, 1865–1930', *Pacific Studies* 18: 2 (1995).

Shineberg, Dorothy (ed.), *The Trading Voyages of Andrew Cheyne*, UHP, 1971.

Sinclair, Keith, *The Origins of the Maori Wars*, Wellington, 1957.

Sinoto, Yosihiko H. (ed.), *Caroline Islands Archaeology: Investigations on Fefan, Faraulep, Woleai and Lamotrek*, Bernice P. Bishop Museum Pacific Anthropological Records, 35, 1984.

Smith, Bernard, *European Vision and the South Pacific*, 2nd edn, Sydney, 1985 (first published, 1960).

Smith, De Verne, 'The Palauans on Guam', typescript.

Smith, Gary, *Micronesia: Decolonisation and US Military Interests in the Trust Territories of the Pacific Islands*, Canberra, 1991.

Smith, M. A., Spriggs, M. J. T., and Fankhauser, B. (eds), *Sahul in Review*, ANU Prehistory Occasional Paper 24, 1993.

Smith, Peter, *Education and Colonial Control in Papua New Guinea: A Documentary History*, Melbourne, 1987.

Smith, T. R., *South Pacific Commission: An Analysis after Twenty-five Years*, Wellington, 1972.

Somare, Michael, *Sana*, Port Moresby, 1975.

Spate, Oskar, *The Pacific Since Magellan*, ANU:
  vol. 1, *The Spanish Lake*, 1979;
  vol. 2, *Monopolists and Freebooters*, 1983;
  vol. 3, *Paradise Found and Lost*, 1988.
Spriggs, M. J. T., 'Vegetable Kingdoms, Taro Irrigation and Pacific Prehistory', PhD thesis, ANU, 1981.
Spriggs, M. J. T., 'Dating Lapita: Another View', in M. J. T. Spriggs (ed.), *Lapita Design, Form and Composition*, ANU Prehistory Occasional Paper 19, 1990.
Spriggs, M. J. T., 'What is Southeast Asian about Lapita?', in T. Azakawa and E. Szathmary (eds), *Prehistoric Mongoloid Dispersals*, Oxford, 1996.
Spriggs, M. J. T., and Anderson, Athol, 'Late Colonization of East Polynesia', *Antiquity* 67 (1993).
Stannard, David, *Before the Horror: The Population of Hawai'i on the Eve of Western Contact*, UHP, 1989.
Steinbauer, F., *Melanesian Cargo Cults: New Salvation Movements in the South Pacific*, St Lucia, Qld, 1979.
Strathern, Marilyn (ed.), *Dealing with Inequality*, Cambridge, 1987.
Sutherland, William, *Beyond the Politics of Race: An Alternative History of Fiji to 1992*, Canberra, 1992.
Tagupa, William, *Politics in French Polynesia, 1945–1975*, Wellington, New Zealand Institute of International Affairs, 1976.
Takaki, Ronald, *Pau Hana: Plantation Life and Labor in Hawai'i, 1835–1920*, UHP, 1985.
Thakur, Ramesh (ed.), *The South Pacific: Problems, Issues and Prospects*, London, 1991.
Thaman, Konai, 'The Defining Distance: People, Places, and World-view', *Pacific Viewpoint* 26: 1 (1985).
Thomas, Nicholas, 'The Force of Ethnology: Origins and Significance of the Melanesia/Polynesia Division', *Current Anthropology* 30 (1989).
Thomas, Nicholas, *Marquesan Societies: Inequality and Political Transformation in Eastern Polynesia*, Oxford, 1990.
Thomas, Nicholas, 'Partial Texts: Representation, Colonialism and Agency in Pacific History', in *JPH* xxv (1990).
Thompson, V., and Adloff, R., *The French Pacific Islands: French Polynesia and New Caledonia*, Berkeley, 1971.
Thual, F., *Equations Polynésiennes*, Paris, Groupe de l'union centriste, Senat, 1992.
Tobin, Jack, 'The Resettlement of the Enewetak People: A Study of a Displaced Community in the Marshall Islands', PhD thesis, University of California, Berkeley, 1967.
Tom, Nancy, *The Chinese in Western Samoa 1875–1985*, Apia, 1986.
Townsend, G. W. L., *District Officer: From Untamed New Guinea to Lake Success, 1921–46*, Sydney, 1968.
Trask, H.-K., 'Natives and Anthropologists: The Colonial Struggle', *TCP* 3 (1991).
Trompf, Gary (ed.), *Cargo Cults and Millenarian Movements: Transoceanic Comparisons of New Religious Movements*, Berlin, 1990.

Tryon, Darrell (ed.), *Comparative Austronesian Dictionary*, 5 vols, Mouton de Gruyter, Berlin, 1995.

Tuimaleali'ifano, Morgan, *Samoans in Fiji: Migration, Identity and Communication*, Suva, 1990.

Underwood, Robert, 'Excursions into Inauthenticity: The Chamorros of Guam', *Pacific Viewpoint* 26 (1985).

Uriam, Kambati, *In Their Own Words: History and Society in Gilbertese Oral Tradition*, Canberra, 1995.

Va'a, L. F., 'Effects of Migration on Western Samoa: An Island Viewpoint', in G. McCall and J. Connell (eds), *A World Perspective on Pacific Islander Migration: Australia, New Zealand and the USA*, Sydney, 1993.

Vail, John, 'The Impact of the Mt Kare Goldrush on the People of the Tari District', in T. Taufa and C. Bass (eds), *Population, Family Health and Development*, UPNG, 1993.

Viviani, Nancy, *Nauru: Phosphate and Political Progress*, ANU, 1970.

von Strokirch, Karin, 'The Impact of Nuclear Testing on Politics in French Polynesia', *JPH* xxvi (1991).

von Strokirch, Karin, 'Tahitian Autonomy: Illusion or Reality?', PhD thesis, La Trobe University, 1993.

Wagner, Roy, 'The Talk of Koriki: A Daribi Contact Cult', *Social Analysis* 46 (1979).

Waiko, John, 'Be Jijimo: A History According to the Traditions of the Binandere People of Papua New Guinea', PhD thesis, ANU, 1982.

Waiko, John, *A Short History of Papua New Guinea*, Melbourne, 1993.

Ward, Alan, *A Show of Justice: Racial 'Amalgamation' in Nineteenth-Century New Zealand*, Canberra, 1974.

Ward, R. Gerard, *Land Use and Population in Fiji: A Geographic Study*, 1965.

Ward, R. Gerard, 'Native Fijian Villages: A Questionable Future', in M. Taylor (ed.), *Fiji: Future Imperfect*, Sydney, 1987.

Ward, R. Gerard, 'Contract Labor Recruitment from the Highlands of Papua New Guinea, 1950–1974', *International Migration Review* xxiv: 2 (1990).

Ward, R. Gerard, and Kingdon, Elizabeth (eds), *Land, Custom and Practice in the South Pacific*, Cambridge, 1995.

Wari, K. R., 'The Function of the National Cultural Council in Coordinating Cultural Development in Papua New Guinea', in R. Edwards and J. Stewart (eds), *Preserving Indigenous Cultures: A New Role for Museums*, Canberra, 1980.

Watters, R., 'Mirab Societies and Bureaucratic Elites', in Hooper *et al.*, *Class and Culture in the South Pacific*.

Weeks, Charles J. Jr, 'The United States Occupation of Tonga, 1942–1945: The Social and Economic Impact', *Pacific Historical Review* 56 (1987).

Weiner, Annette, *Women of Value, Men of Renown: New Perspectives in Trobriand Exchange*, Austin, 1976.

Weiner, Annette, *The Trobrianders of Papua New Guinea*, New York, 1987.

Weiner, Annette, and Schneider, J. (eds), *Cloth and Human Experience*, Washington, DC, 1989.

Weisgall, Jonathan, *Operation Crossroads: The Atomic Tests at Bikini Atoll*, Annapolis, 1994.

Wendt, Albert, 'Guardians and Wards: A Study of the Origins, Causes and First Two Years of the Mau Movement in Western Samoa', M.A. thesis, Victoria University of Wellington, 1965.

Wendt, Albert, *Pouliuli*, Auckland, 1977.

Wessen, A., *et al.*, *Migration and Health in a Small Society: The Case of Tokelau*, Oxford, 1992.

West, Francis, *Selected Letters of Hubert Murray*, Melbourne, 1970.

Wetherell, David, *Reluctant Mission: The Anglican Church in Papua New Guinea, 1891–1942*, Brisbane, 1977.

White, Geoffrey, *Identity Through History: Living Stories in a Solomons Island Society*, Cambridge, 1991.

White, Geoffrey, and Lindstrom, Lamont (eds), *The Pacific Theater: Island Representations of World War II*, UHP, 1989.

White, Geoffrey, *et al.* (eds), *The Big Death: Solomon Islanders Remember World War II*, Honiara and Suva, 1988.

White, Geoffrey, and Lindstrom, Lamont (eds), *Custom Today*, special issue 6 of *Anthropological Forum* (1993).

Whittaker, J. L., *et al.* (eds), *Documents and Readings in New Guinea History: Prehistory to 1889*, Brisbane, 1975.

Williams, John, *Missionary Enterprises in the South-Sea Islands*, Philadelphia, 1888.

Williams, John A., *Politics of the New Zealand Maori: Protest and Cooperation, 1891–1909*, Auckland, 1969.

Williams, Maslyn, and Macdonald, Barrie, *The Phosphateers: A History of the British Phosphate Commissioners and the Christmas Island Phosphate Commission*, Melbourne, 1985.

Wood, Ellen, 'Prelude to an Anti-War Constitution', *JPH* xxviii (1993).

Worsley, Peter, *The Trumpet Shall Sound*, New York, 1968.

Wurm, S. A., *Papuan Languages of Oceania*, Gunter Narr Verlag, Tubingen, 1982.

Yamakazi Tomoko, 'Sandakan No. 8 Brothel', in *Bulletin of Concerned Asian Scholars*, October–December 1975.

Yen, D. E., 'The Development of Sahul Agriculture with Australia as Bystander', *Antiquity* 69, special number 265 (1995).

Yen, D. E., and Mummery, J. M. J. (eds), *Pacific Production Systems: Approaches to Economic Prehistory*, ANU, 1990.

Young, John, 'Lau: A Windward Perspective', *JPH* xxviii (1993).

Young, Michael, '"Our Name is Women: We Are Bought with Lime-sticks and Limepots": an Analysis of the Autobiographical Narra-tive of a Kalauna Woman,' *Man* n.s. xviii (1983).

Young, Michael W., *Fighting with Food: Leadership, Values and Social Control in Massim Society*, Cambridge, 1971.

FILMS

Aoki, Diane (ed.), *Moving Images of the Pacific Islands: A Guide to Films and Videos*. University of Hawai'i, 1994, is an essential catalogue. Several excellent film and television documentaries are cited in this volume, or have shaped the authors' perceptions. These are listed by directors, titles, medium and date of production, consultant (if any), and name of distributor.

Andrews, George, *Auckland Fa'aSamoa*, TV, 1982, consultant Albert Wendt, Television New Zealand.

Buckley, Anthony, *Man on the Rim*, 13 TV films, 1988, consultant Alan Thorne, New South Wales State Library.

Connolly, Bob, and Anderson, Robin, *First Contact*, 16mm and video, 1983, Ronin Films.

Connolly, Bob, and Anderson, Robin, *Joe Leahy's Neighbours*, 16mm and video, 1988, Ronin Films.

Connolly, Bob, and Anderson, Robin, *Black Harvest*, 16mm and video, 1992, Film Australia.

McGraw–Hill, *Dead Birds*, 16mm and video, 1963, CRM.

Nairn, Charlie, *Ongka's Big Moka* (Granada Disappearing World Series), 16mm and video, 1974, consultant Andrew Strathern, Granada TV; known in the USA as *The Kawelka: Ongka's Big Moka*.

O'Rourke, Dennis, *Yap: How Did You Know We'd Like TV?*, 16mm and video, 1982, Film Australia.

O'Rourke, Dennis, *Half Life: A Parable for the Nuclear Age*, 16mm and video, 1986, Film Australia.

Owen, Chris, *Man Without Pigs*, 16mm and video, 1990, consultant John Waiko, Ronin Films.

Papua New Guinea Office of Information, *Trobriand Cricket: An Indigenous Response to Colonialism*, 16mm and video, 1976, consultant Gerry Leach, Ronin Films.

Pike, Andrew, Nelson, Hank, and Daws, Gavan, *Angels of War*, 16mm and video, 1983, Ronin Films.

Sekiguchi, Noriko, *Senso Daughters: Senjo no Onnatachi*, 16mm and video, 1990, Ronin Films.

索　引

The entry for a country includes the people of that country, e.g. Tonga includes Tongans.

译后记

四年前，在由我编著的《列国志·所罗门群岛》一书付梓出版后，我决定将《剑桥太平洋岛民史》翻译成中文作为下一步的工作任务。对于我的职业生涯而言，这个决定有些欠考虑，因为我的职称之路远没有达到沉下心来花费数年时间翻译它的阶段，但是我没有压抑住自己内心的欲望，那就是我渴望更加深入地研究太平洋岛屿史。在编著《列国志·所罗门群岛》时，我深感我国的太平洋岛屿史研究很薄弱，研究成果和研究队伍无法满足国家发展需要。我认为要想解决这个问题，一是要将国外重要研究成果译介到国内，二是要在此基础上培养人才和进行创新。尽管《剑桥太平洋岛民史》出版于20世纪90年代并存在一些不足，但它全面叙述了太平洋岛屿的经济、社会、政治、文化等方面的历史，集中体现了20世纪90年代之前国外太平洋岛屿史学家的研究旨趣和太平洋岛屿史的研究状况，是国外太平洋岛屿史研究的一座里程碑。该书所具有的这些特点非常符合对太平洋岛屿史感兴趣的读者、致力于太平洋岛屿史研究的学者和青年学子的需要。因此，我下定决心，宁肯职称之路走得慢一些，也要将这本书翻译成中文。

《剑桥太平洋岛民史》中文版的付梓出版得到了很多人的支持、帮助和鼓励。衷心感谢社科文献出版社的张晓莉女士、俞孟令先生、李明伟先生、胡晓利女士，聊城大学太平洋岛国研究中心的陈德正教授、李增洪教授、曲升教授。该书的翻译过程很艰辛，如果没有他们的支持和帮助，就不会有该书的出版。衷心感谢我的搭档陈化成先生，他的工作使我减轻了工作量，他的敬业精神永远值得我学习。衷心感谢王昭风先生、刘卫东先生、王作成先生、吕桂霞女士、官士刚先生等，他们的鼓励是我完成此项工作所不可或缺的。衷心感谢我的学生冉娟和张志伟，他们分别为本书的第九章、第十章和第十一章、第十二章的翻译工作做出了贡献，还为我的科研和教学工作提供了力所能及的帮助。

最后，感谢我的父亲和母亲，以及我的妻子和我的儿子。谨以此书献给他们，以回报他们对我的爱，表达我对他们的爱。

图书在版编目（CIP）数据

剑桥太平洋岛民史／（澳）唐纳德·狄侬
（Donald Denoon）等主编；张勇译． -- 北京：社会科
学文献出版社，2020.10

书名原文：The Cambridge History of the Pacific
Islanders

ISBN 978 - 7 - 5201 - 7302 - 5

Ⅰ．①剑… Ⅱ．①唐… ②张… Ⅲ．①太平洋岛屿 -
国家 - 民族历史 - 研究 Ⅳ．①K608

中国版本图书馆 CIP 数据核字（2020）第 174438 号

剑桥太平洋岛民史

主　　编／〔澳〕唐纳德·狄侬（Donald Denoon）等
译　　者／张　勇

出 版 人／谢寿光
责任编辑／俞孟令　李明伟　胡晓利

出　　版／社会科学文献出版社·国别区域分社（010）59367078
　　　　　　地址：北京市北三环中路甲 29 号院华龙大厦　邮编：100029
　　　　　　网址：www. ssap. com. cn
发　　行／市场营销中心（010）59367081　59367083
印　　装／三河市东方印刷有限公司

规　　格／开　本：787mm × 1092mm　1/16
　　　　　　印　张：40　字　数：609 千字
版　　次／2020 年 10 月第 1 版　2020 年 10 月第 1 次印刷
书　　号／ISBN 978 - 7 - 5201 - 7302 - 5
著作权合同
登 记 号／图字 01 - 2018 - 0544 号
定　　价／168.00 元